ACCESO GRATIS ***a la Lectura en la Nube***

Para visualizar el libro electrónico en la nube de lectura envíe junto a su nombre y apellidos una fotografía del código de barras situado en la contraportada del libro y otra del ticket de compra a la dirección:

ebooktirant@tirant.com

En un máximo de 72 horas laborales le enviaremos el código de acceso con sus instrucciones.

AUGUSTO JOBIM DO AMARAL
JESÚS SABARIEGO
ANA CLARA ELESBÃO
COORDINADORES

ALGORITARISMOS II

Valencia
2025

Procedimiento de selección de originales, ver página web:

www.tirant.net/index.php/editorial/procedimiento-de-seleccion-de-originales

AUGUSTO JOBIM DO AMARAL
JESÚS SABARIEGO
ANA CLARA ELESBÃO
COORDINADORES

ALGORITARISMOS
II

Valencia
2025

COORDINADORES
Augusto Jobim do Amaral
Jesús Sabariego
Ana Clara Elesbão

Resultado do projeto H2020 MSCA IF Technopolitics - The challenge of digital media to democracy in Europe: an engaged approach (ID: 897796), financiado pela Comissão Europeia, no âmbito do programa Marie Sklodowska Curie Actions 2019, através da referência do acordo: 897796.

EDITA: TIRANT LO BLANCH
C/ Artes Gráficas, 14 - 46010 - Valencia
TELFS.: 96/361 00 48 - 50
FAX: 96/369 41 51
Email:tlb@tirant.com
www.tirant.com
Librería virtual: www.tirant.es
ISBN: 979-13-7021-272-8

Si tiene alguna queja o sugerencia, envíenos un mail a: atencionclientc@tirant.com. En caso de no ser atendida su sugerencia, por favor, lea en www.tirant.net/index.php/empresa/politicas-de-empresa nuestro procedimiento de quejas.

Responsabilidad Social Corporativa: http://www.tirant.net/Docs/RSCTirant.pdf

SUMÁRIO

PRÓLOGO

Augusto Jobim do Amaral

Jesús Sabariego

Tuvimos la oportunidad de prolongar la feliz expresión «algoritarismos» en el prólogo del primer volumen, proponiendo entenderla como un conjunto multidimensional de prácticas políticas reactivables por diversos agenciamientos y prácticas tecnológicamente dispuestas a gobernar el ritmo vital, es decir, modos de un dispositivo datificado listo para informar, planificar funciones repetibles y conformar futuros probables. En otros términos, el libro señalaba tipos de organización de flujos de aceleración maleables que penetran en cada dimensión social --más allá del Estado o de los circuitos comunes de violencia-- suprimiendo el poder de transformación. Ciertamente, todo el reduccionismo que ello implica no ha dejado de verse desde entonces. Sobre todo, se acentuará al examinar los ensayos que siguen.

Se trata, en efecto, «Algoritarismos II» de una obra monumental, no en el sentido de adoración o de alguna forma completa idealizada, sino en el sentido de la composición de esfuerzos comprometidos con pensar críticamente la condición tecnopolítica contemporánea. Adentrándose en las complejas relaciones contemporáneas entre tecnología y vida, este trabajo interdisciplinario profundiza aún más, presentando los principales retos de una sociedad dataficada que tiende a encerrarse en un entorno diseñado por el horizonte digital de nuestro tiempo. Objetivamente, el libro presenta cómo las más diversas relaciones técnicas se transforman en miríadas tecnológicas, componiendo un complejo debate sobre tecnología, política y poder, atento a los horizontes de catástrofe permanentemente movilizables por un movimiento incandescente y perpetuo de aceleración monotecnológica

Se cumplen unos años de la publicación del primer volumen de Algoritarismos, también como este segundo volumen, resultado del proyecto MSCA-IF Technopolitics (GA ID: 897796), financiado por la Comisión Europea, y además realizado por el Grupo de Investigación «Politicrim» en el marco de las Facultades de Derecho y de Humanidades de la PUCRS (con el apoyo de CAPES, CNPq, FAPERGS e CDEA). Con el objetivo de avanzar hacia una investigación innovadora sobre los vínculos entre los bienes comunes, la participación política democrática y la digitalización inexorable, propone un abordaje interdisciplinar e internacional a través del estudio en profundidad de casos muy diversos en diferentes contextos, bajo la premisa de indagar en la influencia de las tecnologías digitales en los ecosistemas ciudadanos, políticos, económicos y culturales y desarrollar un nuevo marco teórico crítico a partir de esta indagación.

Este segundo volumen de Algoritarismos presenta nuevamente, ahora bajo las amenazas y oportunidades de la llamada Inteligencia Artificial, un esfuerzo colectivo de los últimos años de intercambios intelectuales y también desde ámbitos no estrictamente académicos a uno y otro lado del Atlántico, a través de seminarios, paneles en congresos, diversas estancias de investigación, encuentros presenciales y online entre estudiantes de grado y posgrado en la PUCRS (Brasil) y estudiantes de grado y posgrado en la Universidad de Sevilla (España) y un centenar de colegas que tanto desde la academia, como de otros espacios e interfaces, intentamos abrir intersticios que arrojen alguna luz sobre los problemas que atañen a la disrupción digital en sus más variadas facetas con la ambición de tramar redes críticas, urdiendo horizontalmente trabajos de quienes inician ahora su andadura en la investigación y la ***praxis*** con quienes ya son figuras consolidadas.

Queremos aprovechar estas palabras de este prólogo para trasladar nuestro agradecimiento a quienes han participado en esta aventura ***deslocalizada*** y ***desterritorializada*** por intentar relocalizar y territorializar juntas algunas de las cuestiones fundamentales de nuestro tiempo y de los años por-venir, especialmente a Ana Clara Santos Elesbão, que ha cuidado del ingente trabajo editorial, incluso en medio de las inundaciones que devastaron la ciudad basileña de Porto Alegre como consecuencia del calentamiento global.

Escriben D&G en la introducción (Rizoma) de ***Mil Mesetas***: "Como cada uno de nosotros era varios, en total ya éramos muchos. Aquí hemos utilizado todo lo que nos unía, desde lo más próximo a lo más lejano. [...] Ya no somos nosotros mismos. Cada uno reconocerá los suyos. Nos han ayudado, aspirado multiplicado." (Deleuze & Guattari, 1994: 9).

Sevilla-Porto Alegre, abril de 2025.

REFERENCIAS

Deleuze, G.; Guattari, F. (1994) [1980, Paris: Minuit]. ***Mil mesetas. Capitalismo y esquizofrenia***. Valencia: Pretextos, p. 9.

A SEXO-POLÍTICA RACIAL DO ANTROPOCENO: UMA INVESTIGAÇÃO SOBRE AS (MACHO)TECNOLOGIAS DA GEOPOLÍTICA FÓSSIL

Alana Moraes

Meu mundo é fogo e sangue.

(Max em Mad Max - Estrada da Fúria, 2015)

1. TECNO-GOVERNANÇA DA CATÁSTROFE OU A "MANSÃO DAS LIBERDADES MODERNAS"

No início dos anos 2000, Paul Crutzen, químico e um dos cientistas responsáveis pela difusão do termo Antropoceno, argumentava que, diante da acelerada perturbação antrópica no planeta, "cientistas e engenheiros devem guiar a sociedade rumo a um gerenciamento ambientalmente sustentável". Ele conclui afirmando que "isso exigirá um comportamento humano adequado em todos os âmbitos e pode muito bem envolver projetos de geoengenharia de grande escala, aceitos internacionalmente, para, por exemplo, 'otimizar' o clima" (Crutzen, 2002: 22). Não deixa de ser notável que seu diagnóstico perturbador sobre alterações ambientais de proporções inéditas seja acompanhado por uma aposta dobrada nas noções de "otimização", "grande escala" e no central papel "técnico" de "engenheiros" e "cientistas" no que seria uma tecno-governança da catástrofe.

Crutzen parece não suspeitar que tais noções e seus aparatos sociotécnicos são também os que produziram o que conhecemos hoje como a "Grande Aceleração", o período pós-guerra que testemunhou a consolidação da forma-metrópole, o aumento do consumo de combustíveis fósseis, a centralidade do papel das indústrias agroquímicas e militares, a crescente perda de biodiversidade. A "Grande Aceleração" gestou uma forma técnica de habitar o mundo guiada pela emergente ficção do crescimento perpétuo e submetendo a um regime de amortecimento de danos todas as outras formas de vida consideradas agora como "lentas" e "atrasadas". Como provoca Yusoff:

> Se o Antropoceno proclama uma súbita preocupação com a exposição de danos ambientais às comunidades liberais brancas, o faz na esteira de histórias em que esses danos foram conscientemente exportados para comunidades negras e pardas sob a rubrica de civilização, progresso, modernização e capitalismo. (Yusoff, 2018: 11).

O pequeno artigo de um dos cientistas mais influentes nas ciências do clima da última década, reverbera ainda o espírito da ideologia tecnopolítica da Guerra Fria na qual as ideias de "avanço tecnológico", escalabilidade e eficiência passam a dar as cartas, de forma mais decisiva, na geopolítica global e na continuidade das formas políticas coloniais de domínio. O Projeto Manhattan e o consequente desenvolvimento da bomba atômica detonada em nome do "valor superior da liberdade" surgiam como o necro-espetáculo da promessa do progresso técnico-científico da "paz perpétua". Contra a tecnologia do campo de concentração e dos primeiros mísseis de longo alcance nazistas, a bomba atômica matava instantaneamente entre 70.000 a 80.000 pessoas apenas em Hiroshima.

Mas a escalada de tecnologias aniquiladoras não teria sido possível sem uma certa economia libidinal e tecno-estética que alimentava o consórcio da supremacia branca masculinista na nova geopolítica global. Uma década após o fim da segunda guerra mundial, em 1955, a Walt Disney lançava uma série televisiva chamada *Man in Space*. A série tinha como apresentador, um jovem engenheiro envolvente que apresentava planos futuristas para a exploração espacial. Wernher Von Braun logo se tornaria uma celebridade nacional nos Estados Unidos. O acontecimento não seria tão significativo se não fosse o fato de que Wernher Von Braun teria estado no comando do programa de mísseis de longo alcance de Adolf Hitler durante o regime nazista na Alemanha. Os potentes V2 foram produzidos com a ajuda do trabalho escravo vindo de pessoas confinadas nos campos de concentração.

O já incontornável livro de Svetlana, *A guerra não tem rosto de Mulher*, mostra as formas através das quais a guerra era contada e produzida a partir dos relatos do cotidiano na antiga União Soviética. Se nas camadas mais públicas e oficiais a guerra era uma história de heroísmo e sacrifício pela pátria, de tecnologias e estratégias de combate e aniquilação, nas cozinhas e no tempo lento da vida, as mulheres narravam um mundo com cheiros, hesitações, perdas irreparáveis, transformações corporais, o "pesadelo das nuances": "e ali não sofrem apenas elas (as pessoas!), mas também a terra, os pássaros, as árvores. Todos os que vivem conosco na terra. Sofrem sem palavras, o que é ainda mais terrível" (Aleksiévitch, 2016: 10).

Achille Mbembe (2020) mostra como no decorrer do século XX, servindo-se do repertório colonial, a própria ideia de democracia parece se fundir com o imperativo da aniquilação do inimigo, o que também se refletiu nas disputas e imaginações tecnológicas. Ainda no início do século, vanguardas futuristas, como a italiana, transformaram em valores estéticos "a máquina, a velocidade, a violência e a guerra" (Berardi, 2019: 13). O futurismo e seus desdobramentos fascistas eram também uma guerra tecno-estética contra o "atraso" do sensual, da ambiguidade e fluidez, do que não pode ser fixado de uma vez por todas nos termos funcionais do regime produtivo moderno de sexo-gênero:

> A audácia da velocidade e da guerra, o desafio do perigo, a exaltação da potência técnica se fundam aqui em um único gesto que é a concretização ideológica e estética da exaltação das virtudes guerreiras e da desvalorização de tudo o que é feminino. Porque o feminino é inimigo do futuro. (Berardi, 2019: 21).

Durante o século XX, a ideia de "liberdade", no mundo euro-americano, esteve fortemente vinculada à possibilidade de produção sem limites, "a mansão das liberdades modernas repousa sobre uma base de uso de combustíveis fósseis em permanente expansão" (Chakrabarty, 2013: 11). A emergência da figura do indivíduo masculino racional liberal, como mostra Anne McClintock (2003), estava condicionada à reinvenção do espaço doméstico como um espaço de "submissão natural" assim como o "mundo primitivo" era o espaço da submissão racial natural: "Domesticidade e império se fundem como um elemento necessário na formação da imaginação liberal" (McClintock, 2003: 81). O espaço feminilizado do lar era produzido em contraposição ao domínio exterior masculinizado na racionalidade econômica e interesses individuais. Essa oposição, já bastante debatida nos estudos feministas, fabricava, entretanto, uma nova ecologia na qual "as intimidades extradomésticas, sejam internas à espécie ou entre espécies, pareciam fantasias arcaicas (a comunidade, o sitiante) ou questões passageiras (feminismo, direitos animais)" (Tsing, 2015: 192).

Não é fortuito o fato de que a ultradireita contemporânea possa emergir associando os discursos de retomada da soberania masculina com a recusa das evidências sobre o colapso socioambiental: desacelerar significa abdicar da potência viril de comando e domínio, liberdade significa poder exercer o direito à destruição, cuidar significa se feminilizar. A gramática militar extrativista e da aceleração do crescimento é compartilhada entre governos de todos os espectros. O DNA da geopolítica contemporânea entrelaça a ideia de soberania masculina com a capacidade de produção/destruição sem limites e os espaços intergovernamentais que estabelecem acordos sobre mitigação e transição energética, cada vez mais, funcionam como arenas performativas completamente desvinculadas do jogo real e sacralizado da geopolítica fóssil. Há décadas, movimentos indígenas, ambientalistas, de pequenas comunidades tradicionais que defendem seus territórios contra megaprojetos de infraestrutura extrativista-energética são marcados como "ingênuos", "inimigos da soberania nacional" ou desprovidos de "razão" --características também lidas como atributos "femininos" em nossas sociedades.

Neste texto, estamos sugerindo que o "Antropoceno", para além de um marcador geo-histórico, é um regime sexo-político racial no qual o modelo da soberania masculina branca e dominante oferece o suporte técnico, sensível e libidinal para as formas de habitar o mundo. Em tal regime, que chamamos de geopolítica fóssil, o sistema de sexo-gênero --longe de ser uma verdade biológica-- funciona como tecnologia que produz "de forma precária e instável, corpos, sujeitos de enunciação e ação" (Preciado, 2018: 120).

A gramática do gênero converte-se, especialmente no momento pós-guerra, em uma linguagem privilegiada de poder. Lila Abu-lughod (2012) demonstra, por exemplo, como a produção de justificação ética da invasão e posterior ocupação militar estadunidense no Afeganistão no contexto posterior ao 11 de Setembro, passou pela ideia de uma "liberação humanista" das mulheres muçulmanas afegãs do que seria uma vida de opressão produzida pelos homens mulçumanos afegãos. A equação "homens brancos salvando mulheres racializadas dos homens racializados" é uma equação que vem justificando operações coloniais militares há bastante tempo, como também sinalizou Spivak em outra ocasião.

Estima-se agora que as ações militares no mundo são responsáveis por 5,5% das emissões globais de gases de efeito estufa. Altamente dependentes de combustíveis fósseis, "se o conjunto das forças armadas globais fosse um país, isso o colocaria em quarto lugar em termos de emissões, entre a Índia e a Rússia" (Weir, 2024). Desde a perspectiva das histórias de danos, perdas, deslocamentos forçados e intoxicação que perfazem a paisagem da geopolítica fóssil e a despeito da boa intenção de Crutzen, nos parece importante lembrar que "El patriarcado y la colonialidad no son épocas históricas que hayamos dejado atrás, sino epistemologías, infraestructuras cognitivas, regímenes de representación, técnicas del cuerpo, tecnologías del poder, discursos y aparatos de verificación, narrativas e imágenes que siguen operando en el presente" (Preciado, 2022:40).

2. UM REGIME PETROSEXORRACIAL

A chamada "guerra fria" não se deu exatamente por uma disputa entre mundos, mas pode ser lida como uma concorrência agonista-macho-técnica entre socialistas e capitalistas em torno da questão sobre quem reunia as melhores condições materiais e expertise para demonstrar mais eficiência de exploração da terra (e do espaço extraterrestre!), do trabalho, de produção energética e destruição militar, de gestão de pessoas e recursos. Ainda que, ideologicamente, a geopolítica agonista concorrencial da Guerra Fria funcionasse nos termos da oposição igualdade e liberdade (entre socialistas e os defensores do "livre mercado"), do ponto de vista das infraestruturas materiais que produzem a vida e a relação com o mundo, esses dois polos operavam a partir da mesma matriz que, por sua vez, entrelaçava no mesmo eixo a soberania masculina branca, produção e destruição, patriarcado e colonialidade. Também por isso, não nos parece satisfatório o termo "Capitaloceno" de Jason Moore.

Preciado lembra o fato de que, longe de ser uma categoria feminista, a noção de "gênero" foi parte de uma construção discursiva biotecnológica que apareceu nas indústrias médicas e terapêuticas dos Estados Unidos no final da década de 1940: "o gênero e a masculinidade e a feminilidade famarcopornográficos são artefatos originados no capitalismo industrial" (Preciado, 2018: 109) e estão intensamente relacionados com seu regime produtivo.

A "Grande Aceleração" consolidou o que Mumford (2004) identificava, ainda no começo da década de 1960, como o triunfo do "mito das megalópoles". É a expansão da existência metropolitana, segundo o autor, que produz o imperativo da remoção dos limites, demandando cada vez mais energia, escalabilidade e circulação de bens. A "grande cidade" é também o lugar do controle: controle do tempo, do movimento, da produção, mas também da fantasia e da imaginação sobre a relação com o mundo e o que significa viver bem. Aquilo que é "local", "lento", pequeno, autônomo e suficiente deve ser suprimido. No mundo pós-colonial, tal imperativo guiava grandes reformas urbanas na virada do século XIX para o século XX comandada pelo paradigma técnico-higienista.

A nova tecnopolítica de produção do espaço urbano precisou agir contra grupos racializados mobilizando a ideia de que suas formas de vida expressavam "promiscuidade" e "ineficiência", se distanciavam, assim, dos valores modernos metropolitanos europeus. As tecnologias metropolitanas se orientavam para suprimir a fricção e assim garantir a ampla "conversão de tudo que está no meio do caminho em espaço e tempo coordenados para a posse" (Moten & Harney, 2023: 38). A cidade deve ser feita para "ganhar tempo", sentenciava Le Corbusier. A vida inteiramente a disposição dos fluxos de circulação do capital. Le Corbusier identificava a lentidão, inconstância e sinuosidade como as inimigas do projeto moderno. Para o modernista, "a reta é rainha, sinal do espírito": *"O homem caminha em linha reta porque tem um objetivo; sabe aonde vai. Decidiu ir a algum lugar e caminha em linha reta"* (Le Corbusier, 2000: 36).

Os cortiços e habitações populares com seus quintais, cozinhas coletivas, pequenas hortas e criação de animais passam a ser vistos como "sujos", "promíscuos", "perigos biológicos", criadores de zonas de contaminação e atraso (Moraes, 2020). A "vadiagem" era a principal inimiga do regime de eficiência racial-produtiva e deveria ser duramente criminalizada por novas tecnologias de segurança e controle. Era a "imagem negativa de uma alteridade assustadora - o povo selvagem, incivilizado, bruto" (Rago, 2014: 86) que precisaria ser apagada. Em São Paulo, a legislação urbana passou a oferecer incentivos fiscais para os construtores que seguissem o modelo de "vilas higiênicas". Uma imaginação técnica que "alimentou pressupostos sobre a autonomia humana e levantou questões relacionadas ao controle, ao impacto humano e à natureza, ao invés de instigar questões sobre a interdependência das espécies" (Tsing, 2015: 184).

O paradigma imunitário da modernidade, por um lado, se funda no pressuposto da privatização doméstica da própria existência, pretendendo liberar-se, assim, da "dívida que nos vincula como seres que estamos juntos no mundo" (Gárces, 2013: 25). Por outro lado, incorpora o racismo como tecnologia de domínio e formação do espaço. Margareth Rago demonstrou em sua pesquisa como um novo ideal de feminilidade iria paulatinamente sugerindo condutas femininas, exaltando as virtudes burguesas da "laboriosidade, da castidade e do esforço individual" (Rago, 2014: 88). Como comenta Garcés: "a sociedade moderna não nasce somente do medo à agressão, de poder morrer nas mãos de outro. Nasce do medo de ser tocados, do esquecimento de que nascemos e crescemos nas mãos de outro, ou melhor, de outras" (Gárces, 2013: 33).

Tecnologias de interdependência e autonomia como os quintais, cozinhas compartilhadas, os terreiros devem ser substituídas por novas tecnologias de eficiência produtiva dos corpos e extração de combustíveis que possam sustentar as longas distância do abastecimento, circulação de pessoas e mercadorias do mundo industrial. Tais tecnologias partem do pressuposto ético e político de que todo sujeito é seu próprio ponto de partida e que o "indivíduo" pode ser pensado desprendido das relações que o constitui. Desde uma perspectiva transfeminista, o automóvel pode ser lido, como sugere Preciado, como a prótese masculina por excelência da petromasculinidade.

Seguindo com Preciado, podemos chamar esse regime de *Petrosexorracial*:

> En términos energéticos, el modo de producción petrosexorracial depende de la combustión de energías fósiles altamente contaminantes y generadoras de calentamiento climático. La infraestructura espistémica de esas tecnologías de gobierno es la clasificación social de los seres vivos de acuerdo con las taxonomías científicas modernas de especie, raza, sexo y sexualidad. Estas categorías binarias han servido para legitimar la destrucción del ecosistema y la dominación de unos cuerpos sobre otros. (Preciado, 2022: 40).

O regime Petrosexorracial, como afirma Preciado, fabrica também um regime tecno-estético dominado pela virilidade e o carvão: Militarização, expansão, crescimento e controle irrigam a ficção da superioridade técnica masculinista-extrativista herdeira do empreendimento colonial. Denise Ferreira da Silva (2018) chama atenção para o fato de que a autoridade patriarcal continua sendo a forma ético-política apropriada que define a figura do "cidadão" e seu direito de decidir, controlar e matar.

Entre a década de 1950 e a década de 1960, enquanto Gunther Anders constatava o assombro do "Tempo do Fim" inaugurado pela era atômica e a ameaça de extinção espetacular, Rachel Carson trazia à tona a "Era dos Venenos" e a lenta transformação produzida pela toxicidade química dos chamados "pesticidas" (os quais ela preferia chamar de "biocidas") e seus efeitos em ecossistemas inteiros. A "Revolução Verde" desenvolvia uma série de tecnologia de controle e simplificação ecológica que prometia aumentar a "eficiência" dos sistemas agrícolas. Vários destes biocidas foram produzidos durante a segunda guerra mundial ou a guerra do Vietnã, como o "agente laranja" produzido pela Monsanto. Controlar a "natureza", intoxicar corpos "inimigos". O militarismo neocolonial foi, sem dúvida, um dos principais motores de inovações tecno-científicas do século XX.

O livro de Carson oferece uma outra escala para pensar a circulação e impacto de substâncias químicas que passa pelo corpo e pelas relações interespécies, uma escala que não era visível pela geopolítica fóssil e sua toxicidade. Surpreendentemente, sua pesquisa teve imensa repercussão em um momento de muito otimismo com relação às indústrias químicas e seus engenheiros --um dos setores responsáveis pela escalada da militarização durante a guerra fria. Du Pont, uma das principais indústrias químicas dos EUA tinha como lema a frase: *"Better things for better living... Through chemistry"*.

Em uma crítica ao livro publicada no Saturday Evening Post em 1963, Edwin Diamond (1963) afirmava que os argumentos de Carson eram mais "emocionais" do que científicos. Um dos seus principais oponentes, Robert White-Steven, bioquímico responsável pelas pesquisas agronômicas da American Cyanamid, acusa Carson de ser "imprecisa" e "não especialista" além de estar indo na contramão do que ele considerava uma das maiores evidências científicas da época, a de que a ciência está a serviço das tecnologias de controle do Homem (sic) pela Natureza (Quaratiello, 2004). Não tanto a queda do muro de Berlim em 1989, mas os desastres de Chernobyl (1986) e, antes disso, o de Bhopal (Índia) marcam a transição para um mundo no qual os riscos tornam-se variáveis plenamente normalizadas no movimento de expansão perpétua e necessária do capitalismo transnacionalmente. Em Bhopal, até hoje considerado o que foi o maior "crime industrial" de que se tem notícia, o vazamento de uma fábrica estadunidense de pesticida já atingiu 558 mil vítimas pela contaminação que segue em curso.

O tema do "controle da natureza" é um tema profundamente sexuado. Aráoz (2016) recorda como a América foi imaginada como uma "excessiva exuberância" que apresentava muitos obstáculos para o domínio do reino da Razão. "La acción de *ordenar*, como acto de poder, produce esta jerarquización fundacional del espacio geográfico moderno, basada en la discriminación entre una zona de sacrificio/aprovisionamiento y un centro de destino/acumulación" (Aráoz, 1016:21). Anne McClintock fala em "pornotrópicos" e mostra como África, Américas, Ásia foram imaginadas como lugares libidinosamente eróticos. A erótica da conquista imperial, ela defende, era também uma erótica da subjugação.

O influente trabalho da antropóloga Anna Tsing (2015) mostra como a tecnologia de domesticação e padronização da plantation foi o motor da expansão europeia. Mas a monocultura só pode funcionar, ela insiste, a partir de um contínuo trabalho de controle da diversidade de espécies e de coerção do trabalho humano. A invenção da raça foi imprescindível para esse sistema de coerção e violência total do mesmo modo que o sistema binário e hetersocial de sexo-gênero:

> O Estado incentivou unidades domésticas de base familiar e garantiu as formas de propriedade privada e herança que traçaram linhas dentro e entre famílias. O patriarca era o representante do Estado no nível da unidade de trabalho doméstica: era ele quem assegurava que os impostos e dízimos seriam recolhidos para a subsistência das elites. Foi no interior dessa configuração política que tanto as mulheres quanto os grãos foram confinados e manejados para maximizar a fertilidade. (Tsing, 205: 186).

No mesmo sentido, Johnson (2013) mostra em sua pesquisa como as principais inovações técnicas e sociais do agronegócio em termos tecnológicos, produtivos e organizacionais tem sua origem no sistema escravista da plantation colonial. Como sugere Preciado: "el capitalismo es una suerte de religión petrosexorracial que exige el sacrificio de ciertos cuerpos (anim ales, femeninos, infantiles, extranjeros, racializados...) y la destrucción de ciertos espacios (la colonia, la periferia, la banlieue, el sur...) en beneficio del mantenim iento de una jerarquía mítico-erótico-mercantil" (Preciado, 2022: 45).

3. PROGRESSO COMO DESTINO

Sun-ha Hong descreve como a crescente aposta otimista no "avanço tecnológico" continua operando a partir de uma lógica do "*progresso como destino*" (Hong, 2022: 369). Ele afirma que os investimentos no espetáculo da ficção sobre a colonização de outro planeta apresentam "*mais uma intersecção da busca colonial por fronteiras extrativistas e a produção de novos (ou reciclados) imaginários tecnológicos de futuro*" (Hong, 2022: 369). A figura tecno-extrativista de Elon Musk[1], através da qual o fim do mundo já aparece como variante *real*, engendra também o poder de fazer funcionar certas *ficções*. Como sugere o trabalho de Jota Mombaça, "As ficções de poder se proliferam junto a seus efeitos, numa marcha fúnebre celebrada como avanço, progresso ou destino incontornáveis" (Mombaça, 2017: 4).

O massacre perpetrado por Israel contra o povo e território palestino em 2024 já deixa mais número de mortos do que qualquer outro conflito do século XXI. Como mostra o boletim (anti)segurança do Lasintec (UNIFESP), Israel consolida-se desde o final do século XX como uma potência de desenvolvimento de avançadas tecnologias militares securitárias --passando pelo intensivo uso de "Inteligência Artificial" para identificar "alvo", aeronaves não pilotadas e de toda sorte de monitoramento:

> o complexo industrial-militar serviu a centenas de programadores provenientes da indústria de tecnologia --fragilizada pela quebra da bolha ponto.com-- como um espaço colaborativo facilitador para o desenvolvimento de produtos e serviços aprimorados pela experiência recorrente do teste em combate, experiência esta que ao longo das

1 Como bem definiu Jill Lepore: "O muskismo é um capitalismo no qual as empresas se preocupam (de uma forma muito pública e apaixonada) com todos os tipos de desastres que acabam com o mundo, com a catástrofe assustadoramente real das mudanças climáticas, mas, com mais frequência, elas se preocupam com os misteriosos "riscos existenciais", os riscos x, incluindo a extinção da humanidade, da qual, ao que parece, só os tecnobilionários podem nos salvar" (Lepore, 2021).

últimas décadas tem conferido à produção israelense uma percepção da legitimidade "verificada em campo" a nível global. (Boletim Lasintec 37, 2024).

Como se tornou possível que, em nome do "avanço tecnológico", Israel tenha se tornado uma das maiores máquinas exportadoras de tecnologia de aniquilação do mundo sem que isso não se transformasse em uma crise ética global? Como recorda Ruha Benjamin: "Visões de desenvolvimento e progresso são muitas vezes construídas sobre formas de subjugação social e política que exigem atualização na forma de novas técnicas de classificação e controle" (Benjamin, 2020: 19). Sem dúvida nenhuma, os investimentos no cenário global em torno da categoria de "terrorismo", desde o 11 de Setembro, foram decisivos para a expansão, incremento e legitimidade dessas tecnologias que atuam no aparato tecno-militar de defesa da geopolítica fóssil e no sufocamento preventivo de qualquer insurgência.

Por outro caminho, Laymert Garcia dos Santos recorda que "a virada cibernética" acelerada pela Segunda Guerra Mundial foi o que conferiu "à tecnociência a função de motor de uma acumulação que vai tomar todo o mundo existente como matéria-prima à disposição do trabalho tecnocientífico" (Santos, 2003). De certa forma, a cibernética capitalista do pós-guerra soube responder ao expansivo desejo colonial de ordem e certeza. "Toda a história da cibernética", lembra o Tiqqun (2015: s/p), "pretende conjurar essa impossibilidade de determinar ao mesmo tempo a posição e o comportamento de um corpo". Como nos conta também Mbembe (2019: s/p), mais do que nunca "ganha força a crença de que o mundo seria mais seguro se ao menos os riscos, as ambiguidades e as incertezas pudessem ser controladas, se ao menos as identidades pudessem ser fixadas de uma vez por todas".

A intuição de Wiener, um dos precursores mais conhecidos da teoria cibernética, consistiu em traduzir o problema da incerteza em um problema de informação. Como conta Peter Galison, Wiener inicialmente trabalhava em um problema bem específico: como estabelecer a localização exata de um avião inimigo antecipando sua posição futura. Para Jackie Wang (2022), vivemos um regime afetado pela "crise de incerteza" --um problema tanto informacional quanto existencial e que vem moldando o modo pelo qual habitamos o mundo. "*Quanto menos no controle nos sentimos, mais desejamos a ordem (...) Catástrofes, guerras e epidemias de crime podem aprofundar ainda mais nosso desejo coletivo por segurança*" (Wang, 2022: 225). Ela segue dizendo que, "na Era do Big Data", a incerteza é apresentada como um problema que pode ser superado por uma coleta cada vez mais abrangente de dados, que, por sua vez, produziria melhores eficiências em relação às limitações analíticas humanas na identificação de padrões, de desvios e de riscos. Emerge uma nova forma de "tecno-governança que opera na intersecção entre o conhecimento e o poder" (Wang, 2022: 225) contando com um modo de funcionamento nada transparente e que, muitas vezes, "codifica a desigualdade racial dentro do risco" (Wang, 2022: 227).

Roy Scranton (2013), um veterano estadunidense da Guerra do Iraque, escreveu em 2013 um artigo publicado pelo New York Times no qual ele elabora uma reflexão sobre o "colapso civilizacional". Para ele, que se diz um especialista em "viver diante da morte", a inteligência militar deveria dirigir sua imaginação para o movimento de destruição e caos social causados pelos chamados "eventos climáticos extremos" e pelas fantasias de "crescimento perpétuo". Narrando o que seria um futuro próximo, Scranton sentencia: "Vejo tumultos por comida, furacões e refugiados climáticos. Vejo soldados do 82º batalhão atirando em saqueadores. Vejo falhas na rede, portos destruídos, resíduos de Fukushima e pragas". Scranton conclui então que "O maior problema que enfrentamos é filosófico: entender que essa civilização já está morta". Scranton certamente estava se referindo à civilização *petrosexorracial*.

4. TECNOLOGIAS DE PERTENCIMENTO E CONJUNÇÃO NA VIBRAÇÃO DOS SUBCOMUNS

Fred Moten e Stefano Harney (2023) sugerem que estamos diante da expansão do "capitalismo logístico", uma forma de domínio e condução fundada pelo empreendimento colonial, mas que segue se associando a muitas outras formas de colonização da vida, como faz o novo regime técnico-informacional. O capitalismo logístico, eles dizem, "busca acesso total ao seu idioma, tradução total, transparência total, o valor total de suas palavras" (Moten, Harney, 2023: 65). Agora, "somos violentamente convidados a exercer nosso direito de nos conectar, nosso direito à liberdade de expressão, nosso direito de escolher, nosso direito de avaliar, nosso direito à individualidade correta para que possamos aprimorar a linha de produção que atravessa nossos sonhos liberais" (Moten, Harney, 2023: 65). O novo inimigo global, muitas vezes enquadrado nas leis antiterrorismo, é aquele que não possui rosto. O anonimato, na era da transparência total, desperta temor e suspeição assim como as travessias dissidentes do regime de sexo-gênero. Fluidez e inconstância são atributos perigosos para o capitalismo logístico. Contra a captura permanente da logística, eles sugerem o *emaranhamento*, ou o movimento "errado", imprevisível, perturbando os caminhos dos fluxos e as expectativas sobre "correção" permanente das nossas existências e práticas de conhecimento.

Franco Berardi, por sua vez, afirma que estamos imersos em um "semiocapitalismo" através do qual o regime informacional se funde à produção psíquica, fazendo emergir uma articulação inédita entre acumulação, produção semiótica e estimulação nervosa. Para além disso, "a informatização digital torna possível um processo de recombinação a-subjetiva de informações que não têm a função de significar o mundo ou de representá-lo, mas de gerá-lo, como mundo de síntese: a rede" (Berardi, 2019: 111). Uma das imagens possíveis de uma rede de conexão é que ela pode permitir o fluxo de informação, um "tráfego", sem implicações ou compromissos com a matéria transmitida e os mundos que ela compõe ou suscita. A datificação/algoritimização da vida é "a imposição --pela norma, em escala, da impossível tarefa da abstração partilhada" (Moten, Harney, 2023: 92). Como salienta o amigo Silvio Rhatto,

> A informação, por um lado, se tornou ferramenta de controle usada descontroladamente, a ponto de gerar um excesso de sinais emitidos na expectativa de "fisgar" algum sistema de interpretação/processamento - como por exemplo uma pessoa afetada pela propaganda -, numa poluição cujo efeito global é a transformação da informação em lixo. Por outro, a informação se tornou aquilo que pode ser captado como rastro, rejeito e efeito colateral da atividade das pessoas - sensores, equipamentos de monitoria, registros de interação etc. - que também constitui uma espécie de poluição residual da atividade humana. (Rhatto, 2024).

O sonho petrosexorracial é o sonho de mundo sem pertencimentos. Os territórios da conquista são territórios de saque que podem ser facilmente descartados. Cuidar, cultivar, honrar um vínculo e ser transformado por ele são obstáculos à modernização perpétua. A imagem contemporânea do "Nômade digital" pretensamente desterritorializado que pode se mover, circular e fazer circular os fluxos informacionais através de si, sem estar em lugar algum, é a imagem de um sujeito sem mundo e que, no entanto, para existir, precisa da deterioração de muitos outros mundos. Os celebrados modelos de Inteligência Artificial com aprendizado de máquina, como o ChatGPT, por exemplo, "*podem evaporar facilmente milhões de litros de água doce para resfriar usinas de energia e servidores de IA*" (Ren, 2023: s/p). Algumas pesquisas estimam que, por exemplo, "*Um único data center pode consumir o equivalente à eletricidade de cinquenta mil residências. Com 200 terawatts-hora (TWh) anuais, os data centers consomem coletivamente mais energia do que alguns estados-nação*" (Monserrate, 2022: s/p).

Há tempos perseguimos uma pergunta simples enunciada por Judith Butler: "O que significa agir em conjunto quando as condições de ação conjunta estão destruídas ou entrando em colapso?" (Butler, 2018: 29). Isabelle Stengers sugere pensarmos em "tecnologias de pertencimento". As tecnologias de pertencimento são criadas e mantidas por praticantes que cuidam, criam, partilham, fazem de alguma causa algo comum. Elas conferem a cada situação singular o poder de nos fazer pensar. Elas se distanciam dos ideais de "crescimento" e "mobilização" porque a cada momento, a cada abertura, novos aprendizados emergem e novas formas podem ser adquiridas. Elas até podem ganhar escalabilidade, mas na medida em que sua capacidade de abertura e transformação promova diversidade e cooperação, como, por exemplo, nas técnicas de agrofloresta ou nas formas indígenas de cultivo. Também se distanciam de "problemas universais" na medida em que são movidas por problemas práticos que engajam seus praticantes. Uma comunidade de software livre ou de pessoas que fazem terapias hormonais; tecnologias de defesa de um território ameaçado; usuários de alguma substância; cozinheiras que criam e compartilham práticas e receitas; pessoas que atuam contra a violência policial outras que estudam juntas ou dançam ou sustentam uma comunidade agroecológica: "a tecnologia do pertencimento não é uma técnica de produção, mas, como Brian Massumi colocou, funciona tanto como desafiadora quanto como fomentadora" (Stengers, 2005: 192). Ela nos faz pensar (e agir) na medida em que não "somos" algo, mas nos tornamos algo em companhia. E nos tornar outra coisa, sermos tocados, atravessar, revelar a obsolescência dos nossos inimigos é o que move nosso desejo.

Elas são o que sustentam o que Moten e Harney chamam de "subcomum" (*undercommons*): "um viver incompleto a serviço de uma incompletude partilhada que reconhece e insiste na condição inoperante do indivíduo e da nação, pois essas fantasias brutais e insustentáveis, e todos os efeitos materiais que elas geram, oscilam no intervalo cada vez menor entre liberalismo e fascismo" (Moten, Harney, 2023: 192).

Por fim, as tecnologias de pertencimento geram práticas sensíveis de conjunção. "Conjunção" é como o filósofo Franco Berardi tem nomeado uma matriz relacional marcada pela ambiguidade e vibração, pelos jogos de exceder significados estabelecidos, pelo contato entre corpos - o contrário da lógica "conectiva" e sobrecodificadora do capitalismo tecno-financeirizado e algoritmizado no qual os elementos não são alterados pela relação. A conjunção, estabelece, um "ato criativo; ela cria um número infinito de constelações que não seguem a linha de uma ordem pré-concebida e nem se atrelam integrada a nenhum programa (...) A concatenação conjuntiva é uma fonte de singularidade: se trata de um evento, não de uma estrutura" (Berardi, 2018: 19). A "conjunção, por isso, pode ser vista como uma maneira de tornar-se outro" (Berardi, 2018: 29).

Quando habitamos zonas conjuntivas "estamos tentando descobrir o que é relevante para aqueles que estão participando da comunicação" (Berardi, 2018: 30), inclusive nas situações de conflito e divergência. As zonas conjuntivas atuam para "abrir-se à experiência imprevisível (...) da presença intempestiva do outro, em sua alteridade irredutível, em sua incomensurabilidade", o que "nos expõe para além da nossa vontade de mostrar-nos e nos coloca em situação de acolher, sem reserva, sua chegada" (Garces, 2013: 43). Hospitalidade radical contra as formas forasteiras de extrair e descartar.

O desafio agora, como sugere Preciado, parece ser tanto desmontar as tecnologias do regime petrosexorracial, mas também inventar (e cuidar) de "tecnologias simbióticas", aquelas que nos permitem atuar "fuera de las taxonomías políticas binarias naturaleza/cultura, animal/humano, femenino/masculino, homosexual/ heterosexual, reproductivo/productivo, sur/norte, este/

oeste... que han servido para gobernar la vida y la muerte en la modernidade". (Preciado, 2022: 62).

BIBLIOGRAFIA

Abu-Lughod, L. (2012). As mulheres muçulmanas precisam realmente de salvação? Reflexões antropológicas sobre o relativismo cultural e seus Outros. *Revista Estudos Feministas.*

Aleksiévitch, S. (2016). *A guerra não tem rosto de mulher* (C. Rosas, Trad.). São Paulo: Companhia das Letras.

Aráoz, H. M. (2015-2016). Ecología política de los regímenes extractivistas. De reconfiguraciones imperiales y re-ex-sistencias decoloniales en nuestra América. *Bajo el Volcán,* 15(23).

Benjamin, R. (2020). Retomando nosso fôlego: Estudos de ciência e tecnologia, teoria racial crítica e a imaginação carcerária. In T. Silva (Ed.), *Comunidades, algoritmos e ativismos digitais: Olhares afrodiaspóricos.* São Paulo: LiteraRUA.

Berardi, F. (2019). *Depois do futuro.* São Paulo: Ed. UBU.

Butler, J. (2018). *Corpos em aliança e política das ruas: Notas para uma teoria performativa de assembleia.* Rio de Janeiro: Civilização Brasileira.

Carson, R. (1969). *Primavera silenciosa.* São Paulo: Melhoramentos.

Chakrabarty, D. (2013). O clima da história: Quatro teses. In *Sopro 91.* (Publicado originalmente em *Critical Inquiry,* 35, 2009).

Crutzen, P. (2002). Geology of mankind: The Anthropocene. *Nature,* 415.

Diamond, E. (1963). The myth of the pesticide menace. *Saturday Evening Post,* 16-18.

Ferreira da Silva, D. (s.d.). Hackeando o Sujeito: Feminismo Negro e Recusa além dos limites da crítica. In *Pensamento Negro Radical: Antologia de ensaios.*

Galison, P. (1994). The ontology of the enemy: Norbert Wiener and the cybernetic vision. *Critical Inquiry,* Autumn.

Garcés, M. (2013). *Un mundo común.* Barcelona: Edicions Bellaterra.

Hong, S.-h. (2022). Predictions without futures. *History and Theory, 61,* 371-390.

Johnson, W. (2013). *River of dark dreams: Slavery and empire in the Cotton Kingdom.* Cambridge, MA: Harvard University Press.

LASInTec. (2024, julho). Em nome da segurança e do progresso: "uma casa na praia não é um sonho", o exército de Israel a fará. *Boletim (Anti)segurança,* 37.

Le Corbusier. (2000). *Urbanismo.* São Paulo: Martins Fontes.

Lepore, J. (2021). Muskismo, o capitalismo extraterrestre. *Outras Palavras.* Recuperado de https://outraspalavras.net/crise-civilizatoria/muskismo-ocapitalismo-extraterrestre/

Mbembe, A. (2020). *Políticas da inimizade*. São Paulo: Ed. N-1.

Mbembe, A. (2019). A ideia de um mundo sem fronteiras (S. Borges, Trad.). *Revista Serrote*.

McClintock, A. (2003). Couro imperial: Raça, travestismo e o culto da domesticidade. *Cadernos Pagu*, (20), 7-85.

Monserrate, S. G. (2022). The cloud is material: On the environmental impacts of computation and data storage. *MIT Case Studies in Social and Ethical Responsibilities of Computing*.

Mombaça, J. (2017). Rumo à uma redistribuição desobediente de gênero e anticolonial da violência. Fundação Bienal; CIP.

Moraes, A. (2020). *Experimentações Baldias, paixões de retomada: Vida e luta na cidade acampamento* (Tese de doutorado). Museu Nacional, UFRJ.

Moten, F., & Harney, S. (2023). *Tudo incompleto*. São Paulo: Glac Edições.

Mumford, L. (2004). *A cidade na história: Suas origens, transformações e perspectivas*. São Paulo: Martins Fontes.

Preciado, P. B. (2018). História da tecnosexualidade (A. dos Santos, Trad.). *Clinicand*.

Preciado, P. B. (2022). *Dysphoria Mundis*. Barcelona: Anagrama.

Quaratiello, A. R. (2004). *Rachel Carson: A biography*. Westport: Greenwood Biographies.

Rago, M. (2014). *Do cabaré ao lar: A utopia da cidade disciplinar: Brasil 1890-1930*. São Paulo: Paz e Terra.

Ren, S. (2023). Water is the new CO2. *Sustain Magazine*, (3). Recuperado de https://sustain.algorithmwatch.org/en/water-is-the-new-co2/

Rhatto, S. (2024). *Ensaios vertiginosos* (Vol. 1). Recuperado de https://ensaios.fluxo.info/index.html

Santos, L. G. (2003). A informação após a virada cibernética. In *Revolução Tecnológica, Internet e Socialismo*. São Paulo: Ed. Fundação Perseu Abramo.

Scranton, R. (2013, 10 de novembro). Learning how to die in the Anthropocene. *The New York Times*. Recuperado de https://archive.nytimes.com/opinionator.blogs.nytimes.com/2013/11/10/learning-how-to-die-in-the-anthropocene/

Stengers, I. (2005). An ecology of practices. *Cultural Studies Review*, 11(1), 183-196.

Tiqqun. (2015). *La hipótesis cibernética*. Buenos Aires: Hekht Libros.

Tsing, A. (2015). Margens indomáveis: Cogumelos como espécies companheiras. *Ilha*, 17(1), 177-201.

Yussof, K. (2019). *A billion black anthropocenes or none*. University of Minnesota Press.

Wang, J. (2022). *Capitalismo carcerário*. São Paulo: Ed. Igra Kniga.

Weir, D. (2024). The climate costs of war and militaries can no longer be ignored. *The Guardian*. Disponível em: https://www.theguardian.com/commentisfree/2024/jan/09/emission-from-war-military-gaza-ukraine-climate-change

TECNOPESSIMISMO - NECROPOLÍTICA E TECNOLOGIA

Ana Gabriela Ferreira

1. "MEN AGAINST FIRE"

Usando o episódio da série distópica *Black Mirror* chamado "*Men against fire*", traduzido pelo streaming como "Baratas", observaremos como a perspectiva da seletividade e da manipulação tecnológica numa intervenção militar é bem representada. A análise, neste esboço, consiste em pontuar criticamente como a tecnologia pode incidir em elementos de percepção sobre humanização ou desumanização e como, intencionalmente, reforça a desigualdade de poder e torna-se instrumento de exercício de necropolítica.

No referido episódio, um soldado treinado e seu grupo realizam operações militares numa vila sempre equipados de ferramentas de otimização, incluindo um mecanismo instalado no corpo dos soldados. Na localidade em que atua a força militar, estão em constante confronto com "baratas", seres que saqueiam e destroem o local, causando pânico nos moradores e que, portanto, devem ser combatidos até a eliminação.

Em um determinado confronto, uma das baratas usa um artefato luminoso que provoca reações clínicas no soldado. O mecanismo implementado no treinamento deixa de fazer efeito. Ele passa a perceber, então, que as feras que até então lutavam com ele e que eram eliminadas sem temor são, na verdade, humanos em condição de precariedade absoluta, diante da desigualdade social no local onde a ação militar ocorre.

Furtam comida, remédios e há crianças entre eles. O soldado passa a paralisar antes dos ataques, gerando conflito entre seus pares, pois a hesitação não é um fenômeno possível aos que receberam o chip e o treinamento, dessensibilizados pela nação que representam quanto aos demais seres.

Há aqui um jogo linguístico - a tecnologia é sempre uma lente, uma linguagem construída por alguém numa *posição x*, determinada *sobre a posição y*. Reproduz-se aqui o conflito antagônico verificado na sociedade do capital, que é essencialmente

> dialético em razão e suas estruturas antagônicas objetivas" [...]. Saber que potenciais são realizados relaciona-se à maneira pelo qual os diferentes tipos de sociedade, interesses, estruturas de poder e lutas sociais moldam os projetos e os usos das tecnologias de várias formas que também são potencialmente contraditórias. (Fuchs, 2016: 78).

O uso de uma tecnologia é capaz de influenciar na leitura de mundo e é, por si só, uma marca codificada de leitura de mundo, ratificando as posições originárias de quem a desenvolveu. No episódio, como em situações de práticas militares rotineiras nas relações internacionais, percebe-se a relativização do valor-vida de indivíduos de nacionalidade e vulnerabilidade distintos dos soldados, criando uma verdadeira modificação de leitura sobre as demais existências. Traçamos, neste contexto, que o episódio retrata a desumanização num formato anunciado por Mbembe (2014) em sua obra "Crítica da Razão Negra":

> Depois, a tendencial universalização da condição negra é simultânea com a instauração de práticas imperiais inéditas que devem tanto às lógicas esclavagistas de captura e de predação como às lógicas coloniais de ocupação e exploração, ou seja, às guerras civis ou razzias de épocas anteriores. As guerras de ocupação e as guerras anti-insurreccionais visam não apenas capturar e liquidar o inimigo, mas também levar adiante uma distribuição do tempo e uma atomização do espaço. Uma parte do trabalho consiste agora em transformar o real em ficção o a ficção em real; a mobilização militar aérea, a destruição de infra-estruturas, os golpes e feridas são acompanhadas por uma mobilização total através das imagens. (Mbembe, 2014: 16).

É o que percebemos como decorrência da colonialidade, com construção de narrativas que reificam a desumanização de outros grupos, com o uso de técnicas superpostas de controle (Foucault, 2008b: 12-13) - aqui, o discurso, pautado na dualidade "oriente x ocidente"/"legitimidade x ilegitimidade" se soma aos usos da informação ou desinformação, ao controle das plataformas e às tecnologias bélicas como maneiras diversas de intensificar a narrativa dominante. A separação entre vidas protegidas e descartáveis, estendida e intensificada pelo domínio das ferramentas diversas de manipulação.

Percebemos, ainda, que se torna mais evidente o fenômeno que Mbembe chamou de "devir negro no mundo". Há uma duplicidade cada vez maior, gerada pela intensificação do neoliberalismo e uma sociedade tecnológica, mas de fronteiras físicas cada vez mais restritas *versus* a ideia de "interconexão" pretensamente trazida pela ampliação das ferramentas da rede global de computadores.

Neste fenômeno, a desumanização torna-se ainda mais intensa e reforça um formato de exercício de poder, quando observamos o avanço de ferramentas de inteligência artificial para uma fase que dispensa interações humanas imediatas em locais de conflito, como drones e, num segundo momento, em armas autômatas. Aqui, o paralelo do episódio se torna ainda mais vertente - a tecnologia, baseada em um modelo de funcionamento notoriamente pautado em vieses de seus desenvolvedores, é que vai determinar a humanidade ou não do destinatário do ataque[1].

2. DEVIR-OBJETO - TECNOLOGIAS E DESUMANIZAÇÃO

Conforme já pontuado, no episódio "Men Against Fire", o dispositivo acoplado ao soldado tem o efeito de transformar a visão deles, para que a execução de pessoas nas ações seja interpretada como a execução de *insetos*. Ao longo da história, esta comparação entre humanos e insetos é percebida pelo espectador como distorção discursiva essencial à capacidade letal dos soldados.

Esta não é uma retórica desconhecida. O genocídio em Ruanda ocorreu com hutus que denominavam tutsis como baratas. Na Alemanha nazista, judeus eram chamados de ratos. Israelenses nomeiam palestinos como insetos. A desumanização linguística precede ações de violência contra corpos e histórias. E, no campo tecnológico, percebemos a desumanização reiterada através da manipulação de dados, dos erros biométricos que, ora não conformam precisão à leitura de rostos, ora os reconhece de modo equivocado, da execução à distância de "alvos" cujos efeitos "colaterais" incluem civis não vinculados aos pretensos objetivos de operações.

1 Fenômeno visível, atualmente, no ataque de Israel a Palestinos que já gerou morte de quase 18000 civis palestinos.

Também aqui, a perspectiva de Mbembe (2016) sobre nações "não ocidentais" é evidente:

> As colônias não são organizadas de forma e não criaram um mundo humano. Seus exércitos não formam uma entidade distinta, e suas guerras não são guerras entre exércitos regulares. Não implicam a mobilização de sujeitos soberanos (ci-dadãos) que se respeitam mutuamente, mesmo que inimigos. Não estabelecem distinção entre combatentes e não combatentes ou, novamente, "inimigo" e "criminoso". Assim, é impossível firmar a paz com eles. (Mbembe, 2016: 132).

É sabendo disso que percebemos a intersecção com as tecnologias na continuidade da política de morte. O viés dos dispositivos é a "lente de enxergar baratas" em uso amplo no enfrentamento ao "outro". E, pior, sob o manto de uma simulada imparcialidade matemática. Não há que se falar em inteligência artificial isenta ou puramente numérica. A pretensa objetividade algorítmica vem sendo denunciada como falaciosa por inúmeras pesquisadoras e pesquisadores em todo o mundo, tanto na seleção quanto no manejo dos dados que lhe servem de embasamento para decisões a que se destinam.

Boa parte do que se alcunhou discriminação algorítmica decorre de fatores interseccionais, como gênero, raça, nacionalidade e etnia, gerando imprecisão de leitura até mesmo em mecanismos como a biometria. Nada obstante, o fundamento político e o viés racista de tecnologias são ocultados da narrativa tradicional, constituindo o que Silva (2022) chamará "dupla opacidade", ou seja, a dificuldade de compreender o funcionamento em si da tecnologia e de compreender a agência por detrás dela - viés de quem detém poder sobre sua formulação.

Escolhemos, neste esboço, nomear "tecnopessimismo" a perspectiva de que as tecnologias reproduzem as construções de desumanização que conformam um mundo "branco", o ocidente colonialista, em contraposição a um mundo "negro", não-ocidental, subalternizado, reproduzindo decisões e implicações que tratam cidadãos como descartáveis. O termo, portanto, dialoga com a leitura da experiência do "não-humano" forjado na colonialidade e reforçado através dos dispositivos (Wilderson, 2021).

No entanto, conforme mencionamos anteriormente, esta perspectiva nos chega com base no ideal de *devir negro no mundo.* Os corpos *não ocidentais e os corpos não conformantes* para o neoliberalismo, são *os negros do mundo*. Toda a descartabilidade é orientada pela lógica da colonialidade que se estende ao neoliberalismo com novas implicações. Nesta leitura, a percebemos reproduzida pelo uso das tecnologias e suas finalidades.

Assim, não é acaso que dispositivos de reconhecimento facial e biométrico não reconheçam faces não caucasianas com a mesma precisão, ou com precisão sequer próxima das mesmas. Não é acaso que buscadores associem faces negras a gorilas, não as reconheçam como humanas, não leiam rostos asiáticos (Desvelar, n.d.). Não é acaso que sejam, ainda assim, utilizadas estas técnicas em persecuções de segurança nacional ou internacional com a afirmação de que garantiriam maior segurança nas ações: garante-se a segurança dos corpos *viventes, dos corpos caucasianos*.

Aos entendidos pelo neoliberalismo como indivíduos *à sombra de si mesmos* (Mbembe, 2016: 136), por não possuírem sequer início de efetivação de garantias, não há porque, na governamentalidade algorítmica ocidental, assegurar a proteção quanto ao uso discriminatório. Não é diferente da lógica no campo da militarização e de conflitos entre países, em que se verifica o risco do uso ampliado de tecnologias.

A reprodução da lógica de vidas descartáveis em ferramentas letais já se mostrou extremamente danosa e capaz de assegurar ataques gerenciados à distância por países do norte global enquanto deixam rastro imenso de letalidade em países do sul global. Conforme explica Silva (2017):

> *o combate convencional com soldados nos campos de batalha está sendo substituído por máquinas que são operadas no espaço cibernético*, isto é, os Estados utilizam-se de drones em conflitos de alto risco. Os drones são caracterizados como "veículo terrestre, naval ou aeronáutico, controlado a distância ou de modo automático" (Chamayou, 2015: 52), derivado do termo em inglês, a saber, unmanned aerial vehicle - UAV (veículo aéreo não tripulado). Sendo assim, o indivíduo que está operando através de uma cabine de comando e controle, identifica o alvo através da lente do drone, uma vez identificado como alvo suspeito, a ordem é para atirar (Borne, 2014). *Os drones, como armas militares, já operam em países como Paquistão, Somália, Iraque, Afeganistão, Iêmem.* A problemática levantada contra o seu uso refere-se, sobretudo à morte de civis de forma arbitrária (Amnesty International, 2013, Borne, 2014). De acordo com o relatório anual da Anistia Internacional (2013) acerca dos ataques estadunidenses com drones no Paquistão, estima-se

> que durante os anos de 2004 a 2013, ocorreram 330 ataques com 2.200 mortes, contabilizando a morte de aproximadamente 600 civis dos quais se calcula que 200 eram crianças. (Silva, 2017: 38, destaque nosso).

Há aqui um indício do que se pretende com o uso de ferramentas letais em ações militares internacionais, sob pretexto de intervenções diversas - uma reificação dos ***grupos de fronteira***, ou seja, daqueles que podem ser descartados sob uma imagem humana cada vez mais distante enquanto se resguardam as vidas daqueles cujo valor de existência é reconhecido. É importante perceber aqui um fator essencial - pouco importa, para a formulação tecnológica nestes casos, se as vítimas efetivamente são o alvo formalmente declarado.

É a determinação de descartabilidade ou não descartabilidade, construída previamente, no discurso colonialista neoliberal, que será a régua da violação. O Direito Internacional dos Conflitos Armados (DICA) tutela, em tese, limites éticos do uso de ferramentas em situações de guerra, mas não prevê determinações específicas, muito embora seus preceitos possam ser aplicados, em conjunto com preceitos regulatórios da própria IA.

Uma das inverdades a combater, para a qual chamamos a atenção, é a de que a existência de armas de execução autômata seria sustentada pelo maior aprimoramento e menor dano causado a partes não envolvidas no conflito. Na recente ampliação do uso de IA em reconhecimento biométrico, por exemplo, debate-se a possibilidade de que as decisões da execução de tarefa fossem guiadas pela pretensa precisão da máquina no reconhecimento dos alvos primordiais de ações.

Esta falácia tem por base a dupla opacidade e a falsa arguição de isenção matemática que teriam as IAs na tomada de decisão. Em verdade, no entanto, estamos num sistema fechado e reificado a cada seleção, que reproduz a dinâmica de menos valia das vidas não-ocidentais. Conforme Berardi (2020):

> De acordo com Leibniz, a razão se desenvolve em uma esfera abstrata que não admite a entrada de corpos. E, no entanto, hoje corpos habitam um mundo dominado pela computação. A teologia computacional submeteu a vida social e a linguagem e gerou uma cascata de determinação. Nesse espaço de determinação, os corpos só conseguem agir efetivamente se forem compatíveis com o formato da teologia matemática regente; caso contrário, são marginalizados como resíduos irredutíveis.(...)

Analisemos o quadro geral deste século pós-dialético: enquanto corpos históricos estão apodrecendo e sendo explodidos na esfera caótica da guerra civil global, dissipando de uma vez por todas as ideias de progresso e *Aufhebung*, no *bunker* virtual leibniziano a ur-mônada cria concatenações conectivas como fluxos conscientes de recombinações desprovidas de corpos. A mônada de Leibniz é a potência generativa de dimensão zero da informação. (Berardi, 2020: 126).

No mesmo sentido se posiciona Wang, ao falar sobre a lógica de segurança preditiva falaciosa, ao afirmar que "Os dados se apresentam como uma solução para o problema da incerteza, alegando trazer total ciência e superar as limitações analíticas humanas" (Wang, 2022: 217), no entanto, a incerteza advém das condições sociais construídas e fomentadas pelo neoliberalismo e os dados reproduzem as determinações dos grupos no poder.

Nos dizeres de Elesbão (2020):

Alguns deles são ostensivos e visíveis como câmeras de monitoramento, dispositivos de posicionamento global, drones policiais, etc. Outros são códigos computo-informacionais inescrutáveis e invisíveis que, incorporados às interações de mídia social, fluem por meio de aplicativos para serviços governamentais e envolvem cada produto comprado e cada experiência vivida. (Elesbão, 2020: 34).

O episódio da série "***black mirror***" é um, entre alguns, em que se mostra como a tecnologia, sempre carregada de um viés conformado pela dupla opacidade, pode ratificar a desumanização na leitura e no controle de corpos, reforçando as relações desiguais e ampliando o poder de destruição.

Pesquisas como a "GenderShades", conduzida por Buolamwini e Gebru (2018), mostram que a capacidade de acerto algorítmico está longe da isenção matemática, tendo perspectivas diretas do grupo que realiza o desenho do código. Isso envolve, diretamente, perspectivas e pontos-cegos raciais, étnicos, de gênero e de classe. No mesmo sentido aponta O'neil (2018), ao identificar que decisões algorítmicas tidas como puramente matemáticas, e de formulações opacas, geravam prejuízo direto a pobres e oprimidos socialmente, ao tempo que beneficiavam ricos.

A ampliação do uso de tecnologias como instrumentos supostamente hábeis à resolução de conflitos é perigosa especialmente por este motivo. Enquanto há pouco conhecimento de suas especificidades pelo público, dissemina-se uma ideia de objeto precisamente tratado por pressupostos que envolveriam puramente cálculo, pouco sujeitos a erro, objetivos, límpidos.

Ao mesmo tempo, maquinando e financiando as configurações algorítmicas, figuram os mesmos detentores de poder do capitalismo de vigilância tradicional, configurando cenários artificiais que reproduzem as cegueiras institucionais e o controle de corpos usual, orientado a manter o ***status quo.*** São estes donos de grandes fortunas que detém o poder de definir a que e a quem se destina o algoritmo.

Trata-se de uma limpeza na imagem dos tentáculos do Estado ao lidar com conflitos, sem correspondente modificação das ferramentas. Reforça-se o uso de ferramentas de vigilantismo, cada vez mais amplo, através da pretensa sublimação do direcionamento das mesmas aos grupos precarizados, em âmbito nacional e internacional, denunciada desde os esboços iniciais das criminologias críticas.

É com base na percepção de que o capitalismo e o colonialismo vêm constituindo novas ferramentas necropolíticas, ferindo a isonomia e violando diretamente a principiologia que deveria regular usos de tecnologias que nosso argumento se sustenta. As TIC's são as novas ferramentas de guerra a serviço do poder de morte que o neoliberalismo exacerba.

Isso porque a ***governamentalidade*** (Foucault, 2008a) no neoliberalismo necessariamente tutela a vida separando-a em lucro ou excedente. Em alguns casos, inclusive, tecnologias apenas atestam o desvalor da vida de populações inteiras. É o que podemos verificar, atualmente, no ataque de Israel à Palestina, que já resultou em quase 18.000 civis palestinos assassinados, com uso ostensivo de tecnologias como drones, tanques de ataque autômato, armas acopladas a IA's intensificando ataques filmados e transmitidos.

Outro exemplo é o uso dos cães-robôs por policiais de fronteira estadunidenses em suas margens com o México. A tensão política na fronteira é tema recorrente nas disputas eleitorais e nas perspectivas de direitos humanos e de democracia. A solução adotada pelos EUA, em consonância com a política anti-imigrantes que tem sido sua marca na fronteira mexicana, foi implementar uma nova tecnologia que, segundo as informações oficiais, pode chegar a locais de difícil acesso e não cria o risco de que policiais se deparem com cobras ou outros perigos. É uma emulação que ressalva a vida e integridade militar estadunidense e confere poder autômato de controle e monitoramento sobre corpos de cidadãos de outras nacionalidades.

Podemos observar que as tecnologias reiteram as técnicas de dualização do valor-vida, exatamente por reproduzir funções e vieses já observados no sistema tradicional de controle. Performam, num entanto, um papel que sugere a ausência de agência humana nas decisões, o que torna ainda mais perverso o seu modelo. Trata-se de um aprimoramento da técnica de desumanização x proteção de vidas entendidas como cidadãs.

REFERÊNCIAS

Berardi, F. (2020). *Asfixia: Capitalismo financeiro e a insurreição da linguagem.* Ubu.

Buolamwini, J., & Gebru, T. (2018). Gender shades: Intersectional accuracy disparities in commercial gender classification. *Proceedings of Machine Learning Research, 81,* 1-15. Recuperado de https://www.media.mit.edu/publications/gender-shades-intersectional-accuracy-disparities-in-commercial-gender-classification/

Desvelar. (n.d.). Evidências do racismo algorítmico são inúmeras. *Desvelar.* Recuperado em 18 de dezembro de 2024, de https://desvelar.org/casos-de-racismo-algoritmico-sao-frequentes/

Elesbão, A. C. S. (2021). *Algoritmos na sociedade da exposição: um estudo de casa sobre o mecanismo comercial de busca do Google.* [Dissertação de Mestrado, Pontifícia Universidade Católica do Rio Grande do Sul]. PUCRS. Recuperado de https://tede2.pucrs.br/tede2/bitstream/tede/10240/5/DIS ANA CLARA SANTOS ELESBAO COMPLETO.pdf

Foucault, M. (2008a). *Nascimento da biopolítica. Curso dado no Collège de. France (1978-1979).* (Coleção Tópicos). São Paulo: Martins Fontes.

Foucault, M. (2008b). *Segurança, território, população: Curso dado no Collège de France (1977-1978)* (Coleção Tópicos). São Paulo: Martins Fontes.

Fuchs, C. (2016). Em direção a uma problemática marxista sobre o uso da internet. *Crítica Marxista, 43.* Fundação Editora da UNESP.

Mbembe, A. (2014). *Crítica da razão negra.* Lisboa: Antígona Editores.

Mbembe, A. (2016). Necropolítica. *Arte & Ensaios: Revista do PPGAV/EBA/UFRJ, 32.*

O'Neil, C. (2018). *Armas de destrucción matemática: Cómo el big data aumenta la desigualdad y amenaza la democracia.* (Tradução: V. A. de la Torre). Recuperado de Lectulandia.com (Acesso em 10 de setembro de 2022).

Silva, L. P. (2017). Tecnologia e guerra: Um estudo exploratório acerca das implicações legais do uso de drones em operações militares (Dissertação de mestrado). UFPE.

Silva, T. (2022). *Racismo algorítmico: Inteligência artificial e discriminação nas redes digitais*. Edições SESC.

Wilderson III, F. B. (2021). *Afropessimismo*. São Paulo: Todavia. Recuperado de https://periodicos.ufba.br/index.php/afroasia/article/view/52097

Wang, J. (2022). *Capitalismo carcerário* (Trad. B. Xavier). São Paulo: Igrá Kniga.

ALGORITMOS E DANOS À LIBERDADE DE EXPRESSÃO: OS DIREITOS HUMANOS E A MANIPULAÇÃO DE VULNERABILIDADES PELOS SISTEMAS DE IA[1]

André Olivier

1. INTRODUÇÃO

As novas tecnologias, especialmente a inteligência artificial (IA) e os algoritmos, estão transformando radicalmente a dinâmica das liberdades individuais, em particular a liberdade de expressão. Este artigo tem como objetivo explorar os complexos desafios éticos, políticos e jurídicos que surgem com o uso de sistemas de IA e seu impacto nas liberdades individuais. A partir de uma análise crítica, o texto abordará como algoritmos, utilizados em diversas plataformas e serviços *online*, podem violar tanto a privacidade quanto censurar conteúdos legítimos, reproduzir preconceitos e criar bolhas de filtro que limitam a exposição a diferentes pontos de vista. A disseminação de desinformação por meio de *fake news* e *deepfakes*, assim como a polarização de opiniões e a vigilância em massa, revelam os riscos e a potencialidade de danos que o uso exponencial de sistemas de IA pode acarretar às liberdades individuais e aos direitos humanos. Esses sistemas estão redefinindo a forma como interagimos e nos expressamos digitalmente. Ao mesmo tempo em que dão voz a pessoas que até então não eram escutadas, os meios digitais direcionam e determinam o que pode ser dito, falado ou pensado. Nesse sentido, o presente estudo questiona: até que ponto a inteligência artificial pode invadir ou restringir a liberdade de expressão? Existem limites para o abuso de liberdade potencializado por sistemas de IA?

1 O presente artigo foi elaborado no âmbito no projeto de pesquisa intitulado *"Direitos humanos e inteligência artificial: da violação dos direitos da personalidade à necessidade de regulação das novas tecnologias"*, que foi contemplado na Chamada CNPq/MCTI Nº 10/2023 - UNIVERSAL e recebeu apoio do Conselho Nacional de Desenvolvimento Científico e Tecnológico - CNPq.

A resposta a essas perguntas reside no fato de que algoritmos e sistemas de IA podem violar direitos humanos não apenas através da censura e vigilância excessiva, mas também pela manipulação sutil e distorção dos desejos, vontades e comportamentos humanos. A capacidade das novas tecnologias de manipular informações e influenciar opiniões públicas coloca em risco a integridade da liberdade de expressão e da autonomia individual. A manipulação, entendida como influência oculta que compromete a autonomia da vontade, representa uma violação direta das liberdades individuais. Nesse sentido, a pesquisa pretende analisar como o abuso da liberdade de expressão, a censura e a vigilância excessiva, facilitadas por novas tecnologias, podem comprometer direitos e liberdades individuais como a própria liberdade de expressão, a privacidade e a intimidade. Por meio de uma revisão bibliográfica e uma abordagem qualitativa e exploratória, esta pesquisa propõe fundamentos jurídicos para mitigar ou evitar possíveis impactos negativos da IA sobre os direitos humanos. Ao final, o texto busca compreender o significado da manipulação da expressão humana e da tomada de decisões, destacando que sistemas automatizados colocam em risco a autonomia da vontade e podem produzir sérios danos à dignidade humana através da exploração de vulnerabilidades sociais básicas, o que torna urgente a necessidade de proteção das liberdades individuais em um ambiente digital cada vez mais complexo e interconectado.

2. AS LIBERDADES INDIVIDUAIS NO DOMÍNIO DOS ALGORITMOS

A liberdade de expressão constitui um direito humano fundamental que permite aos indivíduos manifestarem suas opiniões, ideias e sentimentos sem interferência ou censura por parte do governo ou de outras entidades. Esse direito abrange não apenas a liberdade de comunicar informações e pensamentos, mas também de receber e buscar informações e ideias, independentemente das fronteiras, protegendo os indivíduos contra repressão à palavra, em especial a censura prévia. Trata-se de um direito humano de primeira dimensão, isto é, uma liberdade individual que, ao lado de outras liberdades[2], serve como um freio para limitar a

2 A Declaração Universal dos Direitos Humanos de 1948 garante a todos os seres humanos "o direito à vida, à liberdade e à segurança pessoal" (Artigo 3º, DUDH), assim como o direito à privacidade (Artigo 12, DUDH). Várias outras liberdades individuais são detalhadas em diferentes artigos: o "direito à liberdade de pensamento, consciência e religião" (Artigo

intervenção do Estado na vida pessoal e privada dos cidadãos. Diversas liberdades individuais se entrecruzam no exercício da opinião e da expressão e, como um conglomerado de liberdades, a liberdade de opinião e expressão enfrenta novos desafios com o aumento do uso de novas tecnologias e de sistemas de IA.

Dentro da Inteligência Artificial, uma área essencial é o aprendizado de máquina (*machine learning*), que se refere ao desenvolvimento de algoritmos que podem melhorar seu desempenho através da análise preditiva de dados, sem necessidade de programação específica para cada tarefa (Russell, 2021 e 2022; Searle, 2014). Algoritmos são conjuntos finitos de instruções claras e precisas destinados a resolver problemas ou executar tarefas específicas. Cada algoritmo é desenvolvido para receber dados de entrada (*input*), processá-los e produzir resultados (*output*), enquanto aprende e identifica regras e padrões durante esse processo. Esses algoritmos são empregados para melhorar processos e solucionar problemas de maneira eficaz, oferecendo diversas aplicações práticas, tais como processamento de linguagem natural, aconselhamento financeiro, identificação de padrões e automação industrial, entre outras.

Atualmente, observamos o avanço de máquinas que executam tarefas específicas na medida em que possuem uma autonomia restrita ao focar em atividades determinadas. Vários produtos (contendo somente a IA fraca ou restrita) já estão circulando no mercado e tem provocado debates sobre o uso das novas tecnologias e a interconexão entre Direito, Ética e Política (Dubber, Pasquale e Das, 2020; Hoven e Vermaas, 2015; Leslie, Burr, Aitken, Cowls, Katell e Briggs, 2021; Verbeek, 2011). Imagine quando sistemas de IA fortes estiverem à disposição das pessoas?

Os sistemas fracos são projetados para realizar funções limitadas e específicas. Exemplos incluem *chatbots*, sistemas de recomendação *online*, plataformas de *streaming* e sistemas de segurança que utilizam reconhecimento de voz e imagem. Embora esses produtos realizem suas tarefas de forma inteligente, eles ainda não têm a capacidade de expandir suas habilidades além das funções para as quais foram originalmente programados.

18, DUDH); o "direito à liberdade de opinião e expressão" (Artigo 19, DUDH); o "direito à liberdade de reunião e associação pacíficas" (Artigo 20, DUDH); e o "direito de tomar parte no governo de seu país diretamente ou por intermédio de representantes livremente escolhidos" (Artigo 21, DUDH).

Ao que tudo indica, esta tecnologia ainda possui um vasto potencial para futuras explorações e avanços, ao mesmo tempo em que poderá violar direitos humanos a partir do seu uso tendencioso e discriminatório. No contexto das novas tecnologias, os algoritmos podem violar as liberdades individuais de várias maneiras, e o primeiro passo é a invasão da privacidade quanto a informações e dados pessoais. Plataformas de mídia social e outros serviços *online* utilizam algoritmos para moderar conteúdos, removendo ou ocultando publicações que violam suas políticas. Esses algoritmos podem ser excessivamente zelosos ou mal programados, resultando na censura de conteúdos legítimos e na supressão de vozes dissidentes. Um exemplo é a remoção de postagens por algoritmos que interpretam erroneamente o contexto de certas palavras ou imagens, bloqueando discussões legítimas sobre temas sensíveis.

Algoritmos podem refletir os preconceitos de seus criadores ou das bases de dados em que foram treinados, levando à amplificação de certas opiniões e à supressão de outras, criando um ambiente digital que favorece determinados pontos de vista enquanto marginaliza outros. O viés algorítmico pode impactar a visibilidade de conteúdos produzidos por minorias. Pode, aliás, invisibilizar e silenciar grupos minoritários. Algoritmos de recomendação, como os usados por plataformas de redes sociais, podem criar bolhas de filtro, onde os usuários são expostos apenas a conteúdos que reforçam suas opiniões preexistentes. Sunstein (2017: 5-13) refere-se às "câmaras de eco", que são ambientes digitais onde indivíduos são expostos apenas a informações ou opiniões que reforçam suas próprias crenças. As redes sociais frequentemente contribuem para esse fenômeno ao mostrar conteúdo personalizado, limitando a exposição a pontos de vista divergentes. Isso produz o que Sunstein (2017) descreve como o fenômeno "daily me", em que os indivíduos fazem a curadoria dos seus próprios ambientes de informação, de forma semelhante a um *feed* de notícias personalizado, o que pode isolá-los de opiniões divergentes e restringir a liberdade de expressão ao criar uma visão distorcida da realidade.

Além disso, algoritmos podem ser usados para disseminar desinformação ou propaganda enganosa, manipulando a opinião pública e interferindo em processos democráticos. Os algoritmos podem impulsionar a opinião pública a polarizações e posturas extremistas. Conforme Sunstein (2017: 238), que aponta para os "empreendedores da polarização", há indivíduos ou grupos que utilizam as redes sociais para fomentar divisões e extremismos (Sunstein, 2009: 21), aproveitando-se das estruturas das plataformas digitais para disseminar suas agendas. Algoritmos de monetização e publicidade podem desmonetizar ou bloquear conteúdos considerados controversos ou inadequados para anunciantes. Isso pode afetar a sustentabilidade financeira de criadores de conteúdo independentes, restringindo, cada vez mais, a diversidade de opiniões.

Governos e outras corporações, como as *Big Techs*, podem utilizar IA para monitorar e rastrear a atividade *online* de indivíduos, identificando e reprimindo qualquer voz dissidente. Tecnologias de reconhecimento facial e análise de dados podem ser empregadas para identificar e perseguir ativistas, jornalistas e opositores políticos. A vigilância em massa pode criar um ambiente de autocensura, onde as pessoas têm medo de expressar suas opiniões livremente devido ao risco de repercussões.

A utilização de sistemas de IA apresenta desafios éticos, políticos e legais que podem se tornar significativamente mais complexos com o desenvolvimento e a implementação de IA geral ou até mesmo da IA superinteligente (Tzimas, 2021). O impacto dessa tecnologia pode trazer consequências negativas para os direitos humanos (Donahoe e Metzger, 2019; Leslie, 2021; Liao, 2020; Livingston e Risse, 2019; Rafanelli, 2022; Roumate, 2021), especialmente no que diz respeito aos direitos e liberdades individuais. Dentre essas liberdades, o direito de se expressar livremente ganha uma nova dinâmica, na medida que os meios digitais podem não só vigiar e censurar pessoas, mas influenciar a tomada de decisão e o exercício de outros direitos que dependem da autonomia da vontade dos indivíduos.

3. CENSURA, VIGILÂNCIA EXCESSIVO E ABUSO DE DIREITO

Desde os tempos analógicos, a censura é o modo mais usual de violação da liberdade de expressão, seja pela censura prévia, seja pela repressão após a palavra já ter sido dita. A censura pode se manifestar de diversas formas, incluindo a repressão de discursos críticos, a restrição ao acesso a informações e a intimidação a dissidentes. Nesse sentido, a violação da liberdade de expressão pode ser caracterizada como uma proibição de dar sua opinião e se expressar, o que também pode caracterizar uma obstrução por parte de outras pessoas a terem acesso a informações e ideias. O uso massivo das novas tecnologias vem apresentando técnicas mais refinadas de censura, além da vigilância em excesso, que faz com que dados e informações sejam cada vez mais facilmente acessadas por qualquer um e em qualquer parte do planeta.

No atual contexto de proliferação de sistemas de IA, as técnicas de vigilância estatal e a censura se intensificam e é importante destacar que elas já não são práticas realizadas apenas pelos Estados e seus governantes. Grandes corporações, as chamadas ***Big Techs***, também coletam dados privados e vigiam o comportamento virtual dos usuários das mídias digitais. Além disso, a voz dos indivíduos, que até então não era escutada, foi amplifica com a utilização da internet e das redes sociais, o que permitiu às pessoas divulgarem instantaneamente suas crenças e opiniões, sendo muitas dessas manifestações discursos claramente ofensivos e danosos a bens jurídicos tutelados.

Isso provoca uma dinâmica na linguagem dos direitos e nos faz perceber que a ideia de que o alcance da liberdade de expressão foi ampliado e estendido é, ao mesmo tempo, ilusória na medida em que a vigilância e a censura se perpetuam de modo mais severo e eficiente contra as liberdades individuais.

Zick discute como as novas tecnologias, especialmente a internet e as mídias sociais, transformaram a paisagem da liberdade de expressão. Essas tecnologias introduziram novos desafios, como a disseminação rápida de desinformação e a vigilância digital, além de novas oportunidades para a expressão livre. Zick argumenta que a liberdade de expressão não é um conceito estático, mas sim dinâmico e em constante evolução (Zick, 2018: 21). Além disso, a liberdade de expressão não deve ser vista isoladamente, mas em relação a outros direitos constitucionais (Zick, 2018: 37), como a liberdade de imprensa, a liberdade religiosa, e o direito à proteção igualitária. A cláusula constitucional da liberdade de expressão exige uma análise contextualizada para proteger efetivamente esse os direitos fundamentais na medida em que deve ser equalizada a partir de outros direitos e garantias constitucionais. Nesse sentido, o autor explora como diferentes formas de discurso e regulação interagem de maneiras complexas, impactando a forma como a liberdade de expressão é exercida e protegida. Ele analisa como essas interações podem tanto promover quanto restringir o discurso livre, dependendo do contexto e das práticas regulatórias.

É claro que os meios digitais podem ampliar a liberdade de expressão. Podem, inclusive, driblar a censura ou restrições impostas pelo governo ou outras autoridades. Contudo, é preciso esclarecer que o exercício desse direito não é absoluto e incondicional e, como em todo direito fundamental, existem limites e restrições normativas ao seu exercício, na medida em que o exercício de um direito não pode se constituir enquanto abuso de direito.

Embora a liberdade de expressão seja um direito fundamental, ela pode ser restringida em certas situações, em especial quando conflita com outros direitos, como os direitos à privacidade e à intimidade. Em outras palavras, isso implica dizer que não existe direito que seja absoluto e válido sempre e sem exceções. Não existe um direito que sempre, absolutamente sempre, se sobreponha a qualquer outro direito. Nem mesmo a vida, que é um direito com forte pretensão de universalidade, pode ser considerada um direito absoluto, visto que o próprio sistema jurídico permite exceções à vida, como, por exemplo, no caso de legítima defesa.

No caso da liberdade de expressão, difamar alguém ou divulgar informações pessoais sem consentimento não é protegido pela liberdade de expressão, pois infringe os direitos individuais à privacidade e à intimidade. Existem restrições legais ao exercício da liberdade de expressão. Um golpista ou estelionatário não pode utilizar expressões enganosas para obter vantagem indevida, mesmo quando a vítima é uma pessoa adulta e plenamente capaz de fazer suas próprias escolhas e tomar decisões. Esse estelionatário não pode alegar que a vítima era uma pessoa capaz e, portanto, deveria saber que esse tipo de golpe existe na praça e que, portanto, o equívoco residiria mais na culpa da vítima e do que na má-fé do criminoso. Defender a liberdade de expressão a esse ponto já não é propriamente defender um direito legítimo, mas, sim, dizer que, em nome do direito de expressão, se deve autorizar o cometimento de crimes e atos ilícitos.

O abuso da liberdade de expressão ocorre quando a manifestação de opiniões, ideias ou pensamentos viola outros direitos ou princípios legais, como o direito à privacidade e à intimidade. Exemplos de abuso da liberdade de expressão incluem espalhar informações falsas que prejudicam a reputação de uma pessoa; promover a discriminação, hostilidade ou violência contra grupos ou indivíduos com base em características como raça, religião, gênero ou orientação sexual; proferir palavras ou mensagens que fomentam a intolerância ou incitam violência contra indivíduos ou grupos específicos; divulgar informações falsas ou enganosas com o objetivo de induzir consumidores ao erro; fazer acusações falsas e prejudiciais que afetam a honra ou dignidade de uma pessoa; publicar informações pessoais sobre alguém sem seu consentimento, invadindo sua privacidade e intimidade.

Sunstein (2017: 56) descreve com a expressão "cascatas cibernéticas" o modo pelo qual informações e rumores se espalham rapidamente na internet, influenciando opiniões e comportamentos de maneira significativa e muitas vezes irracional. Sunstein (1995, 2009 e 2017) argumenta que, apesar de ser um fundamento da democracia, a liberdade de expressão pode ter efeitos negativos, como a polarização e a disseminação de desinformação, especialmente em ambientes de mídia social que permitem a personalização extrema das informações.

O abuso reside, ainda, na disseminação de informações pessoais sem consentimento e a propagação de discursos de ódio que prejudicam a dignidade e a reputação de indivíduos. Sem falar no uso da comunicação para enganar, manipular ou prejudicar terceiros, como no caso de golpistas e estelionatários. Ou na intimidação por meio de falas, postagens e declarações, colocando, assim, em risco a segurança de indivíduos ou grupos. Esses atos não são protegidos pelo direito à liberdade de expressão e são considerados abusos desse direito porque prejudicam a sociedade, indivíduos ou grupos, e violam outros direitos fundamentais.

Wardle e Derakhshan (2017) abordam a crescente complexidade e impacto da desinformação na era digital. Os autores discutem como a desordem informacional -- caracterizada pela proliferação de notícias falsas, desinformação e manipulação de informações -- afeta a confiança pública e a integridade democrática. Eles propõem um quadro interdisciplinar para investigar e abordar esses problemas, enfatizando a necessidade de estratégias integradas que envolvam pesquisadores, formuladores de políticas e plataformas digitais, a fim de elaborar e desenvolver políticas públicas eficazes que combatam a desinformação e promovam a resiliência da sociedade em relação a essas questões.

Atualmente, as *deepfakes* têm chamado muita atenção, na medida em que têm altíssimo potencial de causar danos graves aos direitos de determinadas pessoas. *Deepfakes* constituem um tipo de mídia sintética em que vídeos, áudios ou imagens são manipulados utilizando inteligência artificial e aprendizado de máquina (*machine learning*) para criar conteúdos falsos. Esses conteúdos são altamente realistas, tornando difícil para as pessoas comuns identificarem se o conteúdo é falso. A tecnologia envolvida nas *deepfakes* utiliza redes neurais, especialmente redes generativas adversariais, para aprender e replicar os padrões de voz e imagem das pessoas. Elas podem alterar ou substituir a aparência e a voz de uma pessoa em um vídeo ou áudio, fazendo parecer que ela disse ou fez algo que nunca ocorreu.

As *deepfakes* levantam sérias preocupações sobre invasão de privacidade e segurança pessoal, na medida em que dados privados, como imagens e voz, são usados para criar pornografia não consensual ou falsificar identidades. Elas podem ser usadas para espalhar desinformação, fraudes, chantagens e ataques de caráter. Por exemplo, é possível a criação de vídeos falsos de figuras públicas dizendo ou fazendo coisas controversas. A disseminação desse tipo de vídeo pode, ao final, vir a manipular o processo eleitoral e influenciar na escolha deste ou daquele candidato (O'Neil, 2020: 161), ainda mais se a mídia for impulsionada por robôs a ponto de provocarem o seu acesso para milhares de usuários da rede.

Embora a IA tenha o potencial de melhorar a moderação de conteúdo e combater o discurso prejudicial *online*, é inegável que essa tecnologia apresenta desafios significativos para a liberdade de expressão. A censura, a segurança dos dados e a proteção contra vigilância excessiva são questões que requerem atenção especial para garantir a liberdade individual e a integridade dos direitos humanos. Assim, o abuso quanto ao exercício da liberdade individual a partir de atos discursivos como falas de ódio, incitação ao crime, intimidação, *deepfake* pornográfica, dentre outras práticas excludentes e discriminatórias, revela a urgência da regulação das novas tecnologias. A liberdade de expressão, ao invés de estar sendo estimulada e protegida, encontra-se, na verdade, ameaçada pelo uso predatório dos meios e recursos digitais. Atos discursivos como os relatados acima não só comprometem a integridade das vítimas, mas também desvirtuam o propósito original da liberdade de expressão, que é promover um debate livre e construtivo.

4. DANOS E MANIPULAÇÃO A PARTIR DAS VULNERABILIDADES

Os desafios apresentados pelo exercício da liberdade de expressão no contexto das novas tecnologias revelam as dificuldades em se encontrar um ponto de equilíbrio entre o alcance das liberdades individuais, o acesso à informação e a proteção da privacidade e intimidade. Verifica-se um movimento dialético entre o abuso da liberdade de expressão e a censura e vigilância excessiva, e talvez aqui resida um dos grandes desafios para a liberdade de expressão em tempos de novas tecnologias: a repressão ao abuso de direito no caso da liberdade de expressão não pode desencadear vigilância em excesso nem, muito menos, em censura ao legítimo exercício dessa liberdade. Embora a intenção de proteger a sociedade contra danos seja sempre legítima, o excesso de vigilância pode resultar em uma erosão dos direitos fundamentais. Medidas excessivas de monitoramento e controle podem sufocar o livre fluxo de ideias e opiniões, essencial para uma sociedade democrática e pluralista.

Mas, qual é o ponto de equilíbrio entre os dois extremos? Responder a essa pergunta é começar a estabelecer parâmetros normativos para se mensurar o risco e o dano que as novas tecnologias podem provocar contra as pessoas. É preciso caracterizar o risco e o dano, seja este último efetivo ou potencial, contra a liberdade de expressão. Nesse sentido, Waldron (2012) argumenta que o discurso de ódio não apenas ofende ou desrespeita indivíduos, mas também causa um dano profundo à dignidade e ao status igualitário das pessoas que são alvo desse discurso (Waldron, 2012: 172). Ele vê a dignidade humana como um valor fundamental em uma sociedade democrática, e o discurso de ódio como uma forma de ataque a esse valor. O dano é social (Waldron, 2012: 65) e ocorre quando grupos ou indivíduos são desumanizados ou tratados como menos dignos, o que enfraquece o reconhecimento de sua igualdade e respeito como membros da comunidade.

Waldron prossegue realizando uma distinção entre o dano "constituído" pelo discurso e o dano "causado" pelo discurso (Waldron, 2012: 166). Para ele, o dano "constituído" pelo discurso não é apenas um resultado dele, mas é criado e configurado pelo próprio discurso. Em outras palavras, o dano não é um efeito colateral ou uma consequência não intencional do discurso; ele é uma parte essencial da forma como o discurso opera e causa impacto. O discurso de ódio, nesse sentido, contribui diretamente para o próprio conceito de dano ao afirmar e reforçar desigualdades e desrespeito. Por outro lado, o dano "causado" pelo discurso seria entendido como um efeito que ocorre como consequência do discurso de ódio, mas que poderia ser separado da própria natureza do discurso. Por exemplo, se o discurso de ódio leva a conflitos ou violência, esses são efeitos que surgem do discurso, mas não são necessariamente intrínsecos ao próprio ato de falar.

Com isso, Waldron quer enfatizar que o impacto do discurso de ódio vai além de ser simplesmente um fator que contribui para outros danos. Ele vê o discurso de ódio como algo que constrói e perpetua o próprio dano ao desrespeitar e desumanizar indivíduos e grupos. Isso significa dizer que uma pessoa pode exercer a sua liberdade de expressão, desde que, no seu exercício, não viole direitos de terceiros. O exercício da liberdade não pode provocar danos contra terceiros. Esse é o ponto principal para que se possa proteger os usuários da internet e das novas tecnologias contra os abusos que visam, no fundo, sufocar a liberdade de expressão, garantindo que as medidas de vigilância não se tornem ferramentas de repressão e controle excessivo.

A liberdade de expressão e o acesso à informação, pilares essenciais da democracia, estão intrinsecamente ligados à proteção da privacidade e da intimidade. Mas, os danos causados pelo uso indevido das novas tecnologias não se limitam à privacidade e vão além, adentrando outras liberdades, com especial destaque para a liberdade de expressão, que ganha novos contornos no campo dos direitos digitais. Nesse sentido, Goold (2019) propõe uma análise ética da vigilância em áreas públicas com base em uma concepção mais ampla do que uma abordagem limitada à privacidade, o que incluiria considerações sobre dignidade, autonomia, liberdade e justiça.

Embora a privacidade seja uma questão importante, focar exclusivamente nela pode negligenciar outros impactos significativos da vigilância, como a potencial erosão da dignidade humana, a restrição da autonomia individual, a limitação da liberdade de movimento e expressão e a criação de desigualdades e injustiças sociais. Nesse sentido, Roessler (2004; 2015 e 2017) e Nissenbaum (2010) também propõem abordagens mais abrangentes do direito à privacidade, seja a partir de suas múltiplas dimensões sociais, seja a partir do contexto no qual são violadas.

Portanto, os algoritmos podem ultrapassar a violação da privacidade, provocando danos mais profundos na integridade dos direitos humanos. As novas tecnologias, ao manipularem informações e dados pessoais, violam direitos fundamentais, que afetam a tomada de decisões ao ponto de produzir riscos e sérios danos para a sociedade. Além da censura e da vigilância, o próprio ato de opinar e se expressar torna-se fortemente manipulável e pode ser induzido a partir das mídias digitais. O mais grave é que, no contexto das novas tecnologias, a liberdade de expressão pode ser manipulada não apenas por pessoas que se escondem por detrás das redes para influenciar e condicionar as ideias e os pensamentos de outras pessoas, mas também por máquinas e robôs, que, na automatização dos processos de decisão, pode se apropriar do direito de se expressar de qualquer pessoa para distorcer e induzir o próprio exercício da liberdade de expressão, manipulando, assim, em massa, informações que circulam no mundo digital.

A observação de que algoritmos treinados com dados colhidos da internet podem dirigir o pensamento, a crença e a opinião ao ponto de influenciar o exercício de diversas liberdades individuais revela que a manipulação do comportamento humano é o ponto que gera maior preocupação. Algoritmos sofisticados podem analisar grandes volumes de dados pessoais para prever e influenciar as preferências e decisões dos indivíduos. Isso pode ser utilizado para personalizar conteúdos, anúncios e até notícias, moldando as percepções e opiniões das pessoas de acordo com interesses específicos, muitas vezes comerciais ou políticos. Nesse sentido, um dos principais riscos que o exercício ilimitado do direito de dar a sua opinião e se expressar pode ocasionar diz respeito à manipulação da própria opinião e expressão.

Susser, Roessler e Nissenbaum (2019a e 2019b) exploram o conceito de manipulação na era digital, destacando como as tecnologias da informação facilitam práticas manipulativas. Os autores definem "manipulação online" como uma influência oculta que subverte o poder de decisão dos indivíduos em sociedade. Devido às capacidades ampliadas das tecnologias digitais, essas práticas manipulativas se tornaram mais fáceis de implementar e são potencialmente mais prejudiciais. Eles definem a manipulação como uma "***influência oculta***" (Susser, Roessler e Nissenbaum, 2019a: 20; e 2019b: 4) que afeta a autonomia da vontade do sujeito, quando as suas vulnerabilidades são exploradas para influenciar e adulterar a tomada de uma decisão: "manipular alguém significa influenciar ***intencionalmente e de forma encoberta sua tomada de decisão, visando e explorando suas vulnerabilidades na tomada de decisão***" (Susser, Roessler e Nissenbaum, 2019b: 4, destaque nosso). O caráter escondido da manipulação revela como os manipuladores conseguem alienar suas vítimas do seu poder de tomada de decisão, interferindo na capacidade delas de decidir de forma independente.

A influência oculta é decisiva para a manipulação, pois aliena a vítima do seu poder de tomada de decisão sem usar a força, guiando-a de maneira sutil e encoberta. Diversas técnicas manipulativas (Susser, Roessler e Nissenbaum, 2019a: 18) são identificadas, como mentiras, promessas falsas, pressão, exploração das emoções, encorajamento de suposições falsas, incentivo à auto-enganação, apelo a falhas de caráter, jogadas de culpa e certos tipos de sedução. A natureza oculta das influências manipulativas impede que a vítima perceba a intenção do manipulador em seu processo de manipulação, seja ao dar uma opinião ou se expressar, seja ao tomar uma decisão, provocando sérios danos (Susser, Roessler e Nissenbaum, 2019a: 20) na medida em que manipulam a autonomia pessoal, principalmente quando a pessoa encontra-se em situação de vulnerabilidades.

Vulnerabilidade, no contexto dos direitos humanos, refere-se à condição de grupos ou indivíduos que, devido a fatores socioeconômicos, culturais, políticos ou pessoais, estão em maior risco de sofrer violações de seus direitos fundamentais. A manipulação digital feita por algoritmos pode explorar essas vulnerabilidades ao direcionar informações enganosas, como *fake news* e *deepfakes*, para esses grupos. Notícias falsas são usadas para espalhar desinformação, influenciar opiniões e polarizar sociedades, frequentemente explorando o medo e a insegurança das pessoas. *Deepfakes*, que são vídeos ou áudios falsificados gerados por inteligência artificial para imitar pessoas reais de maneira convincente, podem ser usados para difamar indivíduos, manipular eleições e incitar violência, exacerbando a desconfiança e a divisão. Grupos vulneráveis, como minorias étnicas, comunidades de baixa renda e indivíduos com acesso limitado à educação, são particularmente suscetíveis a esses tipos de manipulação, uma vez que podem ter menos recursos para verificar a veracidade das informações e defender-se contra tais ataques.

Diversos países estão discutindo marcos legais para atenuar os impactos da inteligência artificial. Trata-se da sua regulação. A União Europeia é pioneira nesse processo, pois, em 2024, colocou em vigor o Regulamento da Inteligência Artificial. No Brasil, esse debate avança de forma lenta e a reboque do que se passa na União Europeia, Canadá e Estados Unidos. Entretanto, o Brasil adota uma abordagem regulatória fragmentada, com regras dispersas em diferentes leis, como o Marco Civil da Internet[3] e a Lei Geral de Proteção de Dados[4], entre outros dispositivos normativos.

Pensando em parâmetros normativos para o caso da liberdade de expressão, a regulação da IA deveria incluir o aumento da exposição a ideias diversificadas, combatendo assim a tendência ao isolamento informacional e promovendo um debate público mais inclusivo. Sunstein usa o termo "architecture of serendipity" (Sunstein, 2017: 5), isto é, uma arquitetura da descoberta ines-

3 O Marco Civil da Internet (Lei nº 12.965, de 23 de abril de 2014) estabelece os princípios, direitos e responsabilidades dos usuários e provedores de serviços de internet no Brasil. A lei valoriza a liberdade de expressão e protege os direitos humanos, promovendo o desenvolvimento da personalidade e a cidadania digital. Em relação à privacidade, a lei exige que a coleta, armazenamento, tratamento e compartilhamento de dados pessoais sejam transparentes e realizados com o consentimento do usuário. Ela também assegura a proteção da privacidade e dos dados pessoais dos usuários, implementando medidas de segurança contra vazamentos e acessos não autorizados, além de garantir o sigilo das comunicações privadas, proibindo a divulgação não autorizada de conteúdo privado.

4 A Lei Geral de Proteção de Dados- LGPD (Lei nº 13.709, de 14 de agosto de 2018) tem como objetivo proteger a privacidade e intimidade dos indivíduos no tratamento de seus dados pessoais por organizações públicas e privadas, refletindo direitos humanos como liberdade e autonomia. A LGPD estabelece princípios como finalidade, necessidade, adequação, transparência, segurança e não discriminação, exigindo consentimento explícito para a coleta e uso de dados. Ela também concede direitos aos titulares dos dados, como acesso, retificação, exclusão, portabilidade e revogação do consentimento, e impõe obrigações às organizações, incluindo a implementação de medidas de segurança e a designação de um Encarregado de Proteção de Dados (DPO). O DPO é responsável pela comunicação entre a organização, os titulares dos dados e a Autoridade Nacional de Proteção de Dados (ANPD), podendo ser responsabilizado por violações da LGPD.

perada, para se referir a um design ou estrutura de sistemas sociais, em especial na internet e nas redes sociais, que promove a descoberta inesperada e positiva de informações e ideias. A ideia é criar um ambiente que permita que as pessoas encontrem conteúdos novos e enriquecedores que não estariam necessariamente em seu radar devido a filtros ou personalizações excessivas.

CONSIDERAÇÕES FINAIS

O presente trabalho explorou como os avanços em inteligência artificial (IA) e a proliferação dos algoritmos podem impactar significativamente as liberdades individuais, em especial a liberdade de expressão. A análise evidenciou que, embora as novas tecnologias possam ampliar o acesso à informação e potencializar a liberdade de expressão, elas também introduzem riscos substanciais, incluindo a violação de privacidade, censura de conteúdos legítimos, reflexão de preconceitos e criação de bolhas de filtro. Esses problemas podem limitar a exposição a diferentes pontos de vista e distorcer a realidade percebida pelos indivíduos. Adicionalmente, a disseminação de desinformação e o uso de tecnologias como *fake news* e *deepfakes* representam ameaças consideráveis à integridade da liberdade de expressão, à privacidade e à autonomia individual.

O exercício da liberdade de expressão deve ser ponderado com outros direitos fundamentais, de modo que abusos desse direito, como a disseminação de desinformação, discursos de ódio e a violação da privacidade, não podem ser tolerados. Além disso, as liberdades individuais encontram-se desafiadas com a vigilância excessiva e com os mecanismos de censura e enviesamento da informação no mundo virtual. É sempre importante lembrar que os algoritmos são instrumentos tecnológicos que podem ser usados tanto por Estados quanto pelas *Big Techs* para realizar formas sofisticadas de censura e vigilância, intensificando a polarização de opiniões e a manipulação de desejos e comportamentos humanos. A manipulação, definida como uma influência oculta a determinar a autonomia da vontade, é um tema central no debate sobre os impactos éticos, políticos e jurídicos das novas tecnologias. O abuso da liberdade de expressão e a vigilância excessiva comprometem diretamente os direitos fundamentais, exigindo um equilíbrio entre a proteção das liberdades individuais e a necessidade de regulamentação adequada para prevenir abusos e proteger a integridade dos indivíduos e da sociedade. Existem limites para o uso de liberdade potencializado por sistemas de IA, mas esses limites dependem de uma vigilância contínua - o que retoma sempre o mesmo dilema: mais liberdade, mais vigilância.

REFERÊNCIAS

Donahoe, E., & Metzger, M. M. (2019). Artificial intelligence and human rights. *Journal of Democracy, 30*(2), 115-126. https://doi.org/10.1353/jod.2019.0029

Dubber, M. D., Pasquale, F., & Das, S. (Eds.). (2020). *The Oxford handbook of ethics of AI.* Oxford University Press.

Goold, B. (2019). More than privacy: Thinking ethically about public area surveillance. In A. Lever & A. Poama (Eds.), *The Routledge handbook of ethics and public policy* (pp. 102-114). Routledge.

Hoven, J. van den, Vermaas, P., & Poel, I. van de (Eds.). (2015). *Handbook of ethics, values, and technological design: Sources, theory, values and application domains.* Springer.

Leslie, D., Burr, C., Aitken, M., Cowls, J., Katell, M., & Briggs, M. (2021). *Artificial intelligence, human rights, democracy, and the rule of law: A primer.* Council of Europe, The Alan Turing Institute. Disponível em https://edoc.coe.int/en/artificial-intelligence/10206-artificial-intelligence-human-rights-democracy-and-the-rule-of-law-a-primer.html

Liao, S. M. (Ed.). (2020). *Ethics of artificial intelligence.* Oxford University Press.

Livingston, S., & Risse, M. (2019). The future impact of artificial intelligence on humans and human rights. *Ethics & International Affairs, 33*(2), 141 158. https://doi.org/10.1017/S089267941900018X

Nissenbaum, H. (2010). *Privacy in context: Technology, policy, and the integrity of social life.* Stanford University Press.

O'Neil, C. (2020). *Algoritmos de destruição em massa: Como o big data aumenta a desigualdade e ameaça a democracia* (R. Abraham, Trad.). Editora Rua do Sabão.

Rafanelli, L. (2022). Justice, injustice, and artificial intelligence: Lessons from political theory and philosophy. *Big Data & Society,* 1-5.

Roessler, B. (2004). *The value of privacy.* Polity.

Roessler, B. (2017). Privacy as a human right. *Proceedings of the Aristotelian Society, 117*(2), 187-206.

Roessler, B., & Mokrosinska, D. (Eds.). (2015). *Social dimensions of privacy: Interdisciplinary perspectives.* Cambridge University Press.

Roumate, F. (2021). Artificial intelligence, ethics and international human rights. *International Review of Information Ethics, 29.* https://doi.

org/10.29173/irie422

Russell, S. (2021). *Inteligência artificial a nosso favor: Como manter o controle sobre a tecnologia* (B. Vargas, Trad.). Companhia das Letras.

Russell, S. J. (2022). *Artificial intelligence: A modern approach*. Pearson.

Searle, J. R. (2014). What your computer can't know. *The New York Review of Books*.

Sunstein, C. R. (1995). *Democracy and the problem of free speech*. The Free Press.

Sunstein, C. R. (2009). *Going to extremes: How like minds unite and divide*. Oxford University Press.

Sunstein, C. R. (2017). *#Republic: Divided democracy in the age of social media*. Princeton University Press.

Susser, D., Roessler, B., & Nissenbaum, H. F. (2019a). Online manipulation: Hidden influences in a digital world. *Georgetown Law Technology Review, 4*(1), 1-35. Disponível em http://dx.doi.org/10.2139/ssrn.3306006

Susser, D., Roessler, B., & Nissenbaum, H. F. (2019b). Technology, autonomy, and manipulation. *Internet Policy Review, 8*(2), 1-10. Disponível em http://policyreview.info/articles/analysis/technology-autonomy-and-manipulation

Tzimas, T. (2021). *Legal and ethical challenges of artificial intelligence from an international law perspective* (Vol. 46). Springer.

Verbeek, P.-P. (2011). *Moralizing technology: Understanding and designing the morality of things*. The University of Chicago Press.

Waldron, J. (2012). *The harm in hate speech*. Harvard University Press.

Wardle, C., & Derakhshan, H. (2017). *Information disorder: Toward an interdisciplinary framework for research and policy making*. Council of Europe Report DGI(2017)09.

Zick, T. (2018). *The dynamic free speech clause: Free speech and its relation to other constitutional rights* [eBook]. Oxford University Press.

O PAPEL DA INCERTEZA NA ECONOMIA DA INFORMAÇÃO[1]

Anna Longo

1. INTRODUÇÃO

A ideia de que o mundo seja regido pelo acaso sempre nos assustou. Procuramos na infinita variedade das formas os traços de um arquétipo eterno e, por trás da singularidade dos eventos, a expressão de uma lei. O conhecimento foi identificado com a localização de uma ordem no caos, com a necessidade de encontrar uma finalidade orientando o devir. No entanto, apesar do progresso indubitável das teorias, modelos e sistemas de cálculo, o inesperado não para de surgir. No entanto, parece-nos interessante notar uma diferença importante em relação ao passado: se o lugar privilegiado de aparição do imprevisível era antes a natureza, a matéria em sua resistência à ideia e à razão, é cada vez mais evidente que é dentro do mundo humano que os acontecimentos fortuitos ocorrem. Como o sociólogo Ulrich Beck (2001) observou, a modernidade mais recente se destaca do período clássico pelo surgimento repentino das consequências não desejadas nem antecipadas do projeto moderno de domínio da natureza. Hoje nos deparamos com os efeitos colaterais dos dispositivos técnicos, implantados para nos proteger contra as incertezas de origem natural e assim nos oferecer o conforto de um espaço artificialmente regulado e apto a satisfazer as necessidades e os desejos humanos. Beck mostra que, na situação atual, os maiores riscos para a vida e o desenvolvimento de nossas sociedades vêm precisamente do interior dessas próprias sociedades: poluição, danos ecológicos, crises econômicas e disfunções tecnológicas -- ameaças endógenas que continuam a se reproduzir como consequências não antecipadas das inovações técnicas introduzidas para resolvê-las. Buscava-se, através do conhecimento, produzir para o ser humano um espaço social previsível onde cada um pudesse

1 Publicado originalmente em: Longo, A. (2022). Du rôle de l'incertitude dans l'économie de l'information. *Rue Descartes, 2022/2*(102), 115-135. https://doi.org/10.3917/rdes.102.0115. Tradução de Renata Guadagnin (Professora no Programa de Pós-Graduação em Direito e Sustentabilidade da UNIFACVEST/SC). Revisão de Fernanda Guadagnin (doutoranda em Medicina e Ciências da Saúde da PUCRS).

contar com as boas decisões dos outros para tomar as suas próprias e onde cada um pudesse confiar no desenvolvimento de meios adequados para combater a escassez e o sofrimento, bem como para promover a satisfação das preferências individuais. No entanto, os conhecimentos acumulados não nos permitiram prever seus efeitos, e o conhecimento se engajou em uma busca por correções a serem aplicadas às suas próprias estratégias, em um círculo vicioso onde as consequências inesperadas do saber relançam um processo de inovação e transformação que produz repercussões imprevisíveis. Assim, pode-se dizer que hoje o acaso --sob a forma da chegada de novas informações que nos forçam a repensar nossos planos de ação-- não se encontra tanto do lado da física quanto do lado da organização social.

Neste artigo, gostaríamos de examinar com mais precisão a natureza da crescente incerteza à qual estamos expostos atualmente, a fim de mostrar que ela não é simplesmente uma consequência indesejável do desenvolvimento tecnológico, mas a condição funcional desse desenvolvimento no contexto de um mercado competitivo em que a informação se tornou a mercadoria mais lucrativa. O objetivo aqui é examinar os efeitos colaterais dos novos dispositivos técnicos à luz do uso do cálculo de probabilidade e, em particular, do teorema de Bayes, na medida em que ele influencia a teoria da decisão. No decorrer da argumentação, vinculamos à dimensão política da inovação técnica à questão epistêmica da agregação de crenças e preferências na economia, desenvolvida na primeira parte, antes de examinar com mais profundidade, na segunda parte, a questão política relativa à extração de dados e ao uso de informações nas sociedades capitalistas.

2. PARADIGMA INDUTIVO E TEORIA DA DECISÃO

Para compreender a natureza da incerteza que nos diz respeito, é primeiro importante reconstruir o quadro teórico onde essa noção foi definida em oposição à de risco. É necessário, assim, mencionar uma virada importante na concepção do raciocínio indutivo que coincide com a introdução do método bayesiano no contexto do surgimento da física estatística, onde o uso das probabilidades se revela essencial.

No debate sobre o significado das teorias probabilísticas, a posição bayesiana se opõe tanto ao realismo dos frequentistas --que justificam o uso do cálculo da probabilidade pela existência de variáveis aleatórias-- quanto à abordagem lógica que considera a probabilidade como uma medida do grau de confiabilidade de uma hipótese, que se baseia objetivamente na implicação formal entre premissas (observações) e consequências (predições). Por um lado, é evidente que não é legítimo passar, como fazem os frequentistas, dos resultados obtidos ao repetir uma experiência de laboratório para a afirmação de que a série realizada é efetivamente aleatória, ou seja, gerada por uma variável que, como um dado ou uma roleta, pode comportar um número limitado de valores cujo ordem exata de aparição é imprevisível (diz-se que cada resultado, dentre os possíveis, tem a mesma probabilidade de aparecer a cada repetição e que, em um tempo infinito, cada um deve necessariamente aparecer). Esse é o antigo problema da indução que os lógicos tentam resolver considerando que a probabilidade mede o grau de confirmação de uma hipótese probabilística, a previsão de observar um determinado resultado por meio da repetição de um experimento (por exemplo 1/6) que deve ser considerado mais ou menos provável em relação ao número de observações feitas[2]. Assim, a existência de uma variável aleatória é uma hipótese que nunca será certa, mas cuja probabilidade pode ser calculada e recalculada à medida que novas observações a confirmem. Se a certeza indutiva continuar inatingível, os lógicos podem afirmar que é racional confiar em hipóteses preditivas que estão logicamente implícitas nas definições dos termos observacionais que as apoiam. Dessa forma, eles distinguem entre hipóteses preditivas que levam a decisões racionais --ou seja, aquelas que a força da implicação lógica torna mais prováveis-- e hipóteses cuja baixa probabilidade não justifica a tomada de uma decisão (por exemplo, uma hipótese que prevê que é altamente provável que chova amanhã com base na observação de pássaros voando). As hipóteses mais prováveis permitem calcular com precisão o risco, pois oferecem uma medida objetiva da probabilidade do cenário de cuja realização depende o sucesso de uma decisão (por exemplo, posso calcular minhas chances de ganhar quando a hipótese de que o dado com o qual

2 Em Logical Foundations of Probability, Carnap faz a distinção entre probabilidade 1 e probabilidade 2: a primeira mede o grau de confirmação de uma hipótese, ou seja, a implicação lógica entre a proposição sobre os dados pelas observações coletadas e a proposição preditiva; a segunda expressa a chance respectiva de realização dos eventos previstos pela hipótese. (Carnap, 1950).

estou jogando é regular está logicamente implícita nas observações feitas). Por outro lado, os eventos previstos por hipóteses que não estão logicamente implícitas nos dados disponíveis são incertos e, portanto, é irracional apostar em sua realização. A incerteza, portanto, refere-se a eventos para os quais a probabilidade de ocorrência não pode ser calculada porque as observações disponíveis são insuficientes para apoiar a crença racional[3]. A interpretação lógica da probabilidade epistêmica, portanto, não nos permite tomar decisões cujo sucesso depende da realização de fenômenos incertos, como, por exemplo, o vencedor da Copa do Mundo de futebol, o preço de uma ação daqui a vinte anos ou a eclosão de uma guerra nuclear, eventos cuja previsão não está logicamente implícita em nenhuma observação empírica.

A interpretação bayesiana da probabilidade é, como a lógica, epistêmica: considera que a probabilidade se refere ao grau de crença a ser atribuído a hipóteses que estabelecem as chances de um evento futuro ocorrer com base em uma descrição da situação atual. No entanto, pretende ser uma teoria de tomada de decisão sob incerteza e assume que é possível atribuir uma medida de probabilidade às hipóteses, mesmo nos casos em que as informações disponíveis (premissa) não implicam logicamente a previsão (consequência). De acordo com os bayesianos, também é possível tomar decisões perfeitamente razoáveis (que legitimam a esperança matemática de alcançar um determinado resultado) em situações em que os lógicos excluem a racionalidade da tomada de decisões. Portanto, é a relação entre racionalidade e incerteza que muda radicalmente com a indução bayesiana. Para entender como, primeiro precisamos relembrar os princípios dessa abordagem. A probabilidade aqui mede o grau de crença subjetiva que um indivíduo atribui a uma hipótese, ou seja, nenhuma restrição lógica força um agente a julgar de forma inequívoca a relevância das informações que provavelmente apoiarão uma previsão. Por exemplo, dois agentes são livres para ter crenças diferentes sobre a probabilidade de chover no dia seguinte, porque um deles atribui mais credibilidade a uma previsão do tempo do que

3 Como Keynes explicou claramente: By "uncertain" knowledge, let me explain, I do not mean merely to distinguish what is known for certain from what is only probable. The game of roulette is not subject, in this sense, to uncertainty; nor is the prospect of a victory bond being drawn [in a lottery]. (...) The sense in which I am using the term is that in which the prospect of a European war is uncertain, or the price of copper and the rate of interest twenty years hence, or the obsolescence of a new invention, or the position of private wealth owners in the social system in 1970. About these matters there is no scientific basis on which to form any calculable probability whatever. We simply do not know». (Keynes, 1937).

a outra, por vários motivos, como o conselho de um amigo, o conhecimento dos modelos meteorológicos usados, a autoridade do canal que faz a previsão e assim por diante. O grau de crença atribuído respectivamente às hipóteses consideradas plausíveis é medido em relação às decisões que estamos dispostos a tomar com base nelas. Por exemplo, a decisão de organizar um piquenique no dia seguinte revela a alta probabilidade atribuída por um agente à hipótese de que o tempo estará bom; por outro lado, o fato de esperar e adiar a decisão indica uma baixa crença que poderia ser reforçada pela observação do céu no dia seguinte. De qualquer forma, para um bayesiano, ambas as decisões são igualmente racionais, pois se supõe que o agente aja de acordo com o grau de crença permitido pelas informações disponíveis. Além disso, supõe-se que ele tome a decisão que lhe ofereça a melhor chance possível de terminar no melhor cenário possível (fazer um piquenique ao sol) e evitar o pior (ter seu passeio arruinado pelo mau tempo). Uma decisão racional tem como objetivo maximizar a utilidade esperada e depende do grau subjetivo de crença, já que, para um bayesiano, não há como estabelecer de forma objetiva e definitiva quais observações sustentam quais previsões. É importante observar, no entanto, que para tomar uma decisão efetivamente racional (que maximize a utilidade), o conjunto de crenças de um agente deve ser consistente (não contraditório) e suas preferências bem ordenadas, ou seja, ele deve classificar, de acordo com sua conveniência, as consequências de suas decisões nas situações futuras que podem ser realizadas com base nas informações coletadas. Assim, se você achar que não tem informações suficientes, tomará as decisões que se seguem, como adiar a decisão até que, depois de coletar informações adicionais, se sinta suficientemente confiante. Portanto, é em relação à maneira como cada pessoa avalia a relevância das informações disponíveis que uma decisão é razoável. Embora qualquer expectativa possa ser legítima, também seria irracional não modificar a hipótese quando novas informações fortalecerem ou enfraquecerem a crença. Fórmula de Bayes[4]

4 Nesta fórmula, h é uma hipótese, e um elemento empírico, P (h/e) é a probabilidade a posteriori (ex post ou posterior), P (h) é a probabilidade inicial (ex ante ou anterior) como um grau subjetivo de crença e P (e/h) a forma como é deve aumentar a probabilidade de h.

$$P(h/e) = \frac{P(e/h)P(h)}{P(e)}$$

é a ferramenta matemática usada para atualizar os graus de crença com base nas informações disponíveis ao longo do tempo. Isso permite estabelecer a maneira pela qual as respectivas probabilidades de hipóteses plausíveis sobre as chances de ocorrência de um mesmo evento devem evoluir, após a chegada de informações que podem tornar uma delas mais provável e desacreditar as outras, permitindo assim que os graus de crença evoluam até que seja selecionada a previsão considerada confiável o suficiente para orientar as decisões. É importante observar que ao aplicar o teorema de Bayes, não só um agente pode selecionar a hipótese mais confiável entre as que considera plausíveis, como também agentes que inicialmente têm crenças diferentes podem chegar à mesma estimativa da probabilidade das diferentes previsões avaliadas, desde que compartilhem seu conjunto de crenças e reúnam suas observações, ou seja, as informações relevantes para atualizar (condicionar) os graus de crença[5]. Em outras palavras, embora partindo de uma avaliação subjetiva da probabilidade de hipóteses preditivas plausíveis (que depende das informações disponíveis para cada agente), o método bayesiano permite obter objetividade como uma convergência das crenças dos investigadores. Como resultado, o método bayesiano oferece uma nova solução para o problema da indução: ao compartilhar informações e crenças, podemos selecionar coletivamente as hipóteses preditivas que merecem o mais alto grau de confiança, aquelas que todos devem racionalmente considerar verdadeiras em um determinado momento (não há nada que impeça a chegada de novas informações que nos obriguem a recalcular nossas estimativas). O método indutivo bayesiano fornece uma explicação convincente para a constituição do conhecimento comum, ou seja, o conhecimento do conjunto de crenças que caracterizam uma comunidade, bem como o processo histórico pelo qual o conhecimento evolui. Não há espaço suficiente para indicar os estágios intermediários entre a probabilidade bayesiana e a utili-

5 Como explica Bruno de Finetti (1937): "Quaisquer que sejam os respectivos graus em que dois indivíduos acreditar inicialmente em uma determinada proposição, se esses dois indivíduos fizerem as mesmas observações, então os graus atualizado em que acreditam nesta proposição, ambos tendendo para as frequências observadas, um tende para a outra quando o número de observações tende ao infinito". (Finetti, 1937: 62).

dade esperada. O agente racional[6] da teoria dos jogos geralmente tem o formato de um tomador de decisões bayesiano. Com base em um conjunto de hipóteses preditivas, selecionadas ao longo da história por sua eficácia (conhecimento comum), juntamente com as informações relevantes para condicionar sua probabilidade, os agentes podem tomar decisões que lhes permitam maximizar a utilidade esperada, ou seja, as melhores decisões em relação ao cálculo das chances de um evento ocorrer ou não (cálculo de risco). Mas a consequência mais importante é que esses agentes, sabendo que são todos racionais e sabendo quais suposições todos devem razoavelmente considerar verdadeiras, podem facilmente prever as decisões uns dos outros, presumindo que todos agirão com o objetivo de maximizar a utilidade, ou seja, com o objetivo de obter o bem preferido e, ao mesmo tempo, evitar se expor ao que consideram ser a pior perda possível. Estimar as preferências dos outros é, portanto, essencial para prever suas decisões; a esse respeito, deve-se observar que a observação das decisões tomadas no passado deve revelar preferências, ou mesmo o objetivo ao qual a atividade de cada um visa. O modelo do agente racional assim construído encontra sua aplicação mais importante na teoria econômica neoclássica.

O modelo do agente racional empregado por Milton Friedman e os economistas da Escola de Chicago é inspirado pelos trabalhos do matemático Leonard Savage[7], que, por sua vez, reelaborou a abordagem pragmatista de Ramsey (1931) e de Finetti, assim como a teoria dos jogos de Von Neumann e Morgenstern (1940). Segundo Savage (1954), o sucesso de uma decisão depende da capacidade de calcular as consequências de suas ações nos diferentes estados do mundo considerados como possíveis e mais ou menos prováveis em relação às informações disponíveis em um momento preciso (novas informações permitem recalcular a probabilidade respectiva das hipóteses consideradas pela aplicação do teorema de Bayes). Delibera-se assim de acordo com a probabilidade atribuída aos diferentes cenários considerados, de modo a agir da maneira que traz o bem mais desejável na situação futura que se estima ter mais chances de se realizar. Em outras palavras, trata-se de to-

6 O modelo do agente racional como tomador de decisões bayesiano foi introduzido por Leonard Savage em *The Foundations of Statistics* (1954). Este é o modelo no qual Milton Friedman baseia a teoria do equilíbrio neoclássico e economia neoliberal.

7 Friedman e Savage são coautores de dois artigos sobre maximização de utilidade que orientam as estratégias dos agentes do mercado, ou seja, os decisores bayesianos que operam com base em informações transmitidas pelos preços de uma forma pública e gratuita. (Friedman & Savage, 1948).

mar a decisão que permite maximizar a utilidade e se encontrar na situação mais desejável dadas certas condições - ou, pelo menos, evitar a menos satisfatória (o futuro mais favorável poderia, de fato, ter chances muito pequenas de se verificar). É interessante notar que, neste contexto, o grau de crenças mantido por um agente em relação às hipóteses plausíveis pode ser deduzido observando-se as decisões tomadas e conhecendo-se a ordem de suas preferências - por exemplo, se vemos alguém com um guarda-chuva ao sol, podemos deduzir que ele pensava que iria chover e que se molhar é considerado menos desejável do que sofrer o incômodo de carregar um guarda-chuva quando faz sol. Retomando a teoria de de Finetti, Savage postula que um agente racional domina o método de condicionalização que lhe permite basear suas decisões nas hipóteses que considera mais prováveis. Ele supõe assim que, quando um agente recebe uma informação discordante em relação à hipótese preditiva considerada mais confiável, ele não é subitamente lançado na escuridão; ao contrário, essa informação é imediatamente integrada no cálculo para atualizar os graus de crenças. Esta intuição foi durante muito tempo a base do que se chamava de "laissez-faire" (deixar-fazer) ao qual Friedman foi frequentemente associado[8].

Friedman (1955) sustenta, no entanto, que os mercados se ajustam graças à racionalidade dos agentes e à sua capacidade de adaptar suas estratégias em função das mudanças das condições externas. Este cálculo consiste normalmente na aplicação do teorema de Bayes para avaliar as previsões e tomar as melhores decisões com base nas informações sobre as preferências de todos os outros atores. Geralmente, essas informações são transmitidas pelas variações dos preços, permitindo a cada indivíduo implementar a melhor estratégia para obter o que deseja sem que suas escolhas sejam restringidas por supostas verdades lógicas[9]. Em outras palavras, a racionalidade dos agentes justificaria a obtenção de um equilíbrio de mercado, situação ótima da qual os agentes não teriam interesse em desviar[10].

8 Deve-se notar, contudo, que Friedman, ao contrário dos economistas austríacos, opõe-se a uma abordagem tão permissiva fazendo na área de sua maior competência, a gestão monetária.

9 Deve-se notar que, no âmbito do pensamento de Friedman, os preços já transmitem informações quase objetivas nas preferências dos outros, o que significa que a relação dos agentes com a informação transmitida pelo preço não é necessariamente bayesiana.

10 Friedman não está entre os defensores da hipótese do equilíbrio geral. Pelo contrário, defende o equilíbrio parcial de Alfred Marshall.

Para coordenar o equilíbrio, os agentes devem tomar as melhores decisões em relação às tomadas pelos outros: são essas decisões que determinarão as variações de preços e são as variações de preços que comunicarão às informações, públicas e gratuitas, em relação às preferências. Supõe-se, portanto, que os agentes racionais sejam capazes de antecipar suas decisões recíprocas a partir das informações fornecidas pelos preços e agir de acordo com elas. No entanto, é importante observar que os axiomas da racionalidade bayesiana dos agentes pressupõem, como condição para a convergência, a eficiência do mercado. Essa é a famosa hipótese introduzida por Eugene Fama, que justifica os modelos de cálculo do risco associado às atividades dos mercados de capitais e os instrumentos para se proteger. Segundo Fama, os movimentos dos preços seguem uma caminhada aleatória quando o mercado é eficiente, ou seja, quando os preços transmitem todas as informações necessárias para tomar decisões que permitam maximizar a utilidade. A informação transmitida pelo preço, pública e gratuita, produz assim a convergência das crenças dos agentes do mercado para uma medida de probabilidade que se pode considerar "objetiva" e da qual decorrem decisões apropriadas, até mesmo racionais. Assim, em um mercado em equilíbrio, todos têm as mesmas chances de maximizar a utilidade, já que todos podem estimar corretamente a probabilidade de realização dos preços futuros, ou seja, a amplitude de sua variação estocástica, exatamente como se estivessem jogando com um dado regular. Segundo Fama, o teste da caminhada aleatória dos preços é suscetível de confirmar a hipótese de eficiência do mercado. Quando os preços transmitem, de forma pública e gratuita, todas as informações necessárias para tomar decisões que permitam maximizar a utilidade, as crenças dos agentes em relação ao futuro convergem: suas respectivas decisões são corretamente antecipadas, o que reproduz o movimento aleatório dos preços e uma volatilidade constante (exatamente como se estivéssemos jogando um dado). Por essa razão, o mercado em equilíbrio é comparado a um jogo justo[11] onde todos têm chances iguais de ganhar, des-

11 Eugene Fama (1970): "The 'fair game' model just says that the conditions of market equilibrium can be stated in terms of expected returns, and thus it says little about the details of the stochastic process generating returns. A random walk arises within the context of such a model when the environment is (fortuitously) such that the evolution of investor tastes and the process generating new information combine to produce equilibria in which return distributions repeat themselves through time. Thus, it is not surprising that empirical tests of the 'random walk' model that are in fact tests of 'fair game' properties are more strongly in support of the model than tests of the additional (and, from the viewpoint of expected return market efficiency, superfluous) pure independence assumption." (Fama, 1970: 387).

de que, é claro, ajam racionalmente, ou seja, de acordo com os princípios do bayesianismo.

Por um lado, o equilíbrio é a consequência da racionalidade dos agentes que acabam se coordenando graças à convergência das crenças em relação à hipótese do movimento aleatório dos preços, e por outro lado, o movimento aleatório dos preços (que caracteriza um mercado dito "eficiente"[12]) é assegurado pela crença compartilhada na informatividade dos preços, ninguém precisando assim adquirir informações adicionais para tomar decisões ótimas. Em um mercado em equilíbrio, não há incerteza, pois a chegada de informações discordantes (flutuações anormais) é imediatamente utilizada para atualizar a probabilidade da hipótese comum em relação às preferências (por exemplo, alguns produtos perdem sua desejabilidade e são substituídos por outros). No entanto, como veremos, a incerteza entra no sistema quando a informação se torna ela mesma uma mercadoria.

3. A IMPOSSIBILIDADE DE CONCILIAR CRESCIMENTO ECONÔMICO E COMPARTILHAMENTO DE INFORMAÇÕES

Como Leonard Savage notou, se o agente racional ideal deve sempre tomar a decisão ótima, isso é impossível para os agentes reais, principalmente devido aos limites de sua capacidade de cálculo. De fato, o procedimento requerido pela condicionalização bayesiana só é viável quando o problema a ser resolvido está bem especificado, ou seja, quando as hipóteses a serem comparadas são em número muito limitado, o que torna possível calcular as consequências de suas ações nos cenários considerados possíveis. É apenas nessas situações restritas e definidas, que Savage (1954: 82-91) chama de "pequenos mundos", que o agente pode realmente garantir que tomará as decisões ótimas em um tempo finito. É porque podemos contar com um conjunto de crenças selecionadas ao longo da história e culturalmente transmitidas, que somos capazes de usar as informações relevantes para construir nossas expectativas sem ter que comparar um número ilimitado de futuros possíveis. Por exemplo, é porque consideramos que uma queda na pressão atmosférica torna mais provável a hipótese de

12 Como Fama (1970) explica: "The strong form tests of the efficient markets model are concerned with whether all available information is fully reflected in prices in the sense that no individual has higher expected trading profits than others because he has monopolistic access to some information." (p. 409).

que logo vai chover que, para planejar nossas atividades de fim de semana, preferimos consultar o barômetro em vez de coletar a infinidade de informações que poderiam tornar esse fenômeno mais provável (o voo dos pássaros, a realização de uma dança, o sonho, etc.). Da mesma forma, é porque consideramos que a informação transmitida pelos preços é suficiente para antecipar o estado da oferta e da demanda, que não buscamos outras informações antes de tomar a decisão que julgamos melhor em relação ao cenário que mais provavelmente se realizará. Assim, tendo pressuposto um número de hipóteses auxiliares, como a de um mercado em equilíbrio, podemos supor a convergência das crenças dos agentes, ou seja, o conhecimento comum, como condição para a antecipação das decisões dos agentes com os quais interagimos. No entanto, como Savage destaca, a convergência das crenças não é uma necessidade, ela não deriva automaticamente dos axiomas da teoria do agente racional[13]; é antes o conhecimento comum que deve ser pressuposto como condição para a realização do equilíbrio. Em consequência, o equilíbrio - a situação em que todos têm as mesmas chances de fazer uma aposta vencedora - só se realiza se todos condicionarem a probabilidade das hipóteses ao movimento dos preços, considerando relevante apenas a informação transmitida pelos preços, ou seja, apenas se todos já colocaram o problema nos termos do mesmo pequeno mundo (onde a mesma informação é considerada relevante para avaliar a probabilidade das previsões consideradas plausíveis).

O equilíbrio ideal deve corresponder a um movimento aleatório de amplitude (volatilidade) constante dos preços (segundo o modelo de Fama). No entanto, o excesso de volatilidade e as crises econômicas que se repetiram a partir dos anos oitenta mostram que talvez nunca tenha havido uma crença universal e inabalável na perfeita informatividade dos preços (eficiência do mercado). Essas flutuações são o efeito de decisões divergentes e tomadas com base em informações diferentes das observadas publicamente nos preços, são o efeito da copresença de crenças heterogêneas no mercado, o que torna as decisões não perfeitamente antecipáveis. Notadamente, são essas estratégias divergentes,

13 Como Savage (1954) diz: it is appealing to suppose that, if two individuals in the same situation, having the same tastes and supplied with the same information, act reasonably, they will act in the same way. Such agreement, belief in which amounts to a necessary (as opposed to a personalistic) view of probability, is certainly worth looking for. Personally, I believe that it does not correspond even roughly with reality, but, having at the moment no strong argument behind my pessimism on this point, I do not insist on it. But I do insist that, until the contrary be demonstrated, we must be prepared to find reasoning inadequate to bring about complete agreement". (Savage, 1954: 7).

calculadas com base em informações diferentes dos preços, que não podem ser previstas, com seus efeitos, por todos aqueles que continuam a pensar que os preços são informativos. A consequência é que o risco não pode mais ser calculado corretamente por aqueles que continuam a confiar apenas nos preços, pois as decisões dos agentes que mantêm crenças diferentes produzem efeitos anormais, flutuações inesperadas. Assim, a incerteza é produzida como consequência da disparidade da informação e, portanto, da heterogeneidade das crenças.

Para compreender esse fenômeno, introduziremos os estudos de Grossman e Stiglitz sobre o que eles chamam de "equilíbrio do desequilíbrio", que mostra a incompatibilidade do compartilhamento da informação com o crescimento econômico. No artigo "On the Impossibility of Informationally Efficient Markets", Sanford Grossman e Joseph Stiglitz (1980) questionavam um aparente paradoxo: se os preços transmitem a totalidade da informação necessária para tomar decisões ótimas, por que os agentes estariam dispostos a gastar para adquirir informação adicional? Tal investimento, comum entre os profissionais do mundo das finanças, deve ser motivado pela esperança de retornos mais importantes do que aqueles que se pode realizar observando, gratuitamente, os preços. Como observam Grossman e Stiglitz, o custo da busca de informação é a condição para o equilíbrio competitivo que se observa nos mercados financeiros, quando o objetivo é a incrementação indefinida do lucro em vez da manutenção de um equilíbrio que oferece a todos as mesmas chances de obter retornos moderados. De fato, o que torna possíveis e rentáveis as operações financeiras é a diferença das crenças em relação aos preços futuros. Em consequência, se a hipótese de eficiência fosse verdadeira, e as crenças fossem homogêneas, não se poderia esperar obter retornos que dependem da capacidade de fazer previsões mais precisas do que as da maioria. Se a informação fosse, em sua totalidade, igualmente acessível a todos, as operações financeiras não trariam os benefícios que as motivam, o que contradiz manifestamente o volume das transações efetivas. A competição que garante o crescimento econômico encontra, portanto, sua condição em um grau de ineficiência (o descompasso entre a caminhada ao acaso e o movimento efetivo dos preços) suficiente para justificar o gasto na aquisição de informação, o que Grossman e Stiglitz descrevem como um "equilíbrio de desequilíbrio"[14]. A teoria da eficiência informacional do mercado é, portanto, paradoxal, pois, se a totalidade da informação fosse efetivamente transmitida pelos preços, então esses preços não transmitiriam nenhuma informação capaz de justificar a existência de um mercado desenvolvido e produtivo. É importante notar que o caráter imperfeito da informação não impede que os preços sejam, no entanto, parcialmente informativos, mas que os sinais são transmitidos com certo "ruído" e são, por conseguinte, ambíguos. Por exemplo, a alta do preço de uma opção pode significar várias coisas, daí sua ambiguidade: trata-se de um aumento da demanda do ativo ou de um incremento do risco? Em consequência, para interpretar corretamente o sinal, é necessário gastar para adquirir informações adicionais. O equilíbrio do desequilíbrio de Grossman e Stiglitz define o grau de ruído suficiente para justificar o gasto na aquisição de informação adicional. Ao contrário do que sustenta a teoria ortodoxa do mercado, a informação relevante para tomar decisões não se limita à escassez (o estado da oferta e da demanda comunicado pelos preços), mas diz respeito a um espectro muito mais amplo de fatos suscetíveis de influenciar tanto os preços quanto os comportamentos dos agentes do mercado. Por exemplo, eventos como a quebra de uma máquina, a nomeação de um novo diretor de uma grande empresa, uma greve de trabalhadores, etc., geram previsões diferentes das obtidas pela simples observação das variações dos preços das ações. Quando os preços não refletem a totalidade da informação necessária para tomar decisões ótimas, é preciso então gastar para eliminar o ruído. No entanto, quanto mais ruído houver, mais cara se torna a informação e mais as crenças diferem, o que leva a aumentar os gastos para obter informação privada. Em outras palavras, a incerteza (ou seja, uma situação em que o risco não é imediatamente calculável) motiva a busca por informação, o custo dessa busca motiva o uso privado dos conhecimentos adquiridos e a exploração privada da informação aumenta a incerteza sob a forma de assimetria das crenças. O mercado da informação se insere nesse círculo, e sua rentabilidade depende do fato de que quanto mais se produz informação para vender, mais se cria a necessidade de comprá-la.

14 Como apontam Grossman e Stiglitz (1980), "We propose here a model in which there is an equilibrium degree of disequilibrium: prices reflect the information of informed individuals (arbitrageurs) but only partially, so that those who expend resources to obtain information do receive compensation". (Grossman & Stiglitz, 1980: 393).

É essa assimetria de informação que mergulha os agentes "ignorantes" na incerteza, situação em que eles não podem tomar decisões com base em uma antecipação correta das decisões dos mais informados. Os segundos encontram-se assim mergulhados em um mundo vasto onde a informação de que dispõem não lhes permite tomar decisões ótimas, razão pela qual se diz que são caracterizados por uma "racionalidade limitada". Essa limitação é consequência da incerteza em que são mergulhados pela assimetria de informação. Se a hipótese comum sobre a racionalidade dos agentes gera comportamentos conformes e uma situação de equilíbrio, a crença dos profissionais na racionalidade limitada da maioria dos atores é confirmada pelos efeitos da exploração privada da informação que conseguem extrair por meio de tecnologias caras de coleta e tratamento de dados. É a reprodução ativa da disparidade de informações que mergulha os ignorantes em uma situação onde o cálculo de maximização é impossível de realizar.

O investimento na busca de informação adicional é, portanto, fundamental para tomar decisões eficazes. Essas informações não se limitam ao estado da oferta e da demanda, mas incluem todo evento que pode gerar mudanças no comportamento dos agentes econômicos. Em nossa época, esse investimento na busca de informações está ligado ao desenvolvimento de tecnologias preditivas que permitem levar em conta quantidades impressionantes de dados, referentes ao impacto dos eventos mais diversos nas expectativas e decisões dos agentes. Essa busca dispendiosa de informação continuamente atualizada visa à venda de serviços que permitem implementar estratégias para aproveitar mudanças de opinião, bem como para provocá-las.

4. INCERTEZA E INOVAÇÃO TECNOLÓGICA

O quadro que acabamos de esboçar permite compreender a importância das plataformas digitais na atual economia da informação. Empresas privadas como Google, Facebook ou Amazon realizam lucros extraordinários graças à informação produzida pela exploração dos dados sobre o comportamento dos usuários. A exploração algorítmica dos dados permite identificar padrões de comportamentos que são então utilizados para classificar os usuários segundo tipos que se caracterizam por suas preferências e crenças. As hipóteses sobre a pertença dos indivíduos a um tipo são atualizadas pela observação das decisões sucessivas, e são atualizadas em relação à proposta de conteúdos direcionados, ou seja, informações suscetíveis de provocar as reações desejadas. Por exemplo, de acordo com a hipótese de que um usuário gosta de um determinado produto ou está interessado em um determinado tema, são-lhe propostos conteúdos suscetíveis de engendrar a compra do artigo ou a participação em uma discussão. As reações efetivamente produzidas permitem ao sistema inteligente recalcular a probabilidade das hipóteses iniciais para tomar decisões mais eficazes na interação seguinte. É interessante notar que aqui os algoritmos são decisores que permitem previsões sobre o comportamento dos agentes a partir da exploração probabilística, e às vezes explicitamente bayesiana, dos dados disponíveis. Esses algoritmos inteligentes aprendem observando os resultados de suas decisões (se um indivíduo reage como previsto quando se lhe fornece uma informação específica) e recalculam assim a probabilidade respectiva das hipóteses plausíveis em relação ao tipo de usuário. Por outro lado, os usuários são modelados como padrões de comportamentos, ou seja, como encarnando regras que organizam suas ações e reações em relação à informação recebida. A coleta e exploração de dados produzem, através do processo de aprendizado, hipóteses mais ou menos confiáveis sobre a classificação dos usuários. As hipóteses que permitem previsões confiáveis das decisões são usadas como informação privada funcional para maximizar a utilidade daqueles que a possuem, por exemplo, os produtores que compram o serviço de publicidade oferecido por uma plataforma, ou os gerentes das plataformas que tentam fidelizar os usuários propondo-lhes conteúdos de interesse. O lucro dos proprietários da licença dos algoritmos do tipo bayesiano baseia-se na exploração privada da informação produzida gratuitamente pelos usuários, informação que retorna a estes últimos sob a forma de sugestões de decisões a tomar para satisfazer suas preferências supostas (as diferentes opções que a plataforma propõe a cada um, como produtos, conteúdos, etc.). As decisões dos agentes ignorantes podem muito bem levar a experiências satisfatórias; no entanto, elas conduzem a um ganho certamente inferior ao retorno esperado por aqueles que antecipam suas escolhas. Que uma publicidade, um aplicativo, um conteúdo ou uma informação (verdadeira ou falsa, pouco importa) suscite as reações previstas representa um leve ganho para o usuário que segue a sugestão, mas um retorno muito superior para aquele que, tendo antecipado a reação positiva, obtém suficiente credibilidade "científica" para assegurar a possibilidade de revender muito caros seus serviços direcionados, ou seja, informação a ser explorada de forma privada. Na situação atual, o conhecimento produzido pelos algoritmos através da exploração dos dados produzidos pelos usuários de diferentes serviços, como as plataformas digitais ou as redes sociais, não é imediatamente redistribuído como informação pública, o que permitiria a todos basear suas decisões em hipóteses confiáveis; ao contrário, é mais frequentemente usada de forma privada.

A incerteza é o efeito da manutenção do equilíbrio do desequilíbrio necessário para a rentabilidade da evolução tecnológica, e as novas tecnologias só são úteis se produzirem um excedente de informação privada. Não haveria, de fato, investimento em tecnologias de informação se estas não permitissem produzir informação privada, ou seja, explorável em benefício dos produtores. Isso significa que a informação não é nem completamente pública, nem completamente gratuita, o que tem como efeito um aumento da incerteza; os usuários não podem mais ter a certeza de tomar as melhores decisões em relação às decisões dos outros sem gastar para adquirir informações adicionais. Eles são assim obrigados a usar os serviços digitais, e essa utilização produz novas informações que serão exploradas de forma privada, reproduzindo a incerteza que torna a produção tecnológica de informação rentável. Isso significa que os agentes que podem pagar para obter as previsões atualizadas pelos algoritmos podem tomar decisões ótimas que levam em conta expectativas bem fundamentadas nas decisões que serão tomadas pelos outros. Em contrapartida, os menos informados são mergulhados em uma incerteza crescente da qual só podem sair gastando para adquirir novas informações.

A inovação que tornou possível a competição imperfeita e produtiva do mercado contemporâneo é a reprodução da disparidade de informação. O investimento na informação é fundamental para assegurar não apenas decisões mais eficazes do que aquelas suportadas pela simples observação dos preços, mas também para garantir a heterogeneidade das crenças. Se os investimentos em pesquisa e desenvolvimento tecnológico produzissem conhecimento imediatamente compartilhado, não estaríamos motivados a nos engajar para fazer evoluir as infraestruturas digitais e tecnológicas (trata-se, afinal, do setor que mais se desenvolveu nos últimos anos). Pode-se dizer que, paradoxalmente, a incerteza crescente à qual a maioria está hoje exposta é a contrapartida da difusão das tecnologias preditivas mais sofisticadas. A incerteza é o efeito da manutenção do equilíbrio do desequilíbrio necessário para a rentabilidade da evolução das tecnologias de informação das quais depende, em grande parte, o crescimento econômico. Essas tecnologias só são úteis se produzirem um excedente de informação privada em troca dos serviços que se destinam a facilitar o acesso dos usuários à informação. Nesse equilíbrio imperfeito, as chances de enriquecer não são igualmente distribuídas; em contrapartida, o crescimento econômico parece ser assegurado com os efeitos evidentes de um aumento da desigualdade de renda.

A informação é hoje o bem mais desejável, aquele que as tecnologias algorítmicas produzem de forma industrial, o bem que não cessamos de reproduzir ao consumi-lo e que somos obrigados a consumir para reduzir a incerteza. A esse respeito, é importante notar que a informação difere em natureza dos outros bens: seu preço é relativo à sua novidade e ela perde seu valor quando se torna conhecimento comum. No entanto, é impossível usar informação privada sem torná-la pública, pois a observação das decisões tomadas por um agente permite compreender as razões por trás dela. Isso leva não apenas a estratégias de opacidade e dissimulação, mas também força a constante renovação das buscas por informações ainda não exploradas. Além disso, a rápida obsolescência da informação está ligada aos efeitos colaterais de sua utilização: por um lado, ela se torna conhecimento comum e, por outro, sua difusão produz mudanças na opinião coletiva e nos comportamentos, o que torna necessário atualizar as hipóteses preditivas. A exploração da informação modifica o estado das coisas em relação ao qual ela era "informativa" e essa modificação produz novos dados a serem integrados no cálculo. A evolução das estratégias e das crenças é gerada e sustentada pelas novas tecnologias digitais de produção de informação, e essa nova tipologia de produção de informação é ela mesma motivada por seus próprios efeitos na evolução dos comportamentos. Em consequência, em vez da caminhada aleatória dos preços, o que torna possível o jogo do mercado atual é a caminhada aleatória das crenças: é preciso reproduzir a heterogeneidade dos agentes, pelo menos no que diz respeito ao estado informacional, ou seja, às crenças. É a ruptura da convergência das crenças produzida pela introdução repetida de hipóteses divergentes que torna possível, em vez do jogo justo, o equilíbrio do desequilíbrio que assegura o crescimento, impulsionando a inovação permanente. Assim, a incerteza, como disparidade de acesso à informação, é ao mesmo tempo a contrapartida da inovação permanente dos sistemas de previsão tecnológica e o que motiva seu desenvolvimento.

Se é verdade, como Beck sustenta, que nossas sociedades são hoje ameaçadas pelas consequências não antecipadas das inovações tecnológicas, também é verdade que essa imprevisibilidade, gerada pela rápida inovação das tecnologias, motiva os investimentos para produzir modelos mais eficazes e sistemas de cálculo mais performantes. Em outras palavras, é a incerteza como assimetria de informação continuamente reproduzida que sustenta o crescimento econômico. No âmbito da economia da informação, a incerteza é o que motiva o gasto na aquisição do bem cuja produção e distribuição são quase monopólio de gigantes como Facebook, Google ou Amazon. A incerteza que as plataformas e mídias sociais conseguem reproduzir de maneira bastante eficaz pela utilização privada dos dados que todos contribuem para produzir ao utilizar os dispositivos digitais, sem os quais estariam em uma incerteza ainda mais paralisante. A difusão dessas técnicas preditivas competitivas tem como efeito um aumento da incerteza sistêmica: o risco associado às decisões não é mais corretamente estimável para os menos informados, que se encontram assim expostos a uma situação que não dominam. Para sair dessa situação, são obrigados a usar os serviços digitais, plataformas e aplicativos, que os ajudam a se orientar em uma oferta avassaladora de informação, agora produzida como um bem destinado ao consumo em uma escala industrial sem precedentes. O uso desses serviços, especialmente gratuitos, permite aos produtores e distribuidores de informação produzir mais. A exploração dos dados relativos às preferências, crenças e reações dos usuários também lhes permite formular hipóteses, ou mesmo produzir informações para venda com fins manipulativos. Assim, alimenta-se o ciclo, hoje muito lucrativo, da economia da informação, que se nutre da incerteza continuamente reproduzida pela disparidade de acesso à informação e pela privatização das agências de produção e difusão. As novas estratégias continuamente introduzidas têm como efeito aumentar a incerteza que obriga a consumir cada vez mais informação, por meio de dispositivos algorítmicos que extraem mais dados, para revendê-los posteriormente a agentes privados. Esses últimos podem assim implementar estratégias que exploram (a ignorância continuamente mantida) e delas se beneficiam: a assimetria de informação se traduz assim em disparidade de oportunidades.

Quando a inovação permanente é o imperativo do mercado, quando o rápido desenvolvimento das tecnologias de informação só faz acelerar a introdução de estratégias de exploração sempre renovadas e imprevisíveis, quando, ao lado da produção industrial de conhecimento (informação privada), é a ignorância que se espalha sob a forma de disparidade de acesso à informação, podemos ainda nos alegrar da criatividade que associamos tão rapidamente à introdução de estratégias inesperadas? Como Jacques Ellul (2015) notou, vivemos agora em um ambiente técnico: estamos integrados em um sistema que não controlamos, mas que orienta nossos comportamentos. Este sistema, que nos impõe um modo de vida orientado em função da otimização produtiva, evolui de forma autônoma e imprevisível. A constatação de Ellul é, portanto, que não estamos mais em uma sociedade industrial onde o objetivo se limita à produção de bens materiais pelo trabalho mecânico, mas em uma sociedade técnica onde a questão é a inovação tecnológica que se realiza através do tratamento da informação. Por um lado, a imprevisibilidade das otimizações futuras dá a impressão de que o sistema escapa ao controle humano; por outro, dá a impressão de uma liberdade acrescida: parece que nos é oferecido um espaço infinito de possibilidades, um leque inédito de opções e oportunidades a serem aproveitadas. No entanto, como observa Ellul, as transformações sociais, nomeadamente a percepção de uma libertação das normas opressivas do passado, vão no sentido de uma adaptação sorrateira às exigências da rentabilidade técnica. É, no final, a adaptação do humano ao sistema comercial das tecnologias de informação que torna supérflua a imposição tradicional das normas de comportamento: o desejo acrescido de inovação é mantido e orientado para comportamentos conformes aos interesses da rentabilidade e da produtividade técnica da informação.

Aprendemos não apenas a nos transformar seguindo as exigências da inovação técnica, mas também a avaliar positivamente a transformação social ligada às tecnologias de informação, a lê-la como um sinal de progresso e emancipação. Assim, em vez de perceber a adaptação como uma restrição que nos remete, em última análise, aos critérios de rentabilidade do mercado de informação, acabamos percebendo a exigência de inovar e nos transformar como algo positivo, e atribuímos isso à expressão de nossa autonomia. Ora, segundo Ellul, "os conformismos sociais são tanto menos aparentemente pesados quanto os conformismos técnicos se interiorizaram, tornando-se mais óbvios, pois a estrutura social se tornou mais técnica: é o conformismo à técnica que é o verdadeiro conformismo social" (Ellul, 2015). Em outras palavras, somos forçados a inovar seguindo uma lógica funcional que visa a produção de informações sempre novas, em detrimento de outros paradigmas de produção de conhecimento. De fato, só fazemos reproduzir informações cujo valor é relativo à novidade, informações que se tornam rapidamente obsoletas (as previsões de ontem não são mais válidas amanhã). No entanto, há uma diferença entre a produção de hipóteses preditivas e a produção de "conhecimentos", ou seja, de verdades ou valores duradouros, como os das artes, que têm um valor independente de sua utilidade no contexto da tomada de decisão em um dado contexto.

Em consequência, em vez de celebrar ingenuamente o que, à primeira vista, parece ser uma vantagem de criatividade, sinônimo de inovação técnica, não deveríamos repensar nossas estratégias de resistência contra uma indústria que nos explora como um recurso natural de informações perpetuamente atualizadas[15]?

REFERÊNCIAS

Beck, U. (2001). *La société du risque: Sur la voie d'une autre modernité.* Aubier.

Carnap, R. (1950). *Logical foundations of probability.* The University of Chicago Press.

Ellul, J. (2015). La technique considérée en tant que système. *Les Études philosophiques,* (2), 41-42.

Fama, E. (1970). Efficient capital markets: A review of theory and empirical work. *The Journal of Finance, 25*(2).

Finetti, B. (1937). *Annales de l'Institut Henri Poincaré,* 7(1).

Friedman, M. (1955). La méthodologie de l'économie positive. In *Essais d'économie positive.* Paris: Litec.

Friedman, M., & Savage, L. (1948). The utility analysis of choice involving risk. *The Journal of Political Economy,* 56(4), 279-304.

15 Por razões de espaço, não desenho aqui todas as consequências destas reflexões sobre o papel da incerteza na atual economia da informação e refiro-me à leitura do meu livro (2022) para a estratégia de resistência que estou considerando.

Grossman, S., & Stiglitz, J. (1980). On the impossibility of informationally efficient markets. *The American Economic Review, 70*(3), 393-408.

Keynes, J. M. (1937). The general theory of employment. *The Quarterly Journal of Economics, 51*(2), 213-214. https://doi.org/10.2307/1882087

Ramsey, F. P. (1931). Truth and probability. In R. B. Braithwaite (Ed.), *The foundations of mathematics and other logical essays*. London: Kegan Paul, Trench, Trubner.

Savage, L. (1954). *The foundations of statistics*. New York: Dover Publications. Notamment le chapitre 5, §5 "Small worlds", p. 82-91.

Savage, L. J. (1954). *The Foundations of Statistics*. New York: Dover Publications.

GOVERNAR, VIGIAR E AGIR: APONTAMENTO SOBRE *THE BLACK MIRROR*[1]

Antonio Tucci

1. TECNOLOGIA E VIGILÂNCIA

David Lyon, há alguns anos, deu a seguinte definição de vigilância:

> A vigilância ocorre em áreas da vida que eram muito mais separadas no passado. Portanto, na realidade, de acordo com essa interpretação, a disciplina --para não dizer o consumo-- e a segurança são áreas que eram muito mais separadas no passado. Portanto, na realidade, de acordo com essa interpretação, a disciplina --para não dizer o consumo-- e a segurança estão conectadas, e nem mesmo Michel Foucault se deu conta disso. Foucault reafirmou a distinção precisamente no momento em que os vínculos eletrônicos estavam sendo fortalecidos. Hoje, a segurança usa a disciplina, por exemplo, no controle de fronteiras. A segurança se transformou em um empreendimento futurista [...] e funciona por meio de vigilância em uma tentativa de monitorar ou até mesmo prever o que acontecerá, usando tecnologias digitais e raciocínio estatístico, precisamente o que agora é frequentemente chamado de Big Data. (Lyon, 2020, p. 52).

O autor de *The Electronic Eye* certamente está certo ao argumentar que, na era da governamentalidade algorítmica, a vigilância faz uso de dispositivos disciplinares, mas o argumento de Lyon não contradiz a tese de Foucault. Foucault, de fato, não pensa nas diferentes técnicas de governo como compartimentos estanques separados, uma leitura cuidadosa mostra como, para o filósofo francês, é possível testemunhar uma sobreposição e hibridização de modelos --governamental, disciplinar e soberano[2]. Além disso, é Deleuze que, em *A sociedade de controle,* explica muito bem a diluição da linha entre disciplina e segurança: Quando ele fala das "subjetividades dependentes e normalizadas da juventude de hoje, como as da juventude das gerações anteriores", ele explica claramente um processo de subjugação e depen-

1 Tradução de Augusto Jobim do Amaral.

2 Sobre esse ponto, gostaria de me referir ao que argumentei em Tucci (2012).

dência, que é implementado de diferentes maneiras por diferentes dispositivos, cujo resultado, no entanto, é absolutamente o mesmo, mas de forma ainda mais incisiva. Algumas páginas antes, em uma previsão quase perfeita, ele afirma que

> As sociedades disciplinares têm dois polos: a assinatura que indica o indivíduo e o número de matrícula que indica sua posição em uma massa. A questão é que, para as disciplinas, não há incompatibilidade entre os dois polos, pois o poder é tanto massificador quanto individualizador, ou seja, ele constitui como um corpo aqueles sobre os quais é exercido e molda a individualidade de cada membro do corpo (Foucault identificou a origem desse cuidado duplo no poder pastoral do padre --o rebanho e cada animal individual--, e no poder civil que, por sua vez, procurou se tornar um "pastor" secular por outros meios). Nas sociedades de controle, por outro lado, o essencial não é mais uma assinatura ou um número, mas uma cifra: a cifra é um *mot de passe* [senha, código de acesso, passe], enquanto as sociedades disciplinares são governadas por *mots d'ordre* [senhas] (tanto do ponto de vista da integração quanto da resistência). A linguagem numérica do controle é composta de números que marcam o acesso à informação ou a negação. Não se lida mais com o par massa-indivíduo. Os indivíduos se tornaram 'dividuais' e as massas se tornaram amostras, dados, mercados ou 'bancos' (Deleuze, 2000: 237-238)[3].

Em outras palavras, as técnicas mudam (e se sobrepõem), mas o resultado permanece essencialmente o mesmo: controle e vigilância.

A vigilância, portanto, de alguma forma vai além da heteronomia da norma (externa, imposta) e depende da normalização do algoritmo, que carrega em si elementos de avaliação, uma característica fundamental da governamentalidade e da normalização neoliberal.

Considerando essas suposições, parece interessante citar uma passagem de uma entrevista ao *Guardian* em dezembro de 2011, na qual Charlie Brooker, o criador de *The Black Mirror,* explica que o título da série evoca o espelho negro que está em todas as paredes, em todas as mesas, na palma de todas as mãos: a tela fria e brilhante de um aparelho de televisão, um monitor, um *smartphone*. Uma tela que, inevitavelmente, precisa ser desligada em algum momento para que toda a artificialidade dos mundos

---

3 Sobre esse ponto, consulte Vaccaro (2020).

criados e recriados chegue ao ponto do paroxismo pelos aplicativos tecnológicos.

O sucesso estrondoso da série estimulou uma série de reflexões, na literatura especializada, especialmente filosóficas, sociais e políticas que, numa representação distópica da sociedade tecnológica, foram divididas entre aqueles que encontraram uma maneira de confirmar e enfatizar as suposições e os resultados negativos, muitas vezes trágicos, da sociedade tecnológica e aqueles que, em vez disso, destacaram uma visão estereotipada da sociedade contemporânea (Papailias, 2021: 59-78).

Como sempre, a *verdade* parece estar em algum ponto intermediário: entre a imagem de indivíduos que se veem inexoravelmente presos em dispositivos tecnológicos que eles mesmos criaram -- dos quais não conseguem se libertar, mesmo quando a tela está desligada, quando a tela está preta e reflete nossa imagem de sujeitos de alguma forma corrompidos, de sua própria inquietação para dominar, gerenciar e, em última instância, controlar suas próprias vidas e as dos outros, a fim de dobrá-las para seus próprios fins, sua própria riqueza, seu próprio sucesso-- e a representação de como, além das conotações pessimistas e distópicas, configuram-se formas inéditas de controle, de governo das pessoas, mas também esferas de possibilidade, de exercício e prática da liberdade por parte dos sujeitos que, de alguma forma, ultrapassam os limites, as margens às quais são habitualmente relegados, experimentando novas formas de subjetivação política.

Portanto, partindo de uma abordagem que tende a enfatizar os aspectos negativos, por assim dizer, das tecnologias, ou seja, sem nos abandonarmos a uma lamentação política pessimista e de conotação negativa, precisamos entender como os dispositivos de poder são redefinidos dentro e nas intrincadas trajetórias das tecnologias, caracterizadas pelo domínio indiscutível do algoritmo.

2. VIGIADO E AVALIADO

O episódio *Nosedive* ("Queda livre"), de Black Mirror, confronta-nos justamente com a inevitabilidade da normalização biopolítica governamental e com a experiência de subjetividades alternativas, que também são vivenciadas com grande custo para os envolvidos.

O episódio conta a história de Lacie Pound, uma jovem que alcançou uma pontuação muito alta no ***ranking*** de aprovação e popularidade das pessoas em um mundo onde todos podem votar. A classificação, atualizada em tempo real por meio de sofisticados aparelhos telefônicos, determina a posição de cada um na escala social; portanto, o comportamento de todos é condicionado pela previsibilidade e pela esperança de receber um voto positivo. Lacie alcançou um nível tão alto de aprovação que foi convidada para um casamento como dama de honra, mas uma série de eventos inesperados e contratempos resultam em reações de ***não conformidade*** de Lacie, a ponto de sua pontuação despencar repentinamente em questão de horas.

É claro que, antes de chegar ao seu destino, ela é avisada de que não é mais bem-vinda e, a partir daí, uma série de reações faz com que a popularidade de Lacie caia ainda mais, chegando aos últimos degraus do ***ranking***. Tudo está irremediavelmente comprometido, até que ela se dá conta de que é possível viver ***melhor*** sem a obsessão pela pontuação. Depois de entrar às escondidas no casamento, onde sua situação fica ainda mais comprometida, ela é presa e a vemos na última cena lançando insultos contra outra detenta. Agora ela parece feliz e livre da ansiedade da pontuação.

Construída com maestria, a história de Lacie --a transição das cores pastéis da primeira parte para as cores mais escuras e mais "realistas" da segunda parte é sugestiva e eficaz-- é a história da adaptação contínua exigida pela governamentalidade neoliberal, que visa a construir corpos normalizados e dóceis --em outras palavras, o ***fitness*** compulsivo como critério da governamentalidade neoliberal-- com a convicção de que cada pessoa é o autor e a causa de sua própria "forma de vida", de seu próprio ser no mundo. Na verdade, porém, repetindo à exasperação os modos e as esferas de ação (política) definidos pelos produtores do saber/poder.

A hipocrisia da captura neoliberal de corpos dóceis e funcionalizados, mascarada de autonomia do agente, também é evidente no fato de que a legitimação, apenas aparentemente, vem de baixo: de fato, são os usuários do ***aplicativo*** que votam nas postagens de Lacie, mas a estrutura e a esfera de ação que eles controlam e supervisionam são bem definidas, claras e evidentes e também são bonitas, agradáveis: é espaço de prazer e autoafirmação. Mas, como disse Foucault, somente quando o projeto corresponde de fato às práticas de liberdade dos sujeitos, então ele funciona (Foucault, 2002: 61).

Em outras palavras, além do processo de subjetivação e assujeitamento, em um determinado momento, o mecanismo "trava", mostra toda a sua ambivalência e ambiguidade, e Lacie não tem escolha a não ser se submeter à normalização governamental ou, de alguma forma, rebelar-se contra o sistema, resistindo à sua colocação "dentro do sistema" e experimentando novas e diferentes formas de colocação "heterotópica" em relação à norma. Certamente a resistência, a contraconduta, também pode criar marginalidade, senão mesmo exclusão, mas o que Lacie experimenta é um momento de liberdade absoluta com relação à normatividade induzida.

Assim, parece que não há como sair da normalização, a não ser escapando do próprio sistema. Foucault, em vez disso, mostra-nos como, por meio da adaptação e da mediação, ou da resistência e da contraconduta, as subjetivações de alguma forma permanecem dentro do sistema e, como diria Clifford Geertz, trabalham ao seu lado, como acontece, por exemplo, nos episódios *The Entire History of You* ("Toda a sua História") e *Striking Vipers*. No primeiro, um homem se livra do *microchip* que havia sido implantado sob sua pele, capaz de apagar lembranças e assumir todo o peso que a memória tem na vida das pessoas e que determina escolhas e posicionamentos para além da uniformidade induzida; no segundo, os dois protagonistas preferem, adaptando-se à normalidade das relações sociais, relegar sua sexualidade reprimida, talvez já desde a infância, ao âmbito da virtualidade sublimada na paixão comum por jogos eletrônicos.

Isso, certo, não questiona as análises lúcidas e altamente eficazes do capitalismo de vigilância, mas parece ser uma confirmação. Soshana Zuboff, por exemplo, define notoriamente o capitalismo de vigilância como uma forma de camuflar uma extração que vai pescar nos recônditos mais profundos da vida cotidiana. À medida que a concorrência se intensifica, os capitalistas de vigilância aprendem que a exploração da experiência humana não é suficiente. As mercadorias mais previsíveis são obtidas por meio da intervenção em nossas experiências para orientar nosso comportamento em favor das metas econômicas dos capitalistas de vigilância.

"O capitalismo de vigilância", diz ela,

> apropria-se da experiência humana usando-a como matéria-prima a ser transformada em dados comportamentais. Alguns desses dados são usados para aprimorar produtos ou serviços, mas o restante se torna um excedente comportamental privado, submetido a um processo de fabricação avançado conhecido como 'inteligência artificial' para ser transformado em produtos preditivos que podem prever o que faremos imediatamente, em breve e em um longo prazo. Por fim, esses produtos preditivos são comercializados em um novo tipo de mercado para previsões comportamentais, que eu chamo de mercado de comportamento futuro. Graças a esse comércio, os capitalistas de vigilância se tornaram extraordinariamente ricos, pois há muitas empresas que precisam conhecer nosso comportamento futuro [....]. Os processos automatizados não apenas conhecem nosso comportamento, mas também o moldam. O foco muda do conhecimento para o poder, e não é mais suficiente automatizar as informações sobre nós; o novo objetivo é nos automatizar. (Zuboff, 2019: 19).

3. VIGIADO E REPRIMIDO

Zuboff define essa *virada* do capitalismo por meio do conceito de *poder instrumentário*. A autora americana, na verdade, enfatizando a tendência pessimista das leituras sobre tecnologias, define o *poder instrumentário* como aquele poder que

> usa os meios de modificação de comportamento [e] não está interessado em nossas almas ou em impor princípios. Não há treinamento, não há transformação que vise à salvação espiritual, não há ideologia à qual conformar nossas ações. O poder instrumentário não está interessado em possuir a totalidade de uma pessoa, nem em exterminar ou mutilar nossos corpos e mentes em nome da pura devoção. Ele aprecia os dados que lhe chegam de nosso sangue e de nossa merda, mas não está interessado em sujar suas mãos. Ele não tem como objetivo a dor, o luto, o terror, embora, sem dúvida, aprecie o excedente comportamental resultante da aflição. Ele é profunda e infinitamente indiferente ao que nos motiva e ao que consideramos significativo. Ele se baseia em ações mensuráveis, de modo que só se importa se o que fazemos é ou não acessível às suas operações incessantes de renderização, edição, monetização e controle [...]. Nosso encontro com um poder sem precedentes ajuda a

> explicar por que tem sido difícil batizar e conhecer essa nova espécie de coerção, preparada secretamente, camuflada pela tecnologia e pela complexidade de suas técnicas, ofuscada por uma retórica cativante. (Zuboff, 2019: 442).

Embora a análise de Zuboff torne explícito um aspecto fundamental da sociedade da vigilância que está amplamente alinhado com os estudos governamentais --a captura de vidas, o governo de pessoas por meio da sobreposição de dispositivos de controle e vigilância que se submetem a técnicas governamentais persuasivas e difusas em que a impessoalidade do poder em si é garantida pela abrangência das tecnologias colocadas a seu serviço-- parece-nos que na governamentalidade neoliberal não falta esse elemento de coerção e repressão, como uma forma ambivalente de poder, um aspecto não negado pelas tecnologias, mas levado a formas paroxísticas por elas.

Esse é o caso, por exemplo, do episódio *Metalhead*. Aqui a história se passa em um futuro pós-apocalíptico: dois homens e uma mulher procuram em um galpão uma caixa cujo conteúdo supostamente é de grande valor. Assim que encontram a caixa, os três são atacados por um cão-robô. Os dois homens são mortos imediatamente. A mulher, depois de uma longa noite em que tenta se salvar, sem conseguir neutralizar os dispositivos particularmente eficazes do cão, também sucumbe (ou melhor, tira a própria vida para não ser morta pelo cão), não antes da câmera nos mostrar que não há apenas um cão-robô, mas um exército que chega ao local atraído pelo sangue da mulher.

Como é sabido, o experimento com cães-robôs foi iniciado pela polícia de Nova York em 2020. O resultado do projeto acabou sendo desastroso não somente por uma série de razões técnicas que são fáceis de adivinhar, mas também por causa das reservas e dos protestos que surgiram em vários setores da sociedade civil. Estamos interessados em apontar como *o Digidog* --esse é o nome banalmente sugestivo do dispositivo que, entre outras coisas, assemelha-se particularmente aos *protótipos* de *Black Mirror*-- representa, de qualquer forma, um sintoma preocupante da tendência repressiva nas sociedades neoliberais, já sentida com grande força e determinação na literatura de direito penal da década de 1990.

O que é particularmente impressionante é o excesso de medidas concretas em comparação com o perigo real dos crimes a serem reprimidos: no final do episódio, descobre-se que as pessoas mortas pelo cão-robô estavam procurando, à custa de suas próprias vidas, nada mais do que uma caixa cheia de brinquedos macios. Agora, o que eles estão escondendo, o que esses brinquedos macios representam para os protagonistas? Não se sabe, mas eles certamente destacam uma instância do capital para "reprimir", controlar e gerenciar o desejo e, ao mesmo tempo, afirmam a persistência da dicotomia lícito/ilícito, proibido/permitido, que Foucault nos alertou ser uma característica essencial das técnicas soberanistas de governo, mas que persiste em formas disciplinares e neogovernamentais.

Se, de fato, a ambivalência pode ser um critério para a leitura da complexidade contemporânea, é justamente o tema da segurança --fortemente invocado pelos mesmos sujeitos que, para estarem mais seguros, serão controlados--, em uma contradição apenas aparente, que empurra para uma sobreposição de dispositivos que normalizam uma situação de emergência perene em que se encontra o homem contemporâneo (o cenário pós-apocalíptico evocado se inscreve em uma situação de emergência absoluta).

O que é que agora permeia os sistemas políticos contemporâneos senão um "novo senso comum penal"? Diante da insegurança sempre crescente gerada pelos conflitos globais e locais (guerras tecnológicas) e, em particular, pela presença desestabilizadora, perturbadora e viscosa dos estrangeiros (a gestão tecnológica das migrações e o controle digital das fronteiras), o direito penal torna-se o principal instrumento das políticas de segurança. Sua conotação em termos decisivamente repressivos e sancionatórios, no lugar de uma concepção reabilitadora de punição que caracterizou os sistemas de estado de bem-estar social, destaca uma inspiração agora declarada dos sistemas neoliberais pós-fordistas, em que a liberdade e o autoritarismo estão profundamente ligados.

O histórico de casos de tolerância zero e prevenção de crimes por meio das chamadas práticas de controle atuarial é rico: onde o que é definido é o risco representado por setores potencialmente desviantes da população; uma definição desse tipo no direito penal decorre da periculosidade estatisticamente potencial, mas não necessariamente real dos indivíduos, uma periculosidade que é definida com base em seu pertencimento a determinados grupos sociais que excedem a norma. Conforme noticiou o New York Times em 28 de abril de 2021, entre as críticas ao ***Digidog*** particularmente eficaz foi aquela que viu o projeto como uma demonstração da violência que tende a ser usada pela polícia contra pessoas pobres, que são notoriamente estigmatizadas como delinquentes em potencial.

Aqui a emergência se torna a "exceção permanente": políticas de tolerância zero, sistemas de *lei e ordem*, todos os assuntos relacionados à segurança global marcam a era atual por meio de uma espécie de propensão a suspender o legal. O "estado de exceção permanente", diz Agamben, "atingiu sua máxima implantação planetária hoje". O aspecto normativo da lei pode, portanto, ser obliterado e contradito impunemente por uma violência governamental que, ignorando externamente a lei internacional e produzindo internamente um estado de exceção permanente, afirma, no entanto, estar aplicando a lei" (Agamben, 2003: 111). Se, então, como vários sociólogos do desvio mostraram, levarmos em conta que o endurecimento das técnicas de controle não corresponde ao aumento real do comportamento desviante e criminoso (no final, como vimos, Belle e seus amigos estão apenas procurando uma caixa de brinquedos macios), mas responde a ondas emocionais diretamente dependentes dos sistemas de mídia, então o caráter ideológico das políticas de segurança de tolerância zero em relação àqueles que são conotados como diferentes, outros, anormais, torna-se ainda mais evidente. Surge um quadro em que a privatização da segurança corre o risco de reproduzir a situação de conflito permanente do estado de natureza hobbesiano: não, porém, entre indivíduos potencialmente iguais, mas entre indivíduos e grupos desiguais.

A gestão e a redução de riscos, o caráter essencialmente punitivo da sanção e a consequente reafirmação das penas de prisão, bem como a ênfase particular dada ao papel do medo como a emoção que legitima esse estado de alarme permanente, representam algumas das coordenadas que melhor descrevem o novo estado penal. Esse novo estado penal pune as pessoas pelo que elas são, em vez de pelos crimes que cometem; é um renascimento das políticas relacionadas a *status* e raça que formam um direito penal da desigualdade. Paradoxalmente, a um enfraquecimento da soberania do Estado no lado político e jurídico externo e em amplas áreas das relações internas, corresponde, no campo do direito penal, uma radicalização de suas prerrogativas que acompanham sua função governamental.

Em suma, parece que a inteligência artificial, o algoritmo, a digitalização das fronteiras, não abalam os paradigmas do governo e da vigilância, talvez até exacerbando certos aspectos seus em detrimento de outros, ou seja, parecem reproduzir a ambivalência das modalidades e técnicas das sociedades governamentais. O que o espelho negro nos envia de volta? Ele não reflete outra coisa senão a vida das pessoas tomadas pelo poder, visando ora à sua *empowerment*, ora à sua repressão.

4. UMA MENSAGEM CLARA E INEQUÍVOCA: VOTE WALDO!

Mas ainda há um ponto, de certa forma obscuro, não tão explícito quanto as questões abordadas acima: o da política. Não que, como é óbvio, o que foi discutido até agora não tenha repercussões e especificidades políticas, mas estamos nos referindo a como a tecnologia determina os processos e as dinâmicas políticas na era da crise de representação, na era da exposição na mídia das vidas públicas e privadas das pessoas que agem e são agenciadas pela política.

E, assim, quando no episódio *The National Anthem* ("O Hino Nacional"), o primeiro-ministro britânico, para libertar a princesa sequestrada, é forçado na frente de toda a população, que o assiste ao vivo, a ter relações sexuais com um porco, abre-se uma série de leituras ligadas ao tema da visibilidade/invisibilidade do poder: de um poder forçado a externalizar, a tornar público seus próprios lados obscuros, seu próprio indizível, para ser verdadeira e finalmente observado e julgado. Uma primeira e clara mensagem é imediatamente evidente: no final, a vida pública do primeiro-ministro não será particularmente afetada pelo que aconteceu, tudo serviria apenas para satisfazer o momento voyeurístico da política, no qual o conteúdo é perdido, obscurecido pelo imediatismo da imagem, pelo poder com o qual a comunicação (generalizada e incontrolável) se impõe sem saída. Em suma, é a espetacularização da política que na era da tecnologia assume resultados imprevisíveis até recentemente.

Tudo isso parece ser absolutamente aderente e consistente com a *poética* explícita dos roteiristas de *Black Mirror*. Mas, se olharmos mais de perto, os temas são muitos e particularmente intrigantes: a política como a sobreposição, ou melhor, a confusão entre realidade e ficção (a tentativa de substituir o primeiro-ministro por um substituto); a desconexão (kafkiana) entre o envio da mensagem, a ação e o resultado (a mulher foi libertada antes mesmo de o ministro estabelecer as condições de libertação); as estratégias populistas que dominam os eixos políticos do presente.

A ação do *terrorista* parece ser, em última análise, uma tentativa de derrubar o populismo tecnológico ou algorítmico, uma forma de resistência radical ao poder (político) do algoritmo, que ao mesmo tempo, no entanto, parece fluir para a estrutura exasperada do populismo digital e a consequente *ressignificação* da questão da participação política democrática.

Assim como um ursinho de pelúcia virtual (no episódio intitulado *Vote Waldo!*) que participa com sucesso das eleições políticas implica uma série de reflexões, que investem na crise de representação, no declínio da participação política e na transformação da comunicação política que vem ocorrendo há algum tempo.

Em uma inspeção mais minuciosa, no entanto, a disseminação da tecnologia serve apenas para mostrar o resultado paroxístico do populismo de direita que agora marca as sociedades ocidentais, dos Estados Unidos à Europa: a associação que alguns fizeram da linguagem de Trump (e eu acrescentaria a tentativa desastrosa de Biden de seguir o mesmo rastro) com a retórica violenta de desprezo e difamação do oponente usada por Waldo[4]. No entanto, o episódio aborda questões prementes da crise de representação política, principalmente o abstencionismo e também obscurece a distinção entre candidatos conservadores e progressistas. Waldo, de fato, faz coro com o candidato dos democratas que provará seu oportunismo; esse é um tema do populismo de direita, dramaticamente introjetado pelos "moralizadores" da política, que pode ser resumido em "de qualquer forma, são todos iguais".

Portanto, se isso pode parecer um resultado apocalíptico, até mesmo distópico, do qual a política não é capaz de se li-

4 Cf. Littman (2020: 59-67) e Chiusi (2018).

bertar (tanto que Jamie Salter, o ventríloco de Waldo, desiste em um determinado momento e certamente não terá um bom fim), parece-nos que, em vez disso, voltando um pouco ao que foi argumentado acima, podemos compreender os aspectos de *empowerment* das tecnologias. A rede, por exemplo, mas também a audiência televisiva anterior (Palano, 2020), se por um lado representa um dispositivo de ***desnaturalização*** do sujeito e do espaço político tradicionais (o sujeito ***ideológico*** e a ***praça*** não funcionam mais), por outro lado, nas mil contradições e ambivalências que a caracterizam, representa, sem dúvida, a esfera de subjetivações políticas alternativas e plurais, irredutíveis a formas de identificação certas e estáveis. Essas são possibilidades de política que colocam em jogo a imprevisibilidade arendtiana (o milagre) na qual (espera-se) ***dissidentes,*** como Jamie Salter, em vez de terminarem mal e em desgraça, possam abrir novas formas de resistência, contraconduta e oposição e, portanto, novas possibilidades de política.

Como acontece em *Bundersnatch*, o filme de ***Black Mirror***, no qual o protagonista (também o espectador por meio da interação com o controle remoto) não é apenas representado, mas ***representa*** sua própria experiência de vida, com resultados muitas vezes inesperados e indesejáveis. Mas acabamos de dizer que política é imprevisibilidade, novidade, processo: somente quando nos colocamos acriticamente no abrigo da vigilância e do controle tecnológico é que não há possibilidade de política.

REFERÊNCIAS

Lyon, D. (2020). *La cultura della sorveglianza*, LUISS University Press, Roma.

Tucci, A. (2012) *Immagini del diritto.* Tra fattualità istituzionalistica e agency, Giappichelli, Torino.

Agamben, G. (2003). Stato d'eccezione. Bollati Boringhieri.

Chiusi, G. (2018). Io non sono qui: Visions and anxieties from a future present. DeA Planeta.

Deleuze, G. (2000). Postscript on control societies. In Pourparler (pp. 237-238). Quodlibet.

Foucault, M. (2002). Space, knowledge and power (Conversation with P. Rabinow). In S. Vaccaro (Ed.), Other spaces: I luoghi delle eterotopie (p. 61). Mimesis.

Littman, G. (2020). The Waldo moment and political discourse: What's wrong with disrespect in politics? In D. K. Johnson (Ed.), Black Mirror and philosophy (pp. 59-67). John Wiley & Sons.

Palano, D. (2020). Bubble democracy: La fine del pubblico e la nuova polarizzazione. Scholé.

Papailias, P. (2021). Lifelogging, datafication and the turn to forgetting: Thinking digital memory studies through The Entire History of You. In M. Gibson & C. Carden (Eds.), The moral uncanny in Black Mirror (pp. 59-78). Palgrave Macmillan.

Vaccaro, S. (2020). Gli algoritmi della politica. Eleuthera.

Zuboff, S. (2019). Il capitalismo della sorveglianza. Luiss University Press.

A FARSA DO POLICIAMENTO PREDITIVO

Augusto Jobim do Amaral

Eduardo Baldissera Carvalho Salles

Se a repressão tem, no capitalismo cibernético, o papel de combater um evento, a previsão é o seu corolário, pois a eliminar todas as incertezas ligadas a todos os futuros possíveis. Essa é a aposta das tecnologias estatísticas. Enquanto as tecnologias do Estado Provedor estavam voltadas para a antecipação de riscos, fossem eles previsíveis ou não, as tecnologias do capitalismo cibernético visam a multiplicar os domínios de responsabilidade.

Tiqqun, "L'hypothèse cybernétique"

1. INTRODUÇÃO

O policiamento tradicionalmente tem usado guerras e experiências coloniais para desenvolver e aprimorar técnicas de controle na cidade (Vitale, 2021: 67-100). O reconhecimento facial e drones, financiados também por forças militares, são apenas alguns exemplos da multiplicidade de usos em ambientes urbanos que a polícia realiza para "combater" ameaças e inimigos internos (Medina & Amaral, 2021). As táticas de contra-insurgência, que envolvem operações militares, psicológicas, políticas e econômicas para conquistar corações e mentes, fomentadas durante os processos de descolonização, são mais que comum no cotidiano policial. O policiamento "preditivo" é mais uma dessas táticas e, sob a pretensão de objetividade científica, é usada para discriminar e criminalizar grupos sociais para manter a ordem nos centros urbanos.

Ao pautar o enfrentamento da criminalidade e da violência desde o espectro do solucionismo tecnológico, o policiamento "preditivo" obscurece suas bases desde uma suposta neutralidade algorítmica. Essa estratégia não apenas impede o debate público sufocando a sociedade civil, mas ceifa a discussão sobre as violações éticas de um mundo guiado pela eficiência. Seu objetivo acaba por ser banir, controlar e eliminar aqueles que são considerados indesejáveis (Bigo, 2006: 5-49), mantendo firmes as hierarquias raciais, classe e gênero.

As dinâmicas criminalizantes retratam certos sujeitos como alvos e produtores de risco, ameaças à ordem social, etiquetando-os como criminosos. Isso dirige-se a comunidades vulnerabilizadas, que passam a ser tratados como "não pessoas", onde a neutralização ou inocuização é vista como uma estratégia para eliminá-los. Imigrantes, pretos, pobres e moradores de favelas são alvos de políticas de limpeza étnica e de contenção ambiental, visando a afastá-los dos centros urbanos valorizados cada vez mais gentrificados.

Assim, as tecnologias "preditivas" utilizadas na segurança pública, cada vez mais, são usadas com o propósito de higienização social, visando a eliminar indesejáveis das áreas economicamente rentáveis. Essas tecnologias buscam predizer os possíveis focos de criminalidade, seja com base no infrator ou na localização, o que resulta no reforço da atuação historicamente seletiva da polícia, empregando estatísticas originadas em uma estrutura de preconceitos étnicos e raciais que acabam se retroalimentando.

No presente artigo apresentamos as principais características dos sistemas de policiamento preditivo, expondo uma severa crítica ao seu funcionamento. No trabalho, argumentamos que seus "erros" não se limitam apenas à discriminação racial embutida em seus algoritmos, mas também estão enraizados no próprio propósito da instituição policial, que historicamente serviu como um instrumento para capturar e controlar população escravizada e manter a ordem do poder colonial e imperial. Não é possível pensar em um policiamento "preditivo" orientado para o "bem", porque as críticas que são feitas a ele não são apenas um efeito infeliz e acidental de um programador que errou no código-fonte, vieses corrigíveis em bancos de dados menos tendenciosos ou de ciclos autolegitimadores de feedback, mas sim derivam do racismo e da discriminação socioeconômica que permeiam as estruturas sociais e que são por eles validados e aprofundados.

2. POLICIAMENTO PREDITIVO: UMA BREVE HISTÓRIA

A tomada de decisões envolve a previsão de resultados, bem como a identificação dos possíveis cenários de cada ação, seus valores e probabilidades --uma preocupação da teoria da decisão (Sfez, 1984). De modo análogo, tanto juízes quanto policiais tomam decisões diariamente, levando em conta as informações, sentimentos e experiências disponíveis. O policiamento sempre envolveu sempre dose de previsão, desde abordagens e prisões baseadas no juízo "preditivo" dos policiais até a tentativa dos sistemas cibernéticos de substituir tais decisões por algoritmos matemáticos, supostamente capazes de prever e impedir crimes. No entanto, como os policiais já têm intuições sobre lugares e pessoas suspeitas, fundadas na construção social da realidade (Berger & Luckmann, 1983) e, em consequência nos estigmas (Goffman, 2008) produzidos, o policiamento "preditivo" não muda a estratégia, apenas as ferramentas (Ferguson, 2017). Para melhorar a tomada de decisões, é necessário ir além da compulsão por dados e considerar os fatores humanos envolvidos na previsão e na ação policial.

O "policiamento preditivo" é uma abordagem baseada em tecnologias que indiquem a probabilidade sobre quando e onde os delitos irão ocorrer. Essa estratégia é construída sob a premissa de que a tecnologia pode prever com alguma precisão a criminalidade e que a polícia poderia usar tais ferramentas para combatê-la ou mesmo antecipá-la. No entanto, essa abordagem é, em essência, um policiamento produzido pela própria delimitação de áreas e sujeitos a maior atenção e controle, num ciclo vicioso dirigido a produzir aquilo que supostamente enfrenta. De modo administrativo e econômico, ademais, é uma estratégia para planejar a alocação de recursos materiais e humanos, visando a obter uma maior eficiência. Essa estratégia de gestão está se disseminando por todo o mundo e envolve a construção de uma infraestrutura informática e um aumento no uso de dados (Didier, 2018).

Noutros termos, trata-se de um tipo de policiamento baseado em dados e algoritmos computacionais de análise (Perry et al., 2013), ou seja, um modelo que envolve a coleta e análise de dados de diversas fontes, usando técnicas quantitativas para identificar alvos potenciais para intervenção policial e prevenção de crimes por meio de previsões estatísticas (Wilson, 2018). Embora os ataques de 11 de setembro tenham sido um marco importante para esse fenômeno, o policiamento preditivo já vinha sendo desenvolvido há algum tempo, em resposta a tendências históricas como a informatização e a adoção de tecnologias de comunicação. Pós 11-S, neste setor, acelerou-se a combinação de psicologia comportamental e mineração de bancos de dados.

Nos Estados Unidos, em especial, as políticas de prevenção têm promovido uma integração entre agências de segurança, órgãos policiais, empresas de comunicação e tecnologia, criando uma ampla rede de coleta e compartilhamento de dados para identificar ameaças através da mineração de dados (Mantello, 2016). Não é por acaso que as técnicas analíticas usadas para rotular comportamentos como suspeitos são semelhantes às usadas pelo comércio para prever o comportamento do consumidor. Embora algumas perspectivas teóricas apontem que a análise preditiva tenha suas raízes no comércio capitalista, e não na segurança nacional (Gandy, 2006), esse fenômeno situa-se ainda em um momento anterior, qual seja, o sugimento da cibernética[1].

As técnicas utilizadas no policiamento preditivo não diferem muito daquelas descritas por Haggerty e Ericson (2000: 605-622) em sua análise sobre o poder, que via o controle social mais relacionado a sensores e softwares do que a olhos humanos e a métodos de controle organizados em estruturas físicas. O que mudou desde então não é a localização do controle, que é cada vez mais cibernética, mas a orientação temporal e afetiva das técnicas, que visam a antever eventos futuros e presentificá-los (Mantello, 2016). Numa era aprofundada por um "capitalismo de vigilância" (Shoshana, 2019: 298), informações são produzidas e gerenciadas por diferentes agências de segurança e corporações para "prever" o futuro (Lyon, 2015), havendo uma relação estreita entre comunicação, criminologia e estratégias de policiamento baseadas em dados (Lyon, 2019).

Frequentemente, empresas e instituições que promovem equipamentos de policiamento preditivo defendem que as técnicas utilizadas visam a aprimorar o controle do crime de forma mais "eficiente" (Perry et al., 2013). Essa abordagem, fortemente influenciada pelo neoliberalismo, associa a qualidade do serviço

1 Trata-se de uma área científica surgida na primeira metade do século XX e que tinha como objetivo estudar o controle e a comunicação entre animal e máquina. (Wiener, 1968: 14).

ao custo/benefício e mede os fenômenos principalmente pelo tempo e dinheiro envolvidos. Essa perspectiva empresarial e gerencial, alinhada economicamente, tem sido imposta como opção privilegiada para "melhorar" os serviços estatais, encontrando apoio na crescente positivação da "eficiência" e no correspondente modelo gerencial como princípio do direito, levando a transformações não apenas no policiamento, mas também na jurisdição, cada vez mais preocupada em fornecer uma prestação rápida e de baixo custo, com "metas" de desempenho que ignoram a qualidade (Chamayou, 2020: 241 ss).

O policiamento preditivo, de modo geral, baseia-se na combinação de dois princípios: a análise das métricas dos crimes para melhor conhecer e identificar os problemas locais e a gestão do departamento de polícia mediante o controle e fiscalização da atividade policial. Essa abordagem não se limita apenas à aplicação de tecnologias preditivas, mas também, como dito, caracteriza-se como uma ferramenta de gestão administrativa que busca otimizar a eficiência organizacional.

A estratégia de concentrar os recursos policiais em áreas, horários ou grupos de pessoas com maior "probabilidade" de ocorrer delitos é uma abordagem que busca maximizar a eficiência do uso desses recursos. Essa estratégia não é exclusiva da segurança pública, pois empresas e organizações de diversos setores a utilizam para alocar seus recursos de forma eficiente. No entanto, o que torna o policiamento preditivo relevante é a sua escala, ou seja, a capacidade de coletar e agregar informações de bancos de dados, gerando resultados que são seu diferencial paradigmático em termos de identificação de padrões inéditos. Ao contrário do que se possa pensar, sua importância não reside na projeção de cenários futuros ou no planejamento gerencial, mas sim na utilização de tecnologias para análise de dados e geração de ***insights*** que possam contribuir para o trabalho policial.

As técnicas de policiamento "preditivo" têm suas raízes na história do atuarialismo. A Escola de Sociologia de Chicago, que buscava prever quais indivíduos estavam em risco, também se interessava identificar áreas de risco. Assim, o desenvolvimento da criminologia ambiental ocorreu simultaneamente com o estudo da geografia do crime. À medida que as técnicas de mapeamento se tornaram comuns para identificar e analisar os padrões de comportamento criminoso nas cidades, as técnicas de coleta e interpretação de dados se tornaram mais complexas. Com o surgimento da cibernética, a informação assumiu um papel de destaque (Ferguson, 2017: 1123).

Antes do desenvolvimento dos sistemas analíticos automatizados, os mapas de crimes eram migrados do papel para softwares estatísticos. No entanto, essas ferramentas não eram adequadas para lidar com a crescente quantidade de dados coletados pela polícia, especialmente nas grandes cidades dos Estados Unidos, que enfrentavam um aumento de crimes. Foi necessário automatizar a análise da informação para torná-la mais rápida e inteligível, especialmente para melhorar a gestão dos departamentos de polícia. Nesse contexto de preocupação com a eficiência da gestão administrativa, surgiram os sistemas de mapeamento de crimes (Benbouzid, 2019).

Nessa perspectiva, empresas privadas oferecem sistemas para a polícia que não só incluem bancos de dados privados, mas também plataformas de integração de informações que permitem análises investigativas e de inteligência, compartilhamento de dados e gerenciamento de registros.

Durante o século XX, os mapas de pinos evoluíram para a forma digital, deixando de identificar apenas os crimes diários para mostrar padrões históricos e ampliar o campo de análise para todos os tipos de delitos, não apenas os mais graves. Nesse contexto, surgiram os setores de análise criminal, responsáveis por interpretar os dados coletados e recomendar aos gestores da polícia como melhor empregar os recursos. A técnica dos "pontos críticos" (*hotspots*) também foi desenvolvida para identificar as áreas problemáticas e a concentração espacial do crime em microlugares responsáveis pelas tendências gerais (Ferguson, 2017: 1124).

Existem na literatura pelo menos quatro métodos distintos de policiamento preditivo, cada um com diferentes capacidades e requisitos. Em linhas gerais, as estratégias de previsão são utilizadas para identificar a possibilidade de ocorrência de crimes, a área de atuação dos criminosos, a identidade dos criminosos e a possibilidade de vítimas de crimes. Entre esses métodos, podem ser identificadas duas técnicas distintas: uma que se baseia na localização do crime e outra que se baseia nas características dos suspeitos.

Em resumo, cada uma dessas categorias de policiamento preditivo emprega técnicas e conhecimentos diferentes. Os métodos para previsão de crimes buscam identificar os locais e horários com maior probabilidade de ocorrência de crimes, como a modelagem dos mapas de calor. Por outro lado, os métodos para prever criminosos se concentram em indicar quais indivíduos têm maiores chances de cometer crimes no futuro, incluindo a classificação de fatores de risco e o monitoramento de gangues com histórico de violência. Já os métodos para prever a identidade dos criminosos buscam criar perfis a partir de crimes passados, mapeando estatisticamente as áreas próximas para estabelecer padrões e identificar vinculações entre eles. Por fim, os métodos para prever as vítimas tentam identificar os grupos ou indivíduos com maiores chances de se tornarem vítimas de crimes, usando gráficos e modelos avançados de probabilidade para identificar pontos críticos e as características das pessoas que frequentam determinados locais (Perry et al., 2013).

3. O FUNCIONAMENTO DO POLICIAMENTO PREDITIVO

Desde o seu princípio como ciência, a cibernética (Wiener, 1968: 28 ss) depende do processo de retroalimentação da informação, que funciona como autorregulador. Quanto mais informações coletadas, maiores as condições para ajustar o trajeto no rumo desejado e manter a estabilidade. Na área da segurança pública, semelhantemente à lógica cibernética, a coleta de dados pode ser parte relevante do trabalho, já que as informações adequadas permitem corrigir falhas e desequilíbrios por meio de processos de controle, cálculos, estatísticas, projeções, curvas demográficas, táticas e procedimentos de governo que perpassam o exercício de poder. O grande desafio da cibernética, de manter o canal de comunicação sempre aberto para que as informações fluam em ambos os sentidos, corrigindo o roteiro almejado, serve como analogia inicial para entender as vantagens da coleta de dados.

Como os algoritmos que processam essas informações são criados por humanos, por mais "inteligentes" que sejam, eles aprendem através da observação e repetição, e seus resultados reforçam preconceitos e discriminação presentes na sociedade. Apenas para ficar num exemplo, em 2013, o Rio de Janeiro proibiu o uso de máscaras em protestos (Souza, 2013), medida que também foi adotada pela Suíça, França, Áustria, Bulgária, Bélgica e Dinamarca (Sampaio, 2021), mostrando que dependendo do contexto social, determinados comportamentos carregarão maior estigma. Além disso, as decisões em gestão pública são baseadas na separação dos indivíduos em categorias distintas, seja no controle migratório em aeroportos internacionais, discriminando estrangeiros e nacionais, seja em fundadas suspeita recaídas em grupos racializados, todos vistos como alvos diferencialmente perigosos.

Nos setores econômicos e de serviços que dependem mais do uso de tecnologia, os algoritmos computacionais alegadamente conferem mais competitividade e eficiência, agindo como mecanismos de objetividade na tomada de decisões, suprimindo a subjetividade humana. No entanto, longe de eliminar os resultados discriminatórios, tratam de dar ares objetivos à desigualmente. Com o advento do neuroléxico da "inteligência artificial", tem sido comum que a segurança pública busque "ensinar" máquinas a compilar dados de ocorrências policiais e identificar correlações antes imperceptíveis --como uma hipotética maior incidência de crimes nas sextas-feiras, em bairros centrais da cidade, cujo alvo preferêncial são mulheres na faixa dos 20 anos de idade. E dão a isso o nome de "policiamento preditivo". No entanto, isso não é o que define o policiamento preditivo. A simples transformação dos antigos mapas de pinos de ocorrências em mapas eletrônicos de tendências, reproduzidos em telas de computador, não tem nada de "preditivo", afinal, posicionar policiais na cidade, como se fossem peças de um tabuleiro de xadrez, não antecipa e tampouco resolve o problema da criminalidade. Ao contrário, a cria e reforça estigmas, com pretensa neutralidade.

Há um risco ainda maior por trás da lógica de categorização de áreas perigosas. Se autoridades nos Estados Unidos, Grécia e Turquia anunciam a construção de muros nas fronteiras como estratégia de segurança, a mesma lógica pode levar a construção de muros ao redor das áreas mais violentas das cidades, como se fossem ilhas ou enclaves, lembrando o enredo do filme de ficção francês Banlieue 13 (Distrito 13, na versão brasileira). Um exemplo disso é a política de segurança pública do Rio de Janeiro, que apesar de ter acesso a ferramentas tecnológicas como o *CrimeRadar*, famosa é pelas Unidades de Polícia Pacificadora (UPPs) e deflagrações de operações militares para garantir "a lei e a ordem" (Viana, 2021: 209 ss), ainda não foi possível reduzir a criminalidade para níveis encontrados em outras regiões. A "criatividade" no âmbito da segurança pública leva ao isolamento das comunidades mais violentas, como se fossem guetos, para concentrar a atuação policial em áreas supervigiadas por câmeras e radares.

A crítica a essa estratégia de isolamento não é difícil de sustentar. Há algum tempo as câmeras de vigilância não impedem os roubos e furtos, praticados à luz do dia em várias parte do Brasil. Posicionar policiais em locais estratégicos ou orientar suas ações para áreas perigosas pode ser uma medida insuficiente, especialmente quando eles próprios se tornam vítimas do crime, mesmo fardados. Como identificar correlações é mais fácil, rápido e barato do que enfrentar causas estruturais, os padrões estatísticos acabam sendo supervalorizados pelos intérpretes, deixando de ser analisados como indícios, impressões sobre o cenário, para se transformar em fonte primária de significado, como recomendações de ações. Isso desconsidera o fato de que, além da causa de determinado fenômeno nem sempre ser evidente, pois pode ser multifatorial, sobretudo o que está em jogo é o processo de criminalização que reforçará o preconceito e selecionará não apenas certas atitudes como certos desvios para ser combatidos.

As correlações chegam ao cômico e as burlas são as mais estrúxulas possíveis. Exemplo disso é a tentativa de ligar a quantidade de mensagens postadas no Twitter com os índices de criminalidade correspondentes. Embora haja uma diminuição nos casos de roubo conforme o uso da rede social aumenta, essa correlação pode ser metodologicamente equivocada (Malleson & Andresen, 2015: 112-121). A maior interação nas redes sociais pode indicar uma população maior ou patrulhamento mais eficiente, supostamente resultando numa maior prevenção situacional - o que obviamente sempre será pretexto para o incremento ilimitado do controle social. No entanto, isso também pode estar relacionado a diferenças sociais e econômicas entre as regiões da cidade. Em áreas mais desenvolvidas, o uso de redes sociais é mais comum do que em áreas mais pobres. Portanto, os dados extraídos dessa correlação são apenas isso, correlações, e não indicam uma relação de causalidade.

Raça, nacionalidade e cor da pele são elementos historicamente utilizados para informar previsões e avaliações de risco. São categorias que esses sistemas costumam relacionar com as estatísticas criminais em cada região. Embora possam estar relacionados à criminalidade, são elementos afetos a processos como de escravização e desigualdade econômica. Esses fatores relegam pessoas à categoria de cidadãos de segunda classe, tratados com suspeição e, por isso, com menos oportunidades de trabalho e mais propensos a serem abordados pela polícia na sua função de administração da desigualdade pela ordem. Por isso, usar essas categorias para interpretar dados sobre segurança pública é naturalizar esquemas historicamente consolidados, entorno da largos e complexos processos de colonização, escravização em sua versão capitalística algorítimica. São os próprios dispositivos algoritários (Sabariego et al., 2022) prontos a serem remasterizados.

A questão racial nos parece um dos pontos mais sensíveis. Para antecipar condutas, esses sistemas fazem uso de estratégias distintas, inclusive o reconhecimento facial automatizado, que sofre críticas por não funcionar e ademais aprofundar dinâmicas preconceituosas.[2] Shoshana Amielle Magnet argumenta que as falhas frequentes no reconhecimento facial são causadas pela exploração equivocada de conceitos do corpo humano e pela ocultação das capacidades reais da tecnologia (Magnet, 2011: 149). A indústria do setor, segundo ela, aproveita-se do pânico causado pelo terrorismo para assegurar maior financiamento e vender soluções simples para questões historicamente complexas, sem considerar as consequências políticas e humanitárias. Embora a indústria argumente que os algoritmos são neutros e poderiam resolver a discriminação racial, a tecnologia falha ao identificar pessoas que não estão nos bancos de dados, como mulheres asiáticas e trabalhadores manuais, como pedreiros, marceneiros e agricultores, que muitas vezes apresentam lesões ou deformidades nos dedos (Magnet, 2011: 69 ss). Portanto, não é verdade que o reconhecimento facial e outros leitores biométricos sejam neutros ou isentos de desvios de classe e raça.

Os sistemas de "predição criminal" são frequentemente acusados de serem tendenciosos e racistas, principalmente nos Estados Unidos, onde sua utilização começou antes (Harcourt, 2007:

2 Sobre o tema, em geral, ver Silva (2022) e o clássico Noble (2021).

11 ss). Em 2016, a ProPublica produziu uma reportagem investigativa mostrando como a classificação de risco dos condenados, usada pelos juízes para avaliar o risco de reincidência e tomar decisões sobre liberdade condicional, exacerbava disparidades injustificadas, reforçando o preconceito racial no sistema de justiça criminal. De acordo com os autores, em um condado da Flórida, apenas 20% das pessoas previstas para cometer novos crimes violentos realmente o fizeram. Os negros foram identificados com mais frequência como potenciais criminosos, mas essa diferença não pode ser explicada pela quantidade ou natureza dos crimes anteriores. A distinção parece ter vindo das respostas dadas pelos condenados a um questionário que continha perguntas, como se uma pessoa com fome tem o direito de roubar (Angwin et al., 2016). Outro exemplo foi o caso do software de reconhecimento facial usado pela polícia de Detroit, nos Estados Unidos, que acabou por causar a prisão de um homem inocente (Robertson, 2021). Outro exemplo é o PredPol, que vem sendo descontinuado por diversas cidades devido às críticas por seus resultados discriminatórios em desfavor de negros e latinos. O departamento de polícia de Los Angeles, pioneiro no policiamento preditivo, anunciou em abril de 2020 que deixaria de utilizá-lo após críticas de que o sistema perpetuava a discriminação policial (Erickson, 2020). Esses exemplos ilustram como esses sistemas podem levar a resultados injustos e até mesmo trágicos, especialmente frente as questões de raça e classe.

Outra crítica interessante é a impossibilidade de contestação dos resultados. Embora a transparência dos algoritmos seja importante, muitas vezes ela não permite sua compreensão, pois o problema não reside apenas na forma de cálculo do resultado, mas na fonte dos dados subjacentes aos sistemas. Não há contraditório nem prestação de contas quanto ao conteúdo desses bancos de dados, e em algumas hipóteses a retificação também não é permitida. Apesar das leis de proteção de dados, que deveriam dar às pessoas maior controle sobre seus dados pessoais, a defesa nacional e a segurança do Estado são hipóteses que costumam ser invocadas para que as normas protetivas da privacidade não se apliquem. Isso impede que se tenha acesso aos dados de caráter pessoal sob o domínio da polícia e que esta avance por outros de maneira justificada.

Compreender as dinâmicas do crime em áreas urbanas é um desafio, até mesmo para uma concepção ambiental de análise. O comportamento humano e as diferenças espaço-temporais em cada cidade, que possuem distintos contextos sociais e ambientais, podem destacar ou minimizar o fenômeno. No entanto, a tentação da era digital de resolver tudo por meio da quantificação e automação algorítmica tem incentivado a criação de ferramentas de mapeamento e predição de crimes que associam diversas técnicas das ciências sociais, matemática e sobretudo estatística. Embora a maioria dessas iniciativas seja projetada para trabalhar com grandes áreas urbanas, esquadrinhando a distribuição espacial do crime em regiões, bairros e cidades, há uma proporção menor de iniciativas que se concentram em identificar padrões em microescala, dando maior atenção à oportunidade e aos fatores urbanos que destacam as chances de crimes, como a existência de bares, restaurantes ou bancos nas proximidades. Um dos problemas realtivos a isso é o condicionamento do comportamento das pessoas, impedindo que ajam de maneira diferente das normas aparentemente universais supostas pelos engenheiros sociais. Isso não admite contestação ou debate sobre a adequação dessas ações. Um exemplo dado por Morozov (2015: 230) é a diferença entre as catracas do metrô de Nova York e o sistema de controle moral de Berlim, que não possui catracas. Embora a estratégia americana seja mais eficiente por tornar mais difícil acessar o serviço público sem o pagamento, a catraca tende a suprimir questionamentos incômodos sobre a justiça social, a desigualdade econômica, o racismo e a infraestrutura do transporte público, silenciando o debate em torno dessas questões.

Por outro lado, reconhece-se que na aplicação da lei é difícil encontrar alguém que defenda tecnologias imperfeitas e abertas que estimulem a reflexão. As tecnologias são desenvolvidas com objetivos específicos, em geral, sem estimular o debate. Portanto, é importante considerar cuidadosamente os riscos e desafios éticos envolvidos na implementação de tecnologias preditivas em diferentes áreas, desde a aplicação da lei até o gerenciamento de dados pessoais. Devemos estar cientes de como comprometem direitos fundamentais, reforçam desigualdades e limitam a contestação.

Morozov (2015: 230) ressalta a importância de questionar a adequação da lei como parte do exercício da cidadania, inclusive mediante a desobediência civil. Entretanto, o debate político pode ser limitado por dispositivos tecnológicos que evitem a prática de condutas por antecipação. Retirar a possibilidade de violar as leis também significa retirar a possibilidade de um desrespeito coletivo provocar uma revisão governamental e suprimir o direito à desobediência civil, que é um direito de questionar o governo, de cidadania, considerado como um direito a ter direitos (Arendt, 1989: 332). Isso elimina a possibilidade de provocar transformações nas leis e políticas sociais.

Lembrando do exemplo de Rosa Parks, a garota negra que se recusou a ceder seu lugar no ônibus para uma pessoa branca e incitou o debate sobre desigualdade racial nos Estados Unidos. Podemos imaginar se o seu ônibus fosse "inteligente", com sensores capazes de identificar antecipadamente a quantidade de passageiros nas paradas e calcular o espaço disponível em seu interior, ou melhor, capaz de identificar pessoa preta sentada em assento proibido - provavelmente o estopim não teria espaço (Morozov, 2015: 231).

É claro que um sistema de transporte público hipotético e eficiente como descrito parece ser muito útil numa ideia de cidade inteligente. O mesmo pode ser dito dos sensores de consumo, microfones e câmeras que compõem o mobiliário das moradias contemporâneas e funcionam como assistentes eletrônicos. A Siri, por exemplo, pode ser bastante benéfico para tarefas domésticas, como acender as luzes, tocar uma música ou fazer anotações na agenda. No entanto, esses sistemas altamente regulados podem impedir que conflitos e tensões surjam, pois são feitos para evitar atritos em geral, facilitatores como se diz - pouco condizentes às transformações sociais mais profundas. Morozov (2015: 232), citando Bruce Schneider, argumenta que a deserção é o que impulsiona a transformação, é uma defesa contra a monocultura, garante a diversidade e catalisa a mudança social. Permitir que se crie uma sociedade onde, por exemplo, o crime seja impossível poderia também bloquear as válvulas pelas quais as transformações ocorrem. Por isso, em certas circunstâncias, o crime é sintoma da necessidade de mudanças. Lembremos os históricos exemplos de movimentos grevistas e outros de reinvindicação por direitos em geral até mesmo as práticas de publicização de documentos posto em sigilo para comprovar crimes contra a humanidade.

É importante tomar precauções para garantir que as máquinas possam agenciar informações e encontrar correlações sem prejudicar a sociedade. Importante estabelecer regras para governos e empresas poderem produzir e usar certos dados em suas decisões, pois acabam por definir quem incluir ou excluir, com quem se pode negociar ou não, quem se deve evitar ou não etc.. O controle está no centro da pretensão cibernética. No entanto, de modo prático, é necessário proibir o acesso a certos dados. Por exemplo, é razoável que o histórico das relações sexuais seja registrado e compartilhado com terceiros, mesmo que isso seja relevante para calcular o valor do seguro de vida ou de saúde? Até que ponto é justo e proporcional que a seguradora exija acesso a essa informação, concedendo descontos nos serviços? Criar um limite intransponível e inacessível para a coleta de dados pode ajudar na proteção e na garantia de que certas informações não sejam usadas de maneira enviesada.

Da mesma forma, as transações comerciais dos consumidores podem conter informações úteis para a criação de cadastros de inadimplentes e reduzir as perdas comerciais com clientes que possuem histórico de dívidas. No entanto, com o refinamento dos dados, é possível categorizar os consumidores e aumentar os preços com base em sua localização ou histórico de compras. Embora essa prática seja proibida pelo direito brasileiro, a diferenciação de preços com base nas condições do consumidor é comum no comércio internacional. Com a coleta de dados, essa prática ganha novos contornos, especialmente no comércio online, que usa a localização e o histórico de navegação do usuário para exigir preços diferentes em cada acesso, como no caso de companhias aéreas e hospedagens que foram acusadas de discriminação tarifária no mercado por meio do geopricing (Andrade et al., 2018).

A automação do preconceito (Katz, 2020: 153), direcionado especialmente às minorias populacionais, coloca em risco o princípio-garantia do "estado de inocência". Este princípio, que é considerado não apenas uma mera "presunção", mas sim uma pré-concepção disposta a encerrar uma evidência, portanto, uma pré-ocupação (Amaral, 2013), só podendo ser afastado após uma sentença final na observância do devido processo legal. No entanto, os cálculos de risco feitos pelos algoritmos para prever a probabilidade de um crime não esperam o trânsito em julgado. Esperar por uma condenação definitiva, presente nas certidões judiciais, é considerado muito "demorado" para a dinamicidade tecnológica de identificação de ameaças. Portanto, dados sobre grupos inteiros são considerados a partir de abordagens policiais sempre seletivas ou informações coletadas em registros das mesmas agências de segurança ou outros bancos de dados, prontos a alimentar altos *scores* de seujeitos e grupos rotulados como presumidamente suspeitos (Giacomolli, 2021: 122).

Essas questões são relevantes porque a discriminação tende a ser vista nestes sistemas como "dano colateral". Isso é especialmente preocupante quando se considera que as autoridades de segurança pública utilizam discursos securitários (Miró, 2020: 10) para enfatizar os atrativos das tecnologias preditivas, ignorando as ameaças que esses sistemas representam aos direitos e garantias individuais.

Como podemos resistir à expansão deste tipo de práticas discriminatórias? Uma saída pode ser o desenvolvimento de protocolos e regulamentos que definam como os dados serão combinados. No entanto, é importante ressaltar que esta monocultura tecnológica que estamos acostumados não espera a regulação pelo direito e, muitas vezes, influencia-a de modo direto. Fundamental diagnosticar os riscos, limites e distorções dessas tecnologias a fim de compatibilizá-las com as garantias constitucionais e convencionais dos direitos humanos, elaborando estratégias para avaliar suas consequências, além de medidas para impor transparência, supervisão e responsabilização (Braga, 2019: 694).

Embora sejam importantes tais iniciativas, não se pode desconhecer o modelo de negócio envolvido nas big techs e, sobretudo, como um colonialismo de dados (Silveira et al., 2021) se coloca em nossa realidade de sul global, em que termos como transparência, supervisão e responsabilização, além de demasiadamente vagos juridicamente, são veículos de relegitimação de práticas necropolíticas quando se trata dos nossos efetivos policiais. Embora a polícia seja formalmente submetida à lei, ela habita uma zona de indiferenciação entre violência e direito que apenas vigorará a "força de lei" (Amaral, 2020: 199-248). Por outro lado, alia-se a isso a cumplicidade regulatória quando o assunto é a conveniência utilizada para evitar a exposição de dados envolvendo sistemas e patrimônio públicos, reforçando a cultura antiga de que as informações policiais são sensíveis e dizem respeito à segurança do Estado. No Brasil, embora o Ministério Público exerça a função de supervisão das polícias desde a Constituição de 1988, não temos notícias de mudanças significativas no cenário de discriminação étnica e racial na atuação policial, nem de uma sistemática responsabilização pelos desvios de conduta.

Em junho de 2021, o Alto Comissariado das Nações Unidas para os Direitos Humanos divulgou um relatório sobre a situação da violência e desigualdade racial, identificando o Brasil como um país que apresenta racismo sistêmico nas ações policiais (United Nations High Commissioner for Human Rights, 2021). A Anistia Internacional também chegou a essa mesma conclusão, com sua diretora executiva afirmando em 2020 que a polícia brasileira, na sua guerra contra as drogas, tem como alvo principal os moradores das favelas, tratando os jovens e negros como inimigos a serem eliminados. A organização enfatizou que existe uma visão racista que não é confrontada nem impedida de circular, sugerindo cumplicidade entre a polícia e os órgãos de controle (CNN Brasil, 2020).

Além disso, é necessário frisar a não neutralidade da tecnologia, uma vez que os sistemas incorporam propósitos, interesses e concepções de mundo próprios de seus desenvolvedores e operadores (Miró, 2020: 10-11). Apesar dos esforços para se vender a objetividade dos sistemas com os nobres objetivos de segurança e redução das violências, a governamentalidade algorítmica (Rouvroy & Berns, 2013: 163-96) induz certas formas de vida impulsionada pela ameaça, bem característica da lógica preditiva (Chignola, 2020: 236). Precisamente, funcionando como força motriz das políticas de segurança pública, a pretensa predição criminal acarreta tanto a multiplicação da vigilância, via estigmatização, quanto a segregação à céu aberto de populações.

A tradicional pretensão cibernética de controlar humanos, animais e máquinas através da comunicação fica explícita no policiamento com a incorporação de tecnologias biométricas e de vigilância, como reconhecimento facial, impressões digitais e rastreamento por geolocalização. No entanto, suas estratégias algorítmicas vistas como científicas e neutras operam uma espécie de lavagem matemática ("mathwashing") que pretende disfarçar o racismo e a discriminação que historicamente compõem o sistema de justiça criminal. Esse sistema é municiado com tecnologia para continuar exercendo vigilância, controle de dados e gestão de mortes dos indivíduos selecionados (Amaral & Dias, 2020). Para além de uma visão tecnofóbica, busca-se um enfrentamento do tema desprovido do fetichismo que oculta o significado cultural e político dos sistemas cibernéticos. A conscientização dos fatores e riscos envolvidos no policiamento preditivo e nas tecnologias de comunicação e informação que o fazem funcionar, chamando a atenção para os equívocos que vêm sendo cometidos, ao contrário, significa uma mais profunda e necessária reflexão crítica sobre o uso dessas tecnologias.

4. AS PRINCIPAIS CRÍTICAS AO POLICIAMENTO PREDITIVO

Poder-se-ia identificar ao menos três perspectivas seguidas em relação ao uso de big data no policiamento. Os "otimistas" acreditam que o uso de inteligência artificial trará benefícios significativos para os serviços policiais, melhorando a eficiência do combate ao crime e a eficácia do direcionamento de recursos (Joh, 2014: 67). Os supostamente "equilibrados" estão preocupados com as questões éticas, mas acreditam que não é adequado abandonar a "evolução" tecnológica, propondo um ajuste para consertar os equívocos e seguir na direção correta (Perry et al., 2013). No entanto, a nosso juízo falham ambas as abordagens, pois o cerne do problema dos vieses no policiamento não reside na adoção de tecnologias novas ou mais desenvolvidas, mas sim a premissa de que são meros instrumentos neutros, descolados das profundas construções de mundo que veiculam, como aparatos sócio-técnicos que são, ignorando neste caso da predição criminal que a função da polícia é a gestão das desigualdades de raça e de classe (Vitale, 2021: 60).

É importante reconhecer que as práticas policiais, permeadas pela seletividade, autoritarismo e discriminação étnica e racial, são a base para que desenvolvedores e operadores de ferramentas tecnológicas programem decisões políticas ocultas sob a aparente objetividade matemática desses sistemas. Por isso, simplesmente «melhorar» os cálculos e métodos de previsão não resolverá o problema subjacente no sistema de segurança pública. Na verdade, as previsões algorítmicas são uma expressão ainda mais explícita (paradoxalmente menos transparente) da polícia, não o contrário. Por mais avançado que seja um software, quando a prática policial é intrinsicamente envolvida em violações de direitos, como invasões sem mandado nas favelas e disparos de fuzil de helicópteros em direção a habitações de comunidades pobres, os algoritmos continuarão a apontar esses locais e seus moradores como suspeitos. Esse mesmo problema se aplica aos estrangeiros, em que as políticas migratórias de alguns países tratam seres humanos como "ilegais" com base em critérios discriminatórios, como a nacionalidade e a renda bancária. Isso resulta em algoritmos replicando e reforçando situações de injustiça e discriminação. Atenuar tais dinâmicas com o discurso correcionalista de cariz ético é apenas retardar o esforço na busca do abandono completo das práticas de policiamento preditivo.

Geralmente, os sistemas de policiamento "preditivo" se baseiam em três informações estatísticas: tipo, localização e momento do crime. Essas informações costumam ser extraídas de relatórios de ocorrências policiais, que são unilateralmente informados pelos agentes, o que gera incertezas quanto à precisão e veracidade dos dados. Obviamente, os algoritmos reproduzem o viés dos dados, automatizando ações e resultados e reforçando a mesma tendência - num verdadeiro círculo vicioso. Por exemplo, quando a polícia permanece mais tempo em uma área, ela produz mais dados sobre crimes, prisões e abordagens, e isso leva a recomendações de maior tempo de patrulhamento na mesma área, estabelecendo um ciclo que autolegitima o superpoliciamento e calcifica as "práticas policiais racializadas" (Wang, 2022: 225).

Nos últimos anos, tem havido um aumento nas críticas ao policiamento preditivo. Jornalistas, acadêmicos e ativistas têm exposto como essas tecnologias reforçam o preconceito étnico e racial arraigado na sociedade. Apesar de várias cidades terem proibido o uso do sistema, e em 2020 o Departamento de Polícia de Los Angeles --um dos primeiros a adotar essas ferramentas tecnológicas-- ter deixado de usá-las, sugerindo que as críticas têm sido efetivas, ainda são posições incipientes. Geralmente, as manifestações populares e acadêmicas têm pouco impacto nas práticas policiais, exceto quando ganham repercussão na mídia.

Chamar os cálculos algorítmicos de "previsão" do crime é um erro. Na melhor das hipóteses, esses cálculos podem estimar riscos e probabilidades, assim como as previsões meteorológicas estimam o clima do dia seguinte com um certo grau de falibilidade. No entanto, há uma diferença fundamental entre a previsão do tempo e a previsão de crimes: a fonte dos dados. Enquanto a meteorologia captura diretamente as variações climáticas, o policiamento preditivo se baseia em dados históricos de ocorrências policiais, sujeitos ao funcionamento das forças de segurança. Embora isso possa parecer óbvio, o filtro das milhares de condutas formalmente criminalizadas apenas uma ínfima parcela é visibilizada e tratada como tal via processos de criminalização.

É importante evitar as armadilhas ao lidar com os sistemas de policiamento preditivo. Inicialmente, é preciso ter em mente que as máquinas cibernéticas não conhecem o futuro, elas pretendem gerenciá-lo, ordená-lo. Embora as corporações desenvolvedoras, os departamentos policiais e a mídia frequentemente promovam anúncios de que esses sistemas são capazes de «predizer» o futuro, como se possuíssem uma «bola de cristal» para prever quando, onde e quem cometerá ou sofrerá crime, o que fazem é identificar padrões e projetá-los como uma espécie de solução para o problema da incerteza.

A ideia de que é possível prever o futuro deve ser abandonada quando se trata de sistemas de gestão policial. A nomenclatura "policiamento preditivo" é equivocada e pode levar a erros. Os sistemas apontam simplesmente tendências, padrões emergentes, neste caso efeitos de um "necropoder algorítmico" (Abreu, 2014). O determinismo promovido por estas iniciativas reproduz tecnologicamente aquilo que já antes um racismo biológica e cultural trazia de nefasto, agora substituído por valores estatísticos.

Ao invés de se buscar melhorias nos algoritmos ou aumentar a legislação, como seria esperado de juristas, entendemos que qualquer reforma nesse aspecto não resolveria os seus vícios inerentes. A vulnerabilização social, racial e geográfica não são apenas efeitos colaterais, mas, pelo contrário, expressam a função fundamental da polícia na sociedade. Qualquer ajuste irá reforçar os problemas e sobretudo dará ares de legitimidade à vigilância policial.

Não será através da despolitização do policiamento e da construção do crime que estes problemas devem ser enfrentados, supsotamente por meio de práticas mais justas, algoritmos mais transparentes ou leis que regulamentem um uso mais seguro. O preconceito racial que o caracteriza é intrínseco ao propósito histórico da instituição policial, cujos antecedentes a relacionam com a invasão, a escravidão, a exploração, a deportação, o extermínio e o racismo contra os indesejáveis. Assim, as insuficiências do policiamento "preditivo" não podem ser corrigidas, apenas servindo a cibernética para oferecer uma aparência "neutra" a tais práticas discriminatórias. O que resta como iniciativa minimamente responsável, neste ponto, é o imediato abandono da predição para fins de policiamento.

Interromper imediatamente o uso dos sistemas de policiamento "preditivo" e encerrar todas as tentativas de implementação parece ser uma ação de necessidade pública, após garantindo-se um escrutínio geral minucioso das informações processadas, para que possam saber quais dados foram utilizados pelas empresas e pelo Estado na elaboração dos relatórios preditivos de crimes e suas consequentes responsabilidades.

CONSIDERAÇÕES FINAIS

No contexto contemporâneo, o controle e o governo são exercidos pela coordenação dos fluxos de informação. Assim, como principal órgão de controle estatal, a polícia passa a utilizar as tecnologias de comunicação para quantificar situações cotidianas. Daí entram em cena os sistemas "preditivos" policiais, por meio da análise de dados articulados desde várias fontes e bancos de dados. Essas estratégias, que supostamente visam a impedir o crime "antes que ele aconteça", são cada vez mais comuns devido ao sucesso midiático, que os apresenta como avanços inelutáveis. Além dos mapas de "pontos quentes", que tradicionalmente são usados pelas polícias para identificar os pontos com maior índice de criminalidade, as técnicas de policiamento atuais extrapolam a "criminologia ambiental" e somam outras variáveis, como a análise de redes e mapas sociais, para conectar suspeitos a amigos, gangues e inimigos, permitindo assim a prevenção situacional do crime, prevenção digital e controles baseados na reputação.

O termo "policiamento preditivo", para além de soar futurístico, serve fragilmente para dar a ideia de que esses sistemas são neutros, isentos de discriminação. A crença de que tais processos são objetivos e desprovidos de preconceitos representa mais do que a ilusão de uma ciência imparcial e livre de ideologias, mas despolitiza a questão policial. Os sistemas, ao identificarem locais onde os padrões estatísticos apontam a possibilidade de novos crimes, diretamente cria "zonas de paranoia", que não apenas servirão para influenciar aquilo que encontram os policiais, a maneira como enfrentarão ações suspeitas e visualizarão a realidade que constroem, mas - em resumo - multiplicará a vigilância sobre certos espaços e pessoas (Wang, 2022: 220). Portanto, com mais vigilância, maior quantidade de dados gerados, fundamental para que o ciclo de segurança e "previsão" continue. Sucesso garantido em todos os sentidos: se são identificados mais resultados "positivos" na aplicação de um programa como este, mais se poderá vender que funcionam; do contrário, se menos resultados forem medidos, poderá de igual forma ser indicativo de sucesso de mercado por ter conseguido com eficácia evitar mais crimes. Como refere Jack Wang, "ambos os resultados foram usados para validar o sucesso", por exemplo, do caso mais famoso destas ferramentas que foi o PredPol (Wang, 2022: 222).

É da emergência ao combate ao crime que afinal falamos nas permentes crises do crescimento capitalista. Na busca pelo desejo coletivo de segurança, é que os dados apresentam-se como solução para o problema da incerteza de futuro, perigo estampado em termos maiúsculos pela criminalidade. A cibernética, como afirmamos, sempre soube vender-se como gerenciamento, racionalização, controle, automação e precisão técnica. Controle e comunicação que agora inevestem sobre o terreno do crime, mas nunca sem deixar de afirmar, aquilo que o coletivo Tiqqun, lembrava ser sempre seu objetivo como disciplina: buscar resolver "o problema metafísico da criação da ordem" (Tiqqun, 2001: 45).

Deve-se entender algo de fundamental para que uma crítica tecnopolítica possa ter lugar e sirva de pressuposto de análise como realizado neste ensaio: o que a estratégica de governo de dados sobre o crime estampada no policiamento preditivo esconde é a despolitização da questão criminal, noutros termos, como funcionam os processos de criminalização. Sobretudo, despolitizam o policiamento - *quem* coloca os dados, *como* eles são reunidos e *quem* é tornado alvo da vigilância e do policiamento são questões que ajudam a afastar a justificativa para qualquer ampliação destas operações. Em suma, um estado de vigilância automatizado tecnologicamente, menos do que pretender substituir o policiamento repressivo em suas formas duras, é o seu próprio corolário na sociedade de controle.

REFERÊNCIAS

Abreu, Manuel (2014). "Incalculable Loss", *The New Inquiry*, 19 de agosto de 2014.

Amaral, A. J. do, & Dias, F. da V. (2020). Controle social e governo de dados. Revista Katálysis, 23(3), 409-418. https://doi.org/10.1590/1982-02592020V23N3P409

Amaral, A. J. do. (2013). A Pré-Ocupação de Inocência no Processo Penal. *Revista da Faculdade de Direito - UFMG,* vol. 62, p. 85-115.

Amaral, A. J. do. (2020). *Política da Criminologia.* Tirant lo Blanch.

Andrade, S., Andrade, S. L., & Santiago, M. R. (2018). Geo-pricing: uma análise jurídica das relações de consumo no e-commerce e da segregação econômico-social na era da pós-modernidade. Revista de Direito, Globalização e Responsabilidade Nas Relações de Consumo, 4(1), 21-38. https://doi.org/10.26668/IndexLawJournals/2526-0030/2018.v4i1.4024

Angwin, J., Larson, J., Mattu, S., & Kirchner, L. (2016, May 23). Machine Bias: There's software used across the country to predict future criminals. And it's biased against blacks. ProPublica. https://www.propublica.org/article/machine-bias-risk-assessments-in-criminal-sentencing

Arendt, H. (1989). Origens do totalitarismo. Antissemitismo, Imperialismo, Totalitarismo. Trad. Roberto Raposo. São Paulo: Companhia das Letras.

Benbouzid, B. (2019). To predict and to manage. Predictive policing in the United States. Big Data & Society, 6(1), 2053951719861703. https://doi.org/10.1177/2053951719861703

Berger, P. L., Luckmann, T. (1983). *A Construção Social da Realidade: Tratado de Sociologia do Conhecimento.* 5 ed.. Trad. Floriano de Souza Fernandes. Vozes.

Bigo, D. (2006). Globalized (in)security: the Field and the banoptico. In: Sakai, N.; Solomon, J. (comp.). *Traces 4: Translation - Biopolitics, Colonial Difference.* Hong Kong University Press, p. 5-49.

Braga, C. (2019). Discriminação nas Decisões por Algoritmos: Polícia Preditiva. In A. Frazão & C. Mulholland (Eds.), Inteligência Artificial e Direito: ética, regulação e responsabilidade. Thomson Reuters Brasil.

Chamayou, G. (2020). *A Sociedade Ingovernável: uma genealogia do liberalismo autoritário.* Trad. Letícia Mei et al. Coleção Explosante (coord. Vladimir Safatle). UBU.

Chignola, S. (2020). *Foucault além de Foucault: uma política da filosofia.* Trad. Augusto Jobim do Amaral et. al. Criação Humana.

CNN Brasil. (2020). "Polícia brasileira atua a partir de viés preconceituoso e racista", diz Anistia. CNN Brasil. https://www.cnnbrasil.com.br/nacional/policia-brasileira-atua-a-partir-de-vies-preconceituoso-e-racista-diz-anistia/

Didier, E. (2018). Globalization of Quantitative Policing: Between Management and Statactivism. Annual Review of Sociology, 44(1), 515-534. https://doi.org/10.1146/annurev-soc-060116-053308

Erickson, D. (2020). *PredPol: A Case of Mistaken Identity.* Santa Cruz Works. https://www.santacruzworks.org/news/the-mistaken-identity-of-predpol

Ferguson, A. (2017). Policing Predictive Policing. Washington University Law Review, 94(5). https://openscholarship.wustl.edu/law_lawreview/vol94/iss5/5

Gandy, O. (2006). Data Mining, Surveillance, and Discrimination in the Post-9/11 Environment. In R. V Haggerty, Kevin D, Ericson (Ed.), The New Politics of Surveillance and Visibility (pp. 363-384). University of Toronto Press.

Giacomolli, F. M. (2021). *Gerenciamento tecnológico do sistema de justiça penal: policiamento, investigação e decisão.* Dissertação (Mestrado) - Programa de Pós-Graduação em Ciências Criminais da PUCRS.

Goffman, E. (2008). *Estigma: notas sobre a manipulação da identidade deteriorada.* 4 ed.. Trad. Márcia Bandeira de Mello Leite. LTC.

Haggerty, K. D., & Ericson, R. V. (2000). The surveillant assemblage. *The British Journal of Sociology*, 51.

Harcourt, B. E. (2007). *Against prediction profiling, policing, and punishing in an actuarial age.* University of Chicago Press. https://doi.org/10.7208/9780226315997

Joh, E. (2014). Policing by Numbers: Big Data and the Fourth Amendment. *Washington Law Review*, 89(1), 35-68. https://digitalcommons.law.uw.edu/wlr/vol89/iss1/3

Lyon, D. (2015). *Surveillance After Snowden.* Polity Press.

Lyon, D. (2019). *The culture of surveillance watching as a way of life.* Polity Press.

Magnet, S. A. (2011). *When Biometrics Fail: Gender, Race, and the Technology of Identity.*

Malleson, N., & Andresen, M. A. (2015). The impact of using social media data in crime rate calculations: shifting hot spots and changing spatial patterns. *Cartography and Geographic Information Science*, 42(2), 112-121. https://doi.org/10.1080/15230406.2014.905756

Mantello, P. (2016). The machine that ate bad people: The ontopolitics of the precrime assemblage. *Big Data and Society*, 3(2). https://doi.org/10.1177/2053951716682538

Medina, R.; Amaral, A. J do (2021). Military Urbanism and Surveillance: first impressions on the dronification of policing in Brazil. In: Renata Guadagnin, Luã Jung (Ed.), *Internet, Direito e Filosofia: leituras interdisciplinares* (pp. 157-169). Fênix.

Miró Llinares, F. (2020). Predictive policing: utopia or dystopia? On attitudes towards the use of big data algorithms for law enforcement. IDP. *Revista de Internet Derecho y Política*, 30. https://doi.org/10.7238/idp.v0i30.3223

Morozov, E. (2015). *La locura del solucionismo tecnológico.* Katz.

Noble, S. (2021). *Algoritmos da Opressão: como Google fomenta e lucra com o racismo.* Rua do Sabão.

O'Neil, C. (2020). Algoritmos de destruição em massa: como o big data aumenta a desigualdade e ameaça a democracia (R. Abraham, Trans.). Editora Rua do Sabão.

Perry, W. L., McInnis, B., Price, C. C., Smith, S., & Hollywood, J. S. (2013). Predictive Policing: The Role of Crime Forecasting in *Law Enforcement Operations*. RAND Corporation PP - Santa Monica, CA. https://doi.org/10.7249/RR233

Robertson, A. (2021). Detroit man sues police for wrongfully arresting him based on facial recognition. *The Verge*. https://www.theverge.com/2021/4/13/22382398/robert-williams-detroit-police-department-aclu-lawsuit-facial-recognition-wrongful-arrest

Rouvroy, A.; Berns, T. (2013). "Gouvernementalité algorithmique et perspectives d'émancipation. Le disparate comme condition d'individuation par al relation?", *Réseaux*, v 1, n. 177, p. 163-96.

Sabariego, J., Amaral, A. J. do, Salles, E. B. C. (2022). *Algoritarismos*. Tirant lo Blanch.

Sampaio, J. (2021, March 7). Suíça é criticada após proibir véu para cobrir o rosto em lugares públicos. Veja. https://veja.abril.com.br/mundo/suica-e-criticada-apos-proibir-veu-para-cobrir-o-rosto-em-lugares-publicos/

Sfez, L. (1984). *Crítica de la Decisión*. Trad. Óscar Barahona y Uxoa Doyhambourе. Fondo de Cultura Económica.

Shoshana, Z. (2019). *A Era do Capitalismo de Vigilância. A luta por um futuro humano na nova fronteira do poder*. Trad. George Schlesinger. Intrínseca.

Silva, T. (2022). *Racismo algorítmico: inteligência artificial e discriminação nas redes digitiais*. Edições Sesc.

Silveira, S. A. da; Souza, J.; Cassino, J. F. (orgs.) (2021). *Colonialismo de Dados: como opera a trincheira algorítmica na guerra neoliberal*. São Paulo: Autonomia Literária.

Souza, P. (2013). Projeto de lei que proíbe máscaras em protestos é aprovado no Rio. G1. http://g1.globo.com/rio-de-janeiro/noticia/2013/09/projeto-de-lei-que-proibe-mascaras-em-protestos-e-aprovado-no-rio.html

Tiqqun. (2001). L'hypothèse cybernétique. *Tiqqun 2*, 45.

United Nations High Commissioner for Human Rights. (2021). *Promotion and protection of the human rights and fundamental freedoms of Africans and of people of African descent against excessive use of force and other human rights violations by law enforcement officers*.

Viana, N. (2021). *Dano Colateral: A Intervenção dos militares na segurança pública*. Obejtiva.

Vitale, A. S. (2021). *Fim do Policiamento*. Trad. Arthur Renzo. Autonomia Literária.

Wang, J. (2022). *Capitalismo Carcerário*. Trad. Bruno Xavier. Igra Kniga.

Wiener, N. (1968). *Cibernética e Sociedade. O Uso Humano de Sêres Humanos*. Trad. José Paulo Paes. 2ed.. Cultrix.

Wilson, D. (2018). Algorithmic Patrol: The Futures of Predictive Policing. In Ale Zavr nik (Ed.), *Big Data, crime and social control* (pp. 108-127). Routledge.

ENTREVISTA COM BRIAN MASSUMI: DA ECOLOGIA DOS PODERES A UMA ESTÉTICA DA TERRA[1]

Emre Sünter

Brian Massumi

Emre Sünter (ES): Antes de tudo, gostaria de começar com uma pergunta sobre a situação em que nos encontramos. Com a pandemia do covid-19, nos encontramos cercados por novas normas: máscaras, práticas de higienização e distanciamento, toques de recolher etc. Lentamente, parece que estamos saindo dessa situação, mas alguns efeitos persistem. Seu trabalho fornece uma caixa de ferramentas conceitual para explorar os poderes da existência que afirmam os potenciais da vida para além de um quadro normativo. Como você enxerga a situação atual sob esse ponto de vista?

Brian Massumi (BM): Que pergunta complicada! Necessária também. A pandemia da covid 19 apresentou um desafio de diferentes formas. Eu tenho que confessar que ela trouxe à tona meus próprios impulsos normativos. Por diversas vezes não consegui acreditar no que acontecia, censurando o individualismo autocentrado de opositores às medidas de saúde pública do Covid. A pirraça: "eu quero minha liberdade" em protesto contra o uso de um pedaço de pano no rosto soava para mim como a versão adulta (mais especificamente de homens brancos) de uma criança malcriada que se nega a usar suas luvas no frio. Não me pareceu que era uma declaração merecedora de ser fundamentada em uma teoria da liberdade. Na medida que poderia ser uma questão de liberdade, seria a exigência de vacinação --um gesto de cuidado para salvar as vidas das pessoas-- algo demasiado? Um estudo que saiu este mês (abril 2022) estima que apenas nos Estados Unidos houve 250 mil mortes desnecessárias devido a hesitação diante da vacina. Se existe uma racionalidade válida para uma intervenção gover-

1 Publicado originalmente em: Sünter, E. (2022). Interview with Brian Massumi: From the Ecology of Powers to an Aesthetics of the Earth. *Theory, Culture & Society, 39(7-8)*, 269-286. https://doi.org/10.1177/02632764221146412. Tradução de Samuel Medeiros Andreatta (doutorando em Ciências Criminais da PUCRS). Revisão de Paula Fernanda Failcace Antunes de Oliveira (mestranda em Ciências Criminais da PUCRS).

namental central, salvar a vida das pessoas não seria uma pauta primordial?

É claro, há outro fundamento mais desenvolvido para a oposição às medidas do Covid. Ele se dá em torno do perigo de que as medidas significariam um primeiro passo para a expansão dos poderes governamentais, intensificado o movimento em direção a um Estado securitário e de vigilância. O biopoder, o qual as medidas de covid são um exemplo essencial, lança vetores para um poder de Estado ser aplicado à superfície do corpo, cercando-o enquanto impregnam seu meio, ao mesmo tempo que se estende além das próprias entranhas da vida corporal. A conjunção da vigilância biométrica e digital cria uma mistura potente para intensificação do poder de Estado. A política de "covid zero" chinesa aliada ao programa de crédito social e vigilância sobre as mídias sociais fornecem um modelo distópico. O fluxo de medidas governamentais contra o Covid, materializado em tentativas dispersas para pressionar plataformas sociais a controlar o avanço de desinformação e de teorias conspiratórias, trouxe um espectro no ocidente de uma convergência similar entre loops de controle biológico e digital. A expressão mais dramática dessa reação até o momento foi o movimento de Elon Musk para a compra do Twittter com a intenção de reinventar a plataforma em uma espécie de bastião da liberdade contra a expansão de medidas governamentais.

Tudo isso me causa o sentimento claustrofóbico de estar preso no movimento de pinça que Isabelle Stengers chamou de "alternativa infernal": uma escolha binária na qual as duas opções são igualmente inabitáveis. Alternativas infernais são o produto de um enquadramento falacioso do problema. Ser infantilizado por uma noção petulante e individualista da liberdade, ou ser controlado por um Estado "benevolente" securitário e de vigilância: seriam essas as únicas possiblidades concebíveis para articular alternativas?

Os dois lados dessas alternativas infernais erram o alvo. O lado liberal se equivoca na vinculação da liberdade na sua restrição a dimensão individual. Liberdades individuais são apenas a ponta do iceberg. Os caminhoneiros, cujo "Comboio da Liberdade" paralisou o centro de Otawa nesse inverno, chegaram lá por estradas mantidas e construídas pelo governo. Seus meios de subsistência dependem de sistemas logísticos internacionais. O conhecimento que constrói ambas as opções acima elencadas se apoiam em instituições educacionais públicas. E por óbvio, a segurança desses sujeitos em sua rota é salvaguardada pela adesão a regras normativas de trânsito e regulações que impedem que as estradas se transformem em um caos. E essas são apenas as conexões mais óbvias. O ponto principal é que o exercício da liberdade individual desses caminhoneiros é possibilitado e assegurado por um tecido de codependências multidimensional e interconectado. A "autonomia individual" que eles definem como a sua liberdade é um produto completamente coletivo - factualmente, é uma autonomia relacional. Assumir a autonomia relacional de um indivíduo está em, nas palavras de Fred Moten, parafraseando Édouard Glissant, "consentir em não ser um ser unitário".

Pelo lado governamental, o Estado não é um monolito. Sua consolidação monolítica em uma totalidade autoritária não tem nada de preordenada. O Estado contemporâneo é uma colagem de vários subsistemas organizados e conectados disjuntivamente, com bordas irregulares, saliências, posições e sobreposições. Essas operações não coincidem perfeitamente, tampouco estão em completa sintonia. Elas operam de acordo com diferentes modos do poder: poder soberano, disciplinar, biopoder, e o que eu chamo de *ontopoder*, para mencionar apenas uma topologia --basicamente foucaultiana. "O Estado" é uma ecologia de poderes cuja consolidação perfeita em um único edifício permanece aspiracional, apesar de um movimento totalitário que vemos hoje em certos lugares, ao leste ou oeste. É nossa noção ultrapassada do século XIX sobre a soberania que vê o Estado como um detentor de uma autoridade essencialmente centralizada e generalizada.

A alternativa a alternativa infernal que nos circunda é enfatizar a dimensão coletiva da liberdade, e desagregar o Estado, em um movimento de pinça completamente diferente.

O anarquismo, historicamente, é a orientação política mais profundamente baseada em uma crítica de uma autoridade estatal generalizada. No entanto, em suas correntes coletivistas, isso nunca significou uma ausência de organização, ou uma rejeição de todo tipo de centralização em toda e qualquer circunstância. Isso tornaria o anarquismo tão totalizador quanto seu inimigo, comprometido por postular exatamente o que se opõe. O inverso do Estado é o indivíduo. Articular o anarquismo como o indivíduo contra o Estado coloca-o na alçada do libertarianismo. O avizinha ao populismo de direita, no sentido que esse termo tem assumido na imprensa nos últimos anos.

O anarquismo, como um projeto coletivista com um gancho pragmático no ecossistema do poder, é muito mais próximo do princípio do estado mínimo de Félix Guattari: para cada função, organizar o campo mais restrito possível de aplicação do poder, de acordo com os princípios menos centralizadores praticáveis, para aí, no decorrer do tempo, ir além --coletivamente-- dos limites para um modo de operação mínimo e pouco intrusivo. Isso não requer um exercício de liberdade individual, mas uma prática de experimentação coordenada e coletiva guiada por ajuda mútua e cuidado recíproco.

A desagregação do Estado e *desindividualização* da liberdade andam de mãos dadas. Juntas, elas militam por uma *repolitização*: uma redefinição do político, para além tanto de sua definição liberal democrática regida pelo ciclo eleitoral, quanto sua antítese iliberal autoritária atual e aspiracional de hoje em dia.

No campo da saúde pública estamos automaticamente no escopo do biopoder, cujo objeto e seu marco é a população encarada pelo ângulo da aptidão (*fitness*) para a vida. A palavra aptidão tem uma conotação normativa. Não há uma maneira de contornar a normatividade aqui, visto que os parâmetros para a sobrevivência biológica têm uma natureza normatizada, no sentido de que são governados por um ideal prático de homeostasis. Mas esse não é o ponto central. Assim como o anarquismo, que deve ser mais do que uma simples negação da organização e do Estado, uma simples reviravolta para a anti-normatividade não é uma resposta adequada ao problema da normatividade. A crítica da normatividade deve apelar para um *mais-que* das normas. Whitehead (1929) corretamente avalia essa questão em seu livro "A função da razão". Ele diz que a aptidão e sobrevivência são as condições mínimas para a vida. Porém, mais do que sobreviver, há o viver bem. Viver bem requer exceder as normas. Um exceder das normas é transformativo: abriga intensidades da experiência em excesso sobre as mínimas condições de vida, catalisando um *vir a ser*, um transbordar em outra série de condições que alicerça sistemas emergentes.

Essa é precisamente a definição de Simondon de "valor": o potencial contido em um sistema de normas para exceder seus próprios parâmetros na direção da organização de uma mais-valia (*surplus-value*) da vida, um *mais-que* sobrevivência. Esse movimento mais-que-normativo ou transnormativo é capturado no ditado "não é sobre sobreviver, é sobre prosperar". Na sobrevivência, manda a quantidade: um corpo precisa de nutrição e outras necessidades básicas. Prosperar, ao contrário, é qualitativo. Não é contabilizável. É o acúmulo qualitativo de experiências para além do que é apenas necessário, é de uma outra ordem.

Ao aplicar essa noção à saúde pública, isso implica em uma aceitação das medidas normativas necessárias para a maximização do potencial de sobrevivência de uma população, não como um fim em si mesmas, mas como uma condição de prosperidade. A prosperidade não é automática. Ela requer um recondicionamento, para não dizer desmantelamento, de diversos sistemas baseados em normas (familiar, econômico, de gênero, de raça) que, assim como a mera sobrevivência, são uma homeosteasis predicada (a qualidade de vida equivalente ao que é apenas suficiente). Uma quebra nessas frentes transformaria as condições da saúde pública, incentivando o potencial para que o sistema de normas no domínio da saúde pública possa se lançar em um processo coletivo de *vir a ser*. Sistemas normativos são toleráveis apenas se evolutivos, comprometidos com uma superação dos seus próprios parâmetros, como parte de um processo mais amplo, da vida coletiva superando sua própria sobrevivência, sob condições *distantes-do-equilíbrio* que favorecem metaestabilidade (provisionais, de equilíbrio emergente) em oposição à homeostasis.

Essas prescrições - uma minimização do poder estatal aliada a um maximalismo de valores transnormativos - requerem uma repolitização radical no campo da vida cotidiana. A escolha pessoal é um conceito muito fraco comparada a elas. Repolitização o processo, não a liberdade individual como escolha pessoal, é onde encontramos o verdadeiro problema. Infelizmente, no momento presente, parece que estamos singularmente e tristemente removidos desses potenciais. O paradigma da escolha pessoal os engoliu, até o ponto de colocar em perigo a sobrevivência.

Nos Estados Unidos, a retaliação libertária contra as medidas de saúde pública culminou em uma decisão dos tribunais que retirou todo o poder sobre o gerenciamento da pandemia do Centro de Controle de Doenças (CDC). Caso a próxima pandemia que venha seja mais letal, possivelmente não haverá uma resposta governamental estruturada, levantando a questão da mera sobrevivência.

De forma similar, uma ênfase na escolha mercadológica individual como uma substituição da intervenção governamental está erodindo as medidas de combate à mudança climática, ao mesmo tempo que os avisos estão se acumulando, os efeitos serão ainda mais severos que o que era previamente esperado e a oportunidade para ação é assombrosamente curta. Essa é a distopia libertária que estamos vivendo: o antídoto infernal à distopia totalitária do controle estatal consolidado. Como nós vamos coletivamente nos extrair desse movimento de pinça sem passar por um cataclisma é uma pergunta em aberto.

ES: Sim, nós experimentamos as alternativas infernais em todos os aspectos da nossa vida. Sempre que acontece algo sério, espera-se que suspendamos nossas atividades que dão significado à vida, como uma necessidade de sobrevivência, como se a vida tivesse um marco zero, servindo como uma espécie de magma indiferenciado. Eu me pergunto se o seu conceito de *atividade nua* poderia nos ajudar a sair desses impasses. Porque você inicia de um lugar muito diferente, não de um marco zero da vida descomprometido e pressuposto, mas de um momento potencializado de afetividade onde a primeira fagulha de diferenciação da experiência é sentida. Esse processo culmina na produção de valores. Então, em que sentido é a *atividade nua* realmente "nua" e em que sentido é uma "atividade"? Qual é a sua relação com o conceito de valor?

BM: O termo "nua" (*barely*) em *atividade nua/mera atividade* serve, acima de tudo, como um diferenciador do conceito de *vida nua* de Giorgio Agamben, que trata daquele marco zero da vida que você mencionou. A vida nua é o limite da vida onde a única questão é a sobrevivência, que afirma a si mesma mais intensamente sob condições em que é impossível agir. Usando "nua" para qualificar "atividade" ao invés de "vida" tumultua esse enquadramento. Enuncia, desde logo, que mesmo se for impossível para um indivíduo agir de maneira soberana, ainda há atividade que está sempre acontecendo.

Um ato efetua um estado global de mudança. É uma unidade de vida, um passo unitário na progressão da vida. E, apesar de unitário em seu resultado, todo ato, na sua formação, é múltiplo e composto. Todo gesto físico é um resumo que canaliza diversas contrações e inervações musculares. Com essas vem pedaços de memória e inclinações --incipiências do pensamento. Não há movimento que não carregue essas incipiências. Paralelamente, não há pensamento que não inicie um movimento do corpo - uma miríade de micromovimentos corporais, pouco perceptíveis, ou sub-perceptiveís, passando despercebidos à nível global, ofuscados pelo *sobre-ato* que ocupa o palco central.

O sopesamento desses pensamentos-sentimentos com a memória cerca todo ato com uma penumbra das diversas formas das coisas que pertenciam ao ato no passado. Mas eles relembram o passado apenas para sugerir possibilidades para o futuro. Eles estão propondo a si mesmos para a repetição, sinalizando avenidas alternativas para o presente. Eles carregam o peso dos reflexos, hábitos, propensão e sugestão: uma força da tendência. Eles propõem a si mesmos, no background da penumbra, como pretendentes ao ato. Eles competem para determinar ou flexionar sua forma ou tônica. Cada um carrega uma tonalidade afetiva que colore o ato, o imbuindo em subtons e sobretons de diferentes sonoridades. Um ato é uma nota complexa da vida. Interno a sua constituição está uma miríade de alternativas, um campo complexo de potenciais no qual o ato está canalizando, em uma síntese unitária. Esse pleno, *sub-sentido* ou *perifericamente-percebido*, dentro ou através do ato, efetivamente contribui para sua tonalidade afetiva. O ato é unitário na sua execução. É uma unidade de medida numa cadeia constante. Mas no seu caráter, é irredutivelmente complexo e interminavelmente multicolorido. Seu caráter, sua qualidade sentida como um momento da vida, é expresso como sua tonalidade afetiva, que, ao invés de unitária encadeada, é circundante e impregnante, fundante e *in-formativa*.

Langer (1967) é uma das filósofas que desenvolveu essa distinção entre o ato (global) e atividade (in-formativo) mais rigorosamente. Ela chama as tendências fomentadoras da imanência pertinentes ao ato de "elementos" em oposição às "partes". Partes ficam no exterior e são distintas umas das outras, formando colagens; elas são os fundamentos. Elementos são fundíveis e transversais. Eles são mutualmente modulados, nem separados nem os mesmos. Uma das maneiras que expresso essa relação é dizendo que a atividade de cada um já é a atividade do outro, no sentido de que em qualquer momento particular já há uma história de inflexão mútua que deixou sua marca e inflexiona no que vem. Elementos estão em proximidade processual uns aos outros, sem borrar o caráter uns dos outros: fundidos sem se confundir. O que Ferreira da Silva (2016) chamaria de diferença sem separabilidade. Ou o que no meu próprio trabalho eu sempre chamei, simplesmente, relação: o elemental mais que a soma das partes que abriga potencial, pré-rastreando outras formas.

Langer trata da proximidade entre medo, raiva, amor, inveja, esperança e alegria na gênese de todo ato. A raiva expressada numa briga de namorados é flexionada por uma história de amor e alegria. A raiva é colorida pelo medo, ativa a inveja, e intenciona não extinguir toda a esperança. As palavras raivosas dizem muito mais que seu significado explícito. Elas carregam uma complexidade implícita além-da-vida, uma sobretaxa da vida, que é integral ao ato e que faz com que ele seja o que é, mas excede a si mesmo e sua situação. Tudo isso é efetivamente expressado, dentro da raiva e em sua forma, na própria maneira de expressão da raiva, nas suas tonalidades e semitons.

O conceito de atividade nua é uma forma de chegar nessa carga excedente da vida que está implícita em todo ato. Aponta para um campo de complexidade carregando um pleno de potencial tendencial subentendendo todo momento, *in-formando* todo ato. No limite, a vida não é um zero, é a plenitude infinita de uma fermentação afetiva de atividade elemental.

Atividade nua é nua em dois sentidos. Primeiro, é o campo elemental de tudo que "mal está ali", no fundo, ***periferizada, penumbralizada; subsentida,*** paralelamente perceptível. Efetivamente mal está ali: preparada a todo momento para contribuir para o resultado de uma expressão. No limite, sinalizando alternativas. Insistindo em um além-vida.

O segundo sentido de nua é que apesar desse campo elementar desembocar em um único canal de um ato unitário que é retrospectivamente reivindicado por um sujeito como sendo dele mesmo, sua própria atividade é autônoma em relação a esse sujeito. Ela movimenta por debaixo e através da apropriação do sujeito. A raiva nos tem, mas do que nós a temos. Carrega mais implicações para nossa vida subsequente do que podemos saber no momento. Isso é verdade em todos os atos. O sentido total de um ato, ou o que Langer chama de "importância vital", só se revela gradativamente e nunca exaustivamente. Essa importância de todo ato nunca está contida no sujeito. O pleno elemental que é alimentado pela corrente de ações, de um ato para o outro, excede interativamente cada um destes. Aqui, a atividade nua é no sentido de William James (a frase vem dele). Está despida do sujeito --anterior a (re) emergência do sujeito e seus objetos correlatos.

A atividade nua é o elemento da subjetividade, antes, através, e em volta de sua contenção episódica na estrutura do sujeito-objeto. É o campo contínuo elemental da emergência do sujeito. Não está no sujeito. Está no processo. O processo está no mundo. A atividade nua é um campo afetivo, repleto de proto-atividade, que recepciona transformações subjetivas. Está cheia, transbordando de caraterísticas e potenciais, surgindo como a tonalidade afetiva que penetra na ação. A tonalidade afetiva que acompanha um ato é a expressão do seu valor, em um sentido puramente qualitativo e elemental.

Outra palavra para esse campo elemental da vida é o corpo.

Tudo isso tem implicações para a política. Levanta a questão de como agir sobre a atividade de um campo potencial que subtende a ação. Essa é a questão que Deleuze e Guattari chamaram de "política minoritária". A distinção entre o campo da atividade nua e o campo de atos e ações sequenciais pode ser mapeado na distinção, frequente realizada na teoria política e cultural, entre o político e a política.

ES: Você às vezes chama esse tipo de política que está conectada a um campo em potencial de uma política potencial ou a política do potencial. Mas a dificuldade parece, para mim, surgir exatamente nesse ponto. Visto que um campo de potencial circunda e excede o reino dos atos e ações sequenciais, a mudança que eles trazem não é sempre visível, nos termos de uma "política majoritária" ou não é facilmente ou diretamente traduzível a eles. Como você concebe a mudança em termos de transbordamento do excedente elementar da carga da vida em formas mais "visíveis" da política?

BM: Você está absolutamente correto. A mudança não é sempre perceptível, e não é sempre - iria ao ponto de dizer que nunca é - totalmente traduzível em formas macro ou micropolítica. Eu também diria que esses são seus poderes, não suas deficiências.

Tudo que eu disse na resposta da última pergunta sobre a distinção entre o resultado unitário de um ato individual de um lado, e a plena multiplicidade de uma atividade constitutiva do outro, A.N Whitehead aplica ao nível coletivo do evento. A palavra penumbra que eu usei para me referir à nuvem de potenciais que cercam um ato que prenuncia desenvolvimentos alternativos vem na verdade de sua análise do Evento. Um evento tem data de fabricação, mas não de validade. Ele nasce numa nuvem elemental de potência, um agrupamento efervescente do que "poderia ter acontecido", em que todos, exceto um, acabaram não acontecendo. Whitehead insiste que essas ramificações do que poderia ter acontecido são integralmente parte da história. Elas são o "potencial real" de onde o evento provém, e que continua a expressar mesmo depois que o evento ocorre. É uma marca de nascença que sinaliza uma coloração alternativa do evento, que traz uma espécie de Direito Natural para além da ocorrência do evento. Os eventos se repetem. Não há uma revolução sem outra já no horizonte, em algum lugar, em algum tempo, em potencial. Não há uma virada fascista sem outra iminente. Cada repetição reconfigura o verdadeiro potencial da história, renovando o que poderia ter acontecido para uma geração futura. Cada forma do evento carrega um campo associado ao real potencial que reativa em série, o propagando através da história. "Política minoritária" micropolítica é endereçada a esse momento transhistórico que é o movimento da história em si mesma. Está preocupada com o que poderia ter acontecido, desdobramentos alternativos, vendo como as coisas poderiam acontecer, uma versão posterior.

A ideia do que poderia-ter-acontecido como uma dimensão trans histórica da história muda nossa relação com a história. O que poderia ter acontecido, a penumbra do potencial que cada evento tem, é a entropia negativa da história. É a fonte de novidade e novos ordenamentos. Se a história fosse redutível a apenas ao que aconteceu, e sem mais, fim de papo, teria se exaurido há muito tempo, dissipada dentro do equivalente histórico mundial da morte por calor. Por vezes, parece que isso é o que aconteceu, quando os problemas que enfrentamos parecem tão enormes que nos deixam sem possiblidade de mudar o rumo. Nós estamos vivendo nesse tempo. A ideia do que poderia ter acontecido como um verdadeiro potencial oferece a sensação de que há um algo a mais acontecendo no mundo, algo além da marcha macro para o autoritarismo e devastação ambiental, algo que podemos nos conectar. Sem essa sensação de ter um movimento incipiente para começar, teríamos que tirar essa posição completamente formada de nossas mentes. Essa é a aproximação ideológica de construção de um programa e projetando-o dos nossos cérebros a uma futura realização --como se não fosse sempre necessário para cada ato e evento retornar ao campo elemental da atividade nua da história para achar um solo firme em verdadeiro potencial, em um desvio existencial que está cheio de surpresas, na forma de oportunidades não imaginadas e obstáculos imprevisíveis. Nossos crânios são muito pequenos para conter o futuro da história. A implicação de que a tarefa que está diante de nós é recomeçar de um ponto zero de entropia e exaustão e pular de cabeça em uma solução total é paralisante. É uma tarefa impossível.

Mesmo se fosse possível, não seria desejável na minha perspectiva. A solução total só pode ser construída por uma elite de vanguarda e imposta ao resto das pessoas, asseverando que os eventos que se repetirão iram demonstrar os piores aspectos da história, dando nova vida às formas de dominação.

Se dermos pouca atenção aos aspectos do que poderia ter acontecido na história e sua propagação no futuro na forma de um potencial real, julgamos mal eventos históricos que "fracassam" do ponto de vista macropolítico. Eventos como a primavera árabe e o Occupy Wall Street, e suas outras interações nos diversos levantes dos anos 2010, fracassaram ostensivamente na maioria dos casos. Quando nos restringimos a uma análise macro de seu legado, poderíamos dizer que nada realmente aconteceu, e que o mundo não foi marcado por eles. Mas isso não leva em conta que eles não falharam em produzir mudanças tectônicas no campo das potencialidades. Eles tocaram novos acordes em tonalidade minoritária que continua a soar. Esses eventos do passado ainda estão em nosso horizonte, ressonando imperceptivelmente, ou pouco sentidos. Em formas futuras que ainda não conseguimos conceptualizar.

O que estou dizendo é que "política minoritária" aborda o verdadeiro potencial da história na modalidade do que poderia ter ocorrido e ainda pode acontecer em determinada iteração, é o equivalente funcional da esperança. É uma força motriz quando não há nenhuma esperança racional e nenhuma razão para o otimismo, em tempos como os nossos. Expressar um otimismo esperançoso sobre o estado do mundo enquanto assistimos a expansão de regimes "iliberais", a marcha implacável de uma reação fascista, guerras sem sentido, crises migratórias e o silêncio ensurdecedor quanto ao perigo das crises climáticas são simplesmente tolices. A situação é objetivamente tenebrosa.

No entanto.... se há atividade elemental que acontece dentro, em volta e que transpassa essas macrotendências, se há movimentos tendenciais em direção a outros eventos possíveis sempre presentes no campo do verdadeiro potencial, ainda há espaço de manobra para a mudança. O potencial não pode ser percebido necessariamente; provavelmente não pode ser montado em nenhuma ideia clara e distinta. Mas ainda pode ser sentido, nos tons e semitons de uma tonalidade afetiva (os quais, historicamente, são expressos na atmosfera coletiva, que foi hipostasiada inutilmente no conceito Zeitgeist).

O problema está em como "perceber a mudança". Essa é uma questão que analisei extensamente no "Ontopoder" (Massumi, 2015a). Nesse livro, a ênfase era em como modos de poder sob o capitalismo avançado estão aprendendo a perceber e a sequestrar a mudança em potencial. Mas havia também a sugestão de que existem "contra-ontopoderes" que podem prevenir esse sequestro e deslocar seu potencial de volta para outras formas, desdobramentos alternativos. Perceber a mudança requer um engajamento ativo. É um problema de ajuste no campo da relação, cutucando e mexendo: para revelar facetas previamente imperceptíveis de sua atividade nua e o potencial destas. A imagem completa do campo potencial é imperceptível. Mas o imperceptível pode tornar-se-perceptível, pode ser fabricado como perceptível, aos trancos e barrancos. A cada tranco e barranco uma faceta fragmentária é colocada em primeiro plano. Em iterações de serie, os fragmentos começam a compor uma imagem mais completa. Nunca é uma imagem totalmente completa, mas o campo passível de ação do potencial é assim alargado.

Isso é como a "imagem dialética" de Benjamin, que explode o continuum da história para fora da órbita, alçando o que poderia ter acontecido ao que ainda pode acontecer. Essa perspectiva costuma ser pensada em termos apocalípticos. Mas Benjamin também fala de micro choques, pequenas fissuras e rupturas no tecido do cotidiano que chacoalham o continuum da história em um tom menor/minoritário. A quebra afetada pela imagem dialética não precisa ser uma quebra de mundo dramática. Pode ser modestamente dramatizadora, como um rasgo no tecido da vida diária.

A prática de tornar a mudança perceptível não é uma proposição individual. A imagem dialética não está na cabeça de um indivíduo em particular. Está na penumbra de eventos, produzidos coletivamente e coletivamente provocados a revelar suas facetas. A "imagem" não é uma representação do mundo, mas uma expressão dele. Como disse anteriormente da raiva, ela nos tem mais do que a temos. Como o potencial é o potencial do evento, é, por sua natureza, coletivo. Só pode ser abordado coletivamente. Só podemos perceber mudança embarcando na relação. Isso já e algo. É esperança sem esperança, coletivamente realizada ao invés de desejada individualmente. O processo ativo e pragmático de sondar e investigar, dos erros e acertos, pensar e sentir juntos em interações em série --talvez para explodir o continuum da história-- é o equivalente funcional da esperança.

Deveria estar claro pela minha elaboração que minoritário não significa menor. É uma questão do modo de percepção, modo de ação, modo de pensar-sentir, modo de relação. O minoritário não tem escala, ou, o que pode ser a mesma coisa, escalável infinitamente. Perpassa do gesto mais infinitesimal até o apocalíptico. E não apenas isso, o gesto flexional mais sutil, é potencialmente auto escalável. É da natureza de um ato minoritário que é a catalisação de alter-tendências, ser auto-amplificador e, tomando por base de sistemas complexos auto-organizados, tendenciar ao desencadeamento pontos de virada.

O minoritário é diferente do majoritário, mas inseparável deste. O que poderia ter acontecido/sido está nas entrelinhas de grandes progressões narrativas, e nas fissuras de macroestruturas de poder sedimentadas. Ele dribla e finta, borbulha. Ele transborda de forma imperceptível, posicionado para se tornar perceptível, de alguma maneira já pensada-percebida, lateralmente. O majoritário e o minoritário são estritamente os dois lados da mesma moeda. O minoritário causa irritação no majoritário. Concede aos macropoderes um incômodo que não é sanável, causando uma inquietação constante. Provoca uma mudança de postura. Se a irritação é amplificada, pode chegar ao ponto de desequilibrar grandes formações, e até alterar os posicionamentos do poder.

As tendências liberadas quando a mudança é percebida tem uma luta embutida, ou *conatus*, conforme Spinoza. Assim que alcançam certa amplitude, eles se autoafirmam. Eles lutam pela sua própria defesa e se juntam com outras em uma defesa mútua --a ponto eu podem assumir uma ofensiva. Nessa oportunidade, eles quebraram o macro, como uma baleia submersa que vem superfície com sua poderosa cauda.

De outra parte, movimentos minoritários fornecem oportunidades para que formações majoritárias possam reagir a eles. Eles podem engessar suas operações numa recusa, ou torná-los mais submissos de maneira a capturar o potencial revolucionário que o minoritário tornou possível, para ser nutrido por ele. É necessário seguir esses auto-ajustes do majoritário, e responder a eles de maneira a manter a margem de manobra para as tendências minoritárias. Hoje em dia, isso se aloca tipicamente na linguagem dos Direitos Humanos. Os discursos macro dos Direitos humanos e justiça social podem agir como aliados do campo minoritário.

A relação entre o macro e o minoritário é complementar, mas assimétrica. Porque o minoritário sempre é de um âmbito mais largo, incluindo o que quase-foi e o que poderia ou teria sido. O fato de que não é totalmente traduzido em termos macro, mesmo quando causa rupturas ou sob a captura, significa que sempre há um excedente minoritário que sobra. Sempre há outra faceta. Sempre há outro anel na penumbra do que poderia ter sido ou ainda pode ser. Sempre há mudança porvir. Onde o minoritário e traduzível ao minoritário, o motor da história morreria. É a dinâmica entre os dois modos que energiza o movimento transhistórico da história nos eventos. Sem essa dinâmica, haveria um estágio final da história. Haveria um "final da história", como Francis Fukuyama anunciou tolamente nos anos 1990 mantendo o mito moderno do progresso. Todos sabemos que este não é o caso. Eventos --o próprio fato de que existem-- falseiam esse argumento. A história é uma condição terminal. Em outras palavras, é interminável. É sempre uma luta constante.

A ideia de uma política minoritária é um convite para se engajar na luta, agora, onde quer que você esteja ativo, não importando a escala menor ou maior, sem esperar que um programa ideológico total seja incutido em nossas mentes por sujeitos melhores. A ausência de fim da luta pode aparentar ser sombria. Mas enquanto houver luta, há vida. Há atividade nua. Há corpo. Há sentimento. Há o pensamento-sentimento de mudança no horizonte.

ES: Parece que os mecanismos do poder, e em particular o funcionamento do capitalismo neoliberal, se tornaram sensíveis à emergência do que poderia ter sido/acontecido que você mencionou e parecem ser capazes de modulá-los para os canalizar a seus próprios fins. Você analisa a paisagem contemporânea do poder pelo conceito da guerra preemptiva e define uma forma extrema de poder como *ontopoder* no sentido do poder que traz o porvir. Por que você sentiu a necessidade de criar tal conceito? Os desenvolvimentos recentes da pandemia da covid, a chegada de Biden ao poder, a turbulência nos mercados, e especificamente a guerra russo-ucraniana trouxeram uma mudança nas formas do *ontopoder* e suas capacidades de atingir essa matriz de emergência.

BM: Guerra preemptiva era a doutrina militar da administração de George W Bush nos EUA. Parecia para mim que esse momento cruzava um importante limiar na história da guerra. O princípio central da guerra ao terror de Bush era coibir as ameaças antes que elas emergissem. Doutrinas tradicionais justificavam a guerra quando um adversário apresentasse um "perigo presente e evidente". A doutrina da preempção avançou do "perigo" para "ameaça", e avançou ainda mais, para ameaças que ainda nem emergiram. Isso coloca a guerra preemptiva apenas no terreno do que poderia ser. O poder de guerra passou a ser vigilante das primeiras movimentações de ameaças em potencial, as primeiras inclinações de seu *vir a ser*, e formula uma resposta a eles antes que eles amadureçam. O terreno do que poderia vir a ser é o terreno do *tornar-se*. Passar-a-pertencer, em oposição ao que já emergiu, seres constituídos, é tomado como um objeto direto de poder. Com esse movimento vêm uma gama de problemas, cujas soluções estariam justamente na guerra preemptiva.

Um dos problemas com isso é o fato de que, em suas primeiras movimentações, ameaças tem uma larga margem de indeterminação. As formas que elas assumirão ao amadurecer não está totalmente definida. Isso significa que o poder tem que enfrentar as matrizes da ameaça, o caldeirão borbulhante no qual ameaças começam a crescer. O termo "matriz de ameaças" se tornou uma palavra da moda. A solução para esse problema foi uma série de teorias e práticas em torno do que foi chamado de "percepção situacional" --basicamente, treinando a percepção no que potencialmente está vindo ao invés do que já está claramente ali. Isso é basicamente um problema metafísico que teóricos da guerra tem de abordar durante esse período. A frase que eu usei anteriormente: "perceber a mudança", vem da teoria preemptiva militar.

Um segundo problema é que ao abortar uma ameaça emergente, você nunca poderá saber se de fato ela poderia ter se "eventualizado", ou se de fato conseguiu desviar da sua intervenção para aparecer sob um outro disfarce. A solução para isso foi incitar a formação de ameaças, sob seus próprios termos, em um tempo e local no qual você possuísse as ferramentas para corretamente abordá-la. Em outras palavras, o poder de guerra tinha de se tornar produtivo. Tinha que produzir o que atacou outrora. Isso é o que eu chamo de ontopoder, ou um poder para realizar um "ser".

Um terceiro problema é que essas mudanças criam uma crise de legitimidade. Quando você está falando de um *poder-ser*, você não tem fatos concretos para apontar de forma a justificar suas ações. Caso algo se solidifique porque você incitou a tomar forma, a questão que surge é se você na verdade teria criado a ameaça, tirando-a do nada como um coelho da cartola. A solução para isso é onde o poder preemptivo se torna muito perverso. Ele consiste em fechar o loop do que *pode-ser*. Seria preciso afirmar, como Bush declarou sobre a posse de armas de destruição em massa de Saddam Hussein: "Mesmo que ele não as tenha, ele poderia ter as tido, e ele as teria usado"'. O poderia-ter-sido dá um giro para a certeza fabricada do teria-sido --caso encerrado. Claro que isso não pode ser justificado com fatos. É uma tautologia pura e aberta para ser utilizada e fundamentar qualquer coisa. Mesmo que não possa ser justificada factualmente, pode ser justificada afetivamente de forma fácil: manipulando o medo. A legitimação do poder agora planta a si mesma em um solo afetivo.

A aplicação de um poder de guerra em direção ao potencial do que pode ser é um "tornar-se" minoritário desse poder. Isso é um enigma para a esquerda pós anos 60, cujas diversas correntes apelavam para o reino do potencial como a arena da ação política criativa. Isso era visto como a arena que teóricos políticos chamam de "poder constitutivo", em oposição aos modos majoritários de operação de poderes já constituídos. Mas agora o poder usurpa essa arena. Isso torna imperativo achar um critério no campo da emergência do poder para avaliar o teor ético de ameaças --ou, mais positivamente, oportunidades criativas-- que estão sendo desenvolvidas. Para mim esse critério é a reação: o tornar-se-reativo das forças da existência, em tensão com o que Deleuze, seguindo Nietzche, chama afirmação, ou o *tornar-se-ativo* das forças da existência (essa tensão é em si mesma uma importante questão, a qual pretendo dedicar um livro futuro).

Como disse antes, o minoritário e o majoritário são correlatos, não opostos. O link entre a guerra preemptiva como um poder minoritário e política majoritária se dá através desse loop fechado entre *o que poderia-ter-sido* e *o que seria.* Quais ameaças recebem esse tratamento, e a resposta dada a elas, são ditados pelos direcionamentos de políticas das grandes estruturas do poder. A guerra preemptiva é uma política minoritária às ordens da política majoritária, capturada para seus fins. Sua captura pode apresentar um perigo à política majoritária que tenta instrumentalizá-la. Esse perigo, para usar outro termo militar em outro sentido, é o do "rabo abanando o cachorro": o perigo que a lógica preemptiva vai dominar e liderar poderes estabelecidos e atuar em direções que contribuem para seu detrimento. Isso é exatamente o que aconteceu na guerra de Bush no Iraque. O *poderia-ser* e *teria-sido* levou Bush a um engajamento catastrófico que até ele mesmo agora parece ter se arrependido. Modos de poder tem uma certa autonomia operativa que pode suplantar a intenção humana.

Doutrinas de guerra vem e vão. Mas a preempção está aqui para ficar. Assim que essa caixa de pandora foi aberta, ela não pode ser fechada. Ocorre exatamente o oposto, ela tende a transbordar. A lógica da preempção transborda para esfera civil na forma de policiamento preemptivo. Trasborda para o aparato de vigilância que alimenta o policiamento. Um amplo estado securitário começa a se formar. A China é o país que foi mais longe nessa direção. Seu aparelho de vigilância orwelliana, insinuado pelas mídias sociais e internet, é organizado explicitamente em torno do conceito do pré crime. Isso foi levado ao extremo em Xinjiang, onde a população Uighur caiu em uma teia de vigilância total, com milhões confinados em campos de trabalho/prisões vinculadas a trabalhos forçados preventivamente sob a justificada de pré-criminalidade (Byler, 2021). Isso é tudo uma resposta aos ataques terroristas cometidos por separatistas Uighur em 2014. A máquina da vigilância do policiamento preemptivo testada em Xinjiang é a substituição na esfera civil da guerra preemptiva ao terrorismo por uma versão que Paul Virilio nomeou, ironicamente, como "paz total."

O poder preemptivo não opera sozinho. O aparato preemptivo de Xinjiang é uma estrutura acoplada a um gulag encarcerador. Esse complexo prisional alicerça uma forma mais antiga de poder, no modo do que Foucault chamou de poder disciplinar.

O poder preemptivo co-opera com outros modos de poder também. A reposta à covid 19 é à maneira do Biopoder. O biopoder toma como seu objeto a população, do ponto de vista de suas condições de vida biológica. Ele emprega uma análise estatística, etiológica e sociológica para produzir um corpo de conhecimento sobre os perigos à vida e padrões de qualidade de vida. Sob a base desse conhecimento acumulado, ele se esforça para evitar eventos como epidemias. A prevenção é muito diferente da preempção, no sentido de que se esforça para construir um sistema de conhecimento em torno de seu objeto de poder. O modo de ser desse objeto é de um perigo em oposição a uma ameaça (muito menos uma ameaça que ainda não emergiu). Um perigo é uma ameaçada conhecida (ao menos na teoria). Um risco é um perigo entendido probabilisticamente, ou em outros palavras, pela estatística. O espectro do objeto do poder de prevenção vai do risco ao perigo. A ameaça, sob seu entendimento preemptivo, está acima desse espectro, e fora de seu alcance.

Dado o ambiente digital de hoje, a prevenção pode facilmente transformar-se em policiamento preemptivo. Os aplicativos rastreadores do governo introduzidos durante a pandemia criaram essas condições de ligação entre o biopoder e o poder preemptivo. A oposição de muitas pessoas às medidas de covid era baseada em um medo de que essa ligação poderia ser ativada. Pelo que eu saiba, apesar das condições estarem postas, isso ainda não aconteceu, com a possível exceção da China.

Não me parece que a guerra na Ucrânia remeta diretamente à noção de guerra preemptiva. Foi um ataque ofensivo, levando de diversas formas ao que é um cenário de guerra convencional, no molde das guerras mundiais do século XX, mas é claro que em uma escala menor. Um importante elemento na aparente lógica atrás do ataque, no entanto, data de outra guerra do século XX, a guerra fria. Putin justifica sua invasão da Ucrânia como a medida dissuasiva contra expansão da OTAN ao leste. A resposta da

OTAN --concessão de status de membros para Suécia e Finlândia e um fortalecimento da presença da OTAN na Polônia e nos países bálticos-- também está no mesmo tom. A dissuasão é outro tipo de poder, com sua lógica operativa própria. O princípio dessa lógica, na sua mais pura expressão, é a doutrina da Guerra Civil da destruição mútua assegurada. Nós estamos nos movendo novamente a esse extremo, pois Putin responde à OTAN com evocações de uso de armas nucleares. Em um comentário recente, Balibar (2022) caracteriza a guerra na ucrânia como uma guerra híbrida, entre o quente e o frio. Mesmo assim enfatiza que essas considerações não exaurem o nó complexo que a guerra ocupa na geopolítica contemporânea e cenário cultural. O projeto imperialista de recuperar a glória perdida de um império russo, a competição sobre mercados e cadeias de fornecimento, novas formas de cyber guerra, as políticas de alimentação, são todos fatores importantes. Como diz Balibar, toda nova guerra é um novo tipo de guerra. Cada caracterização de uma determinada guerra configura esse entrelaçamento através de um filtro interpretativo.

Em Ontopoder (2015), eu analisei a interpelação entre modos do poder que utilizei para construir meu filtro particular: disciplina, biopoder, dissuasão, preempção (e um que não discuti aqui: poder soberano no sentido Schimidiatiano). Um dos pontos principais do livro era que o poder não é uma coisa só. Ou melhor, não é uma coisa: é uma lógica operativa. E não é um: são várias modalidades numa ecologia de poderes, na qual diferentes modos *co-operam* e as vezes competem. É crucial, quando analisamos qualquer estratégia ou aparato de poder, prestar atenção no seu *co-funcionamento* com outros modos, e na maneira pela qual um negocia com o outro, e à forma em que cada um negocia com a diferenciação do minoritário-majoritário. O loop para dentro e fora de outros modos de poder está em constante mutação. Retornos aparentes a períodos anteriores voltam com um novo impulso, e novos modos ocasionalmente emergem dessa complexidade. Não há progressão linear entre estágios definidos. Nós estamos em uma mistura de poderes. Nossas análises da guerra, policiamento, e vigilância devem ser ágeis, pelo menos tão ágeis quanto a ecologia mutante de poderes que é o ambiente natural e sua evolução.

Em toda essa complexidade, ainda há um modo dominante de poder, que creio ser o *ontopoder* da preempção. Mas sua dominação e virulência são inteiramente dependentes de outros modos, é como consegue se estabelecer como chefão de toda uma teia de poder. Olhe sempre para as interligações!

Um aviso final: a lógica operativa da preempção, o *poder--ser*, acha um reservatório de contágio na conspiração viral pensando ter saturado nossos espaços comunicacionais. No pensamento conspiratório, o poderia ser/seria endurece em necessariamente *deveria-ter-sido*: a tautologia do poderia ser/seria aparece totalmente formada como uma conclusão naturalizada. Essa lógica operacional justifica várias formas de ameaças e ataques. Todas as nossas arenas de conflito foram infectadas, da crise do policiamento que sobreveio ao movimento Black Lives Matter, para o biopoder da crise Covid, para a crise da guerra na Ucrânia, e para a crise que aflige a esfera eleitoral do poder da representação. O pensamento conspiracionista é um celeiro ligações de guerra a um poder preemptivo, na resposta reacionária a essas crises. Em países como os Estados Unidos, está preparando o solo para uma possível guerra civil (conscientemente, por uma parte de certos grupos extremistas de direita)

ES: Depois dessa densa apresentação do *ontopoder* e a menção ao movimento Black Lives Matter, eu posso repetir a última questão, dessa vez em termos de reestruturação de *contra-ontopoderes*. Você coloca o *ontopoder* em conexão imediata com o *contra-ontopoder* que não é simplesmente o oposto do *ontopoder,* mas no sentido de um potencial presente-futurístico que se coloca contra o modo dominante do poder. Como você o concebe exatamente e o que está acontecendo no terreno do *contra-ontopoder* hoje?

BM: Eu penso que a tarefa política do filósofo é diagnosticar a mistura de forças que está em jogo em termos de uma multiplicidade de lógicas operativas que interagem entre si, em que cada uma delas é flexionada pela outra, entrando em uma tensão e co-operação de formas que podem resolver-se em novas acomodações sistêmicas, ou levar a emergência de novos modos qualitativos de poder. O trabalho do filósofo não é prescrever um modelo para o futuro, ou suscitar uma ação específica para que outros tomem o presente. Os conceitos diagnosticáveis devem ser abordados e operacionalizados por outras mãos. No movimento incessante de transformações do poder, apenas aqueles que estão em campo, aqueles que são corporalmente, passionalmente mais afetados por matrizes do poder podem efetivamente *transinduzir* o diagnóstico em uma prescrição. Eles inventam *contra-ontopoderes* como uma forma de necessidade existencial, de onde vivem: não pelo interesse teórico no pensamento puro, e não a uma distância reflexiva, mas no campo, in loco. Como Deleuze e Guattari disseram, uma caixa de ferramentas filosóficas e conceitos. A esperança do filósofo é que essa caixa recaia sobre mãos que poderão inventar novas formas de alavancá-la contra os poderes estabelecidos --ou melhor, os poderes que se movimentam-- em direção e uma criação emergente *ontopoderosa* de modos de ser que se move sinuosa em novas direções. É o ápice da arrogância filosófica se propor a ter uma avaliação descritiva do campo do poder que tem uma resolução de tal tamanho que prescreve soluções falando por outros.

O relé entre a invenção de concepções e o alavancamento de seus efeitos no campo do poder é o que eu defino como *especulativismo pragmático*. Um filósofo não precisa deixar para os outros --se ele está disposto a sujar suas mãos -- submeterem-se ao risco de falhar. Eles podem encontrar ou criar um campo experimental que seja condutível a sua participação, no qual os conceitos que os preocupam possam ser testados. O pragmatismo especulativo é uma atividade filosófica in loco. Ela requer a abertura para se movimentar entre uma posição puramente filosófica e outra ativista. Isso que tentamos fazer por mais de 20 anos no SenseLab, seguido agora pelo instituto de 3ecologias, e todas as experimentações alter-econômicas que trabalhamos (ver: http://senselab.ca/wp2/ e https://3ecologies.org; Manning, 2020; Manning and Massumi, 2014). Nós pensamos nesses laboratórios especulativo-pragmáticos para a filosofia ativista. Seu proposito não e prescrever soluções, mas criar modos protótipos de relação que possam semear outras iniciativas em outros lugares, de maneira disseminadora. Eles jogam atratores ao invés de estabilizar prescrições.

Isto posto, eu posso falar algo sobre essas orientações de novos *contra-ontopoderes* que me atraem, do meu ponto de vista. Para mim, o horizonte necessário de *contra-ontopoderes* é o limiar de um mundo pós-capitalista. Nenhuma solução às desigualdades enraizadas que estruturam nosso mundo é possível aquém desse horizonte. A própria sobrevivência da vida como a conhecemos no nosso planeta está em risco pela exuberância irracional que o capitalismo direciona ao ideal de crescimento infinito e irrestrito. É uma necessidade existencial para todos os humanos, e as milhares de espécies não humanas que o capitalismo destrói, reinventar um futuro para além do capitalismo.

A ideia de *contra-ontopoder* é que sempre há tendências emergentes agitando o campo capitalista que não são capitalistas em si. São agitações orientadas para outro lado que estabelecem pontos de partida, nos vãos da malha de poderes, fornecendo uma abertura para um outro mundo. O papel da ecologia capitalista de poderes é capturá-los e recanalizá-los, *ontopoderosamente*, em uma produção interminável de mais valia. Caso seguissem seu próprio arco, apontariam para novas direções, produzindo capilaridades de tendências a um movimento pós capitalistas. Poderiam formar confluências se movendo para um ponto sem volta. Até menos que isso, eles forneceriam um oásis de modos alternativos de existência, prefigurando o que um mundo pós capitalista possa ser.

O que distingue essas agitações do futuro no presente de tendências mais aptas a se prestarem a captura capitalista é o seu senso de valor extremamente distinto. Em *99 teses para reavaliação do valor* (Massumi, 2018), eu sugiro o conceito de *mais valia/excedente de valor da vida* para pensar sobre isso. *Mais valia/excedente de valor da vida* é como um a mais sobre a existência. É o valor sentido de um evento ou atividade experienciada como um valor em si mesma, afirmada pela intensidade de sua própria ocorrência, e o teor do potencial que a intensidade traz a ser expressa. Esse valor é puramente qualitativo, e assim é não captável pela mais valia capitalista. O valor capitalista sempre depende da quantificação, e apesar de carregar suas próprias intensidades de experiência, o faz para reduzi-las em um lucro mensurável (distribuído desigualmente) Qualquer movimento que afirma o excedente de valor/ mais valia da vida contra a mais valia capitalista é tendencialmente pós capitalista.

A maior diferença entre a mais-valia/excedente de valor da vida e a mais valia capitalista é que a mais valia da vida/excedente de valor é irredutivelmente coletiva. É mais-do que --a soma das suas partes participativas. Emerge da sinergia criativa que em sistemas complexos potencializa a proveniência de novas propriedades que não são pré-possuídas por fatores individuais. Junto com elas vem uma dinâmica global que tece a atividade de cada fator em cada um dos outros. O resultado é um efeito *por-toda-a parte*, um efeito integrativo, devido ao todo, mas nunca possuído individualmente por um só. Isso está para além da interação: a atividade de elementos compõe uma atividade *por-toda-a* parte que alimenta a atividade dos elementos por completo. A atividade dos elementos é modulada de tal forma que o que concede qualidades e potenciais não era exibida anteriormente e não teria sido percebida externamente ao coletivo que os suscitou em um movimento coletivo.

Isso não é interação, mas relação, entendida como atividade de elementos díspares uns-sobre os-outros, acontecendo de maneira que efetivamente supera a distância de uns aos outros sem apagar suas diferenças. Os fatores individuais têm seus próprios modos de atividade e retém suas próprias tendências. Eles retêm certa autonomia (que pode se reafirmar subsequentemente, flexionada pela relação). A individualidade dos elementos não é subsumida pelo todo. Ao invés disso, um efeito integral que é próprio a suas individualidades dispares, escapa deles eventualmente, e retorna a eles para concedê-los de uma nova capacidade, intensividade, expressividade, resultando em um crescimento acidental de uma nova dimensão de seus modos de existência. Em Arquiteturas do Imprevisto/Imprevisível (Massumi, 2019), eu chamo essa forma de composição relacional de ***intricação***, em oposição ao holismo. Não é sobre um todo transcendente que tem superveniência aos elementos individuais. É sobre um excedente de efeito derivado deles, dando voz a semitons e sobretons e ritmos e progressões que se destacam não deles, mas de seu estar-junto. O que surge é o mais-do que a soma das partes que estamos familiarizados em uma experiência de uma composição musical. As notas individuais ainda são as notas que eram, mas além disso, acima de sua individualidade, elas são agora as notas dessa composição com uma sensação e expressão únicas. Elas carregam as inflexões como uma característica definidora do que são para esse evento. Para além desse evento, esse crescimento acidental nas capacidades qualitativas muda as nuances com que as ouvimos em outras composições, munindo-as de um novo potencial. Esse mais-valor/ excedente da expressividade pode contribuir para novas composição que não teriam sido acontecimentalizado.

Uma relação é um concerto de atividades que muda qualitativamente a natureza de seus fatores participantes, de forma geradora de excedentes e intrincada. Uma relação atinge o nível infra individual dos fatores envolvidos, ao nível que eles são emergentemente definidos. Isso é o que qualifica a produção do excedente da vida/mais valia da vida em um ontopoder: um poder de tornar-se/transformar-se, que traz novos modos de ser. Em "O Poder no Fim da Economia" (Massumi, 2015b), eu tento desenvolver uma série de conceitos, ***como pensar-sentir abdutivo*** e ***dividualidade relacional***, para ontopoderes capitalistas que agitam imanentemente o campo capitalista.

Então essas são as características que eu procuraria em contra-ontopoderes: evadindo a captura pela produção do excedente/mais valia capitalista através da afirmação qualitativa de mais valia/excedente da vida; operando por intricamento, respeitando e valorizando o excedente de expressividade dos elementos individuais, em vez da construção de estruturas totalmente subsumi-los; endereçando os níveis infra individuais de abertura a modulação que os redefine, criando novos efeitos integral ao mesmo tempo como recreativos de capacidades individuais para ação e expressão, e operando de forma relacional, no jeito que acabei de definir em contradição à interação.

Eu acrescentaria uma característica a mais: participação no que Édouard Glissant chama de estética da terra. Isso é um chamado para uma ética relacional mais-que-humana. Para mim, contrasta com a estética da carne que apela normalmente nos modos fenomenologicamente orientados de pensamento que similarmente aspira a alcançar o nível de expressividade e capacitação infra individual (ou menos radicalmente, pré-pessoal). Essa estética fenomenológica expande a carne para abarcar o mundo, levando a sensação e expressão à novas alturas. No entanto, ela equaciona expressão com linguagem --a prosa do mundo na frase evocativa de Maurice Merleau-Ponty. Esse humano forma o mundo na proporção direta que o mundo forma o humano. Esse humano forma o mundo na proporção direta com que é formado por ele. O círculo hermenêutico não é quebrado. Tampouco as lógicas de poder associadas com a figura do humano. Como Sylvia Wynter e a tradição negra radical estabelecem, o humano é a figura moderna da branquitude (e, acrescentaria, é a personificação do capital.)

A estética da terra, por outro lado, figura a carne como uma excrescência da terra. Isso é literalmente o que ela é, falando de maneira evolucionária. O corpo animal é uma composição ambulante de minerais que emergiu das profundezas para andar na superfície do planeta, inventando novos movimentos transversais nessa plataforma para relações. É um movimento tectônico da terra que asseverou uma autonomia relacional dela mesma, na forma de sua própria mobilidade através dela. Novos modos de sentir e novos modos de existência emergem com ela, intrincados com a terra, e adicionando novas dimensões qualitativas a ela. O corpo animal é um filo emergente da terra. E a tecnologia que co-evolui com o humano-animal-corpo é também, e modula sua evolução, talvez até sequestrando-a. Pelo humano, novos filos da terra alcançam uma autonomia relacional. Eles são compostos de bronze, ferro, aço, concreto e silicone, cada um com seus próprios modos de mover a terra, se movendo transversalmente, e reimplantando a si mesmos nas condições que foram alteradas. Esses movimentos movem o que significa ser humano. A mobilidade do humano, a sua matriz de capacidade e sentimentos, são intrincados com esses filos tecnológicos, e sob definição constante por eles. Isso é vagamente e temerosamente expressado em narrativas populares sobre a evolução ciborgue.

O ponto central para estética da terra é que não há ser humano, apenas algo aberto da capacidade de tornar-se do corpo animal humano e suas capacidades que ocorrem em co-composição intrincadas com a terra e seus estratos emergentes de todos os tipos: viral, bacterial, vegetal, animal, humano, tecnológico --isso sem mencionar social, cultural e econômico. O lema da estética da terra é um chamado para práticas inventivas de cuidado desse campo relacional estendido e seu filo constitutivo. É um chamado. Para afirmar e promover movimentos que vão além da noção estática do humano o re-situando dentro da matriz evolucionária, incluindo o potencial que carrega, como um elemento dessa matriz, para sua própria autossuperação em um novo modelo emergente de existência pós capitalista: em direção ao mais valor/excedente do humano, expressivo em todas as suas relações. Isso é algo diferente do pós-humano. De maneira a definir um "pós", você tem de começar com uma definição do que está sendo ultrapassado. Para a estética da terra, o humano já sempre está em redefinição. Qualquer limite para além poderia ser construído facilmente como uma nova fase dele. Categorias como o humano e pós humano são periodização históricas. Toda ruptura entre os períodos é precedida é rachaduras no edifício do período anterior. De fato, há apenas rachaduras, se somando a uma mudança tectônica maior ou menor, em níveis diferentes, nos diferentes extratos nos quais os movimentos da terra são sedimentados. Onde a ruptura é colocada é uma questão de perspectiva, de ângulo de ataque. É uma abordagem particular na complexidade de movimentos e só faz sentido como uma ferramenta para o que Foucault chamou de "história do presente": uma abordagem histórica do passado com um olhar para seu futuro potencial para a mudança, como entendido aqui e agora. A questão importante é reconhecer que há mudanças tectônicas que ocorrem o tempo todo, e que essas mudanças podem ser trabalhadas e modulados quanto a suas qualidades, orientações e efeitos relacionais. "Sempre olhe para os movimentos". Como Deleuze e Guattari gostam de dizer. Que é outro modo de dizer: Sempre olhe para as interligações.

O que Guattari chamou de "três ecologias" é um primo próximo da estética da terra. Suas três ecologias são o social, o conceitual/psíquico/subjetivo e o ambiental. A interconexão entre as três ecologias é um modo fortuito de articular o objeto de contra-ontopoderes. Sempre olhe para as interconexões/interligações. Como disse Guattari:" só escaparemos de grandes crises da nossa era através da articulação de uma subjetividade nascente; um socius mutante constantemente. É um ambiente no processo de ser reinventado" (Guattari, 2000: 68).

NOTAS

1. O vocabulário 'filos' e 'evolução além-humano' é uma referência ao conceito de 'filos tecnológicos' de Deleuze e Guattari (1987), desenvolvido em *Mil Platôs* (Capítulo 13: 'Tratado sobre a Nômadeologia', pp. 351-424).

REFERÊNCIAS

Balibar, É. (2022). *Nous sommes dans la guerre*. AOC (Analyse, Opinion, Critique). Recuperado em 5 de julho de 2022, de https://aoc.media/analyse/2022/07/04/nous-sommes-dans-la-guerre/

Byler, D. (2021). *In the camps: China's high-tech penal colony*. New York, NY: Columbia Global Reports.

Deleuze, G., & Guattari, F. (1987). *A thousand plateaus: Capitalism and schizophrenia* (B. Massumi, Trans.). Minneapolis, MN: University of Minnesota Press.

Ferreira da Silva, D. (2016). On difference without separability. In *Incerteza Viva (Living Uncertainty)*, the catalogue for the 32nd São Paulo Biennale (pp. 57-66). São Paulo, SP: São Paulo Fundação Bienal de São Paulo.

Guattari, F. (2000). *The three ecologies*. London and New Brunswick, NJ: Athlone Press.

Langer, S. K. (1967). *Mind: An essay on human feeling* (Vol. 1). Baltimore, MD: Johns Hopkins University Press.

Manning, E. (2020). *For a pragmatics of the useless*. Durham, NC: Duke University Press.

Manning, E., & Massumi, B. (2014). *Thought in the act: Passages in the ecology of experience*. Minneapolis, MN: University of Minnesota Press.

Massumi, B. (2015a). *Ontopower*. Durham, NC: Duke University Press.

Massumi, B. (2015b). *The power at the end of the economy*. Durham, NC: Duke University Press.

Massumi, B. (2018). *99 theses on the revaluation of value: A postcapitalist manifesto*. Minneapolis, MN: University of Minnesota Press.

Massumi, B. (2019). *Architectures of the unforeseen: Essays in the occurrent arts*. Minneapolis, MN: University of Minnesota Press.

Whitehead, A. N. (1929). *The function of reason*. Boston, MA: Beacon Press.

SOBRE "ESTAR NA MEDIDA": CORPOS E QUANTIFICAÇÃO[1]

Btihaj Ajana

Medida é o nome da propriedade de um ser em relação a outro, ou a si mesmo.

Jean-Luc Nancy (2000: 177)

Há muito, os seres humanos têm se interessado em explorar e entender a si mesmos através de tecnologias e técnicas disponíveis. Das práticas orais e baseadas em texto de confissão, diário e psicanálise às formas contemporâneas de registro de vida digital e monitoramento de atividades, a busca por autoconhecimento continua a ser uma busca maior para a humanidade. O auto-monitoramento é o capítulo mais recente da história da auto-investigação, que busca aproveitar o poder das inovações tecnológicas com o propósito de autoconhecimento e autoaperfeiçoamento. Ao longo da última década, testemunhamos o rápido crescimento de dispositivos de monitoramento digital, aplicativos e plataformas, junto à emergência dos movimentos tecnosociais como o "Quantified self", todos promovendo formas orientadas por dados de auto-análise e monitoramento. Essa inserção digital no cotidiano através de dados e números também está afetando um dos mais íntimos aspectos da nossa existência: nossos corpos. Todos os dias, milhões de pessoas em todo o mundo estão registrando suas atividades físicas, ingestão de calorias, padrões de sono e uma miríade de outras características vitais e comportamentais com o objetivo de acessar e aprimorar sua saúde, produtividade e bem-estar. Governos ao redor do mundo também estão se voltando cada vez mais para essas tecnologias para encontrar soluções para problemas de saúde diante das crescentes dificuldades econômicas e fiscais e como resposta aos desafios trazidos pela pandemia de Covid-19. O auto-monitoramento e a quantificação corporal estão aumentando.

1 Tradução de Ana Gabriela Ferreira (doutoranda em Filosofia na PUCRS) e revisão de Isadora Zorzi (mestranda em Ciências Criminais na PUCRS).

Com certeza, a noção de auto-monitoramento por cálculo não é um conceito novo nem o resultado de tecnologia por si só. As pessoas têm há muito refletido sobre o estado de sua saúde e corpos por séculos usando dispositivos e técnicas. Por exemplo, no século XVII, Santorio Santorio, um médico residente em Veneza, criou uma cadeira de pesagem famosa para monitorar suas mudanças de peso por meio da ingestão e descarga de alimentos (Sysling, 2020: 108). Um século depois, Benjamin Franklin, que foi influenciado por Santorio, desenvolveu um sistema onde seus pecados eram tabulados e quantificados para monitorar seu comportamento moral (Sysling, 2020: 109). Na China, um sistema parecido estava em curso nos séculos XVI e XVII, em que indivíduos registravam suas boas e más ações diárias nos Registros de Mérito e Demérito (Brokaw, 1991) e avaliavam seu valor individual, de acordo. Esse sistema pode ser considerado um precursor histórico do novo sistema de crédito social da China, que atribui pontuações individuais a cada cidadão e os incentiva a fornecer voluntariamente informações sobre si mesmos, publicar suas pontuações e competir com pares por pontos. Além disso, argumenta-se que a ideia do primeiro pedômetro remonta a Leonardo da Vinci e a um esboço que ele fez de um dispositivo com rodas, que foi projetado para contar os passos diários feitos pelos soldados romanos em marcha.

Assim, a ideia de medir o corpo e suas atividades, e quantificar aspectos do eu, como a moralidade, não é de forma alguma nova. Ela é o resultado de acumulações históricas de várias forças interseccionadas, algumas das quais são ostensivamente tecnológicas, enquanto outras estão enraizadas em transformações sociopolíticas sobre o que constitui saúde, normalidade, bem-estar, patologia e assim por diante, bem como o papel histórico fundamental dos números em moldar a relação entre indivíduos e seus corpos, entre cidadãos e instituições, e entre o biológico e o social.

Inegavelmente, no entanto, o desenvolvimento de tecnologias digitais e móveis decerto acelerou e intensificou processos de auto-monitoramento, já que tornou mais fácil do que nunca para a pessoa média gerar e coletar sem esforço vários tipos de dados estatísticos pessoais, especialmente agora que os sensores foram transformados em equipamentos menores, mais baratos e, em última análise, mais gerenciáveis, adequados para uso diário.

Como resultado, os dispositivos e técnicas utilizados por profissionais para monitorar a saúde das pessoas agora têm se tornado mais e mais acessíveis ao público em geral. Crawford et al. (2015) identificaram esta transição da esfera profissional para a pessoal através do exemplo da balança de peso. Eles argumentam que, com o passar dos anos, o significado e local da balança tem gradualmente mudado do consultório médico para a rua e todos os caminhos à casa. Então, de um instrumento de conhecimento e expertise médica, a balança se tornou parte de um hábito privado e uma disciplina diária (Crawford et al., 2015).

Da mesma maneira, quando os termômetros se tornaram mais fáceis de usar no fim do século XIX e foram subsequentemente introduzidos nas casas, eles começaram a mudar a relação entre médicos e pacientes por permitir aos pacientes que formassem seu próprio julgamento sobre sua saúde e doença, desafiando a autoridade de médicos. Isso, de acordo com o historiador medico Volker Hess (Sysling, 2020: 111), contribuiu para a mudança no equilíbrio de poder democratizando a saúde e criando o ideal de paciente responsável e ativo. Como Deanna Day (Sysling, 2020: 111) argumenta, no contexto da história do monitoramento de fertilidade, esses mesmos desenvolvimentos em monitoramento de temperatura também levaram à internalização das normas médicas à la Foucault, prefigurando o monitoramento corporal neoliberal das práticas atuais de auto-monitoramento.

Na verdade, muitos críticos contemporâneos arguiram que a popularidade atual do auto-monitoramento e quantificação corporal são reflexo de uma maior mudança cultural e política em direção ao ethos neoliberal do autogerenciamento em que se espera que indivíduos estejam no controle de suas próprias saúde e bem-estar, e responsáveis pela melhoria de si mesmos. Isso enquanto o suporte estatal para programas sociais e de saúde está em franco declínio. Falando no *Quantified Self,* De Souza (2013) sugere que o movimento "se adequa ao ideal de cidadão neoliberal: o indivíduo que se auto-otimiza, que voluntariamente monitora, mede, regula e coleta dados biométricos sobre sua própria saúde, bem-estar e condicionamento físico; exercer o controle de seus próprios corpos em um nível minucioso e detalhado". Esta conexão do auto-monitoramento ao neoliberalismo também tem relação com como ambos incitam indivíduos a tratar de si mesmos como projetos, como mini-corporações, para colocar nas palavras de Emily Martin (2007), que estão em constante necessidade de auto-desenvolvimento, melhoria e investimento. A declaração seguinte de Gary Wolf (2010), o co-fundador do Quantified Self, captura essa abordagem semelhante a um projeto para o eu:

> Usamos números quando queremos tunar um carro, analisar uma reação química, prever o resultado de uma eleição. Usamos números para otimizar uma linha de montagem. Por que não usar números em nós mesmos? (Gary Wolf, 2010).

O movimento *Quantified Self* é, portanto, usualmente visto como uma chave ilustrativa da atitude neoliberal sobre o eu e sua gestão, dado o modo que este movimento encoraja indivíduos a se tornarem empreendedores de si mesmos e abraçarem o *ethos* do auto aprimoramento. E como muitas outras técnicas neoliberais de (auto)governança, o auto-monitoramento, como nos lembra Crawford et al. (2015: 489), depende da retórica da agência e da Liberdade de escolha em que o ato de comprar ou usar um dispositivo promove um tipo de empoderamento e controle, um em direção à tomada da saúde em suas próprias mãos e à responsabilidade ativa pelo próprio bem-estar.

Nesse sentido, uma das principais promessas sedutoras desses desenvolvimentos é que o auto-monitoramento pode realmente mudar a mentalidade das pessoas e instituições em termos de quem é o responsável final pela saúde, fornecendo as ferramentas e técnicas necessárias para usuários e pacientes monitorarem seus corpos e tomarem decisões informadas sobre sua gestão de saúde. Portanto, não é surpreendente que o automonitoramento frequentemente apareça em debates políticos e novas iniciativas de saúde que veem em tais desenvolvimentos um passo em direção ao afastamento do tradicional modelo de saúde de cima para baixo "tamanho único" para uma abordagem de baixo para cima mais centrada no usuário e orientada pelo paciente em relação à gestão de saúde.

Muitos membros do *Quantified Self* são, de fato, atraídos por práticas de automonitoramento precisamente devido à necessidade de encontrar soluções para problemas de saúde ou de vida e uma insatisfação com a abordagem genérica de cima para baixo da medicina convencional. É importante ressaltar que, ao contrário do automonitorador amador do dia a dia que depende de aplicativos e dispositivos de rastreamento disponíveis comercialmente, os membros do *Quantified Self* levam a prática um passo adiante.

Alguns constroem seus próprios dispositivos e ferramentas ou apropriam-se de dispositivos comerciais para atender às suas necessidades específicas e personalizar sua experiência de rastreamento. Como Christiansen et al. (2018: 106) apontam, construir a instrumentação de alguém não é uma prática incomum entre "automonitoradores" experientes. Eles argumentam que, ao fazer isso, a experiência de automonitoramento se torna uma jornada fortalecedora de descoberta e experimentação, pois "o automonitorador é transformado de um objeto, uma fonte de dados e/ou paciente em um sujeito auto-eficaz que reflete ativamente, age e assume o controle de sua própria saúde e bem-estar". (Christiansen et al., 2018: 111). Por construir suas próprias ferramentas de rastreamento ou modificar as existentes, permite que o automonitor supere as limitações e suposições inerentes a produtos comerciais. Como os autores explicam mais adiante, o design de produtos comerciais é baseado principalmente em um conjunto de presunções sobre o modo de uso e interações com dados: "É tipicamente o caso em que o fornecedor decidiu em nome do usuário como os dados coletados são analisados e apresentados, o que limita o conjunto de perguntas para as quais o usuário pode buscar respostas e, finalmente, se ele é capaz de validar ou rejeitar suas hipóteses" (Christiansen et al., 2018: 113).

Uma questão similar é apontada por Diaz-Bone (2021: 305), que argumenta que muitas vezes as categorias e algoritmos são codificados e implementados pelas próprias empresas e os dados resultantes raramente são controlados pelos usuários ou adaptados à sua situação de saúde. Portanto, apesar da promessa de autonomia e agência, os usuários das principais soluções de rastreamento ainda estão vinculados às escolhas de design dos desenvolvedores de produtos, às normas existentes em torno da saúde e às forças de mercado do capitalismo de dados. É por isso que desenvolver as ferramentas próprias de quantificação e monitoramento tem se tornado uma maior preocupação para os membros tecnologicamente experientes do *Quantified Self* que confiam nas suas próprias habilidades técnicas para encontrar meios de contornar o Sistema médico e a indústria de tecnologia. Isso possibilita o envolvimento ativo no design e implementação de soluções de rastreio e uma maior transparência nas medidas subjacentes de convenções e como elas são decididas. Isso é, de fato, o que diferencia os membros do círculo do *Quantified Self*, que constroem suas próprias ferramentas de rastreamento, dos usuários em geral, que dependem dos produtos comerciais de rastreamento disponíveis no mercado. Essa diferença, segundo De Cesaris (2022: 63), também pode ser expressa como 'a oposição entre uma relação ativa e uma relação passiva com o design' (De Cesaris, 2022: 63), bem como a oposição entre techne (aplicação técnica de regras) e praxis (prática de vida), para usar as expressões de Gadamer (1996).

Em seu ensaio de revisão sobre O Enigma da Saúde de Gadamer, Dallmayr (2000: 330) argumenta que, apesar da profunda infiltração do cotidiano por métodos científicos (Big Data e Inteligência Artificial sendo os exemplos mais recentes), o "mundo da vida continua sendo uma arena de envolvimento e engajamento prático e a tarefa que recai sobre todos os seres humanos é 'encontrar nosso próprio caminho' naquele mundo". Ele continua a explicar, seguindo Gadamer, que a tarefa de encontrar o próprio caminho no mundo da vida requer "não tanto a aplicação técnica de regras, mas o exercício e o cultivo do julgamento prático -- uma faculdade que hoje está grandemente ameaçada. Enquanto a capacidade de racionalidade científica e técnica é celebrada e continuamente refinada, a 'formação autônoma de julgamento e de ação' é correspondentemente negligenciada." (Dallmayr, 2000: 330) Isto é no sentido de que, para Gadamer, quanto mais racionalização, padronização e objetificação são aplicadas, maior o risco para o exercício do julgamento prático informado pela experiência pessoal em vez de regras generalizadas. Muito antes de Gadamer, o próprio Kant lamentava a dependência de atores externos (humanos e tecnológicos) e a terceirização do julgamento de alguém. Ele escreve:

> Tenha coragem de usar seu próprio entendimento! Preguiça e covardia são as razões pelas quais uma proporção tão grande de homens, mesmo quando a natureza os emancipou há muito tempo da orientação alienígena (*naturaliter maiorennes*), ainda assim permanecem alegremente imaturos por toda a vida [...]. É tão conveniente ser imaturo! Se eu tenho um livro para ter entendimento no meu lugar, um conselheiro espiritual para ter uma consciência para mim, um médico para julgar minha dieta para mim, e assim por diante, não preciso fazer nenhum esforço. Não preciso pensar, contanto que eu possa pagar; outros logo assumirão o trabalho cansativo para mim. (Kant, 1784).

Tais argumentos fazem lembrar as preocupações atuais suscitadas em relação à inteligência artificial e à governança algorítmica, em que foram expressos receios quanto ao risco de atribuir responsabilidade e tomada de decisões às máquinas. É a isso que Zerilli et al. (2019: 555) se referem como "o problema do controle", que eles entendem como 'a tendência do humano dentro de um *loop* de controle homem-máquina de se tornar complacente, excessivamente dependente ou indevidamente desconfiado quando confrontado com as saídas de um sistema autônomo confiável'. Surge então uma questão sobre (saber) se o automonitoramento leva à formação autônoma de julgamento e à recuperação da agência e do controle sobre o corpo e a saúde de alguém, ou meramente a uma delegação da tomada de decisão à própria tecnologia.

A questão aqui é a própria noção de autonomia. Esse conceito envolve uma ideia de autogestão e o direito dos indivíduos de tomar suas próprias decisões sobre cuidados de saúde e escolhas de estilo de vida. A autonomia também implica o conceito complementar de empoderamento, que serve como "um contraponto ao paternalismo médico" (Shmietow e Marckmann, 2019: 627). No entanto, os críticos argumentam que o que muitas vezes é promovido como autonomia e empoderamento na atual era neoliberal, às vezes não passa de uma forma de abandono, já que os indivíduos estão sendo cada vez mais deixados por conta própria (literalmente, neste caso) não que se refira às questões de saúde, enquanto o apoio estatal está atrapalhando. Hampshire et al. (2015), por exemplo, discutem a necessidade de uma pessoa possuir "capital digital", ou seja, recursos adequados, redes sociais e habilidades para acessar os cuidados de saúde mediados digitalmente. De forma semelhante, Shmietow e Marckmann (2019: 626) argumentam que "[o] uso razoável de tecnologias de saúde digital, como o automonitoramento e a autogestão [...] requer autonomia tanto no sentido de letramento digital quanto de letramento em saúde. O usuário não é especializado em forma autônoma apenas no sentido original da ética médica, de ser capaz de consentir com um tratamento específico, mas, com base em suas competências autoaprendidas e com o suporte de uma tecnologia personalizada e onipresente, assuma proativamente o controle de seu (auto) cuidado e prevenção." No entanto, para aqueles que carecem de capital digital, o empoderamento pode se assemelhar ao abandono. Como Lucas (2015) destaca, a responsabilidade de estar envolvido em decisões de tratamento pode ser vista como mais um fardo a carregar, especialmente para indivíduos pobres com uma doença grave. Na última análise, a maioria dos pacientes preferiria ser curado a ser empoderado, segundo Lucas. O que está em questão aqui não é apenas a diferença entre aqueles que possuem capital digital e aqueles que não possuem, mas também a quantidade de esforço, recursos e dedicação que uma pessoa está disposta e capaz de investir na autogestão da saúde digital, incluindo práticas de monitoramento automático. Isso também é fundamental para entender a diferença entre um membro dedicado do *Quantified Self* que tem tempo, energia e recursos financeiros para investir na jornada de monitoramento e construir suas próprias ferramentas, e o automonitorador amador convencional que apenas casualmente, e principalmente passivamente, se envolve em práticas de monitoramento por meio de aplicativos e dispositivos comerciais. A autonomia, como tal, não deve ser vista como um valor homogêneo absoluto, mas deve ser considerada em relação ao contexto mais amplo de socioeconomia, alfabetização digital e capital técnico.

O que também está em questão aqui é o papel e o status da própria tecnologia no processo de auto-rastreamento. A relação entre autonomia e tecnologia é, de fato, tão antiga quanto a própria tecnologia e tem sido uma grande preocupação para a filosofia. Como aponta De Cesaris (2022: 53), a crítica de Platão à tecnologia da escrita, por exemplo, pode ser entendida como 'uma crítica de como a delegação de memória a um dispositivo externo [...] nos sujeita a esse próprio dispositivo [...] Aqueles que confiam em dispositivos externos para lembrar não são mais autônomos'. Nesse sentido, pode-se argumentar que, no contexto do *Quantified Self*, mesmo os automonitoradores mais experientes em tecnologia não são verdadeiramente autônomos, pois ainda precisam contar com ferramentas e instrumentação (mesmo que seja apenas caneta e papel básicos) para coletar, registrar e analisar dados. E mesmo quando autoconstruídos, as possibilidades tecnológicas dos dispositivos e aplicativos ainda delimitam o que é possível e o que não é em relação à experiência de rastreamento e ao grau de autoconhecimento que pode ser alcançado. No entanto, quando visto através das lentes da declaração citada anteriormente de Kant, o fato de que o automonitorador não precisa depender de "um médico para julgar sua dieta para ela" pode, por si só, ser considerado um aspecto de afirmação da autonomia. De Cesaris capturou um paradoxo semelhante ao argumentar que, por um lado, o automonitoramento "permite uma forma de desintermediação, graças à qual o sujeito finalmente se torna totalmente autônomo e capaz de fazer por si mesmo tudo o que é necessário para viver em sociedade, em vez de confiar em especialistas". (De Cesaris, 2022: 53). Mas, por outro lado, "usar dispositivos de rastreamento é uma forma de delegar a um artefato uma atividade que deveria ser executada por nós [...] Ironicamente, não há "self" no automonitoramento, e o nome associado ao fenômeno trai a tentativa ideológica de esconder uma verdade muito simples: graças aos nossos dispositivos, deixamos de ser sujeitos.' (ibid). Essas duas interpretações opostas são baseadas, de acordo com De Cesaris, em dois entendimentos diferentes de tecnologia: o primeiro sendo o da tecnologia como prática. O segundo sendo o da tecnologia como um dispositivo. Enquanto o primeiro implica práxis e competência das quais Gadamer fala, o último é mais instrumental e orientado por ferramentas.

Certamente, quando se trata de automonitoramento, essas duas abordagens opostas não são necessariamente antitéticas, mas coexistem dentro da experiência de monitoramento. Isso na medida em que a tecnologia não é meramente uma ferramenta que pode ser usada por atores humanos, mas também fornece as condições de possibilidade para maneiras de pensar e fazer que não seriam concebíveis de outra forma. Heidegger (1977), por exemplo, argumenta em seu ensaio, *The Question Concerning Technology*, contra uma visão reducionista sobre a tecnologia que limita suas definições à abordagem instrumental (tecnologia como ferramenta) ou à abordagem antropológica (tecnologia como atividade humana). Em vez disso, ele argumenta que a essência da tecnologia reside principalmente em suas capacidades de revelar e enquadrar. De fato, mais do que apenas um instrumento, a tecnologia molda a maneira como entendemos, governamos e nos relacionamos com o mundo. Como ficou evidente em toda a nossa discussão até agora, as técnicas de automonitoramento estão cada vez mais fornecendo a lente através da qual o usuário pode visualizar, avaliar e agir sobre o corpo e a vida cotidiana. A agência, nesse sentido, não é totalmente humana nem totalmente tecnológica. É uma agência híbrida, compartilhada entre o sujeito do rastreamento e a tecnologia. Então, talvez, nesse sentido, a autonomia venha do fato de que os automonitoradores reivindicam parte da agência da expertise biomédica e similares apenas para compartilhá-la com suas próprias práticas, suas próprias tecnologias e métodos, e suas próprias comunidades de prática, com as quais estão constantemente coevoluindo. A autonomia absoluta é "um mito", como De Cesaris (2022: 56) coloca, uma vez que é impossível conceber o sujeito fora das constelações mediadas de relações que ele compartilha com seu ambiente.

Além da promessa de autonomia e agência, outra promessa sedutora fundamental é a da objetividade e das alegações de verdade que sublinham os discursos e práticas de automonitoramento. Acredita-se que os dados que emergem da quantificação corporal revelam algum tipo de "verdade objetiva instantânea" sobre o automonitorador de uma forma que antes não era possível por meio de técnicas tradicionais de autoanálise e introspecção. As práticas de automonitoramento, como tais, estabelecem uma relação direta entre o corpo e o eu, entre biologia e conhecimento, entre tecnologia e verdade. Obviamente, esta não é a primeira vez que desenvolvimentos mediados tecnologicamente tentam estabelecer um vínculo tão forte entre corpo, tecnicidade e formas de conhecimento. Por exemplo, como argumento em outro lugar (Ajana, 2010; 2013), a implantação de técnicas de identificação biométrica em vários campos, como segurança e controle de fronteiras, também redefiniu a relação entre corpo e identidade. Ao reivindicar a ideia de que a identidade pode ser determinada "objetivamente" através do corpo (Aas, 2006: 154), a biometria deu ao corpo uma significância sem precedentes sobre a mente, lançando-o como uma fonte de "verdade instantânea" (Ajana, 2010: 244). Isso está encapsulado na expressão "o corpo não mente", uma expressão que se tornou o slogan de marketing da indústria biométrica.

Essas alegações de verdade sobre o corpo biométrico são transportadas para os debates sobre automonitoramento. Em seu artigo do New York Times, 'The data-driven life', Gary Wolf (2010) começa sua discussão com a afirmação de que os humanos cometem erros. Lamentando a falibilidade dos seres humanos, Wolf continua a defender o automonitoramento e a coleta de dados como um meio de superar as limitações humanas e superar a opacidade resultante da falta de informação: 'Se você quer substituir os caprichos da intuição por algo mais confiável, primeiro precisa coletar dados. Depois de conhecer os fatos, você pode viver de acordo com eles.' Essa promessa positivista de conhecimento e maestria é baseada na suposição de que o acoplamento do corpo e dos dados contém a chave para a autodescoberta, que é regularmente ligada às virtudes da autorregulação, autocontrole e autoaperfeiçoamento.

Nesse sentido, a cultura de automonitoramento idealiza a melhoria racional do desempenho, comportamento e hábitos humanos por meio do conhecimento do corpo. Com isso, ela coloca o corpo no centro do palco. Mas, ao mesmo tempo, o corpo nessa cultura de automonitoramento é frequentemente considerado um objeto passivo de medição que é passível de melhoria e intervenção, quer ele goste ou não. Moore e Robinson (2015: 2780) argumentam que, nas práticas de automonitoramento, "o corpo não tem agência por conta própria". Eles sugerem que, embora a autoquantificação desafie a divisão mente-corpo do dualismo cartesiano ao lançar o corpo como um local de conhecimento e verdade, ela também coloca a mente firmemente no controle. Argumentos semelhantes foram feitos em relação à identificação biométrica em termos da maneira como ela instrumentaliza o corpo e produz formas de conhecimento que são baseadas em uma "observação unidirecional" e marcadas por uma relação de poder (Aas, 2006; Ajana, 2010). Isso não quer dizer, no entanto, que o corpo em si seja sempre passivo ou redutível a uma entidade à qual as coisas são simplesmente feitas. Os autorrastreadores também podem trabalhar com o corpo (corpo como sujeito) em vez de apenas no corpo (corpo como objeto), trabalhar com a biologia em vez de apesar ou contra a biologia. O corpo, nesse sentido, não é apenas uma entidade a ser rastreada, medida e controlada, mas é um agente revelador capaz de incorporar tecnologias e práticas tanto que, às vezes, é difícil estabelecer "onde o corpo começa e a tecnologia termina" (De Stefano, 2022: 35). Os corpos também podem resistir e se recusar a ser medidos de certas maneiras. Isso se manifesta, por exemplo, em casos em que a tecnologia "falha" em capturar certos corpos devido ao gênero, raça ou deficiência do sujeito. Em relação à biometria, por exemplo, os scanners de impressão digital têm rotineiramente encontrado dificuldades em capturar de forma confiável as impressões digitais de mulheres asiáticas por causa de sua "pele fina" e sulcos de impressão digital "fracos", enquanto usuários de pele escura não são facilmente "distinguidos" por scanners faciais (Pugliese, 2010; Magnet, 2011; Ajana, 2013). Mas, seja percebido como um objeto ou um sujeito, o corpo continua sendo um importante local de conhecimento e dinâmica de poder dentro de práticas biométricas e de autorrastreamento.

A vontade de conhecimento, de fato, nunca é uma busca neutra. Pois conhecimento, como Francis Bacon nos lembra, é poder. E quando se trata do corpo, ele é frequentemente um local de poder tanto quanto um local de conhecimento, seja em termos dos sistemas regulatórios aos quais é submetido (por exemplo, identificação biométrica que torna o corpo uma "senha"; tecnologias de escaneamento na fronteira; exames de saúde relacionados ao trabalho; regimes alimentares, etc.) ou os hábitos e práticas autoinculcados dos quais técnicas de automonitoramento e quantificação são exemplos proeminentes.

Em seus escritos posteriores, Michel Foucault (2003; 2009; 2010) descreve uma mudança na maneira como o poder é exercido sobre o corpo, tanto o corpo individual quanto o corpo da população. Ele argumenta que, desde o século XVIII, uma forma de poder começou a permear a ordem social, tomando a vitalidade do corpo e a existência biológica da população como sua principal preocupação. Ele chama isso de "biopoder". "Anatomopolítica" é o nome que ele dá aos modos de (auto)disciplina direcionados ao corpo do indivíduo com a intenção de maximizar sua utilidade, capacidades e eficiência (Foucault, 1979: 139). Enquanto "biopolítica" é o termo que ele usa para se referir à gestão da vida e da vida em massa que visa o corpo da população por meio de processos agregados de governança e normas estatísticas (Foucault, 1979). Informados pela crítica foucaultiana do poder, muitos acadêmicos consideram as práticas de automonitoramento como uma forma de biopoder projetada para sujeitar o corpo e o eu a regimes normalizadores de saúde e padrões de beleza socialmente estabelecidos (anatomopolítica) (ver, por exemplo, Sanders, 2017; Ajana, 2017; Charitsis et al., 2019; Kent, 2018), ao mesmo tempo em que produzem conhecimento sobre a população para fins de governança e gestão da saúde no nível macro (biopolítica) por meio de big data gerados pelo uso de aplicativos móveis e dispositivos vestíveis (Neff & Nafus, 2016; Ajana, 2018).

O que diferencia o biopoder, a anatomopolítica e a biopolítica de outras formas de poder e política, segundo Foucault, é que elas não estão tanto relacionadas com disciplina repressiva e coerção, mas sim com normalização e controle em nome da própria liberdade (embora a disciplina e a coerção também possam ser invocadas a qualquer momento dentro desses frameworks, mas elas não são, por assim dizer, a característica principal). E dentro dos frameworks da anatomopolítica e da biopolítica, o controle começa com o próprio eu; controlando suas habilidades, desempenho e produtividade. Como argumenta Hille (2015), o controle de si começa com o conhecimento desse eu e a compreensão de suas características e atividades vitais. Este argumento nos remete ao cerne da filosofia do Self Quantificado, 'conhecimento de si por meio de números', na qual a quantificação mediada tecnologicamente é considerada o caminho mais confiável e eficiente para alcançar a 'verdade' e a auto-aperfeiçoamento. O automonitoramento, como tal, situa-se nesse ponto de equilíbrio entre o controle de si e o controle externo [...] e regulação de acordo com normas sociais de 'saúde' (ibid.). Isso vai ao ponto de que o automonitoramento torna o corpo passível de técnicas de gerenciamento conforme um conjunto de normas de aptidão acordadas, como comer cinco vegetais ou frutas por dia ou caminhar 10.000 passos por dia, conforme recomendado pela Organização Mundial da Saúde. Essa recomendação de 10.000 passos por dia originou-se no Japão no início dos anos 1960 através de uma pesquisa liderada por Yoshiro Hatano. A pesquisa estimou que caminhar 10.000 passos seria suficiente para queimar cerca de 20% da nossa ingestão calórica (Cooper, 2013). Atualmente, em todas as plataformas de saúde e dispositivos de automonitoramento, a norma dos 10.000 passos é agora tomada como o mínimo que precisa ser alcançado pelos usuários se eles quiserem ser considerados cidadãos bioativos e saudáveis. Ao internalizar essas normas, o automonitor acaba conformando-se a um padrão pré-estabelecido de saúde e aptidão, sendo normalizado e (auto)avaliado de acordo com uma identidade numérica idealizada (Rowse, 2015). Isso ecoa a afirmação de Foucault (1982: 15) sobre o poder e sua manifestação na vida cotidiana do indivíduo:

> O poder aplica-se à vida cotidiana imediata, categorizando o indivíduo, marcando-o por sua própria individualidade, ligando-o à sua própria identidade, impondo-lhe uma lei de verdade que ele deve reconhecer e que os outros também precisam reconhecer nele.

Isso também, como já foi mencionado antes, se dá em termos de como as soluções de automonitoramento comercialmente disponíveis frequentemente empurram o corpo para se conformar aos padrões e categorias determinados pelas empresas de tecnologia. O controle, nesse sentido, é um pseudo-controle na medida em que o processo de monitoramento do eu é delimitado pelos algoritmos e convenções das empresas. A quantificação, nesse contexto, substitui outras formas de autoconhecimento que se baseiam, por exemplo, na percepção tátil, na intuição e em formas mais orgânicas de 'escutar' o corpo, que não são facilmente passíveis de monitoramento e quantificação, e que ainda assim constituem uma parte crucial da experiência cotidiana incorporada de uma pessoa.

Jaana Parviainen (2016) argumenta, em seu estudo fenomenológico sobre corpos quantificados, que a topografia do corpo e sua 'in-esfera' não se referem apenas a funções corporais como batimentos cardíacos ou respiração, mas também a como as sentimos. E a forma como as sentimos também é culturalmente construída e socialmente carregada. Assim, as tecnologias vestíveis, segundo Parviainen, não conseguem rastrear totalmente sensações, sentimentos, percepções e movimentos dentro da topografia do corpo de uma maneira que faça sentido imediato e tenha compreensão intuitiva. Ela argumenta que "o que as pessoas realmente estão fazendo é lendo na tela os dados numéricos de suas funções corporais, mas não realmente sentindo seus movimentos e sensações" (Parviainen, 2016: 65).

Correlativamente, e referindo-se ao domínio do cuidado médico, Gadamer sugere que, se há alguma forma de medição, esta só pode ser uma medição interna e subjetiva, sentida através da relação simbiótica do corpo com os estados mentais do indivíduo (ver também Ajana, Braga e Guidi, 2022). Isso ocorre porque as medições científicas convencionais nem sempre conseguem abranger os verdadeiros estados de equilíbrio somático, que, segundo Gadamer, obedecem a uma espécie de medida ou equilíbrio natural inerente ao próprio corpo e que não é facilmente traduzido em sistemas numéricos. É por isso que, para Gadamer, a saúde permanece um enigma e um mistério cujo caráter se manifesta nos inúmeros processos rítmicos da existência. E como Keane (2015: 64) coloca, "para Gadamer [...] a saúde é o equilíbrio adequado das forças corporais; é proporção e equilíbrio. Os conceitos de 'proporção' e 'equilíbrio', bem como o 'mais' ou 'menos', estão intimamente ligados ao conceito de 'medida', ou, mais precisamente, à medida apropriada". Mas essa medida não deve ser entendida apenas em termos da abordagem instrumental e calculadora da ciência. Em vez disso, a medida, no sentido de Gadamer, é "uma vivência aberta e autorreflexiva" que é "acessível apenas por meio de uma medição qualitativa vivida" (Keane, 2015: 65). A saúde, como tal, "excede os limites da ciência moderna com a correlação de causa e efeito" (Dallmayr, 2000: 334). Estar doente e sentir-se doente são, consequentemente, dois estados diferentes. Da mesma forma,

George Canguilhem (1991) acredita que é a perspectiva do paciente que define a experiência de estar doente. Ele argumenta que "a medicina sempre existe de jure, senão de facto, porque há homens que se sentem doentes, não porque existem médicos para dizer aos homens sobre suas doenças" (Canguilhem em Diaz-Bone 2021: 295).

Isso talvez explique, ao menos em parte, por que números e dados, por si só, são símbolos sem sentido até que lhes seja atribuído significado através de narrativas subjetivas e interpretações compartilhadas, que são ao mesmo tempo individuais e sociais. Embora as práticas de automonitoramento sejam principalmente sobre a quantificação das funções vitais e a extração de dados do corpo e de suas atividades, o aspecto hermenêutico da interpretação e visualização dos dados é precisamente o que dá a essas práticas sentido e significado. A convergência entre números e narrativa é o que permite ao *autotracker* (quem realiza o automonitoramento) agir em relação à saúde e ao estilo de vida de acordo com as interpretações derivadas do processamento e análise dos dados. Sem interpretação, os dados permanecem meramente como um significante vazio. O "conhecimento interpretativo" é tão importante quanto o "conhecimento numérico" na experiência de automonitoramento. No círculo ***Quantified Self***, isso se manifesta nas apresentações "Show and Tell" e no compartilhamento ativo de dados e experimentos de automonitoramento entre os membros do grupo, tudo isso possibilitando interpretações coletivas dos dados monitorados e extração de lições e conclusões do processo. É por isso que o ***slogan*** do ***Quantified Self***, "autoconhecimento através de números", na verdade, não faz jus aos aspectos qualitativos das práticas de automonitoramento, dado que tais práticas também dependem de modos de interpenetração e, por extensão, de aspectos hermenêuticos e subjetivos.

Neste capítulo, abordei várias questões relacionadas ao crescente fenômeno do automonitoramento. Algumas delas estão ligadas à agência e ao controle, bem como à autonomia e ao empoderamento, todos colocados em ao considerar criticamente as reivindicações e implicações do automonitoramento. Embora as práticas de automonitoramento possam contribuir para promover uma consciência da saúde e uma abordagem autônoma à gestão da saúde, elas também levantam várias preocupações em torno do status do corpo e da tecnologia nessas práticas, além do crescente poder das empresas de tecnologia na definição das normas e experiências de saúde e bem-estar. Ao considerar essas questões, delineei algumas diferenças entre as abordagens de monitoramento dos membros do *Quantified Self* e as dos usuários de tecnologias comerciais convencionais. A partir disso, pode-se concluir que, além das atividades de automonitoramento passivo promovidas por produtos convencionais, existe o potencial para formas mais ativas de automonitoramento, que só podem ser alcançadas por meio de uma abordagem mais crítica e inclusiva no desenvolvimento e design tecnológico, e de uma compreensão da complexa relação ontológica e epistemológica entre tecnologia e corpo. Dessa forma, os usuários das tecnologias de automonitoramento poderiam se envolver nos meios de produção e se tornar especialistas, em vez de apenas usuários. À medida que as práticas de automonitoramento se tornam um aspecto disseminado e rotineiro da cultura cotidiana, é importante que aqueles que adotam tais práticas adquiram a literacia de dados necessária e habilidades técnicas para gerenciar e moldar sua própria jornada de monitoramento, em vez de se tornarem meros engrenagens na máquina métrica.

REFERÊNCIAS

Aas K.F. (2006) 'The body does not lie: Identity, risk and trust in technoculture'. *Crime Media Culture*, 2: 143-158.

Ajana B. (2010) 'Recombinant identities: Biometrics and narrative bioethics'. *Journal of Bioethical Inquiry*, 7:237-258. DOI 10.1007/s11673-010-9228-4.

Ajana B. (2013) *Governing through biometrics: The biopolitics of identity*. Basingstoke: Palgrave Macmillan.

Ajana, B. (2017) 'Digital health and the biopolitics of the Quantified Self'. *Digital Health*, 3(1): 1-18.

Ajana, B. (ed.) (2018) *Metric Culture: Ontologies of Self-Tracking Practices*. Bingley: Emerald Publishing.

Ajana, B., Braga, J. and Guidi, S. (eds.) (2022) *The Quantification of Bodies in Health: Multidisciplinary Perspectives*, Bingley: Emerald Publishing.

Brokaw, C.J. (1991) *The Ledgers of Merit and Demerit*. New Jersey: Princeton University Press.

Canguilhem, G. (1991) *The normal and the pathological*. New York: Zone Books.

Crawford K, et al. (2015) 'Our metrics, ourselves: A hundred years of self-tracking from the weight scale to the wrist wearable device'. *European Journal of Cultural Studies*, 18: 479-496.

Charitsis, V. (2019) 'Survival of the (data) fit: Self-surveillance, corporate wellness, and the platformization of healthcare'. *Surveillance & Society*, 17(1/2): 139-144.

Christiansen, T.B., Kristensen, D., and Larsen, J.E. (2018) 'The 1-Person Laboratory of the Quantified Self Community', in: Ajana, B. (2018) *Metric Culture: Ontologies of Self-Tracking Practices*, Bingley: Emerald Publishing.

Cooper, B. B. (2013, November 29). Is 10,000 steps really the best measurement of our health? *The Next Web.* http://thenextweb.com/apps/2013/11/29/10000-steps-really-best-measurement-health/#gref

Dallmayr, F. (2000) 'The Enigma of Health: Hans-Georg Gadamer at 100', *The Review of Politics,* 62 (2): 327-350.

De Cesaris. A. (2022) 'Quantified Care: Self-Tracking as a Technology of the Subject', in: Ajana, B., Braga, J. and Guidi, S. (eds.) *The Quantification of Bodies in Health: Multidisciplinary Perspectives,* Bingley: Emerald Publishing.

De Souza, P. (2013, June 11). Self-tracking and body hacking: The biopolitics of the Quantified Self in the age of neoliberalism. *Body Cartography.* https://bodycartography.wordpress.com/2013/06/11/self-tracking-and-body-hacking-the-biopolitics-of-the-quantified-self-in-the-age-of-neoliberalism/

Diaz-Bone, R. (2021) 'Economics of Convention Meets Canguilhem', *Historical Social Research,* 46 (1): 285-311.

Foucault, M. (1979) *History of Sexuality: The Will to Knowledge.* London: Allen Lane.

Foucault, M. (1982) 'The subject and power'. *Critical inquiry,* 8(4): 777-95.

Foucault, M. (2003) *Society must be defended, lectures at College de France 1975-1976.* New York: Picador.

Foucault, M. (2009) *Security, territory, and population, lectures at College de France 1977-1978.* New York: Picador.

Foucault, M. (2010) *The birth of biopolitics, lectures at College de France 1978-1979.* New York: Picador.

Gadamer, H-G. (1996) *The Enigma of Health: The Art of Healing in a Scientific Age.* Cambridge: Polity Press.

Hampshire, K., Porter, G., Owusu, S.A., et al. (2015) 'Informal m-health: How are young people using mobile phones to bridge healthcare gaps in Sub-Saharan Africa?'. *Social Science & Medicine,* 142: 90-99.

Heidegger, M. (1977) *The Question Concerning Technology and Others Essays.* New York: Garland Publishing.

Hille, L. (2015) The Quantified Self - ubiquitous control, http://www.digital-development-debates.org/issue-16-food-farming-trend-the-quantified-self-ubiquitous-control.html (accessed 1 February 2016).

Lucas, H. (2015) 'New technology and illness self-management: Potential relevance for resource-poor populations in Asia', *Social Science & Medicine,* 145: 145-153.

Kant. E. (1784) "An Answer to the Question: 'What is Enlightenment?'", available at: https://www3.nd.edu/~afreddos/courses/439/what-is-enlightenment.htm (accessed 1 July 2021).

Keane, N. (2015) 'On the Origins of Illness and the Hiddenness of Health: A Hermeneutic Approach to the History of a Problem', in: Meacham, D. (ed), *Medicine and Society, New Perspectives in Continental Philosophy.* London:

Springer.

Kent, R. (2018) Social media and self-tracking: Representing the 'health self'. In: Ajana B (ed.) *Self-Tracking*. Cham: Palgrave Macmillan, 61-76.
Magnet, S. (2011) *When biometrics fail: Gender, race, and the technology of identity*. London: Duke University Press.

Martin M. (2007) Mind-body problems, http://havenscenter.wisc.edu/files/mind_body.pdf (accessed 1 February 2016).

Moore, P. and Robinson, A. (2016) 'The quantified self: What counts in the neoliberal workplace', *New Media & Society*, 18 (11): 2774-2792.

Nancy, J-L. (2000) Being Singular Plural. California: Stanford University Press.

Neff, G. and Nafus, D, (2016) *Self-Tracking*. Cambridge. MA: MIT Press.

Parviainen, J. (2016). Quantified bodies in the checking loop: Analyzing the choreographies of biomonitoring and generating big data. *Human Technology*, 12(1): 56-73. https://doi.org/10.17011/ht/urn.201605192620

Pugliese, J. (2010) *Biometrics: Bodies, technologies, biopolitics*. New York: Routledge.

Rowse, L.M. (2015) Statistics of the self: Shaping the self through quantified self-tracking. Scripps Senior Thesis, Claremont Colleges, USA, http://scholarship.claremont.edu/cgi/viewcontent.cgi?article=1656&context=scripps_theses. (accessed 1 February 2016).

Sanders, R. (2017) Self-tracking in the digital era: Biopower, patriarchy, and the new biometric body projects. *Body & Society*, 23(1): 36-63.

Schmietow, B., Marckmann, G. (2019) 'Mobile health ethics and the expanding role of autonomy', *Medical Health Care and Philosophy*, 22: 623-630.

Sysling, F. (2020) 'Measurement, self-tracking and the history of science: An introduction'. *History of Science*, 58:2, 103-116, DOI: 10.1177/0073275319865830

Wolf G. (2010) The data-driven life, http://www.nytimes.com/2010/05/02/magazine/02self-measurement-t.html?_r=0 (accessed 1 February 2016).

Zerilli, J., Knott, A., Maclaurin, J., and Gavaghan, C. (2019) 'Algorithmic Decision-Making and the Control Problem', Minds and Machines, 29: 555-578.

DIGITAL CITIZENSHIPS AND TRANSNATIONAL BELONGINGS: FIRST OUTPUTS OF A STUDY ON ITALIAN EXPATS[1]

Carla Panico

1. INTRODUCTION

In his 1997 book "Routes: Travel and Translation in the Late Twentieth Century", the American anthropologist James Clifford (1997) dedicated a chapter to analyzing the concept of *diaspora*. From its historical association with the biblical experience of the Jewish people to contemporary issues arising in an increasingly globalized world, the nature of diasporas--and their corollary, migrations--has changed. According to Clifford, diaspora represents a specific communal experience linked to migration, travel, and belonging. One key difference between diaspora and migration lies in the varied experiences of cultural connection to the homeland. This difference often leads people to feel more comfortable recreating diasporic communities in their new locations, rather than "integrate", as it would be suitable for the diktats of the homogeneity of the national state.

Diasporic identities (Hall, 1990) inherently challenge the boundaries of the nation-state and traditional concepts of citizenship. They forge new senses of belonging through collective rituals rather than through geographic location or legal status. This creates a condition of being "in-between" where elements of past identities are transplanted to new places and rearticulated through the migration experience, with cultural elements playing a major role.

Clifford emphasizes that modern communication technologies can significantly impact this process of identity reconstitution within the diaspora:

1 Texto publicado em inglês por opção da autora.

> (...) dispersed peoples, once separated from homelands by vast oceans and political barriers, increasingly find themselves in border relations with the old country thanks to a to-and-from made possible by modern technologies of transport, communication, and labor migration. Airplanes, telephones, tape cassettes, camcorders, and mobile job markets reduce distances and facilitate two-way traffic, legal and illegal, between the world's places (Clifford, 1997: 247)

More specifically, the growing access to the telephone in the 1990s has been particularly significant, "allowing people not just to keep in touch periodically but to contribute to decision-making and participate in familial events from a considerable distance" (Rouse 1991, 13 in Clifford, 1997: 246).

Working on contemporary Italian emigration[2], I have been deeply inspired by these considerations. Examining a migration phenomenon that began with the financial crisis of 2008, I have had to consider the increasing use of new communication technologies (ICT) in everyday life, where the digitalization of both work and personal relationships is prominent. Reflecting on how access to telephones changed the experiences of migrants in the 1900s, particularly regarding their homeland, the people they left behind, and their cultural ties, I formulated a research question: How do internet and social media[3] shape our contemporary diasporic experience?

In the following pages, I will provide a brief theoretical framework for my research. Next, I will include a methodological note explaining the interview process I conducted. Finally, I will summarize some preliminary results of my research.

2. BACKGROUND OF THE STUDY

In recent years, we have witnessed a specific development in the methodology of researching Italian history and society, defined as a "transnational turn" in Italian studies (Bassi et al., 2023). This interdisciplinary approach encompasses migra-

2 I am not using the notion of diaspora here for two main reasons. First, to differentiate the contemporary phenomenon from historical Italian emigration abroad (Garbaccia 2000). Second, to acknowledge the political significance of the Black diaspora--a phenomenon deeply rooted in the history of slavery--in the current discourse on racism.

3 Due to space constraints, I will reference various platforms and social media (such as WhatsApp, Zoom, Facebook, etc.) without delving into a detailed discussion of their differences. While these distinctions are relevant to this topic and important to consider, they will ideally be addressed in more depth in future discussions.

tion and cultural studies, as well as discursive and visual analysis. It has been more extensively developed in universities in the US, UK, and Canada than in Italy. Its main purpose is to reconsider Italian national identity by focusing on events occurring outside the national borders or within the process of crossing those borders, seen as an in-between space. The main goal of this approach is a critical examination of nationalism itself and an ongoing effort to unpack and reframe concepts such as national belonging, citizenship, and identity. Italy's precarious national identity has been shaped by violent attempts at homogenization and process of "othering" (Giuliani, 2019), efforts that simultaneously confirm and shift the borders of belonging. This process is tied to the foundational phase of a national state whose borders are recent compared to other European states such as Portugal or Spain. The national foundation includes the integration of Southern Italy, which Antonio Gramsci described as a specific process of "internal colonialism", closely intertwined with Italy's colonial experience in Africa[4] (Panico, 2024). Italy has also historically been a nation of emigrants (Choate, 2010). A specific racialization of Italian emigrants in the US occurred, mostly based on the racial paradigm used to define Southern Italians during the unification process. This "southernization" of Italians abroad, marked by the degradation of their whiteness, is a fundamental part of the history of Italian nationalism and its obsession with affirming Italy as an inherently white nation (Panico, 2021, 2024). In this sense, Italian citizenship laws, based on ***ius sanguinis*** (the right of blood), are a direct heritage of colonial ***anti-miscegenation*** laws (Pesarini & Tintori, 2020), aiming to preserve the whiteness of the national body. These laws were developed in a way that makes it very difficult for people arriving in Italy --or those born in Italy, such as second-- or third-generation migrants --to obtain Italian citizenship, while making it easier for people of Italian descent in foreign countries to gain it. Citizenship and the social struggle to change the current law are central to understanding and challenging the borders of Italian identity (Hawthorne, 2022), especially considering the rise of new nationalistic populism and the reality of a transforming country. The rise of far-right racist movements over the last

4 Despite a self-apologetic narrative centered on the concept of "decent Italians," the violent processes of dispossession, massacres, and the racialization of colonized people are integral to Italian national identities. On this topic see Del Boca (2005).

decade has been based on the propagandistic portrayal of Italy as a country under siege by migrants arriving from the Mediterranean Sea, manipulating the so-called refugee crisis of 2016 and strategically conflating refugees with non-white Italians. Despite this, in 2014, Italy became a country of emigration again, with a significant increase in migration flows starting from the financial crisis of 2008. This new migration flow differs from the historical Italian diaspora, particularly in how the Italian population--especially young Italians--has changed. In the words of an interviewee of the present study: "even if you emigrate, it's not like my great-grandparents, who left for America and who knows when they would return; they didn't even remember Italian anymore. I think now it's a different kind of migration, also thanks to communication tools. I remember in Australia, on the tram, I saw people I knew were Italian, and with their smartphones, they were talking to their parents, even showing them around a bit."

Working on Black Italians and the struggles within the grey area of citizenship, Hawthorne (2022) highlighted the central role of the internet and social media in circulating "diasporic resources", creating alternative media, and implementing visibility politics. This approach challenges spatially delimited forms of analysis.

Inspired by this, I considered new Italian emigration from the perspective of "digital citizenships" (Sierra, 2006; Sierra et al., 2018) as part of the broader scenario of "performative citizenships", (Chipato, 2021) where citizens claim new political rights and reshape the political arena. Digital citizenships represent a new model of social mediation, characterized by the radical creativity of the people involved and the increasing contradictions of the new international labor division. With a feminist intersectional approach, I view digital space as contemporary public space (Sierra et al., 2018: 12) where digital intimacies (Zafra, 2017) and belongings are produced. It is crucial to remember that neither the digital community's public space nor the concept of "belonging" is neutral. Instead, digital space is deeply affected by power relationships, especially those related to race, class and gender (Giugni, 2022). At the same time, belongings--particularly nationalistic ones--are always a matter of emotions. Nationalism itself can be defined as a process of "falling in love with the nation" (Ahmed, 2004), which is also a performance required of migrants to integrate into the national project. In this context, I choose not to investigate the many ways in which the internet and social media have facilitated the spread of nationalistic feelings and digital re-nationalization. This text can be seen as a partial contribution to exploring the possibilities of overcoming the bloody borders of nation-states and challenging traditional and normative concepts such as citizenship or belonging, by examining the multifaceted networks of affections that people create and maintain while crossing borders.

3. METHODOLOGY

Between 2021 and 2022, I conducted a total of 25 semi-structured interviews with specific groups of Italian expatriates. At the end of 2022, I conducted an additional 5 interviews focused specifically on the perceptions of the Covid-19 experience among young, precarious Italian migrants[5]. Not all interviewees had specific reflections on the theme of digital belonging, so a more restricted number (10) were analyzed--using critical discourse analysis--for this chapter.

Due to the pandemic circumstances, all fieldwork was conducted online, as a digital "multisited research" (Fauser, 2018). This approach allowed me to explore a broader spectrum of Italians abroad and their positioning within narratives of Italian nationalism, rather than focusing on specific expatriate communities.

The age range of the interviewees was set between 18 and 40, as this group is the main protagonist of this contemporary emigration phenomenon. All interviewees expatriated after 2008, a historical turning point in Italian history due to the financial crisis that profoundly impacted southern European countries (referred to as PIGS at the time). This crisis changed the Italian labor market and had a significant anthropological impact, altering a whole generation's perception of the future and faith in the state. Italy officially became a country of emigration again in 2014, when the number of individuals leaving surpassed

5 The author acknowledges here the collaboration, intellectual exchange, and friendship of her colleague Franco Palazzi. On this topic, see Palazzi and Panico (2023).

those arriving. However, the data are not entirely reliable in this context, as registration in the AIRE (Anagrafe degli Italiani Residenti all'Estero) is not compulsory and is usually done after four years of living abroad.

I identified two distinct groups of expatriates who either belong to the internal margins of the nation or felt marginalized in their Italian identity while living in Italy:

> Southern Italian Bouncing Migrants: This group includes individuals from southern Italy who undergo a process of internal migration within Italy before relocating abroad.
>
> Second Generation Italians Abroad: This subgroup encompasses a diverse range of identities, including Afro-Italians, racialized Italians, and individuals who diverge from the traditional image of "White Italians", sometimes referred to as "Italians and something else" --on the model of the definition of "British and something else" (Hawthorne, 2022).

The interviewees share marginal experiences of the nation and multisited migrations, having lived in various places inside and outside Italy and/or possessing a migratory heritage in their families. They represent diverse racial identities, genders, sexual orientations, and class backgrounds, and all have at least a high school degree, classifying them as "skilled migrants"[6]. These varied backgrounds correspond to different perceptions of migration, citizenship, and privilege. In this context, I will explicitly mention the interviewees' origins, locations at the time of the interview, and genders only when it is significant for the data presented. While the entire study is conducted with an intersectional framework shaping the objectives, questions, and interview conduct, personal data will not be always emphasized to maintain interviewee anonymity.

To establish a degree of mutual trust, which makes interviewees more comfortable sharing their personal histories, I leveraged networks of cultural and social activism I was already involved in. A significant number of interviewees were part of two Italian grassroots digital magazine communities: one focused

6 I critically examine the dichotomy between "skilled/unskilled" migrants and the dual classification of "expat/emigrant." Despite the prevalent use of these categories in migration studies, they reflect a classist perspective on labor and migration. Due to space constraints in this text, a detailed discussion of these notions is not possible. However, it is posited here that all migration processes should be regarded as "skilled," as they encompass diverse forms of valuable knowledge and both material and immaterial cultural heritage.

on transnational social movements and cultures, and the other on Italian migration literatures. Not all interviewees identified as activists or writers but included readers of the magazines or participants in related events. Through these networks, I initially identified privileged observers--cultural mediators, activists, and community organizers--and then used the snowball effect to gather further contacts. These networks allowed me to start from a shared background of reflections on issues such as migration, citizenship, and belonging, even with different political beliefs.

To conclude, positionality is an important methodological aspect of this study. As a Southern Italian white woman who migrated to northern Italy for university and then abroad--to France first and Portugal later--my own migration experiences shaped the study. Migrating abroad taught me a lot about my own privileges --of race, citizenship, and class--as our diasporic identities are produced by crossing borders. Each interview provided a mirror where I could identify common experiences and radically different privileges. This is one of the many reasons I am deeply grateful to all the interviewees. The digital networks of affection and belonging that I was personally fortunate enough to create and maintain during this process deeply inspired these pages. While the responsibility remains mine, this text owes a significant debt to them.

4. *HYPERCONNECTED MULTITUDES*: ACTIVISM IN THE ERA OF DIGITAL UBIQUITY

U. is an anti-capitalist and feminist activist who spent her childhood living between her mother's Balkan country and Rome. Since 2017, she has been living outside of Europe, organizing the cultural sector of an online magazine born from the Italian anti-austerity social movement.

B., an Afro-Italian living in France, launched an online platform for Black entrepreneurs, which she describes as "her way of engaging in anti-racist activism".

I. was born in Southern Italy, moved north in search of better opportunities, and then migrated abroad twice. In her first country of residence, while working in the food industry and as a precarious translator, she continued to organize the digital aspect of an anarchist book fair in Italy.

M. lived in South America first and then Berlin, while editing and co-organizing an online Italian anti-racist magazine, handling the editorial work, and publicizing articles and events.

U., B., I., and M. exemplify the multisited experiences of digital participation and activism, still influencing the politics and social movement production in Italy, their country of origin and political education. Their experiences have been collected because they expressed a specific point of view as people who had already been social and cultural activists before migration and did not lose this engagement in the migration process: in this sense, they belong to what has been defined as "(hyper)connected multitude" (Pérez de Lama, 2004). Thanks to "digital ubiquity" (Sierra et al. 2018: 65), a whole immaterial capital of knowledge, relationships, and political practices continued to be displayed through their personal journeys of migration. Meanwhile, their own experiences as activists were influenced and transformed by the migration experience; first, because it changed their positionality (Haraway, 1988); and also, because their political education was hybridized by the knowledge of the different places they arrived in. Activists in multisited positionalities often express a desire to bring back to the Italian context the political knowledge they acquired in the new country of residence using digital space. In M.'s words, she became a kind of "correspondent from Latin America" for the anti-racist community she was part of, which she defined as "her bridge still open to Italy." I. mentioned that she was learning a lot from the feminist movement in her new location and felt "a deep desire to share those experiences" with her Italian comrades during online meetings.

Additionally, the experience of "looking back to Italy from abroad" reframed their perception of the Italian political context, giving them an external gaze less influenced by local political structures and parties. Moreover, this external perspective fosters what Sierra et al. (2018) define as "radical creative singularity" without contradicting the collective process of participation.

C., an Afro-Italian activist living in Portugal, referring to the lack of a comprehensive perspective on race in Italy and even within Italian social movements, stated: "in my opinion, the Italian [racialized] guys who write the most interesting things on Facebook are usually those who have left Italy and have a much less stressed perspective. For example, my perspective is very intense about the things I write on Facebook because I live with the frustration of saying, 'Do I really need to state something so obvious?' If I lived in France or England, I wouldn't need to say this. I feel the need to say it because I must be the one to spell out things, always pointing out issues like, 'You're Black, and this and that'. It's heavy and frustrating. Instead, I think the barriers and borders have been overcome in this regard. When you're abroad, you can see things more clearly and neutrally".

Some interviewees also referred to how digital activism from abroad changed their activism experience, renewing some old clichés of the political public space with positive innovations. C. focused on language, pointing out that the classic "language of the militant on Facebook" is not suitable for reaching out to and creating empathy with a broader public. He noticed some impressive Afro-Italian digital activists who understood the "political importance of social networks"; they "do it well; they create Facebook pages and write every day. They don't write only when they feel the need to say something; they write because they believe they need to occupy a space, and that's what should be done. (...) I think that really builds a lot". He personally tried to hybridize the traditional language of collectives with the more suitable one of social media activism but admitted feeling too "lazy" to do this every day, acknowledging the importance of a constant presence in online activism.

I. highlighted another important point in the shift produced by her digital activism experience since moving abroad: the possibility to speak in an environment less controlled by the performativity that usually dominated Italian collective assemblies. This performativity is often connected with patriarchal attitudes and intellectual elitism towards those with less access to education. She said, "I've always tried to immerse myself in situations, and it has been easier for me to do so digitally in certain cases because it removes the social anxiety of having to speak up in assemblies. I had a lot of anxiety about it, but it eased a bit after I moved. I felt a great deal of oppression, which is now changing a bit thanks to the younger generations. In the past, when you were part of a collective, you were expected to have read countless books and had amazing experiences before you could even say anything. There were these 'Jesus Christs' of the assemblies in front of you, and you were expected to just bow down and couldn't say anything".

The relationships among activists within the same networks also change due to the migration process and the creation of different digital intimacies and complicities, which do not necessarily correspond to those in face-to-face activism. Discussing her experience with the digital community of the magazine, U. stated, "There are also networks of comrades we've known for years, even without constant daily interaction. When you live abroad, new networks form. I've discovered people during this time, now that we are no longer in Italy, because it's a unique experience to share. I think for all of us, distancing ourselves--even from the daily routines of our autonomous social centers--combined with the specific experience of migration, brings us together in new ways".

5. HYPERCONNECTED HOMES: ON MIGRATION AND DIGITAL BELONGINGS

G. is Southern Italian. He migrated to a northern region when he started college in 2003, following a common pattern for Southern Italian students seeking better educational opportunities, welfare conditions, and labor prospects in Northern universities. This internal migration often involves moving away from one's place of origin at a young age, seeking more progressive environments compared to their biological families and traditional hometowns[7]. The decision-making process behind this migration is rarely exclusively economic; rather, these young people struggle to rebuild a sense of belonging, even if they do not necessarily yearn for what they left behind. They often

7 Such expectations are frequently frustrated by the reality of the experience. Although Southern Italy is often portrayed as "underdeveloped" and thus more traditional and patriarchal--reflecting a specific internal colonial perspective--the "modern" regions of Northern Italy exhibit other forms of exclusion. These are likely more subtle due to greater access to welfare and international culture, but they remain deeply rooted in sexism, racism, and capitalism.

experience what Abdelmalek Sayad (1999) described as the "double absence of migrants", where they create an absence in their places of origin while partially failing to fully settle in their new destinations. Major university cities in Northern Italy typically host a large population of Southern Italian migrants who not only study but also participate in various sectors of the formal and informal labor markets, often facing precarious conditions and high living costs. In this context, nostalgia for one's place of origin or biological family is not the only dominant feeling; these environments often become laboratories for experimenting with and creating new practices of belonging and non-conventional families. J. formed a strong group of friends who bonded over their shared experience of estrangement as Southern Italian freshmen at the same university. Years later, about 80% of them are living abroad in various European countries, further redefining their sense of belonging and absence.

When I spoke with J., he had been living in Portugal for almost a decade. At the end of our interview, I asked him: Where do you feel at home? His response was quite revealing. He said: "I have a WhatsApp group with my friends from university. We all live in different places now, but since we have this group, we talk almost every day: we comment on football matches, discuss politics, and share opinions. Every day, when I open that group, I feel at home".

P. grew up in Southern Italy with a white parent and part of his family in a former Western African colony. P. is currently living abroad. When I asked him about his relationship with his dual heritage and belonging as a second-generation expatriate, he initially found it challenging to articulate his response. As the interview progressed and we discussed the role of digital technologies and social media, he realized, "With this point, you've given me the chance to answer your previous question about when I started to rediscover my identity more effectively". He continued: "I actually began to really explore it once WhatsApp arrived in [Western African country]. That's when my aunt and cousins could send me voice messages or make video calls, and that was really the answer to your question. Even though I had some connection before, it was from that moment that I started to have a close relationship with my family. So, from that perspective, social networks are essential for me".

J. and P. have very different migratory backgrounds, as well as different racial profiles. They share the experience of being on the internal margins of the national community due to race and/or the Southern question, albeit with varying degrees of racial privilege. They both have experiences of multisited migration and share the experience of having *hyperconnected* homes. As the Pakistani-English scholar Sara Ahmed (2004) stated, feeling at home is represented by a set of feelings and physical sensations that reconstruct a sense of belonging amidst estrangement. According to Ahmed, a significant part of nationalist propaganda --and the success of the nation as an "imagined community" (Anderson, 1991) where people experience belonging, contrasting with marginalized social groups perceived as "others"-- lies in the production of equivalence between "home" and "nation". In other words, the emotional and sensory feelings associated with "feeling at home", as a place where one feels at ease, are transferred onto the national community as the place where *good* citizens should feel comfortable. Consequently, strangers are perceived as those who do not belong, potentially threatening "our" homes with siege or invasion. Migrants --especially those who experience multisited migration due to their personal or family background-- live in a state of *estrangement* that prevents them from feeling at home within the nation (Ahmed, 2000). Estrangement, as a complex form of unbelonging, is not only a painful subjective condition but also a potential state of subjectification, inherently incompatible with nationhood. While several studies have focused on the potential of social media, especially WhatsApp, as a tool for political organization or propaganda, a new avenue could be explored regarding digital belongings and new digital positions of "feeling at home", where such "home" might not be identified with "homeland". In P.'s experience, Italian identity is a complex concept that does not define his sense of belonging: when asked if he identifies as "Afro-Italian", he preferred the term "Afro-Neapolitan", as he had issues with the national identification, preferring the local belonging of his Southern Italian city. Despite growing up in Italy, he reconnects with his "ethnicity" --specifically mentioning his ethnic group, rather than their African nationality, which he views as a consequence of "colonial borders". Even though he has had a political stance on his identity from a young age, this emotional reconnection was facilitated by the ability to share daily experiences with his relatives in Africa, despite the distance, through WhatsApp groups.

According to feminist scholar Remedios Zafra, the contemporary loneliness produced by neoliberalism --along with its associated exploitation, forced migrations, and disintegration of social connections-- can be challenged by specific uses of digital technologies. Drawing on feminist traditions, Zafra describes the modern condition of precarity as a "connected room of one's own" (2012). Considering how the association between home and homeland --such as nationhood-- is deeply rooted in the connection between family and nation (Collins, 1998), where traditional families with conventional gender roles are the political and historical basis of the nation --or a community of people who see themselves as "the norm" versus "the others"-- imagining new forms of dispersed homes and communities that exist across different spaces challenges traditional notions of belonging with new transnational families (Baldassar, 2007), which are often incompatible with the concept of nationhood.

6. HYPERCONNECTED INTIMACIES: COVID-19 AND MIGRATORY EXPERIENCE

N. and their husband are precarious researchers who have lived together in various locations across Northern Italy and Europe due to their studies and work, while their families reside in different parts of Southern and Northern Italy. At the start of the COVID-19 pandemic, they were living in Austria, experiencing relatively good public welfare conditions --especially concerning childcare compared to Italy-- and some concern for the health of their distant families. Referring to a phenomenon that emerged during the pandemic in Italy, summarized by the term "aperitivi su zoom" --the practice of having small or large gatherings, birthday parties, or regular aperitifs with friends and families online while isolated in separate homes-- N. noted: "It was a bit funny to me that everyone was taking photos while doing video calls during the lockdown *because for us, that was just everyday life,* so it made me smile".

L. is Southern Italian and migrated to the North of the country to attend their master's degree more than ten years ago. In the last decade, she has lived in Spain, Germany, and Northern Italy. She currently works in international trade and spent the pandemic in Italy, since "work relationships have become more and more digitalized". She did not necessarily view this as positive, struggling with the increasingly demanding nature of professional online interactions. She noted that this required more work time--writing emails, arranging online meetings, etc.--which was not usually accounted for in the work schedule. This tendency for work time to overlap with personal time, progressively consuming the whole day without any clear "temporal borders" (Mezzadra and Neilson, 2013; Palazzi & Panico, 2023), is a common experience in online precarious jobs. Several interviewees also reported experiencing "a sense of guilt" for wasting time during the pandemic because they felt privileged to have maintained their jobs online in a broader context of increasing unemployment around them. L. provided an interesting comparison between her online work contacts and personal ones, stating: "For me, it takes too much time to communicate online with someone [for work], and it becomes a burden. But with my friends, since we're all far away, I was used to staying in touch through WhatsApp or Messenger: ***it's been like that for years.*** Now, it's just how things are [for everybody]".

Both N. and L. highlighted how the pandemic forced people to shift their affective relationships toward the digital space. The restrictions on mobility and explicit lockdown periods, as experienced in Italy, created distance between people living in the same places who were accustomed to seeing each other daily. However, for N. and L., who have long been involved in multisited migrations, this shift had occurred long before the pandemic. Their practices of friendship, family, and affection--including N.'s children's growth and their relationship with their grandparents--were already mediated through virtual spaces and social networks.

In a 2007 interview, British-Jamaican sociologist Stuart Hall pointed out, that

> (...) in an increasingly global world, increasingly characterized by the phenomenon of migration, the global movement of people, the dislocation of cultures and subjectivities, the experience of the diaspora and the process of diasporization increasingly becomes a common condition. Globalization is making general the particular experiences

> --subjective and cultural-- of historical diasporas. It can suddenly transform all of us in a "migrant". (Hall-Mellino, 2007).

Similarly, the extreme and unexpected experience of a global pandemic led people to rethink their relationship with communication technologies in different ways. From the perspective of job exploitation, particularly for precarious workers--as were nearly all the subjects of this study at the time of the interviews--the pandemic often deepened their exploitation. Digital work erased boundaries between work time and personal time and reinforced neoliberal productivity standards, inducing a sense of guilt. Digitalization also corresponded to a higher level of emotional and affective exploitation online (Giugni, 2022), monetizing the same feelings of "enthusiasm" produced (Zafra, 2017). On the other hand, people with multisited migration experiences had already cultivated a space of digital intimacy that became common for everyone during the pandemic, somehow "anticipating" in their everyday lives the exceptional experience of the pandemic.

CONCLUSION

As Zafra (2017) pointed out, in the digital space of creativity--often an expropriated creativity--it is still important to remember that "those who create have bodies". The relationship of presence/absence of bodies in the affectivity of people who migrate and are used to building other forms of affective networks produces a set of specific embodied passions that cannot be judged as inherently good or bad. It also anticipated a problem that became general and common during the pandemic, where the absence of the body in the public sphere had to be faced as personal, collective, and political. How is it possible to maintain a collective dimension and not assume that type of isolation as a whole defeat? In this sense, focusing on what used to be considered as minoritarian experiences could bring new points to rethink activism and its relationship with space and privilege.

As Korean disability activist Ji Young Shin wrote in 2021, the presence of the body in the public sphere--in the form of marches, manifestations, assemblies, or all kinds of political gatherings--is used to be considered an essential condition of militancy (Shin 2021). This naturalization of the freedom of movement in space lies on a specific ableist privilege; intervening in the debates that spread out during the pandemic on the sense of digital activism, they underlined how this was not something new to disabled people, who are used not to take for granted the possibility to be physically present. In a different way, also the experience of people who migrated--which could also be considered a specific type of minority, according to migration studies--and their relationship with digital activism, intimacy, and belonging anticipated something that arose when it became a problem for the majority of people.

The existence of these kinds of affections, political participation, and collective, temporary identities built around digital means cannot be judged as more or less "true" than the traditional ones, which imply the presence in the same space, more than in the same time. The political implications of such networks could be analyzed from the point of view of how--and if--they can challenge traditional structures of political exclusion: from the traditional power relationships of activism to exclusionary structures of belonging, such as heteropatriarchal families and/or exclusionary concepts of citizenship and nationhood. Most of the interviewees, especially those involved in collective processes of activism, testified that they felt a huge sense of guilt in the process of migration, even involving a certain degree of judgment from the community they were leaving: they were somehow seen as "traitors", abandoning their collectivities or places of origin, both national and local. This made their migration more difficult, as they left without what Loretta Baldassar (2007) termed "the license of leaving", meaning they did not feel they had the approval and support of their communities. This lack of endorsement often correlates with a perception of a more challenging and less successful migratory experience. This implied a view of migration still stuck in a traditional dichotomy between leaving and staying --or, between those who leave and those who stay-- which is increasingly less pertinent to the understanding of contemporary migration (Teti, 2022), especially from a country of the global north like Italy --implying a high level of access to ICT for both the people who migrate and their context of origin. The connection between diasporas and the incorporation of new communication technologies into everyday life is radically changing the experience of migrants and their societies of arrival and departure, as social total facts (Sayad, 1992) --shaping a new sense of multisited activism, unconventional belonging, and nontraditional relationships of affection.

Breaking the harsh dichotomy between leaving/staying that too often informs the analysis of migratory phenomena, as well as the political understanding of it, through digital citizenship is a part of a process of challenging nationality --namely, *Italianness*-- as a conservative and exclusive identity.

REFERENCES

Ahmed, S. (2000). Strange Encounters: Embodied Others in Post-Coloniality. London: Routledge.

Ahmed, S. (2002). This other and other others. Economy and Society, 31(4), 558-572. https://doi.org/10.1080/03085140022000020689

Ahmed, S. (2004). The Cultural Politics of Emotion. Edinburgh University Press and Routledge.

Anderson, B. (1991). Imagined Communities: Reflections on the Origin and Spread of Nationalism. London: Verso.

Baldassar, L. (2007). Transnational Families and Aged Care: The Mobility of Care and the Migrancy of Ageing. Journal of Ethnic and Migration Studies, 33(2), 275-297. https://doi.org/10.1080/13691830601154252

Bassi, S., Polezzi, L., & Riccò, G. (2023). Introduction: Critical issues in Transnational Italian Studies. Forum Italicum, 57(2), 273-288. https://doi.org/10.1177/00145858231185833

Chipato, F. (2021). Performative citizenship and the politics of scale: Local, national and global citizenships in Zimbabwe. Political Geography, 90, 102472. https://doi.org/10.1016/j.polgeo.2021.102472

Choate, M. (2010). Emigrant Nation: The Making of Italy Abroad. Cambridge: Harvard University Press.

Clifford, J. (1997). Routes: Travel and Translation in the Late Twentieth Century. Cambridge, MA and London: Harvard University Press.

Collins, P. H. (2009). It's All In the Family: Intersections of Gender, Race, and Nation. Hypatia, 13, 62 - 82. https://doi.org/10.1111/j.1527-2001.1998.tb01370.x.

Del Boca, A. (2005). Italiani, brava gente?. Vicenza: Neri Pozza Editore.

Fauser, M. (2018). Mixed Methods and Multisited Migration Research: Innovations From a Transnational Perspective. Journal of Mixed Methods Research, 12(4), 394-412. https://doi.org/10.1177/1558689817702752

Gabaccia, D. (2000). Italy's many diaspora. Seattle: University of Washington Press.

Giugni, L. (2022). The Threat: How Digital Capitalism is Sexist - And How to Resist. September Publishing.

Giuliani, G. (2019). Race, Nation and Gender in Modern Italy Intersectional Representations in Visual Culture. London:Palgrave Macmillan

Hall, S. (1990). Cultural Identity and Diaspora. In J. Rutherford (Ed.), Identity: Community, Culture, Difference (pp. 222-237). London: Lawrence & Wishart.

Hall, S., & Mellino, M. (2007). La cultura e il potere. Conversazione sui cultural studies. Roma: Meltemi.

Haraway, D. (1988). Situated Knowledges: The Science Question in Feminism and the Privilege of Partial Perspective. Feminist Studies, 14(3) (Autumn, 575-599). https://doi.org/10.2307/3178066.

Hawthorne, C. (2022). Contesting Race and Citizenship: Youth Politics in the Black Mediterranean. New York: Cornell University Press.

Mezzadra, S., & Neilson, B. (2013). Border as Method: Or, the Multiplication of Labor. Durham: Duke University Press.

Panico, C. (2021). The re/production of a (white) people: confronting Italian nationalist populism as a gender and race issue. European Journal of English Studies, 25(2), 133-153. https://doi.org/10.1080/13825577.2021.1950981

Panico, C. (2024). La Questione meridionale tra colonialismo interno e razza maledetta. Viaggio ai limiti di una metafora. In G. Cherchi & F. Pau (Eds.), Filosofia de Logu: Logo e Logus. Milano: Meltemi.

Palazzi, F., & Panico, C. (2023). Precarietà, Spaesamenti, (Dis)Appartenenze. Soggettività accademiche migranti nell'Europa del Covid-19. Cartografie sociali, 16.

Pérez de Lama, J. (2004): Geografías de la multitud. Flujos antagonistas. Revista de Historia y Teoría de la Arquitectura, 4-5, 186-225.

Pesarini, A., & Tintori, G. (2020). Mixed Identities in Italy: A Country in Denial. In Z. L. Rocha & P. J. Aspinall (Eds.), The Palgrave International Handbook of Mixed Racial and Ethnic Classification. London: Palgrave.

Sayad, A. (1992). L'immigration, ou les paradoxes de l'altérité. Paris: De Boeck Université.

Sayad, A. (1999). La double absence. Des illusions aux souffrances de l'immigré. Préface de Pierre Bourdieu. Paris: Seuil.

Shin, J. Y. (2020). Standing in Solidarity with Those Who Must Refuse to Keep Social Distance: Disability Activism in South Korea. In M. Sitrin & Colectiva Sembrar (Eds.), Pandemic Solidarity: Mutual Aid during the Covid-19 Crisis. London: Pluto Press.

Sierra Caballero, F. (2006). Comunicación y migración: Matrices y lógicas para pensar el cambio social. In N. Achiri et al., Comunicación, cultura y migración. Sevilla: Junta de Andalucía.

Teti, V. (2022). La restanza. Torino: Einaudi.

Zafra, R. (2017). El entusiasmo. Precariedad y trabajo creativo en la era digital. Barcelona: Anagrama.

Zafra, R. (2020). A connected room of one's own: (Cyber)space and (self) management of the self. Fórcola Ediciones.

DENUNCIA PENAL E INTELIGENCIA ARTIFICIAL: EL CASO ESPAÑOL[1]

Cristina Alonso Salgado

1. DE INICIO

El universo de potencialidades de la Inteligencia Artificial[2] es por todos y todas conocido. En particular, la interacción de la inteligencia artificial y el sistema de Justicia *lato sensu* resulta, *prima facie*, ciertamente interesante, habida cuenta de las virtualidades que aquélla en el marco de la señalada interacción es capaz de desplegar. Y decimos y destacamos ese *prima facie* porque lejos de cualquier tentación fanatizadora, los riesgos, las objeciones y los reparos son también de sobra conocidos: desde aspectos vinculados con la privacidad, la responsabilidad, la seguridad o la protección, hasta la transparencia, la explicabilidad, la equidad y la no discriminación.

2. DENUNCIA PENAL E INTELIGENCIA ARTIFICIAL: EL CASO ESPAÑOL

Bajo este marco de potencialidades y riesgos, analizaremos, a continuación, algunas de las líneas principales de "VeriPol", un programa que creado en 2017 y desarrollado -tras un periodo piloto- a partir del año 2018, fue diseñado para la detección de denuncias falsas.

El aplicativo procesa el texto utilizando métodos de procesamiento de lenguaje natural, infiriendo especificidades útiles que se transfieren a un modelo matemático que valorar la

1 Trabajo en el marco de los Proyectos I+D+i: "Inteligencia artificial, Justicia y Derecho: ¿irrupción o disrupción tecnológica en el proceso penal?" (PID2020-119324GB- I00/AEI/10.13039/501100011033); y "El contrato de prestación de servicios en el actual entorno tecnolóxico y social (CONSERTECS)", (PID2021-122619OB); así como en la Ayuda para la consolidación y estructuración de unidades de investigación competitivas y otras acciones de fomento en las universidades del sistema universitario de Galicia, en los organismos públicos de investigación de Galicia en otras entidades del sistema gallego de I+D+i (Grupos con potencial crecimiento; ED431B 2022/18).

2 En adelante, IA.

probabilidad de falsedad. En su presentación, el Ministerio del Interior subrayó que la herramienta podía distinguir patrones de comportamiento con base en los datos, posibilitando la identificación de las especificidades que "*que más diferencian las denuncias falsas de las verdaderas*". En ese momento, el Ministerio no escatimó en elogios, llegando a destacar que se trataba de "*la primera herramienta de este tipo a nivel mundial y representaba una verdadera novedad tanto a nivel policial como a nivel académico. De hecho, la investigación en detección de mentiras sobre texto está dando sus primeros pasos y VeriPol es el primer modelo que se ha estimado y validado sobre documentos reales y no sobre textos ficticios o redactados específicamente para la investigación*" (Alonso, 2021, p. 32). Es más, en atención a esa alta consideración y a la indiscutible potencialidad de la herramienta -al menos sobre el papel-, el Ministerio situó el objetivo en el "(...) *desarrollo de estrategias efectivas de prevención del delito y el aumento de la efectividad de las investigaciones. Se podría definir como un método creado para predecir la veracidad de las declaraciones de las víctimas de delitos graves* (...) *A partir del análisis de las características y coeficientes de VeriPol, es posible sacar conclusiones sobre la veracidad de lo manifestado en una denuncia. De hecho, el modelo es capaz de discernir diferencias significativas en la narración de denuncias verdaderas y falsas que conducen a la mejor separación entre estas dos clases. De este análisis se puede concluir que las denuncias verdaderas y falsas difieren principalmente en tres aspectos principales: modus operandi de la agresión, morfosintaxis de la denuncia y cantidad de detalles*" (Ministerio del Interior del Gobierno de España, 2018).

Con casi total certeza, aún sea pronto para extraer inferencias sólidas acerca del programa. Ello no obstante, aun cuando sea en el frontispicio de entrada cabe destacar el análisis efectuado por Libertore, Quijano-Sánchez y Camacho-Collados (2019: 92 ss) con respecto a la utilización del programa en las ciudades Málaga y Murcia. Y ello, porque del mismo parece colegirse un incremento más que notable en el porcentaje de resolución de casos de denuncias falsas, así como un considerable nivel de aceptación de la herramienta por parte de los miembros de la Policía.

Con todo, con el presente desarrollo del programa y sin ánimo de polemizar, en absoluto, con respecto a las conclusiones abrazadas por el Ministerio, en nuestra opinión, Veripol presenta algún claroscuro que merece, al menos, una reflexión, sea para reconsiderar algún aspecto, sea, en su caso, para reafirmarse en el actual estado de cosas. Permítasenos que insistamos sobre lo acabado de apuntar: obviamente, estas herramientas evolucionan a medida que se mejoran las soluciones que se proporcionan. Así pues, trabajamos sobre los parámetros de la herramienta que el Ministerio ha hecho públicos. Sirva esta precisión, a modo de cautela, para las consideraciones que a continuación se manifiestan.

Pues bien, en primer lugar, con carácter anecdótico o, desde luego, muy preliminar, sorprende un tanto la poca información institucional sobre la herramienta. Estamos hablando de un programa para uso policial con impacto, por tanto, en un ámbito, el penal, particularmente sensible en lo que a la inteligencia artificial se refiere. Puede el lector pensar para sí: *nihil novum sub sole*. Ello no obstante, no debiéramos acostumbrarnos a lo que, sin duda, no puede operar como costumbre. Que el proceder resulte familiar no obsta en modo alguno el juicio de censura, toda vez que, revela una operativa, cuando menos, susceptible de mejora.

Quizás hubiera sido recomendable operar con luz y taquígrafos para evitar algunas objeciones que sobre la herramienta se han vertido, porque, si bien se piensa, el propio diseño inicial, por la propia naturaleza del material que tenemos entre manos, parecía aconsejar a gritos la presencia de juristas, de criminólogos, filólogos --después entenderán el porqué--, etc. Hasta donde la poca información nos ha permitido entrever, esta circunstancia ha condicionado significativamente la valoración inicial acerca de la herramienta.

En segundo lugar, lo cierto es que, en relación a VeriPol, se han subrayado dos ventajas no exentas de interés: por un lado, que para su funcionamiento, el programa únicamente requiere la declaración de la denunciante; y, por el otro, que el diagnóstico valorativo es ofrecido al instante. Si bien se piensa, no se trata de una cuestión menor: desde un plano puramente teórico, la celeridad en la respuesta puede servir para mejorar la eficiencia del sistema; optimizar la distribución de unos recursos siempre escasos; etc (González-Álvarez, Santos-Hermoso y Camacho-Collados, n.d., p. 30).

Sin embargo, esas pretendidas virtualidades pueden ser interpretadas, justamente, en el sentido opuesto: la aplicación se articula, únicamente, con base en un relato, no en el cotejo de varios referentes a un mismo caso. Esa distribución eficiente a la que se aludía se efectúa, por tanto, no en relación a un circuito comunicativo completo, lo cual sería lo óptimo, sino sólo con base en el de más fácil acceso.

Cabría rebatir lo que se acaba de apuntar, señalando que sin constituir un circuito completo, en realidad, menos da una piedra; y que, finalmente, la herramienta, evidentemente, no indica qué denuncias son falsas, sino que calcula la probabilidad de que las analizadas lo sean. Ello no obstante, parece haberse optado[3], en un estado muy inicial de desarrollo del programa -y, por tanto, muy susceptible de mejora-, por no incorporar variables que enriquecerían, sin duda, la respuesta de Veripol. Además, incluso aun cuando la decisión, obviamente, no se haya automatizado, resulta innegable que establece un prejuicio de partida. Y, tal y como ha destacado, la literatura especializada en no pocas ocasiones[4], no se trata de una cuestión menor que pueda ser desatendida o quedar solventada con base en una confianza acrítica en los profesionales comprometidos en la toma de la decisión.

En efecto, en tercer lugar, aun cuando es evidente que la valoración de la herramienta no compromete la decisión de los miembros de la Policía, toda vez que ni la decisión está, obviamente, automatizada, ni el programa indica qué denuncias son falsas -únicamente calcula la probabilidad de que las examinadas lo sean-, tal y como se anticipaba no cabe duda de que establece un prejuicio de partida. Así las cosas, si bien, insistimos, la valoración no compromete la decisión de los agentes, ¿no la compromete en modo alguno? ¿No parece obvio que el criterio en la mayor parte de las ocasiones será, justamente, la ausencia del mismo, es decir, la asunción de lo indicado por el programa? (Alonso, 2021, p. 33). Y si, en efecto, fuera así, ¿acaso no pondría ello en cuestión la "presunta" eficacia de la reserva

3 Hasta donde ha publicado el Ministerio del Interior.

4 De interés, véase: Beltrán (2020: 116-123).

de humanidad? Destacamos esa presunción en relación al valor de tal reserva, un poco en la línea que subraya RIVERO ORTEGA: "*El principio de humanidad nos hace pensar que las personas somos capaces de comprender y tratar los asuntos que afectan a otras personas con un criterio distinto al que emplearía una máquina indiferente a las emociones o los sentimientos. Aunque la utilización de sistemas automatizados presente ventajas de eficiencia en el corto plazo, a la larga su sesgo cuantitativo puede producir efectos indeseables de inflexibilidad e inadaptación a las necesidades humanas*" (Rivero, 2023).

Pudiera parecer un juicio aventurado. Con todo, para determinar cuánto de ello hay, basta con acudir a aquellos ámbitos del Derecho donde la inteligencia artificial cuenta con más años de trayectoria. Y es que, tal y como destaca BELTRÁN DE HEREDIA RUÍZ: "*La automatización es un proceso que CARR* (...), *en lugar de abrir nuevas fronteras de pensamiento y acción a los colaboradores humanos de las maquinas, está limitando nuestra perspectiva. De modo que experimentamos una especie de 'efecto tunel' o estrechez de miras. Hasta el punto de que, a resultas de esta transformación, cada vez son mas las evidencias de que estamos cambiando 'talentos sutiles y especializados por otros más rutinarios y menos distintivos'. Y hay ámbitos muy cotidianos en los que esto puede apreciarse con facilidad* (...) [C] *on el incremento de la asistencia tecnológica* (...), *en vez de actuar, simplemente miramos. Lo que significa que nuestro foco muta, pues, funcionamos como vigilantes, convirtiéndonos en meros observadores pasivos*" (Beltrán, 2020).

Y si, en efecto, la evolución de los propios acontecimientos nos condujese a un escenario como el descrito, en caso de que el agente desee separarse del criterio de VeriPol, ¿acabará por ser precisa una suerte de justificación? (Alonso, 2021, p. 33). Será posible la justificación de quien eventualmente ejerza la reserva de humanidad, una vez que el "efecto túnel" comience a ganar enteros?.

En cuarto lugar, en nuestra opinión, el diseño del programa -al menos, en su formulación originaria[5]- admite una batería de objeciones en absoluto desdeñable desde una perspectiva criminológica: el análisis -real, efectivo y convenientemente ponde-

5 Nos remitimos a lo señalado *supra* en relación a la evolución de este tipo de herramienta.

rado- del impacto de la victimización primaria en la declaración que es incorporada a VeriPol, teniendo presente las variables relativas a la comisión del delito, etc. (Alonso, 2021, p. 33) -.

Sobre el papel e, insistimos, con el actual desarrollo de la herramienta, no parece que Veripol se acompase a los parámetros marcados por la Ley 4/2015, de 27 de abril, por la que se aprueba el Estatuto de la víctima del delito, descendiente directo -como es sabido- de una tendencia supra-estatal en materia victimológica con trayectoria más que consolidada[6].

Ni una precisión en cuanto a la consideración de variables como las apuntadas. Simplemente, no parece el mejor escenario. Pero, es más. Con indepencia de lo señalado, ¿acaso no cabe -al menos potencialmente- cierto impacto de la propia herramienta sobre la víctima que denuncia? ¿No se abre así una puerta a la victimización secundaria?

En quinto lugar, conviene notar que, con arreglo a lo señalado por el Ministerio del Interior en la presentación de Veripol, "*las denuncias verdaderas y falsas difieren principalmente en tres aspectos principales: modus operandi de la agresión, morfosintaxis de la denuncia y cantidad de detalles*". Siendo ello así, hubiera sido interesante incorporar una persepectiva netamente filológica para calibrar con precisión esa referencia a la morfosintaxis. No es que en el Estado español convivan diversas lenguas cooficiales, sino que incluso el castellano hablado en los territorios bilingües cuenta con características específicas susceptibles de afectar la morfosintaxis del testimonio de la denuncia. Es más, una herramienta fundamentada en el lenguaje, podría haber tenido en cuenta incluso la influencia lingüística en territorios de no cooficialidad pero sí limítrofes con idiomas de otros estados, podría haber considerado la presencia más que significativa de población extranjera asentada en determinadas provincias españolas, etc.

Extrapolar resultados de unos territorios a otros, sin, al menos, realizar ajustes en la herramienta, y esperar que ello no genere dudas más que razonables, resulta ciertamente sorpren-

6 Y ello no sólo por ser la transposición de la Directiva 2012/29/UE, de 25 de octubre, por la que se establecen normas mínimas sobre los derechos, el apoyo y la protección de las víctimas de delitos, y sustituye la Decisión Marco 2001/220/JAI del Consejo, sino por el acervo que fundamentó, ya en su momento, la adopción de la referida Decisión Marco.

dente. ¿Acaso emplea un mismo modelo morfosintáctico una persona castellanohablante que una persona euscalduna?

Al hilo de esto que se viene de señalar, cabría preguntarse por el funcionamiento de Veripol cuando la denuncia se interpone tras la actividad de un traductor. Porque, ante alguno de los escenarios descritos, la referida Ley 4/2015 garantiza --entre otros, en su artículo 6-- "*(...) el derecho de la víctima como denunciante y, en particular, su derecho a obtener una copia de la denuncia, debidamente certificada, asistencia lingüística gratuita a la víctima que desee interponer denuncia y traducción gratuita de la copia de la denuncia presentada*"[7].

No profundizaremos más sobre esta idea, pero las oportunidades de mejora tocan además otros aspectos filológicos: ¿acaso no resultan evidentes las implicaciones sociolingüísticas? ¿quiere ello decir que denunciamos bajo un mismo patrón con independencia de nuestro capacidad en cuanto a los registros lingüísticos, ¿de nuestra formación y cultura?

En sexto lugar, ¿no es al menos, un tanto equívoco que el propio Ministerio del Interior que exige rigor y para hablar de denuncias falsas en violencia de género, aluda con cierta imprecisión a denuncias falsas cuando se refiere a VeriPol? Desde el propio Cuerpo Nacional de Policía se admite que las cifras que avalan el éxito de VeriPol se sostienen sobre casos que no han sido juzgados, esto es, los datos no se derivan, obviamente, de sentencias que evidencien la falsedad de la denuncia, sino de las averiguaciones policiales[8]. Quiere ello decir que la Policía ha diseñado una herramienta cuyo éxito es elevado a los altares del éxito con base en los datos que la propia Policía suministra.

Habida cuenta de todo lo que se acaba de apuntar, cabe que nos preguntemos acerca de la evidente brecha entre la euforia desatada entre as instituciones y la letra pequeña de la herramienta. Y ello no porque se pretenda desairar a quien se esfuerza por innovar, sino en el ánimo arrojar luz sobre esos claroscuros a los que antes se hacía referencia para que, en

7 Punto V del Preámbulo de la Ley 4/2015.

8 En el Seminario "Intelixencia artificial. Reflexións urxentes", celebrado 17 de novembro de 2021 en la Facultad de Derecho de la Universidad de Santiago de Compostela, en el marco del Proyecto i+D "Inteligencia artificial, Justicia y Derecho: ¿irrupción o disrupción tecnológica en el proceso penal?" (PID2020-119324GB-I00).

definitiva, la incorporación de la inteligencia artificial no se haga a costa de nada, sino que se haga en la convicción de que la única eficacia que sirve es la garantista.

Además, la crítica al discurso triunfalista de las autoridades no se hace con voluntad de afear conducta alguna, sino con la de evitar que se sobredimensione el poder de unas herramientas que siendo útiles, en su actual formulación, y con estas proyecciones absolutamente desmedidas pueden acabar generando externalidades disfuncionales más que severas.

Y, por último, ¿para qué vale VeriPol? Si se trata de uno más dentro de la panoplia de recursos, sin más, pues el valor que debe dársele es justamente ése. El problema es que pueda ser más que un recurso; el problema es que pueda convertirse, por los apuntados riesgos de la automatización -los que eventualmente se puedan dar en Veripol- en el recurso con mayúsculas. Aún así y comoquiera que en aboluto podremos estar en presencia de denuncias manifiestamente falsas, pues Veripol no fundamenta sus resultados en sentencias, insistimos: ¿para qué vale VeriPol? ¿Simplemente para ordenar la respuesta policial en función de lo que se dictamine? O lo que se pretende es que llegue a tener algún tipo de valor más allá de la diligencia, a modo de informe probabilístico en el juicio oral? Porque si esta última es la idea subterránea, nuestro juicio debe ser crítico. No es que la pléyade de dificultades, objeciones y reparos sea pequeña. No se trata de eso. Porque, todas las herramientas tienen una génesis y van evolucionando a la par que los progresos tecnológicos. Lo realmente problemático es que nuestro análisis acerca de lo que advertimos son objeciones, riesgos y dificultades se encuentra condicionado -que no, afortunadamente, determinado- por la complacencia automatizada y el sesgo de la automatización, por la fanatización tecnológica y el poder blanqueante del denominado "*Mathwashing*".

REFERENCIAS BIBLIOGRÁFICAS

Alonso Salgado, C. (2021). Acerca de la inteligencia artificial en el ámbito penal: especial referencia a la actividad de las fuerzas y cuerpos de seguridad. *Ius et Scientia: Revista Electrónica de Derecho y Ciencia*, 7(1).

Alonso Salgado, C. (2022). El problema de la falta de transparencia en la interacción de la inteligencia artificial y la justicia. In S. Calaza

López & M. Llorente Sánchez-Arjona (Dirs.), *Inteligencia artificial legal y Administración de Justicia*. Cizur Menor (Navarra): Thomson Reuters Aranzadi.

Beltrán de Heredia Ruíz, I. (2020). Automatización y obsolescencia humana. In A. Cerrillo i Martínez & M. Peguera Poch (Coords.), *Retos jurídicos de la inteligencia artificial*. Cizur Menor (Pamplona): Thomson Reuters Aranzadi.

Cinelli, V., & Manrique Gan, A. (2019). El uso de programas de análisis predictivo en la inteligencia policial: una comparativa europea. *Revista de Estudios en Seguridad Internacional, 5*(2).

Delgado Martín, J. (2007). La victimización reiterada de personas vulnerables. Tratamiento del riesgo en el proceso penal. In J. P. González González (Dir.), *Panorama actual y perspectivas de la victimología: La victimología y el sistema penal*. Madrid: Consejo General del Poder Judicial.

Delgado Martín, J. (2020). *Judicial-Tech, el proceso digital y la transformación tecnológica de la justicia*. Madrid: La Ley.

Fernández Carballo-Calero, P. (2021). *La propiedad intelectual de las obras creadas por Inteligencia Artificial*. Cizur Menor (Navarra): Thomson Reuters Aranzadi.

Ferreiro Baamonde, X. (2005). *La víctima en el proceso penal*. Las Rozas (Madrid): La Ley.

García-Pablos de Molina, A. (2009). *Tratado de criminología*. Valencia: Tirant lo Blanch.

González-Álvarez, J. L., Santos-Hermoso, J., & Camacho-Collados, M. (n.d.). Policía predictiva en España. Aplicación y retos de futuro. *Behavior & Law Journal, 6*(1).

Liberatore, F., Quijano-Sánchez, L., & Camacho-Collados, M. (2019). Applications of Data Science in Policing: VeriPol as an Investigation Support Tool. *European Law Enforcement Research Bulletin - Innovations in Law Enforcement, 4*.

Manzanares Samaniego, J. L. (2007). *Mediación, reparación y conciliación en el Derecho Penal*. Granada: Comares.

Ministerio del Interior del Gobierno de España. (2018). La Policía Nacional pone en funcionamiento la aplicación informática VeriPol para detectar denuncias falsas. Recuperado de http://www.interior.gob.es/prensa/noticias/-/asset_publisher/GHU8Ap6ztgsg/content/id/9496864 (consulta a 01/07/2024).

Moreno Rebato, M. (2021). *Inteligencia artificial (umbrales éticos, Derecho y Administraciones Públicas)*. Cizur Menor (Navarra): Thomson Reuters Aranzadi.

Navas Navarro, S. (2017). Derecho e inteligencia artificial desde el diseño. Aproximaciones. In S. Navas Navarro (Dir.), *Inteligencia artificial. Tecnología. Derecho*. Valencia: Tirant lo Blanch.

Nieva Fenoll, J. (2018). *Inteligencia artificial y proceso judicial*. Barcelona: Marcial Pons.

Rivas Vallejo, P. (2021). *La aplicación de la Inteligencia Artificial al trabajo y su impacto discriminatorio*. Barcelona: Bosch.

Rivero Ortega, R. (2023). ¿Pueden los robots remplazar a los funcionarios? *Derecho Digital e Innovación, 16*.

Rubí Puig, A. (2020). Retos jurídicos de la inteligencia artificial y adaptabilidad del derecho de daños. In A. Cerrillo i Martínez & M. Peguera Poch (Coords.), *Retos jurídicos de la inteligencia artificial*. Cizur Menor (Pamplona): Thomson Reuters Aranzadi.

Tamarit Sumalla, J. (2006). La victimología: cuestiones conceptuales y metodológicas. In E. Baca Baldomero, E. Echeburúa Odriozola, & J. Tamarit Sumalla, *Manual de victimología* (pp. XX-XX). Valencia: Tirant lo Blanch.

SURVEILLANCE[1]

David Lyon

1. INTRODUÇÃO

O conceito de *surveillance* é central para uma compreensão contemporânea do mundo digital. Contudo, diferentemente de alguns outros conceitos utilizados neste contexto, a palavra *surveillance* é utilizada há mais de duzentos anos e, por isso, diante das severas mudanças sociais, políticas e técnicas, o seu significado vem sendo alterado. De um conceito que exprimia principalmente o sentido de "observação de perto, especificamente de suspeitos de espionagem ou criminosos" (OED, 2011), no século XXI a palavra adquiriu o sentido abrangente de toda uma ordem político-econômica como capitalismo de vigilância (*surveillance capitalism*) (Zuboff, 2015; Zuboff 2019). *Surveillance* atualmente trata-se de uma condição infraestrutural. Durante esse período, o conceito assumiu diferentes significados, a depender de seu uso em diferentes contextos administrativos, militares, policiais, epidemiológicos, laborais e em diferentes áreas. Em cada um deles, a palavra era tanto um termo técnico para atividades específicas quanto, a partir dos anos 1970, um conceito cada vez mais impregnado de significado, primeiro no campo da computação e depois no crescente domínio digital. O conceito de *surveillance* está ligado às práticas de "vigilância", que se desenvolveram especialmente nos tempos ocidentais modernos, auxiliados, cada vez, mais por mecanismos e tecnologias digitais. A palavra *surveillance* refere-se principalmente ao mundo humano, mas é frequentemente imbricada com o mundo não-humano e com a tecnologia. O conceito de *surveillance* é distinguido por suas associações com poder e resistência, e por diferentes formas de criações de significados que acompanham a sua difusão. Trata-se de um conceito crítico muito contestado, na medida que o seu significado não está estabelecido no uso comum, e é frequentemente debatido no contexto de disputas políticas.

1 Publicado originalmente em: Lyon, D. (2022). Surveillance. Internet Policy Review, 11(4). https://doi.org/10.14763/2022.4.1673. Tradução de Tiago Luis Schervenski da Silva (mestrando em Ciências Criminais da PUCRS) e revisão de Ana Clara Santos Elesbão (doutoranda em Ciências Criminais da PUCRS).

No que se segue, oferecemos uma definição de *surveillance* relacionada com uma gama de práticas sociais, e observamos como esta palavra tem significado distinto de outros conceitos, como monitoramento (*monitoring*) ou espionagem (*spying*). Demonstraremos, portanto, como o conceito evoluiu a partir de quatro etapas: observação, classificação, vigilância digitalizada e vigilância de dados. Isso leva a uma discussão sobre a multidisciplinaridade do conceito e, finalmente, a um breve levantamento do seu valor analítico e prático, bem como dos possíveis futuros do conceito.

2. O CONCEITO DE *SURVEILLANCE* EM SEU CONTEXTO

2.1. DEFINIÇÃO E DESENVOLVIMENTO

O conceito de *surveillance* enquanto uma prática social pode ser definido como "a atenção focada, sistemática e regular a detalhes pessoais para propósitos de influência, gerência, proteção ou direção"[2] (Lyon, 2007: 14). O conceito aponta tanto para as práticas quanto para os propósitos. Muitas qualificações são necessárias para completar essa definição, e parte do objetivo deste artigo é abordar essas nuances da expansão conceitual. Por exemplo, essa definição se refere à "atenção aos detalhes pessoais", permitindo, portanto, a expansão da vigilância para além da visão, abrangendo a escuta e outros modos de "atenção", incluindo aqueles alcançados por meios eletrônicos. Veja abaixo onde isso é desenvolvido mais detalhadamente.

A menção a "meios eletrônicos" também implica que a simples "vigilância" de, por exemplo, um trabalhador por seu empregador, seja hoje muito mais sutil. A *surveillance* faz agora "tornar visível" (Taylor, 2017: 4) por muitos meios, principalmente pela coleta de dados, análise, interpretação e ação. Ademais, o "tornar visível" conquistado pela *surveillance* pode ocorrer sem qualquer atenção deliberada do operador ou conhecimento particular por parte de pessoas específicas. Perfis pessoais podem ser construídos a partir de dados díspares entre si, obtidos a partir de comportamentos de relações comerciais e a partir de uma miríade de outras fontes aparentemente aleatórias. No entanto,

2 N. T.: Tradução livre para "the focused, systematic and routine attention to personal details for the purposes of influence, management, protection or Direction".

surveillance também pode ocorrer de outros modos mais obscuros, envolvendo grupos populacionais humanos, bem como criaturas não-humanas, como aves ou vírus (Haggerty & Trottier, 2013).

Surveillance, portanto, é um conceito moderno utilizado na língua inglesa desde o século dezenove como uma palavra emprestada do francês; ***sur-*** 'sobre' e ***veiller*** 'observar', ambas provenientes do latim, ***vigilare***, isto é, manter vigiado. A língua espanhola reflete isso em la vigilancia, e Überwachung tem o mesmo sentido no alemão. ***Surveillance*** pode ser vista como vigilância apropriada, para proteger a sociedade de riscos de ataques, doenças, crimes ou corrupção. De fato, pode ser considerada tanto como uma proteção à liberdade, quanto estar relacionada ao cuidado enquanto controle. (Rule, 1974; Lyon, 1994; Taylor, 2020).

O uso do conceito de ***surveillance***, incluindo seus aspectos adversos desde o século XIX, não foi acidente. Esse foi o período em que o capitalismo industrial se consolidou, envolvendo novos modos de organização e governança, ambos dentro dos governos nacionais e coloniais emergentes, assim como em novas formas econômicas de vida, como a produção e o consumo (e.g. Dandeker, 1994). Desde a primeira utilização do termo, ainda que percepção direta[3] nunca tenha sido abandonada, as tecnologias de ***surveillance*** também foram importantes, acarretando, como costumam fazer, a aprimoração dos modos de ver, ouvir e, eventualmente, memorizar (Lauer, 2011). A melhoria da iluminação das ruas de Paris para a ampliação da visibilidade foi uma prioridade de policiamento em 1668 (Tucker, 2017), por exemplo. Na década de 1890, os jornais de São Francisco denunciavam que operadores de telefone estaria escutando conversas alheias de usuários (Lauer, 2011: 577), uma prática que, em seguida, passou a ser utilizada por outros além deles. E enquanto Thomas Edison promovia o uso de seu fonógrafo para vigilância como um modo de aprimorar a memória nos anos 1880, Edward Higgs observa que, na Europa, a coleta e o armazenamento de dados dos cidadãos --não apenas para "controle"-- remonta aos anos 1500 (Higgs, 2004).

No entanto, a partir da metade do século XX, a vigilência passou a ser cada vez mais interpretada como uma ameaça à

3 N. T.: No original, "direct perception" pode ser traduzido para o português como "percepção direta". Refere-se à experiência ou observação imediata de algo, sem a mediação de tecnologias ou interpretações externas. É a percepção que ocorre diretamente pelos sentidos, como ver ou ouvir algo em primeira mão.

liberdade e à autonomia, não apenas quando utilizada como instrumento de proteção pelo nazismo e pelo comunismo autoritário, mas também -- especialmente nos escritos de George Orwell (1949) -- pelas democracias ocidentais. Esta conotação negativa do conceito, incluindo o controle dos vigiados pelos vigilantes, é a fonte de muitas críticas sociais. Há, contudo, quem argumente que essa não é uma conotação necessária. Ainda assim, o uso contínuo, excessivo, não autorizado e muitas vezes oculto das práticas de vigilância por governos, locais de trabalho e mercados, evidenciado principalmente a partir do final do século XX (ver, v.g. Marx, 1985; Gandy Jr., 1989; Mitchell, 1991; Zureik, 2003), seguem fazendo o conceito de *surveillance* ser politicamente controverso.

O conceito de *surveillance* apresentado acima pode ser utilizado para entender o desenvolvimento histórico do termo, seus usos convencionais e controversos, e sua capacidade contínua de crítica. Historicamente, pode-se dizer que as práticas de *surveillance* são mais antigas que o próprio conceito de *surveillance*, o que significa que esse conceito pode ser aplicado, por exemplo, à inteligência militar, à vigilância no ambiente de trabalho, e à segurança pública -- inclusive *avant la lettre* --, ocorrendo desde os tempos antigos.

Crescentemente, desde o século XIX, são as tecnologias usadas para fins de vigilância que ajudam a definir as mudanças inerentes aos modos de praticá-la, o que, por sua vez, requer o constante repensar do próprio conceito. Essas tecnologias, elas próprias produtos do desejo de melhorias na comunicação, na produção industrial ou na capacidade militar, se fundiram no final do século XX na 'tecnologia da informação' e, mais recentemente, na internet, redes sociais e outras empresas de plataformas. Recentemente, a análise algorítmica de base de dados de larga escala, inteligência artificial e aprendizado de máquina, são subjacentes a muitas práticas "inteligentes" de *surveillance*, desde acessórios fitness até casas e cidades inteligentes (e.g. Sewell, 2021; Kitchin, 2014).

É por isso que o conceito de *surveillance* é não apenas necessário como central para o contexto digital, uma vez que o primeiro se desenvolveu simbioticamente com o segundo. No entanto, assim como o seu contexto, o digital, as práticas de *surveillance* são meios para outros fins, em vez de representarem um propósito humano por si mesmas. Isso pode ser demonstrado em cada contexto em que a vigilância como prática social aparece, e esse é o motivo pelo qual as práticas de vigilância são frequentemente controversas e o conceito contestado. Aqui, a janela escolhida para adentrar o conceito é o campo em expansão dos estudos de vigilância, que nas últimas duas décadas tem oferecido um ponto de encontro para aqueles interessados em explorar as práticas de vigilância e esclarecer o conceito.

O contexto político-econômico e as características tecnológicas que o acompanham sempre têm aspectos significantes em qualquer prática de *surveillance*; negligenciá-lo é interpretar mal tanto o fenômeno quanto o conceito. Hoje, o contexto digital, que dependente da internet e de algoritmos complexos, é central para a *surveillance*. Dados, em outras palavras, são o meio através do qual seres humanos, em suas variadas atividades, tornam-se visíveis, representados e tratados (Taylor, 2017). Todavia, ainda que o conceito de *surveillance* esteja diretamente relacionado à característica infraestrutural das sociedades contemporâneas, e seja altamente automatizado (Andrejevic, 2007), ele também se refere a um conjunto de práticas sociais (Finn, 2011; Marx, 2016).

2.2. CONCEITOS RELACIONADOS

Diversos conceitos são próximos ao conceito de *surveillance*. Um deles, o conceito de "espionagem" (*"spying"*), é às vezes confundido com *surveillance*, o que não é surpreendente devido ao papel exercido pela vigilância na coleta de informações. A confusão é visível quando o ex-Diretor do FBI James Comey nega a acusação de que o FBI espionou a campanha eleitoral de Trump ao colocá-la sob vigilância eletrônica em 2019. "Eu nunca considerei isso como espionagem"[4], disse ele. Diferentemente de *surveillance*, pode-se argumentar que a espionagem envolve segredo, implicando inimizade ou competição. Um segundo conceito é o conceito de "supervisão", o qual tem raízes similares a *surveillance*, que, no entanto, denota não apenas observação, mas também o sentido de direcionar a execução de alguma atividade ou trabalho. Como veremos, na era digital, a vigilância tende,

4 N. T.: Tradução livre para "I have never thought of that as spying" (Kanno-Youngs & Schmidt, 2019).

nesse sentido, à supervisão, o que significa que é necessário um maior esclarecimento conceitual.

Um terceiro conceito próximo é o conceito de monitoramento (*monitoring*), o qual também envolve observação, frequentemente com a conotação de checagem regular e elaboração de relatórios ao longo do tempo. No local de trabalho, por exemplo, empregados podem ser monitorados para a checagem de que seu trabalho é apropriado e satisfatório (Ball, 2010), mas o próprio local de trabalho pode ser monitorado para fins de saúde, proteção ou segurança, por exemplo. Como Ball (2021: 11) observa, ***surveillance*** e "monitoramento" podem ser usados de forma intercambiável neste contexto. Contudo, o foco para aqueles que utilizam o termo ***surveillance*** está no poder, na política, na resistência e na construção de significados, enquanto os outros estão primeiramente preocupados com a eficácia do monitoramento --seja como for definido.

Se espionagem, supervisão, e monitoramento são conceitos próximos ao conceito de ***surveillance***, então rastreamento e perfilhamento deveriam talvez serem adicionados à lista. No entanto, rastreamento e perfilamento juntamente com monitoramento, são conceitos frequentemente utilizados para especificar quais aspectos do ***surveillance*** estão sendo analisados. Este é o caso, por exemplo, de um livro recente que sugere que "capitalismo de monitoramento" (***"tracking capitalism"***) pode ser um termo melhor que o "capitalismo de vigilância" (***"surveillance capitalism"***), conforme proposto por Zuboff (Goldberg, 2021). ***Surveillance*** é, nesse sentido, um conceito guarda-chuva.

O conceito de privacidade também é associado ao conceito de ***surveillance***. Às vezes é visto como um antídoto, senão como um antônimo (Stalder, 2002). Alguns engajados na regulação do uso da vigilância usam a "privacidade" como um conceito-chave, mas também podem questionar o uso do conceito de ***surveillance*** em outros contextos, como no marketing. Ainda, outros argumentam que o marketing tanto corrói a autonomia e a privacidade quanto empodera os consumidores (Darmody & Zwick, 2020). Há muito debate sobre até que ponto a privacidade pode lidar com o social, tanto quanto pode lidar com os aspectos individuais da privacidade (Nissenbaum, 2009). Hoje, no entanto, o ambiente digital frequentemente leva a vigilância muito além de indivíduos identificáveis e, em vez disso, direciona-se para o funcionamento de uma infraestrutura de dados (Austin & Lie, 2021). O conceito valioso de privacidade, por isso, se torna menos pertinente à vasta gama de práticas de vigilância, reduzindo o que antes era visto como uma maior congruência com o conceito de *surveillance*. Nesse sentido, apelos por privacidade podem ser apenas uma resposta parcial para as atuais práticas de *surveillance*.

3. O DESENVOLVIMENTO DO CONCEITO DE *SURVEILLANCE*

O significado mais antigo do conceito de *surveillance*, apropriado à sua epistemologia, foi o de observação. O "vigia" designado para "manter vigilância" na cidade, estava de serviço nos tempos antigos, até que tal vigilância foi profissionalizada como uma tarefa de policiamento na Europa do século XVIII. Em 1829, Robert Peel estabeleceu a Polícia Metropolitana em Londres, e interessantemente, um de seus papéis era estar visível em "patrulhas preventivas". No entanto, se a vigilância fosse feita em um contexto militar, contra um inimigo, o sigilo era muito mais provável tal como era praticado em contextos de segurança urbana ou nacional como "policiamento secreto". E no século XX esse policiamento secreto tornou-se mais frequentemente associado à observação secreta de populações pelo governo, como na Rússia após a revolução de 1917, ou na Alemanha sob o Terceiro Reich. Nesse mesmo período as tecnologias de *surveillance*, incluindo registro de dados, foram adotados também para aprimorar técnicas de observação (ver Jeffreys-Jones, 2017; Lyon, 1994).

Da mesma maneira, *surveillance* em sentido de observação ocorre também em contextos laborais em outros termos há milênios. O desejo dos empregadores de checar o cumprimento adequado e oportuno das tarefas de trabalho é o propósito dessas práticas. Aqui também, tal observação tornou-se muito mais formalizada com o desenvolvimento do capitalismo industrial, principalmente com a expansão das fábricas, que tipicamente implicavam maiores grupos de trabalhadores sob o mesmo teto. A observação direta por "capatazes" foi gradualmente aprimorada por formas técnicas, proeminentemente, para coletar informações de trabalhadores (Beniger, 1989). No final do século XIX, não apenas o ambiente de trabalho capitalista, mas também o mercado capitalista praticava *surveillance*, principalmente por meio da coleta de informações sobre gastos e preferência dos consumidores (Lauer, 2017; Igo, 2018), mas também por meio de análise de áudio (Turow, 2021). Assim, o que iniciou como uma observação literal dos corpos, em cada esfera, gradualmente se transformou em coleta de dados, permitindo, assim, que a "imagem" da pessoa seja construída por quem a observa.

A intervenção da tecnologia, então, permite um certo distanciamento, passando da observação de corpos no espaço para a dedução de aspectos do seu comportamento, extrapolando potenciais futuros ou implementando regulações com base nas informações coletadas sobre eles. Esse processo também possibilita um segundo sentido para o conceito de *surveillance*, que é a categorização de populações com base em antecedentes e comportamentos, algo que se tornou central para a conceitualização de *surveillance* (Lyon, 2003). As práticas de *surveillance* vinculam pessoas a categorias sociais e espaciais para que, assim, elas possam ser representadas e tratadas como membros de tais grupos. Estudantes estrangeiros em países ricos, por exemplo, podem ser selecionados e classificados, de acordo com a sua "desejabilidade", como imigrantes durante o seu processo de inscrição (Brunner, 2022).

A diferença entre observação e classificação pode ser elucidada considerando a famosa descrição de Foucault (1975) sobre a prisão Panóptica, na qual os presos são normalizados conforme as expectativas institucionais por meio de uma constante "inspeção" por um observador que é invisível a eles. O aspecto encoberto reaparece nessa versão do conceito. Aqui, o sucesso da vigilância apoia-se na observação direta dos corpos. No entanto, antes, no capítulo "O Panoptismo", Foucault direciona a sua atenção para as pragas do século XVII, em que a vigilância era exercida por meio da coleta de informações. Os detalhes das vítimas das pragas permitiam o controle da situação por meio de suas categorizações, de modo que diferentes grupos fossem tratados diferentemente.

Se o conceito de *surveillance* alterou-se da observação direta dos corpos para incluir a classificação, o crescente uso de tecnologias da informação facilita, também, o afastamento da preocupação com os corpos reais, direcionando-se para os dígitos binários ou "bits". Um terceiro aspecto do conceito é a vigilância digitalizada. Isto é, o objeto da vigilância é menos "corpóreo" -- a "imagem" acima -- e mais relacionado ao que, agora, é chamado de dado. Nas palavras de Gilles Deleuze (1992), tal situação reduz ainda mais a associação da vigilância a corpos observados para uma associação que se refere meramente a "divíduos"; fragmentos discretos de dados ao invés de indivíduos complexos. Em vez de serem apenas normalizados, os sujeitos da vigilância são atraídos para a "máquina" de controle, que é a *surveillance* como gestão. Como observam Heggerty e Ericson (2000), o corpo é, por assim dizer, reconstituído enquanto consumidor, empregado, paciente e assim por diante -- para se adequar ao "arranjo" da vigilância, que por sua vez está cada vez mais orientado para a predição de eventos futuros.

Com base na vigilância digitalizada, temos uma quarta compreensão do conceito --vigilância datificada ou dataveillance (Clarke, 1988). Esta expansão do conceito de *surveillance* permite explorar a vigilância contemporânea que, na prática, tornou-se infraestrutural para as sociedades globais de hoje. Como observa van Dijck (2014), a dataveillance é "contínua", bem como onipresente; está sempre acontecendo, em todo o lugar. Além disso, enquanto os conceitos anteriores de *surveillance* assumem que observação, classificação e até digitalização começaram em diferentes esferas, a *surveillance* enquanto vigilância datificada soma-se ao que van Dijck chama de "todo um ecossistema de mídia conectiva"[5] (Dijck, 2014).

Isso é expresso sobretudo no fenômeno de capitalismo de vigilância, em que grandes empresas monitoram e lucram com dados produzidos por atividades cotidianas online e no mundo físico. O "ecossistema de mídia conectiva" de van Dijck é dominado por ferramentas de busca como o Google e redes sociais de plataforma como o Facebook, que utilizam vigilância de dados como base de seus negócios, daí o "capitalismo de vigilância" --seja abordado a partir da economia política (Mosco, 2014; Foster & McChesney, 2014), da computação (Clarke, 2019) ou da sociologia e da psicologia social (Zuboff, 2019).

Perceba que os quatro sentidos de vigilância aqui identificados estão, também, implicados -- eles referem-se uns aos outros e cada um deles depende daquele que o precedeu. Alguma forma de observação é necessária para categorização e classifi-

5 N. T.: Tradução livre para: "whole ecosystem of connective media".

cação; a classificação é agora digitalmente assistida, tornando-se parte da presente infraestrutura da vigilância.

4. *SURVEILLANCE:* UM CONCEITO MULTIDISCIPLINAR

Por ser um conceito inerentemente multidisciplinar, *surveillance* tem também variadas nuances de significado em diferentes campos disciplinares. Por isso, por exemplo, seu uso no discurso da saúde pública e da epidemiologia é diferente daquele do marketing de consumo, por exemplo, assim como o seu uso no discurso da ciência da computação é diferente daquele dos discursos jurídicos na regulamentação e no direito. Até nas ciências sociais, como a sociologia, psicologia, ciência política e estudos culturais, o exato sentido do conceito de *surveillance* pode flutuar. Isso pede por um trabalho cuidadoso de tradução, bem como o estímulo muito necessário de debates interdisciplinares.

O uso mais estrito do conceito de *surveillance*, pelo menos historicamente, é no domínio jurídico, em que nos Estados Unidos refere-se ao "ato de observar o outro para juntar evidência"[6], o que pode ser secreto ou aberto (Legal Information Institute, 2021). Essa frase situa a vigilância no reino do policiamento, ainda que nesse caso a palavra *surveillance* seja acompanhada do prefixo "eletrônico". Na União Europeia, o escopo de *surveillance* é visto mais amplamente, assumindo mais do que a adição da dimensão eletrônica. A European Data Protection Supervisor observa que o "processo tecnológico nas últimas décadas tornou o monitoramento, o rastreamento e as práticas de perfilamento mais fáceis, mais baratas e mais eficazes"[7] (European Data Protection Supervisor, 2021). Essa leitura do conceito inclui, por exemplo, tanto a esfera pública --como a segurança-- quanto a esfera privada --como a publicidade direcionada. Assim como acontece com a compreensão do conceito baseada nas ciências sociais, o uso das tecnologias digitais inflete significativamente o conceito de *surveillance*.

Como observado anteriormente, o conceito de *surveillance* é um conceito guarda-chuva que abriga uma série de práticas pos-

6 N. T.: Tradução livre para: "the act of observing another in order to gather evidence".

7 N. T.: Tradução livre para: "technological progress in the past few decades have [sic] made monitoring, tracking and profiling practices easier, cheaper and more accurate".

síveis que frequentemente devem ser qualificadas para usos mais precisos. Cada um dos quatro sentidos do conceito de *surveillance* demonstrados acima --observação, classificação, vigilância digitalizada e vigilância de dados-- reflete um distanciamento do contato com corpos humanos reais, utilizando câmeras, telefones, computadores e outras tecnologias. Como isso ocorre em diferentes contextos, infiete também o uso do conceito em várias disciplinas. Porém mudanças na tecnologia significam também um retorno aos corpos, agora compreendidos como fontes de dados e não mais como objetos visão direta ou sinais auditivos, mediante, por exemplo, tecnologias biométricas, tais quais o reconhecimento facial e scanner de íris. Como argumentado anteriormente, o movimento dialético entre tecnologia e *surveillance* agora, pelo menos parcialmente, reencontra o campo conceitual.

Isto é particularmente verdadeiro para a notação de "capitalismo de vigilância" (*"surveillance capitalismo"*), que se relaciona organizacionalmente com empresas de plataforma em particular, e simbolicamente com o dispositivo de smartphone. Ao ser transformado em um qualificativo de 'capitalismo', o conceito de vigilância sofre outra alteração, tornando-se um descritor societal ou civilizacional. Na verdade, a discussão sobre o capitalismo de vigilância oferece oportunidades contemporâneas adicionais para repensar o conceito de *surveillance* de diversas perspectivas disciplinares. Disciplinas como economia política, sociologia, ciências da computação, geografia, administração, entre outras, têm interesse no modo como *surveillance* é analisada.

No início do século XXI, diversos aspectos em particular merecem cuidadosa atenção. Um deles é o aspecto político-econômico da *surveillance* presente nos debates sobre o "capitalismo de vigilância", conforme mencionado acima, principalmente da forma como desenvolvida por Shoshana Zuboff (2019). Outro é a rápida ascensão de teorias pós-coloniais e decoloniais (Breckenridge, 2014; Mbembé, 2003; McCoy, 2009), não apenas porque muitas formas de *surveillance* que são aparentes no norte global foram testadas primeiramente em regimes coloniais do sul global, mas também porque situações coloniais contemporâneas dependem fortemente de vigilância (e.g. Zureik et al., 2013). Cada um desses aspectos é singularmente significativo para o conceito de *surveillance* hoje, tanto por si só quanto em relação uns aos outros, à medida que, por exemplo, variedades de capitalismo de vigilância proliferam no chamado sul global.

Pelo menos mais três vertentes de pesquisas sobre *surveillance* afetam o a construção do conceito: classe, raça e gênero. As discussões sobre o capitalismo de vigilância não podem ser desvinculadas das relações de classe (Foster & McChesney, 2014; Mosco, 2014; McQuade, 2018; Fuchs, 2012), e questões de colonialismo são inseparáveis das de racialização e vigilância (Benjamin, 2019; Browne, 2015). Sistemas de Inteligência Artificial e Aprendizado de Máquina, projetados no início da pandemia, por exemplo, foram amplamente debatidos pela sociedade civil e por pesquisadores de saúde pública, especialmente no que diz respeito a como e se os dados raciais e étnicos deveriam ser usados para treinar algoritmos de modelagem nas plataformas de predição da COVID-19 (Singh, 2020; McKenzie, 2020; Choi et al., 2021). A implementação de IA em sistemas de reconhecimento facial, como outro exemplo, está repleta de vieses raciais, dado, entre outras coisas, sua propensão a identificar erroneamente mulheres racializadas[8] (Buolamwini & Gebru, 2018). Quanto ao gênero, além de haver uma quantidade crescente de estudos feministas sobre *surveillance* (Taylor, 2020; Dubrofsky & Magnet, 2015), questões de identidade de gênero também estão cada vez mais presentes nos estudos sobre o tema (Ball et al., 2009; Abu-Laban, 2015; Kafer & Grinberg, 2019).

As esferas nas quais o conceito de *surveillance* é utilizado são diversas, como na segurança nacional, no policiamento, no marketing, na epidemiologia e na saúde pública. O conceito pode ser controverso, por exemplo, no marketing, mas as práticas e ferramentas nessa esfera se assemelham tanto à vigilância em outras áreas, que usar o termo "vigilância do consumidor" (*"consumer surveillance"*) é justificado (Turow, 2021). Práticas de *surveillance* podem até ser negadas em áreas como segurança nacional, especialmente após o 11 de setembro e as revelações de Snowden, quando a NSA afirmou que o uso de "metadados" --que na verdade são muito reveladores-- não era *surveillance* (Schneier, 2012; Lyon, 2014; Thompson & Lyon, 2021). Significativamente, é a datafição e a internet que, acima de tudo, não apenas per-

8 N. T.: No original *"women of color"*, é uma expressão utilizada nos EUA para se referir coletivamente a mulheres não brancas, incluindo afro-americanas, latinas, asiáticas, indígenas, entre outras. O termo tem origens políticas e históricas, criado por ativistas feministas racializadas para construir solidariedade e unir vozes em torno das lutas contra o racismo, o sexismo e outras formas de opressão, sobretudo a partir dos anos 1970.

mitem que a vigilância --como vigilância de dados-- ocorra em larga escala, mas também exiba características semelhantes em diferentes domínios. De fato, a vigilância realizada por plataformas de internet produz dados que são amplamente procurados por agências relacionadas ao governo (Srnicek, 2016).

O conceito de ***surveillance*** é frequentemente tratado de maneira um tanto unilateral como tendo relevância principalmente para a atividade de "observar", por qualquer meio. No entanto, especialmente hoje, quando a ***surveillance*** não está mais restrita a "suspeitos" ou "alvos" específicos de segurança ou policiamento, mas afeta a todos, a experiência da ***surveillance*** torna-se uma característica importante dos efeitos da ***surveillance***. De fato, além disso, as atividades daqueles sujeitos à vigilância em contextos digitais fazem cada vez mais diferença para a própria vigilância. Isso ocorre através de um processo de looping (Hacking, 2006), no qual os sujeitos da vigilância se tornam conscientes de estar sendo observados e podem, consequentemente, mudar seu comportamento, o que torna ainda mais essencial que essa dimensão seja considerada (Lyon, 2018). Assim, a psicologia social e a análise cultural também oferecem insights para os estudos de ***surveillance***.

Por fim, vale lembrar que alguns dos estudos mais significativos sobre vigilância ocorrem dentro de obras de literatura, cinema e arte. Além disso, esses estudos têm, por sua vez, estimulado trabalhos conceituais em outros campos. Por exemplo, um dos primeiros estudos sociológicos sobre vigilância (Rule, 1974) é claramente influenciado pelo romance clássico de George Orwell, 1984. Claro, o Grande Irmão de Orwell inspirou muitas outras produções artísticas, incluindo a série de TV de mesmo nome, que questiona a experiência da vigilância (McGrath, 2004). O romance mais recente e relevante na época da escrita é "The Every" (2021), de Dave Eggers, uma brilhante sequência de "O Círculo" (Eggers, 2013). Na arte, a vigilância é um tema sedutor em muitas exposições, sendo uma musa proeminente em "CTRL [SPACE]" do ZKM (ZKM, 2001; Allen et al., 2010). O cinema também desempenha um papel importante na exploração do conceito de vigilância; clássicos incluem "O Vigilante" (1974) e "Relatório Minoritário" (2002), que casualmente coincidiram com a compreensão pós-11 de setembro da vigilância preditiva de dados (Kammerer, 2012). Hoje, a série de TV "Black Mirror" (2011-2019) desempenha um papel crucial em alertar os espectadores sobre algumas dimensões negativas da vigilância digital, e documentários como "O Dilema das Redes"[9] (2020) expõem aspectos do capitalismo de vigilância[10].

5. RELEVÂNCIA E IMPACTO DO CONCEITO

O conceito de ***surveillance*** tem uma relevância e impacto multifacetados. Embora se reconheça sua importância inicial no século XIX, sua relevância é significativamente maior hoje. O impacto dos desenvolvimentos em computação na era da Guerra Fria, em meados do século XX, aumentou consideravelmente o perfil do conceito de ***surveillance***, e o crescimento da internet comercial na década de 1990 o elevou ainda mais até atingir níveis exponenciais com as redes sociais no início do século XXI. Os ataques de 11 de setembro (Ball & Webster, 2003), as revelações de Snowden (Lyon, 2015), o escândalo do Facebook-Cambridge Analytica (Bennett & Lyon, 2019) e, acima de tudo, a pandemia global de COVID-19 (Lyon, 2022b), ilustram claramente esse ponto. Cada evento estimulou um crescimento explosivo na *surveillance*, envolvendo tanto parcerias entre governos e empresas quanto cidadãos-consumidores comuns.

As dimensões de classificação social da vigilância são cruciais para cada expansão, tornando-se cada vez mais importantes à medida que a análise "inteligente" de dados é implicada de forma infraestrutural. A classificação social ocorre em grandes, médias e pequenas escalas, desde corporações globais até departamentos de polícia e microempresas. Embora certas eficiências possam ser aprimoradas dessa forma, essa classificação também tende a criar ou exacerbar a vulnerabilidade de alguns grupos. Isso se aplica especialmente a pessoas de baixa renda ou àquelas que se encontram nas interseções entre categorias de classe, raça e gênero. As dimensões de classificação da vigilância contemporânea foram observadas cedo por Oscar H. Gandy Jr. (2021) e elaboradas posteriormente por muitos outros (v.g., Lyon, 2003; Lyon, 2021).

9 O documentário "O Dilema das Redes" (2020) explora as redes sociais e o capitalismo de vigilância.

10 O projeto *Big Data Surveillance*, sediado na *Queen's University*, no Canadá, também produziu uma série de curtas-metragens sob o nome *Screening Surveillance*. Eles estão disponíveis no YouTube ou no *site Screening Surveillance*.

A maioria das atividades de vigilância hoje depende de dados, e seus resultados são produto da coleta, análise e uso de dados (Cheney-Lippold, 2017). Os desenvolvimentos tecnológicos impulsionados pela pandemia de COVID-19 ilustram bem isso. O rápido design e desenvolvimento de sistemas de identidade digital ao redor do mundo é um exemplo. À medida que os governos trabalhavam de perto com o setor privado para desenvolver soluções de identificação pessoal e verificação de vacinação baseadas em smartphones, sua justificativa era ao mesmo tempo uma questão de mobilidade e recuperação econômica. Isso se refere diretamente ao fato de que os modos de vigilância são frequentemente implicados em processos que afetam as chances e escolhas de vida e as condições de liberdade e justiça de milhões de pessoas em todo o mundo.

O smartphone é o dispositivo principal para atividades de *surveillance* hoje, construído sobre a rede de comunicações da internet e permitindo um tipo de vigilância altamente pessoal --identificável-- e geograficamente localizável. Embora isso tenha surgido da identificação, rastreamento e classificação de consumidores, e tenha sido enormemente aprimorado pelo advento das redes sociais, os dados resultantes e os métodos de processamento continuam a vazar para diferentes espaços. O acesso a esses dados foi possibilitado para policiamento, segurança, administração e outras agências. Respostas políticas exigidas pelos modos distintos de vigilância emergentes no século XXI incluem direitos básicos relacionados ao manuseio de dados. Importante, noções como "justiça de dados" (Taylor, 2017; Dencik et al., 2019) e "cidadania digital" (Isin & Ruppert, 2020) estão ganhando relevância para a vigilância contemporânea, juntamente com apelos por privacidade e proteção de dados.

CONCLUSÃO

Analiticamente, as modificações no conceito de *surveillance* mencionadas aqui estão ajudando a enfrentar novas realidades, como a vigilância "inteligente" e a vigilância de "plataforma". Propostas inovadoras, como a justiça de dados, também são importantes porque informam políticas e regulamentações, bem como a opinião pública, em um momento em que conceitos políticos mais antigos, como privacidade e proteção de dados (Puri, 2020), exigem uma revisão cuidadosa (ver, por exemplo, Lyon, 2022a). Direções futuras para o uso do conceito deveriam seguir as rotas de reconhecimento da economia política da vigilância --vista nos debates sobre o capitalismo de vigilância -- e das abordagens decoloniais que estão iluminando não apenas o Sul Global, mas também o Norte Global, entre as nações colonizadoras[11]. Ao mesmo tempo, cada expansão conceitual contribui para o foco vital nas crescentes vulnerabilidades associadas às práticas atuais de vigilância de dados que estão aprofundando desigualdades de classe, raça e gênero.

Surveillance é um conceito controvertido justamente por ser de grande importância, especialmente no presente, e porque tradições intelectuais e políticas alternativas o compreendem de formas distintas. Uma questão aparentemente insolúvel é se as associações da vigilância com poder e autoridade significam que seus impactos são inevitavelmente negativos (Monahan, 2021; Harding, 2018; McQuade, 2018). Dada a evidência correlata de quanto a *surveillance* continua a depender das forças militares, de segurança, capitalistas predatórias e coloniais brancas, sua reputação duvidosa parece merecida.

Aqueles que têm uma visão diferente argumentam que a *surveillance* pode ser realizada não apenas de forma benigna -- como na vigilância voltada para a saúde pública e até mesmo em alguns tipos de policiamento e vigilância voltada para a segurança pública -- mas também positivamente, para o bem comum (Stoddart, 2021). Esses argumentos dependem, não de ver a *surveillance* com óculos cor-de-rosa, mas de recordar que o conceito de *surveillance* sempre se refere a práticas sociais e, portanto, está sujeito a críticas fundamentadas e aberto a desafios políticos. Como afirmou Gary Marx, "a *surveillance* em si não é nem boa nem ruim, mas o contexto e o comportamento a tornam assim"[12] (Marx, 2016: 10).

Surveillance é também um conceito inerentemente crítico, que nos alerta para algumas das injustiças mais flagrantes e

11 As atividades colonizadoras ainda são visíveis hoje, por exemplo, em contextos de colonialismo de colonos, onde a soberania dos dados é uma questão, ou quando o colonialismo de dados está em jogo (ver Meijas & Couldry, 2019 como parte desta seção especial). Michael Kwet (2019) aprofunda essa questão, explorando o 'colonialismo digital' de empresas dos EUA no Sul global.

12 N. T.: Tradução livre para: "surveillance by itself is neither good nor bad, but context and comportment make it so.".

desequilíbrios de poder enraizados visíveis em todo o mundo. Mas também é cada vez mais caracterizada por práticas complexas e ocultas, levantando novos desafios para investigação empírica. Pesquisadores críticos se esforçam para tornar dados ocultos sobre vigilância visíveis e legíveis para a sociedade civil. Ainda, o conceito é crítico porque questiona a autoridade daqueles que argumentam em termos de solucionismo (ver Morozov, 2014 para avaliação) e determinismo tecnológico (ver Zuboff, 2015 para avaliação), que a vigilância de dados serve, principalmente, à causa da melhoria humana.

REFERÊNCIAS

Abu-Laban, Y. (2014). Gendering surveillance studies: The empirical and normative promise of feminist methodology. *Surveillance & Society, 13*(1), 44-56. https://doi.org/10.24908/ss.v13i1.5163

Allen, J., Smith, Sarah E. K., & Robertson, K. (2010). *Sorting daemons: Art, surveillance regimes and social control* [Exhibition]. Agnes Etherington Art Centre. https://saraheksmith.com/2021/11/sortin g-daemons-art-surveillance-regimes-and-social-control/

Andrejevic, M. (2007). *iSpy: Surveillance and power in the interactive age.* University Press of Kansas.

Andrejevic, M., & Selwyn, N. (2022). *Facial recognition.* Polity.

Austin, L., & Lie, D. (2021). Data trusts and the governance of smart environments: Lessons from the failure of Sidewalk Labs' Urban Data Trust. *Surveillance & Society, 19*(2), 255-261. https://doi.or g/10.24908/ss.v19i2.14409

Ball, K. (2010). Workplace surveillance: An overview. *Labor History, 51*(1), 87-106. https://doi.org/1 0.1080/00236561003654776

Ball, K. (2021). *Electronic monitoring and surveillance in the workplace. Literature review and policy recommendations* [Report]. European Commission. Joint Research Centre. https://data.europa.eu/doi/ 10.2760/5137

Ball, K. S., Phillips, D. J., Green, N., & Koskela, H. (2009). Surveillance studies needs gender and sexuality. *Surveillance & Society, 6*(4), 352-355. https://doi.org/10.24908/ss.v6i4.3266

Ball, K., & Snider, L. (2019). *The surveillance-industrial complex: A political economy of surveillance.* Routledge. https://doi.org/10.4324/9780203094426

Ball, K., & Webster, F. (2003). *The intensification of surveillance: Crime, terrorism and warfare in the information age.* Pluto Press.

Beniger, J. R. (1989). *The control revolution: Technological and economic origins of the information society.* Harvard University Press.

Benjamin, R. (2019). *Race after technology.* Polity. Bennett, C. J., & Lyon, D. (2019). Data-driven elections: Implications and challenges for democratic societies. https://doi.org/10.14763/2019.4.1433

Breckenridge, K. (2014). *Biometric state: The global politics of identification and surveillance in South Africa, 1850 to the present* (1st ed.). Cambridge University Press. https://doi.org/10.1017/CBO978113 9939546

Browne, S. (2015). *Dark matters: On the surveillance of blackness.* Duke University Press. https://doi.or g/10.1215/9780822375302

Brunner, L. R. (2022). Higher education institutions as eyes of the state: Canada's international student compliance regime. *Globalisation, Societies and Education,* 1-16. https://doi.org/10.1080/147 67724.2022.2037407

Buolamwini, J., & Gebru, T. (2018). Gender shades: Intersectional accuracy disparities in commercial gender classification. *Proceedings of the 1st Conference on Fairness, Accountability and Transparency, 81,* 77-91. http://proceedings.mlr.press/v81/buolamwini18a.html

Cheney-Lippold, J. (2017). *We are data: Algorithms and the making of our digital selves.* NYU Press. https://doi.org/10.2307/j.cttlgk0941

Choi, K. H., Denice, P., Haan, M., & Zajacova, A. (2021). Studying the social determinants of COVID-19 in a data vacuum. *Canadian Review of Sociology/ Revue Canadienne de Sociologie, 58*(2), 146-164. https://doi.org/10.1111/cars.12336

Clarke, R. (1988). Information technology and dataveillance. *Communications of the ACM, 31*(5), 498-512. https://doi.org/10.1145/42411.42413

Clarke, R. (2019). Risks inherent in the digital surveillance economy: A research agenda. *Journal of Information Technology, 34*(1), 59-80. https://doi.org/10.1177/0268396218815559

Dandeker, C. (1994). *Surveillance, power and modernity: Bureaucracy and discipline from 1700 to the present day.* Polity Press.

Darmody, A., & Zwick, D. (2020). Manipulate to empower: Hyper-relevance and the contradictions of marketing in the age of surveillance capitalism. *Big Data & Society, 7*(1), 2053951720904l1. https://doi.org/10.1177/2053951720904112.

Deleuze, G. (1992). Postscript on the societies of control. *October, 59,* 3-7.

Dencik, L., Hintz, A., Redden, J., & Treré, E. (2019). Exploring data justice: Conceptions, applications and directions. *Information, Communication & Society, 22*(7), 873-881. https://doi.org/10.1080/13691 18X.2019.1606268

Dubrofsky, R. E., & Magnet, S. A. (Eds.). (2015). *Feminist surveillance studies.* Duke University Press. https://doi.org/10.2307/j.ctv1198x2b

European Data Protection Supervisor. (2021). *Surveillance.* https://edps.europa.eu/data-protection/o ur-work/subjects/surveillance_en

Finn, J. (2011). Seeing surveillantly: Surveillance as social practice. In A. Doyle, R. Lippert, & D. Lyon (Eds.), *Eyes everywhere: The global growth of camera surveillance.* Routledge. https://doi.org/10.4324/ 9780203141625

Foster, J. B., & McChesney, R. W. (2014). Surveillance capitalism: Monopoly-finance capital, the military-industrial complex, and the digital age. *Monthly Review, 66*(3). https://monthlyreview.org/2 014/07/01/surveillance-capitalism/

Foucault, M. (1975). *Surveiller et punir: Naissance de la prison.* Gallimard. Fuchs, C. (2013). Political economy and surveillance theory. *Critical Sociology, 39*(5), 671-687. https://doi.org/10.1177/0896920511435710

Gandy Jr., O. H. (1989). The surveillance society: Information technology and bureaucratic social control. *Journal of Communication, 39*(3), 61-76. https://doi.org/10.1111/j.1460-2466.1989.tb0104 0.x

Gandy Jr., O. H. (2021). *The panoptic sort: A political economy of personal information* (2nd ed.). Oxford University Press. https://doi.org/10.1093/oso/9780197579411.001.0001

Goldberg, D. T. (2021). *Dread: Facing futureless futures.* Polity Press.

Hacking, I. (2006). Making up people. *London Review of Books, 28*(16). https://www.lrb.co.uk/the-pap er/v28/n16/ian-hacking/making-up-people

Haggerty, K. D., & Ericson, R. V. (2000). The surveillant assemblage. *The British Journal of Sociology, 51*(4), 605-622. https://doi.org/10.1080/00071310020015280

Haggerty, K. D., & Trottier, D. (2015). Surveillance and/of nature. *Society & Animals, 23*(4), 400-420. https://doi.org/10.1163/15685306-12341304

Harding, J. M. (2018). *Performance, transparency, and the cultures of surveillance.* University of Michigan Press. https://doi.org/10.3998/mpub.9780711

Higgs, E. (2004). *The information state in England: The central collection of information on citizens since 1500.* Palgrave Macmillan.

Igo, S. E. (2018). *The known citizen: A history of privacy in modern America.* Harvard University Press. Isin, E., & Ruppert, E. (2020). *Being digital citizens* (Second edition). Rowman & Littlefield.

Jeffreys-Jones, R. (2017). *We know all about you: The story of surveillance in Britain and America.* Oxford University Press.

Kafer, G., & Grinberg, D. (2019). Editorial: Queer surveillance. *Surveillance & Society, 17*(5), 592-601. https://doi.org/10.24908/ss.v17i5.13541

Kammerer, D. (2012). Surveillance in literature, film and television. In K. S. Ball, K. Haggerty, & D. Lyon (Eds.), *Routledge handbook of surveillance studies.* Routledge.

Kanno-Youngs, Z., & Schmidt, M. S. (2019, April 11). Comey defends Trump campaign surveillance: 'I have never thought of that as spying'. *The New York Times.* https://www.nytimes.com/2019/04/11/u s/politics/comey-trump.html

Kitchin, R. (2014). *The data revolution: Big data, open data, data infrastructures & their consequences.* SAGE Publications Ltd. https://doi.org/10.4135/9781473909472

Kwet, M. (2019). Digital colonialism: US empire and the new imperialism in the Global South.

Race & Class, 60(4), 3-26. https://doi.org/10.1177/0306396818823172

Lauer, J. (2012). Surveillance history and the history of new media: An evidential paradigm. *New Media & Society, 14*(4), 566-582. https://doi.org/10.1177/1461444811420986

Lauer, J. (2017). *Creditworthy. A history of consumer surveillance and financial identity in America.* Columbia University Press.

Legal Information Institute. (2021). Surveillance. In *Wex.* https://www.law.cornell.edu/wex/surveilla nce

Lyon, D. (1994). *The electronic eye: The rise of surveillance society.* University of Minnesota Press. Lyon, D. (Ed.). (2003). *Surveillance as social sorting: Privacy, risk and digital discrimination.* Routledge.

Lyon, D. (2007). *Surveillance studies: An overview.* Polity Press.

Lyon, D. (2015). *Surveillance after Snowden.* Polity Press. Lyon, D. (2018). *The culture of surveillance: Watching as a way of life.* Polity Press.

Lyon, D. (2021). Sorting. In N. B. Thylstrup, D. Agostinho, A. Ring, C. D'Ignazio, & K. Veel (Eds.), *Uncertain archives: Critical keywords for big data* (pp. 477-484). The MIT Press. https://doi.org/10.755 1/mitpress/12236.003.0052

Lyon, D. (2022a). *Beyond big data surveillance: Freedom and fairness* [Research report]. https://www.surveillance-studies.ca/beyond

Lyon, D. (2022b). *Pandemic surveillance.* Polity Press. Marx, G. T. (1985). The surveillance society: The threat of 1984-style techniques. *The Futurist, 19,* 21-26.

Marx, G. T. (2016). *Windows into the soul: Surveillance and society in an age of high technology.* The University of Chicago Press.

Mbembé, J.-A. (2003). Necropolitics (L. Meintjes, Trans.). *Public Culture, 15*(1), 11-40. https://muse.jhu.edu/article/39984

McCoy, A. W. (2009). *Policing America's empire: The United States, the Philippines and the rise of the surveillance state.* The University of Wisconsin Press.

McGrath, J. E. (2004). *Loving Big Brother. Performance, privacy and surveillance space.* Routledge.

McKenzie, K. (2020). *Race and ethnicity data collection during COVID-19 in Canada: If you are not counted you cannot count on the pandemic response* [Research paper]. The Royal Society of Canada. https://rsc-src.ca/en/race-and-ethnicity-data-collection-during-covid-19-in-canada-if-you-are-not-counted-you-cannot-count

McQuade, B. (2018). Windows into the soul or the clouded glass of surveillance studies. *Critical Sociology, 44*(4-5), 815-824. https://doi.org/10.1177/0896920517751588

Mejias, U. A., & Couldry, N. (2019). Datafication. https://doi.org/10.14763/2019.4.1428

Mitchell, T. (1991). The limits of the state: Beyond statist approaches and their critics. *American Political Science Review, 85*(1), 77-96. https://doi.org/10.2307/1962879

Monahan, T. (2021). Reckoning with COVID, racial violence, and the perilous pursuit of transparency. *Surveillance & Society, 19*(1), 1-10. https://doi.org/10.24908/ss.v19i1.14698

Morozov, E. (2014). *To save everything, click here: The folly of technological solutionism.* Public Affairs. Mosco, V. (2014). *To the cloud: Big data in a turbulent world.* Routledge.

Nissenbaum, H. (2010). *Privacy in context: Technology, policy, and the integrity of social life.* Stanford University Press.

OED. (2011). Surveillance. In *Oxford english dictionary.* Oxford University

Press. Orwell, G. (1949). *Nineteen Eighty-Four.* Secker and Warburg. Puri, A. (2020). A theory of privacy. *SSRN Electronic Journal.* https://doi.org/10.2139/ssrn.3686202

Rule, J. (1974). *Private lives and public surveillance: Social control in the computer age.*

Shocken. Schneier, B. (2012). *Liars and outliers: Enabling the trust that society needs to thrive.* Wiley.

Sewell, G. (2021). *Surveillance: A key idea for business and society.* Routledge. https://doi.org/10.432 4/9781351180566

Singh, S. (2020, May 27). Collecting race-based data during coronavirus pandemic may fuel dangerous prejudices. *The Conversation.* https://theconversation.com/collecting-race-based-data-du ring-coronavirus-pandemic-may-fuel-dangerous-prejudices-137284

Srnicek, N. (2016). *Platform capitalism.* Polity Press. Stalder, F. (2009). Privacy is not the antidote to surveillance. *Surveillance & Society, 1*(1), 120-124. h

ttps://doi.org/10.24908/ss.v1i1.3397 Stoddart, E. (2021). *The common gaze.* SPCK.

Taylor, L. (2017). What is data justice? The case for connecting digital rights and freedoms globally. *Big Data & Society, 4*(2). https://doi.org/10.1177/2053951717736335

Taylor, L. (2020). The price of certainty: How the politics of pandemic data demand an ethics of care. *Big Data & Society, 7*(2). https://doi.org/10.1177/2053951720942539

Thompson, S., & Lyon, D. (2021). Pixies, pop-up intelligence, and sandbox play: The New Analytic Model and national security research in Canada. In D. Lyon & D. Murakami Wood (Eds.), *Big data surveillance and security intelligence.* University of British Columbia Press.

Tucker, H. (2017). *City of light; city of poison: Murder, magic and the first police chief of Paris.* W. W. Norton.

Turow, J. (2021). *The voice catchers: How marketers listen in to exploit your feelings, your privacy and your wallet.* Yale University Press.

Van Dijck, J. (2014). Datafication, dataism and dataveillance: Big Data between scientific paradigm and ideology. *Surveillance & Society, 12*(2), 197-208. https://doi.org/10.24908/ss.v12i2.4776

ZKM. (2001). *CTRL [Space]. Rhetorics of surveillance: From Bentham to Big Brother* [Archive entry]. Center for Art and Media Karlsruhe. https://zkm.de/en/event/2001/10/ctrl-space-rhetorics-of-survei llance

Zuboff, S. (2015). Big other: Surveillance Capitalism and the prospects of an information civilization. *Journal of Information Technology, 30*(1), 75-89. https://doi.org/10.1057/jit.2015.5

Zuboff, S. (2019). *The age of surveillance capitalism.* Public Affairs. Zureik, E. (2003). Theorizing surveillance: The case of the workplace. In D. Lyon (Ed.), *Surveillance as social sorting: Privacy, risk and digital discrimination.* Routledge.

Zureik, E., Lyon, D., & Abu-Laban, Y. (Eds.). (2013). *Surveillance and control in Israel/Palestine: Population, territory and power.* Routledge. https://doi.org/10.4324/9780203845967.

EVERYTHING. EVERYWHERE. ALL AT ONCE. INTRODUCCIÓN A UNA PERSPECTIVA CRÍTICA SOBRE LA VISUALIZACIÓN DE DATOS DESDE LOS ESTUDIOS VISUALES

David Montero Sánchez

En un texto titulado "En defensa de la imagen pobre", Hito Steyerl reflexiona acerca de las pervivencias de la imagen en la era del capitalismo digital o de plataforma (Srnicek, 2018). Frente a las imágenes ricas (en muchos sentidos), que no sólo exhiben su resolución brillante e inmaculada sino que se integran de pleno derecho en las economías de lujo que establecen las lógicas de producción capitalista de los estudios y las plataformas digitales, Steyerl llama la atención sobre las imágenes fantasma, las condenadas de la pantalla, que vinculan a través de los circuitos clandestinos de la red, tan desdibujadas de tanto compartirlas que parecen incluso escapar a las lógicas de vigilancia de los derechos de autor.

> La imagen pobre es una copia en movimiento. Tiene mala calidad y resolución subestándar. Se deteriora al acelerarla. Es el fantasma de una imagen, una miniatura, una idea errante en distribución gratuita, viajando a presión en lentas conexiones digitales, comprimida, reproducida, ripeada, remezclada, copiada y pegada en otros canales de distribución (Steyerl, 2014: 33).

Un aspecto interesante de la teorización de Steyerl, sobre el que sin embargo se ha llamado aún poco la atención, es su afán por vincular la esencia estética de estas imágenes fantasmales con las "relaciones visuales" (Steyerl, 2014: 45) que se establecen a través de ellas. Las imágenes pobres de Steyerl interpelan a los Estudios Visuales en tanto que conectan a gente que se acerca a la cultura desde los márgenes, colocando en primer plano las implicaciones ideológicas asociadas con la creación y circulación de imágenes hoy día. Además, su aportación apunta desde los cuarteles de la Estética el camino a seguir por parte de los Estudios Visuales, poniendo de relieve la creciente necesidad de un enfoque crítico-ideológico que confronte las formas en las que las imágenes (ricas o pobres) determinan espacios políticos de relación entre personas y también entre estas y la realidad que les rodea.

Recogiendo este afán crítico, en las próximas páginas nos ocuparemos de una manifestación visual que cabe situar en las antípodas de la imagen pobre. Las visualizaciones de datos se han venido configurando precisamente como expresión directa de un exceso de visión y de una abundancia informativa en gran medida inabarcables, que apuntan a los límites de la capacidad humana para aprehender la realidad mediante la estetización de conjuntos de datos organizados para ser comprendidos de forma simultánea. Es importante establecer de partida que nuestro interés no apunta aquí hacia la utilización los datos desde una perspectiva política o a su uso en procesos de activismo dirigidos a re-imaginar las aplicaciones hegemónicas del Big Data (Stefania Milan y Emiliano Treré han trabajado esta perspectiva de forma brillante a través de la iniciativa *Big Data from the South(s)*. Ver Milan y Treré, 2019). Más bien nuestro acercamiento aborda la visualización de datos como un fenómeno visual contemporáneo de primer orden, con claras implicaciones ideológicas a las que los Estudios Visuales han prestado aún escasa atención.

Un primer punto de referencia en este proceso lo ofrece el trabajo del cineasta y artista visual alemán Harun Farocki. En su serie de instalaciones *Eye-Machine I, II y III* (2001-2003) Farocki comienza a hablar de "imágenes operacionales" con la intención de subrayar precisamente las implicaciones culturales subyacentes al hecho de que las máquinas estuviesen empezando a "ver por ellas mismas" (Farocki, 2004). Lo que Farocki anticipa a comienzos del milenio es la idea hoy comúnmente extendida de que la tecnología visual conectada y los algoritmos han inaugurado un nuevo régimen escópico que va más allá de la capacidad del ojo y de la inteligencia humana, ofreciendo no sólo una nueva perspectiva de visión, sino también una nueva forma de relacionarse con el mundo en la que las máquinas operan desde un espacio prácticamente autónomo.

Jussi Parika se hace eco del trabajo de Farocki en su reciente libro *Operational Images. From the Visual to the Invisual* (2023) en el que el teórico finlandés reflexiona acerca de las formas en las que las tecnologías digitales datificadas transforman las lógicas de representación habitualmente asociadas a las imágenes, haciendo hincapié en la necesidad de formular posturas críticas que superen el objetivismo tecnificado cada vez más presente en la visualización de datos.

> Los datos no son infalibles, ni siquiera "objetivos", como los estudios críticos en torno a este fenómeno se han ocupado de demostrar una y otra vez. Los datos pueden ser efectivos o no, incluso cuando no son correctos. Sin embargo, las decisiones, sistemas y operaciones de todo tipo basadas en los datos sí suponen una intervención política en los paisajes, en las relaciones sociales y en valores de todo tipo... (Parikka, 2023: 13)

El trabajo de Parikka expone las diferentes formas en las que el debate en torno a los datos está adquiriendo un tono alarmantemente post-humanista e indica que la relación entre los datos y las relaciones humanas supone una cuestión insoslayable frente a la que es necesario tomar posición. Nuestro acercamiento al fenómeno de las visualizaciones de datos apunta precisamente hacia la emergencia de una suerte de imagen liminal, producida para consumo humano, pero imbuida de un marcado sentido operacional, que hace necesario examinar críticamente las implicaciones ideológico-filosóficas que subyacen a este ejercicio, atendiendo a las formas en las que estas visualizaciones nos interpelan y a cómo nos sitúan frente a los demás y frente a la realidad.

Ilustración 1. Where does data visualization come from? - The emergence of a discipline

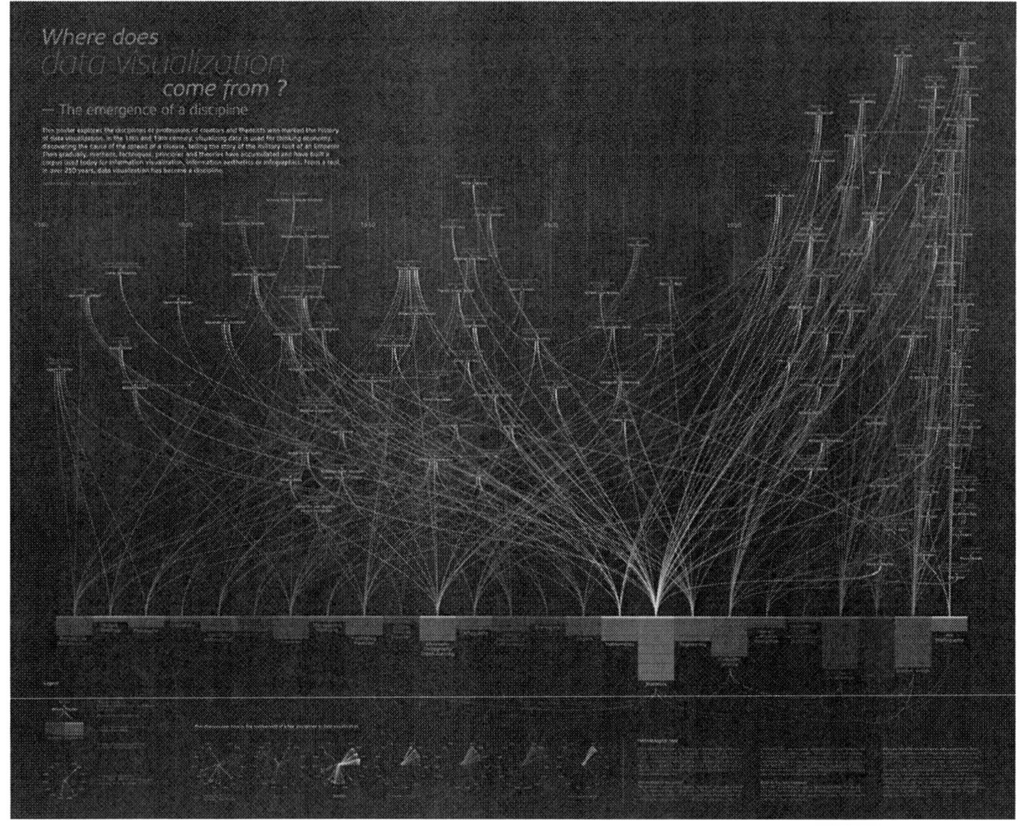

Desde una perspectiva académica, es posible rastrear la emergencia de este tipo de debates casi de forma exclusiva en el ámbito de la estética y la reflexión crítica en torno al "arte de datos" y a la utilización de la tecnología digital en proyectos artísticos (Walford, 2020). Ya en 1998, Joan Fontcuberta advertía que "la cultura electrónica nos mueve a repensar toda la arquitectura política y cultural de nuestro sistema de valores; nos induce a investigar sus restos y examinarnos a nosotros mismos" (Fontcuberta, 2010: 101). Desde entonces, el trabajo de artistas como Refik Anadol o el colectivo español Elektr.art ha incluido propuestas artísticas que colocan en primer plano la datificación de la vida y de las que deriva una sensación de disfrute estético profundamente ligada a la contemplación de una dimensión posthumana. Estas obras reproducen una persistente fascinación frente a la dimensión del Big Data y a la capacidad de la IA para generar imágenes y experiencias en las que el espectador experimenta la liminalidad de lo humano.

Ilustración 2. Art of Perfection (Refik Anadol)

Este tipo de fascinación se puede abordar críticamente desde la idea de lo sublime y, a un nivel más concreto, mediante lo que varios autores han denominado como lo "postmoderno-sublime" (Johnson, 2012) o lo "histérico-sublime" (Adam, 2002; Flisfeder, 2021). Se trata de un término acuñado originalmente por Frederic Jameson (1994) en sus primeros escritos sobre el posmodernismo a partir del trabajo de Kant y de Burke. Ambos se habían referido a lo sublime como el sentimiento de fascinación temerosa e irresistible provocado en el ser humano por la contemplación de la acción destructiva de las fuerzas naturales observadas sin peligro para la vida. A través de lo "sublime histérico", Jameson sugiere que en nuestras sociedades posmodernas y neoliberales esta sublimación no cabe ya encontrarla en la acción de la naturaleza, sino en la fascinación por la tecnología que el capitalismo hace posible. Tal desplazamiento provoca que lo sublime emerja en la contemplación de fuerzas que desbordan el terreno de lo humano, aunque hayan sido creadas por la propia humanidad. Es el caso de la tecnología digital (Mosco, 2005), donde el debate ha adquirido nueva vigencia a partir del desarrollo de sistemas avanzados de inteligencia artificial mediante el concepto de lo algorítmico sublime (Ames, 2018). Como Matthew Flisfeder ha señalado, este giro de lo sublime hacia la tecnología digital traslada la idea de la humanidad como otro, capaz de destruirla a través de sus propias creaciones.

La concepción de la visualización de datos como encarnación visual de lo sublime y como espacio liminal que convoca este tipo de lógicas posthumanistas asociadas a las imágenes operacionales nos devuelve de pleno la necesidad de examinar la cuestión que indicaba Hito Steyerl en torno a las relaciones que establecemos a través de lo visual y, a un nivel más concreto, nos mueve a plantear las lógicas de poder que subyacen a estos ejercicios. Únicamente así resulta posible inscribir estas imágenes en un paradigma crítico de análisis, que nos permita entender de qué forma estas visualizaciones median nuestra experiencia y las maneras en las que aprehendemos la realidad. Desde una perspectiva propia de los Estudios Visuales, hablaríamos de situar este tipo de visualizaciones en el marco de la visualidad en tanto que encarnación de lógicas de poder normativas en torno a operaciones visuales.

En su libro, *The Right to Look*, Nicholas Mirzoeff ilustra el funcionamiento de la visualidad a través del ejemplo de la figura del general militar moderno, que basa su capacidad y su poder en el ejercicio de visualización del campo de batalla. Para Mirzoeff, este ejercicio de visualización cimenta tanto la posición privilegiada del general como fuente de visión como su capacidad para actuar y para arriesgar la vida de los soldados a partir de lo que ha visualizado. La visualidad implica pues ambas operaciones, tanto la cuestión de quién está autorizado a ver como la posibilidad de actuar que deriva de dicha posición, estableciendo un curso de acción específico profundamente relacionado con la capacidad para trasladar la imagen en una comprensión más profunda de lo que la situación requiere.

En el caso de las visualizaciones de datos sería posible argumentar que dichas dimensiones constituyentes de la visualidad (poder de ver y poder de actuar) se desvinculan hasta el punto en el que se ofrece al espectador común la posibilidad de visualizar sin capacidad para actuar. Es decir, estas visualizaciones ofrecerían una suerte de contemplación vacía, en la que el espectador experimenta la sublime capacidad de los datos y la inteligencia artificial para amplificar los límites de su visión, al tiempo que se materializa una cierta impotencia de hacer. Este posicionamiento se asienta sobre lógicas espectatoriales propias del cine y la pintura que se reproducen muy a menudo en este tipo de ejercicios, incluso cuando las características de la mediación digital permitirían un nivel de interacción que podría vincular directamente visualización y acción política enfocada. Estos ejercicios de contemplación vacía se caracterizan igualmente por un exceso de visión: una abundancia de ***inputs*** de atención visual que habitualmente supera las capacidades de quien ve para procesar la información y termina provocando un efecto de aquiescencia acrítica. Se trata de un efecto parecido al que provocan los largos y detallados documentos que contienen los "términos de uso" de uso de las aplicaciones digitales (tan a menudo aceptados ante la falta de tiempo, disponibilidad y conocimientos para afrontar la tarea que requeriría no sólo leerlos, sino interpretarlos en los términos legales en los que se formulan).

También resulta posible argumentar que el punto de vista que la mayoría de estas visualizaciones proponen es, en sí mismo, políticamente problemático, dado que tiende a ampliar la distancia entre el sujeto que ve y la realidad que se presenta a sus ojos. Es la propia Hito Steyerl quien, en un ensayo titulado "En caída libre. Un experimento mental sobre la perspectiva vertical", explica que:

> Nuestro sentido de orientación espacial y temporal ha cambiado radicalmente en años recientes como consecuencia de las nuevas tecnologías de vigilancia y monitoreo. Uno de los síntomas de esta transformación es la creciente importancia de las vistas aéreas: panorámicas, *Google Maps*, imágenes por satélite. Nos estamos acostumbrando cada vez más a

lo que antes se denominaba la visión del ojo de Dios (Steyerl, 2014: 17).

Esta visión de Dios rompe con un paradigma establecido de visión lineal que nos invita a mirar a nivel del ojo y que, de forma implícita, transmitía un sentido de igualdad y una confirmación del ojo humano como fuente de nuestro conocimiento de la realidad. En el cine, como tecnología del siglo XX, esta mirada de Dios a la que se refiere Steyerl se ha venido utilizando de forma extremadamente codificada para transmitir bien la mirada divina o la perspectiva de un personaje que ha muerto y asciende a una dimensión superior. Es decir, es una mirada extra-humana, reservada para personajes divinos o que ya no están plenamente en la vida. De igual forma, Leni Riefenstahl fue una precursora del uso de este tipo de planos en *El Triunfo de la Voluntad,* famosa película documental de propaganda nazi que comienza con unas vistas aéreas que acompañan al Führer a medida que éste desciende de los cielos para participar en un rally de su partido.

Las lógicas políticas de la cercanía y de la solidaridad requieren por lo tanto equilibrar este punto de vista de forma que se contrarresten las lógicas que alejan a quien visualiza y las historias vitales que, en último término, conforman los datos. Es algo que iniciativas activistas como el ***Anti-Eviction Mapping Project*** han afrontado de forma directa a través de visualizaciones como ***Narratives of Displacement***[1] donde el punto de vista fluctúa constantemente de forma que quien visualiza puede adoptar de forma alternativa tanto un plano elevado, que sitúa cada caso en relación con los demás, como una mirada "a los ojos" una vez que se selecciona cada una de las historias que conforman el mapa. En este sentido, la propuesta política contra-visual propone la alternancia entre la visualización vertical propia del Big Data a la valorización de lo pequeño, al peso de las historias a través de lo que varios autores han comenzado ya a denominar como Thick Data o datos espesos (Latzko-Toth *et al*, 2017).

En definitiva, abordar las visualizaciones de datos desde unos Estudios Visuales críticos implica cuestionar directamente las implicaciones filosóficas que subyacen a este tipo de ejercicios, reflexionando sobre cómo nos invitan a ver y cómo nos ponen

1 Ver Anti-Eviction Mapping Project (n.d.).

en relación con lo que nos rodea. Dichas implicaciones políticas, se formulan al nivel de los actos de ver y, incluso cuando son inherentes en gran medida a la perspectiva y a la naturaleza constitutiva de estas visualizaciones, se pueden contrarrestar de formas efectivas. Para ello es necesario que la conversación comience y que la reflexión crítica sobre la ratificación de la realidad empiece a plantearse también en términos visuales.

BIBLIOGRAFÍA

Ames, M. G. (2018). "Deconstructing the algorithmic sublime". *Big Data & Society*, 5(1).

Anti-Eviction Mapping Project. (n.d.). *Narratives of displacement and resistance*. Retrieved January 12, 2025, from http://www.antievictionmappingproject.net/narratives.html

Farocki, Harun (2004). "Phantom Images". *Public*. Nº 29. New Localities.

Flisfeder, M. (2021). "From the Sublime to the Hysterical Sublime: Reading the End of the World Against the Singularity". En Burnham, C. y Kingsbury, P. (Eds) *Lacan and the Environment*. Londres: Palgrave McMillan. Págs. 239-253.

Fontcuberta, Joan (2010). *La cámara de Pandora. La fotografía después de la fotografía*. Barcelona: Gustavo Gili.

Jameson, F. (1994). *The Seeds of Time*. Nueva York: Columbia University Press.

Johnson, D. B. (2012). "The postmodern sublime". En Costelloe, T.M. (ed.) *The sublime: From antiquity to the present*. Nueva York: Cambridge University Press. Págs, 118-131.

Latzko-Toth, G., Bonneau, C., & Millette, M. (2017). "Small data, thick data: Thickening strategies for trace-based social media research". En Quan Haase, A. y Sloan, L. (Eds) *The SAGE handbook of social media research methods*. Londres: SAGE. Págs. 199-214.

Milan, S. y Treré, E. (2019). Big data from the South(s): Beyond data universalism. *Television & New Media*, 20(4). Págs. 319-335.

Mirzoeff, N. (2011). *The Right to Look. A Counterhistory of Visuality*. Nueva York. Duke University Press

Mosco, V. (2005). *The Digital Sublime: Myth, Power, and Cyberspace*. MIT Press.

Parikka, J. (2023). *Operational Images: From the Visual to the Invisual*. Minnesota: University of Minnesota Press.

Srnicek, N. (2018). *Capitalismo de plataformas*. Buenos Aires: Caja Negra.

Steyerl, H. (2014). *Los condenados de la pantalla*. Buenos Aires: Caja Negra.

Walford, A. (2020). "Data aesthetics". En Carrol, T., Walford, A. y Walton, S. (Eds) *Lineages and advancements in material culture studies*. Londres: Routledge. Págs. 205-217.

A INFRAESTRUTURA HUMANA DA DESINFORMAÇÃO: UM ESTUDO DE CASO DO TRABALHO HETEROMATIZADO NO BRASIL

David Nemer

1. INTRODUÇÃO

À medida que o cenário da informação continua a evoluir, a disseminação generalizada de desinformação está se proliferando em um ritmo e escala nunca antes vistos em uma sociedade democrática. Nos últimos anos, grandes empresas de tecnologia têm sido amplamente responsabilizadas publicamente por essa realidade, dado que seus algoritmos facilitam o compartilhamento de -- e às vezes até promovem -- informações falsas. Isso, no entanto, ignora uma realidade chave: as mídias sociais, os motores de busca e os serviços de mensagens não são tecnologias totalmente automatizadas. Em vez disso, são heteromatizadas -- dependem de participantes humanos que atendam a seus objetivos econômicos. Focando nos usuários e no compartilhamento de desinformação, em vez de na sua origem, conectamos teorias de heteromação com aquelas em torno da Infraestrutura Humana da Desinformação (IHD) a fim de contribuir para uma compreensão mais holística de como e por que a desinformação é tão prevalente online.

No passado, para se conduzir uma campanha de desinformação eficaz, muitas vezes era necessário contornar guardiões institucionais. Na era pré-internet no mundo ocidental, a mídia era amplamente centralizada e regida por padrões éticos. Assim, para promover uma história falsa, pode ser que fosse preciso persuadir um veículo de notícias da veracidade de determinada informação falsa e, em seguida, esperar que a organização considerasse a história digna de uma coluna ou segmento. Utilizar a infraestrutura fechada da mídia jornalística era uma maneira de alcançar os olhos e ouvidos de milhões (Shimmer, 2021).

Conforme mais indivíduos passaram a usar a internet, esses guardiões tradicionais permaneceram como protetores de seus próprios domínios. No entanto, a supervia da informação estava ficando cada vez mais movimentada, e nela havia poucos pedágios. Essa época da internet foi chamada de "Era dos Direitos", uma classificação cunhada por Jonathan Zittrain (2019) para enfatizar o sentimento, na época, de que a informação merecia ser livre, e os indivíduos tinham o direito de disseminá-la e consumi-la.

Em 2004, uma busca no Google pelo termo "Judeu" teve como primeiro resultado o site Jewwatch.com [vigilância dos judeus]. O site, que era terrivelmente antissemita, negava o Holocausto e declarava que estava "vigiando atentamente as comunidades e organizações judaicas por todo o mundo." Um representante do Google respondeu que, embora a empresa estivesse perturbada pela classificação da página, não faria nenhuma mudança para que "a objetividade de nossa função de classificação" fosse preservada (Flynn, 2004). A Anti-Defamation League [Liga Antidifamação], uma organização não governamental Judaica, defendeu o Google, dizendo que as classificações de busca eram uma infeliz realidade não intencional (Noble, 2018). Para o público, e mesmo para aqueles com algum interesse na questão, o Google era meramente uma ferramenta que ajudava seus usuários a verem o que era popular online. Suas classificações não refletiam nenhum julgamento, e a empresa afirmava que não podia controlar resultados de busca gerados de maneira automática. O Google manteve os canais que serviam informação a seus usuários, mas os canais eram limitados. Os pares do Google, incluindo o Facebook e o Twitter/X, desempenhavam um papel de custódia similar.

Ao longo do tempo, no entanto, os canais se tornaram mais inteligentes e precisos. Empresas de mídias sociais e outras empresas de tecnologia ampliaram suas capacidades. Agora, se uma postagem violasse uma regra ou padrão da empresa, a organização poderia: excluir a postagem ou banir seu autor; rotular a postagem como controversa, contextualizá-la, talvez fixando uma "verificação de fatos" a ela; ou aplicar restrições a ela, recusando-se a promover a postagem ou restringindo a capacidade dos usuários de compartilhá-la -- conforme praticavam plataformas como Twitter/X, Facebook e Instagram (Mena, 2020). À medida que a capacidade de intervenção aumentava, também cresciam os apelos por intervenção. Por trás das caixas-pretas dos algoritmos que promovem ou restringem as postagens, das decisões técnicas de design tomadas para afetar o comportamento e das instituições se posicionando para tomar decisões sobre conteúdo online, pode ser fácil perder de vista a heteromação envolvida: aquela dos humanos que propagam desinformação e, do outro lado, dos que moderam -- ou optam por não moderar -- essa desinformação.

Isso pode ser propriamente demonstrado no caso da disseminação de desinformação no WhatsApp durante as eleições no Brasil em 2018.[1] Críticos argumentam que as redes sociais como Facebook, Instagram e Twitter/X padecem de bolhas de filtro e câmaras de eco, muitas das quais são promovidas por alimentações algorítmicas personalizadas, do termo em inglês *feed*. Uma câmara de eco é o que pode acontecer quando as pessoas são superexpostas a notícias de que gostam ou com as quais concordam, potencialmente distorcendo sua percepção da realidade porque veem muito de um lado e pouco do outro, e começam a pensar que talvez a realidade seja assim (Fletcher, 2020). Uma bolha de filtro é "um estado de isolamento intelectual ou ideológico que pode resultar de algoritmos que nos fornecem informações com as quais concordamos, com base em nosso comportamento passado e histórico de pesquisa" (Fletcher, 2020). Esse termo foi cunhado por Eli Pariser (2011). O Facebook cria bolhas de filtro ao usar informações pessoais e comportamentos online para realizar uma curadoria das informações que aparecem nos feeds dos usuários.

Um dos perigos das bolhas de filtro é que as plataformas se tornam um viveiro de desinformação e informações equivocadas, já que sua distribuição pode não sair da bolha de filtro em seu ponto de origem (DiFranzo & Gloria-Garcia, 2017). Vários estudos mostraram que a disseminação de desinformação e informações equivocadas é mais semelhante a epidemias do que a notícias reais e que tais histórias geralmente permanecem dentro das mesmas comunidades (Jin et al., 2013). Ou seja, desinformação e informações equivocadas tendem a não alcançar ou convencer pessoas de fora. Desinformação, informações equivocadas e a filtragem seletiva de notícias conquistaram a atenção de acadêmicos e do público em geral após contribuírem para a polarização ideológica

1 Definimos desinformação como informação falsa com a intenção de enganar. A desinformação é deliberadamente criada e divulgada como verdade para influenciar a opinião pública, obscurecer a verdade e provocar uma reação que beneficie seu criador. A desinformação é frequentemente confundida com notícias falsas (fake-news). Entretanto, notícias falsas são um termo guarda-chuva que abrange uma variedade de falsidades ou mentiras, incluindo desinformação e informação equivocada. Informação equivocada nem sempre é destinada a enganar; por exemplo, pode ser uma informação falsa ou imprecisa que foi criada por engano ou divulgada inadvertidamente. Informação equivocada também pode ser uma informação verdadeira que desinforma quando tirada de contexto (Nemer, 2021a).

nas plataformas de mídias sociais que favoreceu Donald Trump na eleição presidencial dos EUA de 2016 e o "*Vote Leave*" (conhecido como *Brexit*) no referendo de adesão do Reino Unido à União Europeia (Spohr, 2017; Vaidhyanathan, 2018). Mas, como o WhatsApp funciona com uma arquitetura ponto a ponto, nenhum algoritmo seleciona o conteúdo de acordo com as características ou demografia dos usuários. Em vez disso, durante as eleições brasileiras em 2018, uma infraestrutura humana foi montada para criar um ambiente pró-Bolsonaro no WhatsApp e espalhar desinformação para fortalecer sua candidatura. Neste capítulo, argumentamos o trabalho executado pela Infraestrutura Humana de Desinformação como sendo trabalho heteromado.

O campo de estudos sobre desinformação ainda precisa abordar questões que concernem a relação entre desinformação e trabalho, identidade e moralidade. Assim, conforme afirmado por Jonathan Ong e Jason Cabañes (2019), abordar a desinformação como uma cultura de produção expande o campo para a compreensão das condições sociais que atraem as pessoas para esse trabalho e das práticas da indústria criativa que normalizam as notícias falsas como um "bico". Ao enquadrar a Infraestrutura Humana de Desinformação como trabalho heteromado, este capítulo se une a um corpo crescente de literatura que examina criticamente a desinformação como uma cultura de produção, o que significa "conceitualizar a desinformação como produto e processo que emerge de estruturas organizacionais, relações de trabalho e subjetividades empreendedoras" (Ong & Cabañes, 2019: 5772). Também esperamos destacar como a desinformação segue um processo de colaboração e é um produto intencional de trabalho hierarquizado e distribuído, para que possamos melhor informar as intervenções e regulamentações sobre desinformação que tratam de preocupações com campanhas políticas.

2. HETEROMAÇÃO

A divisão do trabalho entre sistemas computacionais e seres humanos mudou tanto em termos humanos quanto técnicos. Conforme afirmado por Hamid Ekbia e Bonnie Nardi (2014), houve um deslocamento das tecnologias de automação, aquelas que são totalmente gerenciadas por máquinas, para as de "heteromação", que transferem tarefas críticas para os usuários finais como mediadores indispensáveis. Diferentemente das tecnologias de automação, as de heteromação se beneficiam ou dependem de trabalho humano frequentemente não reconhecido ou não remunerado para completar tarefas. Como Ekbia e Nardi (2014) originalmente observaram, essas tecnologias também não se encaixam todas em um único modelo; a heteromação, assim como a automação, é um processo que pode descrever uma ampla gama de modelos de negócios e comportamentos.

Os usuários podem ou não saber que estão servindo como uma engrenagem na máquina heteromada. Em alguns casos, isso é claro: o Amazon Mechanical Turk, lançado em 2006, é um mercado de crowdsourcing de "humano como serviço", no qual empregadores pagam "MTurkers" para simular automação através da realização de pequenas tarefas repetitivas. Às vezes, é mais nebuloso quando os usuários estão trabalhando em nome de uma empresa: quando revisam um videogame no YouTube ou participam da governança de uma comunidade online, como na plataforma de fórum online *Reddit*, participando como moderador não-empregado em um *subreddit*, eles estão participando de um processo heteromado. O mesmo acontece com aqueles usuários que, mesmo sem um papel semiformal, simplesmente interagem com uma postagem a fim de incentivá-la ou não, através do "*upvote*" ou "*downvote*", alimentando assim o algoritmo do site para que ele possa mostrar a outros "*redditors*" postagens ou comentários bem avaliados ou controversos. A Meta, que possui o Facebook, o Instagram e o WhatsApp, e a Alphabet, que possui o Google e o YouTube, geram bilhões de dólares em receita ao depender dos usuários -- sejam eles influenciadores de mídias sociais, pessoas comuns ou empresas -- para criar dados, postagens que mantenham a atenção dos navegadores e, em última instância, visualizar os anúncios com os quais as empresas ganham dinheiro. Doug Laney (2012) escreveu no *Wall Street Journal* que "os quase um bilhão de usuários do Facebook se tornaram a maior força de trabalho não remunerada da história." Ele calculou que cada usuário fornecia cerca de USD 81 de valor ao site.

Em *Heteromation, and other stories of Computing and Capitalism* [Heteromação e outras histórias sobre computação e capitalismo], Ekbia e Nardi (2017) delineiam cinco variedades de trabalho heteromado: comunicativo, cognitivo, criativo, emocional e organizacional. Os autores primeiro definem o trabalho comunicativo como o ato de engajar-se online em troca de autovalidação e autopromoção. Esse é o modelo do Facebook, em que sinais dos usuários, como "curtidas" e "comentários" -- "dados sociais", como os autores os chamam --, são usados para construir um modelo publicitário eficaz. Em seguida, Ekbia e Nardi descrevem o trabalho cognitivo -- o modelo do Amazon Mechanical Turk -- como quando sistemas complexos utilizam deliberada e conscientemente a inteligência e o trabalho humanos para completar tarefas e funcionar adequadamente. Depois, eles explicam o trabalho criativo, quando os usuários produzem saídas criativas -- como submeter um logotipo para um concurso de design ou modificar um videogame -- em troca de reconhecimento, comunidade ou uma chance de recompensa monetária.

Posteriormente, os autores discutem o trabalho emocional, que, no contexto da heteromação, ocorre quando indivíduos ajudam máquinas a "cuidar" de pessoas. Como os autores observam, o trabalho humano é frequentemente necessário para permitir que as máquinas funcionem de maneira eficiente e efetiva. Considere, por exemplo, o caso dos robôs terapêuticos. Eles podem ajudar indivíduos, incluindo ao confortar e estimular os idosos. Ainda assim, os cuidadores muitas vezes precisam calibrar os dispositivos de acordo com as necessidades dos pacientes. Por fim, os autores falam do trabalho organizacional, que se baseia na "capacidade humana de organizar uma atividade". Exemplos incluem pesquisas de satisfação de clientes.

A heteromação é um produto de condições atuais, incluindo: (1) níveis historicamente altos de lucro, em que nenhum domínio da atividade humana é demasiadamente privado, repetitivo ou objetificante a ponto de escapar do domínio do capital; (2) a "corrida para o fundo do poço" da crescente disparidade econômica, resultando no precariado; (3) uma necessidade cultural por altos níveis de estímulo alimentada por décadas de entretenimento popular de qualidade e pela ansiedade generalizada do sujeito neoliberal, que torna esse estímulo particularmente desejável; e (4) sentimentos de inutilidade ou futilidade experimentados por segmentos crescentes da população, como idosos, doentes crônicos, pessoas economicamente vulneráveis e aposentados saudáveis enfrentando de 20 a 30 anos sem as recompensas sociais do emprego (Ekbia & Nardi, 2017). A heteromação, como descrita, é fundamentalmente um produto de dilemas sociais que não são evidentes no mundo, pois a comunidade de pessoas que gerenciam ou governam a informação é mantida em um estado precário e está oculta dos olhos do público.

Enquanto algumas tecnologias de heteromação -- ou as empresas que as operam -- pedem ou exigem que indivíduos realizem formas específicas e definidas de trabalho, outras aproveitam o que Zittrain (2008) chama de "generatividade", ou "a capacidade de um sistema de produzir mudanças imprevistas através da contribuição não filtrada de públicos amplos e variados." Tecnologias generativas são frequentemente inovadoras por si mesmas; ainda assim, elas geralmente dependem da criatividade de terceiros para sustentar a prosperidade econômica e impulsionar o crescimento. Como escreve Zittrain (2008), embora a produção da generatividade seja a inovação, ela parte da participação. Você consegue imaginar se, ao 'googlar' "Nova York", os únicos resultados retornados fossem o que um único funcionário do Google tinha a dizer sobre a cidade? Ou se você acessasse o TikTok, apenas para ver o conteúdo pelo qual a plataforma pagou diretamente, como se fosse uma empresa como a Netflix? Não, em vez disso, o Google e o TikTok facilitam as condições para que os usuários produzam seu próprio conteúdo, por suas próprias razões, gratuitamente. E aí reside o valor das plataformas.

3. CONTEXTO: WHATSAPP NO BRASIL

O WhatsApp tem sido popular no Brasil desde que entrou no mercado, em 2009. Em 2018, o WhatsApp tinha cerca de 120 milhões de usuários ativos no Brasil, de uma população total de 210 milhões. Cerca de 96% dos brasileiros com acesso a um smartphone usavam o WhatsApp como um de seus principais métodos de comunicação (Nemer, 2019). A popularidade do WhatsApp foi impulsionada por seu baixo custo em comparação com o envio de mensagens SMS, que no Brasil poderia custar cerca de 55 vezes mais do que na América do Norte. Outra razão para a popularidade do aplicativo foi que, após o Facebook comprar o WhatsApp por USD 19 bilhões, a empresa fez parceria com as operadoras de telecomunicações para oferecer um plano de tarifa zero que permitia aos assinantes usar o WhatsApp basicamente de graça. A tarifa zero (também conhecida como dados patrocinados) "refere-se à prática em que as redes móveis oferecem dados gratuitos aos clientes que usam serviços específicos (por exemplo, streaming de vídeos) ou aplicativos de smartphone (por exemplo, [Facebook Chat], WhatsApp). Assim, os clientes que acessam essa tarifa zero/conteúdo patrocinado não pagam pelo tráfego móvel gerado por esse uso" (Omari, 2020: 7).

O WhatsApp também facilita a criação de grupos de chat e o compartilhamento de conteúdo, incluindo vídeos. O aplicativo se tornou um foco para campanhas políticas que utilizavam desinformação, não apenas por causa de suas funcionalidades e amplo alcance no país, mas também por causa de sua criptografia de ponta a ponta, que garante que ninguém além do remetente e do destinatário possa ler o conteúdo das mensagens. Assim, é praticamente impossível para os analistas do WhatsApp identificarem campanhas de desinformação (Nemer, 2021b).

Durante o trabalho de campo de Nemer em Vitória, Brasil, em dezembro de 2017, Neuza, uma mulher de vinte e sete anos, mostrou-lhe um vídeo curto que ela recebeu em um grupo do WhatsApp chamado "Bolsonaro nosso presidente".[2] No vídeo, Jair Bolsonaro diz a Maria do Rosário, deputada federal do Partido dos Trabalhadores (PT), "Não te estupro porque você não merece." O vídeo vinha com a legenda: "É assim que tratamos os comunistas." Neuza condenou veementemente o vídeo. Então, quando perguntada como ela entrou em tal grupo, ela simplesmente disse a Nemer: "Alguém me adicionou a este grupo de chat. [...] Há três pessoas que eu conheço aqui; por isso fiquei. Pensei que fosse um grupo de chat de amigos, mas tudo o que essas outras pessoas fazem é falar sobre Bolsonaro. Sem parar! Eles mandam todos os tipos de vídeos e fotos dele. É irritante e eu não sei como sair [do grupo]."

Fátima (quarenta e nove anos) e Regina (trinta e nove anos) também mencionaram que os grupos de WhatsApp dos quais faziam parte haviam se tornado espaços para falar sobre as próximas eleições de 2018 -- com foco em Bolsonaro. Mas, em vez de se-

2 Este estudo baseia-se em dados do trabalho etnográfico de Nemer (2021). O trabalho de campo ocorreu em espaços online e offline e em diferentes fases. Para o trabalho de campo presencial (offline), houve duas fases principais: fase 1, de junho a julho de 2012, e fase 2, de abril a outubro de 2013. Nemer também conduziu várias observações e entrevistas de acompanhamento presenciais: agosto de 2014; maio, agosto, outubro e novembro de 2015; março, abril e dezembro de 2016; novembro de 2017 a janeiro de 2018; julho e dezembro de 2018; junho a julho, e dezembro de 2019. Para os dados do WhatsApp, Nemer entrou em quatro grupos públicos de WhatsApp autodeclarados pró-Bolsonaro via links de convite que estavam listados publicamente nas descrições de vídeos conservadores no YouTube. Nemer começou a monitorar os grupos do WhatsApp, que tinham uma média de 160 membros, em março de 2018. No auge do ciclo eleitoral, cada grupo estava postando uma média de mil mensagens por dia. Nemer visitava esses grupos todos os dias por uma a duas horas. Para mais informações sobre a etnografia de Nemer, veja *Tecnologia do oprimido: Desigualdade e o mundano digital nas favelas do Brasil* (Nemer, 2021).

rem adicionadas a um chat, elas tiveram a experiência de novas pessoas sendo adicionadas aos seus grupos existentes. Os novos participantes traziam à tona o assunto Bolsonaro. "Esses dois caras que eu não conheço entraram no nosso grupo de chat da igreja e sempre falam sobre política," explicou Fátima. "Este é um grupo da igreja, não de política," acrescentou ela com uma risada. "Eles continuam falando sobre como o socialismo é mau... mas Jesus Cristo não era socialista?"

Ouvindo Neuza, Fátima e Regina descreverem suas experiências no WhatsApp, Nemer pôde se identificar: a mesma coisa estava acontecendo com seus próprios grupos no WhatsApp. No grupo de chat da sua família, Nemer notou que três primos estavam constantemente compartilhando desinformação caseira e memes e vídeos pró-Bolsonaro. Como ele sabia que não eram eles que estavam criando o conteúdo, Nemer perguntou quem fazia o conteúdo. As respostas eram sempre as mesmas: "Eu não sei. Peguei de outro grupo," disse Giovane, de 46 anos. A maior parte do conteúdo político e de desinformação que os primos compartilhavam correspondia ao que Regina e Neuza estavam vendo. Como o WhatsApp funciona com uma arquitetura ponto a ponto, não havia algoritmo realizando a curadoria do conteúdo de acordo com suas características ou demografia, como funciona nas bolhas de filtro do Facebook. Espalhar desinformação e informações equivocadas no WhatsApp exigia trabalho humano deliberado para criar e distribuir esse conteúdo.

4. A INFRAESTRUTURA HUMANA DA DESINFORMAÇÃO E AS ELEIÇÕES BRASILEIRAS DE 2018

À medida que o *Brexit* e a eleição de Donald Trump foram possibilitados pelos algoritmos do Facebook, a ascensão de Jair Bolsonaro, o incendiário de extrema-direita do Brasil, foi em parte devida a maquinações humanas no WhatsApp. No aplicativo de mensagens da Meta, uma Infraestrutura Humana da Desinformação (IHD) foi montada para fazer com que o ambiente no aplicativo parecesse fortemente pró-Bolsonaro através de campanhas de mensagens e desinformação.[3] A IHD transformou grupos pró-Bolsonaro no WhatsApp na arena onde a governança estava ocorrendo.

3 Embora tal infraestrutura humana tenha trabalhado em campanhas de desinformação para favorecer Jair Bolsonaro, não podemos afirmar que eram alinhados a Bolsonaro em si ou filiados a seu partido político, o Partido Social Liberal (PSL).

Infraestruturas, como o antropólogo Brian Larkin as define, são "redes construídas que facilitam o fluxo de bens, pessoas ou ideias e permitem sua troca pelo espaço" (2013: 328). Embora haja um trabalho crescente sobre os engajamentos sociais com infraestruturas em sistemas tecnológicos, particularmente no Sul Global (ver Dye et al., 2018; Jack et al., 2017; Nguyen, 2016; Sambasivan & Smyth, 2010), nos baseamos em uma compreensão de infraestrutura que vai além dos artefatos tecnológicos e foca nos humanos como centrais para essas redes. Para explorar o lado humano da infraestrutura, observamos como os humanos se organizam para realizar trabalhos e cumprir tarefas. Também compartilhamos da preocupação de Nithya Sambasivan e Thomas Smyth com "práticas sociais, fluxos de informação e materiais, e os processos criativos que são engajados na construção e manutenção desses substratos" (2010: 1).

Bolsonaro tornou-se conhecido mais por seus discursos controversos do que por ter uma plataforma política robusta e bem formulada. Ele celebrou a ditadura, glorificou a tortura, prometeu reverter políticas que protegem a Região Amazônica e ameaçou mulheres, negros e pessoas LGBTQIA+ no Brasil. Entretanto, nenhuma dessas ameaças teve impacto na popularidade de Bolsonaro, pois sua abordagem fragmentada de governança buscava agradar seu eleitorado, composto por uma coalizão frouxa unida pelo apelo do candidato a "balas, bíblias e bois" -- uma agenda política conservadora que visa favorecer políticos evangélicos e pentecostais, políticas pró-armas e atos pró-agricultura e anti-ambientais (Schipani & Leahy 2018). Bolsonaro conduziu sua campanha com base na ideia de que ser eleito presidente era a única esperança para acabar com a violência e a corrupção no Brasil. Seus apoiadores o chamavam de Mito e esperavam que ele restabelecesse a lei e a ordem no país. Dada a hiperpolarização das eleições, Bolsonaro construiu sua ascensão tendo como combustível a desconfiança das pessoas na política e seu desgaste em relação a políticos e estabelecimentos políticos em geral. Bolsonaro se apresentou como o candidato ***anti-establishment***, embora tenha sido membro do Congresso Brasileiro por vinte e sete anos.

Embora desinformação e informações equivocadas tenham se espalhado no Brasil por todas as formas de mídias sociais, o impacto do WhatsApp foi o mais notável. Devido à popularidade do aplicativo, cerca de 44% do eleitorado brasileiro usou o WhatsApp para obter informações políticas, de acordo com o instituto de pesquisa Datafolha (G1, 2018). O design simples do aplicativo permitiu que os usuários compartilhassem facilmente mensagens de áudio, imagens e vídeos, o que facilitou a disseminação de desinformação. Um estudo de cem mil imagens amplamente compartilhadas no WhatsApp no Brasil durante as eleições encontrou que mais da metade delas continha informações enganosas ou flagrantemente falsas (Tardáguila et al., 2018). Outro estudo realizado por agências de checagem de fatos envolvidas no Comprova descobriu que 86% do conteúdo falso ou enganoso compartilhado no WhatsApp beneficiava Bolsonaro, atacando seu oponente, Fernando Haddad, e seu partido, o PT (I. Macedo, 2018).

5. OS ATORES DA INFRAESTRUTURA HUMANA DE DESINFORMAÇÃO

Dada a prevalência do uso do WhatsApp e a maneira intrigante como a desinformação foi disseminada durante as eleições presidenciais de 2018, Nemer decidiu pesquisar quem estava criando o conteúdo falso e compartilhando-o com pessoas como Neuza, Fatima e Regina. Nemer entrou em quatro grupos de WhatsApp autodeclarados pró-Bolsonaro através de links de convite que estavam publicamente listados na descrição de vídeos conservadores no YouTube.[4] Ele começou a monitorar os grupos de WhatsApp que tinham uma média de 160 membros em março de 2018. No auge do ciclo eleitoral, cada grupo estava postando uma média de mil mensagens por dia. Em agosto, após realizar a primeira análise temática dos dados, Nemer identificou três clusters de atores nos grupos: os Brasileiros Médios, o Bolso-exército e os Influenciadores, conforme detalhado na Tabela 1. Ele descobriu que a desinformação era espalhada nesses grupos através de uma estrutura em pirâmide, semelhante ao modelo clássico de fluxo de comunicação em duas etapas (Katz & Lazarsfeld, 1966),[5] no qual cada cluster de atores ocupava um nível. Os Influenciadores estavam no topo e os Brasileiros Médios estavam na base.

4 No YouTube, Nemer buscou por "Bolsonaro WhatsApp grupo" e procurou por vídeos que tinham links de convites públicos. Ele entrou nos primeiros quatro grupos que apareceram em sua busca em que os links de convite funcionaram.

5 O modelo de comunicação de duas etapas teoriza que as ideias fluem da mídia de massa para líderes formadores de opinião, e deles para a população geral.

Tabela 1. Clusters de membros em grupos de WhatsApp pró-Bolsonaro e suas funções.

Clusters de atores	Funções
Influenciadores	Criar e/ou trazer novas desinformações para os grupos de WhatsApp pró-Bolsonaro.
Bolso-exército	Reforçar o conteúdo da desinformação dos Influenciadores e espalhá-lo pelos grupos de WhatsApp e outras plataformas, como Twitter e Facebook. Eles também gerenciavam grupos de WhatsApp pró-Bolsonaro.
Brasileiros Médios	Consumir desinformação e trazê-la para seus grupos pessoais.

A vasta maioria dos atores se encaixa na descrição do Brasileiro Médio. De acordo com a socióloga Esther Solano, o eleitor típico de Bolsonaro era homem, branco, de classe média e possuía um diploma universitário (Moysés, 2018). No entanto, nesses grupos de WhatsApp, à medida que Nemer analisava as conversas dos atores, percebeu que eles vinham de diferentes classes sociais e eram tanto homens quanto mulheres. Eles justificavam seu voto em Bolsonaro compartilhando suas experiências de vida e dificuldades. Antes de entrar nos grupos, muitos deles mencionaram que não tinham uma opinião forte sobre o candidato. No entanto, viam os grupos de WhatsApp como espaços seguros onde poderiam aprender mais sobre o Mito, verificar rumores e notícias, e obter conteúdo digital para compartilhar em outras contas e grupos de redes sociais. Muitos deles votaram em outro candidato de direita no primeiro turno e mudaram para Bolsonaro no segundo turno. Uma dessas pessoas foi Carlos, que disse nos grupos que "não iria votar no segundo turno, mas [fez isso] depois de saber que nosso país estava sob um ataque socialista iminente." Ele alegou ter decidido votar em Bolsonaro com base nessa informação.

Os grupos de Bolsonaro funcionavam como câmaras de eco governadas pelo Bolso-exército e pelos Influenciadores. Sempre que um membro postava desinformação -- como resultados de pesquisas ou memes sobre Bolsonaro -- os membros se mobilizavam, aplaudindo com a bandeira do Brasil -- um sinal da nova ênfase que Bolsonaro depositava no nacionalismo brasileiro -- ou postando um emoji específico. O dedo indicador apontando para a direita ou esquerda (👉) era o símbolo de arma de Bolsonaro, referindo-se à sua promessa de relaxar o controle de armas e permitir que policiais atirassem em suspeitos com impunidade. O Bolso-exército era a base de fãs leal de Bolsonaro e o maquinário que estava pronto para atacar qualquer um que insultasse Bolsonaro no WhatsApp ou em outras plataformas de redes sociais. Eles começaram a segui-lo muito antes de sua campanha começar, porque na verdade faziam parte da equipe de governança desses grupos de WhatsApp e mantinham um olhar vigilante para banir prontamente infiltrados ou pessoas que ousassem desafiar qualquer coisa relacionada ao candidato.

Nesses grupos, o debate ou discussão sobre as políticas de Bolsonaro era difícil. Pessoas eram expulsas porque questionavam a recusa de Bolsonaro em participar de debates televisivos, os ativos misteriosos de sua família e até mesmo seu histórico como congressista. Sempre que usuários comuns tentavam verificar informações ou fazer perguntas, eram inundados com mensagens apaixonadas do Bolso-exército para eliminar qualquer dúvida sobre o legado de Bolsonaro. Seus argumentos eram, em grande parte, baseados em desinformação.

O Bolso-exército era a liga que mantinha a Infraestrutura Humana da Desinformação (IHD) unida para ativamente disseminar a desinformação produzida pelos Influenciadores nos grupos de WhatsApp pró-Bolsonaro e em outras plataformas de mídias sociais. Dada sua postura, que demonstrava extrema confiança e não deixava espaço para dúvidas, os usuários comuns sentiam-se seguros com as informações fornecidas. Eles as repassavam, ajudando a espalhar a desinformação ainda mais. Os Influenciadores desempenhavam um papel decisivo na criação de desinformação e informações equivocadas. Havia apenas quatro ou cinco Influenciadores por grupo, e eles não eram os participantes mais expressivos ou ativos. Eles trabalhavam nos bastidores para criar e compartilhar notícias falsas nesses grupos e coordenar protestos online e offline. Utilizavam softwares de edição de imagens e vídeos para criar conteúdo digital convincente e emocionalmente envolvente. Eles sabiam como transformar conteúdo em memes e textos curtos que se tornavam virais.

Os Influenciadores aproveitavam a lealdade do Bolso-exército para espalhar rapidamente suas notícias falsas. Eles frequentemente usavam afeto (sátira, ironia e humor) para criar seu conteúdo, elaborando memes sobre "Bolsonaro, o Opressor" para mostrar ironicamente o lado humano de Bolsonaro. Eles também trabalhavam rapidamente para criar notícias falsas para deslegitimar qualquer pessoa que criticasse Bolsonaro antes que os membros dos grupos lessem as notícias em outros meios. Por exemplo, Marine Le Pen -- a icônica política de extrema direita da França -- declarou que "Bolsonaro diz coisas extremas, coisas desagradáveis que são instransponíveis na França." Dentro de trinta minutos após essa notícia ser publicada em uma revista brasileira de ampla circulação, os Influenciadores reuniram recursos e postaram um meme dizendo que Le Pen era uma comunista (Nemer, 2021a). A estratégia deles era rotular todos que pudessem enfraquecer Bolsonaro como comunistas e descreditar as notícias da mídia tradicional.

Veículos tradicionais de direita, como a *Veja* e o *Estado de São Paulo*, também foram rotulados como veículos socialistas pelos membros dos grupos pró-Bolsonaro. A desinformação e as informações equivocadas produzidas no WhatsApp alteravam insidiosamente a percepção, mas o absurdo de algumas notícias era ainda mais impressionante. Um grupo de Influenciadores criou um folheto alertando seus membros de que Haddad, o candidato do Partido dos Trabalhadores (PT), assinaria um decreto permitindo que homens tivessem relações sexuais com crianças de doze anos. Quando David Duke endossou Bolsonaro por pensar como o Ku Klux Klan (KKK), os influenciadores foram rápidos em produzir conteúdo retratando o KKK como um produto do partido de esquerda, para distanciar a imagem de Bolsonaro do KKK. Durante o primeiro turno das eleições, eles circularam vídeos falsos que mostravam urnas eletrônicas com mau funcionamento para reforçar a ideia de que as eleições estavam manipuladas.

Os influenciadores também encontravam vídeos públicos no YouTube e no Facebook que desafiavam Bolsonaro e postavam seus links nos grupos de WhatsApp para que o "enxame Bolsonarista" pudesse atacá-los, expressando seu desagrado e mostrando apoio ao seu mito. Embora esses três tipos de membros -- os Brasileiros Médios, o Bolso-exército e os Influenciadores -- tivessem papéis diferentes no ecossistema de WhatsApp bolsonarista, tinham muito em comum.

Muitos Influenciadores e membros do Bolso-exército recebiam entre USD100 e USD250 por semana para distribuir conteúdo pró-Bolsonaro e gerenciar grupos de WhatsApp, conforme alegado em 2019 por ex-membros do Bolso-exército. Ao revelar isso, eles implicitamente criticaram grupos influentes de empresários que, segundo disseram, financiavam a rede, e sugeriram que milícias virtuais (conhecidas como Movimento Ativista Virtual) foram pagas para infiltrar grupos de WhatsApp e espalhar desinformação. Eles não implicaram diretamente a equipe de campanha de Bolsonaro, embora tenham mencionado que pelo menos uma pessoa que era conselheira no governo de Bolsonaro estava entre os pagos para alimentar notícias falsas aos seus apoiadores.

O que aconteceu durante as eleições presidenciais de 2018 desconstruiu a ideia de que o WhatsApp é um campo de jogo nivelado. A arquitetura criptografada ponto a ponto do WhatsApp pode dar aos usuários uma sensação de segurança e privacidade, já que não há um algoritmo intervindo em suas mensagens. Também pode proporcionar uma sensação de espontaneidade, uma vez que o aplicativo permite que qualquer pessoa produza e compartilhe conteúdo. No entanto, como descrito anteriormente, a campanha de Bolsonaro contou com desinformação e informações falsas sendo sistematicamente criadas e espalhadas pela IHD, que orquestrou uma campanha guiada. É difícil verificar os impactos exatos que o populismo digital teve nas eleições presidenciais de 2018. Entretanto, considerando o relato de Carlos e muitos outros semelhantes, em que as pessoas se sentiram motivadas a sair e votar em Bolsonaro, a IHD por trás da campanha de desinformação no WhatsApp, sem dúvida, ajudou Bolsonaro a se tornar o próximo presidente do Brasil.

6. DISCUSSÃO

A Infraestrutura Humana da Desinformação (IHD) compreende um arranjo sociotécnico em que os humanos se organizam para realizar trabalho com a ajuda de sistemas tecnológicos e cumprir tarefas relacionadas à criação, distribuição e consumo de desinformação. A IHD sustentou um sistema de informações, neste caso, desinformação no WhatsApp, que funcionou através das ações de atores heterogêneos -- em outras palavras, os membros dessa infraestrutura eram usuários que forneciam o trabalho heteromado necessário para fazer a desinformação no WhatsApp funcionar.

Hamid Ekbia e Bonnie Nardi (2014) examinam os sistemas heteromados de acordo com sua funcionalidade e estrutura de recompensas. Eles categorizam os sistemas com base em quem se beneficia da relação de trabalho heteromado, se é oferecida compensação monetária aos participantes e se o sistema produz recompensas afetivas. Os beneficiários são atores sociais que colhem os principais benefícios do trabalho heteromado. Os participantes podem se beneficiar de recompensas afetivas. Seguindo a categorização dos autores, o sistema de heteromação no qual a IHD trabalhou pode ser organizado conforme detalhado na Tabela 2:

Tabela 2. Heteromação da Infraestrutura Humana da Desinformação.

Sistema	Funcionalidade heteromada	Beneficiários	Compensação de participante	Recompensas afetivas para participantes
Desinformação no WhatsApp	Infraestrutura Humana da Desinformação Influenciadores: Criação de conteúdo; trabalho cognitivo e criativo. Bolso-exército: Micro tarefas repetitivas; trabalho comunicativo e organizacional. Brasileiros Médios: trabalho emocional e comunicativo.	Políticos	Influenciadores: média-alta Bolso-exército: média-alta	Brasileiros Médios: alta

O trabalho heteromado realizado pelos Influenciadores e pelo Bolso-exército foi recompensado com valores entre R$ 380 e R$ 900. Esse valor pode ser considerado "médio-alto", já que o salário mínimo mensal no Brasil em 2018 era de R$ 954 e a renda média mensal per capita era de R$ 1.337 (IBGE, 2019). Os Influenciadores estavam no topo da IHD: eram responsáveis por produzir e trazer novas desinformações para os grupos pró-Bolsonaro no WhatsApp. Seu trabalho cognitivo consistia em entender o ambiente político atual e complexo para promover o candidato presidencial Jair Bolsonaro e/ou responder às críticas que Bolsonaro recebia durante sua campanha. Esse trabalho cognitivo levou ao trabalho criativo dos Influenciadores, que significava criar produtos -- como memes e vídeos curtos pró-Bolsonaro. Diferentemente do entendimento comum sobre o que um Influenciador online busca alcançar, os Influenciadores da IHD não procuravam reconhecimento ou fama; em vez disso, queriam permanecer anônimos. Os categorizamos como Influenciadores porque que tinham acesso a um grande público nos grupos do WhatsApp e eram capazes de persuadir outros a agir com base em seu conteúdo. Eles participavam apenas uma ou duas vezes ao dia, trazendo novas desinformações para os grupos porque sabiam que podiam contar com o Bolso-exército para reforçar a mensagem embutida no conteúdo que criavam.

Quanto ao Bolso-exército, eles não se envolveram em trabalho cognitivo heteromado, conforme definido por Ekbia e Nardi (2017) -- em vez disso, estavam encarregados de micro tarefas repetitivas que seguiam um roteiro pré-definido e/ou reagiam a um gatilho anterior. O Bolso-exército realizava trabalho comunicativo, pois estava programado para reforçar a mensagem do conteúdo dos Influenciadores assim que novos conteúdos eram postados nesses grupos pró-Bolsonaro no WhatsApp, para garantir que os Brasileiros Médios realmente internalizassem a mensagem, bem como para espalhar o mesmo conteúdo para outros grupos no WhatsApp e para plataformas como Twitter e grupos no Facebook. Diferentemente do que afirmam Ekbia e Nardi, que descreveram o trabalho comunicativo como o ato de engajamento online em troca de validação e autopromoção, os membros do Bolso-exército não estavam necessariamente buscando validação ou autopromoção; seu principal objetivo era validar e promover a mensagem contida nas postagens dos Influenciadores.

Outro trabalho heteromado realizado pelo Bolso-exército foi o de organização. Os membros do Bolso-exército também faziam parte da equipe administrativa que gerenciava esses grupos no WhatsApp -- estavam prontos para remover desses grupos qualquer pessoa que insistisse em questionar o legado e a campanha de Bolsonaro ou que fossem percebidos como infiltrados -- usuários que entravam nesses grupos e inundavam com mensagens críticas a Bolsonaro. Eles também trabalhavam arduamente para manter o tom nesses grupos favorável a Bolsonaro. Além disso, organizavam ataques online ao pedir que os Brasileiros Médios invadissem postagens em outras plataformas de mídias sociais para expressar seu desagrado e mostrar apoio a Bolsonaro.

Os Brasileiros Médios, na base da IHD, realizavam trabalho comunicativo ao ajudar a espalhar a desinformação postada nesses grupos pró-Bolsonaro para outros grupos pessoais que não eram necessariamente orientados politicamente, como grupos de Família, Vizinhança e Amigos. Eles frequentemente usavam o conteúdo postado pelos Influenciadores como evidência para seus argumentos em debates online. Os Brasileiros Médios também realizavam trabalho emocional, mas não o trabalho emocional definido por Ekbia e Nardi (1997), que ocorre quando indivíduos ajudam máquinas a "cuidar" dos outros -- por exemplo, quando cuidadores ajudam usuários a adotar e calibrar tecnologia, como robôs terapêuticos. Os Brasileiros Médios realizavam trabalho emocional conforme definido por Hochschild (1983), que se refere à regulação ou gerenciamento de sentimentos para cumprir os requisitos emocionais de um papel laboral. Esperava-se que eles regulassem suas emoções durante as interações com o Bolso-exército e outros Brasileiros Médios. Temendo serem expulsos desses grupos do WhatsApp, eles frequentemente se conformavam com a autoridade do Bolso-exército e evitavam fazer perguntas que poderiam ser interpretadas como desafiadoras ao legado de Bolsonaro. Em vez disso, frequentemente respondiam às postagens dos Influenciadores ou do Bolso-exército com entusiasmo, usando a bandeira brasileira ou o emoji da arma, marca registrada de Bolsonaro (🔫). Essa resposta positiva, ou de validação, era percebida pelos Brasileiros Médios como uma forma de terem sua lealdade reconhecida pelo Bolso-exército e recompensada com sua permanência nos grupos. Esse trabalho emocional era realizado para produzir uma certa sensação no Bolso-exército ou nos Influenciadores de que seus esforços estavam sendo apreciados e que estavam tendo sucesso em promover Bolsonaro. Em cada um desses casos, os humanos participaram do processo heteromado de espalhamento de desinformação.

Estudos sobre sistemas heteromados têm se concentrado em criar conscientização sobre a exploração do trabalho, compensação, invisibilidade e advocacia pelos direitos trabalhistas (ver Bailey et al. 2018; Ekbia & Nardi, 2019; Irany, 2019; Sambasivan et al., 2021). No entanto, no caso da Infraestrutura Humana da Desinformação, dada suas práticas éticas e quase legal, essa conscientização pode não ser desejada nem benéfica para seus membros. Em muitos casos, podemos exigir que o trabalho heteromado não remunerado seja compensado, ou que haja um maior reconhecimento do trabalho de criadores mal remunerados. No entanto, quando se trata do processo heteromado da HIM, os atores envolvidos estão criando o que provavelmente é um impacto negativo para a sociedade, tornando questionáveis os tipos de comportamentos que deveriam ser incentivados.

Como se vê, o dinheiro foi um forte motivador para que Influenciadores e membros do Bolso-exército permanecessem leais e contribuíssem para a máquina de propaganda digital de Bolsonaro. Enquanto alguns eram certamente ideólogos ou aliados políticos procurando impulsionar a campanha e a presidência de Bolsonaro, outros provavelmente foram persuadidos pela oportunidade econômica de receber até R$ 900 por semana.

É importante notar que muitos dos trabalhos realizados pela IHD podem ser -- e frequentemente são -- feitos por algoritmos em outras plataformas. No WhatsApp, os Influenciadores, o Bolso-exército e os Brasileiros Médios moderam os chats e espalham desinformação. Esses papéis são preenchidos por algoritmos em mídias sociais como Twitter ou Instagram, incluindo mecanismos de recomendação e moderadores de conteúdo algorítmicos. Nesses casos, em que uma lacuna é criada pela falta de automação, ela é preenchida por trabalho heteromado. Esse trabalho pode ser adaptativo e resiliente também; quando o ecossistema muda, o trabalho pode se ajustar para ainda servir aos seus objetivos (Marks, 2021).

Abordar a IHD como trabalho heteromado e como uma cultura de produção, o que significa "conceituar a desinformação tanto como produto quanto como processo emergente das estruturas organizacionais, relações de trabalho e subjetividades empreendedoras" (Ong & Cabañes, 2019: 5772), expõe os sistemas mais amplos de práticas que normalizam e incentivam seus arranjos laborais diários. Nosso estudo tenta destacar como a desinformação é um processo de colaboração e um produto intencional de trabalho hierarquizado e distribuído. Ele se junta ao apelo de Jonathan Ong e Jason Cabañes por novas "questões de ética e responsabilidade que considerem as relações institucionais mais amplas em jogo" (2019: 5772). Nosso estudo também lança luz sobre a responsabilidade dos atores de desinformação que trabalham em diferentes capacidades -- como Influenciadores, Bolso-exército ou consumidores e disseminadores de desinformação de baixo nível, como os Brasileiros Médios. As motivações e intenções de cada grupo podem variar, mas, tomadas em conjunto, constituem os principais atores no ecossistema de desinformação pró-Bolsonaro no WhatsApp. Entender a IHD como um produto dos arranjos de trabalho cotidianos "nos leva a pensar em como podemos expandir nossa noção de intervenções contra a desinformação, da regulamentação de conteúdo e proibição de atores mal-intencionados e seus conteúdos prejudiciais nas plataformas, para incluir a regulamentação dos processos de como campanhas políticas e consultorias são conduzidas" (Ong & Cabañes 2019: 5772).

Ao enquadrar a IHD como uma cultura de produção, nosso objetivo é entender os atores envolvidos nos arranjos de trabalho que promovem a desinformação e engajar em um estudo detalhado sobre questões morais desafiadoras envolvendo "cumplicidade e conluio" em nosso ecossistema midiático (Silverstone, 2007). Ao subverter as expectativas das pessoas sobre quem exatamente são os desinformantes pagos, criticamos o funcionamento do sistema em geral e os diferentes níveis de responsabilidade em jogo. Esperamos que essa abordagem contribua para debates mais amplos sobre o valor político de representar as narrativas dos perpetradores, que, na visão do acadêmico de mídia Fernando Canet (2019), pode aprofundar a "compreensão tanto das dimensões pessoais quanto situacionais que poderiam levar um ser humano a cometer tais atos [e] ajudar a determinar como prevenir futuros casos" (Canet, 2019: 15).

CONCLUSÃO

Neste capítulo, analisamos o trabalho dentro da Infraestrutura Humana de Desinformação (IHD) como trabalho heteromado através do estudo de caso dos grupos de WhatsApp no Brasil. No WhatsApp, o ex-presidente brasileiro Jair Bolsonaro se beneficiou da desinformação que foi usada para angariar apoio e garantir que as pessoas sentissem que ele era um candidato popular. Embora a chave para campanhas de mensagens nas redes sociais geralmente seja apelar para um algoritmo que, por sua vez, transmitirá a mensagem, no WhatsApp não há alimentação algorítmica. Assim, a campanha pró-Bolsonaro contou com a IHD -- especificamente, os Influenciadores, o Bolso-exército e os Brasileiros Médios.

O trabalho realizado pela IHD representava o trabalho heteromado: os Influenciadores forneciam trabalho cognitivo e criativo através de criação de conteúdo; o Bolso-exército fornecia trabalho comunicativo e organizacional ao atuar como administradores de grandes grupos de chat e realizar micro tarefas repetitivas, como encaminhar e promover mensagens; e os Brasileiros Médios forneciam trabalho emocional e comunicativo ao espalhar desinformação e regular suas respostas emocionais ao mesmo tempo em que seguiam as normas estabelecidas pelos Influenciadores e o Bolso-exército.

Baseando-nos no trabalho de Ong e Cabañes, este capítulo também examina como as IHDs emergem de "estruturas organizacionais, relações laborais e subjetividades empreendedoras." O complexo ecossistema de desinformação -- com influenciadores no topo da pirâmide, o Bolso-exército no meio, e os Brasileiros Médios na base -- foi formado por uma aliança de atores com motivações variadas, sejam pagamentos, fama, ideologia ou porque acreditavam que a informação que estavam compartilhando era verdadeira. Desenvolver uma compreensão mais aprofundada da IHD e do trabalho heteromado que ela emprega tanto em níveis pessoais quanto organizacionais permitirá que futuros pesquisadores e formuladores de políticas públicas melhor compreendam e lidem com a desinformação. Esperamos que futuras pesquisas continuem a abordar esses tópicos importantes.

REFERÊNCIAS

Bailey, D. E.; Diniz, E. H.; Nardi, B. A.; Leonardi, P. M. & Sholler, D. (2018). A critical approach to human helping in information systems: Heteromation in the Brazilian correspondent banking system. *Information and Organization, 28*(3), 111-128.

Canet, F. (2019). Documenting atrocities around the world: Why engage with the perpetrators? *International Journal of Cultural Studies, 22*(6), 804--822. Disponível em: https://doi.org/10.1177%2F1367877919840042

DiFranzo, D. & Gloria-Garcia, K. (2017). Filter bubbles and fake news. *XRDS: Crossroads, The ACM Magazine for Students, 23*(3), 32-35.

Dye, M.; Nemer, D.; Mangiameli, J.; Bruckman, A. S. & Kumar, N. (abril, 2018). El Paquete Semanal: The Week's Internet in Havana. In *Proceedings of the 2018 CHI Conference on Human Factors in Computing Systems* (pp. 1-12).

Ekbia, H. R., & Nardi, B. (2014). Heteromation and its (dis) contents: The invisible division of labor between humans and machines. *First Monday 19*(6)

Ekbia, H. R., & Nardi, B. A. (2017). *Heteromation, and other stories of computing and capitalism.* MIT Press.

Ekbia, H. R., & Nardi, B. A. (2019). Keynes's grandchildren and Marx's gig workers: Why human labour still matters. *International Labour Review, 158*(4), 653-676.

Fletcher, R. (2020). The Truth behind Filter Bubbles: Bursting Some Myths. *RISJ Review.* Disponível em: https://reutersinstitute.politics.ox.ac.uk/risj-review/truth-behind-filter-bubbles-bursting-some-myths

Flynn, L. (13 de abril, 2004). Google Says It Doesn't Plan to Change Search Results. The New York Times. Disponível em: https://www.nytimes.com/2004/04/13/business/google-says-it-doesn-t-plan-to-change-search-results.html

G1. (3 de outubro, 2018). "Datafolha: Quantos Eleitores de Cada Candidato Usam Redes Sociais, Leem e Compartilham Notícias Sobre Política." *Globo.com.* Disponível em: https://g1.globo.com/politica/eleicoes/2018/eleicao-em-numeros/noticia/2018/10/03/datafolha-quantos-eleitores-de-cada-candidato-usam-redes-sociais-leem-e-compartilham-noticias-sobre-politica.ghtml

Hochschild, A. R. (1983). The managed heart: Commercialization of human feeling. University of California Press.

IBGE. (16 de outubro, 2019). PNAD Contínua 2018: 10% da população concentram 43,1% da massa de rendimentos do país. *Agência IBGE Notícias.* Disponível em: https://agenciadenoticias.ibge.gov.br/agencia-sala-de-imprensa/2013-agencia-de-noticias/releases/25700-pnad-continua-2018-10-da-populacao-concentram-43-1-da-massa-de-rendimentos-do-pais

Irani, L. (2019). Justice for data janitors. In *Think in Public* (pp. 23-40). Columbia University Press.

Jack, M.; Chen, J. & Jackson, S. J. (maio, 2017). Infrastructure as creative action: Online buying, selling, and delivery in Phnom Penh. In *Proceedings of the 2017 CHI Conference on Human Factors in Computing Systems* (pp. 6511-6522).

Jin, F.; Dougherty, E.; Saraf, P.; Cao, Y. & Ramakrishnan, N. (agosto, 2013). Epidemiological modeling of news and rumors on Twitter. In *Proceedings of the 7th workshop on social network mining and analysis* (pp. 1-9).

Katz, E. & Lazarsfeld. P. F. (1966). *Personal Influence, the Part Played by People in the Flow of Mass Communications. A Report of the Bureau of Applied Social Research.* Columbia University Free Press.

Laney, D. (3 de maio, 2012). To Facebook You're Worth $80.95. *The Wall Street Journal.* Disponível em: https://www.wsj.com/articles/BL-CIOB-298

Marks, W. (2021). De-platforming Is a Fix, But Only a Short-Term One. *Just Security.* Disponível em: https://www.justsecurity.org/74342/de-platforming-is-a-fix-but-only-a-short-term-one/

Macedo, I. (26 de outubro, 2018). "Das 123 Fake News Encontradas Por Agências de Checagem, 104 Beneficiaram Bolsonaro." *Congresso Em Foco, UOL.* Disponível em: https://congressoemfoco.uol.com.br/eleicoes/das-123-fake-news-encontradas-por-agencias-de-checagem-104-beneficiaram-bolsonaro/

Mena, Paul. "Cleaning up social media: The effect of warning labels on likelihood of sharing false news on Facebook." *Policy & Internet* 12, no. 2 (2020): 165-183.

Moysés, A. (19 de setembro, 2018). "'Eleitor Típico de Bolsonaro é Homem Branco, de Classe Média e Superior Completo.'" *CartaCapital.* Disponível em: https://www.cartacapital.com.br/politica/eleitor-tipico-de-bolsonaro-e-homem-branco-de-classe-media-e-superior-completo/.

Nemer, D. (16 de agosto, 2019). WhatsApp Is Radicalizing the Right in Bolsonaro's Brazil. *HuffPost.* Disponível em: https://www.huffpost.com/entry/brazil-jair-bolsonaro-whatsapp_n_5d542b0de4b05fa9df088ccc

Nemer, D. (2021a). The Human Infrastructure of Fake News in Brazil. *Social Science Research Council: Items.*

Nemer, D. (2021b). *Tecnologia do oprimido: Desigualdade e o mundano digital nas favelas do Brasil.* Editora Milfontes.

Nguyen, L. U. (2016). Infrastructural action in Vietnam: Inverting the techno-politics of hacking in the global South. *New Media & Society, 18*(4), 637-652.

Noble, S. U. (2018). *Algorithms of Oppression: How Search Engines Reinforce Racism.* NYU Press.

Omari, J. (2020). Is facebook the internet? ethnographic perspectives on open internet governance in brazil. *Law & Social Inquiry, 45*(4), 1093-1112.

Ong, J. & Cabañes, J. (2019). When Disinformation Studies Meets Production Studies: Social Identities and Moral Justifications in the Political Trolling Industry. *International Journal Of Communication, 13*, 20. Disponível em: https://ijoc.org/index.php/ijoc/article/view/11417/2879

Pariser, E. (2011). *The Filter Bubble: How the New Personalized Web Is Changing What We Read and How We Think.* Penguin.

Sambasivan, N., & Smyth, T. (2010). The human infrastructure of ICTD. In *Proceedings of the 4th ACM/IEEE international conference on information and communication technologies and development* (pp. 1-9).

Sambasivan, N.; Kapania, S.; Highfill, H.; Akrong, D.; Paritosh, P. & Aroyo, L. M. (maio, 2021). "Everyone wants to do the model work, not the data work": Data Cascades in High-Stakes AI. In *proceedings of the 2021 CHI Conference on Human Factors in Computing Systems* (pp. 1-15).

Schipani, A., & Leahy, L. (2018). "Brazil's Bolsonaro aims to rule with 'bull, bullet and bible' bloc." *Financial Times.* Disponível em: https://www.ft.com/content/611f150e-cb51-11e8-b276-b9069bde0956

Shimer, David. *Rigged: America, Russia, and One Hundred Years of Covert Electoral Interference.* Vintage, 2021.

Silverstone, R. (2007). *Media and morality: On the rise of the mediapolis.* Cambridge, UK: Polity Press.

Spohr, D. (2017). Fake news and ideological polarization: Filter bubbles and selective exposure on social media. *Business information review, 34*(3), 150-160.

Tardáguila, C.; Benevenuto, F. & Ortellado, P. (17 de agosto, 2018). "Fake News Is Poisoning Brazilian Politics. WhatsApp Can Stop It." *New York Times.* Disponível em: https://www.nytimes.com/2018/10/17/opinion/brazil-election-fake-news-whatsapp.html.Taylor,TinaLynn.2012.

Vaidhyanathan, S. (2018). *Antisocial Media: How Facebook disconnects us and undermines democracy.* Oxford University Press.

Zittrain, J. (2008). *The future of the internet--and how to stop it.* Yale University Press.

Zittrain, J. (2 de outubro, 2019). Three Eras of Digital Governance. *SSRN.* Disponível em: https://dx.doi.org/10.2139/ssrn.3458435.

LÉLIA GONZALEZ E O HACKTIVISMO EM *PRETUPIGUÊS*: POR UMA AMEFRICANIZAÇÃO PINDORÂMICA DOS ALGORITMOS

Deivison Faustino

Walter Lippold

1. O QUE LÉLIA GONZALEZ TEM A VER COM AS BIG TECHS E ALGORITMOS?

Os estudos hacker-fanonianos nascem da encruzilhada entre o pensamento-vivo de Frantz Fanon e o hacktivismo, para efetivar uma crítica ao *colonialismo digital*, à *acumulação primitiva de dados* e ao fenômeno da *racialização codificada* (Faustino & Lippold, 2023a). Para além da crítica teórica, é urgente erigir uma práxis insurgente e coletivista oriunda da pedagogia hacker (Menezes, 2018), presente no movimento do software livre. Como lembram Gomes, Nunes e Santiago (2023), as linguagens e protocolos são sistema de códigos que incorporam contradições sociais e visões de mundo. Por essa razão, destaca-se a necessidade não apenas de atualizar as premissas desse movimento em um mundo monopolista, onde até o conhecimento livre ou *open source* são expropriados pelas *Big Techs*, mas sobretudo, a urgência de um hacktivismo antirracista, antisexista, anticapacitista, anti-cistema, anticapitalista e, portanto, anticolonial, aberto as diferentes perspectivas indígenas, negras, ribeirinhas, afrorreligiosas e quilombolas, surdas, entre outras.

Para tal, impõe-se como incontornável, um pensamento e um movimento que articule as dimensões políticas, econômicas, estéticas, epistêmicas e subjetivas da luta por uma outra tecnologia digital. É, precisamente, nesse aspecto que o diálogo entre o hacktivismo e o pensamento antirracista radical de autores como Frantz Fanon e Lélia Gonzalez parece profícuo.

O atual estágio de acumulação capitalista, pauta-se pela articulação violenta entre a mais alta tecnologia e a mais baixa condição de vida. A contradição entre produção coletiva e apropriação privada se intensifica sob a égide do capital em sua ubiquidade mundial, atualizando a máxima cyberpunk do ***low life high tech*** em um cenário distópico, dominado por grandes corporações tecnológicas. A vida é o substrato da arte, mas em termos de distopias --como as provenientes da literatura cyberpunk-- obras da década de 1980 como Neuromancer de William Gibson, trouxeram à tona aspectos fundamentais para pensar as projeções sobre cibercultura e ciberespaço. À essa violência, em suas múltiplas mediações e iterações, desenvolvimento e historicidade, mas, sobretudo, à distribuição desigual dessa violência ao redor do globo terrestre, chamamos ***Colonialismo Digital***. Este não é uma nova fase do capitalismo e muito menos a sua superação ou regresso neo-feudal, mas a expressão tecnopolítica do ***neocolonialismo tardío*** (Yeros & Jha, 2020).

O sociólogo sul-africano Michael Kwet (2021) descreve o colonialismo digital como o uso da tecnologia para a dominação política, econômica e social de outra nação ou território. Argumenta que o desenvolvimento tecnológico, tanto em sua dimensão infraestrutural, em termos de ***hardware***, ou no desenvolvimento de ***softwares*** e plataformas, atualizam e intensificam as antigas lógicas e rotas coloniais, consolidando "uma divisão desigual de trabalho, onde os poderes dominantes fizeram uso das suas propriedades de infraestrutura digital, conhecimento e controle dos meios de computação para manter o Sul em uma situação de dependência permanente" (Kwet, 2021). Mas agora, "economicamente, a manufatura caiu na hierarquia do valor, e foi substituída por uma economia de alta tecnologia avançada, em cujo comando as firmas de big tech estão firmemente instaladas" (Kwet, 2021).

Nesta senda, é válido destacar a distribuição desigual do desenvolvimento tecnológico e, sobretudo, das violências que lhes são implícitas. O coração gelado do colonialismo digital segue, como há muito tem sido, o trabalho abstrato e o valor, valorizando-se ***ad infinitum*** ainda que sob o custo da ampliação das desigualdades, generalização das guerras e devastação ambiental. Mas agora, novos e velhos meios de exploração, expropriação e dominação canibalizam o conjunto dos esforços, técnicas, desejos e saberes humanos em benefício dos grandes monstros monopolistas de nosso tempo: as ***Big Techs***.

A fórmula é antiga, mas diante das dificuldades de criação do verdadeiramente novo, os velhos monstros se renovam e sofisticam a sua aparição a um novo patamar de agressividade:

> Havia, com o imperialismo, diversos motores cada qual com sua força e alcance próprios: o motor francês, o motor inglês, o motor alemão, o motor português, o belga, o espanhol, etc; que eram todos motores do capitalismo, mas empurravam as máquinas e homens segundo ritmos diferentes, modalidades diferentes, combinações diferentes. Hoje há um motor único que é, exatamente, a mencionada mais valia universal (Santos, 2001:29)

Trata-se de corporações, especialmente sediadas no Vale do Silício --mas também, na China e em outros eixos geopolíticos-- que, juntas, valem mais de 10 trilhões de dólares. Das dez empresas mais poderosas do mundo, apenas duas (Aramco, Hathaway) não atuam diretamente ou indiretamente no ramo **digital**. As ***Big Five*** (Apple, Amazon, Alphabet, Microsoft e Facebook) somaram quase 900 bilhões em receita em 2019. Este faturamento cresceu 25% em relação ao período anterior à pandemia (Shimabukuro, 2021) e, curiosamente, entraram em crise logo após o fim das restrições à circulação de seres humanos pelo globo, levando o mercado digital a uma notável desaceleração de investimentos e volumosas demissões.

Suas características incluem, a emergência de uma nova partilha territorial do globo terrestre entre as big techs: uma divisão internacional do trabalho que consolida o norte global como detentor do monopólio de infraestruturas tecnológicas, enquanto reduz o chamado Sul global a mero fornecedor de ***commodities*** tangíveis para alimentar a indústria do ***hardware***, e consumidor de tecnologias produzidas no norte. Mas há algo novo em tela. O colonialismo digital se desdobra em uma de suas facetas mais "inovadoras", o extrativismo não menos colonial de dados dos usuários das plataformas digitais em um processo que pode ser nomeado como ***colonialismo de dados*** (Couldry & Mejias, 2019).

Os usuários dessa internet cada vez mais privatizada participam, muitas vezes sem saber, de um processo crescentemente invasivo de extração e processamento de dados. A ideologia dataísta reforça a crença de que a experiência humana é redutível àquilo que pode ser mensurado e prospectado estatisticamente (Dijck, 2014). Fato é que a datificação permite a criação de novos modelos de negócio e dispositivos de predição de comportamento. Em referência à violência originária que viabilizou as primeiras formas de expropriação capitalista, temos nomeado esse extrativismo como *acumulação primitiva de dados* (Lippold & Faustino, 2022).

O colonialismo de dados (Silveira, 2021), é uma das tendências do colonialismo digital. Esta tendência particular merece destaque por ser responsável por uma subsunção cada vez maior e mais violenta da vida humana em todas suas esferas. Os avanços tecnológicos oriundos da terceira fase da revolução industrial, ofereceram novas possibilidades de apropriação dos tempos de trabalho, em um processo nomeado por Ferrari (2012) como *fabricalização da cidade*. As ruas da cidade têm sido reconfiguradas em grandes esteiras produtivas, operacionalizadas pelo *just in time* informacional-gerencial, que permite a sincronização do tempo e espaços urbanos. Como já alertava Milton Santos:

> A unicidade do tempo não é apenas o resultado de que, nos mais diversos lugares, a hora do relógio é a mesma. Não é somente isso. Se a hora é a mesma, convergem, também, os momentos vividos. [...] a operação planetária das grandes empresas globais vai revolucionar o mundo das finanças, permitindo ao respectivo mercado que funcione em diversos lugares durante o dia inteiro. O tempo real também autoriza usar o mesmo momento a partir de múltiplos lugares, e todos os lugares a partir de um só deles. E, em ambos os casos, de forma concatenada e eficaz (Santos, 2001:28)

Nessa violenta convergência de momentos, a organização da vida social torna-se atrelada ao tempo de rotação do capital que coloniza e subsume a vida humana em todas suas manifestações econômicas, subjetivas, psicológicas, estéticas e políticas. Mas com a emergência das Big Techs e do Big Data, a escala e abrangência dessa convergência avançam a novos estágios.

A *acumulação primitiva de dados* busca capturar, quantificar e processar dados da experiência e da subjetividade humana, em prol do marketing segmentado, da economia da atenção, do uso de big data e data science para criar *psicoperfis* de consumo, visando a entrega de publicidade segmentada com micro-direcionamento. Não se trata, aqui, de uma simples alteração dos ritmos de vida ou mesmo da percepção humana pela introdução de novas tecnologias, como poderia se presumir, mas, sim, da manipulação intencional da cognição humana por grandes corporações empresariais a partir dessas tecnologias com vistas à ampliação da acumulação de capitais.

Aqui reside um paradoxo. Se por um lado, como nos lembra Mbembe (2018) a desumanização própria a qualquer colonialismo é, no contexto do colonialismo de dados, universalmente experienciada --todos estamos sujeitos às suas garras reificantes-- , por outro lado, como nos lembra Lélia Gonzalez, essa violência não é igualmente distribuída, nem em termos de uma divisão internacional do trabalho, nem em termos de clivagens sociais presentes no interior de um mesmo Estado Nação. Na primeira e menos conhecida fase de sua produção, Gonzalez se dedicou a entender o papel do racismo e do sexismo na distribuição desigual da violência em um país de capitalismo dependente como Brasil onde "não ocorreram transformações estruturais no setor agrário (que permitiriam o crescimento industrial)", o que resultou na formação racializada "de uma massa marginal, de um lado, assim como a dependência neocolonial e a manutenção de formas produtivas anteriores" (Gonzalez, 2020:25)

Como nos ensinou Fanon ao longo de sua obra, não há capitalismo sem colonialismo, que por sua vez depende da manutenção ou atualização de diferentes formas de negação de humanidade para se reproduzir como violência iterativa. Há um princípio de retroalimentação entre capitalismo e colonialismo, onde o racismo se sofistica, desde a sua versão religiosa (Maldição de Cam), passando pela pseudociências da raciologia, craniometria, frenologia e todo tipo de eugenia e lombrosismos (Fanon, 1980; 2021). Com as pesquisas pioneiras do pensador brasileiro Tarcízio Silva (2020), sobre o racismo algorítmico, pudemos articular a noção de racialização codificada, um dos pilares do colonialismo digital.

A perspectiva hacker-fanon-gonzaliana que orienta a presente proposta, nos posiciona no interior do debate sobre os chamados "capitalismo de vigilância", "capitalismo informacional", "capitalismo de plataforma", "capital-informação", "capitalismo digital", "modo de produção informacional", "modo de produção vetorial" e "Tecnofeudalismo", a partir de uma abordagem crítica radical antirracista, antisexista e anticapitalista atenta às *novas* morfologias do trabalho e de suas respectivas formas de controle, reprodução e insurgência, mas, ao mesmo tempo, ciente das permanências econômicas e sociais das velhas e ainda vigorosas tendências mais gerais da acumulação capitalista. Tendências às quais o racismo e o sexismo são indissociáveis.

Como afirmamos antes, o colonialismo digital não é uma nova fase do capitalismo, mas uma tendência objetiva do atual estágio de acumulação capitalista pautada pela captura cada vez maior do trabalho, subjetividade e criatividade humana às lógicas do capital através ou em função das tecnologias digitais. Nem o ócio, a sexualidade ou mesmo a militância política escapam à submissão, cada vez maior, aos rituais de monetização e domesticação digital: tudo se converte em produto de entretenimento segmentado da economia da atenção. Até a crítica ao capitalismo de vigilância ou de plataforma, ao extrativismo de dados ou a racismo algoritmos se tornam produtos comerciais vendidos na plataforma de streaming de sua preferência. Lugar desterritorializado, mas dotado de infra-estruturas físicas e capital bastante tangíveis, onde você pode assistir uma série que critica a própria plataforma. Um *Big Brother* em que descobrimos que o Truman somos nós.

Ao mesmo tempo, empresas bilionárias com mais poder econômico que a maioria dos países, financiam, de maneira bastante tímida e econômica, ações de incentivo à participação de pessoas negras e mulheres na tecnologia ou estendem a conectividade para algumas comunidades indígenas isoladas na Amazônia ou de algum país africano. No entanto, a benevolência que lembra as aspirações civilizadoras do "fardo do homem branco" se confirmam e atualizam em uma espécie de *fardo do nerd branco* (Faustino & Lippold, 2023b) ao constatarmos que as antenas estavam, na verdade, servindo ao garimpo ilegal que envenena rios e pessoas para abastecer com ouro a indústria de hardwares digitais.

A pergunta que fazemos neste artigo é: como organizar uma resistência hacktivista atenta não apenas ao racismo, ao sexismo e às diversas mediações que compõem o colonialismo digital no atual estágio de acumulação capitalista mas, sobretudo, às heranças de luta negras e indígenas? É, como veremos, diante desse desafio, que propomos um hacktivismo fanoniano e amefricano.

2. O LEGADO DE FRANTZ FANON PARA O HACKTIVISMO

Frantz Omar Fanon, psiquiatra e intelectual orgânico da Revolução Argelina, propôs, em pleno processo revolucionário, a apropriação anticolonial de técnicas e tecnologias sociais introduzidas pelos franceses na Argélia e analisou, de modo visionário, o uso da tecnologia de comunicação pelos colonialistas e como os revolucionários na sua luta anticolonial, antropofagicizaram dialeticamente esses aparatos e redes eletrônicas de comunicação, no caso da Argélia, o rádio, tomando-os como seus. Fanon, portanto, foi um dos primeiros pensadores a analisarem a dialética da dominação e libertação, através da descolonização da tecnologia de comunicação.

O que fazer com os conhecimentos e tecnologias impostos violentamente pelo colonizador aos colonizados? Se este conhecimento não chegou às colônias, apenas para ampliar as capacidades produtivas, mas, sobretudo, para subsidiar a proibição, inferiorização e estigmatização dos saberes e das visões de mundo nativas que pudessem representar obstáculo à ordem colonial, não seria mais prudente ao colonizado rejeitar esses saberes e reivindicar os saberes anteriores ao colonialismo? Ou, ao contrário, provar ao branco racista que pode ser mais moderno que ele, ostentando o seu domínio nas artes às quais não esperava que ele fosse capaz? Veremos que para Frantz Fanon, os dois conjuntos de questões expressam um falso dilema por faltar-lhe, exatamente, a dialética.

Em seu trabalho pioneiro, o Professor Ivo Queiroz (2013) pesquisou as contradições e possibilidades da tecnologia, apresentando Frantz Fanon como um dos fundadores das CTS - Estudos sobre Ciência, Tecnologia e Sociedade do ponto de vista dos interesses sociais. No pensamento fanoniano, afirma Queiroz (2013), são fartas as referências ao lugar político das tecnologias nos processos de dominação colonial. Do uso colonial das ciências médicas para a estigmatização da cultura autóctone até o emprego de técnicas agrícolas (*plantation*) voltadas à produção e exportação de commodities, da participação da psiquiatria no desenvolvimento de técnicas de tortura até a introdução do rádio como forma de desmantelar a cultura mulçumana, Fanon problematiou com bastante cuidado a função colonial da tecnologia no contexto da dominação europeia, recusando qualquer pretensão à uma ciência ou tecnologia neutras.

No entanto, observa Queiroz, a proposta de libertação empreendida por Fanon não perdia de vista o caráter humano-genérico de tudo aquilo que é produzido pelo trabalho, onde se inclui a tecnologia. Isso significa que a luta pela emancipação, em Fanon, não é do colonizado em um casulo identitário e, muito menos, o seu retorno à um glorioso passado mítico mas, sim, a morte do colonizador e do colonizado enquanto tais, o que implica o reconhecimento de si, enquanto partícipe da generalidade humana. Neste esforço, não se trata de refutar ou adorar a tecnologia mas sim, de colocar "a ciência e a tecnologia a serviço da emancipação" (Queiroz & Queluz, 2011:124).

Vemos também no capítulo *Aqui a Voz da Argélia* da obra *L'an V de la révolution algérienne* (Fanon, 1976) que em contra ataque ao uso caliban do rádio, os colonizadores proibiram a venda de rádios e de pilhas, já que esta tecnologia de comunicação se tornou, de um aparato de reprodução do colonialismo, uma arma midiática nas mãos do colonizado em luta. "Desde 1956, a aquisição de um radiorreceptor na Argélia não significa a adesão a uma técnica moderna de informação, mas sim o único meio de entrar em contato com a Revolução e viver com ela" (Fanon, 1976:63). Os franceses além destas proibições, começam uma guerra eletrônica, que Fanon chamou de "batalha das ondas", para interferir nas transmissões da *Voz da Argélia Combatente*. Neste sentido,

> O instrumento técnico, o aparelho de rádio, perde quase magicamente --embora tenhamos visto a progressão harmônica e dialética das novas necessidades nacionais-- seu caráter de objeto do inimigo. O rádio-receptor deixa de ser parte do arsenal de opressão cultural do ocupante. Ao converter-se a rádio em um meio singular de resistência frente às cada vez maiores pressões psicológicas e militares do ocupante, a sociedade argelina, por um movimento autônomo interno, decidiu apropriar-se(da nova técnica e incorporar a si nos novos sistemas de comunicação atualizados pela Revolução. (Fanon, 1976:63-64, tradução livre).

Fanon, portanto, foi um dos primeiros pensadores a analisarem a dialética da dominação e libertação, através da descolonização da tecnologia de comunicação. Fanon descreve diversas tecnologias colonialistas para tentar neutralizar as ondas da rádio argelina: os franceses usavam técnicas de *jamming*, guerra de ondas para empastelar eletronicamente a transmissão, obrigando os emissores serem redirecionados a outra frequência. A Revolução Argelina foi um grande laboratório de práticas de descolonização da linguagem, da tecnologia e da técnica. Experiências com mídia revolucionária[1], zines produzidos por guerrilheiros, jornais produzidos por um sujeito coletivo anônimo, na qual Fanon estava inserido. Em ***Sociologia de uma Revolução,*** Fanon argumenta que a dialética da descolonização ocorre até mesmo no uso da língua do colonizador. Em *Pele Negra Máscaras Brancas*, já havia alertado que adotar a língua do colonizador significava também adotar o mundo cultural da metrópole. Mas com o fortalecimento do uso de radiodifusão pela FLN, A Voz da Argélia Combatente era transmitida em árabe, em francês e em kabylie.

Fanon nos ensina que o horizonte anticolonial não estava nem na recusa e nem na recepção passiva das tecnologias coloniais mas sim, na sua calibanização[2] em direção à uma emancipação humana desracializante, permitindo ao colonizado se reconhecer como parte da totalidade humano-genérica. Reconhecimento esse, alcançado apenas com a morte objetiva --e subjetiva-- do colonialismo. A tarefa colocada não é a de demonizar ou endeusar as redes e plataformas, mas explicitar o seu caráter social e historicamente determinado, isso implica dizer que o problema não é o aprendizado de máquinas ou a chamada inteligência artificial, em si, mas sim os sentidos pelo qual são projetados e, sobretudo, os usos que lhe atribuirmos.

Ao mesmo tempo, Fanon sabia que a descolonização não pode ser completa e bem sucedida se não abalasse "as raízes carcomidas do edifício" capitalista (Fanon, 2020). Enquanto estivermos no capitalismo, não haverá saída para o colonialismo digital. A descolonização da tecnologia implica a necessária descolonização de toda a sociabilidade, fato que só é possível em uma ordem societária que não subsuma (colonize) a tecnologia à valorização do valor. No entanto, a crescente violência implícita à essa fase destrutiva da produção capitalista exige que não esperemos uma possível revolução para pensar nas mediações particulares da exploração --como é o caso do colonialismo digital-- mas que

1 Sobre circulação de ideias, mídia, jornais e zines na Revolução Argelina ver Lippold (2023).

2 Sobre a calibanização empreendida por Fanon, ver Faustino (2021).

encaremos o mundo em sua concretude, contradições e possibilidades de insurgência.

Isso significa tomar partido de tarefas que, embora não sejam revolucionárias, em um sentido mais radical, são urgentes para defender os mais explorados e oprimidos da ofensiva capitalista ou estratégico para avançarmos em uma luta pela edificação de outra ordem societária. É fundamental que, mesmo denunciando os limites, tomemos posição diante de questões como a regulação das plataformas e da inteligência artificial, soberania digital, entre outros. Nesse sentido, o trabalho de Lélia Gonzalez se apresenta como incontornável.

3. POR UM HACKTIVISMO EM PRETUPIGUÊS

Nos caminhos para compreender o processo de calibanização anticolonial, nos encontramos nas encruzas do conhecimento, com os estudos da Bianca Kremer Corrêa (2021) que defende uma amefricanização da tecnologia, partindo do pensamento de Lélia González.

> Lélia propõe o termo amefricanos para designar todos os que sofreram a experiência do negro fora da África no Novo Mundo, cuja vivência não se limita à dos africanos em diáspora com o tráfico negreiro, mas estende-se aos povos que estavam na América muito antes da colonização: os povos originários de te todos os países colonizados. A categoria político-cultural da amefricanidade surge como proposta de rompimento e autodefinição, servindo como principal marco teórico do presente trabalho: de um lado, o (necessário) rompimento com a herança colonial na tradição de pensamento do Direito e da concepção de desenvolvimento tecnológico. De outro lado, a autodefinição, que permite a mobilização da linguagem no Direito, no âmbito os direitos existenciais, a partir do atingimento de uma consciência efetiva de si por descendentes de africanos." (Corrêa, 2021: 18-19).

Amefricanidade é um conceito cunhado por Lélia Gonzalez[3], partindo da noção de Améfrica Ladina que foi sugerido por M.

3 "Este texto resulta de uma reflexão que vem se estruturando em outros que o antecederam 1 e que se enraíza na retomada de uma ideia de Betty Milan desenvolvida por M. D. Magno. 2 Trata-se de um olhar novo e criativo no enfoque da formação histórico-cultural do Brasil que, por razões de ordem geográfica e, sobretudo, da ordem do inconsciente, não vem a ser o que geralmente se afirma: um país cujas formações do inconsciente são exclusivamente europeias, brancas. Ao contrário, ele é uma América Africana cuja latinidade, por inexistente, teve trocado o T pelo D para, aí sim, ter o seu nome assumido com todas as letras: Améfrica Ladina (não é por acaso que a neurose cultural brasileira tem no racismo o seu sintoma por excelência). Nesse contexto, todos os brasileiros (e não apenas os

D. Magno (1980). O termo *América-Africana* foi criado por Betty Milan. Ladino[4], era a palavra utilizada para designar o escravizado africano que já estava ambientado na sociedade brasileira escravista colonial, mas essa ambientação não significava somente as violentas internalizações do racismo colonial, ela também era resistência, recriação e reelaboração da cultura africana nas Américas.

> Quando se lêem as declarações de um Dom Avelar Brandão, Arcebispo da Bahia, dizendo que a africanização da cultura brasileira é um modo de regressão, dá prá desconfiar. Porque afinal de contas o que tá feito, tá feito. E o Bispo dançou aí. Acordou tarde porque o Brasil já está e é africanizado. M. D. Magno tem um texto que impressionou a gente, exatamente porque ele discute isso. Duvida da latinidade brasileira afirmando que este barato chamado Brasil nada mais é do que uma América Africana, ou seja, uma Améfrica Ladina. Prá quem saca de crioulo, o texto aponta prá uma mina de ouro que a boçalidade europeizante faz tudo prá esconder, prá tirar de cena." (Gonzalez, 2021).

Gonzalez (2020) pesquisou e experienciou[5] os hibridismos culturais afrodiaspóricos chegando a conclusão que no Brasil

"pretos" e os "pardos" do IBGE) são ladino-amefricanos . Para um bom entendimento das artimanhas do racismo acima caracterizado, vale a pena recordar a categoria freudiana de denegação (Verneinung): "Processo pelo qual o indivíduo, embora formulando um de seus desejos, pensamentos ou sentimentos, até aí recalcado, continua a defender-se dele, negando que lhe pertença". 3 Enquanto denegação de nossa ladino-amefricanidade, o racismo "à brasileira" se volta justamente contra aqueles que são o testemu nho vivo da mesma (os negros), ao mesmo tempo que diz não o fazer ("democracia racial" brasileira). Para melhor entendimento dessa questão, numa perspectiva lacaniana, é recomendável a leitura do texto brilhante de M. D. Magno." (Gonzalez, 2020:115)

4 Boçal era chamado o cativo recém-chegado da África e crioulo eram aqueles nascidos em terras brasileiras. Mas o termo ladino parece apontar mais para uma dimensão de impureza ou aculturação cultural. Embora os dicionários ofereçam sentidos diversos e até contraditórios ao termo, variando de aculturado, enganador ou esperto, o termo também é atribuído à língua "materna" dos judeus Sefaradim que viviam no contexto do Império Otomano. A língua ladina mistura espanhol com hebraico, árae, grego, turco, francês e português.

5 "Graças a um contato crescente com manifestações culturais negras de outros países do continente americano, tenho tido a oportunidade de observar certas similaridades que, no que se refere aos falares, lembram o nosso país. É certo que a presença negra na região caribenha (aqui entendida não só como a América Insular, mas incluindo a costa atlântica da América Central e o norte da América do Sul) modificou o espanhol, o inglês e o francês falados na região (quanto ao holandês, por desconhecimento, nada posso dizer). Ou seja, aquilo que chamo de "pretuguês" e que nada mais é do que marca de africanização do português falado no Brasil (nunca esquecendo que o colonizador chamava os escravos africanos de "pretos", e de "crioulos" os nascidos no Brasil) é facilmente constatável sobretudo no espanhol da região caribenha. O caráter tonal e rítmico das línguas africanas trazidas para o Novo Mundo, e também a ausência de certas consoantes (como o L ou o R, por exemplo) , apontam para um aspecto pouco explorado da influência negra na formação histórico-cultural do continente como um todo (e isso sem falar nos dialetos "crioulos" do Caribe). Similaridades ainda mais evidentes são constatáveis se o nosso olhar se volta para as músicas, as danças, os sistemas de crenças etc. Desnecessário dizer o quanto tudo isso é encoberto pelo véu ideológico do branqueamento, é recalcado por classificações eurocêntricas do tipo "cultura popular", "folclore nacional" etc. que minimizam a importância da contribuição negra." (Gonzalez, 2020: 115-116)

se fala o pretuguês, o produto da calibanização da língua do colonizador. O pretuguês, assim como o *kriolu* cabo-verdiano ou outras hibridações e recriações da linguagem, são frutos de um fenômeno de resistência cultural dos colonizados a partir da recusa da assimilação linguística. Como afirmamos em outro lugar:

> Na contramão de autores como Gilberto Freyre e Sérgio Buarque de Holanda, que identificavam uma certa ambiguidade na colonização portuguesa, supostamente marcada pela cordialidade e assimilação da cultura latina, Gonzalez destaca a violência desse projeto assimilacionista enfatizando, no entanto, a subversão negra e indígena diante dele. Para ela, não falamos português, mas sim o *pretuguês*, forjado na calibanização da língua e dos signos coloniais, torcendo e até frustrando o projeto de latinização das Américas. Tal como Calibans insurgentes contra os prósperos colonizadores, forjou-se ambiguamente uma sociabilidade ladina e, portanto, amefricanizada. A proposição amefricana de Bianca Kremer Corrêa para as novas tecnologias digitais, fortalece a crítica hacker-fanoniana ao nos inspirar a lutar por uma humanidade digital em pretuguês (Faustino & Lippold, 2023b: 140).

Lélia Gonzalez (2021) não se deteve somente nas questões ligadas às resistências culturais e linguísticas, mas compreendeu a origem do racismo colonial latino-americano, no laboratório ibérico pós invasão cristã do Al Andalus. As estruturas de compartimentação, controle e dominação das populações mouras --posteriormente mudejáres e mouriscas-- e sefarditas, utilizadas pelos invasores cristãos do Al Andalus, marcaram o racismo colonial ibérico nas Américas[6]. Ao mesmo tempo, dedicou grande destaque à tripla invisibilidade que recai sobre a intelectualidade das mulheres negras (Barros, 2021).

Um aspecto importante a ser considerado, nesse lexo gonzaliano, é a foraclusão indígena nessas resistências linguísticas. Longe de propor um debate sobre a presença das diversas línguas indígenas nos falares do Brasil, nos interessa reco-

6 "[...]Por aí se entende por que o racismo por denegação tem, na América Latina, um lugar privilegiado de expressão, na medida em que Espanha e Portugal adquiriram uma sólida experiência quanto aos processos mais eficazes de articulação das relações raciais. [...]Sabemos que as sociedades ibéricas se estruturam a partir de um modelo rigidamente hierárquico, onde tudo e todos tinham seu lugar determinado (até mesmo o tipo de tratamento nominal obedecia às regras impostas pela legislação hierárquica). Enquanto grupos étnicos diferentes e dominados, mouros e judeus eram sujeitos a violento controle social e político. As sociedades que vieram a constituir a chamada América Latina foram as herdeiras históricas das ideologias de classificação social (racial e sexual) e das técnicas jurídico-administrativas das metrópoles ibéricas. Racialmente estratificadas, dispensaram formas abertas de segregação, uma vez que as hierarquias garantem a superioridade dos brancos enquanto grupo dominante. A expressão do humorista Millôr Fernandes, ao afirmar que "não existe racismo no Brasil porque o negro conhece o seu lugar", sintetiza o que acabamos de expor." (Gonzalez, 2020: 118-119).

nhecer e visibilizar as tecnologias pindorâmicas de resistência anticolonial e, sobretudo, de resposta a diferentes aspectos da vida. Aqui, a noção de conexões ou confluências afropindorâmicas, proposto por Antônio Bispo do Santos (2020), nos parece bastante oportuna, ainda que nos diferenciamos relativamente de algumas de suas conclusões a respeito das contradições sociais contemporâneas. Como defendem Gomes e colaboradoras a respeito das contribuições de Gonzalez às tecnologias:

> o Pretuguês Tecnológico é um exercício de imaginação para desenvolvermos uma outra linguagem computacional carregada de ancestralidade. Para o Pretuguês Tecnológico, a gente tem que entender que a luta contra o racismo é coletiva e que muitas vieram antes de nós para que possamos ter orgulho de falar Pretuguês [...] Nessa proposta, a linguagem do Pretugês TEcnológico ajudaria a criar uma receita para a transformação da humanidade, livre de racismo e sexismo, da homofobia, transfobia e todas as outras opressões (2023: 27).

Acreditamos, no entanto, na necessidade de defender um hacktivismo (anticapitalista) em pretupiguês na direção de algoritmos afro-pindorâmicos que não percam de vista a dimensão econômica do racismo algorítmico. O que não é sequer concebível no contexto de unicidade da técnica (Santos, 2001) imposto pelas Big Techs. Daí a importância de transcender um olhar mais culturalista e exotificante das diferenças culturais na direção de uma crítica da economia política que capte a articulação entre colonialismo, racismo e sexismo no complexo de complexos sócio-metabólicos do capital em seu estágio contemporâneo de acumulação.

À seu tempo e modo, Lélia já estava atenta a isso. Em uma postagem da artista digital Zaika dos Santos (@afrofuturism.as) tivemos contato com uma entrevista de Lélia Gonzalez, onde ela afirmava algo fundamental: "Nós estamos aqui falando de passado, de glórias e derrotas, mas como é que estamos nos colocando em termos de perspectiva de futuro? O ano 2000 está aí, o mundo se automatiza cada vez mais --e nós?" (Gonzalez, 1991: 8-9).

> [...] Temos que nos voltar para dentro dos quilombos e nos organizarmos melhor no sentido de dar um instrumental para esses que vão chegar e vão continuar nosso trabalho. Veja que isso é muito sério, em termos de nossa comunidade, essa ausência de instrumental que lhe possibilite se colocar em pé de igualdade com as populações não-negras, que têm um acesso extraordinário à informação. Você percebe isso nas pequenas

> coisas, como esses videogames da vida. As nossas crianças nem sabem o que é isso, porque elas estão nas ruas, sem escola, vendendo balas. [...] (Gonzalez, 1991: 8-9).

Como versou Mano Brown (2002): "Eu nunca tive bicicleta e vídeo-game, agora quero o mundo igual Cidadão Kane". Vai vendo...

Assim como na experiência revolucionária argelina, nosso objetivo é experimentar, reelaborar, recriar, dentro do espírito hacker brasileiro da gambiarra, por isso nossa proposta de fortalecimento e criação de perilabs, espaços hacker periféricos. Os perilabs podem surgir como núcleos de tecnologias de movimentos sociais, tornando-se espaços periféricos de tecnologia em pretuguês, formação, divulgação científica e tecnológica.

A pensadora brasileira Karina Menezes (2018) foi nossa base para compreender o fenômeno dos clubes hacker e da pedagogia hacker em suas dimensões técnicas, afetivas, ideárias e políticas. A própria história dos clubes hacker no Brasil está ligada a descolonização da tecnologia[7]. Descolonizar a tecnologia e construir um internet em pretuguês é confrontar a ***mission civilisatrice*** em novos moldes ***high-tech***, mas antes de qualquer coisa, é denunciar o fundamento destrutivo das forças produtivas sob o domínio do capital, em todas suas ramificações e capilaridades.

Combater a ***racialização codificada*** e a ***ideologia californiana***, com seus mitos, como o *fardo do nerd branco*, significa também enfrentar o tema da soberania e autodefesa digital. Mais que uma pauta abstrata, a luta passa pela conexão entre organizações que podem nos ensinar novas formas de resistência ao colonialismo digital.

Significa conhecer, fortalecer e participar de movimentos e iniciativas como o Núcleo de Tecnologia do Movimento do

7 "O Bailux pode ser considerado o primeiro hackerspace brasileiro, tendo sua origem por iniciativa de Regis, que se sentiu provocado ao ler um artigo de Hermano Vianna versando sobre microrevoluções nas periferias, software livre, cultura hacker e metareciclagem. Regis inspirou-se em experiências de "puxadinhos" e casas de cultura e contou com o apoio de pessoas ligadas ao movimento Metareciclagem, a exemplo de Felipe Fonseca e Dalton Martins. O Laboratório Bailux - cujo nome é uma junção de Bahia e Linux - contou com a presença de Jurgen Boltz, um hacker do Vale do Silício e o engajamento de três jovens da comunidade local, Paulo Marquês, Léo Lucas e Rafael Nascimento. Ao se estabelecer uma parceria com uma comunidade das comunidades Pataxó da região, foi originada a Varanda Cultural, um espaço tecnológico experimental integrado à cultura Pataxó." (Menezes, 2018: 74)

Trabalhadores Sem-Teto[8], que se organiza como clube hacker de descolonização da tecnologia. Significa conhecer e apoiar as experiências da Casa de Cultura Tainã e da Rede Mocambos[9], que unem quilombolas, artistas, indígenas em prol da comunicação e circulação de ideias (Fellner, 2020) bem como as diversas iniciativas digitais propostas por mulheres negras como a marcha de mulheres negras online (Barros, 2021) e o ciberativismo de mulheres negras (Campos, 2021). Surgem alternativas de resistência à precarização do trabalho como a proposta do Digilabour plasmada no Observatório de Cooperativismo do Plataforma[10] e formação de sindicatos de trabalhadores das big techs.

São experiências que encorajam uma prática social emancipadora de uma afropindoramização da tecnologia, uma internet em pretupiguês! Mas é preciso mais. Enquanto a unicidade das técnicas digitais, tanto em sua dimensão física quanto lógica e política, estiverem subsumidas à lógica de valorização do valor, veremos não apenas o apagamento colonial das diferenças culturais e linguísticas dos povos mas, sobretudo, a ameaça real às condições de reprodução da vida humana.

Não basta trocar carro à gasolina por um elétrico, se ambos continuam sendo saídas individuais para locomoção, em cidades cada vez mais hostis à vida. Não basta o crédito de carbono, se ele é obtido sob o monopólio econômico e monocultural que devasta territórios indígenas e quilombolas. Não basta substituir cédula de papel por criptomoeda, se a eletricidade necessária para a mineração de blocos digitais ou mesmo para o funcionamento das diferentes tecnologias de inteligência artificial, vai demandar cada vez mais a destruição climática.

É necessário dar o papo reto aqui, como propunha Gonzalez, quando se fala em ***high tech low life*** e dizer comé que a gente fica, se a lógica destrutiva do capitalismo seguir sendo a tônica que orienta o desenvolvimento infraestrutural e algoritmo das tecnologias digitais. A gente, que é considerado o lixo da história, pra afropindoramizar os algoritmos e o mundo, vai ter

8 Ver Núcleo de Tecnologia do MTST (n.d.), recuperado de: https://nucleodetecnologia.com.br/.

9 Ver Rede Mocambos (n.d.), recuperado de: https://mocambos.net/tambor/pt.

10 Ver Cooperativismo de Plataforma (n.d.), recuperado de: https://cooperativismodeplataforma.com.br/.

que ajudar parir outra sociedade ou não haverá futuro para a nossa ancestralidade.

REFERÊNCIAS BIBIOGRÁFICAS

Barros, Thiane Neves. (2020). Estamos em marcha! Escrevendo, agindo e quebrando códigos. In Silva, T. *Comunidades, algoritmos e ativismos digitais: olhares afrodiaspóricos*. São Paulo: Literarua.

Bispo dos Santos, Antônio, & Mayer, Joviano Maia. (2020). Início, meio, início: Conversa com Antônio Bispo dos Santos. *Indisciplinar*, 6(1), 52-69.

Brown, Mano. (2002) Da Ponte pra Cá. Nada como um dia após o outro dia. Racionais.

Campos, Letícia Eli P. (2021) Mulheres negras em ciberativismo produzindo subjetividades Dissertação de Mestrado em Psicologia Social e Institucional, Universidade Federal do Rio Grande do Sul, Porto Alegre/RS]

Coldry, N., & Mejias, U. (2019). The costs of connection: How data is colonizing human life and appropriating it for capitalism. Stanford University Press.

Cooperativismo de Plataforma. (n.d.). Cooperativismo de Plataforma. Retrieved January 12, 2025, from https://cooperativismodeplataforma.com.br/

Corrêa, B. K. N. (2021). Direito e tecnologia em perspectiva amefricana: Autonomia, algoritmos e vieses raciais (Doctoral dissertation, [University], [Department]). Co-orientadora: C. S. Mulholland; Orientadora: M. C. B. de Moraes.

Faustino, D. (2021). A "interdição do reconhecimento" em Frantz Fanon: A negação colonial, a dialética hegeliana e a apropriação calibanizada dos cânones ocidentais. Revista de Filosofia Aurora, 33(59). https://periodicos.pucpr.br/aurora/article/view/28065

Faustino, D., & Lippold, W. (2023a). Colonialismo Digital: Por uma crítica hacker-fanoniana (1st reimpressão). Boitempo Editorial.

Faustino, D., & Lippold, W. (2023b). Que humano é esse das humanidades digitais? Por uma crítica hacker-fanoniana ao fardo do nerd branco. Revista De Teoria Da História, 26(1), 120-143. https://doi.org/10.5216/rth.v26i1.76256

Fanon, F. (1976). Sociologia de una Revolución (V. Flores Olea, Trans.; 3rd ed.). Ediciones ERA S.A.

Fanon, F. (1980). Em defesa da revolução africana. Livraria Sá da Costa Editora.

Fanon, F. (2020) Pele Negra Máscaras Brancas. Tradução Sebastião Nascimento comcolaboração de Raquel Camargo; prefácio de Grada Kilomba; posfácio de Deivison Faustino; textos complementares de Francis Jeanson e Paul Gilroy. Ubu Editora.

Fanon, F. (2021) Por uma revolução africana. Editora Zahar.

Ferrari, T. (2012). Fabricalização da cidade e ideologia da circulação. Outras expressões.

Fellner, A. (2020) Tecnologias Ch'ixi: experiências micropolíticas para descolonizar as tecnologias: o caso da Casa de Cultura Tainã e a Rede Mocambos. Tese. Universidade Tecnológica Federal do Paraná.

Gomes, Viviane Rodrigues, Nunes, Charô, & Santiago, Larissa. (2023). Do Pretoguês Tecnológico à Blogagem Coletiva: a reconstrução de um caminhar tecnológico diante da virtualização da vida. In T. Neves Barros & T. Silva (Orgs.), *Griots e tecnologias digitais* (1^a ed.). Brasília, DF: Instituto Brasileiro de Pesquisa e Análise de Dados - IBPAD: Desvelar.

Gonzalez, Lélia. (1991). Entrevista concedida a Jônatas Conceição da Silva. Jornal do MNU (Movimento Negro Unificado). s. 11, n.19, pp. 8-9, maio/junho de 1991.

Gonzalez, L. (2020). Por um feminismo afro latino americano (F. Rios & M. Lima, Eds.). Editora Zahar.

Gonzalez, L. (2021). Para compreender a "Améfrica" e o "pretuguês." Outras Palavras. https://outraspalavras.net/eurocentrismoemxeque/para-compreender-a-amefrica-e-o-pretugues/

Kwet, M. (2021, March 15). A Ameaça Nada Sutil do Colonialismo Digital. Outras Palavras. https://outraspalavras.net/tecnologiaemdisputa/a-ameaca-nada-sutil-do-colonialismo-digital/

Lippold, W. (2023) Fanon e a Revolução Argelina. 3^a ed. Editora Proprietas.

Lippold, W., & Faustino, D. (2022). Colonialismo digital, racismo e acumulação primitiva de dados. Germinal: Marxismo E educação Em Debate, 14(2), 56-78. https://periodicos.ufba.br/index.php/revistagerminal/article/view/49760

Lippold, W. (2023). Fanon e a Revolução Argelina. 3ª edição. Editora Proprietas.

Magno, M. D. (1980). Améfrica Ladina: introdução a uma abertura (Seminário). Colégio Freudiano do Rio de Janeiro.

Mbembe, A.. (2014). Crítica da Razão Negra. Antígona.

Mbembe, A. (2018). Crítica da Razão Negra. n-1 Edições.

Menezes, K. M. (2018). PIR MIDE DA PEDAGOGIA HACKER =: [vivências do (in)possível] (Doctoral dissertation, Faculdade de Educação, Ufba). https://repositorio.ufba.br/bitstream/ri/27168/3/Kamenezes_P2H_Entrega_RepositorioUFBA.pdf

Núcleo de Tecnologia do MTST. (n.d.). *Inovação, pesquisa e tendências tecnológicas.* Recuperado de https://nucleodetecnologia.com.br/

Queiroz, I. P. de. (2013). Fanon, o reconhecimento do negro e o novo humanismo: Horizontes descoloniais da tecnologia (Doctoral dissertation, Universidade Tecnológica Federal do Paraná, Programa de Pós-graduação em Tecnologia).

Queiroz, I., & Queluz, G. (2011). Presença africana e teoria crítica da tecnologia: Reconhecimento, designer tecnológico e códigos técnicos. In Simpósios Nacionais de Tecnologia e Sociedade.

Rede Mocambos. (n.d.). *Tambor - Tecnologias Ancestrais de Comunicação.* Recuperado de https://mocambos.net/tambor/pt

Santos, Milton. (2001). Por uma outra globalização: do pensamento único à consciência universal (6^a ed.). Rio de Janeiro / São Paulo: Ed. Record.

Shimabukuro, I. (2021, May 18). Receitas das Big Techs Disparam em Virtude da Pandemia do coronavírus. Olhar Digital. https://olhardigital.com.br/2021/05/17/pro/receitas-das-big-techs-disparam-em-virtude-da-pandemia/

Silveira, S. A. da. (2021). A hipótese do colonialismo de dados e o neoliberalismo. In S. A. da Silveira, J. Souza, & J. F. Cassino (Eds.), Colonialismo de dados: Como opera a trincheira algorítmica na guerra neoliberal (pp. 33-51). Autonomia Literária.

van Dijck, J. (2014). Datafication, dataism and dataveillance: Big Data between scientific paradigm and ideology. Surveillance & Society, 12(2), 197-208. https://ojs.library.queensu.ca/index.php/surveillance-and-society/article/view/datafication

Yeros, P., & Jha, P. (2020). Neocolonialismo Tardio: Capitalismo Monopolista em Permanente Crise. Agrarian South: Journal of Political Economy, 9(1).

A LÓGICA VISUAL DO REDEMOINHO: OU COMO A FORMA DA ECONOMIA É RECURSIVA[1]

Erik Bordeleau

(...) A organização nasceu para reagir a um pesadelo de um tempo que se esgarça - para usar suas palavras exatas - espiralando fora de controle. Para o conselho, espirais eram símbolos particularmente repugnantes de imperfeição e volatilidade. Diferente de loops fechados, espirais sempre tem pontas abertas. Isso permite que se espalhem, tornando-as imprevisíveis e contagiosas.

Lemurian Time War (1997-2003), Cybernetic Culture Research Unit (CCRU)

1. A pesquisa que origina esse pequeno ensaio está numa espiral fora de controle. Fazem mais de cinco anos desde que comecei a reunir material sobre modos de narrativas financeiras, redes de economia contributiva e a individuação de localidades digitais. São coisas que tenho discutido, em termos mais gerais, no campo de propostas cosmo-financeiras e, mais recentemente, na *formação animada de ativos*.[2] Essa exploração teórica faz parte de uma aventura ainda maior que busca investigar e, especificamente, projetar ecologias alternativas de financiamento e outras organizações autônomas descentralizadas (DAOS). Esse trabalho de projeção especulativa levou à criação da *Esfera* (www.thesphere.as), uma proposta para de produzir bens comuns regenerativos para as performances artísticas ao vivo. *A Esfera* alcançou sua forma no desenvolvimento de diferentes rituais comunais e protocolos que resistem ao achatamento de valor, indo de encontro ao horizonte do que é apenas economicamente viável. Jogamos com abordagens de *front-end* para navegar o inconsciente positivo -- o *back end* financeiro -- da vida social.

1 Publicado originalmente em: Bordeleau, E. (2024). The Visual Logic of the Swirl or: How the Shape of an Economy is Recursive. *Lo Squaderno, LOOP issue, N.68*, 63-68. https://www.losquaderno.net/?p=2387. Tradução de Samuel Medeiros Andreatta (doutorando em Ciências Criminais da PUCRS). Revisão de Paula Fernanda Failace Antunes de Oliveira (mestranda em Ciências Criminais da PUCRS).

2 Ver Bordeleau (2024).

O verbo "comunar" se refere à ação conjunta de negociar, regular e co-induzir formas de colaboração conjunta com uma expectativa de cuidado mútuo, auxílio e benefícios. Essa definição é inspirada pelo trabalho de Elinor Ostrom, um economista político americano que tem grande influência na construção de DAOs e bens comuns 3.0 por conta de sua pesquisa sobre a governança coletiva de recursos de grupo. A ideia geral é a de que para cuidar bens comuns regenerativos ao invés de entidades voltadas para o lucro, é preciso nos engajar com a forma com a qual sistemas monetários e modelos de negócios realmente funcionam. Precisamos projetar outros tipos de "*feedback loops*" e modos de captura que escapam ao cerco fechado de abstrações econômicas reducionistas e ao armazenamento de valor antissocial. Em outras palavras: precisamos fazer nossas economias "esquisitas" (*weird*) novamente.

Um dos desafios centrais para esfera tem sido criar as condições para um *design* de convívio participativo, reduzindo a distância entre artistas e tecnólogos. O que queremos promover, fazer crescer e cultivar são novos sensos e infraestruturas para bens comuns; novas formas de partilhar e distribuir recursos a nossa disposição para o benefício de todos. Nesse sentido, "comunar" é sempre um exercício em governança e convivência. Ou como o cantor de Calypso de Trinidade e Tobago diz: "como votamos é como festejamos!"

Quando penso na Aventura de convívio criptoeconômica da *Esfera* e a coreografia de valor que colocamos em movimento, lembro-me de uma das atividades favoritas da minha infância, quando criávamos um redemoinho atômico com amigos e família na piscina de nosso quintal suburbano. O protocolo é simples: todo mundo começa a se movimentar na mesma direção, inicialmente devagar, então cada vez mais rápido enquanto a corrente começa a aumentar, levando nossos corpos flutuantes a uma irresistível procissão líquida de verão.

Figura 1. Você não pode estar sozinho num grupo de liquidez!

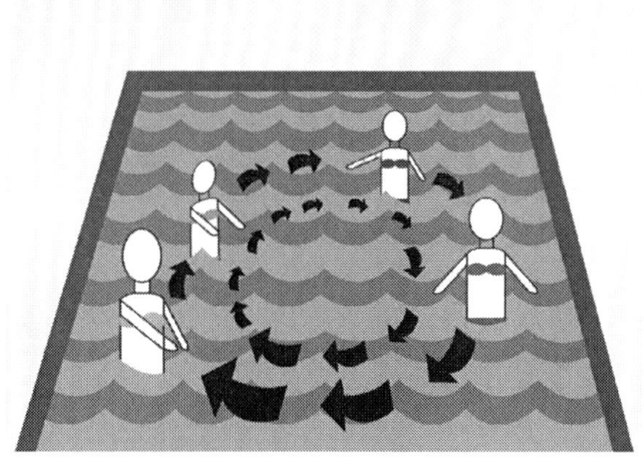

Fonte: Zora (2023c)[3].

Tenho apreço por essa imagem primitiva de um redemoinho coletivo porque exemplifica, em termos de certa maneira irresistíveis, como nos constituímos como um atrator animado para que uma liquidez futura pudesse desembocar na *Esfera*. Ou como gostamos de dizer: você não pode estar sozinho em um agrupamento líquido[4]. Mas o que acontece quando o mundo do circo se encontra com os recursos da *Web3* para criar novas capacidades de financiamento? Em outras palavras: como *A esfera* voltou sobre si mesma em um vetor recursivo e precursivo tecno-social ou uma alma digital?

Incidentalmente, quando tentamos representar visualmente alguns aspectos das coreografias de valor da *Esfera*, os diagramas tendem a assumir a forma de vórtices generativos, ou, como costumamos chamá-los, redemoinhos sintéticos:

3 As imagens incluídas neste ensaio também podem ser consultadas diretamente no Anarquivo da Esfera.

4 N.T Em inglês o termo "liquidity pool", literalmente "piscina de liquidez", no que concerne criptomoedas, se refere a uma coleção de criptomoedas aglutinadas em smart contracts. A referência à piscina faz sentido diante da metáfora utilizada pelo autor, mas optamos pela tradução agrupamento de liquidez, visto que "pool" também significa agrupar, no sentido de "pool resources" (agrupar recursos).

Figura 2. O diagrama de outra forma de contabilidade.

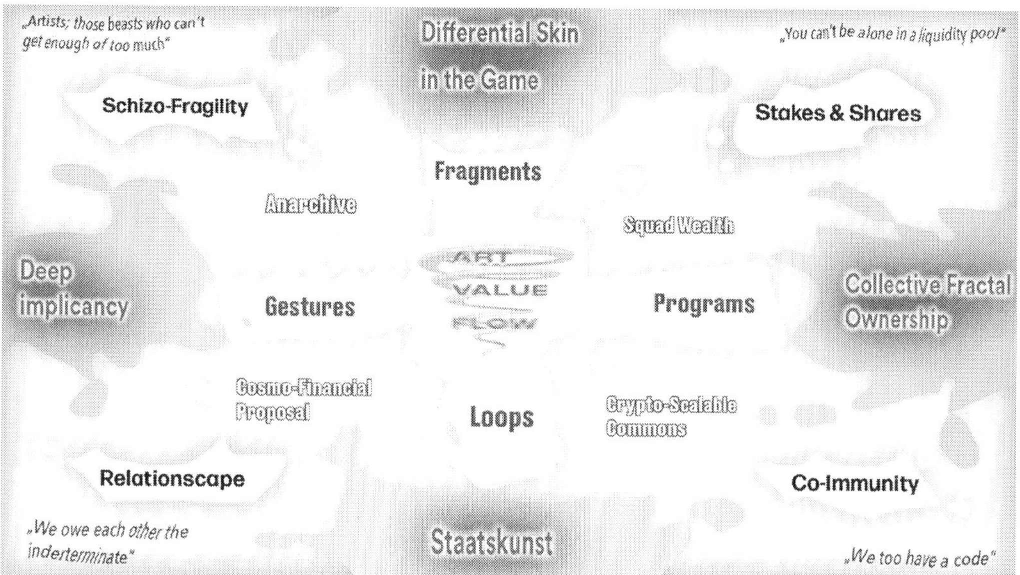

Fonte: Zora (2023a).

Figura 3. Mais arte circense!

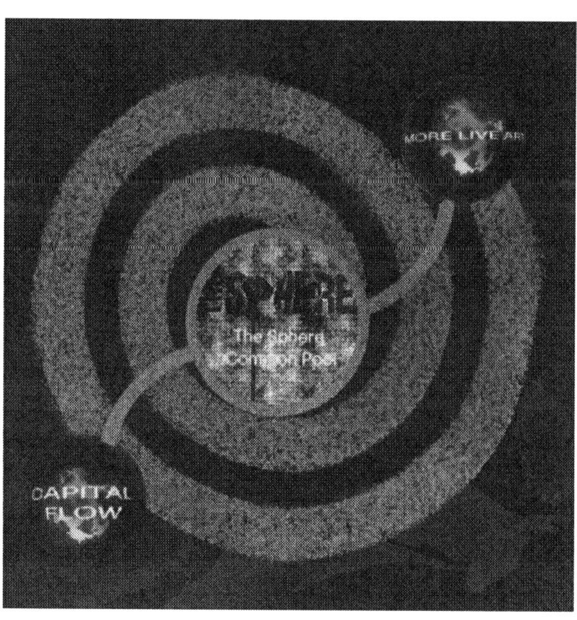

Fonte: Zora (n.d.-c)

Figura 4. O diagrama do ecossistema da esfera

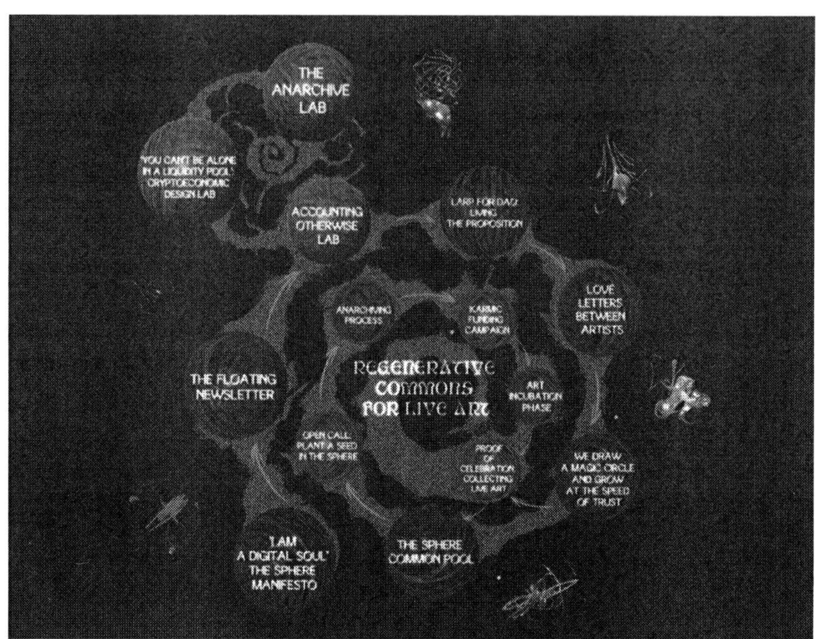

Fonte: Zora (n.d.-b).

No contexto desse artigo, o que gostaria de fazer agora é levar essa lógica visual do redemoinho um pouco mais além e, mantendo com suas incidências econômicas, espiralar em uma tangente que eventualmente irá me levar aos arredores idiotextuais do trabalho tardio de Bernard Stiegler, com a esperança de que me leve de volta.

2. Em *Dark Ecology (2016)*[5], Timothy Morton explica que a palavra *weird* (esquisito) vem do Nórdico antigo "*urth*", que significa enrolado, retorcido, em um *loop*. Ele argumenta a favor de um novo tipo de consciência ecológica - algo que ele chama *ecognosis* --que desafia a causalidade linear e abre uma dimensão estética, nos orientando a um lugar escuro e ressonante onde uma miríade de coisas vem a existir por *loop*:

> A consciência ecológica é esquisita: tem uma forma retorcida, de *loop* (...). A consciência ecológica é um loop porque a interferência humana está em forma de loop, pois sistemas ecológicos e biológicos são *loops*. E, em última análise, isso ocorre pois tudo que existe assume a forma de um *loop*." (Timothy, 2016: 6).

5 NT: Sem tradução para o português.

A acepção de Morton sobre a forma do *loop* atua sobre o paradigma que concerne à forma *ontológica-orientada-por-objetos* para descrever a retirada de objetos para um além da cognição. Esse modo de dramatização filosófica, por mais contestado que seja, é útil quando tratamos de trazer para o primeiro plano um encerramento operacional de sistemas e coisas. Ao destacar paradoxos de autorreferencialidade, especialmente o que ele chama de hiper-objetos, entidades tão massivamente distribuídas no tempo e espaço que desafiam a ideia do que é uma coisa (como o aquecimento global ou radioatividade do plutônio), a concepção de *ecognosis* de Morton se sobrepõe de diferentes maneiras à de "loops estranhos" de Douglas Hofstadter[6] ou o que Gregory Bateson chamou de epistemologia recursiva ou ecológica.

Da perspectiva esquisita da *ecognosis*, a economia aparece como o lugar onde diferentes tipos de organizações e modelos de negócios passam a existir através de *loop*. Modelos de negócios capturam valor esquisitamente. Eles pressupõem algo como um retorno do investimento planejado - algo que faz um *loop* em si mesmo, para o lucro (em francês, a palavra é *revenu*, literalmente algo que retornou). Frequentemente essas operações auto fechadas, são, como Deleuze e Guattari apontaram em Anti-Édipo (1972), intrinsicamente inadmissíveis.[7] Elas acontecem nas sombras. Elas tomam parte na formação de um inconsciente positive que estrutura a vida social sob um capitalismo algorítmico ou cibercapitalismo.[8]

3. Desde o final dos anos 2010, o advento de tecnologias de registro distribuído (ou *blockchain*) catalisou uma era de experimentação na formação online coletiva, uma espécie de renascença cooperativa da web para a exploração novas formas de facilitar confiança transindividual em ecossistemas digitais. Quais são os diferentes componentes tecno-sociais que definem essas formas organizativas que combinam a imutabilidade de um

6 "O quero dizer com "loops estranhos é --e aqui vai uma primeira tentativa-- não um circuito físico, mas um loop abstrato no qual, na série de estágios que constitui uma forma cíclica, há uma mudança de um nível de abstração (ou estrutura) para outro, que é sentido como um movimento para cima em uma hierarquia, e, todavia, de alguma maneira o movimento para cima sucessivo desemboca em um ciclo fechado" (Hofstadter, 2007: 101-102).

7 "É com a coisa, com o capitalismo, que o inconfessável começa: não há uma operação econômica ou financeira que, supostamente traduzida em termos de código, não revelasse seu caráter inconfessável, isto é, sua perversão intrínseca ou seu cinismo essencial (a era da má consciência é também a do puro cinismo." (Deleuze & Guattari, 2010: 328 560).

8 Yuk Hui nos mostra como "o desenvolvimento matemático da recursividade e sua realização na máquina universal de Turing durante os anos 30 foi testemunha da emergência do que chamamos de algoritmo" (Hui, 2018: 100).

passado compartilhado com a programabilidade de um futuro livremente comunificado? Em um mundo que se move em direção a uma aguda fragmentação social, as formas que criamos novos modos tecno sociais de coordenação se tornou crucial. Como Yves Citton apontou em seu trabalho seminal *Toward an Ecology of Attention (Em direção a uma Ecologia da Atenção)*, o desafio é "terraformar" novas passagens transformativas entre a microescala da presença coletiva e a macro escala de agregações de mídia (Citton, 2017).

Mas a busca por escalabilidade, nos lembra Anna Tsing, tende a banir uma diversidade significativa, isto é, diversidade que possa fazer a diferença (Tsing, 2022). E então, engajar-se com as amarras possibilitadoras da criptoeconomia é desafiador e potencialmente problemático. No melhor dos casos, a criptoeconomia poderia agir como um "pharmakon negantrópico" (como coloca Bernard Stiegler): uma perspectiva de que a economia em si mesma funciona como uma terapia para a biosfera, revertendo o curso destrutivo do antropoceno ao favorecer os sempre localizados processos entrópicos desaceleradores (Stiegler, 2018d: 850). No pior dos casos, a proliferação de modos de organização cripto econômica podem significar a destruição -- a redução econômica -- de vários outros tipos de práticas de mundo, mais sutis, mais improváveis, e menos calculáveis também.

4. O que está em jogo quando Stiegler, de certa maneira contra intuitivamente, descreve a economia como uma terapia em potencial para a Biosfera? Essa pergunta certamente merece um maior desenvolvimento. Sabemos que nos últimos anos de sua vida, Stiegler estava trabalhando em (pelo menos) dois grandes projetos endereçados à questão econômica. No nível da macro, Stiegler deu início a *Internation collective*, um grupo internacional de pesquisadores, acadêmicos, artistas e cidadãos que inclui personalidades como Hans-Ulrich Obrist (Curador, Galeria Serpentine), Geert Lovink (Pesquisador na Universidade de Amsterdam e fundador do *Moneylab* no Instituto para *Network Cultures*) e Guiseppe Longo (biólogo conhecimento mundialmente trabalhando na (neg)entropia). O memorando do projeto fornece um senso de sua ambição expansiva:

> Nós propomos a constituição de um programa internacional que aproxima articulações da pesquisa teórica e experimentação territorial para permitir a invenção de um modelo econômico verdadeiramente sustentável, industrial e social. Essas pesquisas e experimentações devem es-

> tar interligadas com a moldura do que chamamos de "internação" (...). Uma "internação" é um acordo entre diferentes localidades que trabalham em conjunto de maneira a inventar e *experimentar um novo modelo macroeconômico mais apropriado para enfrentar os desafios urgentes do Antropoceno.*" (Internation, n.d., minha ênfase).

Na escala intermediária da cidade, Stiegler também estava envolvido na criação de territórios contributivos de aprendizado (***territoires apprenants contributifs***) e, mais especificamente, um experimento contributivo econômico em um período de 10 anos (iniciado em 2016) localizado em Seine St-Denis, um bairro relativamente de classe baixa no subúrbio de Paris. Ambos os projetos são descritos e discutidos minuciosamente em *Bifurquer* (Les liens qui libèrent, 2020), um volume abrangente, que, entre muitas coisas, discute a questão das escalas de localidade, trabalhando de uma maneira envolvente e audaciosa com a invenção de novas formas de contabilidade como um componente essencial para um remodelamento social diretamente inspirado pela ideia de escultura social de Joseph Beuys.

5. No centro da concepção de Stiegler da economia como *pharmakon* para o Antropoceno ou a economia como uma força organológica a serviço de uma ecologia, encontramos a noção de (escalas de) localidades processuais, transnormativas ou diferenciais. Em "The Anthropocene and Neganthropology" por exemplo, e em muitos outros lugares em seu trabalho tardio, Stiegler insiste que:

> Marx e Nietzsche devem ser lidos juntos a serviço de uma nova crítica da economia política, *em um mundo onde a economia se tornou um fator chave, de maneira localizada e, no entanto, ocorre em uma escala colossal e, de fato, cósmica.* Eles devem ser lidos, portanto, a serviço de uma *ecologia*. (...) (Stiegler, 2018c: 38, minha ênfase).

Para Stiegler, uma economia é o nome para o processo de metabolização no qual localidades entram em atividade umas com as outras e trocam "alteridades". Nesse sentido, localidades não são identidades. E, precisamente por isso, são concebidas como ***halls*** de individuação multi-escalar, potenciais de diferenciação animados e, em última instância, por sua forma incalculável e incomputável, um *momentum* qualitativo.

6. Esse entendimento metafísico de localidades processuais encontra-se no núcleo do pensamento ecológico e organológico de

Stiegler. É forma - e isso não deveria ser surpreendente neste ponto - a forma infinitesimal de uma espiral.

7. No prefácio da reedição de *La technique et le temps 1, 2 et 3*, Stiegler escreve: "O sétimo e último tomo da série *Técnica e Tempo, Inch'Allah*, será intitulado: *Le défaut qu'il faut: Idiome, idios, idiotie*" (Stiegler, 2018b: 8) (o título literalmente é traduzido como "O Defeito necessário). Ele segue dizendo que sua última obra introduz o conceito mais especulativo de toda a série: a *espiral idiotextual* que, nos conta, só pode ser apreendida pelo seguinte diagrama:

Figura 5. Idiotextual Spirals, Stiegler's style

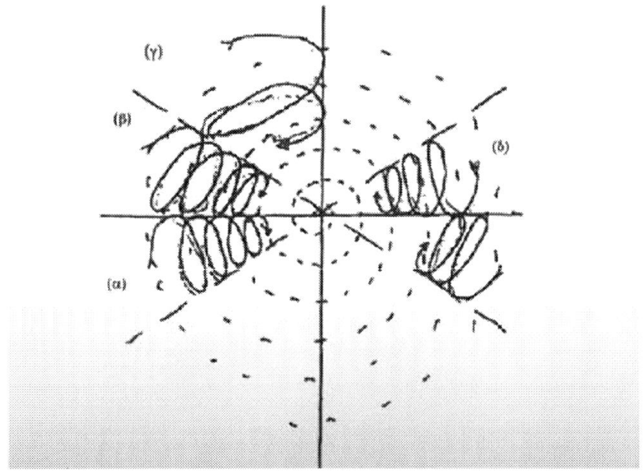

Fonte: Zora (2023b).

Esse mesmo diagrama também aparece na versão Inglesa de "Escaping the Anthropocene" "Escapando do Antropoceno", publicada em 2018 na coletânea de ensaios intitulada "O Negantropoceno" (*The Neganthropocene*). Lá, Stiegler escreve:

> O que chamo de idiotextos é uma localidade aberta tomada dentro de uma outra localidade maior, ou dentro do que eu descrevo como *espirais aninhadas* enquanto coproduzem um processo de individuação coletiva (...). Elas são os motivos e figuras através das quais o conhecimento é tecido como circuitos de transindividuação. (Stiegler, 2018a: 55, minha ênfase).

Que tipo de recursividade está envolvida no espiralar de *idiotextos* stieglerianos? E que tipo de localidades processuais está sendo chamadas a tomar forma?

Essa não é a primeira que vez que Stiegler mobiliza a imagem da espirial em giro. Em 2011 (e provável que muito antes disso), em um artigo intitulado: "*Distrust and the Pharmacology of Transformational Technologies*", Stiegler descreve processos de individuação de conhecimento como "turbilhões locais dentro de um rio cósmico", uma imagem chave para entender o que ele chama de localidades processuais:

> Ciência e tecnociência estão (...) formando (e materializando) dentro de um vir a ser natural ao espaçar e temporalizar a si mesmas como ***turbilhões locais sem um rio cósmico***: como tantos nichos culturais, isto é, tecnológicos que transformam os regimes de metaestabilidade desses turbilhões metaestabilizados que chamamos de fenômenos naturais, ao criar novas localidades processuais. (Stiegler, 2011: 34, minha ênfase)

Como já podemos perceber pelo uso do termo processo, Alfred N. Whitehead aqui se torna uma referência chave, facilitando um entendimento organológico que corta a divisão natural-cultural: "Com o conceito de processo, Whitehead vai além de perceber o fenômeno cultural e natural de maneira oposta (...) Cosmologia não se trata mais de uma ordenação das esferas, mas uma ***dinâmica processual de espirais aninhadas que materializa regimes de velocidade***." (Stiegler, 2018c: 41, minha ênfase).

8. Fechando o *Loop*

> *Duas tarefas do início da vida:*
> *limitar seu círculo cada vez mais e*
> *verificar continuamente se você não está escondido*
> *em algum lugar fora do seu círculo.*
> *(Kafka, 2012: 97).*

Essa incursão inicial nos territórios idiotextuais stieglerianos exigirá um devido acompanhamento. A atração de Stiegler pelo poder do redemoinho é indiscernível de seu apelo político para gerar sistemas abertos em vez de fechados (ou seja, automatizados) de produção de conhecimento e, mais amplamente, de sua compreensão do desejo como um poder de adiar e, especialmente, de infinitizar -- uma prática que não necessariamente equivale a mais liberdade, como a citação do CCRU's no início sugere de forma preemptiva.

Por hora, e sob a roupagem de uma conclusão, gostaria de repisar o solo do componente econômico do redemoinho, ao trazer em primeiro plano sua lógica circular e restritiva, isto é, uma lógica auto-verificadora. A espiral é tanto um marcador generativo processual de localidade, uma forma de territorializar o ritornelo, se me permite; e a forma topológica e matemática de gasto favorecida pela natureza quando falamos de liberação termodinâmica. Pense em Bénard Cells: as estruturas dissipativas de vórtex que são formadas em uma camada de fluido quando é aquecido por baixo e resfriado por cima. O movimento do fluido nessas células hexagonais frequentemente toma a forma de espirais que giram, disponibilizando um exemplo vivido de padrões auto-organizativos cíclicos na natureza, padrões que foram amplamente discutidos no livro clássico de Prigogine e Stengers, "Ordem do Caos" (*Order out of Chaos)*. E, de maneira expansiva, propriamente organológica, poderíamos também incluir os redemoinhos de Fibonacci formados por baleias particularmente inspiradas enquanto se alimentavam na antártica no início deste ano.[9]

9 Assista o vídeo completo em: CBS News (2024).

Figura 6. Fibonacci Whales

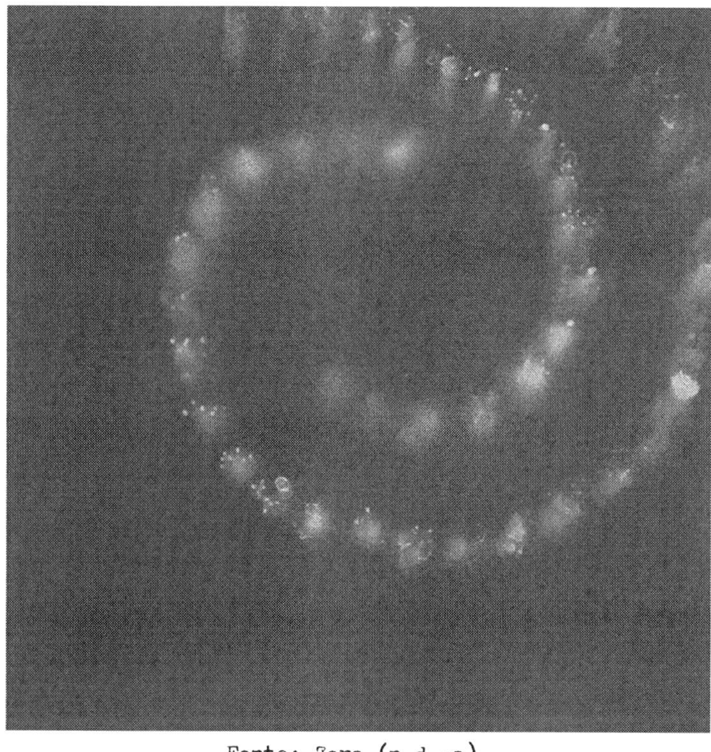

Fonte: Zora (n.d.-a).

A lógica visual da espiral e de redemoinhos oferece um ponto de entrada atraente para o entendimento da dinâmica de *design* participativo e sistemas econômicos. Essas formas ilustram não apenas o movimento e fluxo, mas também a natureza cíclica de retornos de investimento, enfatizando como recursos retornam em *loop* para enriquecer e transformar os *inputs* iniciais. Muitas vezes, esse *loop* de retorno toma a forma de uma estrutura contábil. Ou, em outras palavras: o fechamento operacional de uma economia (sempre circular) coincide com a capacidade de contabilizar seus excedentes e procedimentos.

Todavia, algo está por certo: o retorno de *loop* de contabilidade nunca é um fim em si mesmo. À medida que nos esforçamos, algo sempre excede. Ações anárquicas proliferam ao longe da rede. Você só pode controlá-las contanto que as transmita. Como Frank Knight, um economista americano famoso por sua distinção entre incerteza e risco, observou de maneira certeira já nos anos 30: "a vida não é fundamentalmente uma busca pelos fins, por satisfação, mas por bases de buscas futuras; desejo é mais fundamental para a conduta do que qualquer conquista, ou talvez melhor, a verdadeira Conquista e o refinamento e elevação do plano do desejo, o cultivo do gosto." (Knight, 2000: 42-43). A ênfase de Knight na elevação do desejo destaca a natureza libidinal e transformativa de redemoinhos vívidos sintéticos. Economias nunca são simplesmente auto-preservativas; e até a aposta mais circular e negentrópica não deixa de gerar movimento entrópico para fora, capturando e sendo capturada por seu próprio momento-ativo acumulado, amaldiçoado e derivativo.

REFERÊNCIAS

Bordeleau, E. (2024). A Comunidade Derivativa: Formação Animada de Ativos. *Revista Opinião Filosófica, 15*(1), 1-23. https://doi.org/10.36592/opiniaofilosofica.v15n1.1149

CBS News. (2024). Watch humpback whales' stunning Fibonacci spiral to capture prey. CBS News. Disponível em: https://www.cbsnews.com/news/watch-humpback-whales-stunning-fibonacci-spiral-to-capture-prey/#:~:text=Your%20teacher%20was%20right%20%E2%80%93%20math,bubble%20net%20and%20capture%20prey

Citton, Y. (2017). *The Ecology of Attention.* Traduzido por Barnaby Norman. Malden e Cambridge: Polity Press.

Deleuze, G., & Guattari, F. (2010). *O anti-Édipo: capitalismo e esquizofrenia 1.* Tradução de Luiz B. L. Orlandi. São Paulo: Editora 34.

Hofstadter, D. (2007). *I Am a Strange Loop.* Nova York: Basic Books.

Internation. (n.d.). *Memorandum.* Internation. Disponível em: https://internation.world/memorandum.html

Kafka, F. (2012). *Aforismos reunidos: Franz Kafka.* Introdução e tradução: Modesto Carone. São Paulo: Instituto Moreira Salles.

Knight, F. H. (1922). Ethics and economic interpretation. In *Selected Essays by Frank H. Knight: "What is Truth" in Economics?* Chicago: University of Chicago Press.

Morton, T. (2016). *Dark Ecology: For a Logic of Future Coexistence.* Nova York: Columbia University Press.

Stiegler, B. (2011). Distrust and the pharmacology of transformational technologies. In T. B. Zülsdorf et al. (Eds.), *Quantum Engagements.* Heidelberg: AKA Verlag.

Stiegler, B. (2018a). Escaping the Anthropocene. In *The Neganthropocene.* OHP.

Stiegler, B. (2018b). Préface à la réédition de *La technique et le temps 1, 2 e 3.* In *La technique et le temps.* Paris: Fayard.

Stiegler, B. (2018c). The Anthropocene and Neganthropology. In *The*

Neganthropocene. CHP.

Stiegler, B. (2018d). Le nouveau conflit des facultés et des fonctions dans l'Anthropocène. In *La technique et le temps.* Paris: Fayard.

The Sphere. (n.d.). *Home.* The Sphere. Disponível em: https://www.thesphere.as/

Tsing, A. (2022). *O cogumelo no fim do mundo: Sobre a possibilidade de vida nas ruínas do capitalismo.* São Paulo: N-1 Edições.

Yuk Hui. (2018). *Recursivity and Contingency.* Londres: Rowman & Littlefield.

Zora. (2023a). *Accounting Otherwise Lab Diagram: A cosmo-financial diagram of the Sphere's ecosystem.* Zora. Disponível em: https://zora.co/collect/zora:0xe5a192aaf911c35fb47de1342e768ef01c84fa09/29

Zora. (2023b). *Idiotextual spirals (Stiegler's style).* Zora. Disponível em: https://zora.co/collect/zora:0xe5a192aaf911c35fb47de1342e768ef01c84fa09/36

Zora. (2023c). *You can't be alone in a liquidity pool!* Zora. Disponível em: https://zora.co/collect/zora:0xe5a192aaf911c35fb47de1342e768ef01c84fa09/35

Zora. (n.d.-a). Fibonacci Whales. Zora. Disponível em: https://zora.co/collect/zora:0xe5a192aaf911c35fb47de1342e768ef01c84fa09/32

Zora. (n.d.-b). *The Sphere Ecosystem Diagram.* Zora. Disponível em: https://zora.co/collect/zora:0xe5a192aaf911c35fb47de1342e768ef01c84fa09/33

Zora. (n.d.-c). *Zora Collection #34.* Zora. Disponível em: https://zora.co/collect/zora:0xe5a192aaf911c35fb47de1342e768ef01c84fa09/34

DETRÁS DEL ALGORITMO: ASÍ SE CREA LA INTELIGENCIA ARTIFICIAL[1]

Esther Paniagua

Dice ChatGPT que los algoritmos son "los arquitectos silenciosos de nuestra vida cotidiana". Es una buena metáfora, que transmite cómo estas fórmulas rigen no solo nuestra vida digital sino buena parte de nuestras interacciones y procesos analógicos e híbridos. Su poder radica en su ubicuidad e influencia, y a menudo en su invisibilidad.

Hasta la llegada de la inteligencia artificial (IA) generativa este concepto era aún un gran desconocido, pero incluso ahora que se ha colado en nuestro vocabulario estamos lejos de entender qué son y qué hay detrás de los llamados algoritmos. ¿Quiénes los diseñan y cuál es su proceso de creación, implementación y gobierno?

1. EL "QUÉ"

Un algoritmo es un conjunto de reglas matemáticas que ayudan a calcular la respuesta a un problema o a realizar una tarea específica. Los hay más o menos sofisticados, y los de inteligencia artificial son solo un subtipo, dentro del cual hay muchos otros. Por ejemplo, un algoritmo de aprendizaje automático --que es una técnica de IA-- consiste en una serie de instrucciones que se ejecutan en conjuntos de datos (*datasets*) para reconocer patrones.

A su vez, un modelo de inteligencia artificial es el resultado de entrenar un algoritmo con ese *dataset*. O, dicho de otra manera: un algoritmo es lo que se utiliza para entrenar un modelo. Funciona como un programa que, dada una entrada, proporcionará una salida. Este será diferente tanto si se cambia el *dataset* (aunque se utilice el mismo algoritmo), como si se cambia el algoritmo (aunque se utilicen los mismos datos).

1 Originalmente publicado en: Paniagua, E. (2023). Detrás del algoritmo: así se crea la inteligencia artificial. *Alternativas Económicas*. https://alternativaseconomicas.coop/articulo/analisis/detras-del-algoritmo-asi-se-crea-la-inteligencia-artificial.

¿Y en qué consiste eso de entrenar un algoritmo? Pues básicamente en alimentarlo de datos y en proporcionar retroalimentación para crear y mejorar las reglas del modelo. Es una tarea que, en modelos grandes como los de la IA generativa, puede suponer miles de horas de trabajo. El objetivo es 'enseñar' al algoritmo cómo sería el resultado ideal, es decir, qué salida se espera para cada tipo de entrada, de forma que pueda ofrecer mejores predicciones. Esas predicciones pueden variar: categorizar imágenes, interpretar el significado de frases, etc.

Por ejemplo, ChatGPT Plus se basa en el modelo GPT-4 (Open AI, 2023), la cuarta generación de los llamados 'grandes modelos de lenguaje' (LLM en inglés), capaz de procesar entradas en forma de imágenes y texto, y de producir salidas de texto. Este LLM --simplificando mucho-- se basa, a su vez, en varios tipos de algoritmos: de procesamiento de lenguaje natural y de imagen, de traducción, de generación de texto, etc. En cuanto al *dataset*, se estima que contiene aproximadamente un *petabyte* de datos (algo así como 300 millones de fotos digitales de calidad razonable) o incluso varios.

El trabajo de entrenamiento normalmente lo realiza un científico de datos, que en su analogía deportiva podría ser el entrenador de un atleta (el algoritmo) a partir de datos como sus registros de rendimiento anteriores, su régimen, etc. (el conjunto de datos usado).

Los datos usados pueden ser tanto etiquetados como no etiquetados. Los primeros están anotados con palabras que identifican sus características, propiedades, clasificaciones u objetos específicos. Por ejemplo, en la categoría animales, las imágenes podrían etiquetarse como perros, gatos o pájaros. Los datos no etiquetados son lo opuesto, y la ausencia de etiquetas obliga al modelo a evaluar cada ítem según sus características, como el color y la forma.

Todas estas tareas son cruciales para la precisión de un sistema. Un mal entrenamiento, un mal etiquetado y un mal set de datos pueden llevar a errores tan mediáticos como los del sistema de visión artificial que siguió la calva del árbitro en lugar de a la pelota en un partido de fútbol en 2020 (Vincent, 2020). O como el fallido algoritmo de Google Photos, que etiquetó como "gorilas" a la programadora Jackie Alcine y a un amigo (ambos afroamericanos). Sucedió en 2015 pero el problema persiste, tal y como reveló una investigación reciente de *The New York Times* (Grandt & Hill, 2023).

2. EL "QUIÉN" (INVENTA)

Los cerebros detrás de estos algoritmos pueden venir de las matemáticas, la informática, la física... y, al contrario de lo que se cree, no son los programadores. Son normalmente investigadores que están en proceso de doctorarse o que se doctorado ya, como explica Ariadna Font, exdirectora de ingeniería de la plataforma de aprendizaje automático de X (cuando aún se llamaba Twitter.

Para lograr desarrollar algo que sea eficiente y que funcione mejor de lo que ya existe hay que diseñar muchos experimentos con una metodología muy específica que requiere ese tipo de preparación, y cuyo resultado se publica en una revista científica.

Entonces, ¿qué hacen los desarrolladores o ingenieros de software? Se dedican a tratar de optimizar algoritmos y modelos que ya se han descubierto, y a implementarlos. Es un trabajo colaborativo. En una plataforma como X hay personas trabajando en diferentes aspectos, que además implican cientos e incluso miles de algoritmos y de modelos.

El algoritmo que permite ver notificaciones en el teléfono es diferente del que las envía al correo electrónico. Estos, además, pueden aprender, adaptarse y evolucionar. Es un sistema muy complejo. De hecho, solo los algoritmos para sistemas de recomendación (como los de las redes sociales, buscadores, plataformas de *streaming*, etc.) son en sí un mundo, con conferencias anuales que reúnen a miles de investigadores a escala internacional para resolver los retos más acuciantes en el campo.

3. EL "CÓMO": EL CASO DE HUGGING FACE

¿Qué proceso se sigue desde que se inventa o concibe un algoritmo hasta que se pone en marcha, se implementa y se libera al mundo? ¿Quiénes intervienen? Las posibilidades son tantas como el tipo de organización. Exploremos el caso de la empresa Hugging Face --que ha desarrollado varios modelos LLM de código abierto-- de la mano de su exasesor de Asuntos Técnicos y Regulatorios, Carlos Muñoz Ferrandis.

Lo primero que hay que explicar es que, frente al modelo cerrado de OpenAI con GPT-4, la aproximación de Hugging Face en sus proyectos BigScience o BigCode es abierta. En un proyecto de este tipo, la comunidad se reúne y pone en común esfuerzos tanto para el desarrollo como para la gobernanza del modelo. Dicha comunidad consiste en una serie de personas que contribuyen de manera voluntaria al proyecto, o esponsorizadas por Hugging Face o por otras empresas o instituciones de investigación (por ejemplo, el Alan Turing Institute, en Reino Unido).

¿Qué comprende el desarrollo de un modelo? Este proceso incluye la recolección de datos para el entrenamiento; el diseño de la arquitectura; el entrenamiento del modelo, y otras etapas anteriores a la puesta a disposición del público en su repositorio abierto.

Este tipo de proyecto se divide en diferentes grupos de trabajo, que en su caso son esencialmente cuatro: el de *dataset*, el de entrenamiento, el de evaluación y el de gobernanza. En el caso de BigCode, la labor del primer equipo --compuesto por empleados de Hugging Face y de ServiceNow-- era construir el conjunto de datos previo al entrenamiento. Involucró a dos personas a tiempo completo y una tercera para realizar una tarea de procesamiento llamada "deduplicación". Además, otras 10 personas (cifras aproximadas) se ocupaban de crear conjuntos de datos adicionales, algunas de ellas manejando datos personales, seguridad, exclusión voluntaria, etc.

En el segundo grupo, el de Entrenamiento (que entrena el algoritmo y el modelo, como se explica más arriba en este artículo) participaron entre 4 y 6 personas, también de Hugging Face y de Service Now. Trabajaban en el marco de entrenamiento y en la arquitectura del modelo. El objetivo era combinar todos los avances actuales y asegurar que se pueda realizar este trabajo lo más rápido posible.

El equipo de Evaluación son entre 5 y 10 personas que participaron en la determinación de cuáles son buenas métricas y puntos de referencia para evaluar el algoritmo y el modelo final, con muchos puntos de control para facilitar el trabajo.

Por último está el grupo de Gobernanza, que hasta hace unos meses lideraba el propio Muñoz Ferrandis. Se encargó de desarrollar los mecanismos para gobernar el modelo, en el marco de su entrenamiento y puesta a disposición al público. Este proceso incluyó la redacción de los términos de uso del modelo, los mecanismos técnicos de filtros de datos personales, la licencia, etc. El equipo estaba compuesto por unas 6 a 8 personas, trabajando en paralelo al desarrollo del proyecto de principio a fin. Un proceso así puede durar unos 7-8 meses, como fue el caso de Big Code.

En este proceso, el equipo de Muñoz Ferrandis publicó tres documentos clave. Uno es su Carta de gobernanza (Hugging Face, 2023), que describe los diferentes mecanismos y áreas de gobernanza en el proyecto BigCode. Incluye información sobre las decisiones tomadas durante el proceso, y otros datos como la huella de carbono del algoritmo o lo que pagan a empresas externas de etiquetado de datos. Este último es un asunto que ha traído dolores de cabeza a empresas como OpenAI, tras descubrirse que la empresa subcontrató a trabajadores kenianos por menos de dos dólares por hora (Perrigo, 2023) para hacer que ChatGPT fuera menos tóxico, es decir, para evitar respuestas violentas, sexistas y racistas.

Junto con la Carta de gobernanza de BigCode, en otros proyectos como BigScience está su Carta ética (Hugging Face, 2023): una guía para la toma de decisiones en cuanto a la gobernanza del modelo. Su elaboración fue producto de una investigación (Pistilli *et al*, 2023) sobre la articulación entre la ética, la regulación y el desarrollo técnico en este tipo de proyectos. De acuerdo con Muñoz Ferrandis, se rige por unos valores que han llevado, por ejemplo, a incluir restricciones de uso y ciertas obligaciones dentro de la licencia. Por ejemplo, no se permite emplearlo para ofrecer recomendaciones médicas, y se obliga a comunicar a cada usuario que el resultado ha sido generado por un sistema de IA.

Por último, el tercer documento relevante es el que recoge la documentación (Hugging Face, 2023) de todo el proceso de desarrollo del modelo y que está disponible en abierto. Mucha gente lo que quiere es tener acceso al desarrollo del modelo, por el mero hecho de saberlo, para aprender, para mejorarlo, evaluarlo...

4. EL "QUIÉNES" (IMPLEMENTAN)

El talento en este proceso de implementación es pluridisciplinar. Involucra ingenieros de aprendizaje automático y, dentro de estos, especialistas en entrenamiento de modelos fundacionales, de etiquetado (científicos de datos), etc. También requiere de especialistas en legal para diseñar los mecanismos de gobierno y los términos de uso; de eticistas para asegurar un desarrollo ético; de expertos en sostenibilidad para trazar la huella de carbono de los algoritmos...

¿Y qué hay de los diseñadores y de los equipos de experiencia de usuario? En proyectos como BigScience o BigCode no tienen mucha presencia, ya que su objetivo no es comercializar los modelos sino abrirlos para que otras personas y organizaciones los usen. En el caso de otras empresas con modelos propietarios --como OpenAI-- estos equipos sí juegan un papel esencial. Vamos a verlo con el caso de la empresa Narrativa, pionera en la generación de contenido automatizado en España.

Narrativa trabaja con 55 medios de comunicación de todo el mundo y con empresas de la industria farmacéutica, banca y gobierno, según asegura su fundador y director general, David Llorente. Su modelo consiste en licenciar su plataforma de IA generativa, basada en versiones reentrenadas de modelos como Llama 2 (Meta, 2023) (el modelo LLM de código abierto de Meta).

Llorente explica que el proceso de reentrenamiento lo realizan sus ingenieros de aprendizaje automático. Su trabajo es crear buenos *dataset* sintéticos. ¿En qué consisten? Lo ejemplificamos con el caso de la industria farmacéutica. Un problema en este sector es que los médicos, al describir los síntomas de un paciente, a veces no usan los términos estandarizados. Lo que hacen los ingenieros de IA usar los diccionarios de la industria junto con el modelo (aún no reentrenado) para generar variaciones de la misma palabra. Con esas variaciones confeccionan el dataset sintético que luego usarán para reentrenar el modelo. Así, cuando este tenga una entrada que sea una de esas variaciones o similar, podrá saber qué se está refiriendo y generar una salida adecuada.

Además de estos ingenieros, ¿qué otros perfiles son clave en la empresa? Más ingenieros: de sistemas, de infraestructura y programadores. Son 12 personas en total. Pero además, en el caso de Narrativa, sí es muy importante el equipo encargado de desarrollar la experiencia de usuario (lo que se conoce como 'UX') y de optimizar la satisfacción de sus clientes. Son cuatro personas, que se encargan de diseñar las aplicaciones e interfaces que usarán estos y de garantizar que cumplen con sus expectativas. También hay una persona encargada de liderar el producto --la plataforma-- en sí.

Otro perfil clave es el de Cumplimiento legal, dado que estamos trabajando en industrias reguladas y con contratos privados. Es una persona cuyo trabajo es garantizar que su plataforma y tecnologías están alineadas con la regulación existente, incluidos aspectos como la privacidad, la ciberseguridad, la responsabilidad de cada paso en cada proceso, a quién debe reportar cada persona, etc. Es un perfil equivalente al de Gobernanza en Hugging Face.

Aparte de esto, cuentan con dos personas para comunicación y marketing. Algunas otras tareas las externalizan. Por ejemplo, aunque cuentan con varias personas especialistas en diferentes dominios (medios de comunicación, salud...) a veces es necesario implicar a expertos independientes adicionales. En otras ocasiones, codiseñan sus soluciones junto con sus propios clientes, empresas del sector que aportan dicha expertidicia.

5. RESPONSABILIDAD HUMANA

En esto consiste, *grosso modo*, el proceso de creación, desarrollo e implementación de sistemas algorítmicos en la práctica. Queda claro --y es importante no olvidarlo-- que cada algoritmo es el resultado de una serie de decisiones humanas. Su diseño refleja tanto las necesidades del contexto en el que surgen como las intenciones de sus creadores y sus prejuicios.

Asimismo, en los conjuntos de datos entrenamiento se embeben también los sesgos de quienes seleccionan dichos datos, los sesgos históricos contenidos en ellos, y los sesgos propios del mundo en el que operan los modelos. Como consecuencia, estos a menudo automatizan las desigualdades y sistematizan la discriminación por raza, género, religión, ingresos, capacidades o tendencia sexual. Crean ciclos de retroalimentación que perpetúan la injusticia. Y, dado que se están utilizando para tomar decisiones importantes en muchos sectores, tienen un poder creciente sobre la acción humana, incluso por encima de ella: se objetivizan con la supuesta imparcialidad de los números.

Estos sistemas con problemas intrínsecos de clasificación y sesgos son los que Cathy O'Neil denomina "armas de destrucción matemática" (O'Neil, 2018), que gobiernan el acceso y exclusión a la información y a las oportunidades, juzgan y toman decisiones de forma arbitraria. En sus versiones más avanzadas son, además, cajas negras: sistemas opacos cuyo proceso y razones para obtener resultados específicos no son completamente comprensibles para los humanos. Esta condición es particularmente importante para garantizar la equidad en el uso de algoritmos y para identificar posibles sesgos en los datos de base.

Las personas involucradas en el diseño, desarrollo e implementación de modelos algorítmicos deben asegurarse de que estos no solo sean eficientes y efectivos, sino también justos, explicables y éticos. Sin embargo, esto a menudo no sucede, o se hace de forma superficial e insuficiente. Sin ir más lejos, este mismo año Amazon (a través de Twitch), Microsoft y Meta han realizado sustantivos recortes en sus equipos de IA responsable y ética, y en muchos casos no solo los han diluido sino que también los han dispersado y atribuido otras responsabilidades. Otros como X --tras la llegada de Elon Musk-- los han eliminado por completo, como es el caso del equipo de Ética, Transparencia y Rendición de Cuentas que estaba bajo supervisión de Font.

A estos problemas se añade el de las condiciones laborales de los trabajadores detrás del desarrollo e implementación de algoritmos y modelos, y también de quienes se dedican a moderar contenido sensible que al modelo se le ha pasado por alto. Este último caso se da específicamente en plataformas como las redes sociales o como YouTube.

En 2018, moderadores de Facebook decidieron demandar a la empresa por no protegerles de un posible trauma mental. Denunciaban ser bombardeados con miles de vídeos, imágenes y transmisiones en vivo de abuso sexual infantil, violación, tortura, bestialidad, decapitaciones, suicidio y asesinato. En 2020, Facebook acordó pagar 52 millones de dólares a un total de 11.250 personas que ejercían el trabajo en ese momento o lo habían ejercido con anterioridad.

Algo muy parecido ha llevado a trabajadores de Meta en España a los tribunales. En 2022, la Generalidad de Cataluña multó con más de 40.000 euros a la empresa por no detectar y prevenir adecuadamente los riesgos psicosociales en estos trabajos. En 2024, un juzgado de Barcelona reconoció que la enfermedad mental que sufre un moderador de contenido está causada por su trabajo, abriendo la puerta a que unas 25 personas que han reclamado la baja por accidente laboral obtengan su reconocimiento y compensación. Su siguiente fue reclamar por la vía penal, lo que ha llevado a la apertura del primer proceso penalista contra Meta en Europa en relación con los trastornos mentales de un moderador.

El desarrollo de sistemas de inteligencia artificial seguirá enfrentándose a estos retos, y a otros como la atribución de responsabilidad cuando un modelo de IA falla. Esta no puede ser del algoritmo ni del modelo, que es un producto informático inerte, sino de las personas de carne y hueso que están detrás de su invención y despliegue.

Algunos de estos desafíos se abordan en regulaciones ya en efecto en Europa (como la Ley de Servicios Digitales) o en proceso de aprobarse, como la Ley de IA. Son leyes --aunque imperfectas-- diseñadas con el propósito de salvaguardar los derechos digitales de la ciudadanía y de canalizar el desarrollo tecnológico hacia el bien común.

También se abren oportunidades profesionales en estos ámbitos: el de la regulación y la gobernanza de la IA, y el de la búsqueda de nuevos algoritmos y modelos que contribuyan a luchar contra grandes retos en materia de salud, medio ambiente, educación, desigualdad, etc. Siempre, eso sí, siendo conscientes del alcance de estos sistemas y de sus límites. Conocer en qué consisten; cómo se crean, desarrollan e implementan, y quién está detrás de ellos, ayuda a poner los pies en la tierra.

BIBLIOGRAFÍA

OpenAI. (2023). *GPT-4 Technical Report.* OpenAI. Disponível em: https://cdn.openai.com/papers/gpt-4.pdf.

Vincent, James. (2020). *AI camera operator repeatedly confuses bald head for soccer ball during live stream.* The Verge. Disponível em: https://www.theverge.com/tldr/2020/11/3/21547392/ai-camera-operator-football-bald-head-soccer-mistakes.

Grant, Nico, & Hill, Kashmir. (2023). *Google's Photo App Still Can't Find Gorillas. And Neither Can Apple's.* The New York Times. Disponível em: https://www.nytimes.com/2023/05/22/technology/ai-photo-labels-google-apple.html.

Hugging Face. (2023). *Governance Card.* Hugging Face. Disponível em: https://huggingface.co/datasets/bigcode/governance-card.

Perrigo, Billy. (2023). *Exclusive: OpenAI Used Kenyan Workers on Less Than $2 Per Hour to Make ChatGPT Less Toxic.* Time. Disponível em: https://time.com/6247678/openai-chatgpt-kenya-workers/.

Hugging Face. (2023). *BigScience Ethical Charter.* Hugging Face. Disponível em: https://bigscience.huggingface.co/blog/bigscience-ethical-charter.

Pistilli, Giada, Ferrandis, Carlos Munoz, Jernite, Yacine, & Mitchell, Margaret. (2023). *Stronger Together: on the Articulation of Ethical Charters, Legal Tools, and Technical Documentation in ML.* ArXiv. Disponível em: https://arxiv.org/abs/2305.18615.

Hugging Face. (2023). *BigCode.* Hugging Face. Disponível em: https://huggingface.co/bigcode.

Meta. (2023). *Llama.* Meta. Disponível em: https://llama.meta.com/.

O'Neil, Cathy. (2018). *Armas de destrucción matemática: Cómo el big data aumenta la desigualdad y amenaza la democracia.* Trad. Violeta Arranz de la Torre. Madrid: Capitán Swing.

UMA PERSPECTIVA FENOMENOLÓGICA SOBRE O USO DE *SMARTPHONES*: O NARCISISMO DA EXPERIÊNCIA VIRTUAL DE SI E A PERDA DE RESSONÂNCIA COM O MUNDO DA VIDA

Fabio Caprio Leite de Castro

1. INTRODUÇÃO

Os *smartphones* tornaram-se uma espécie de símbolo tecnológico-comunicativo da sociedade globalizada. Não é difícil verificar por quê: são aparelhos que garantem a agilidade comunicativa, o acesso geral e imediato a tudo que está disponível na internet, além dos numerosos serviços prestados por aplicativo. Ou seja, nada menos do que uma conexão virtual imediata, que proporciona novas formas de experiência.

No entanto, no interior da tentadora vantagem de acesso e imersão virtual, somos também direcionados por uma exigência, no mais das vezes implícita: algo como um *imperativo de uso*. A evidente eficácia de tal imperativo, em nosso cotidiano, revela-se na dificuldade que temos em nos desfazermos de nosso *smartphone*, seja em razão das pressões sociais e institucionais, seja por causa de nossos familiares, vizinhos, colegas de profissão e amigos. Muitos serviços são oferecidos exclusivamente pela internet ou por aplicativo, tornando o seu uso uma obrigação bastante difícil de negociar. Entre amigos ou familiares, por exemplo, a ausência em um grupo de mensagens virtuais ou em uma rede social logo se faz sentir e acaba sendo cobrada.

Munidos de telas em todos os espaços sociais possíveis e imagináveis, andamos com nossas próteses "inteligentes" e, à medida em que interagimos por meio de suas telas, vamos aderindo, progressivamente, à influência do mundo virtual em nossas formas de socialização. Pesquisas estatísticas sobre os impactos desta tecnologia, em especial, na vida de crianças e adolescentes, apresentam resultados contundentes sobre os efeitos provocados pelo uso excessivo de *smartphones*. A razão do sucesso desses aparelhos, no entanto, não se explica unicamente pela tecnologia algorítmica em si mesma, desde uma lógica de operação externa aos usuários. É preciso incluir estes últimos na explicação, verificar em que ponto o seu desejo os empurra na direção da virtualização da experiência de si, sob a forma de um narcisismo em que a tela se torna reflexo. A tecnologia dos *smartphones* não instaurou o individualismo, ao contrário, ela é a cereja do bolo em uma sociedade de consumo e espetáculo.

2. UM OLHAR PARA O CONTEXTO SOCIAL: A PRESENÇA DAS TECNOMÍDIAS NA CULTURA DO NARCISISMO

Talvez a maior evidência do impacto social dos *smartphones* seja a que se obteve nos estudos em psicologia voltados para jovens e adolescentes, cujos dados são incontornáveis. Antes, porém, de colocar este ponto em relevo, sublinhamos a importância de situar estes resultados a partir do contexto social no qual esse aparelho foi criado e é utilizado. Do contrário, correríamos o risco de isolar o problema, sem compreender que o surgimento e o sucesso desta tecnologia obedecem a uma lógica cultural mais ampla.

Na famosa conferência *A Incapacidade para o Diálogo*, em 1972, Hans-Georg Gadamer já observava uma crescente "monologização do comportamento humano" (*Monologisierung des menschlichen Verhaltens*) (Gadamer, 1993: 207): "(...) a esfera do tocar e do escutar através da qual os seres humanos se aproximam uns dos outros, vem rompida insensivelmente por meio da proximidade artificial, criada pelo fio telefônico" (Gadamer, 1993: 208). Há algo de perturbador em cada chamada telefônica, ainda que o interlocutor afirme sinceramente que a chamada lhe agradou. Para Gadamer, o diálogo profundo, constituído a partir da experiência de encontro com o outro, que nos coloca em contato com o novo e que põe em questão o pensamento monológico, se encontra sob ameaça, precisamente por uma degradação da linguagem, resultante da adaptação "à situação monológica da civilização científica dos nossos dias e à técnica de informação de tipo anônimo a que estamos sujeitos" (Gadamer, 1993: 214).

A criação da televisão e as suas sucessivas transformações não apenas deram continuidade a esse fenômeno cultural, como ampliaram significativamente a sua eficácia. Nos anos 1980 e 1990, houve uma notável transformação no modelo de difusão televisiva, com a qual se introduziu a fórmula da participação do público nos mais diversos formatos, como os programas de palco, os *talk shows*, os *reality shows* e seriados que adotaram a forma de ficções reais. Em *O indivíduo incerto*, Alain Ehrenberg (1995) mostrou de forma magistral como este tipo de espetáculo transformou as relações da mídia com o telespectador, levando o individualismo do "indivíduo comum" à sua maior popularização (Ehrenberg, 1995: 65s).

Os *reality shows* passaram a expor cenas do indivíduo em sua privacidade e intimidade, ao que se somam as querelas televisivas e os testemunhos de vida, até hoje bastante explorados nos canais de televisão. Ao provocar a identificação do telespectador com os participantes-personagens, a comunicação televisiva passou a operar como uma espécie de gerenciador de problemas e relações mal resolvidas pelo aparato político-administrativo. De acordo com Ehrenberg, é possível distinguir três traços essenciais desse tipo de espetáculo de realidade, que passaram a nortear a programação televisiva: "o valor do exemplo como estilo, a heroificação do 'qualquer' como princípio imaginário, a empresa de serviços relacionais como conteúdo" (Ehrenberg, 1995: 64). Ou seja, a televisão, como instrumento midiático onipresente nos lares da sociedade de consumo, tornou-se, desde então, um "terminal relacional", ou seja, o ponto onde deságuam os afetos do sujeito incerto, ao mesmo tempo em que ela favorece contatos em torno ao aparelho, enquanto objeto mediador.

Com o advento da internet e a adaptação desta tecnologia ao mercado, deu-se um passo decisivo para a criação de novos dispositivos, estruturas e modelos de comunicação, os quais levaram à consolidação do que Manuel Castells chamou de "sociedade em rede" (Castells, 2002: 78-79). Ainda nos anos 1990 e no início dos anos 2000, havia uma atmosfera e um sentimento compartilhado de que a era digital viria a modificar inexoravelmente as relações humanas em uma proporção inédita. O futuro era considerado auspicioso. Ainda hoje essa mensagem é difundida, se bem observarmos e interpretarmos a insistência dos discursos midiáticos sobre as vantagens apresentadas pelas mais recentes tecnologias em inteligência artificial, por exemplo. Neste mesmo processo, insere-se a invenção de telefones com telas sensíveis ao toque, com alta capacidade de armazenamento de dados, capazes de acessar a internet e um potencial enorme para a produção de novos utilitários. Esta tecnologia inteligente, mediada por um aparato gigante de inteligência artificial, transformou completamente o cenário tecnológico das comunicações e, por conseguinte, das relações estabelecidas por seu intermédio.

A tecnificação do mundo corresponde, de modo explícito ou implícito, a modelos disciplinares de controle. Este modelo é potencializado em um contexto cultural e científico marcado pelo desencantamento racionalizante do mundo (Weber, 2004), de tal modo que o desenvolvimento tecnológico atinge a própria arte [na era da reprodutibilidade técnica (Benjamin, 1991: 431-471)], impulsiona a transformação de qualquer imagem em mercadoria [sob a forma de espetáculo (Debord, 1992)] e torna possível a formação de sujeitos-consumidores emaranhados entre simulacros (Baudrillard, 1985) da realidade, na lógica da "cultura do narcisismo" (Lasch, 1979). É com base nesta perspectiva que propomos uma análise sobre os dados obtidos em estudos de psicologia acerca da relação entre *smartphones* e a epidemia de transtornos mentais em jovens.

3. O USO DE *SMARTPHONES* NA EPIDEMIA DE TRANSTORNOS MENTAIS EM CRIANÇAS E ADOLESCENTES

Há alguns anos, John Palfrey e Urs Gasser cunharam uma expressão que eles entendiam oportuna para sintetizar as novas gerações: "nascidos na era digital" (*born digital*) - que é também o título do seu livro, publicado em 2008 (Palfrey & Gasser, 2011). Apesar do tom otimista prevalecente no livro quanto à possibilidade de solução de problemas advindos das redes sociais, como segurança de dados, cyberbullying, violência em jogos digitais e no mundo virtual, Palfrey e Gasser, ao menos em uma breve passagem, tratam da encruzilhada em que nos encontramos. Há dois caminhos, "um em que destruímos o que é ótimo na *internet* e na maneira como os jovens a utilizam, e outro em que fazemos escolhas inteligentes e nos encaminhamos para um futuro brilhante em uma era digital" (2011: 17). De certa forma, eles pressentiam que o momento era de grande transformação nas tecnologias digitais. O primeiro *smartphone* foi lançado em 2007, ou seja, um ano antes da publicação do seu livro. Ainda não se podia efetivamente mensurar o impacto social desta tecnologia em larga escala. O que já era perceptível sim é que a nova tecnologia de aparelhos celulares alcançava um nível de portabilidade e personalização muito superior a qualquer outra.

É neste ponto que ganha destaque a pesquisa sobre os efeitos do uso de *smartphones*, em especial, por crianças e adolescentes. São inúmeras as contribuições dos estudos no campo da psicologia sobre o tema, mas destacamos o trabalho desenvolvido pela psicóloga norte-americana Jean Twenge, que representa um marco neste campo. Na esteira de suas pesquisas sobre a "epidemia de narcisismo" (Twenge & Campbell, 2009), ela desenvolve um estudo sobre o uso de smartphones por jovens na obra *iGen* (Twenge, 2017)[1]. Com este título, ela se refere à primeira geração para a qual o acesso à internet tem estado constantemente disponível. Ou seja, a expressão *iGen* significa algo como o que ela havia, em outro livro, denominado "geração eu" (Twenge, 2014), ao que devemos adicionar a ideia de "geração do *smarpthone*", ou seja, uma alusão à "internet" e ao "individualismo", associados, ainda, a outras tendências desta geração. As suas análises baseiam-se em quatro grandes pesquisas (nos EUA) representativas de 11 milhões de americanos desde a década de 1960. Entre as análises contundentes desse livro, fica claro que as novas gerações apresentam características como: grande quantidade de tempo gasto com telefones, declínio das interações sociais, novas atitudes em relação ao trabalho e aumento acentuado de problemas de saúde mental.

O domínio do *smartphone* entre os adolescentes teve efeitos em todas as áreas da vida dos *iGen'ers*, desde as suas interações sociais até a sua saúde mental. E isso ocorre mesmo entre os adolescentes em famílias de baixa renda ou desfavorecidos (Twenge, 2017). Um resultado importante trazido por Twenge (2017: 132) diz respeito à relação entre o uso de *smartphone* e a solidão declarada por adolescentes. É verdade que a própria solidão poderia ter gerado maior uso do *smartphone*, no entanto, pesquisas longitudinais mostraram que o aumento abrupto da solidão entre 2010 e 2015 torna essa alternativa menos provável em larga escala. É muito mais provável que, neste período, os *smartphones* se tornaram mais populares, o tempo de tela aumentou

1 Uma primeira análise desta obra foi previamente apresentada no artigo: Castro e Primo (2023: 55-76).

e, *portanto*, a solidão entre adolescentes aumentou. Além disso, diversos estudos (Twenge, 2017: 92-122) mostram que o uso de mídia social leva a emoções negativas, e não o contrário. O teste de triagem mostra um aumento chocante de casos de depressão em um curto período de tempo: 56% mais adolescentes experimentaram um episódio depressivo maior em 2015 do que em 2010, e 60% mais experimentaram um prejuízo grave (Twenge, 2017: 146-147).

Desde a publicação deste livro, houve sucessivas confirmações das evidências correlacionais entre o uso de *smartphones* e certas formas de sofrimento psíquico. Atualmente, há incontáveis pesquisas mostrando que as mídias sociais prejudicam os adolescentes, o que motivou o psicólogo norte-americano Jonathan Haidt a escrever o livro *The anxious generation*, para mostrar como "a infância baseada no telefone [*phone-based childhood*] é um dos principais contribuintes à epidemia internacional de doenças mentais" (Haidt, 2024, p. 304). Ao final do livro, Haidt chega a oferecer algumas sugestões para que se tenha maior atenção com o uso de *smartphones* por parte de crianças e adolescentes. Segundo a tese do autor (2024: 16), a maior razão para que os nascidos após 1995 tenham-se tornado "a geração ansiosa" é a superproteção no mundo real e a baixa proteção no mundo virtual.

Jonathan Haidt apresentou dados importantes em seu livro sobre o declínio em saúde mental e bem-estar na última década, mostrando o quão devastadora e rápida foi a mudança para uma *infância baseada no telefone*. Este declínio é indicado pelo aumento acentuado das taxas de ansiedade, depressão e automutilação a partir do início dos anos 2010. Neste período, os *smartphones* foram introduzidos na infância e passaram a funcionar como "bloqueadores de experiência", precisamente, por meio da conduta de superproteção dos pais em relação aos filhos, dificultando-lhes o acesso a experiências sociais típicas deste período da vida, desde brincadeiras mais arriscadas a ligações românticas. Além disso, Haidt descreve quatro malefícios fundacionais com efeitos disruptivos para a infância, de acordo com diversas pesquisas citadas: privação de sono, privação social, fragmentação da atenção e dependência (2024: 123-152).

O valor das obras de Twenge e Haidt está em sua discussão sobre os dados estatísticos obtidos. O que para nós é o mais decisivo nestas abordagens é a apresentação de uma correlação - segundo Haidt já podemos falar em causalidade (2024: 157-158)

- entre o uso de *smartphones* e os transtornos mentais. Não obstante, é prudente, do ponto de vista metodológico, evitar generalizações ao falarmos das "novas gerações", sem considerarmos os limites de amostragem, as diferenças de classe, os critérios e protocolos específicos das pesquisas destinadas, por exemplo, para saber se os adolescentes tiveram uma mudança em seu comportamento social. Por exemplo, como não considerar, no aumento da ansiedade, especialmente na população mais jovem, fatores como o desemprego gerado pela implementação de inteligência artificial e a crise climática global? É exatamente no risco de generalização que devemos pensar quando consideramos a tese central de Haidt sobre a "superproteção real" e a "baixa proteção virtual" das crianças e adolescentes da nova geração, por mais que esta hipótese tenha alguma parcela de verdade. Este fator pode estar presente em diversas situações, mas, a depender do grupo, é questionável o quão determinante ele se mostra.

O olhar mais amplo sobre a cultura, que mencionamos no ponto anterior, aproxima-nos mais da perspectiva de Twenge sobre a epidemia de narcisismo. Algo ocorre no desenho da experiência virtual de si mesmo quando se passa boa parte do dia em contato com o *smartphone*. E essa experiência, que se tornou possível por uma constante evolução das tecnomídias, não seria compreensível sem a consideração da cultura em que ela se instala. Nesse sentido, o sucesso dos *smartphones* é reflexo da cultura do narcisismo na qual eles emergem como dispositivo tecnológico.

4. A ADESÃO À IMAGEM VIRTUAL DE SI E A PERDA DE RESSONÂNCIA COM O MUNDO DA VIDA (*LEBENSWELT*)

A investigação que busca por uma perspectiva histórica da inserção cultural dos *smartphones* ajuda-nos a compreender o seu sucesso: estes aparelhos operam sobre um modelo de narcisismo que já era impulsionado por uma sociedade de consumo, na qual se obedece ao imperativo de "ser si mesmo", guiado por imagens de sucesso, ou seja, em que o desejo se deixa cooptar por simulacros de realidade, cujo exemplo mais sensível é o da propaganda estilizada para a veiculação de imperativos de consumo.

Diferentemente de todos os aparelhos eletrônicos anteriores, há características que fazem do *smartphone* um verdadeiro caso-limite daquilo que Gadamer chamou de monologização do comportamento humano. Ele dizia isso tomando como referência o telefone e os aparelhos técnicos dos anos 1970. O que dizer, então, de situações corriqueiras como a de uma parada de ônibus, mesas em restaurantes, clubes de esporte e, mesmo, espaços como parques e shows, onde todos, simultaneamente, permanecem fixados em suas telas de *smartphone*?

No campo da psicopatologia, são bem conhecidos os sintomas de quem utiliza o *smartphone* durante muitas horas seguidas (especialmente crianças e adolescentes): maior agitação mental e perda de habilidades motoras, empobrecimento da criatividade e da capacidade simbólica, fatiga, desmotivação por outras atividades, diminuição ou resistência a aceitar limites, desinteresse na sociabilidade e sentimento de esvaziamento identitário. Esse conjunto de sintomas pode estar mais ou menos presente, em maior ou menor número, a depender da combinação entre o tempo e intensidade de uso com as características de cada experiência singular. No entanto, podemos interrogar-nos se há algum tipo de unidade entre esses sintomas, em suas dimensões cognitiva, intelectual, afetiva, motivacional, comportamental e social-relacional.

Além do ***narcisismo da imagem virtual de si*** especificamente suscitado pelas redes, há outros fenômenos de uso (narcísico) em que o aparelho permanece como um ***mediador da realidade***, indiretamente ligado à virtualização de si - pois ele preenche espaços vazios, na ausência do outro, e o tempo de espera, em que não há necessidade de desempenho. A ausência do outro e o tempo "livre" ao serem suportados com dificuldade, logo tornam a experiência entediante ou ansiogênica, sendo preenchidos pela tela-*passatempo*.

Nossa hipótese, de base fenomenológica, é que a (1) imediatidade portátil de acesso, (2) a exposição excessiva a estímulos visuais e sonoros e (3) a virtualização da experiência de si constituem um convite à imersão cada vez maior no *jogo da virtualidade* que, em diversos sentidos e graus de experiência, pode levar a um *modo de perda de ressonância com o mundo*, a ser entendida como diminuição de abertura à experiencialidade corpórea não mediada pelo aparelho. Depois de apresentarmos uma breve análise sobre cada um destes três aspectos, colocaremos em relevo a dimensão nuclear da perda de ressonância com o mundo, a qual corresponde ao esvaziamento do sentimento de si (*Selbstgefühl*).

A *imediatidade de acesso portátil* significa que, de qualquer lugar, a qualquer hora, se torna possível, por meio da internet, entrar em qualquer site virtual, bem como acessar qualquer serviço dos aplicativos instalados no aparelho. Do ponto de vista da aceleração técnica, como mostra Hartmut Rosa (2019: 189-208), o que ocorre é uma verdadeira revolução do regime espaço-tempo. Nesta revolução, inegavelmente, os *smartphones* são um ingrediente fundamental. Há motores econômicos (tempo é dinheiro), culturais (não perder qualquer oportunidade diante da finitude) e sociais (ritmo de vida) que nos convocam a nos manter todo o tempo conectados ao celular. Daí a imediatidade de acesso torna-se algo *cogente*: o usuário vive a experiência de que não pode ficar sem a conexão, o que já se tem chamado, atualmente, de nomofobia - "*no mobile phobia*".

A segunda dimensão, conectada à primeira, é a do *excesso de estímulos visuais e sonoros* a que somos expostos com o uso de *smartphones*. Talvez a tecnologia deste tipo de aparelho eletrônico seja o exemplo mais radical de aparelho em funcionamento na "sociedade excitada", segundo a expressão de Christoph Türcke (2010),[2] filósofo que se interessa, justamente, pela notável crise atencional e de hiperatividade em nossa sociedade, tomando como exemplo a Alemanha. Por certo, os estudos realizados por ele não se restringem ao uso de *smartphones*, mas este é o ponto que pretendemos colocar em destaque: são estes aparelhos os que levaram à maior potencialização da velocidade de estímulos. A ideia muito propagada de que o seu uso desenvolve a capacidade de realizar "multitarefas", como uma espécie de qualidade "das novas gerações", não impede que emerja a triste verdade de que se trata de uma atenção rasa, flutuante e dispersiva, incapaz de se prender a atividades mais demoradas, ininterruptas e profundas, como a leitura de textos longos, por exemplo.

A terceira dimensão, igualmente relacionada às anteriores, é a que dá o sentido de experiência virtual aos *smartphones* e diz respeito às *possibilidades de comunicação instauradas por estes aparelhos*. Os aparelhos de rádio, televisores, celulares e computadores portáteis haviam começado este movimento. O

2 Conferir também: Türcke (2016).

smartphone radicalizou-o: a um clique "de distância", podemos enviar e receber e-mails, escrever textos e recebê-los, enviar e receber mensagens individuais e em grupos, publicar mensagens e fotos instantâneas ao longo de todo o dia. Tudo isto está à nossa disposição imediata. Nesta forma de experiência, ocorre aquilo que Guilherme Primo definiu como "virtualização da experiência de si" (Primo, 2024), a qual opera sobre o desejo dos usuários e os faz aderir à virtualidade. Suspeito, aliás, juntamente com este autor, que, sem este jogo, a governamentalidade algorítmica teria dificuldade para alcançar o sucesso vertiginoso de adesões dos próprios usuários. A isto, adicionamos o que Christian Dunker (2020) chamou de "narcisismo digital" (Dunker, 2020: 128-139). As redes sociais transformaram-se em palco de imagens de si, com as quais se buscam *likes*. Como mostra Dunker, com tamanha exposição e simulação de si em busca de reconhecimento, é inevitável o favorecimento de ilusões de que todos nos escutam, nos veem, estão interessados no que dizemos e que viramos um valor de marca monetizável (Dunker, 2020: 130-132).

Vejamos melhor como opera a relação entre as redes sociais e o desejo dos usuários que aderem a elas. O convite contínuo e incessante das redes é o de exteriorizar o pensamento ("O que você está pensando agora?") ou o de divulgar uma foto exatamente no ponto em que a pessoa se encontra em sua experiência imediata (por meio de um "*story*"), ao modo da narrativa por imagem. Se é verdade que esta engrenagem é construída ao modo de uma verdadeira armadilha algorítmica para capturar mais e mais nossas preferências e interesses, o fato é que, de nossa parte, aderimos ao jogo, aceitamos o convite, que reforça o imperativo inaudível de postarmos informações, imagens e preferências pessoais. É precisamente este o ponto em que a virtualidade toma a dianteira na imagem de si.

Nesse sentido, a virtualização da experiência de si conduzida, em especial, pelas redes sociais, proporciona um reforço da posição de objeto para os outros e para si mesmo, com a expectativa de maior controle sobre sua própria imagem e de filtragem dos interesses e preferências que se quer divulgar. No entanto, a maior frequentação neste processo termina por produzir o efeito contrário: seduzidos por uma imagem virtual e até mesmo editada de si, os usuários alimentam um narcisismo egóico, esvaziado do profundo sentimento de si (*Selbstgefühl*) - como diria

Freud. Não faltam exemplos de blogueiros que se tornam verdadeiros personagens, mostrando a intimidade de suas vidas e os detalhes do seu dia a dia. Com a amplificação do efeito midiático, a vida do usuário não será muito diferente das celebridades, dado o inevitável surgimento do sentimento de perda de privacidade e, mesmo, a experiência da perda de sentido de tudo que ocorre "*offline*", na ausência de tela.

Como sabemos pela psicanálise e pela fenomenologia, a imagem de si é sempre uma espécie de reflexo. Sempre estamos, desde a infância até a idade adulta, buscando pelos ecos de quem somos para o outro, a fim de re-fletir e reconstituir uma unidade que, em realidade, é pleno processo e está sempre em movimento. Sartre diria que a consciência reflexiva, ao tentar identificar-se com o objeto que ela julga ser para os outros, investe em uma tentativa de coagular o seu fluxo: é o que ele chamou de má-fé ou mentira para si (em nível reflexivo), cujo resultado será, inevitavelmente, o fracasso (Sartre, 1943).

Ocorre que a produção de uma imagem virtual de si é altamente tentadora para acreditarmos que podemos controlar este processo, mostrando o que há de positivo (ou negativo), otimista (ou pessimista) - desde que seja curtido. O jogo das redes, na exposição da autoimagem, é um jogo de reconhecimento virtual. No entanto, a impressão e a ilusão de controle logo apresentam a sua verdadeira face: a de que, concretamente, *cada vez menos* temos o controle sobre os efeitos da nossa imagem, cada vez *mais distantes* estamos do objeto imagético que *temos* de representar - pois não o somos de todo. É assim que as redes sociais colocam a imagem de cada um como uma mercadoria potencial e, enquanto tal, sujeita a todas a flutuações de mercado, especialmente afetadas por fenômenos que podem valorizar (lacração) ou desvalorizar (cancelamento) o instrumento da publicidade (o próprio usuário transformado em publicitário).

É importante chamar atenção para a ambiguidade da experiência virtual de si, em especial no caso das redes sociais, que convidam ao excesso. Para compreendê-la, é preciso sempre prestar a atenção no duplo jogo estabelecido pela mediação do aparelho. Ao realizar a experiência de criação de um perfil, com a postagem de pensamentos e imagens de si, o usuário pode ter a impressão de uma espécie de incremento da sua "subjetividade". No entanto, *neste* e *por causa deste* incremento, ele se vê cada vez mais distante de si, longe de sua própria experiência. Por exemplo: o usuário pode eleger a rede social como uma espécie de polo confessional, ou seja, pode exteriorizar a sua experiência em busca de uma espécie de êxtase de libertação catártica. Em um momento posterior, sem necessariamente tomar consciência de que a sua exteriorização foi, na verdade, uma grande exposição, o ideal da publicidade de si é convertido em expectativa de reconhecimento. Ora, o jogo é ambíguo: a tentativa de se expor ao máximo para tentar coincidir com o objeto exposto aos outros resultará, inevitavelmente, mais cedo ou mais tarde, em fracasso.

CONSIDERAÇÕES FINAIS

A dinâmica e o sucesso dos *smartphones* seriam dificilmente compreendidos sem estabelecermos, como base de nossas observações, um olhar prévio para o contexto social no qual essa tecnologia se insere. O diálogo com a sociologia e a antropologia ajuda-nos a evitar o isolamento do estudo e dos resultados de pesquisa sobre uso de *smartphones*, perdendo de vista como eles são criados e utilizados em uma cultura narcisista de consumo e espetáculo.

Vimos que as pesquisas no campo da psicologia apresentam dados contundentes sobre a relação entre o uso de *smartphones* e a epidemia de transtornos mentais. Por mais importantes que sejam estes dados, no entanto, é preciso explicar como e por que esta tecnologia afeta tanto a nossa experiência do mundo.

Nesse sentido, a contribuição da fenomenologia pode ser justamente a de compreender o impacto desta tecnologia a partir de três dimensões que constituem a experiência do uso deste tipo de aparelho: a imediatidade de acesso portátil, a exposição do usuário ao excesso de estímulos e a virtualização da experiência de si. Todas estas dimensões confluem para a imersão cada vez maior do usuário no *jogo da virtualidade* que, em diversos sentidos e graus de experiência, pode levar a um modo de perda de ressonância com o mundo. Em uma perspectiva fenomenológica, o narcisismo, considerado como núcleo constitutivo do sentimento e da experiência de si, mostra-se como uma questão nevrálgica quando se trata da experiência com *smartphones* e do problema da perda de ressonância com o mundo.

REFERENCIAS

Baudrillard, J. (1985). *Simulacres et simulation.* Paris: Galilée.

Benjamin, W. (2017). *A obra de arte na era da sua reprodutibilidade técnica* (G. V. Silva, Trad., 12ª ed.). Porto Alegre: L&PM.

Castro, F. C. L., & Primo, G. (2023). A cultura do narcisismo, a virtualização da experiência de si e o crescente mal-estar na sociedade hiperconectada. In L. Lara, L. R. Cruz, & P. dos Passos (Orgs.), *Digitalização da vida e produção de subjetividades* (pp. 55-76). Florianópolis: Abrapso.

Debord, G. (1992). *La société du spectacle.* Paris: Gallimard.

Ehrenberg, A. (1995). *L'individu incertain.* Paris: Hachette.

Gadamer, H.-G. (1993). Die Unfähigkeit zum Gespräch (1972). In *Wahrheit und Methode II - Ergänzungen und Register. Gesammelte Werke* (2ª ed., pp. 207-215). Tübingen: Mohr.

Haidt, J. (2024). *The anxious generation - How the great rewiring of childhood is causing an epidemic illness.* New York: Penguin Press.

Lasch, C. (1979). *The culture of narcissism: American life in an age of diminishing expectations.* New York: W. W. Norton & Company.

Palfrey, J., & Gasser, U. (2011). *Nascidos na era digital: Entendendo a primeira geração de nativos digitais* (M. F. Lopes, Trad.). Porto Alegre: Artmed.

Twenge, J. (2014). *Generation me.* New York: Atria.

Twenge, J. (2017). *IGen: Why today's super-connected kids are growing up less rebellious, more tolerant, less happy--and completely unprepared for adulthood--and what that means for the rest of us.* New York: Atria Books.

Twenge, J., & Campbell, K. (2009). *The narcissism epidemic.* New York: Free Press.

Weber, M. (2004). *A ética protestante e o "espírito" do capitalismo* (J. M. M. de Macedo, Trad.). São Paulo: Companhia das Letras.

Rosa, H. (2019). *Aceleração: A transformação das estruturas temporais da modernidade* (R. Silveira, Trad.). São Paulo: Unesp.

Sartre, J.-P. (1943). *L'être et le néant - Essai d'ontologie phénoménologique.* Paris: Gallimard.

Türcke, C. (2010). *A sociedade excitada: Filosofia da sensação* (A. Zuin et al., Trads.). Campinas: Unicamp.

Türcke, C. (2016). *Hiperativos! Abaixo a cultura do déficit de atenção* (J. P. Antunes, Trad.). São Paulo: Paz & Terra.

UM OLHAR SOBRE A DEPENDÊNCIA TECNOLÓGICA E A CONSTRUÇÃO DA SAÚDE DIGITAL BRASILEIRA[1]

Joyce Souza
Fabio Maldonado

A contemporaneidade está notadamente caracterizada pela disseminação ubíqua de tecnologias de datafìcação, isto é, tecnologias voltadas a metodologias, princípios e técnicas inerentes à coleta, armazenamento, processamento e categorização de dados. Esse fenômeno tem exercido um impacto substancial e abrangente nas esferas econômica, política, social e ideológica no século XXI. O setor da saúde, por exemplo, tem sido objeto de interesse e disputa entre pesquisadores, estudiosos e ativistas, devido ao fato de que seus desdobramentos determinam diretamente a vida humana, com efeitos transversais em diversas esferas. Nesse sentido, o setor da saúde é um campo privilegiado para analisar a penetração das novas tecnologias digitais, ainda que este fenômeno, cujos efeitos têm ampla repercussão, apenas começa a ser pesquisado e estudado. Com efeito, o Brasil é um palco privilegiado para o avanço dos estudos críticos relacionados a este cenário.

A introdução de novas tecnologias em países dependentes, como é o caso do Brasil, não consiste em um fenômeno novo. Cada onda de difusão de inovações tecnológicas nas regiões periféricas do sistema mundial é acompanhada de um otimismo renovado em relação ao futuro. Nesse sentido, analisar o avanço e a implementação de tecnologias digitais no século XXI perpassa pela compreensão de que, apesar das características singulares do período histórico em que se inserem, esses fenômenos estão sujeitos às próprias leis do movimento capitalista mundial, moldado pelas necessidades e contradições do desenvolvimento do capitalismo imperialista e dependente, a partir, sobretudo, da reprodução ampliada dos grandes monopólios multinacionais. Assim, a exportação de maquinários, ferramentas e capitais que contêm novas tecnologias representa um elemento fundamental

1 Este estudo foi realizado com o apoio da Fundação Heinrich Böll Brasil.

dos países imperialistas e de sua relação com os países dependentes. No século XXI, é possível dizer que esse fenômeno abarca as novas tecnologias digitais, controladas por capitais cujas dinâmicas apontam para uma progressiva e celerada tendência à monopolização.

A compreensão da dependência, em nosso caso, particularmente, a partir da introdução das novas tecnologias digitais, implica partir do entendimento de que a categoria dependência carrega em si um movimento dialético do interno e do externo, a saber, da ***dialética da dependência***. Em outras palavras, a dependência não consiste em um fenômeno meramente externo ou exclusivamente interno de cada país - como se pode extrair de algumas abordagens estruturalistas em um caso e endogenistas em outro caso.

Ruy Mauro Marini (1982) observa que o capitalismo dependente se reproduz em função das necessidades dos países imperialistas, portanto, a relação entre imperialismo e dependência, como polos opostos e contemporâneos da economia mundial, implica uma divisão internacional do trabalho cujos efeitos nos países que são objeto da expansão imperialista, condicionam um capitalismo com características próprias e diversas do capitalismo de "via clássica". Veja-se que essa compreensão exclui de partida aquelas abordagens que entendem haver um "atraso", um "arcaísmo" de alguns países em relação a outros, de maneira que a aceleração de um capitalismo voltado para setores da produção fabril aceleraria o desenvolvimento desses países, que deixariam de ser atrasados, transitando, assim, do arcaico para o moderno. Como se vê, tais abordagens --sobretudo àquelas de corte estruturalistas--, partem de uma realidade cindida temporalmente, como se houvesse um descompasso histórico entre países e setores. Não seria este o caso, conforme observaram Ruy Mauro Marini (1982), André Gunder Frank (1970, 1978), Vania Bambirra (2012) e Theotonio dos Santos (1978, 2015). Países imperialistas e dependentes são contemporâneos do mesmo tempo histórico e estão inseridos na mesma economia mundial capitalista, conquanto exerçam funções distintas na divisão internacional do trabalho.

Indo adiante, dentre os fenômenos característicos dos países de capitalismo dependente, como o Brasil, vale destacar --ao analisar o contexto das tecnologias digitais em seus territórios-- a *transferência de valor* como elemento fundamental para a compreensão da atualidade. Ao travar relações econômicas com as economias imperialistas, os países dependentes transferem uma parte do mais-valor produzido internamente para os países imperialistas. Essa transferência pode ocorrer através de inúmeros mecanismos: via pagamento de juros e empréstimos, royalties, patentes; através da troca desigual que ocorre em função da superioridade tecnológica que gera um mais-valor extraordinário (e, portanto, um lucro extraordinário) para as grandes corporações dos países imperialistas ou que ocorre por meio de preços monopólicos; entre outros. Com efeito, existe uma relação de expropriação do mais-valor gerado em economias dependentes que é apropriado pelos países imperialistas.

Este cenário pode ser observado no contexto do desenvolvimento da saúde digital no Brasil que, como será analisado a seguir, apresenta dois aspectos centrais: i) o primeiro está atrelado ao subinvestimento ou ao desinvestimento em infraestruturas digitais nacionais próprias, o que implica na contratação das Big Techs por parte do governo brasileiro, visto que essas grandes corporações monopolistas estariam em condições de oferecer imediatamente e de forma barata os serviços requeridos; ii) e o segundo está vinculado à retirada de proteção aos dados sensíveis dos cidadãos brasileiros, já que ao contratar os serviços dessas corporações, os dados de saúde passam a ser armazenados em suas infraestruturas digitais, denominadas de nuvens, ficando, assim, à disposição para serem utilizados para o desenvolvimento e aperfeiçoamento tecnológico de serviços e produtos dessas próprias corporações. Por exemplo, estes dados podem ser utilizados para treinar e aperfeiçoar a inteligência artificial (IA), que posteriormente serão vendidas para o próprio país onde os dados são coletados.

Sendo assim, este trabalho, busca retomar o debate do imperialismo e, sobretudo, da dependência, a partir da introdução das tecnologias digitais no setor da saúde brasileira, bem como os impactos e consequências da incorporação dessas tecnologias digitais na saúde. Para isso, é necessário, inicialmente, explorar sua cadeia de criação.

1. O EMERGIR DE UMA SAÚDE DIGITAL SOB A LENTE DO IMPERIALISMO E DA DEPENDÊNCIA

O termo *digital health* ou "saúde digital" ganhou corpo e espaço nas últimas décadas e tem composto sistematicamente documentos oficiais de organizações e instituições globais da área da saúde. Certamente algumas das fontes mais representativas neste campo consistem nas publicações da Organização Mundial da Saúde (OMS), que, desde 2005, por meio de resoluções apresentadas nas Assembleias Mundiais da Saúde e nas Assembleias Gerais das Nações Unidas (ONU), afirma que a utilização de tecnologias de informação e comunicação (TIC) na saúde seria um componente estratégico e fundamental para promover acesso equitativo e universal à saúde.

Neste sentido, a OMS, até o presente momento, publicou três resoluções sobre o tema. A primeira, intitulada *WHA58.28*, ocorreu em maio de 2005 e recomendava aos países a criação de estratégias de longo prazo para o desenvolvimento e a implementação de programas e serviços nacionais de e-Saúde (primeiro termo cunhado para descrever o que seria uma saúde permeada por tecnologias digitais; termo que, posteriormente, em meados de 2018, seria substituído por *digital health*). A segunda, *WHA66.24*, datada de maio de 2013, orientava os países sobre padronização e interoperabilidade da e-Saúde, instando-os a considerar o desenvolvimento de políticas públicas e mecanismos legislativos ligados a uma estratégia nacional geral de e-Saúde. A terceira, *WHA71.7*, de maio de 2018, apresentava a necessidade da elaboração de uma estratégia global sobre saúde digital (*digital health*), identificando áreas prioritárias em que a própria OMS deveria concentrar esforços e atuações.

A partir dessa resolução, em março de 2019, a OMS iniciou a realização de diversos fóruns públicos *online*, consultas técnicas e reuniões em seus comitês regionais para a consolidação de diretrizes e ações voltadas à implementação das proposições presentes na terceira resolução, ou seja, na concretização de uma saúde digital global. Essas iniciativas culminaram no desenvolvimento e na publicação do documento oficial denominado *Estratégia global sobre saúde digital 2020-2025*, que representa uma conexão entre diretrizes já apresentadas com a incorporação de novos estudos que contam, ademais, com perspectivas globais, além de um plano de ações concretas que os países deveriam executar em três etapas: curto prazo (1-2 anos) médio prazo (2-4 anos) longo prazo (4-6 anos).

Para atingir esses objetivos, a OMS elenca a importância de haver uma estreita colaboração entre atores que ela denomina como interessados em implementar a estratégia global de saúde digital em âmbito internacional, regional e local, compostos por agentes estatais e não-estatais, contemplando desde o mercado financeiro e grupos de seguros de saúde até desenvolvedores de tecnologia.

Ao mencionar que setores públicos e privados, nacionais e internacionais devem trabalhar conjuntamente para a implementação de uma saúde digital globalizada, a OMS reforça preceitos neoliberais como o de privatização dos serviços públicos e o papel do Estado enquanto agente promotor dos interesses do capital. Nos casos dos países periféricos, como o Brasil, isso significa o aprofundamento da dependência, a partir da incorporação em suas estruturas das necessidades, diretrizes e estratégias dos países imperialistas e de suas corporações transnacionais, na medida em que a implementação de "parcerias" neste âmbito, tem significado a contratação pelo Estado de serviços, soluções e tecnologias das *Big Techs*, cujas sedes estão localizadas nos países imperialistas.

2. OMS E A DIGITALIZAÇÃO DO SISTEMA ÚNICO DE SAÚDE (SUS)

O Brasil, como um dos membros fundadores da Organização Mundial da Saúde (OMS) e com um histórico marcante na organização, incluindo duas décadas na Direção-Geral da organização (1953-1973), possui uma longa trajetória de acatar e absorver as diretrizes da OMS para o desenvolvimento e aprimoramento de políticas públicas do Ministério da Saúde (MS).

No contexto da saúde digital, esse comprometimento se manifesta de maneira consistente. Desde 2005, inspirado por publicações da OMS, o país vem elaborando e implementando políticas e legislações voltadas para o uso e disseminação de Tecnologias da Informação e Comunicação (TIC) no setor da saúde. Contudo, foi a partir de 2019 que as orientações da OMS, especialmente aquelas direcionadas para o estabelecimento de uma saúde digital global, com sólida integração entre os setores público e privado, nacional e internacional, ganharam maior impulso no Brasil.

Foi nesse contexto que o MS lançou a *Estratégia de Saúde Digital 2020-2028*, uma iniciativa abrangente que atualiza políticas públicas anteriores, como a revisão da Política Nacional de Informação e Informática em Saúde (PNIIS), e introduz novas medidas, exemplificadas pelo Programa Conecte SUS e pela Rede Nacional de Dados em Saúde (RNDS).

Nesse sentido, o *Conecte SUS*, rebatizado em janeiro de 2024 para *Meu SUS Digital*, enquanto aplicativo oficial do MS, desempenha um papel crucial no desenvolvimento da saúde digital no Brasil. É por meio dele que cidadãos, profissionais de saúde e gestores públicos têm acessado informações e serviços referentes ao SUS. Com funcionalidades e permissões de acesso específicas a cada perfil, os dados disponíveis na plataforma vão desde dados referentes aos locais e horários de atendimento nas Unidades Básicas de Saúde até dados clínicos dos pacientes, incluindo informações sobre vacinações, alergias, prescrições, medicamentos administrados, exames, atendimentos e internações.

Para assegurar esse tráfego de dados, o aplicativo conta com a infraestrutura da RNDS, uma plataforma nacional de integração de dados de saúde. Em termos simples, a RNDS é uma plataforma que unifica a coleta, o armazenamento e o processamento de dados provenientes de diversas atividades no campo da saúde brasileira, além de ser estruturante à existência do *Meu SUS Digital*.

Figura 1. RNDS e a operacionalização do Meu SUS Digital (Conecte SUS).

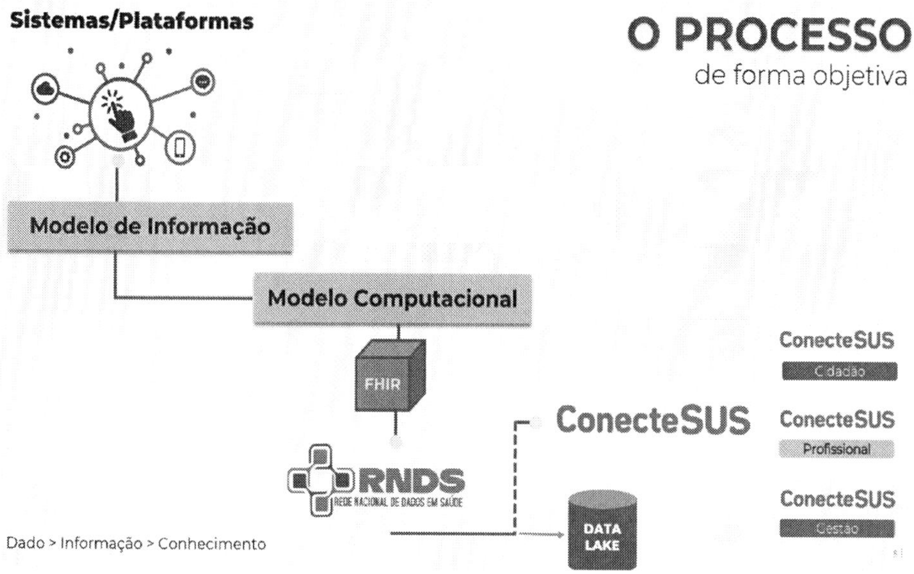

Fonte: Secretaria de Informação e Saúde Digital (SEIDIGI).

De acordo com a Secretaria de Informação e Saúde Digital (SEIDIGI), a RNDS abrange atualmente 72 milhões de registros de exames laboratoriais, 1 bilhão de registros imunológicos, 15 milhões de autorizações de internações hospitalares (AIH), 20 milhões de autorizações de procedimentos ambulatoriais (APAC) e 582 mil registros de atendimento clínico e 10 milhões de regulações assistenciais (SISREG). No entanto, estes números, ainda que substanciais, são considerados modestos diante do potencial significativo que a RNDS pode desempenhar à saúde brasileira.

Conforme enfatizado pela equipe da SEIDIGI em entrevista, a saúde digital tem se desenvolvido em alinhamento às diretrizes da *Estratégia de Saúde Digital 2020-2028* e a expectativa é de que até 2028 a RNDS se consolide como a principal plataforma nacional para inovação, informações e serviços digitais de saúde, indo além do *Meu SUS Digital*. Se essa projeção se concretizar, a RNDS se tornará o ponto central por onde todos os sistemas de informação do setor deverão se conectar, promovendo uma integração abrangente e única da saúde brasileira. Essa integração abarcará tanto o setor público quanto o privado, culminando na consolidação de um ecossistema completo da dataficação da saúde no Brasil.

Figura 2. RNDS e a consolidação da dataficação do setor da Saúde.

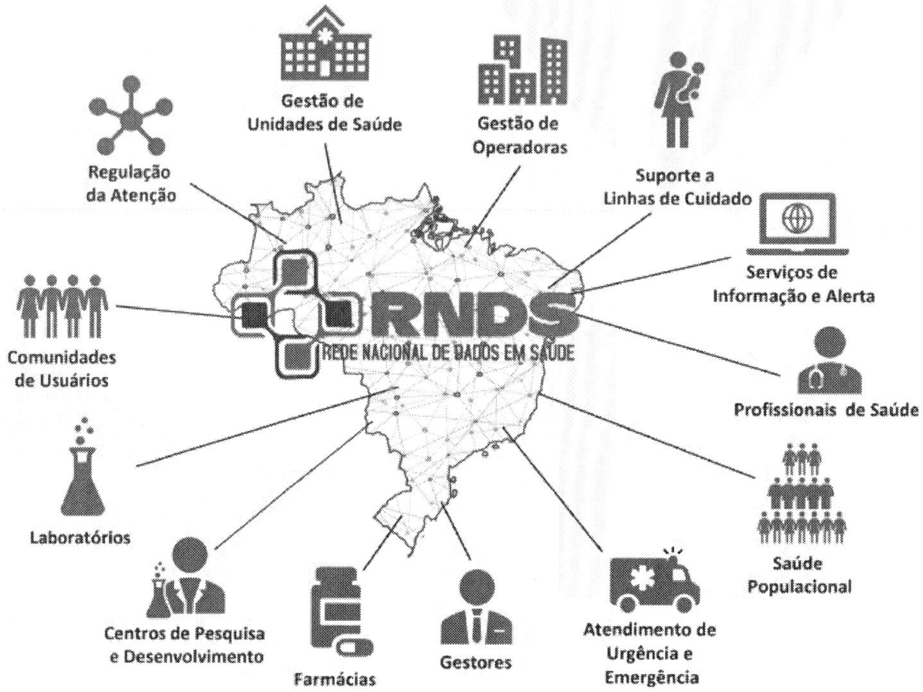

Fonte: Secretaria de Informação e Saúde Digital (SEIDIGI).

A complexidade deste cenário encontra-se, fundamentalmente, ainda que não exclusivamente, na própria consolidação da RNDS que, desde seu início, está alocada em infraestruturas da *Amazon Web Services* (AWS), plataforma de serviços de computação em nuvem da Amazon, empresa multinacional de tecnologia estadunidense com sede em Seattle, Washington. Com contrato vigente do início de 2020 até dezembro de 2024, a *Big Tech* dos Estados Unidos foi a escolhida pelo Ministério da Saúde para cuidar do armazenamento e da segurança dos dados de saúde de todos os cidadãos brasileiros.

Em 28 de dezembro de 2022, o SUS assinou um contrato com o Serviço Federal de Processamento de Dados (Serpro) para que este realizasse a gestão de suas infraestruturas de sistemas e de armazenamento de dados. O contrato, com vigência de 36 meses, visava a migração da RNDS para a plataforma *Serpro MultiCloud*[2]. A notícia

2 SERPRO. SUS conta com segurança e disponibilidade dos serviços profissionais Serpro MultiCloud.

gerou expectativas sobre uma possível mudança na trajetória da saúde digital. À primeira vista, isto poderia significar uma guinada estratégica em direção ao desenvolvimento de tecnologias digitais nacionais públicas ao invés da privatização do setor, cujos efeitos consistiriam no avanço da soberania da tecnologia digital.

Contudo, não obstante as expectativas iniciais, o cenário real aponta exatamente para a direção oposta. Atualmente, o serviço *Serpro MultiCloud* consiste numa parceria entre a infraestrutura própria do Serpro com os serviços das gigantes multinacionais de tecnologia, a saber, *Amazon Web Service* (AWS), *Azure Stack* (Microsoft), *Google Cloud*, *Huawei Cloud*, *IBM Cloud* e *Oracle*. Na prática, isto significa um cenário em que, por um lado, a privatização e penetração das multinacionais alcançou um órgão estratégico como o Serpro e, por outro que o armazenamento dos dados da RNDS continua em infraestrutura da *AWS*, podendo, ainda, ser alocado em outras corporações internacionais a partir da gestão do Serpro[3].

Essa situação é deveras crítica, visto que a atuação das gigantes da tecnologia ocorre de forma dispersa, com datacenters localizados em diversas partes do mundo, o que sugere que dados e informações provenientes da saúde brasileira poderão ser alocadas fora do território nacional. A AWS, por exemplo, possui mais de 100 centros de dados no mundo, abrangendo 36 Regiões e está presente em 245 países e territórios[4]. Um dos exemplos desse cenário seria os registros oriundos de acesso ao domínio do Meu SUS Digital. Em uma breve consulta realizada em 11 de janeiro de 2024, data em que o aplicativo ainda se chamava Conecte SUS, notou-se que o acesso ao domínio foi estabelecido em uma das regiões da AWS nos Estados Unidos. Isso sugere que esses dados podem estar presentes também em outros países.

3 A parceria do Serpro com as multinacionais da tecnologia digital consiste em mais um contundente exemplo da política de Estado adotada pelo governo brasileiro, a saber, o aprofundamento da dependência tecnológica digital.

4 AWS. *Infraestrutura global da AWS*.

Figura 3. Domínio do Meu SUS Digital (Conecte SUS) encontra-se hospedado em servidor nos Estados Unidos.

Fonte: autores do artigo

Há ainda outras implicações relevantes na relação do *Meu SUS Digital* e do Serpro com o aprofundamento da dependência e do neoliberalismo na saúde digital brasileira. Para acessar o *Meu SUS Digital*, todo cidadão obrigatoriamente tem que ter uma conta no Gov.br.[5] Apesar dos dados de perfil e login estarem em infraestruturas de nuvem do governo brasileiro, outras aplicações do Gov.br, como é o caso do chat, estão em infraestruturas de multinacionais, como a *IBM Cloud*.

Em um cenário em que os dados têm adquirido a condição de insumo fundamental para que o capitalismo avance no século XXI, por meio da criação de serviços, produtos e tecnologias baseadas em dados, como a Inteligência Artificial (IA), ter um Estado que promove e financia o capital internacional, abrindo mão, portanto, de uma estratégia de soberania digital e de dados, significa na prática o aprofundamento da dependência e da subordinação tecnológica.

5 A Plataforma Gov.br foi criada pelo Ministério da Gestão e da Inovação em Serviços Públicos em parceria com o Serviço Federal de Processamento de Dados (Serpro), sendo instituída pelo Decreto nº 8.936, de 19 de dezembro de 2016. Esta plataforma abrange diversas orientações sobre a oferta de serviços públicos digitais, incluindo a convergência autoritativa e a federação dos processos de autenticação dos serviços digitais.

3. TECNOLOGIAS DIGITAIS, DEPENDÊNCIA E AS TENDÊNCIAS A SAÚDE BRASILEIRA

De acordo com a pesquisadora Ilara Hämmerli (1998), no início das transformações do setor da saúde para o que seria uma a consolidação de saúde digital brasileira, as limitações tecnológicas existentes concentravam-se nos sistemas operacionais, que impunham contradições e o abandono parcial da coleta de dados, bem como de seus processamentos. Porém, rapidamente essas dificuldades tecnológicas foram superadas. Desde o início, a autora observava a importância de compreender a importância da esfera política por detrás da gestão informacional, de sorte que seria preciso levar isto em conta para pensar e criar alternativas políticas, técnicas e éticas que dariam maios controle democrático sobre as bases informacionais.

Neste sentido, ao manter a RNDS em infraestruturas privadas e transnacionais, o Ministério da Saúde e a SEIDIGI adotam políticas públicas que aprofundam a dependência. Isto ocorre especialmente a partir da transferência de valor, visto que os dados de saúde dos cidadãos e profissionais brasileiros, bem como as informações estratégicas voltadas ao desenvolvimento e avanço da ciência de saúde brasileira estão sendo entregues de graça ao capital internacional, que é remunerado por prestar o serviço de armazenamento.

Com efeito, esse cenário se apresenta de forma perniciosa, na medida em que a coleta massiva de dados de cidadãos e profissionais no âmbito da saúde é realizada pelo próprio governo brasileiro, que investe dinheiro público para o desenvolvimento de aplicativos que realizam o trabalho de coletar os dados de saúde de cidadãos e profissionais brasileiros que, por sua vez, são obrigados a acessar estes aplicativos para utilizar os serviços do governo. Esses dados são armazenados nos serviços de nuvem das grandes corporações de tecnologia que, por seu turno, passam a processá-los, extraindo informações necessárias para o aprimoramento de suas infraestruturas, produtos e serviços que, posteriormente, serão vendidos para o Brasil. Essa relação de dependência e subordinação é levada ao paroxismo na era da saúde digital, visto que não apenas essas multinacionais sequer têm o trabalho e o custo de coletar os dados, função exercida pelo Ministério da Saúde e pela SEIDIGI, como ainda por cima são remuneradas pelo Estado brasileiro por receber de graça esses dados e armazená-los em seus serviços de computação em nuvem - inclusive fora do território nacional como visto.

Tal contexto gera inquietação e chama ainda mais a atenção devido ao fato de o país já ter infraestruturas digitais próprias, por exemplo, a infraestrutura do Serpro, e ainda assim buscar fomentar a incorporação do capital internacional na saúde digital. Ademais, o Brasil conta com grandes pesquisadoras, pesquisadores e especialistas, com centros de pesquisas em Universidades Federais e Estaduais de excelência, bem como com Fundações públicas, como a Fundação Oswaldo Cruz (Fiocruz), que, sob a orientação do governo e com incentivo e investimento estatal, poderiam desenvolver e aprimorar infraestruturas nacionais, utilizando tecnologias livres e abertas, que seriam responsáveis tanto pelo armazenamento e segurança dos dados da saúde, quanto pela gestão e operacionalização de todo o ecossistema de uma saúde digital.

Esta política econômica expõe a negligência e renúncia do Estado brasileiro ao desenvolvimento e avanço de tecnologias digitais próprias e da ciência da saúde brasileira.

Como observou Theotonio dos Santos em *Revolução Científico-Técnica e Acumulação de Capital* (1987), a concentração do investimento em Pesquisa e Desenvolvimento (P&D) se tornou uma das características centrais dos países imperialistas, tendo sido fundamental para a revolução científico-técnica ocorrida. Aos países dependentes, pelo que implica a própria relação imperialismo-dependência, restaria mais uma vez adquirir as tecnologias já acabadas. Com efeito, renunciar as capacidades científicas e tecnológicas existentes e potenciais é uma marca do capitalismo dependente. Esse é um dos aspectos da história da dependência no Brasil, que conta com poucas exceções. Uma delas é a campanha "O petróleo é nosso", responsável pela criação da Petrobrás e por derrotar os interesses da burguesia dependente e subordinada ao capital internacional, cuja retórica asseverava que, sem realizar parcerias com as multinacionais petroleiras estrangeiras, o país não conseguiria explorar adequadamente o petróleo. Outra exceção é a própria criação do Sistema Único de Saúde do Brasil, com a Constituição de 1988. Na contramão de interesses privados nacionais e internacionais, que cresceram durante a ditadura militar, a campanha por uma saúde pública, gratuita e universal cristalizou-se no SUS.

Esta sugestiva associação entre a campanha pela nacionalização da exploração do petróleo e a criação do SUS --visto que os dados são considerados por certas abordagens privatistas e neoliberais como o novo petróleo--, configura uma exceção que, no entanto, pode indicar alternativas que apontam para além de uma saúde digital neoliberal, privatizada e que aprofunda a dependência. Dessa maneira, na terceira década do século XXI, é fundamental que a sociedade brasileira adquira consciência crítica sobre essa tendência que parece se impor, compreendendo que para manter os preceitos do SUS é preciso superar o fetichismo tecnológico e a datafiicação, criando infraestruturas digitais públicas e reduzindo, até eliminar, a armadilha da dependência.

REFERÊNCIAS

AWS. (2024). *Infraestrutura global da AWS.* Recuperado de https://aws.amazon.com/pt/about-aws/global-infrastructure/

Bambirra, V. (2012). *O capitalismo dependente latino-americano.* Brasil: Insular.

Brasil. (2016). Decreto Nº 8.936, de 19 de dezembro de 2016. Institui a Plataforma de Cidadania Digital. Recuperado de https://www.planalto.gov.br/ccivil_03/_Ato2015-2018/2016/Decreto/D8936.htm

Frank, A. G. (1970). *Lumpenburguesia: Lumpendesarrollo. Dependencia, clase y política en Latinoamérica.* Medellín: Editorial La Oveja Negra.

Frank, A. G. (1978). *Capitalismo y subdesarrollo en América Latina.* México: Siglo XXI.

Marini, R. M. (1982). *Dialéctica de la dependencia.* México, D.F.: Ediciones Era.

Ministério da Saúde. (2020). *Estratégia de Saúde Digital 2020-2028.* Recuperado de https://bvsms.saude.gov.br/bvs/publicacoes/estrategia_saude_digital_Brasil.pdf

Ministério da Saúde. (2020). Portaria Nº 1.434, de 28 de maio de 2020. Institui o Programa Conecte SUS e a Rede Nacional de Dados em Saúde. Recuperado de https://www.in.gov.br/en/web/dou/-/portaria-n-1.434-de-28-de-maio-de-2020-259143327

Ministério da Saúde. (2023). *Rede Nacional de Dados em Saúde.* Recuperado de https://www.gov.br/saude/pt-br/composicao/seidigi/rnds

Moraes, I. H. S. (1998). *Informações em saúde: Para andarilhos e argonautas de uma tecnodemocracia emancipadora* (Tese de doutorado). Rio de Janeiro: Fiocruz.

Organização Mundial da Saúde (OMS). (2021). *Global strategy on digital health 2020-2025*. Recuperado de https://iris.who.int/bitstream/handle/10665/344249/9789240020924-eng.pdf

Organização Mundial da Saúde (OMS). (2005). *WHA58.28 eHealth*. Recuperado de https://apps.who.int/gb/ebwha/pdf_files/WHA58/WHA58_28-en.pdf

Organização Mundial da Saúde (OMS). (2013). *WHA 6.24 eHealth standardization and interoperability*. Recuperado de https://apps.who.int/gb/ebwha/pdf_files/WHA66/A66_R24-en.pdf

Organização Mundial da Saúde (OMS). (2018). *WHA71.7 Digital health*. Recuperado de https://www.who.int/publications/i/item/10665-279505

Santos, T. (1978). *Imperialismo y dependencia*. México, D.F.: Ediciones Era.

Santos, T. (1987). *Revolução científico-técnica e acumulação do capital*. Petrópolis: Editora Vozes.

Santos, T. (2015). *Teoria da dependência: Balanços e perspectivas*. Florianópolis: Insular.

Serpro. (2023). *SUS conta com segurança e disponibilidade dos serviços profissionais Serpro MultiCloud*. Recuperado de https://www.serpro.gov.br/menu/noticias/noticias-2022/sus-contrata-serpro-multicloud

DES~~IM~~PLANTAR *MATRIX* DE LA MATRIZ

Fátima Solera Navarro

Marina Gómez Alcalde

No olvidéis jamás que bastará una crisis política, económica o religiosa, para que los derechos de las mujeres vuelvan a ser cuestionados. Esos derechos nunca se dan por adquiridos. Debéis permanecer vigilantes durante toda vuestra vida.

Simone de Beauvoir (1949).

1. INTRODUCCIÓN

El 24 de junio de 2022 el derecho al aborto en Estados Unidos (EEUU) dejó de estar blindado constitucionalmente. Ese día, la Corte Suprema concluyó, tras el caso «Dobbs contra Jackson Women's Health Organization», que la Constitución estadounidense no contempla este derecho, revocando así la doctrina de «Roe contra Wade» (1973), completada por «Planned Parenthood contra Casey» (1992), que lo dotaba de amparo constitucional e impedía que cada Estado pudiera legislar sobre este derecho a su conveniencia.

Tal y como apunta Silvia Federici (2022), en EEUU «la procreación involuntaria y el control estatal del cuerpo femenino se han institucionalizado a través de la criminalización del aborto» (Federici, 2022: 35), pues, al contrario de lo que se podría pensar, el desarrollo tecnológico del capitalismo no ha hecho sino aumentar el valor económico de la reproducción. No en vano, aunque se predique la superfluidad de la fuerza de trabajo humana, ésta sigue siendo imprescindible para la acumulación de capital, sea como trabajadores, consumidores o soldados: «Controlar el cuerpo de la mujer es tan importante para la clase capitalista que, incluso en Estados Unidos, donde el aborto fue legalizado en la década de 1970, se sigue intentado revertir esta decisión.» (Federici, 2022: 38). Hoy esta advertencia de Federici (como aquella de Simone de Beauvoir) se ha cumplido, y son cada vez más Estados los que han visto el cielo abierto con el histórico retroceso doctrinal del Supremo:

Ilustración 1. Mapa de las políticas sobre el aborto en EEUU *post «Roe vs. Wade»*.

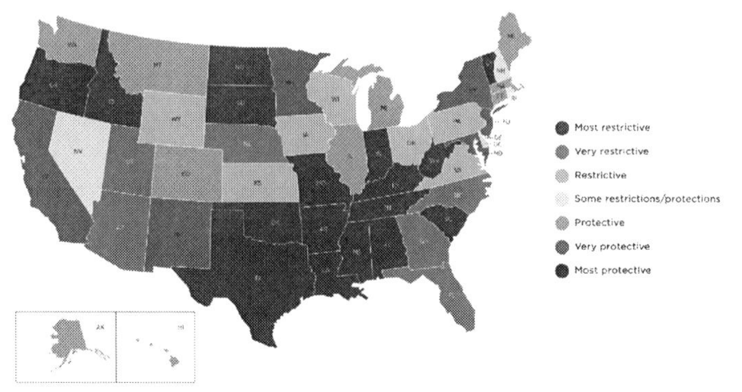

Fuente: Instituto Guttmacher (2024).

Pero este paso atrás en materia de derechos reproductivos presenta otro componente de cariz tecnológico. Buena prueba de ello fue la proliferación en diferentes redes sociales durante las deliberaciones del Supremo de publicaciones que, mezclando las etiquetas *#roewade* y *#periodtrackingapps* (Gómez Alcalde, 2023), anticipaban las amenazas que este cambio legislativo podría acarrear para quienes usan aplicaciones móviles orientadas al control de ciclo menstrual.

Así, ya en mayo Newman (2022) aludía a las guías sobre protección de la privacidad digital que la ***Digital Defense Fund***[1] y la ***Electronic Frontier Foundation***[2] facilitaban a quienes buscaban datos o servicios relacionados con el aborto en EEUU ante la coyuntura de que éste dejase de ser legal. Por su parte, la socióloga, Gina Neff tuiteaba tras la sentencia del supremo una exhortación de gran alcance a borrar las aplicaciones de seguimiento de ciclo en estos términos: «Lo digo como alguien que escribe sobre política y economía del auto-seguimiento: borra estas aplicaciones ahora»[3] .

¿Cómo es que aplicaciones percibidas de entrada como inocuas y ajenas a la vigilancia digital en redes sociales por su orientación eminentemente personal de repente se tornan tan peligrosas como para tener que borrarlas de nuestros dispositivos?

1 Véase Digital Defense Fund. (n.d.).

2 Véase Electronic Frontier Foundation. (n.d.).

3 Véase Gina Sue (2022).

Lo cierto es, como apunta Newman (2022), que las aplicaciones de seguimiento del ciclo menstrual recopilan datos que pueden parecer benignos, pero que son claramente sensibles en el contexto de una posible penalización del aborto. De hecho, ya en 2021 la Comisión Federal de Comercio estadounidense sancionó a una empresa del sector, Flo Health, por compartir información sanitaria de sus usuarias con empresas de *marketing* y análisis, incluidas Facebook y Google[4].

Esta tensión entre la implantación de aplicaciones que registran, procesan y explotan nuestros datos corporales y sus riesgos para la privacidad se encuentra íntimamente relacionada con la legislación que cada país aprueba para proteger o atacar los derechos sexuales y reproductivos de su ciudadanía. Así, mientras que Francia blinda el derecho al aborto en su Constitución (Bassets, 2024), vemos cómo la sentencia del Supremo estadounidense retrotrae al estado de Arizona a una ley de 1864 que castiga severamente el aborto casi sin excepción (Beauregard, 2024).

A partir de esta intersección entre acecho legal y tecnológico a los cuerpos gestantes, en las próximas páginas abordamos el conflicto al que nos enfrentamos día a día en relación a la salvaguarda de nuestros datos personales y de nuestras interacciones.

Por un lado, en la medida en que nuestra vida se vuelca hasta límites cada vez más íntimos en plataformas digitales, vamos secretando información que resulta de gran valor en lo que Zuboff (2020) ha venido a denominar «capitalismo de la vigilancia». Por otro lado, experimentamos una tendencia apremiante a convertir nuestro cuerpo en datos, como si se tratara de un proyecto que debe ser diseñado, calibrado y perfeccionado a través de nuestro dispositivo móvil: «La última generación de accesorios y aplicaciones de *self-tracking* promueven la datificación subjetiva como parte de una filosofía de vida sana y autónoma al ponernos a disposición herramientas de automonitoreo y autocontrol. El cuerpo pasa a vivirse desde una distancia racional y cuantificadora» (López Gabrielidis, 2020: 77). En suma, esta autora nos advierte de cómo se alienta a entender el

4 Véase Federal Trade Commission (2021).

cuerpo desde una lógica antaño reservada al mundo industrial y a la lógica de la optimización.

2. APPS DE CONTROL DE CICLO. ¿QUIÉN CONTROLA A QUIÉN?

El desarrollo de un significativo mercado de aplicaciones de control de ciclo se encuentra en gran medida justificado por un contexto de demanda de métodos anticonceptivos no médicos, especialmente entre jóvenes que ven estas alternativas como algo fiable, accesible y de coste mínimo (Ford et al., 2021: 49). Ello contrasta con los estudios que alertan de su escasa fiabilidad médica (Eschler et al., 2019), manifestada en problemas de precisión y eficacia, o de sus malas prácticas en cuanto a la recopilación de datos personales, hasta el punto de que en algunos casos el seguimiento menstrual «provoca angustia y problemas de privacidad» (Levy & Romo 2019: 7). En esta misma dirección apunta el hallazgo de que el 79% de las aplicaciones de salud disponibles a través de Google Play Store regularmente comparten los datos de las personas usuarias y están lejos de ser transparentes (Grundy et al., 2019: 4).

Conviene subrayar en este sentido que las aplicaciones de control de ciclo no se conforman con calcular con mayor o menor precisión nuestras fechas de ovulación y menstruación, sino que también recopilan datos fisiológicos y de comportamiento asociados a los síntomas de nuestro período, e incluso rastrean nuestros movimientos y hábitos de compra y navegación. El valor de la aplicación radica, por tanto, en el volumen de datos que se comparte con ella: a medida que sus usuarias se vuelven participantes activas en el proceso de producción, las líneas divisorias entre quién produce, consume y se beneficia de la información se desvanecen.

Sin duda, a diferencia de los datos de localización o de rastreo del movimiento, los ligados al ciclo menstrual todavía no pueden ser captados a través de dispositivos electrónicos de manera automática. Somos nosotras quienes otorgamos esta información que, en última instancia, no podemos controlar, como tampoco podemos evitar sangrar de manera más o menos cíclica, al menos no sin recurrir a otras tecnologías o evidenciar que nuestro cuerpo está en otro estado, por ejemplo, gestando o entrando en el climaterio. Y al exponer de este modo nuestros flujos orgánicos, quedamos transfiguradas en «un cuerpo descorporeizado, un 'doble de datos' de pura virtualidad» (Haggerty y Ericson, 2000: 611), a su vez sometido a normas cambiantes en función de la jurisdicción que habite.

3. BREVE COMPARATIVA DE LAS LEGISLACIONES DE PRIVACIDAD EN EEUU Y LA UE

Entrando en la comparativa jurisdiccional, conviene recordar que en EEUU actualmente no existe una ley federal de protección de datos equiparable a la de la UE, la decisión del supremo de sacar el aborto del amparo de la cuarta enmienda revela en toda su crudeza la actual intersección entre la falta de regulación de privacidad y el retroceso en derechos reproductivos en algunos Estados.

Pero con lo que sí cuenta EEUU es con la *CLOUD Act*, (*Clarifying Lawful Overseas Use of Data Act*), una ley federal promulgada en 2018 que da carta blanca a sus autoridades para acceder indiscriminadamente a los servidores de empresas de dicho país (correos electrónicos, mensajes de texto, *chats*, etc.) con independencia de su ubicación (Cordero, 2019). Para Peirano (2022) esta ley conlleva notables riesgos, dado que «aunque las comunicaciones están cifradas, la gestión incluye la clase de metadatos que genera cada transacción como, por ejemplo, la geolocalización de los miembros de un gobierno cada vez que se conectan» (Peirano, 2022: 15).

Según un informe de 2021 del Consejo Internacional de Responsabilidad Digital (citado en Cadenas, 2022, párr. 9), en EEUU las *apps* de salud no tienen que cumplir las regulaciones estatales de la privacidad de los pacientes a las que están sujetas personal sanitario, hospitales, laboratorios y aseguradoras médicas. Para más *inri*, no hay ninguna normativa que defina qué se considera información sanitaria confidencial. En estas condiciones, Jimena Valdez (*ibid.* párr. 8) asevera que en caso de que se avance en la criminalización del aborto y las autoridades estatales comiencen a requerir datos incriminatorios a las plataformas digitales, sin duda éstas se los entregarían.

En la UE, por el contrario, 2018 marca la entrada en vigor de un Régimen General de Protección de Datos (RGPD) que dota a sus ciudadanos de las mayores cotas de privacidad del mundo. Pese a ello, que los datos sean procesados por una entidad sujeta al RGPD no implica una plena inmunidad frente a requerimientos de EEUU, tal y como alerta la abogada de *Privacy International* Lucie Audibert (citada en Garamvolgyi, 2022, párr. 9): «Cuando se trata de una solicitud legal legítima procedente de las autoridades estadounidenses, las empresas europeas suelen acatarla. Asimismo, es posible que una empresa europea albergue datos fuera de la UE, circunstancia que la somete a diferentes marcos jurídicos y acuerdos transfronterizos»

En esta línea, queremos terminar esta comparativa destacando la Ley de Derechos de Privacidad de California (CCPRA), en vigor desde enero de 2023. Esta normativa modifica la precedente Ley de Privacidad de los Consumidores de California (CCPA) de 2018 en dos sentidos: de un lado, amplía los derechos de acceso y eliminación que ésta ya reconocía a la ciudadanía; de otro, añade nuevas categorías de información personal confidencial, como los datos sanitarios y las coordenadas de geolocalización, así como el derecho a corregir inexactitudes y a limitar el uso y la divulgación de información personal confidencial, equiparándose en este punto al RGPD.

4. POLÍTICAS DE PRIVACIDAD DE LAS APLICACIONES DE CONTROL DE CICLO

Pasamos ahora a analizar el riesgo que estas apps de control de ciclo entrañan para nuestra privacidad en el marco de la regulación del aborto en EEUU. Con tal fin, hemos seleccionado las seis más descargadas y mejor puntuadas, tanto en Google Play Store como en App Store, tanto en la UE como en EEUU, y estudiado sus Políticas de Privacidad (PP), a fecha de 27 de abril de 2024:

Aplicación		Desarrollador	País	PP actualizada	Enlace
	Mi Calendario Menstrual	*Simple Design Ltd.*	*Reino Unido*	30/08/23	https://web.archive.org/web/20240427092808/ https://simpledesign.ltd/privacy/my_calendar.html
	Flo	*Flo Health Inc.*	*Reino Unido*	31/10/23	https://web.archive.org/web/20240427093241/ https://flo.health/privacy-policy
Clue	*Clue*	*BioWink*	*Alemania*	15/04/24	https://web.archive.org/web/20240427093249/ https://helloclue.com/es/privacidad
	Meet You	*Meet you Period tracker*	*Singapur*	12/01/24	https://web.archive.org/web/20240427093315/ https://www.meetyouintl.com/home/privacy.html
	Calendario Menstrual	*Simpleinnnovation*	*EEUU*	31/08/23	https://web.archive.org/web/20240427093336/ https://simpleinnovation.us/my-calendar/privacy-policy
	Alerta de Período	*GP Internacional LLC.*	*EEUU*	s.f.	https://web.archive.org/web/20240427093558/ https://gpapps.com/support/privacy-policy/

Para comprobar si dichas PP varían en función del lugar desde donde se visitan, hemos simulado nuestra ubicación en territorio estadounidense mediante Redes Privadas Virtuales (VPN) y sistemas de ofuscación de IP como *Tor* (Solera, 2023: 129). Aunque no hemos hallado diferencias en los textos, sí hemos detectado que algunas *apps* aluden a las diferentes legislaciones en la UE, California o Reino Unido, modificando sus condiciones si se emplean desde esa región. Finalmente, destacamos que, salvo Mi Calendario Menstrual, todas diferencian la edad mínima para su uso (13 años para EEUU y 16 para la UE).

A partir de aquí, hemos identificado y sintetizado en la tabla incluida a continuación aquellas categorías de información potencialmente incriminatorias con el fin de determinar si una persona se ha sometido a un aborto en aquellos lugares donde ya no es legal. Por lo demás, aquellos datos que son consustanciales al empleo de estas aplicaciones, como las fechas de inicio y fin de periodo y la predicción de futuras fechas de ciclo, han sido obviados por redundantes[5].

Para captar el alcance escrutador de estas aplicaciones, hemos especificado en la tabla si implementan Equipos de Desarrollo de Software (SDK, por sus siglas en inglés), es decir, si permiten que empresas externas desarrollen servicios de ubicación, de traducción automática y similares que de otro modo deberían crearse desde cero por la compañía matriz. Los SDK son

5 Para un esquema completo de estas políticas de privacidad véase Gómez Alcalde (2023).

fáciles de implementar y en su mayoría de bajo coste, por lo que ofrecen diferentes soluciones para construir *apps* de forma rápida, a cambio de acceder a los datos que recopilen las herramientas a las que complementan.

La gran amenaza radica en que, una vez que el desarrollador de SDK ha accedido a los datos, suele utilizarlos para fines ajenos al propósito original y venderlos a empresas de publicidad, *data brokers* e incluso agencias de espionaje[6], en un proceso que «a menudo es tan complejo que es imposible saber, cómo y a quién se envían los datos recopilados por una sola aplicación» (Bax *et al.*, 2021: 13). Este modelo de negocio infringe la privacidad de las *apps* donde se implementan, volviendo inseguro su empleo pese a la aplicación en cuestión cumpliese la normativa vigente.

6 Véase Middle East Eye (2021).

Categorías	Mi calendario menstrual	Flo	Clue	Meet You	Calendario Menstrual	Alerta de Período
Rastreo de dirección IP (por la *app* o algún tercero)	✓	✓	✓	✓	X*	✓
Rastreo de ubicación	X	✓	X	X	X	X
Rastreo de historial de navegación	X	X	X	X	X	X
Comparte tus datos con terceros	X	✓	✓	✓	✓	✓
Quedas sometida a las PP de terceros	X	✓	✓	✓	✓	✓
Vende tus datos	X	X	X	X	X	?
Entrega tus datos ante requerimiento legal	✓	✓	✓	✓	✓	✓
Anonimiza tus datos	✓	✓	✓	X	✓	X
Puedes solicitar la eliminación de tus datos	✓	✓	✓	✓	✓	✓
Hay excepciones para eliminarlos	X	✓	X	✓	✓	✓
Puede mantener tus datos en sus servidores	X	✓	X	✓	?	?
Puede mantenerlos en servidores de terceros	X	?	?	✓	?	?
Elimina por completo tus datos de sus servidores	✓	X	✓	X	?	?
Menciona dónde se encuentran sus servidores	X	✓	✓	✓	X	X
Los datos se cifran en tránsito	✓	✓	✓	X	✓	✓
Aplica cambios si la utilizas desde California	✓	✓	X	✓	✓	X
Aplica cambios si la utilizas desde la UE	✓	✓	✓	✓	✓	X
Notifica cambios en su política de privacidad	✓	✓	✓	✓	X	X
Declara implementar SDKs y cuáles son	✓	✓	✓	✓	✓	?
Permite conectar tus datos con otras personas	X	X	X	X	X	X

Aunque no recoge la IP, sí la ID de publicidad del teléfono. Se trata de un identificador único y general para todas las aplicaciones del mismo dispositivo, por lo que este dato puede agregarse a otros para una posterior identificación.

A continuación, recogemos otros aspectos de las diferentes PP estudiadas que estimamos pertinentes para nuestro análisis.

El primero tiene que ver con Flo, que anuncia la disponibilidad (aunque no por defecto) de un modo de uso anónimo que desvincularía el nombre, correo electrónico e identificadores técnicos de los datos que se ingresan en la aplicación. Además, Flo declara regirse en primer lugar por el RGPD, independientemente del país desde donde se acceda.

El segundo alude a cómo, pese a declarar su adhesión a «los más altos estándares de privacidad y seguridad», Clue admite un SDK que transfiere datos personales a EEUU. Dicho esto, Clue es la única *app* que afirma desvincular el perfil personal de los datos sanitarios y proteger sus contraseñas mediante funciones resumen (*hashing*, en inglés), un método de cifrado que transforma registros de datos y caracteres de longitud arbitraria en valores *hash* compactos y fijos que no se pueden revertir a la información de entrada.

El tercer aspecto que destacamos es que tanto Alerta de Período como Meet You ofrecen entre sus servicios una «sección social» y una «comunidad abierta», respectivamente. En Meet You, para más *inri*, se arrogan los permisos de acceso a cámara, álbum de fotos o carpetas de almacenamiento sin que podamos siquiera garantizar que cumplen el compromiso de su PP de cifrar los datos antes de transmitirlos, al indicarse lo contrario en Google Play Store[7].

Por último, en el caso de Calendario Menstrual, llama la atención que, si bien de modo predeterminado almacena los datos en el dispositivo de quien la usa, da la opción de guardar una copia en los servidores de Google Cloud, quedando entonces sujetos a la PP de Google.

CONCLUSIONES

Lo primero que nos gustaría reseñar respecto a estudios anteriores (Gómez Alcalde, 2023 y Eticas Foundation, 2022) es que hemos detectado cambios en las PP que apuntan al refuerzo de la privacidad de las personas usuarias, salvo en Alerta de Período. Sin una nueva normativa (en el caso estadounidense) que así lo ordene, pareciera que las críticas de las feministas *post «Roe*

7 Véase Google (2024).

vs. Wade» hubieran tenido un impacto en la toma de decisiones de estas empresas.

Sin embargo, sigue siendo alarmante el número de empresas ajenas, como las aludidas desarrolladoras de SDK, que se involucran en el funcionamiento de estas aplicaciones. Dicha alarma es aún mayor teniendo en cuenta la habitual remisión a las PP de dichas empresas por parte de las *apps* primarias, lo cual nos aboca a un bucle infinito por donde perdemos cualquier perspectiva de control sobre nuestra información. Esto nos lleva a preguntarnos si no existen demasiados participantes que puedan exponer los flujos de datos potencialmente incriminatorios que circulan por estas aplicaciones.

Queremos también subrayar la predisposición de estas *apps* a la violación del deber de custodia de nuestra información confidencial, sobre todo cuando hablamos de requerimientos no respaldados por procedimientos garantistas de la tutela judicial efectiva. A este respecto sí hay unanimidad: si las autoridades estatales lo requieren, todas ellas faltarán a nuestra confianza y les entregarán información íntimamente vinculada con nuestros cuerpos.

Si bien en este estudio nos hemos centrado en la intersección entre el acecho legal y tecnológico a los cuerpos gestantes en EEUU, el hecho es que, sin un marco legislativo garantista, nada impide que este riesgo se extrapole a otros datos confidenciales y territorios. Frente a ello, la «artillería pesada» (2017: 254) con que contamos actualmente es el citado RGPD, referencia internacional por situar en el centro el consentimiento ciudadano para que cualquier entidad (que opere en la UE/EEE) pueda recopilar datos personales, imposibilitando en todo caso su venta.

Otras alternativas para quienes han de convivir con el problema pasan por la combinación de vías normativas y legales, como ya han explorado en Florida y Arizona. En el primer caso, el mismo Tribunal Supremo estatal que ha validado la nueva restricción a 6 semanas del plazo para abortar ha tenido que admitir la convocatoria por una coalición ciudadana de base de un referéndum para blindar el aborto en la Constitución de Florida (Jiménez, 2024). En cuanto a Arizona, la movilización social forzó primero a la fiscala general a prometer que no acataría la citada «ley draconiana» de 1864 (citado en Beauregard, 2024, párr. 7), y luego al Congreso estatal a promover su derogación para restituir los derechos perdidos. Todo ello sin olvidar las alternativas de seguridad en el plano tecnológico, incluidas cuando el borrado de las *apps* no sea asumible, las tácticas de ofuscación que generen ruido de fondo sobre nuestra actividad para distorsionarla y lograr así confundir a los traficantes de datos y devaluar su confianza (Solera, 2023).

REFERENCIAS

Basset, Marc. (8 de marzo de 2024). Francia es pionera en la protección constitucional del derecho al aborto... ¿O no lo es? *El País*. https://elpais.com/sociedad/2024-03-08/francia-es-pionera-en-la-proteccion-constitucional-del-derecho-al-aborto-o-no-lo-es.html

Bax, Maxime; Giebels, Francien y Sepovan, Sasun. (Agosto, 2021). Tracked more than you know. How smartphone SDKs form a major privacy breach. *Information Law and Policy Lab*. https://ilplab.nl/wp-content/uploads/sites/2/2021/09/ILP-Lab-report-on-tracking-SDKs-1.pdf

Beauregard, Luis P. (25 de abril de 2024). El Congreso de Arizona abre una vía para derogar la ley del aborto de 1864. *El País*. https://elpais.com/america/2024-04-25/el-congreso-de-arizona-abre-una-via-para-derogar-la-ley-del-aborto-de-1864.html

Cadenas, Julia. (28 de junio 2022). Por qué recomiendan borrar las apps que registran los ciclos menstruales tras la sentencia del Supremo sobre el aborto en Estados Unidos. *Newtral*. https://www.newtral.es/apps-menstruacion-aborto/20220628/

Cordero, Clara I. (2019). La transferencia internacional de datos con terceros estados en el nuevo reglamento europeo: especial referencia al caso estadounidense y la Cloud Act. *Revista Española de Derecho Europeo* (70), 49-108.

Digital Defense Fund. (n.d.). *Abortion privacy guide*. Recuperado de https://digitaldefensefund.org/ddf-guides/abortion-privacy

Electronic Frontier Foundation. (n.d.). *Reproductive healthcare: Service provider, seeker, or advocate*. Recuperado de https://ssd.eff.org/playlist/reproductive-healthcare-service-provider-seeker-or-advocate

Eschler, Jordan; Menking, Amanda; Fox, Sarah y Backonja, Uba. (2019). Defining Menstrual Literacy With the Aim of Evaluating Mobile Menstrual Tracking Applications. *CIN* 37 (12), 638-646. https://doi.org/10.1097/cin.0000000000000559

Eticas Foundation. (2019). Mi cuerpo mis datos sus normas. *Eticas Foundation*. https://eticasfoundation.org/wp-content/uploads/2022/06/ETICAS_Mi-cuerpo-mis-datos-sus-normas-202206.pdf

Federal Trade Commission (FTC). (2021, June 28). FTC Finalizes Order with Flo Health, a Fertility-Tracking App that Shared Sensitive Health Data with Facebook, Google, and Others. *Federal Trade Commission*. Available at:

https://www.ftc.gov/news-events/news/press-releases/2021/06/ftc-finalizes-order-flo-health-fertility-tracking-app-shared-sensitive-health-data-facebook-google

Federici, Silvia. (2022). *Ir más allá de la piel*. Traficantes de Sueños.

Ford, Andrea, Togni; Giulia, y Miller, Livia. (2021). Hormonal Health: Period Tracking Apps, Wellness, and Self-Management in the Era of Surveillance Capitalism. *Engaging Science, Technology, and Society*, (7), 48-66. https://doi.org/10.17351/ests2021.655

Garamvolgyi, Flora. (28 de junio de 2022). Why US women are deleting their period tracking apps. *The Guardian*. https://www.theguardian.com/world/2022/jun/28/why-us-woman-are-deleting-their-period-tracking-apps

Gina Sue (@ginasue). (2022, June 26). *[Tweet]*. Twitter. Recuperado de https://web.archive.org/web/20230528093552/https://twitter.com/ginasue/status/1540354137304760321

Gómez Alcalde, Marina (2023). *MIS DATOS, MIS REGLAS*. [Trabajo Fin de Grado]. Universidad de Málaga. https://hdl.handle.net/10630/31275

Google. (2024, April 25). *Data safety for MeetYou app*. Google Play. Retrieved from https://web.archive.org/web/20240425170818/https:/play.google.com/store/apps/datasafety?id=com.meetyou.intl&hl=es_419&gl=US. Consultado el 23 de abril de 2024.

Grundy, Quinn; Chiu, Kellia; Held, Fabian; Continella, Andrea; Bero Lisa y Holz, Ralph. (2019). Sharing practices of medicines related apps and the mobile ecosystem: traffic, content, and network analysis. *BMJ*, 364. https://doi.org/10.1136/bmj.1920

Guttmacher Institute. (n.d.). *Interactive Map: US Abortion Policies and Access After Roe*. Recuperado de https://states.guttmacher.org/policies/abortion-policies. Consultado el 27 de abril de 2024.

Haggerty, Kevin D., & Ericson, Richard V. (2000). The surveillant assemblage. *The British Journal of Sociology* , 51 (4), 605-622. https://doi.org/10.1080/00071310020015280

Jiménez, Miguel. (2 de abril de 2024). El Supremo de Florida autoriza un referéndum para blindar el aborto en la Constitución estatal. *El País*. https://elpais.com/sociedad/2024-04-01/el-supremo-de-florida-autoriza-un-referendum-para-blindar-el-aborto-en-la-constitucion-estatal.html

Levy, Johanna y Romo Avilés, Nuria. (2019). "A good little tool to get to know yourself a bit better": a qualitative study on users' experiences of app-supported menstrual tracking in Europe. *BMC Public, Health* (19). 1213. https://doi.org/10.1186/s12889-019-7549-8

López Gabrielidis, Alejandra. (2020). *Datificación e Individuación. Estudio sobre la corporalidad digital en prácticas artísticas contemporáneas*. [Tesis doctoral]. Universidad de Barcelona. http://hdl.handle.net/10803/669634

Middle East Eye. (2024, janeiro 18). Muslim Pro prayer app cuts ties with tech firm after US military buys user data. *Middle East Eye*. Disponível em: https://www.middleeasteye.net/news/us-military-data-muslim-pro-apps-ties-severed.

Newman, Lily Hay. (5 de mayo de 2022). How to Protect Your Digital Privacy if *Roe v. Wade Fall*. *The Wired*. https://www.wired.com/story/roe-v-wade-privacy-practices/

O'Neill, Cathy. (2017). *Armas de destrucción matemática*. Capitán Swing.

Peirano, Marta. (2022). *Hacia una nueva ilustración digital europea*. Fundación Carolina, Oxfam Intermón. https://doi.org/10.33960/issn-e.1885-9119.DTFC03

Solera Navarro, Fátima. (2023). Ofuscación. Tácticas de resistencia frente al capitalismo de vigilancia. *Teknokultura*, 20(1). 125-131. https://doi.org/10.5209/tekn.80980

Zuboff, Shoshana. (2020). *La era del capitalismo de la vigilancia*. Paidós.

CONTRIBUIÇÕES CRIMINOLÓGICAS PARA O DESVELAMENTO DA PRODUÇÃO DE DANOS CRIMINOSOS PELAS REDES SOCIAIS: UM MANIFESTO DE RESISTÊNCIA ÀS PRÁTICAS RETÓRICAS DAS BIG TECHS

Felipe da Veiga Dias

1. UM BREVE COMEÇO

A inquietação deste pequeno texto se origina na irresignação da relação humano-máquina, no sentido de impulsionar o movimento, a revolta, a luta coletiva, ou seja, sente-se o incômodo com a apatia anestésica produzida pelo universo digital e suas redes. "O fermento da revolução é, porém, a *dor sentida em comum*" (Han, 2021: 30).

Essa dor não se capta pelas telas, não se obtém pelos impulsos tecnológicos, pois carece dos corpos e da vida em conjunto. Isso significa que a leitura proposta sobre os danos gerados por redes sociais precisa ser em parte compreendida como denúncia destas violações, mas igualmente como ingrediente dos sentimentos, tanto de empatia na dor quanto de rebeldia para resistir.

Embora tal conjunto possa soar pretensioso, fica consignado o desejo da escrita, galgado na irresignação que une, aproxima e movimenta, tomando em parte a lição de Crary (2023: 31) ao dizer que "não existem sujeitos revolucionários nas redes sociais". Com base nisso, desvelar parte do arcabouço retórico que turva o entendimento dos prejuízos provocados pelas redes sociais torna-se a incumbência acadêmica assumida de forma mais objetiva, para que assim seja viável perceber as estratégias que autorizam a continuidade da produção dos danos produzidos.

Portanto, a partir da interlocução criminológica com as relações de poder, se intenta produzir um debate crítico no atual cenário tecnopolítico e que sistematicamente oculta os custos de suas ações por intermédio de discursos, descortinando falácias e escusas que afastam as potencialidades de resistência na contemporaneidade.

2. VIGILÂNCIA ALGORÍTMICA EM SOCIEDADES TECNOLOGICAMENTE DESUMANAS

O atual panorama das sociedades contemporâneas encontra-se umbilicalmente conectado com os campos econômico e tecnológico, de modo que os regimes de força se estabelecem na gestão de dados-informações para produção de subjetividades. Em certa medida se poderia indicar algo como os regimes de informação apontados por Han (2022: 7), o qual os vislumbra como a "forma de dominação na qual informações e seu processamento por algoritmos e inteligência artificial determinam decisivamente processos sociais, econômicos e políticos", e que estariam diretamente vinculados ao atual modelo capitalista e à degradação da vida humana em dados.

Essa visão reitera as noções deleuzianas do controle em que os sujeitos são tornados dívíduos, reduzindo a vida e seus aspectos a dados compagináveis (Deleuze, 1992: 222), os quais são devidamente capturados e gerenciados nas dinâmicas de controle. Destarte, a arte de governar se sofistica, sendo cada vez menos necessário (embora presente) o uso de dispositivos soberanos e disciplinares para produzir subjetividades adaptadas ao modelo capitalista-neoliberal-tecnológico, em que se normaliza "a redução da vida social às conclusões matemáticas de algoritmos financeiros" (Berardi, 2020: 31).

Com base neste gerenciamento tecnopolítico da vida, há que se decifrar as novas formas assumidas pelo capitalismo, seja ele compreendido como de vigilância, conforme faz Zuboff (2019), ou de plataforma, como realiza Srnicek (2017). Tais figuras trazem consigo a leitura das ligações econômico-tecnológicas que transmutam as exigências humano-sociais, determinando que as experiências humanas passem a ser traduzidas em dados comportamentais (Ruiz, 2021: 14).

Nas duas concepções citadas do capitalismo atenta-se a transformação da vida em dados, informações ou excedentes comportamentais. Essencial observar que tais elementos alimentam os desejos de governar, haja vista trazerem consigo graus de automação de comportamentos às dinâmicas de controle. Portanto, os dados-informações nutrem inúmeros sistemas algorítmicos, os quais fazem uso de aprendizagem de máquina, na busca da previsão das ações dos sujeitos-alvo, compondo assim "esses produtos de previsão" que "são negociados em um novo tipo de mercado para previsões comportamentais", compondo "mercado futuros comportamentais" (Zuboff, 2019: 14-15, tradução nossa).

Na interpretação das plataformas toda informação-dado passa a ser relevante e armazenada. Denota-se dessa forma uma nova postura por parte das empresas-mercados (e, registre-se, dos Estados em cooperação), que antes somente produziam algo, desperdiçando toda e qualquer informação ou dado sobre os clientes/pessoas envolvidas (Srnicek, 2017: 29). Neste novo padrão o manuseio dos dados define que as plataformas são essenciais, conforme se evidencia na proeminência das redes sociais ou de aplicativos dispostos a compor e, por vezes, determinar a rotina social.

Apenas para consignar a importância do debate, a disputa pelos dados e a retomada deles, em certo grau, encontra-se no cerne do que Morozov e Bria (2019: 80) explicam como soberania digital, em que cidades e indivíduos buscam retomar certo grau de autonomia contra as ingerências das corporações tecnológicas.

O embate pelos dados-informações dá o tom da centralidade deles no capitalismo de vigilância-plataforma, ainda mais no que tange às redes sociais e sua economia de atenção. Percebe-se assim que parte das práticas tecnopolíticas executadas pelas plataformas sociais almeja estimular o constante crescimento deste excedente comportamental no formato de dados, prendendo a atenção do usuário. Para alcançar a finalidade precípua os sujeitos-alvo devem entender suas condutas - curtidas, comentários, postagens - em redes sociais como exercícios de suas próprias liberdades, sem a percepção de que suas ações é que produzem valor econômico a estas empresas e que ao mesmo tempo estão a moldar suas subjetividades (Chignola, 2015: 14).

Cabe aludir que para a execução deste modelo citado operacionalizam-se elementos retóricos, terminológicos e blindagens discursivas de forma a evitar críticas ante as consequências deletérias geradas, alegando que se está realizando a expansão da expressão, de informações e realizando o progresso (Morozov,

2018: 29). Todavia, a ilusão que oculta interesses econômicos e políticos é desvelada quando o modelo de negócios é posto em risco, basta rememorar a ação combinada de plataformas ante o projeto de lei 2630/2020 que, para além das questões relativas a notícias falsas (*fake news*), trazia risco ao padrão mercadológico de dados.

Logo, não há mais espaço para solucionismos (Morozov, 2013: 9) e outros fetiches tecnológicos de neutralidade (Faustino; Lippold, 2023, p. 43), pois não existem serviços gratuitos no capitalismo de vigilância e nos regimes tecnopolíticos, o que se busca são efeitos de rede (Loveluck, 2018: 224), ainda mais por parte de plataformas sociais. Como adverte Crary (2023: 28), ao explicar a percepção de ativistas sobre as redes sociais, as quais seriam verdadeiras armadilhas, tendo vitimado estes grupos que passaram por "formas de sabotagem, interferência e vigilância, além de um enfraquecimento na confiança e na camaradagem no interior de comunidades do mundo real". Tudo isso reitera a existência de uma agenda (guiada pela lucratividade) por parte das redes sociais e suas corporações, e que estas, via de regra, estão em descompasso com os interesses sociais.

Para além do "desalinhamento" ou evidente conflito, passa-se a ponderar as consequências das ações das empresas de redes sociais, o que engloba desde prejuízos em sentido amplo com a comercialização-manipulação de dados, as violações ético-jurídicas, os ataques a instituições democráticas, e a impulsão à radicalidade de ambientes digitais, até o recrudescimento das discriminações e violências contra grupos já vulnerabilizados. No tocante ao aspecto final mencionado já existem estudos de plataformas específicas para demonstrar as peculiaridades algorítmicas de cada sistema, e como suas articulações promovem o reforço nas desigualdades e discriminações de grupos e pessoas.

Exemplifica-se a situação acima com a recente abordagem de O'Neil (2022: 86), a qual aponta para as redes sociais, e as *Big Techs* que controlam tais plataformas, como parte da indústria do que ela nomina como máquinas de constrangimento. A autora evidencia situações práticas para denunciar que além do enriquecimento óbvio neste capitalismo vigilante, há um aproveitamento de eventos constrangedores sendo explorados e difundidos pelas redes e seus algoritmos. Em síntese, parte dos processos das redes sociais está amparado na humilhação e destruição humana, sem qualquer assunção de responsabilidade sobre as violências executadas.

Posto isso, impõe-se refletir acerca dos danos produzidos neste contexto e cuja abordagem ganha densidade no olhar criminológico a seguir, quando se confrontam os messias do Vale do Silício.

3. OS CRIMINOSOS DANOS DAS REDES SOCIAIS E AS SUAS PROMESSAS VAZIAS: O GATOPARDISMO A SERVIÇO DAS *BIG TECHS*

A partir dos pressupostos capitalistas de vigilância de dados, as *Big Techs* ligadas às redes sociais vêm sendo apontadas como produtoras de inúmeros prejuízos, violações de direitos humanos (Gervasoni; Dias, 2023) e, mais especialmente, pessoas violadas/ofendidas. Embora as práticas não se enquadrem nas linhas jurídico-penais que definem ações criminosas (sequestrando, inclusive, a possibilidade do reconhecimento da condição de vítima aos atingidos), a opção criminológica crítica de leitura permite atribuir a tais condutas a nomenclatura de crimes, tendo em vista o resultado danoso produzido contra inúmeras pessoas.

Em regra, a matriz baseada nos danos sociais (enquanto objeto criminológico de análise) costuma apontar para fenômenos antes ignorados pelo campo criminológico como genocídios, explorações de populações marginalizadas ou do meio ambiente. Porém, a observação de práticas das redes sociais com tais lentes também indica uma massiva geração de danos, e que se torna viável abordar.

As evidências de atuações criminosas pelas corporações que comandam as redes sociais podem ser citadas tanto globalmente quanto localmente. No primeiro plano se relembram situações como a de Mianmar, em que as Nações Unidas concluíram investigações acerca do decisivo papel desempenhado pelo *Facebook* para disseminação de discursos odiosos que levaram ao genocídio da minoria mulçumana (rohingya) do país (Human rights council, 2018).

Ainda no plano internacional, um segundo demonstrativo emblemático foi o ocorrido no Sri Lanka. Com traços similares a Mianmar, mas detendo um aspecto de destaque, o governo, em determinado momento, decidiu bloquear "todo acesso a mídias sociais", tendo como resposta praticamente automática a redução da violência que assolava o país, ou seja, ao retirar *Whatsapp* e *Facebook* do ar conseguiu-se conter a onda de ódio que se alastrava pelo país, baseada em falsas notícias, boatos e outros fenômenos discriminatórios estimulados algoritmicamente. Essa situação obteve reação de redes sociais como o *Facebook*, o qual ignorava as demandas governamentais anteriores para auxiliar na contenção da violência, mas entrou em contato imediatamente após o bloqueio para tomar ciência do motivo para o tráfego de dados ter chegado a zero (Fischer, 2023: 235).

Assim, inúmeras facetas poderiam ser observadas nessas ocorrências: a) há uma evidente produção de desinformação, notícias falsas, ódio, radicalidade e violência pelas redes e seus algoritmos, algo que, registre-se, é de conhecimento dessas empresas (Tufekci, 2017: 160-161); b) a única reação obtida adveio do cerceamento do modelo de negócios (capitalismo de vigilância) e não da cooperação para conter os danos sociais produzidos; c) a oferta de acesso "gratuito" à internet em determinados países e regiões, pobres e com baixo acesso à internet, funciona intencionalmente na lógica lucrativa do mercado de dados, e encontra-se alinhado ao que pesquisadores como Faustino e Lippold (2023) trabalham na exposição do colonialismo de dados; d) todas as assunções de pseudo-responsabilidades e supostas mudanças propostas se comprovaram como cortinas de fumaça e mentiras intencionais dos gestores das plataformas sociais (Fischer, 2023: 237).

Ao se direcionar o olhar ao Brasil, encontra-se vasto material documentando os danos sociais produzidos nos últimos anos, e que possuem a assinatura das redes sociais. Cita-se como exemplos os danos às instituições democráticas sistematicamente organizados via plataformas, a crise sanitária agravada no Brasil pela difusão desinformativa durante a epidemia de Covid-19, bem como a consolidação de um negacionismo científico no país, todos acarretando prejuízos incalculáveis, conforme evidenciam os estudos de Cesarino (2022); Silveira, Rosa, Souza (2022); Lobo, Morais e Nemer (2020), dentre as inúmeras pesquisadoras e pesquisadores que mapearam tais fenômenos recentemente.

Importante inferir que as ações supracitadas se operaram em um conluio estatal-corporativo (Budó, 2017: 165), já que os danos foram produzidos a partir das estratégias tecnopolíticas (Lama; Sanchez-Laulhe, 2020: 31) postas em prática pelo governo brasileiro de Jair M. Bolsonaro. Essa nova forma de governamentalidade (Foucault, 2008: 142-143) foi alinhada ao ideário fascista, e "encontrou ressonância na pessoa de Bolsonaro", o qual, por meio de tecnologias algorítmicas (Amaral; Silveira, 2023: 58), produziu inúmeras mazelas, sem quaisquer ingerências significativas das plataformas sociais mais conhecidas (*Twitter/X, Facebook, Instagram, Youtube, TikTok*, etc.).

Além da geração constante de materiais odiosos e desinformativos via redes, devidamente orquestrada na forma de governo tecnopolítico desenvolvida, se poderia contabilizar outras consequências da atuação das plataformas no país. A título exemplificativo, situações como o suicídio de uma jovem proveniente de um linchamento odioso on-line, com base em notícias falsas (Desinformante, 2023), ou a fabricação de vídeos igualmente falsos com nudez de adolescentes (Mídia ninja, 2023), trazem marcas contributivas das redes sociais. Nestes casos, também se demonstra elemento, por vezes ignorado, a atuação perniciosa contra indivíduos vulneráveis (crianças e adolescentes figuram inclusive em relatórios internos das empresas como alvos) ou que já são vítimas de ataques nas sociedades contemporâneas.

Entretanto, se poderia indagar: as empresas têm ciência dos fatos mencionados ou do caráter prejudicial permitido por seus algoritmos para governar tecnologicamente subjetividades e suscitar tantos danos sociais massivos? A resposta é positiva, pesquisas externas, internas, vazamentos, convocações, documentos sigilosos e testemunhas comprovam o pleno conhecimento (evidenciando o caráter doloso no padrão construído) dos CEOs das redes sociais sobre os males gerados (Fischer, 2023: 442-443).

O padrão estabelecido pelas redes sociais é igualmente lucrativo e criminoso, mas ante o confronto com os efeitos causados a resposta emblemática é "desculpa", com uma vírgula "vamos melhorar". Tal retorno foi ofertado por Zuckerberg durante audiência no Senado norte-americano em que foi confrontado sobre as consequências de suas plataformas sobre crianças e adolescentes, as quais foram expostas a conteúdos, por exemplo, de violência e exploração sexual (Reuters, 2024). Porém, o evento recente protagonizado pelo CEO da Meta representa mais um episódio no aceite estatal dos danos produzidos por agentes poderosos.

Afirma-se isso com base em situações recorrentes em que representantes políticos convocaram corporações responsáveis por danos sociais massivos, e receberam como resposta pedidos de desculpas, promessas de melhorias e outros mecanismos de escape de responsabilidade. Demonstrativos disso foram observados nos casos de fraude do sistema de poluentes envolvendo os veículos da Volkswagen (El país, 2015), ou na reiterada participação do banco HSBC na lavagem de dinheiro oriundo de fontes ilícitas como tráfico de drogas, mesmo já tendo sido multado e convocado inúmeras vezes a dar explicações (Poder360, 2020).

Embora as audiências com declarações fortes de políticos pareçam sedimentar uma insatisfação popular capaz de produzir mudanças efetivas, como a regulação jurídica das plataformas, seus limites ou responsabilizações, na tentativa de conter os danos produzidos, em realidade a retórica realizada serve apenas como encenação e leves tapas nas mãos de grandes empresas. O caráter irrisório das multas e a falta de atuação efetiva do campo legislativo em responder ao modelo capitalista de vigilância de dados, em que as redes sociais têm papel destacado, demonstra que o padrão cênico é o do gatopardismo (Santos, 2020), ou seja, promessas e mudanças que em realidade pouco ou nada modificam a situação, e colocam os Estados como fiéis fiadores dos criminosos danos sociais produzidos pelas *Big Techs*.

Percebe-se assim que o padrão na interlocução estatal-corporativa se repete nas intervenções com as *Big Techs*, restando claro que nem convocações, multas, tampouco acordos de cooperação como aqueles realizados no Brasil recentemente em relação a campanhas eleitorais, desinformação, notícias falsas e outras práticas, representam reais impactos na contenção dos danos sociais. Essa alusão se baseia inclusive no histórico das redes (rememora-se outras promessas não cumpridas de Zuckerberg, ainda em 2017, após investigações acerca da influência ocorrida via Facebook e Instagram nas eleições norte-americanas) (Vaidhyanathan, 2018: 2-3), as quais descumprem compromissos/acordos, mudam pouco e mantêm constante a sua lucratividade à custa de infindáveis prejuízos.

Logo, as proposições para mudança precisam de ingredientes de maior radicalidade, não há mais espaço para negociar com agentes que nada pretendem alterar. Enfim, para impedir a normalização destrutiva do Vale do Silício é preciso transcender o gatopardismo cordial e alcançar a luta visceral de resistência - fora do campo virtual, na rua, no corpo, na vida em conjunto - contra este modelo desumano e produtor de danos sociais, especialmente aos mais vulneráveis.

REFERÊNCIAS

Amaral, A. J. do, & Silveira, F. L. da. (2023). Bolsonarismo e o fascismo na era digital. *Revista Brasileira de Estudos Políticos, 127*(2).

Berardi, F. (2020). *Asfixia: Capitalismo financeiro e a insurreição da linguagem.* São Paulo: Ubu.

Budó, M. D. N. (2017). A mortes no campo e a operação greenwashing do "agro": invisibilização de danos sociais massivos no Brasil. *InSURgência: Revista de Direitos e Movimentos Sociais, 3*(2), 163-207.

Cesarino, L. (2022). *O mundo do avesso: Verdade e política na era digital.* São Paulo: Ubu.

Chignola, S. (2015). A vida, o trabalho, a linguagem: biopolítica e biocapitalismo. *Cadernos IHU, 13*(228), 13.

Crary, J. (2023). *Terra arrasada: Além da era digital, rumo a um mundo pós-capitalista.* São Paulo: Ubu.

Deleuze, G. (1992). Post-scriptum sobre as sociedades de controle. In *Conversações (1972-1990).* São Paulo: Editora 34.

Desinformante. (2023, 26 de dezembro). Fake news, discurso de ódio e dinâmica das redes levaram à tragédia com jovem brasileira. Disponível em: https://desinformante.com.br/desinformacao-redes-morte/?fbclid=IwAR0IWQz3WFuN4hdHEIhiJ8b10qo81LD8FkTC9ENCV_PSM7ocJfGhpatyBbw

El País. (2015, 8 de outubro). Congresso dos EUA defende pena de prisão para executivos da Volkswagen. Disponível em: https://brasil.elpais.com/brasil/2015/10/08/economia/1444315803_275400.html

Faustino, D., & Lippold, W. (2023). *Colonialismo digital: Por uma crítica hacker-fanoniana.* São Paulo: Boitempo.

Fischer, M. (2023). *A máquina do caos: Como as redes sociais reprogramaram nossa mente e nosso mundo.* São Paulo: Todavia.

Foucault, M. (2008). *Segurança, território, população: Curso do Collège de France (1977-1978).* São Paulo: Martins Fontes.

Gervasoni, T. A., & Dias, F. da V. (2023). Violações de direitos humanos pelas Big Techs: contribuições do pensamento decolonial e de uma leitura criminológica do dano social. *Revista de Direitos e Garantias Fundamentais, 24*(3), 137-163.

Han, B.-C. (2021). *Sociedade paliativa: A dor hoje.* Petrópolis: Vozes.

Han, B.-C. (2022). *Infocracia: Digitalização e a crise da democracia.* Petrópolis: Vozes.

Human Rights Council. (2018). Report of the independent international fact-finding mission on Myanmar. United Nations.

Lama, J. P. de, & Sanchez-Laulhe, J. (2020). Considerações a favor de um uso mais amplo do termo tecnopolíticas. In J. Sabariego, A. J. do Amaral, & E. B. C. Salles (Orgs.), *Algoritarismos*. São Paulo: Tirant lo Blach.

Lobo, E., Morais, J. L. B. de, & Nemer, D. (2020). Democracia algorítmica: o futuro da democracia e o combate às milícias digitais no Brasil. *Revista Culturas Jurídicas, 7*(17).

Loveluck, B. (2018). *Redes, liberdades e controle: Uma genealogia política da internet*. Petrópolis: Vozes.

Mídia Ninja. (2023, 9 de novembro). Mais de 20 alunas de colégio no Rio são vítimas de falsos 'nudes' com IA. Disponível em: https://midianinja.org/news/mais-de-20-alunas-de-colegio-no-rio-sao-vitimas-de-falsos-nudes-com-ia/

Morozov, E., & Bria, F. (2019). *A cidade inteligente: Tecnologias urbanas e democracia*. São Paulo: Ubu.

Morozov, E. (2018). *Big Tech: A ascensão dos dados e a morte da política*. São Paulo: Ubu.

Morozov, E. (2013). *To save everything, click here: The folly of technological solutionism*. New York: Public Affairs.

O'Neil, C. (2022). *The shame machine: Who profits in the new age of humiliation*. New York: Crown.

Poder360. (n.d.). HSBC movimentou dinheiro sujo mesmo depois de pagar multa recorde nos EUA. Disponível em: https://www.poder360.com.br/fincen-files/hsbc-movimentou-dinheiro-sujo-mesmo-depois-de-pagar-multa-recorde-nos-eua/

Reuters. (2024, 31 de janeiro). Meta CEO Zuckerberg apologizes to parents at US Senate social media hearing. Disponível em: https://www.reuters.com/technology/meta-ceo-zuckerberg-apologizes-parents-us-senate-social-media-hearing-2024-01-31/

Ruiz, C. B. (2021). Algoritmização da vida: A nova governamentalização das condutas. *Revista IHU Ideias, 19*(314).

Santos, B. de S. (2020, 23 de outubro). Negacionismo, gatopardismo e transicionismo. *Outras palavras*. Disponível em: https://outraspalavras.net/crise-civilizatoria/o-negacionismo-o-gatopardismo-e-o-transicionismo/

Silveira, F. L., Rosa, P. C., & Souza, A. T. (2022). Negacionismo científico e tecnologias algorítmicas em tempos pandêmicos: Etnografia das narrativas bolsonaristas em grupos de WhatsApp. *Revista Opinião Filosófica, 13*(1), 1-29.

Srnicek, N. (2017). *Platform capitalism*. Cambridge: Polity Press.

Tufekci, Z. (2017). *Twitter and tear gas: The power and fragility of networked protest*. New Haven/London: Yale University Press.

Vaidhyanathan, S. (2018). *Antisocial media: How Facebook disconnects us and undermines democracy*. New York: Oxford University Press.

Zuboff, S. (2019). *The age of surveillance capitalism: The fight for a human future at the new frontier of power*. New York: PublicAffair.

ECONOMIA PSÍQUICA DOS ALGORITMOS E LABORATÓRIO DE PLATAFORMA: MERCADO, CIÊNCIA E MODULAÇÃO DO COMPORTAMENTO[1]

Fernanda Glória Bruno

Anna Carolina Franco Bentes

Paulo Faltay

1. INTRODUÇÃO

> *Nossos smartphones são um questionário psicológico que está sendo constantemente preenchido, tanto consciente quanto inconscientemente.*
>
> **(*Kosinki apud Grassegger; Krogerus, 2017*).**

Em maio de 2017, um relatório interno produzido por dois executivos da filial australiana do Facebook é vazado revelando que a companhia monitorava em tempo real postagens, fotos e vídeos compartilhados por jovens para determinar quando estes usuários supostamente se sentiam ansiosos, bobos, fracassados, derrotados, nervosos. Elaborado como uma apresentação para um dos principais bancos australianos, o documento pretendia mostrar a capacidade da empresa de reunir informações psicológicas sobre uma numerosa base de dados: cerca de 1.9 milhão de estudantes de ensino médio, 1.5 milhão de universitários e três milhões de jovens trabalhadores (Levin, 2017).

Meses antes, em setembro de 2016, Alexander Nix, então diretor-executivo da consultora de marketing político Cambridge Analytica, profere palestra intitulada *The Power of Big Data and Psychographics* (O poder do Big Data e da psicometria, em português), no encontro anual da Concordia Summit, espécie de rendez-vous de empresários e políticos mundiais. Em tom autolaudatório e sem demonstrar pudor ou ressalvas aos limites éticos

1 Publicado originalmente em: Bruno, F. G., Bentes, A. C. F., & Faltay, P. (2019). Economia psíquica dos algoritmos e laboratório de plataforma: mercado, ciência e modulação do comportamento. *Revista FAMECOS, 26*(3), e33095. https://doi.org/10.15448/1980-3729.2019.3.33095.

das ferramentas, Nix relata o trabalho desenvolvido pela empresa na campanha do senador Ted Cruz para influenciar e persuadir o eleitorado americano durante as primárias do partido republicano naquele ano (Concordia, 2016). Nix buscava exaltar a eficácia da metodologia de publicidade direcionada desenvolvida pela Cambridge Analytica por meio da criação de perfis psicométricos a partir de dados pessoais e relacionais digitais, em comparação aos tradicionais métodos de análise e segmentação demográficos.

Os dois episódios compunham discretamente e sem maiores repercussões um já vasto repertório de usos controversos de dados pessoais digitais. Até que, em março de 2018, o New York Times (Rosenberg et al., 2018) e o The Guardian (Cadwalladr & Graham-Harrison, 2018) publicam séries de matérias e reportagens, com base no depoimento e em documentos vazados por Christopher Wylie, um ex-funcionário da Cambridge Analytica, revelando que a empresa utilizou, indevidamente e sem o consentimento das pessoas envolvidas, dados de cerca de 87 milhões de perfis do Facebook para direcionar propaganda política em favor de Donald Trump durante as eleições presidenciais americanas de 2016.

Até então, um dos episódios mais ruidosos sobre a utilização eticamente questionável de dados com efeitos persuasivos no comportamento humano ocorreu a partir de um experimento realizado pelo Facebook em 2014, cujos resultados foram publicados na revista científica Proceedings of the National Academy Sciences. Intitulado Evidência experimental de contágio emocional em escala massiva através de redes sociais (Kramer et al., 2014), o artigo detalhou os resultados e conclusões da manipulação, ao longo de uma semana, do feed de notícias de quase 700 mil usuários, que foram divididos em dois grupos diferenciados pelo tipo de "conteúdo emocional" visualizado: o primeiro recebeu um filtro de conteúdos emocionalmente positivos e o segundo recebeu um filtro de conteúdos emocionalmente negativos durante este período.

Sem o conhecimento ou autorização dos envolvidos, o experimento tinha como propósito saber se o humor ou estado emocional desses grupos seria 'contaminado' pelo conteúdo visualizado no feed. Para tanto, as atualizações de status desses mesmos usuários foram monitoradas. Segundo os autores do artigo, a hipótese de contágio emocional teria sido confirmada pelo experimento. Ou seja, os usuários reproduziram, em suas atualizações de status, o estado emocional preponderante em seus feed.

Seguindo a mesma trilha dos rastros psicoafetivos e sociais, a via de acesso às informações de perfis do Facebook pela Cambridge Analytica foi, não por acaso, um teste de personalidade, chamado thisisyourdigitallife e ofertado como um aplicativo da rede social. No que consiste o tal teste de personalidade, que foi a isca mordida por 270 mil pessoas, dando acesso posteriormente, sem que elas soubessem aos dados de sua rede de amigos na plataforma, alcançando informações de aproximadamente 87 milhões de perfis? Simplificadamente, o teste utilizado é baseado no modelo Big Five, que em psicometria consiste numa estrutura de cinco grandes fatores (extroversão, neuroticismo, socialização, realização e abertura à experiência) que remetem a dimensões de personalidade. Tais dimensões não representam um sistema teórico específico, e foram elaboradas a partir da análise dos termos que as pessoas usam, em linguagem natural, para definir a si mesmas e aos outros.

O teste baseia-se, assim, em um conjunto de questões (que pode variar de 20 a 300) que avaliam as modulações dos cinco fatores que compõem a personalidade de uma pessoa, sendo um dos mais aceitos e replicados no mundo. O seu papel no caso da Cambridge Analytica é, contudo, relativamente secundário, pois os dados visados por esta empresa e outras similares não são tanto aqueles relativos a indivíduos específicos, baseados em um conhecimento profundo de suas personalidades. Ele funcionou, na verdade, como uma espécie de cavalo de Troia para acessar, minerar e explorar os dados relacionais, que são aqueles que interessam mais vivamente à economia psíquica dos algoritmos vigente no atual capitalismo de dados[2], conforme veremos.

Por economia psíquica dos algoritmos (Bruno, 2018) designamos o investimento contemporâneo - tecnocientífico, econômico e social - em processos algorítmicos de captura, análise e utilização de informações psíquicas e emocionais extraídas de

2 Conforme veremos no próximo tópico deste artigo, o capitalismo de dados é definido como um sistema baseado na extração de valor e na mercantilização de dados digitais, perpassando as dimensões sociais, políticas e econômicas das redes sociotécnicas. Segundo West (2017), é um sistema no qual a comodificação de nossos dados engendra uma redistribuição assimétrica de poder, de modo a consolidar e fortalecer os atores que têm o acesso e a capacidade de dar sentido a tais informações. Tal noção também dialoga, em alguma medida, com as noções de capitalismo de vigilância, proposta por Shoshana Zuboff (2018) e de capitalismo de plataforma, formulada por Nick Srnicek (2017).

nossos dados e ações em plataformas digitais (redes sociais, aplicativos, serviços de streaming, plataformas de compartilhamento e/ou consumo de conteúdo audiovisual etc.). As informações que interessam ao veloz capitalismo de dados não são mais apenas os rastros de nossas ações e interações (cliques, curtidas, compartilhamentos, visualizações, postagens), mas também sua "tonalidade" psíquica e emocional. É esta economia psíquica e afetiva que alimenta as atuais estratégias de previsão e indução de comportamentos nas plataformas digitais (e eventualmente fora delas).

Os exemplos que abrem esse artigo revelam, assim, não apenas os graves e indevidos usos de nossos dados pessoais para fins eleitorais e econômicos, mas explicitam os bastidores e as engrenagens de um capitalismo de dados cada vez mais feroz, e de um poderoso laboratório que, sob as interações online, captura, analisa e direciona imensos volumes de dados para aplicação de estratégias de modificação do comportamento humano. Eles não constituem, portanto, casos pontuais e isolados, mas sim uma nova lógica que entrelaça, de modo singular, corporações de tecnologia digital, ciência e sociedade.

No seio desta lógica, os dados pessoais digitais e suas informações psíquicas e emocionais são simultaneamente: a principal "moeda" do modelo de negócios que prevalece nas plataformas digitais; a fonte privilegiada de conhecimento de uma nova ciência de dados; um meio de controle do comportamento, orientado para diferentes fins, do consumo ao voto.

Essa tríplice característica dos dados psíquicos e emocionais constituem as três camadas da economia psíquica dos algoritmos que serão exploradas neste artigo: a camada propriamente econômica ou mercadológica; a camada epistemológica, voltada para a produção de conhecimento sobre indivíduos e populações; e a camada de gestão e controle comportamental. Notaremos que elas se entrecruzam no cotidiano das plataformas e aplicativos digitais e assumem uma dimensão laboratorial extremamente inquietante.

As fronteiras entre o laboratório e a vida social, política e subjetiva tornam-se extremamente tênues. Estamos diante de um laboratório-mundo ou de uma ciência de plataforma[3], intimamente conectados às engrenagens do mercado de dados pessoais, em que uma complexa e crescente economia psíquica e emocional nutre algoritmos que pretendem nos conhecer melhor do que nós mesmos, além de fazer previsões e intervenções sobre nossas emoções e condutas (Bruno, 2018). Nos próximos tópicos, exploraremos cada uma das camadas mencionadas, enfatizando os cruzamentos entre elas, bem como o seu caráter laboratorial. Tal exploração está longe de ser exaustiva, mas pretende apontar elementos importantes para entender como processos psíquicos e emocionais despontam como fontes e alvos privilegiados de algoritmos que produzem valor, conhecimento e estratégias de gestão de nossos comportamentos online.

2. MODELOS DE NEGÓCIOS, MODELOS EPISTEMOLÓGICOS: O VALOR DOS DADOS PSÍQUICOS E EMOCIONAIS

Conforme apontamos, a atual dinâmica do capitalismo de dados[4], centrado no modelo de negócios das plataformas e aplicativos digitais, tem como um de seus pilares a extração de valor de dados provenientes de mecanismos automatizados de coleta e análise de nossas ações e comportamentos online. Sob a ordem de grandeza do big data e a velocidade da gestão algorítmica, os difusos processos de monitoramento digital estão cada vez mais atrelados a estratégias econômicas que visam prever e modificar o comportamento humano.

O sucesso dessa lógica comercial está atrelado, segundo as análises de Zuboff (2018) sobre o que ela denomina "capitalismo de vigilância", a um certo modelo de publicidade e a práticas empresariais que teriam o Google[5] como matriz. Eles dependem da comercialização dos dados dos usuários a partir de processos

3 A expressão é uma referência ao já citado termo "Capitalismo de plataforma" (Srnicek, 2017).

4 Sobre a noção de capitalismo de dados, conferir Nota 1, supra.

5 Matteo Pasquinelli (2015) aponta a criação do primeiro centro de processamento de dados do Google, conhecido como Google Cage, como o marco inicial do que ele conceitua como sociedade dos metadados. Segundo o autor, foi o primeiro banco de dados a operar de acordo com um mapeamento em escala global da topologia da internet e de suas tendências, de modo que "nos últimos anos, a sociedade em rede radicalizou uma mudança topológica: sob a superfície da rede, datacenters gigantescos foram transformados em monopólios de dados coletivos. Se as redes eram sobre fluxos abertos de informação (como Manuel Castells costumava defender), os datacenters são sobre o acúmulo de informações sobre informações, isto é, metadados. Além disso, sobre o algoritmo do Google, o PageRank, Pasquinelli (2010) afirma: "PageRank descreve especificamente o valor de atenção de

conhecidos na linguagem publicitária como segmentação de mercado e microtargeting.

No entanto, a dinâmica em jogo nesta economia não se resume à venda de dados para publicidade, mas inclui também a venda do acesso em tempo real ao fluxo de ações online de indivíduos e populações que, através de ferramentas de análise algorítmicas, procuram influenciar e modificar os comportamentos a fim de gerar lucro (Zuboff, 2016).

Nesse sentido, mais importante do que o modelo de publicidade presente nestas plataformas é a promessa e capacidade de agir sobre os comportamentos enquanto eles acontecem. Por isso, queremos enfatizar a centralidade dos agenciamentos algorítmicos nas engrenagens de aplicativos e plataformas digitais. Seus processos de aprendizagem de máquina[6] são responsáveis tanto pela produção de conhecimento a partir do imenso volume de dados gerados pelos usuários, quanto pela oferta personalizada de um mundo visível de ações e interações possíveis.

No cotidiano de plataformas digitais online, são coletados inúmeros tipos de informações de diferentes fontes. Nesta colheita, qualquer tipo de informação é relevante: desde "curtidas" do Facebook, passando pelas buscas no Google, e-mails, textos, fotos, músicas e vídeos, localizações, padrões de interações, redes, compras, movimentos, todos os cliques, até palavras com erros ortográficos, mensagens escritas e apagadas, velocidade de digitação, visualizações de páginas, e muito mais. Ainda que a escala do "big data" seja constituída por uma captura constante e ininterrupta de todo tipo de "small data" (Zuboff, 2018), desejamos ressaltar neste artigo o crescimento expressivo da relevância dos dados psíquicos e emocionais.

Além dos casos já citados, este interesse é visível, por exemplo, na popularização de ferramentas voltadas para a expressão e captura de emoções e estados psíquicos dos usuários em plataformas e aplicativos: emoticons, emojis, GIFs anima-

qualquer objeto, a tal ponto que se tornou a principal e mais importante fonte de visibilidade e autoridade, mesmo fora da esfera digital".

6 Nos referimos aqui às ferramentas de machine learning, que conferem aos códigos de um conjunto de algoritmos a capacidade de autoajuste e autocorreção, de modo a se adaptarem e revisarem seus resultados a partir de ações anteriores. O conjunto de algoritmos do feed do Facebook e do Page Rank do serviço de buscas do Google são exemplos: a cada interação na plataforma ou no buscador, seus algoritmos «aprendem» quais conteúdos seriam de maior relevância ou interesse dos usuários.

dos, stickers etc. Numa plataforma como o Facebook, podemos ver claramente a ampliação desse investimento: o primeiro passo explícito nessa direção se dá em 2009, com o lançamento do botão de "Curtir" (Like); em 2013, o espectro de expressão de emoções e estados psíquicos amplia-se enormemente com a opção de "Atualização de Status" (Status Update fields), permitindo que o usuário utilize uma grande diversidade de ícones gráficos para indicar a tonalidade emocional e psíquica de sua postagem. Na categoria "Sentimento/Atividade" o usuário pode escolher o sentimento que lhe é mais pertinente entre um leque de mais de 200 "carinhas" que correspondem a confiante, inspirado, esperançoso, frustrado, exausto, nostálgico, sexy etc. Em 2016, uma nova funcionalidade emocional passa a acompanhar o já banal botão "Like": os "Ícones de Reação" (Reaction Icons) permitem que qualifiquemos as postagens dos outros segundo um espectro de seis emoções básicas (Curtir, Amei, Haha, Uau, Triste e Grr).

Nota-se o quanto há todo um design e uma arquitetura voltados para alimentar algoritmos de plataformas e aplicativos com dados psíquicos e emocionais, de modo a torná-los disponíveis para o cálculo computacional. Além disso, como já apontamos, não são apenas os dados de cada um que importam aqui, mas, sobretudo, o seu valor relacional (Gerlitz & Helmond, 2013). Assim, a relação entre as pessoas (Lury & Day, 2019), bem como a interação entre seus processos emocionais e psíquicos se tornam disponíveis para o cálculo computacional, alimentando não apenas modelos de negócios das plataformas digitais, como também os modelos de conhecimento e gestão dos comportamentos.

Como se pode ver, trata-se tanto de uma mudança na estratégia de marketing e comércio de dados, quanto de um deslocamento histórico na produção de conhecimento sobre indivíduos e populações. Mais precisamente, trata-se de um saber que se exerce privilegiadamente sobre dividualidades[7] e não tanto sobre indivíduos (Deleuze, 1992; Lazzarato, 2014; Rouvroy & Berns, 2015). Por isso, no caso do Cambridge Analytica, os dados que mais interessam são aqueles que derivam das correlações entre os padrões de atividade dos usuários do Facebook e os perfis psicológicos - e não tanto os perfis psicológicos em si.

7 Referimo-nos ao conceito empregado por Deleuze (1992) para caracterizar os processos de subjetivação característicos das sociedades de controle, que deixam de operar predominantemente com a norma disciplinar e a produção de individualidade(s) para privilegiar a modulação de diferenças e a condução das condutas através do reconhecimento de padrões de componentes parciais da subjetividade.

O aplicativo-teste thisisyourdigitallife, utilizado pela consultora de marketing político, foi elaborado com base no myPersonality, um outro aplicativo desenvolvido e utilizado entre 2007 e 2012 pelos pesquisadores da Cambridge University, Michal Kosinski e David Stilwell, para coletar e analisar dados de usuários do Facebook - neste caso, com o consentimento dos mesmos. Também estruturado a partir do modelo dos cinco fatores descrito anteriormente, este segundo aplicativo oferecia aos usuários um teste de personalidade e, em troca, recebia a autorização para capturar e utilizar, para fins de pesquisa acadêmica, os dados de seus perfis psicológicos (acessado via teste) e dos seus próprios perfis do Facebook.

Com base no modelo dos pesquisadores da Cambridge University, o teste de personalidade utilizado pela Cambridge Analytica visa menos um conhecimento individualizado, unificado e aprofundado da personalidade de indivíduos específicos do que um conhecimento sobre as correlações entre os diferentes traços de personalidade e de atividade de inúmeros perfis. Assim, o conhecimento dessas correlações pretende revelar padrões supraindividuais ou interindividuais que permitam fazer predições em larga escala.

Nesse sentido, o que o caso do Cambridge Analytica nos revela sobre a dinâmica mais ampla do capitalismo de dados é que o teste de personalidade realizado por um indivíduo permitiria prever a personalidade de muitas outras pessoas similares a ele. Essa similaridade, vale dizer, concerne a "parcelas" de seu perfil de atividade e de personalidade - como, por exemplo, a correlação entre seu grau de extroversão (indicado no teste de personalidade) e o seu número de amigos e a frequência com que atualiza seu status e interage em grupos no Facebook (indicados no seu padrão de atividade).[8] Ou entre o seu nível de socialização indicado no teste de personalidade e a frequência com que aparece em fotos com outros usuários.[9] Um conhecimento sobre a

8 Ao analisar a correlação entre o teste de personalidade de um grupo de usuários e seus padrões de atividades no Facebook, pretende-se, fazendo o caminho "inverso", inferir ou "prever" a personalidade de muitos outros usuários a partir dos seus padrões de atividade.

9 Tal frequência pode ser mensurada pelo número de vezes que o usuário é "marcado" em fotos de outras pessoas. Presente no Facebook e também em outras plataformas digitais, o mecanismo de "marcar" ou de "tags" diz respeito ao recurso técnico que permite associar o conteúdo de uma imagem ou postagem, a partir de um hiperlink, ao perfil de um usuário específico.

correlação entre traços parciais (dividuais, portanto), e não tanto sobre indivíduos considerados em sua unidade.

Ao mesmo tempo, como vimos, esse saber extraído das correlações entre dados parciais de nossos perfis e condutas visa orientar conteúdos cada vez mais específicos e pertinentes a indivíduos particulares. Ou seja, um saber extraído de dados parciais e relacionais geraria uma "inteligência" que se pretende preditiva sobre alvos individuais cada vez mais precisos (em especial, como invocado na fala de Alexander Nix citada na introdução, com uma ênfase maior na segmentação psicométrica do que na demográfica). Vemos, portanto, que se trata de um conhecimento que opera sobre uma dupla escala - dividual e individual - visando inferir algoritmicamente a personalidade de pessoas que se tornarão objetos futuros de diferentes tipos de ações (microtargeting, sistemas de recomendação, direcionamento de conteúdos etc.). Neste sentido, esta condução algorítmica de condutas pode não levar em conta sujeitos específicos, mas não deixa de mirar alvos (Rouvroy & Berns, 2015).

O saber preditivo dos algoritmos define, deste modo, os perfis de alvos específicos para sugestão de conteúdos diferenciados no momento e no contexto apropriados para influenciar, de forma personalizada e em tempo real, o comportamento dos usuários (Introna, 2016). Legitimadas por um discurso de comodidade que promete oferecer conteúdos, serviços e produtos ultrapersonalizados e "relevantes" aos interesses dos usuários, estas ferramentas de captura irrestrita e extensiva de informações são, entretanto, entendidas pelo marketing digital como meios de explorar vulnerabilidade cognitivas e emocionais a fim de influenciar o processo de tomada de decisão e o comportamento dos usuários.

Um exemplo disso, segundo Nadler e McGuigan (2017), consiste nas estratégias de marketing digital e de design de plataforma que têm se apropriado da linguagem e das técnicas da Economia Comportamental, reunindo um conjunto de teorias do campo psicológico - tais como o behaviorismo, a psicologia cognitiva, psicologia evolutiva e a neuropsicologia - para desenvolver modelos que buscam identificar e prever padrões da forma como as pessoas tomam decisões econômicas, de modo a intervir sobre essas escolhas. Nas aplicações computacionais que têm essas teorias como modelo epistemológico, os usuários não são concebidos como consumidores racionais e perfeitamente informados, mas sim como impulsivos e "previsivelmente irracionais".[10]

Assim, fatores contextuais e tendências cognitivas são explorados para construir o que os economistas comportamentais chamam de "arquitetura de decisões", isto é, uma organização específica do contexto no qual as decisões são tomadas a fim de influenciar a ação das pessoas em certa direção. Tais técnicas podem envolver desde a elaboração da interface, o design de softwares, os recursos técnicos das próprias plataformas, até os sistemas de recomendação.

Fica mais claro, a essa altura, de que modo se entrecruzam as três camadas que retroalimenta a economia psíquica dos algoritmos. Processos automatizados de captura, análise e utilização de dados psíquicos e emocionais estão na base de um modelo de negócios que é inseparável de modelos específicos de conhecimento sobre a cognição e o comportamento humanos que, por sua vez, estão atrelados a estratégias de gestão de condutas, como veremos no próximo tópico.

3. GESTÃO ALGORÍTMICA DA CONDUTA: DA PREVISÃO À CAPTURA

A breve história do monitoramento de rastros digitais na internet sempre esteve relacionada a mecanismos de intervenção sobre as condutas online (Bruno, 2012 e 2013). Apesar da diversidade de dispositivos e aplicações dos sistemas automatizados de monitoramento e análise dos rastros digitais, podemos afirmar que o modelo preditivo prevaleceu na última década (Bruno, 2013; Zuboff, 2018).

Conforme já apontamos, tal modelo consiste em mecanismos automatizados de captura, processamento e análise do maior volume e diversidade possível de dados, buscando extrair padrões que orientam previsões e consequentemente intervenções sobre comportamentos futuros. Esse paradigma é patente na conclusão do artigo sobre a pesquisa realizada com base no teste myPersonality, mencionada no tópico anterior:

10 "Previsivelmente irracional", no original em inglês Predictably Irrational, se refere ao do livro do economista comportamental Dan Ariely, que se tornou uma das referências mais populares e influentes no uso deste tipo de abordagem aplicada ao marketing digital e ao design de softwares (Seaver, 2018).

> [...] o estudo mostra que, combinando várias características, podemos fazer previsões relativamente precisas em relação à personalidade de um indivíduo, sendo a Extroversão a mais fácil de prever e a Socialização sendo a mais elusiva. Uma aplicação potencial para o nosso trabalho é a publicidade online e os sistemas de recomendação. Analisando as informações das redes sociais, seria possível "perfilar" os indivíduos, dividindo automaticamente os usuários em diferentes segmentos e adaptando os anúncios a cada segmento com base na personalidade. Da mesma forma, pode-se imaginar a construção de sistemas de recomendação baseados em perfis de personalidade (Bachrach et al., 2012: 31, tradução nossa).[11]

Não poderia ser mais clara a sobreposição das três camadas da economia psíquica dos algoritmos, assim como a centralidade do modelo preditivo, que reúne num só golpe promessas de precisão científica, aplicação comercial e intervenção sobre o comportamento daqueles que são simultaneamente objetos de estudo, usuários e clientes potenciais. Entretanto, tal centralidade começa a ser perturbada ou disputada por outro modelo: o da captura ou do engajamento.

Por que gastar tempo e inteligência computacional prevendo comportamentos se as plataformas e aplicativos permitem intervenções em tempo real sobre a conduta dos usuários? De uma certa perspectiva, podemos ver o modelo da captura/engajamento como uma espécie de aceleração do modelo preditivo: o aumento da capacidade e velocidade de monitoramento e processamento em tempo real das ações dos usuários online torna dispensável a previsão, permitindo que os algoritmos atuem de modo ainda mais performativo do que no modelo preditivo, intervindo no próprio fluxo das condutas enquanto elas acontecem.

Não se trata, entretanto, apenas de uma proposta mais veloz. Há mudanças significativas nas estratégias de gestão e controle dos comportamentos.

Tais mudanças podem ser observadas na trajetória dos sistemas de recomendação algorítmicos, ferramenta que vem se espraiando e adquirindo protagonismo na mediação da oferta de con-

11 Livre tradução para: "[...] the study shows that by combining several features, we can make relatively accurate predictions regarding an individual's personality, with Extraversion being most easy to predict and Agreeableness being most elusive. One potential application for our work is online advertising and recommender systems. By analysing information from social networks it would be possible to "profile" individuals, automatically dividing users into different segments, and tailor advertisements to each segment based on personality. Similarly, one can imagine building recommender systems based on personality profiles".

teúdo cultural, comercial e político por diversas plataformas.[12] Nos últimos anos, desenvolvedores digitais têm se voltado cada vez mais para a arquitetura e o design desses sistemas, visando não apenas prever preferências, interesses e comportamentos futuros, mas sobretudo capturar, enganchar e engajar a atenção de usuários.

Nessa mudança de um paradigma preditivo para um paradigma de captura, tais ferramentas algorítmicas funcionam cada vez mais com o objetivo de manter os usuários o máximo de tempo conectados às plataformas digitais. Enquanto no primeiro "um sistema de recomendação prevê como os usuários avaliarão os itens e é julgado pela precisão de suas previsões"[13] (Seaver, 2018: 10, tradução nossa), tendo como contraprova de acerto e de satisfação a avaliação explícita dos usuários (likes, número de estrelas ou notas de avaliação, por exemplo), o segundo tem como premissa que "ser preciso não é suficiente" (Mcnee et al., 2006) e que a eficiência de um sistema de recomendação é medida pela capacidade em capturar a atenção e produzir o engajamento dos usuários (Bentes, 2019).

Este movimento que Seaver denomina de virada captológica (captological turn) tem como principal referência o trabalho desenvolvido por B.J Fogg, fundador do Persuasive Technology Lab e criador do campo de pesquisa que ele designou por "captology", termo derivado da sigla em inglês de computers as persuasive technologies. Ligado à Universidade de Stanford, Fogg é um dos precursores no desenvolvimento de modelos e métodos no campo do "behavioral design", que combina teorias da psicologia behaviorista com a psicologia cognitivo-comportamental, a economia comportamental e as neurociências em aplicações para a economia digital e a indústria computacional.

De acordo com a apresentação no site do laboratório, o objetivo dessas técnicas e saberes é "criar respostas sobre como produtos de computação - de sites a softwares de smartphones - podem ser projetados para alterar crenças e comportamentos" (Stanford Persuasive Tech Lab, 2019, tradução nossa).[14]

12 Netflix, Tinder e Spotify são exemplos, dentre inúmeras outras, de plataformas que investem fortemente em sistemas de recomendação.

13 Livre tradução para: «a recommender system predicts how users will rate items, and it is judged by how accurate its predictions were.»

14 Livre tradução para: "creates insight into how computing products -- from websites to mobile phone software -- can be designed to change what people believe and what they do".

Vemos, portanto, que essa virada não implica apenas uma mudança no funcionamento desses sistemas, mas também um deslocamento de como são percebidos, conhecidos e operados a satisfação e o desejo das pessoas, bem como suas crenças e comportamentos. As plataformas de recomendação e de sociabilização deixam, assim, de privilegiar formas explícitas de avaliação feitas pelos próprios usuários. Em vez disso, passam a valorizar tipos de métricas implícitas e a sua tonalidade psíquica e emocional como evidências dos juízos e preferências das pessoas.

Por exemplo, ao invés de priorizar notas de classificações, comentários, compartilhamentos, tornam-se cada vez mais relevantes para o funcionamento desses sistemas certas informações como o tempo médio gasto em tipos diferentes de postagens, a pausa em um vídeo, o padrão de navegação, pular uma música recomendada ou um determinado conteúdo.

Essas mudanças nas estratégias de gestão algorítmica da conduta estão diretamente ligadas ao modelo de negócios das plataformas digitais, como mencionado anteriormente. Para a expansão deste mercado de dados, uma condição é fundamental: que os usuários gastem o maior tempo possível em plataformas ou dispositivos, para, assim, seus dados serem extraídos e seus comportamentos se tornarem reconhecíveis e suscetíveis a intervenções.

Nesse sentido, a atual dinâmica do capitalismo de dados está intimamente ligada aos já conhecidos mecanismos de uma economia da atenção (Goldhaber, 1997; Davenport & Beck, 2001). Sua premissa fundamental é a de que, em meio a um espaço-tempo cada vez mais saturado de estímulos visuais e informacionais (Crary, 2014), a atenção se torna um recurso escasso e, por sua vez, extremamente valioso e imensamente disputado (Caliman, 2012; Citton, 2016; Wu, 2016).

Não por acaso, como vimos, a disputa econômica pela atenção vem popularizando um tipo de abordagem na indústria tecnológica que aposta no desenvolvimento de uma arquitetura de decisões nas plataformas direcionada para capturar e cativar a atenção dos usuários, explorando tendências e vulnerabilidades cognitivas que mantenham os usuários enganchados e engajados nesses serviços. Engendrando, assim, uma lógica circular entre a experimentação da dimensão laboratorial e os efeitos sociais, políticos e subjetivos do capitalismo de dados.

Por isso, um dos principais objetivos das empresas de tecnologia no paradigma da captura é fazer com que o uso de seus serviços não seja apenas um comportamento pontual, mas se torne um hábito. Entendido, nesse contexto tecnobehaviorista do design e da arquitetura das plataformas, como "comportamentos automáticos desencadeados por pistas situacionais: coisas que fazemos com pouco ou nenhum pensamento consciente" (Eyal, 2014: 8), o hábito é construído por pequenos estímulos e recompensas. Tais comportamentos são assim incentivados a se tornar uma prática rotineira, de modo que usuários retornem constantemente a esses serviços e preferencialmente nunca saiam deles.

CONSIDERAÇÕES FINAIS

> O problema das modernas teorias do behaviorismo não é que estejam erradas, mas sim que possam vir a tornarem-se verdadeiras, que realmente constituam as melhores conceituações possíveis de certas tendências óbvias da sociedade moderna (Arendt, 1999: 336).

A captura e manutenção dos usuários nessas plataformas garante, num mesmo movimento, a alimentação, testagem e aprimoramento contínuos do que estamos propondo chamar de laboratório de plataforma. A atividade constante dos usuários alimenta a aplicação de técnicas de aprendizagem de máquina e de inteligência artificial, aprimorando as operações algorítmicas que, por sua vez, atuam sobre os usuários, criando um ciclo que retroalimenta as três camadas da economia psíquica dos algoritmos, reforçando a sua dimensão laboratorial.

Ainda conhecemos muito pouco desses laboratórios que, no entanto, estão cada vez mais misturados ao nosso cotidiano. Os muros dos tradicionais e purificados laboratórios científicos e psicométricos dão lugar a caixas pretas digitais bastante opacas. O laboratório ganha mundo, coletando dados e sujeitos "in the wild"[15], mas segundo uma dinâmica extremamente assimétrica. Enquanto os sujeitos[16], seus comportamentos e suas emoções se tornam cada vez mais acessíveis aos atores humanos e não humanos das corporações que operam esses laboratórios, estes são muito pouco

15 A expressão, na língua inglesa, designa uma condição natural e independente da intervenção humana. Coloquialmente, também designa no "mundo real", em oposição a um mundo teorizado ou imaginado.

16 Na linguagem e protocolo da ciência experimental, os "sujeitos" são aqueles que participam de um experimento científico.

inteligíveis para aqueles que são seus "usuários" e suas fontes de conhecimento e pesquisa.

Como chama atenção Zuboff (2019), no capitalismo de vigilância, a experiência humana é tomada como matéria-prima disponível e acessível gratuitamente a um tipo de poder que não apenas automatiza o fluxo de informações sobre nós, mas visa automatizar nosso próprio comportamento. Não à toa, o denunciante Chris Wylie, em sua declaração ao The Guardian (Cadwalladr, 2018), referiu-se diversas vezes ao caso da Cambridge Analytica e Facebook como um "experimento" em que se tratava de elaborar "armas psicológicas" para uma "guerra cultural cujo campo de batalha seria a internet (as mídias sociais) e o alvo, cada um de nós".

Quando nos perguntamos sobre o grau de eficácia ou confiabilidade das técnicas e experimentos conduzidos por tais laboratórios, seguimos desconhecendo grande parte do problema. Sabemos que as ciências comportamental e psicométrica - nas bases dessas pesquisas e experimentos sobre dados psíquicos, emocionais e atencionais - estão longe de ser consensuais. Os programas de conhecimento e de intervenção sobre indivíduos e populações que se atualizam nesse estranho laboratório de plataforma já acumulam cerca de um século de críticas em diversos campos: na própria psicologia e em certos ramos das ciências cognitivas, como também na sociologia e na filosofia (Rose, 1990). Além disso, estão longe de ser consistentemente fiáveis as promessas de previsão de personalidade e de orientação psíquico-comportamental efetuadas tanto pelas corporações quanto por alguns artigos científicos.

A leitura de um trecho das conclusões de uma das pesquisas tomadas como referência para empresas como a Cambridge Analytica e similares é suficiente para interrogar o quanto suas conclusões talvez sejam superestimadas:

> Mostramos que registros digitais facilmente acessíveis de comportamento, Facebook Likes, podem ser usados para prever automaticamente e com precisão uma variedade de atributos pessoais altamente sensíveis, incluindo orientação sexual, etnia, visões religiosas e políticas, traços de personalidade, inteligência, felicidade e uso de substâncias aditivas, separação parental, idade e sexo (Kosinski, Stillwell, Graepel, 2013: 5082, tradução nossa).[17]

17 Livre tradução para: "We show that easily accessible digital records of behavior, Facebook Likes, can be used to automatically and accurately predict a range of highly

O caráter controverso da alegada acuidade das previsões algorítmicas não chega, contudo, a ser um alento. O fato de tais pesquisas e estratégias estarem sujeitas a muitas falhas e erros não minimiza as nossas inquietações. Os erros não significam, neste contexto, ausência de efeitos. A descoberta de padrões por indução estatística, base da análise algorítmica, não exclui de seu aprendizado os desvios e anomalias (Pasquinelli, 2015).

Retomando o caso do experimento de contágio emocional, citado anteriormente, vale enfatizar que, apesar de afirmarem que a hipótese foi comprovada, os resultados foram estatisticamente baixos, cientificamente irrelevantes, poderíamos dizer. Segundo o artigo (Kramer, et al., 2014), quando postagens positivas foram reduzidas no News Feed, a porcentagem de palavras positivas nas postagens das pessoas diminuiu 0,1%, enquanto o percentual de palavras negativas aumentou 0,04%. Já quando os posts negativos foram reduzidos, as palavras negativas postadas por usuários diminuíram em 0,07%, e o número de palavras positivas aumentou 0,06%.

Entretanto, um aspecto citado no artigo de modo secundário, sem maiores detalhes, como uma espécie de "efeito colateral" do experimento nos dá importantes pistas sobre a mudança do interesse das empresas por dados psíquicos e emocionais e sobre o deslocamento do paradigma preditivo para o da captura/engajamento: notou-se que a exposição dos usuários a conteúdos emocionais, tanto positivos quanto negativos, os tornou mais ativos e engajados na plataforma. Este resultado nos aponta que os processos de gestão algorítmica de dados psíquicos e emocionais podem produzir efeitos e consequências na modulação e controle do comportamento das pessoas mesmo sem inferir necessariamente atributos como "personalidade" ou "identidade".

Nesse caso, vemos bem como a modulação e o controle do comportamento da economia psíquica dos algoritmos são exercidos privilegiadamente através de alterações no contexto e no ambiente da oferta de conteúdo, propiciados pela arquitetura e o design das plataformas. Embora alimentada por dados psíquicos e emocionais, o valor dessa economia psíquica dos algoritmos não deriva propriamente da acuidade de previsões de personalidade,

sensitive personal attributes including: sexual orientation, ethnicity, religious and political views, personality traits, intelligence, happiness, use of addictive substances, parental separation, age, and gender".

mas sim da capacidade de intervir em tempo real nas ações e emoções dos usuários.

O laboratório aqui em questão é, sobretudo, performativo. Numa base gigantesca de conteúdos direcionados para centenas de milhões de "alvos", mesmo uma margem relativamente baixa de acertos já é bastante alta se comparada aos métodos tradicionais de propaganda direcionada. Como reconhecem os autores do experimento de contágio: "dada a escala maciça de redes sociais como o Facebook, mesmo pequenos efeitos podem ter grandes consequências" (Kramer, et al., 2014, tradução nossa).[18]

Assim, a escala e o ecossistema dessas plataformas laboratórios são bastante tolerantes às falhas e seus resultados podem ser testados de modo quase ininterrupto e em tempo quase real. Os erros não invalidam seus testes, experimentos e aplicações, ao contrário, também alimentam os algoritmos e suas bases de dados, permitindo revisões relativamente rápidas dos procedimentos e das tomadas de decisão em curso. Dessa forma, com todos os limites e falhas, as implementações de tais pesquisas no cotidiano de nossas vidas podem ser entendidas, sem maiores exageros, como experimentos corporativo-científicos com implicações a um só tempo mercadológicas, sociais, subjetivas e políticas.

Cabe ainda destacar que a alardeada eficácia de tais experimentos, anunciados como capazes de descobrir, graças à inteligência algorítmica, padrões em uma escala de informações que a cognição humana não alcança, não deve mascarar os processos discursivos e contingências materiais e sociotécnicas que os legitimam (Reigeluth, 2014: 244). A própria escolha de modelos simplificados de análise de personalidade, como o Big Five, se dá nesse contexto não tanto pela acuidade, como citado, mas pelo fato de serem mais facilmente legíveis e interpretadas por processos maquínicos.

O desenvolvimento desses programas requer uma escrita ou linguagem que seja, ao mesmo tempo, legível para os padrões e lógicas da máquina, como também operável para a tradução de outputs interpretáveis por humanos. Um diagnóstico similar é proposto pelo artista e pesquisador Ruben van de Ven (2017), em seu estudo de sistemas automatizados de análise de emoções

18 Livre tradução para: "[...] given the massive scale of social networks such as Facebook, even small effects can have large aggregated consequences".

a partir os rostos humanos: a utilização e legitimação dessas tecnologias seria menos capaz de aferir os estados emocionais das pessoas do que de normalizar o que se entende por emoções como "raiva", "tristeza" e "desprezo". Ao invés de "dar novos insights sobre como os seres humanos interagem, esses sistemas reforçam uma pré-concepção existente do que são as emoções. Por essa razão, a tecnologia fornece uma diretriz para os humanos se expressarem".[19]

As inquietações que daí derivam não são apenas sobre ciência mal aplicada, ou sobre negócios e propagandas, nem só sobre vigilância e privacidade. É sobre fabricação de mundos. O que está em jogo é uma economia psíquica dos algoritmos que, com suas estratégias próprias, extrai valor e capitaliza nossa atenção, nossos estados psíquicos e afetivos a fim de produzir efeitos reais nas paisagens de dados e informações por onde trafegamos, em nossa percepção e em nossas condutas.

REFERÊNCIAS

Arendt, H. (1999). *A condição humana*. Rio de Janeiro: Forense Universitária.

Bachrach, Y., Kosinski, M., Graepel, T., Kohli, P., & Stillwell, D. (2012). Personality and patterns of Facebook usage. *Proceedings of the 4th Annual ACM Web Science Conference*. https://doi.org/10.1145/2380718.2380722

Bentes, A. (2019). A gestão algorítmica da atenção: enganchar, conhecer e persuadir. In F. B. P. Polido, L. C. dos Anjos, & L. C. C. Brandão (Orgs.), *Políticas, internet e sociedade*. Belo Horizonte: IRIS.

Bruno, F. (2012). Rastros digitais sob a perspectiva da teoria ator-rede. *Revista FAMECOS*, 19, 681. https://doi.org/10.15448/1980-3729.2012.3.12893

Bruno, F. (2013). *Máquinas de ver, modos de ser: vigilância, tecnologia, subjetividade*. Porto Alegre: Sulina.

Bruno, F. (2018, junho 12). A economia psíquica dos algoritmos: quando o laboratório é o mundo. *NEXO Jornal*, 1-3.

Cadwalladr, C. (2018, março 18). 'I made Steve Bannon's psychological warfare tool': meet the data war whistleblower. *The Guardian*. Disponível em: https://www.theguardian.com/news/2018/mar/17/data-war-whistleblower-christopher-wylie-faceook-nix-bannon-trump

Cadwalladr, C., & Graham-Harrison, A. (2018, março 17). Revealed: 50 million Facebook profiles harvested for Cambridge Analytica in major data breach. *The Guardian*. Disponível em: https://www.theguardian.com/news/2018/mar/17/cambridge-analytica-facebook-influence-us-election

19 Livre tradução para: "Rather than giving new insights into how humans interact, these systems reinforce an existing preconception of what emotions are. For that reason, the technology ultimately provides a guideline for humans to express themselves".

Caliman, L. (2012). Os regimes da atenção na subjetividade contemporânea. *Arquivos Brasileiros de Psicologia, 64*(1), 02-17.

Citton, Y. (2016). *The ecology of attention.* Malden: Polity Press.

Concordia. (2016). *Cambridge Analytica - The Power of Big Data and Psychographics.* Disponível em: https://www.youtube.com/watch?v=n8Dd5aVXLCc

Crary, J. (2014). *24/7 - Capitalismo e os fins do sono.* São Paulo: Contraponto.

Davenport, T., & Beck, J. C. (2001). *A economia da atenção.* Rio de Janeiro: Campus.

Deleuze, G. (1992). Pos-Scriptum: Sobre as sociedades de controle. In *Conversações, 1972-1990* (pp. 219-223). Rio de Janeiro: Ed. 34.

Eyal, N. (2014). *Hooked: How to Build Habit-forming Products.* Nova York: Portfolio/Penguin.

Gerlitz, C., & Helmond, A. (2013). The like economy: Social buttons and the data-intensive web. *New Media & Society,* 15(8), 1348-1365. https://doi.org/10.1177/1461444812472322

Goldhaber, M. H. (1997). The Attention Economy and the Net. *First Monday,* 2(4). Disponível em: https://firstmonday.org/article/view/519/440

Grassegger, H., & Krogerus, M. (2017, fevereiro 13). Os dados que viraram o mundo de cabeça para baixo. *Motherboard.* https://doi.org/10.17771/pucrio.acad.5117

Introna, L. (2016). The Algorithmic choreography of the impressionable subject. In R. Seyfert & J. Roberge (Eds.), *Algorithmic Cultures: Essays on Meaning, Performance and New Technologies* (pp. 31-51). Nova York: Routledge. https://doi.org/10.4324/9781315658698

Kosinski, M., Stillwell, D., & Graepel, T. (2013). Private traits and attributes are predictable from digital records of human behavior. *Proceedings of the National Academy of Sciences, 110*(15), 5802-5805. https://doi.org/10.1073/pnas.1218772110

Kramer, A. D. I., Guillory, J. E., & Hancock, J. T. (2014). Experimental evidence of massive-scale emotional contagion through social networks. *Proceedings of the National Academy of Sciences,* 111(24), 8788-8790. https://doi.org/10.1073/pnas.1320040111

Lazzarato, M. (2014). *Signos, máquinas, subjetividades.* São Paulo: Edições Sesc São Paulo.

Levin, S. (2017, maio). Facebook told advertisers it can identify teens feeling 'insecure' and 'worthless'. *The Guardian.* Disponível em: https://www.theguardian.com/technology/2017/may/01/facebook-advertising-data-insecure-teens

McNee, S. M., Riedl, J., & Konstan, J. A. (2006). Being Accurate Is Not Enough: How Accuracy Metrics Have Hurt Recommender Systems. In *CHI'06 Extended Abstracts on Human Factors in Computing Systems* (pp. 1097-1101). ACM. https://doi.org/10.1145/1125451.1125659

Lury, C., & Day, S. (2019). Algorithmic personalization as a mode of individuation. *Theory, Culture & Society, 36*(2), 17-37. https://doi.org/10.1177/0263276418818888

Nadler, A., & McGuigan, L. (2017). An impulse to exploit: the behavioral turn in data-driven marketing. *Critical Studies in Media Communication, 34*(5), 579-594. https://doi.org/10.1080/15295036.2017.1387279

Pasquinelli, M. (2010, março 16). Um diagrama do capitalismo cognitivo e da exploração da inteligência social geral. Disponível em: http://matteopasquinelli.com/docs/Pasquinelli_PageRank.pdf

Pasquinelli, M. (2015). Anomaly detection: The mathematization of the abnormal in the metadata society. Disponível em: https://www.academia.edu/10369819/Anomaly_Detection_The_Mathematization_of_the_Abnormal_in_the_Metadata_Society

Reigeluth, T. (2014). Why data is not enough: Digital traces as control of self and self-control. *Surveillance & Society, 12*(2), 243-354. https://doi.org/10.24908/ss.v12i2.4741

Rose, N. (1990). *Governing the soul: The shaping of the private self.* Londres: Taylor & Francis/Routledge.

Rosemberg, M., Confessore, N., & Cadwalladr, C. (2018, março 17). How Trump consultants exploited the Facebook data of millions. *The New York Times.* Disponível em: https://www.nytimes.com/2018/03/17/us/politics/cambridge-analytica-trump-campaign.html

Rouvroy, A., & Berns, T. (2015). Governamentalidade algorítmica e perspectivas de emancipação: O díspar como condição de individuação pela relação?. *Revista Eco-Pós, 18*, 36-56.

Seaver, N. (2018). Captivating algorithms: Recommender systems as traps. *Journal of Material Culture, 23*(3), 299-318. https://doi.org/10.1177/1359183518788839

Seyfert, R., & Roberge, J. (2016). *Algorithmic cultures: Essays on meaning, performance, and new technologies.* Nova York: Routledge.

Srnicek, N. (2017). *Platform capitalism.* Malden: Polity Press.

Stanford Persuasive Tech Lab. (2019). Welcome to the lab. Página inicial. Disponível em: http://captology.stanford.edu/

Ven, R. van de. (2017, janeiro 25). Choose how you feel; you have seven options. *Institute of Network Cultures.* Disponível em: http://networkcultures.org/longform/2017/01/25/choose-how-you-feel-you-have-seven-options/

Wu, T. (2016). *The attention merchants: The epic scramble to get inside our heads.* Nova York: Knopf.

Zuboff, S. (2016, março 5). Secrets of surveillance capitalism. *Frankfurter Allgemeine.* Disponível em: http://www.faz.net/aktuell/feuilleton/debatten/the-digital-debate/shoshana-zuboff-secrets-of-surveillance-capitalism-14103616.html

Zuboff, S. (2018). Big other: Capitalismo de vigilância e perspectivas para uma civilização de informação. In F. Bruno, B. Cardoso, M. Kanashiro, L. Guilhon, & L. Melgaço (Orgs.), *Tecnopolíticas da vigilância: Perspectivas da margem* (pp. 155-176). São Paulo: Boitempo.

Zuboff, S. (2019). *The age of surveillance capitalism: The fight for a human future at the new frontier of power.* Londres: Profile Books.

O USO DAS REDES SOCIAIS POR PARLAMENTARES NEOCONSERVADORES NA AGENDA ANTIABORTO BRASILEIRA

Fernanda Martins

Mariana Goulart

1. INTRODUÇÃO

O Brasil está inserido no contexto transnacional de um projeto de restauração moral e familista de sociedade que produz significados sobre o aborto. Algumas pesquisas denominam esse fenômeno como "neoconservadorismo", o qual possui uma íntima relação com o neoliberalismo --algo que Wendy Brown denominou como "desdemocratização". Os estudos de Wendy Brown (2006) são lentes de análise para observar o fenômeno brasileiro --como fez a autora Marina Basso Lacerda (2019) ao estudar as relações do neoconservadorismo brasileiro com o estadunidense.

Esse projeto de restauração (Butler, 2024) não é nenhuma novidade na conjuntura brasileira. Desde os anos 2000 o movimento antiaborto se materializa no campo legislativo e das políticas públicas. Aqui é importante também trazer a disputa, como alerta Sônia Corrêa (2018) sobre os significados de direitos sexuais e reprodutivos no âmbito dos Tratados Internacionais de Direitos Humanos que impactaram o debate sobre a interrupção voluntária da gravidez na cena brasileira e internacional.

Todavia, destacamos que nos anos de 2019 e 2020 a proibição do aborto como linguagem de um projeto de restauração moral e familista se tornou ainda mais evidente. Não somente pelo fato de Jair Bolsonaro assumir a presidência naquele ano e formar uma rede de ações governamentais pautadas no *slogan* "deus, pátria e família", assim como pelas cadeiras legislativas estarem ocupadas por pessoas alinhadas a essa tríade discursiva, mas também porque esse período temporal foi decisivo para a construção léxica hegemônica sobre aborto nos processos legislativos, que se tornaram permanentes desde então.

Entendemos que o campo legislativo pode ser lido como uma das arenas que colocam o aborto em discurso, isto evidencia como narrativas capilares e socialmente produzidas desde relações variadas entram em circuito no âmbito das disputas legais e sobre o que se pode chamar de Direito.

Não somente o campo legislativo é uma das arenas em questão, mas também as redes sociais que, como veremos a seguir, estabelece conexões com o campo das produções legais brasileiras. Recentemente, em uma reportagem realizada pela jornalista Joana Suarez (2023) publicada na Revista AZmina no dia 31/07/2023, intitulada "Brasil: como funciona o movimento que propaga ódio às feministas?", fora realizado um levantamento de como as redes sociais são utilizadas como táticas de projeção das pautas antigênero por parte de deputados/as federais e estaduais e de silenciamento de ativistas que defendem a descriminalização do aborto.

Essa mesma publicação fez referência a um estudo realizado pelo Laboratório de Estudos e Internet e Mídias Sociais da UFRJ - NetLab que identificou entre janeiro de 2021 a agosto de 2022 oito narrativas que circularam nas principais plataformas digitais relacionados ao tema "Gênero e Família" dentro do contexto de desinformação e propaganda (eleitoral) digital: a) família brasileira sob ataque: "ideologia de gênero ameaça cidadãos de bem"; b) doutrinação 'gayzista': "a esquerda quer impor a ideologia de gênero entre as crianças"; c) querem legalizar o assassinato de bebês!: "aborto é um atentado à vida das nossas crianças"; d) pautas identitárias só segregam o Brasil: "minorias querem privilégios que prejudicam os outros"; e) Bolsonaro cuida das mulheres e das famílias: "ele sabe proteger quem mais precisa"; f) Bela, recatada e do lar: "a mulher digna é oposto das feministas vulgares"; g) só lacração e mimimi: "feminismo é exagero das recalcadas por ganho político"; h) lugar de mulher não é na política: "elas não são firmes o bastante para ligar com o poder e os poderosos" (NetLab, 2022).

A reportagem e o estudo acima indicados nos fornecem pistas sobre a problemática tecnopolítica das redes sociais para propagar um léxico antigênero, familista e (re)produtivo de sociedade. Integrantes do Poder Legislativo as utilizam para projetar agendas neoconservadoras cotidianamente não são somente meras extensões dos seus pronunciamentos oficiais; são utilizadas como plataforma de ataque às feministas e ao feminismo e à população que escapa da heteronorma. Servem, ainda, como ferramentas digitais de combate à interrupção voluntária da gravidez em nome de um pseudodiscurso "em valorização da vida" em detrimento da "cultura da morte".

Com base nessas premissas, por meio do método de pesquisa bibliográfico e documental, objetiva-se analisar as publicações antiaborto de deputadas e deputados federais no *instagram* que propuseram projetos de lei à Câmara Federal entre os anos de 2019-2020 sobre a temática em questão.[1]

Para alcançar esse objetivo apresentaremos como a pauta antiaborto --alinhada ao cenário neoconservador brasileiro-- se manifesta no campo legislativo brasileiro e os principais parlamentares que propuseram projetos à Câmara dos Deputados contrários à interrupção voluntária da gravidez no recorte temporal proposto.

Na segunda parte deste escrito analisaremos as publicações da deputada federal Chris Tonietto e dos deputados Capitão Augusto e Abílio Santana na rede social *instagram* em razão da temática antiaborto aparecer de forma expressiva em suas *timelines*. Por fim, traçaremos algumas considerações sobre os impactos teconopolíticos na construção de um léxico familista e antiaborto nas redes.

2. A PAUTA ANTIABORTO LEGISLATIVA BRASILEIRA E O CENÁRIO NEOCONSERVADOR

O cenário chamado "neoconservador" tem implicado uma relação estreita dos estudos sobre o neoliberalismo e sua condição de existir aliado à agenda conservadora. Embora Wendy Brown (2006) tenha identificado uma dimensão moralizadora no projeto teórico neoliberal de Frederich Hayek, sobretudo com a familiarização do espaço público, a autora, ao analisar o processo de desdemocratização ocasionada pelo neoliberalismo e neoconservadorismo no contexto estadunidense pós 11/09, identifica o primeiro enquanto racionalidade política de mercado e modelo de

1 Não necessariamente as publicações serão do mesmo ano da propositura dos projetos da Lei, pois, como veremos no item 3, a temática antiaborto é uma constante nos seus perfis.

negócio para o Estado e o segundo, por sua vez, racionalidade moral, cujo Estado incorpora o modelo teológico.

Enquanto a racionalidade política do neoliberalismo se traduz em vencedores e perdedores baseados na capacidade empreendedora, a racionalidade política do neoconservadorismo se baseia na manutenção dos valores morais e familiares heteropatriarcais. Para a autora, a racionalidade política neoliberal preparou o terreno para que ideias e práticas políticas profundamente antidemocráticas se enraizassem na cultura e no sujeito. O neoconservadorismo costurado no solo preparado pelo neoliberalismo gera uma nova forma política, uma modalidade específica de governança e cidadania (Brown, 2006). Já como modo de vida, o neoliberalismo irá organizar as ações governamentais, conduzir a população e os sujeitos e, sobretudo, definir os critérios de inteligibilidade dos domínios da vida. Em termos políticos está longe de ser um movimento homogêneo, visto que intelectuais e anti-intelectuais, judeus seculares, cristãos evangélicos, homens brancos ressentidos formam esse grupo com visões e interesses distintos (Brown, 2006).

"Neoconservadorismo" está atrelado a um "projeto de restauração"[2] que tem como propósito reconstruir uma ordem supostamente perdida: o patriarcado, a supremacia branca e o casamento heterossexual (Butler, 2022). Dentro desse contexto o Poder Punitivo é indispensável, pois, como explica Marina Basso Lacerda, o rigor penal é uma constante na pauta neoconservadora. As respostas aos problemas da segurança pública e de uma suposta impunidade se baseiam no agravamento de penas, diminuição de direitos e garantias individuais e repressão. Os "cidadãos de bem" não podem ter seu patrimônio e sua liberdade individual afetada (Lacerda, 2019); ao invés de trazer um debate sobre desigualdade e precarização, tem-se uma resposta bélica para que o inimigo seja aniquilado e a vítima --aquelas legitimadas à autodefesa (Dorlin, 2020) -- armada para realizar sua defesa pessoal.

2 No dia 24/06/2022 a Suprema Corte dos Estados Unidos revogou a decisão proferida no caso *Roe vs Wade*. Esse julgamento permitia o direito ao aborto nos primeiros três meses de gestação, todavia, esse entendimento foi modificado no julgamento *Dobbs vs Jacson* que determinou não existir na Constituição Americana direito ao aborto e a competência para regular sobre o assunto seria o Legislativo. Judith Butler observa essa mudança de entendimento não somente uma reação, mas um projeto de restauração. Utilizamos essa expressão para lançar novos olhares sobre o fenômeno "neoconservador" brasileiro. Ver: Butler (2022).

Os efeitos bélicos do poder punitivo são reafirmados pela razão econômica que exige fortalecimento institucional para manter a guerra em curso. Trata-se do projeto construtivista que envolve as racionalidades punitivas e neoliberais no coração da sociedade, o qual "não pressupõe a doação ontológica de uma racionalidade econômica completa para todos os domínios da sociedade, mas toma como tarefa o desenvolvimento, a disseminação e a institucionalização dessa racionalidade" (Brown, 2005: 40).

A preocupação aqui é alinhada às análises feministas de denunciar o projeto bélico de *guerra contra corpos* quando se fala no controle de pessoas que gestam através da disputa legal e "rastrear os modos de conexão das violências" (Gago, 2020: 62). Dessa forma, é necessário afirmar que a guerra não é um mecanismo próprio do Estado, ao anunciar oficialmente uma batalha contra algo ou alguém. Aqui, a guerra é tomada como "a matriz de todas as lutas pelo poder, de todas as estratégias de poder e, por conseguinte, também a matriz de todas as lutas a propósito do poder e contra ele". Conforme define Foucault, a guerra civil "é a matriz geral que possibilitará compreender a instauração e o funcionamento de determinada estratégia de penalidade" (Foucault, 2015: 13-14). Aqui consiste em compreender que as agências penais, as quais são compreendidas majoritariamente como os mecanismos de incidências da punição, não constituem em si mesmas o poder punitivo, mas que é também através delas que se revelam operacionalidades de violência que fazem parte de uma biopolítica mais ampla. Isso implica dizer que o funcionamento dessas agências institucionais da esfera legislativa é efeito de uma guerra civil em estado permanente e que "os sistemas penais são precisamente um exemplo privilegiado" (Foucault, 2015: 13) do que aqui se chama "poder punitivo", cuja racionalidade é atravessada pelos dispositivos que administram calculadamente a vida e a morte.

Sob essa dimensão de guerra o poder punitivo pode ser compreendido como um exercício político. Exercício que se desenvolve com profundo investimento nessa semântica de produção permanente de inimigos. Para tanto, parece necessário pensar nos desdobramentos que forjam esse dispositivo, em que a punição serve também para garantir determinados modos de existência, proteger o patrimônio individual e precarizar ainda mais a vida das pessoas vulneráveis ao Sistema de Justiça Criminal[3]. Une-se, inevitavelmente, à terminologia "cidadão de bem", quando utilizada para defender tais pautas, referindo-se àqueles que estão longe de ser a clientela do sistema. O "cidadão de bem" é aquele que valoriza a família e a sua função reguladora. O "cidadão de bem" condena experiências de vida que fogem do padrão heteronormativo e as práticas estatais que promovem a diversidade e o debate sobre educação sexual. Além disso condena o "comunismo" e todas as pautas de "esquerda". Sua resposta é sempre reativa, punitiva e moralizadora. E aqui se visualiza a conexão com a pauta punitiva e a defesa da família. Embora a terminologia seja importante para entender a consolidação da racionalidade neoconservadora, outros pontos devem ser destacados.

Após o resultado das urnas em 2018, o Brasil aderiu ao cenário global desdemocratizante, para adotar a expressão de Brown. No entanto, internamente desde 2000, sinais de uma restauração conservadora se tornam palpáveis e "de forma bastante significativa no âmbito dos debates legais e das políticas públicas referentes ao direito ao aborto e aos direitos sexuais" (Corrêa, 2020: 5), pois ocorreram transformações que desestruturaram uma suposta ordem de gênero como os "níveis de educação feminina e participação no trabalho, declínio da fecundidade e mudanças profundas nas estruturas familiares - mas também no âmbito jurídico e legal, e sobretudo, de novos modos e expressões de estar no mundo da vida" (Corrêa, 2020: 5).

No que diz respeito ao aborto, o Supremo Tribunal Federal expandiu as hipóteses permissivas com o julgamento da Ação Declaratória de Preceito Fundamental 54 (ADPF54) ao declarar a inconstitucionalidade da "aplicação da lei penal sobre aborto aos casos de anencefalia" (Ruibal, 2020: 1183). A decisão também estabeleceu o direito das mulheres gestantes nessa situação de ter acesso a procedimentos médicos adequados e gratuitos no Sistema Único de Saúde, sem a necessidade de autorização judicial (Ruibal, 2020: 1183). Posteriormente, ingressou-se com a Ação Declaratória de Inconstitucionalidade 5581/16 levando à discussão sobre a interrupção da gravidez nos casos de contágio do Zika vírus dada a sua relação com a microcefalia (Ruibal, 2020:

3 Entende-se o Sistema de Justiça Criminal em duas dimensões: a) instituições formais de controle representados pelo poder executivo, legislativo e judiciário; b) instituições informais de controle representados pela família, escola, faculdade, mídia, religião e entre outros (Andrade, 2005: 71-102).

1178). A mais recente ação que tramita no STF sobre o tema é de grande repercussão é ADPF 442, a qual discute descriminalização do aborto no primeiro trimestre da gestação.[4]

Sônia Corrêa no texto *A "política do gênero": um comentário genealógico* (2018) mostra que as reações ao gênero pelo Vaticano e seus aliados (vide Organização de Direita Católica - Coalizão das Mulheres pela Família, capitaneada pela jornalista Dale O'Leary) já apareciam no contexto das conferências das Nações Unidas entre as décadas de 1990 e 2000.[5] Ocorreram críticas ao termo "gênero" na formulação de documentos e também sobre os temas aborto, educação sexual, direitos sexuais e reprodutivos e orientação sexual (Corrêa, 2018: 10). A América Latina ficou no radar do Vaticano e das organizações que o apoiavam, pois, além das transformações --políticas, culturais e intelectuais-- ocorridas no Continente sobre o debate de gênero e sexualidade, as feministas da região do Sul do Globo eram as mais familiarizadas com as teorias críticas de gênero. Ademais, os países latino-americanos estavam se "desgarrando muito rapidamente da influência do Vaticano em relação a questões, para ele, viscerais como família, reprodução, gênero e sexualidade" (Corrêa, 2018: 14).

Dado o panorama apresentado fica o questionamento: por que chamar de neoconservadorismo? O que há de novo nessa configuração já que a pauta moral e contrária aos movimentos feministas e LGBTQI+ e ao gênero já não é uma novidade no cenário local e internacional dado os debates sobre direitos sexuais e reprodutivos e diversidade sexual?

Opta-se aqui pela expressão neoconservadorismo como racionalidade, visto que produz uma determinada forma de viver e interpretar a realidade. O (neo) se justifica por sua intensidade no contexto temporal e pelas novas práticas adotadas que forjam uma gama de experiências atualizadas de modo distinto daquelas defendidas pelos movimentos conservadores tradicionais do liberalismo clássico. É uma conjuntura diferente daquela do

4 Essas ações fazem parte do litígio estratégico mobilizado pela ANIS - Instituo de Bioética, Direitos Humanos e Gênero, sob a coordenação da antropóloga Débora Diniz e uma das maiores especialistas sobre o aborto no país. Após a audiência pública no bojo da ADPF 442, Débora Diniz recebeu diversas ameaças de morte e deixou o país.

5 Conferência sobre Meio Ambiente e Desenvolvimento do Rio de Janeiro (1992), Conferências de População e Desenvolvimento do Cairo (1994), IV Conferência Mundial das Mulheres de Pequim (1995), e as Revisões +5 e mais 10 das últimas duas conferências citadas (1999,2000, 2004 e 2005) (Corrêa, 2018).

início dos anos 2000. O neoconservadorismo é um caleidoscópio que projeta elementos heterogêneos, porém, além das características apresentadas por Marina Basso Lacerda como o militarismo anticomunista, a defesa de Israel, o rigor penal e a defesa da família, o neoconservadorismo não pode ser lido sem a intersecção com o neoliberalismo e a sua incidência na produção de contextos antidemocráticos.

O conceito de neoconservadorismo possui um caráter transnacional e explica alianças e afinidades entre diferentes setores mobilizados pela defesa da família, da vida e da reprodução: o constitutivo comum que impacta o debate público e as políticas legislativas e se tornou a razão de governo a partir de 2019. É o que permite "homogeneizar atores e argumentos conservadores diferentes entre si" (Biroli, Vaggione & Machado, 2020: 27) e formar uma identidade política. Os grupos que compõem a agenda neoconservadora são grupos de extrema direita, militares e empresários (2020: 27). Quanto a ala religiosa dos grupos neoconservadores existe uma integração entre atores católicos e evangélicos. Ambos defendem a vida desde a concepção e são contrários às experiências de homoafetividade, porém, há ênfases diferenciadas em cada pauta defendida, visto que os setores neoconservadores católicos tendem a ser mais tolerantes em questões relacionadas à homossexualidade - desde que o casamento seja exclusivo de casais heterossexuais - do que em relação ao aborto, cuja criminalização não permite exceções" (2020: 29).

Independente da heterogeneidade dos grupos e da ênfase dada às pautas, as expressões feminismo radical", "agentes de uma cultura da morte", "ideologia de gênero"[6] são comuns aos grupos neoconservadores e foram um léxico argumentativo para defender o viés familista e heteronormativo.

6 A expressão "ideologia de gênero" faz parte de uma retórica antigênero transnacional para alimentar um pânico moral e "arregimentar a sociedade em uma batalha em defesa da família tradicional" É um projeto que tem como objetivo reafirmar a autoridade moral das instituições religiosas, sobretudo da Igreja Católica e preservar tal autoridade moralista em contextos secularizados. A mobilização da expressão "ideologia de gênero" promove a "rebiologização da diferença sexual, a renaturalização das arbitrariedades da ordem social, moral e sexual tradicional, a (re)hierarquização das diferenças e a afirmação restritiva, (hetero)sexista e transfóbica das normas de gênero". Os grupos neoconservadores denunciam os movimentos sociais e os acusam de a "extinguir a diferença sexual natural entre homens e mulheres, heterossexuais e homossexuais, difundindo-se a crença enganosa de que tais diferenças seriam meros produtos de processos opressivos de construção social e que poderiam constituir simples escolha do indivíduo" por isso a necessidade de combater essa ideologia (Junqueira, 2018: 451-452).

A defesa de uma moralidade privada, proprietária e reprodutiva é articulada, entre outros instrumentos políticos, pelo campo do direito. Os instrumentos jurídicos são utilizados por sujeitos religiosos e seculares para restaurar uma ordem abalada pelos movimentos sociais, algo que Maria das Dores Campos Machado, Flávia Biroli e Juan Marco Vaggione (2020) chamam de juridificação da moralidade ou juridificação reativa --cujo campo legislativo é arena desse movimento.

O aborto sempre foi um assunto em discussão na esfera do poder legislativo federal; uma das arenas que dá as condições de existência para que o aborto seja colocado em discurso. No Brasil o aborto é proibido, com exceção em três casos: a) quando não há outro meio para salvar a vida da gestante; b) se a gravidez resulta de um estupro; c) se o feto for anencéfalo. As duas primeiras hipóteses permissivas decorrem da legislação penal brasileira (artigo 128, inciso I e II do Código Penal). Já a última é resultante da interpretação dada pelo Supremo Tribunal Federal na Arguição de Descumprimento de Preceito Fundamental nº 54 (ADPF 54/DF).

Todavia, o assunto sobre a interrupção voluntária da gravidez e o seu recrudescimento penal são assuntos que transitam na Câmara Federal e, de uma forma mais aguda, transitaram entre os anos de 2019-2020 --o que justifica o recorte temporal desta pesquisa e a seleção das deputadas e deputados que propuseram os projetos leis nesse período.

Nesses anos 54 projetos de lei foram apresentados à Câmara dos Deputados, os quais mencionaram a palavra aborto. Dessa relação entre os anos de 2019 e 2020[7], 17 propostas legislativas foram contrárias à interrupção voluntária da gravidez:

7 Embora não seja o foco de análise deste artigo, é importante pontuar que a tendência continuou nos anos de 2021 e 2022. Em 2021 foram apresentados 7 projetos, todos contrários à interrupção voluntária da gravidez: a) PL 232/20201 (Torna obrigatória a apresentação de Boletim de Ocorrência com exame de corpo de delito positivo que ateste a veracidade do estupro, para realização de aborto decorrente de violência sexual - Carla Zambelli e Major Fabiana - PSL); b) PL 434/2021 (Institui o Estatuto do Nascituro, que dispõe sobre a proteção integral do nascitura e dá outras providências - Chris Tonietto - PSL); c) PL 1515/2021 (Veda a realização de qualquer procedimento de natureza abortiva na modalidade telemedicina - Chris Tonietto - PSL); d) PL 1521/2021 (Institui a Semana Nacional de Celebração da Vida - Paulo Bengtson - PTB); e) PL2125 Aumenta as penas do crime de aborto, previsto nos arts. 124, 125 e 126 do Decreto-Lei nº 2.848, de 7 de dezembro de 1940 - Junio Amaral - PSL; f) PL 2451/2021 (Prevê como crime quem, de qualquer modo, criar, produzir, divulgar, incitar, reproduzir, distribuir ou financiar por meio digital, rádio e televisão, ou em materiais impressos, mesmo que de forma gratuita, campanhas de incentivo ao aborto - Loester Trutis - PSL);g) PL 2611/20211 (Institui o Dia Nacional do Nascituro e de Conscientização sobre os Riscos do Aborto, a ser comemorado, anualmente, em 8 de outubro - Mistério da Mulher, Família e Direitos Humanos). Já em 2022

PL 260/2019 - Dispõe sobre a proibição do aborto - Márcio Labre (PSL/RJ) - 04/02/2019 (Brasil, 2019a);

PL 261/2019 - Dispõe sobre a proibição do comércio, propaganda, distribuição e implantação pela Rede Pública de Saúde de Micro Abortivos e dá outras providências - Márcio Labre (PSL/RJ) - 04/02/2019 (Brasil, 2019b);

PL 564/2019 - Dispõe sobre a representação e defesa dos interesses do nascituro - Chris Tonietto (PSL/RJ) - 07/02/2019 (Brasil, 2019c);

PL 1006/2019 - Altera o Decreto-Lei n. 2848, de 1940 - Capitão Augusto (PR/SP) - 21/02/2019 (Brasil, 2019d);

PL 1007/2019 - Altera o Decreto-Lei n. 2848, de 1940 - Capitão Augusto (PR/SP) - 21/02/2019 (Brasil, 2019e);

PL 1008/2019 - Altera o Decreto-Lei n. 2848, de 1940 - Capitão Augusto (PR/SP) - 21/02/2019 (Brasil, 2019f);

PL 1009/2019 - Altera o Decreto-Lei n. 2848, de 1940 - Capitão Augusto (PR/SP) - 21/02/2019 (Brasil, 2019g);

PL 2893/2019 - Revoga o artigo 128 do Decreto Lei n. 2.848, de 7 de dezembro de 1940 (Código Penal) Chris Tonietto (PSL/RJ) e Filipe Barros (PSL/PR) - 15/05/2019 (Brasil, 2019h);

PL 3415/2019 - Inclui o § 3º no art. 273 do Decreto-Lei nº 2.848, de 7 de dezembro de 1940 - Código Penal, para agravar a pena para a venda de remédios abortivos e altera o inciso V, do art. 10, da Lei 6.437, de 20 de agosto de 1977 para incluir a aplicação de multa 10x maior que o mínimo legal para quem faz propaganda de medicamentos proibidos que provoquem aborto - Filipe Barros (PSL/PR) - 11/06/2019 (Brasil, 2019i);

PL 4149/2019 - Institui a Semana Nacional do Nascituro - Chris Tonietto (PSL/RJ) - 18/07/2019 (Brasil, 2019j);

PL 4150/2019 - Dá nova redação ao art. 2º da Lei nº 10.406, de 2002, que institui o Código Civil - Chris Tonietto (PSL/RJ) - 18/07/2019 (Brasil, 2019k);

foi apresentado o PL 883/2022, que tem como objetivo alterar o Código Civil para incluir disposições referentes ao direito do nascituro e criar o tipo penal "incitação ao aborto" de autoria de Carla Zambelli (PL-SP) e o PL 1753/2022, de autoria de Chris Tonietto (PL/RJ) que Acrescenta dispositivos à Lei n. 13.019, de 31 de julho de 2014, a fim de que as parcerias entre a administração pública e as organizações da sociedade civil atendam aos interesses do nascituro, da criança e do adolescente.

PL 5799/2019 - Modifica o art. 2º da Lei nº 10.406, de 10 de janeiro de 2002, para estabelecer o início da personalidade civil com a concepção do embrião vivo - Abílio Santana (PL/BA) - 31/10/2019 (Brasil, 2019l);

PL 6233/2019 - Veda a progressão de regime de pena ao condenado pela prática de crimes contra a vida, hediondos e equiparados - Dr. Leonardo (SOLIDARIEDADE/MT) - 09/12/2019 (Brasil, 2019m);

PL 518/2020 - Institui o dia 22 de janeiro como dia de Homenagem à Vida Humana desde a concepção - Diego Garcia (PODE/PR) - 04/03/2020 (Brasil, 2020a);

PL 580/2020 - Aplicação da extraterritorialidade incondicionada aos crimes dolosos contra a vida, quando o agente for brasileiro ou domiciliado no Brasil - Chris Tonietto (PSL/RJ) e Carla Dickson (PR/RN) - 09/03/2020 (Brasil, 2020b);

PL 581/2020 - Altera o Decreto-Lei nº 2.848, de 7 de dezembro de 1940 (Código Penal), a fim de dispor sobre a imprescritibilidade dos crimes dolosos contra a vida - Chris Tonietto (PSL/RJ) - 09/03/2020 (Brasil, 2020c);

PL 1945/2020 - Altera dispositivo do Decreto-Lei nº 2.848, de 7 de dezembro de 1940 (Código Penal), para fins de inclusão de causa de aumento de pena em caso de aborto realizado em razão de microcefalia ou qualquer outra anomalia ou malformação do feto - Chris Tonietto (PSL/RJ) - 16/04/2020 (Brasil, 2020d).

Como se pode observar da relação dos projetos contrários ao aborto temos o seguinte grupo de parlamentares: Abílio Santana (PL/BA), Capitão Augusto (PR/SP), Carla Dickson (PR/RN) Chris Tonieto (PSL/RJ), Diego Garcia (PODE/PR), Dr. Leonardo (SOLIDARIEDADE/MT) e Felipe Barros (PSL/PR). 5 deputados e 2 deputadas, porém, a pauta pela "defesa da vida" e contrária ao aborto tem maior expressividade na figura de uma deputada que fez da agenda antiaborto como projeto de campanha política em 2018. A deputada que mais apresentou projetos de lei à Câmara de Deputados foi Christine Nogueira dos Reis Tonietto - Chris Tonietto (PSL/RJ): 5 projetos de lei individuais e 2 em coautoria com Filipe Barros (PSL/PR) e Carla Dickson (PR/RN), respectivamente. No total de 7 projetos, 4 foram apresentados em 2019 e 3 em 2020.

Os deputados e deputadas que apresentaram esses projetos estavam alinhados com as diretrizes do governo federal de Jair Bolsonaro sobre o aborto. Os enunciados discursivos que compõem esse léxico parlamentar contrário ao aborto são formados por uma série de argumentos legais, médicos, biológicos, religiosos, históricos e também nas articulações dos movimentos feministas em legalizar o aborto nos países latino-americanos denominados pelos deputados e pelas deputadas neoconservadoras como "aborteiros" e vinculados "a cultura da morte".

Nesse arcabouço de enunciados discursivos existe a "premissa" que a população é contrária ao aborto e por isso o legislativo teria o dever de representar essa vontade popular. Outro ponto articulado nas justificações dos projetos de lei é o ativismo judicial - com referência às Ações ajuizadas no Supremo Tribunal Federal sobre o aborto - e a consequente usurpação da competência por parte do Poder Judiciário ao tentar legislar sobre o assunto, já que o legislativo é o local competente para tanto. Assim, defender a proibição do aborto é defender a "vida", a "família" e a "democracia".

A valorização da vida e a garantia do nascer pela proteção incondicionada do nascituro se materializa por interpretações descontextualizadas e moralizantes da Convenção Americana de Direitos Humanos, dos princípios e garantias fundamentais da Constituição Federal, da expectativa de Direitos do Nascituro presente no Código Civil e a dogmática penal baseada na proteção de bens jurídicos. Para consubstanciar tais argumentos legais, os costumes, as experiências do passado e parte da literatura médica são mobilizadas para chancelar a vida desde a concepção. A moralização dos corpos feminizados como um receptáculo reprodutor e individual se mostra nessa coordenação e subordinação de enunciados discursivos legislativos. A valorização da família (re)produtiva não somente se expande ao espaço público (Brown, 2019) mas constitui e fundamenta a sua razão de existir. A vida de pessoas com capacidade gestar - pessoas pobres e negras - são esquecidas dessa equação da defesa da vida.

A linha discursiva que legitima propostas contrárias ao aborto na Câmara Federal também constitui o léxico narrativo e imagético das publicações da deputada Chris Tonietto e também dos parlamentares Capitão Augusto e Abílio Santana no *instagram* como veremos a seguir.

3. AS REDES SOCIAIS E A CONSTRUÇÃO DA NARRATIVA ANTIABORTO POR PARLAMENTARES NEOCONSERVADORES

As redes sociais produzem novos regimes de visibilidade (Beiguelman, 2021). As telas se transformaram em espaços de sociabilidade; em espaços de "de reivindicação do direito e projeção do sujeito na tela, subvertendo os modos de fazer (enquadrar, editar, sonorizar), mas também os modelos de olhar, de ser visto e supervisionado" (2021: 39). Nesse sentido, as ferramentas de *likes*, visualização e compartilhamento das redes sociais produzem enquadramentos homogeneizantes por conta da engenharia algorítmica que a sustenta. Essa engenharia se materializa pelos critérios de organização dos dados e ferramentas de buscas e as bolhas específicas que pertencemos (2021: 46). O mercado denomina esse fenômeno como "profilagem": "uma forma de acumular dados sobre as pessoas com base em seus gostos e hábitos, que permitirão prever comportamentos, além de melhorar o direcionamento de seus produtos e propagandas" (2021: 55).

Diante desse contexto, tem-se um modelo de governamentalidade algorítmica que ratifica uma "racionalidade normativa ou política que repousa sobre a coleta, agregação e análise automatizada de dados em quantidades massiva de modo a modelizar, antecipar e afetar, por antecipação os comportamentos possíveis" (Rouvroy, 2015: 45). Produz-se, portanto, uma gestão do acontecimento; um novo tipo de normalização em que não se prevê o futuro, mas o constrói por meio dos dados do presente (Rodríguez, 2019: 353-363).

Nessa captura de futuro e de horizontes possíveis determinados discursos se potencializam e novas dinâmicas são produzidas, entre elas, a digitalização da política (Cesarino, 2019) que propicia certa reorganização no campo político-partidário, como observou Letícia Cesarino ao estudar bolsonarismo[8] e de-

8 Como explicam as autoras Fernanda Martins e Domenique Goulart, o bolsonarismo "transcende uma adesão à figura de Jair Messias Bolsonaro ou à mera aquiescência com seu plano de governo. Em suma, o projeto bolsonarista se refere a uma racionalidade conservadora e punitivista. A despeito disso, a plataforma do bolsonarismo é manejada de forma a centralizar e personalizar tais anseios políticos em Jair Bolsonaro, cuja figura funciona como uma espécie de totem. Sua personalidade idealiza uma representação totemizada de um vasto repertório narrativo neoconservador, alcançando espectros muito plurais da sociedade. Sob uma projeção visual-metafórica, cada faceta dessa imagem totêmica representa um tipo de abordagem discursiva. Essas facetas são orientadas para diferentes direções, o que possibilita aderências pontuais de plurais espectros da sociedade brasileira, não havendo necessidade de adesão a um bloco uno que abranja todas as proposições do governo de Bolsonaro". Ver: Goulart & Martins (2020).

mais "ecossistemas digitais que com ele ressoam" (2022a: 167). Surge nesse contexto uma "dinâmica sociotécnica de mobilização contínua e performativa de demandas latentes, num fluxo de causalidade circular entre influenciadores e influenciados orientado por métricas em tempo real" (Cesarino, 2022a: 164) capaz de introduzir "novas camadas de mediações cibernéticas que produzem efeitos de influência fora do controle das plataformas - e que, não obstante, podem adquirir um caráter sistêmico e eficaz nos seus próprios termos" (Cesarino, 2022a: 166).

Esse universo que possui sua própria dinâmica e organicidade e ao mesmo tempo "vazio de conteúdo e altamente performativo" pois a sua "forma é mais central que os conteúdos que ele inclui" (Cesarino, 2022b: 145). Essa dinâmica apresentada por Letícia Cesarino pode ser vislumbrada nas postagens dos parlamentares "fechados com Bolsonaro" que apresentaram projetos de lei contrários ao aborto entre os anos de 2019 e 2020.

Christine Nogueira dos Reis Tonietto - Chris Tonietto (PSL/RJ) é advogada, católica e coordena a Frente Parlamentar Mista contra o Aborto e em Defesa da Vida e tem 176 mil seguidores no seu perfil no instagram. Foi a parlamentar que mais propôs projetos de lei à Câmara Federal contrários à interrupção voluntária da gravidez. É também integrante da Associação Centro Dom Bosco de Fé e Cultura (CDB)[9], organização fundada em 2016 no Rio de Janeiro por um grupo de universitários católicos. Diante desse contexto, a deputada defende a "restauração da cristandade" para que se possa alcançar a "verdadeira cultura de paz". Estrategicamente, argumenta que o Estado é laico, porém, não é "irreligioso" pois a "população brasileira é cristã, notadamente católica" e respeitar tal premissa é respeitar a democracia (Lima, 2018).

Na terminologia apresentada por Juan Marco Vaggione, Chris Tonietto é uma política cristã e jurista confessional, pois, além de utilizar a sua identificação religiosa como embasamento para sua atuação política, aproveita a sua formação em direito

9 O grupo ganhou alcance midiático por meio de ações judiciais contra o canal Porta dos Fundos que publicou os episódios "O céu católico" (2018), "Ele está no meio de nós" (2018) e o especial de Natal no final do ano de 2019. O grupo católico também acionou o judiciário em face do movimento "Católicas pelo direito de decidir" na tentativa "de impedir a utilização do nome de católicas por uma organização que apoiava o aborto" (Gama, 2021: 4).

para construir argumentos e interpretações legais alinhados com a doutrina católica.

Isso porquê a permissão do aborto "é incompatível com a forma de viver cristã" (Rocha, 2020: 67). Essa forma de viver[10] tem como moldura a "manutenção da família heterossexual monogâmica concebida a partir de um ordenamento conservador da sociedade" (Rocha, 2020: 67). Tal forma de vida católica condena a "atividade sexual que não possua fins exclusivamente procriativos; o uso de contraceptivos; a realização de procedimentos definitivos de esterilização voluntária" (Rocha, 2020: 67) e pesquisas científicas que utilizem células troncos.

As convicções religiosas "não se separam de sua atuação técnica dentro do campo jurídico, nem estão em conflito com seus papeis profissionais" (Vaggione, 2020), muito pelo contrário, estão em perfeita sintonia; na realidade é o que se espera dela enquanto deputada federal. Inclusive, novamente em seu perfil do Instagram divulgou seus trabalhos em defesa da vida e disse no dia 26/04/2022: "eu me comprometi e cumpri":

10 As formas de viver católicas estão em disputa. As Católicas pelo direito de decidir é um exemplo que as experiências de religiosidade não são homogêneas. É um movimento político internacional que tem como propósito problematizar leis eclesiásticas da instituição Católica relacionadas ao aborto e aos direitos sexuais e reprodutivos de uma maneira geral.

Figura 1. Perfil do Instagram de Chris Tonietto

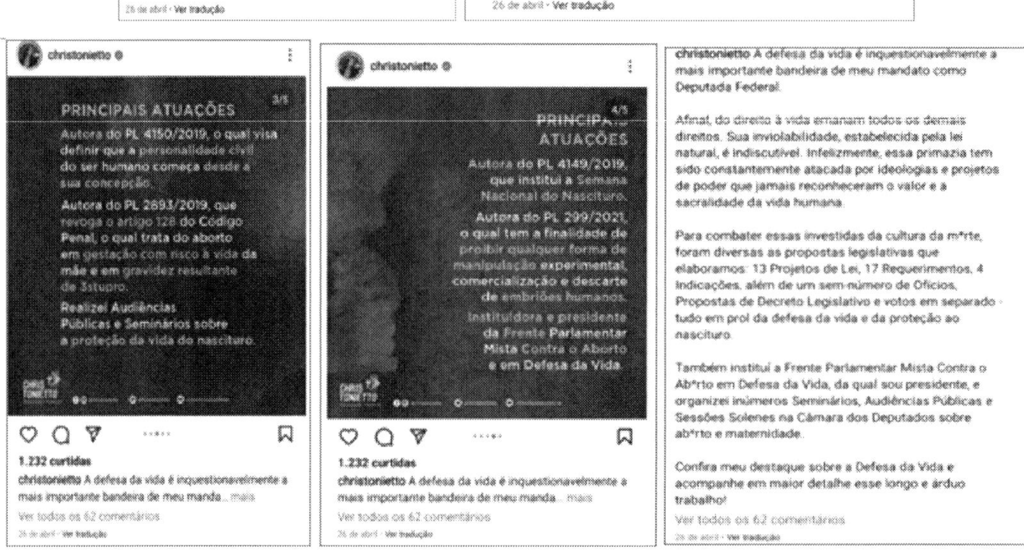

Fonte: retirado do perfil do Instagram @christonietto (2022)

Com o uso imagético do feto como recurso moralizante da pauta antiaborto, a deputada mostra os principais feitos na Câmara dos Deputados para os seus seguidores No texto da publicação pontua que a vida foi "a mais importante bandeira" do seu mandato, pois do "direito à vida emanam todos os demais direitos" e, infelizmente, a sua inviolabilidade "tem disso constantemente atacada por ideologias e projetos de poder que jamais reconheceram o valor e a sacralidade da vida humana". Essas ideologias e projetos de poder são os movimentos feministas os quais são atacados diretamente pela deputada:

Figura 2. Perfil do Instagram de Chris Tonietto

Fonte: retirado do perfil do Instagram @christonietto (2022).

A família assume a responsabilidade individual de garantir a subsistência precarizada e o papel disciplinador moralizante com base na maternidade e na reprodução. A instituição familiar, devidamente protegida, confina as violências que não devem ser denunciadas. O aborto, em termos feministas, coloca o desejo da maternidade como ponto central da discussão (Gago, 2020) e o que colide frontalmente com a perspectiva individual e moralizante de família (re) produtora defendida pela deputada. Por essa razão o feminismo é atacado e a pauta feminista seria "um instrumento de grande esforço de engenharia social, regida pelos interesses de grupos financeiros e ideológicos que desejam destruir a família brasileira tal como sempre existiu". Interpreta-se "interesses ideológicos" a "ideologia de gênero" como explica Flávia Biroli (2020: 166):

A perspectiva de gênero não é teoria, mas ideologia;

> Ela corresponde à ideia de que cada um é livre para construir o próprio gênero;
>
> [...]
>
> Ela é uma ameaça de proporções globais que pode acabar com a sociedade humana, uma vez que seu objetivo final é destruir a família e a dinâmica natural da reprodução;
>
> Trata-se de propaganda e estratégia para manipular e construir hegemonias, utilizando-se do sistema educacional formal;
>
> Os movimentos que a promovem são minoritários e nomeados "feminismo radical".

Importante destacar que, no âmbito das discussões da ADPF 442, a deputada protestou contra o "ativismo judicial" em palestra realizada pelo Ministro Luís Roberto Barroso no ano de 2018. Um dos motivos, segundo a deputada, que a levaram a concorrer a câmara federal, foi, em suas palavras, "a firme decisão de lutar pela vida - desde a concepção - daqueles que, dentro do útero de suas mães, não têm voz e precisam da nossa para ter seus direitos assegurados pela lei" (Lima, 2018). Unindo o argumento religioso ao jurídico há diversas publicações sobre a ADPF 442 e a defesa da "competência legislativa" para legislar a respeito da interrupção voluntária da gravidez. A mais recente utiliza as linguagens "bebês inocentes" e "abrindo as portas para a eugenia, a eutanásia e outras atrocidades":

Figura 3. Perfil Instagram de Chris Toniettto

Fonte: retirado do perfil do Instagram @christonietto (2023).

José Augusto Rosa - Capitão Augusto (PL/SP), foi o segundo deputado que mais apresentou projetos contrários ao aborto, com

4 propostas, todas no ano de 2019. Policial militar de formação, foi eleito na 55ª legislatura (2015-2019) e reeleito na 56ª legislatura. Votou a favor da PEC dos Gastos Públicos assim como da Reforma Trabalhista e da Previdência - políticas legislativas de cunho neoliberal.

A sua atuação parlamentar é marcada pela temática da segurança pública e do combate à corrupção. Inclusive foi o relator do grupo de trabalho na Câmara dos Deputados para análise do Pacote Anticrime com posições favoráveis ao recrudescimento penal, apontando como avanços a criação de um banco genético e balístico e o aumento do período máximo de cumprimento de pena para 40 anos. Criticou, por outro lado, a exclusão da prisão após o julgamento em segunda instância, denominando como "retrocesso" na propositura do pacote anticrime (Câmara dos Deputados, 2022).

A pauta punitiva e militar foi uma constante no ano de 2019. Além de apresentar quatro projetos contrários ao aborto que prevê o aumento de pena para os crimes previstos nos artigos 124 (aborto provocado pela gestante), 125 (aborto provocado por terceiro sem o consentimento da gestante), 126 (aborto provocado por terceiro com o consentimento da gestante) e 127 (causa especial de aumento se o aborto resultar em lesão corporal ou morte), todos dos Código Penal, o parlamentar apresentou proposições que alteram o Código Penal, o Código de Processo Penal, o Código Penal Militar, a Lei de Execução Penal, a Lei de Drogas, a Lei dos Juizados Especiais Cíveis e Criminais e o Estatuto da Criança e Adolescente.

Além do rigor penal e defesa do militarismo também se vê uma postura "anticomunista" e "antissocialista" em suas postagens no seu perfil do ***instagram*** com publicações por meio de imagens que tratam o assunto de forma jocosa e rasa no ano de 2020:

Figura 4. Perfil Instagram de Capitão Augusto

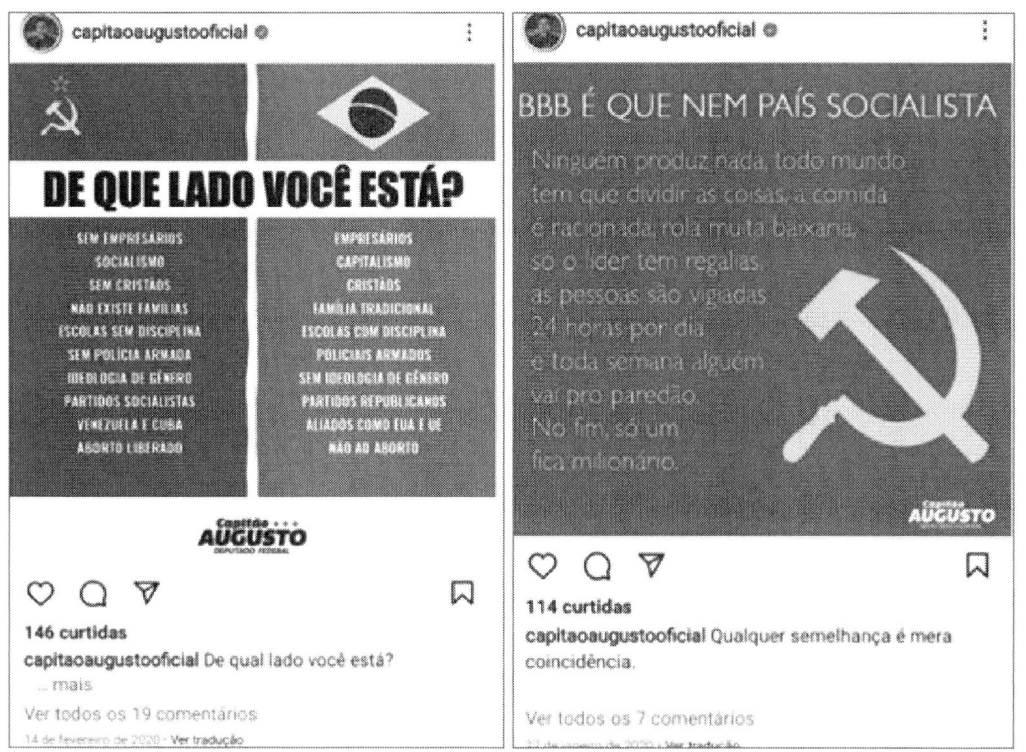

Fonte: retirado do perfil do Instagram @capitaoaugustooficial (2023).

O aborto é criticado nas redes, com publicações afirmando "aborto jamais: sempre haverá ataques à dignidade da vida humana, não podemos aceitar, nem relaxar nunca" assim como "problematiza" o fato de "matar fetos" ser um direito, convocando os seus seguidores a compartilhar a publicação de 13/08/2020 caso sejam contra o aborto. No dia 08/12/2020 celebrou o "Dia Nacional da Família" com a legenda "Deus abençoe nossas famílias". Quando os países vizinhos latino americanos legalizaram a interrupção voluntária da gravidez, chamou esses processos de "absurdo" e "aberração", fazendo referência à Argentina (2020) e à Colômbia (2022), respectivamente:

Figura 5. Perfil Instagram de Capitão Augusto

Fonte: retirado do perfil do Instagram @capitaoaugustooficial (2020 e 2022)

Como se vê o deputado defende as principais pautas neoconservadoras de acordo com a nomenclatura apresentada pela autora Marina Basso Lacerda: a defesa do neoliberalismo, o militarismo, o anticomunismo, o rigor penal e a defesa dos valores morais com clara contrariedade a interrupção voluntária da gravidez e valorização da família heteropatriarcal. O escopo da sua atuação parlamentar reside no rigor penal em que a proibição do aborto é legitimada com projetos que pretendem aumentar as punições já existentes no Código Penal.

José Abílio Silva de Santana - Abílio Santana (PSC-BA), assim como Chris Tonietto, foi eleito para exercer o cargo de deputado federal na 56ª legislatura. É pastor evangélico e Vice-Presidente da Frente Parlamentar Evangélica do Congresso Nacional e participa da Frente Parlamentar Mista da Reforma Administrativa, em Defesa da Prisão em Segunda Instância, Enfrentamento às Drogas, contra o Aborto e em Defesa da Vida, Redução da Maioridade Penal, Frente Parlamentar pelo Livre Mercado, Ensino Militar no Brasil - FPAEMB, Defesa do Homeschooling, Combate à Corrupção e da Segurança Pública.

Além do projeto contrário ao aborto, apresentou no ano de 2019 o PL 4832/2019 para instituir o "Dia Nacional do Orgulho Cristão" e o PL 2552/2019 que dispõe sobre a proibição do uso de recursos públicos para realização de eventos artístico-culturais, que contenham manifestações de desvalorização, escárnio e discriminação contra quaisquer religiões ou cultos religiosos.

Apresentou também no mesmo ano o Requerimento n. 154/2019 para realização de audiência pública para "debater preconceito sofrido pelos ex-homessexuais, uma minoria dentro de uma minoria". Como justificativa apresentou que "diversos são os relatos de pessoas que através da fé e/ou ajuda profissional conseguiram deixar a homossexualidade e que mesmo assim ainda sofrem preconceito e vivem num vácuo social". Trouxe também o argumento da suspensão dos atendimentos de reorientação sexual e a restrição da liberdade desses profissionais "que tentam ajudar pessoas que estão insatisfeitos com sua opção sexual".

A religião e a liberdade de expressar sua fé é blindagem para valorização da família cisheteronormativa. Em uma postagem em seu perfil no *instagram* isso fica muito claro:

Figura 6. Perfil Instagram Abilio Santana

Fonte: retirado do perfil do Instagram @abiliosantana (2019 e 2021).

Abílio Santana é um parlamentar que se enquadra na nomenclatura de político cristão assim como Chris Tonietto, porém, segue a orientação evangélica e não católica como no caso da deputada. Ambos são contra o aborto, a "ideologia de gênero" e valorizam a concepção de uma família heteronormativa. Porém, enquanto a deputada Chris Tonietto dá mais ênfase na defesa da vida contra a "cultura da morte", Abílio Santana rechaça as experiências de homoafetividade e pauta o seu direito defender tal crença por conta da sua liberdade religiosa. Essas diferenças de ênfases se dão pelas diferenças entre cristãos católicos e cristão evangélicos como apontado por Maria das Dores Campos Machado, Flávia Biroli e Juan Marco Vaggione (Biroli, Vaggione & Machado, 2020).

Os parlamentares aqui citados, os quais propuseram projetos de lei contrários à interrupção voluntária da gravidez nos anos de 2019-2020, são àqueles que mais utilizaram a rede social para propagar a agenda antiaborto. Chris Tonietto é a deputada que mais propôs projetos de lei à Câmara Federal sobre a temática e, não é por acaso, a "defesa do nascituro" e "da vida desde a concepção" constitui o núcleo de suas publicações no ***instagram***. Já os outros deputados não fazem tantas publicações sobre o aborto, porém, demais eixos neoconservadores como o rigor penal, o militarismo e o antissocialismo atravessam as suas atuações em rede.

Como alerta Jhonatan Crary "a internet produz, de forma esmagadora, subjetividades autocentradas incapacidades de imaginar objetivos e resultados que não aqueles consagrados ao privado, ao individual" (Crary, 2023) e isso fica ainda mais latente quando as redes sociais são utilizadas por parlamentares alinhados ao projeto neoconservador; um projeto privatista e individual por excelência. O neoconservadorismo --necessariamente imbricado ao neoliberalismo-- impactam os corpos feminizados quando tecem disciplinamentos e conduzem a população quando o assunto é o aborto. Nesse sentido, combater o aborto é (re)afirmar o modelo de família heterossexual, a maternidade compulsória e condenar --de forma punitiva-- as demandas dos movimentos feministas e da construção teórica de gênero e sexualidade que desnaturalizam radicalmente o que é ser mulher.

Os significados sobre o aborto são capturados por uma imagética performativa e também por uma linguagem vazia. Há esquemas binários de "contra a favor" potencializados por compartilhamentos e reações de publicações para que os seguidores manifestem a sua opinião. *Emoticons* tristes, surpresos e símbolos que remetem à proibição e interdição são utilizados como recursos comunicativos e indicadores que as práticas de aborto devem ser banidas de qualquer forma. A moralização se acentua quando imagens de fetos e recém-nascidos são utilizados como pano de fundo das postagens; um artifício para ratificar a pseudocultura da morte supostamente fomentada pelo movimento feminista. Tem-se, por fim, o aprofundamento do léxico familista e antiaborto nas redes sociais e a publicização da agenda neoconservadora.

CONSIDERAÇÕES FINAIS

Falar de aborto é falar sobre a precarização da vida que atravessa os corpos com útero, que sente na pele os efeitos da criminalização da interrupção voluntária da gravidez e, consequentemente, os efeitos da precarização inerentes ao neoliberalismo e ao neoconservadorismo. O debate e as práticas de aborto fissuram o pacto familista e heteropatriacal. Por isso as contraofensivas são tão fortes, visto que a autonomia reprodutiva e o respeito ao desejo de maternar são desestabilizadores da ordem que se impõe.

Nesse sentido, parece importante afirmar --para fins de compreender a permanência do projeto estabelecido no contexto aqui apresentado-- que o léxico produzido durante esse período segue afirmando o sentido normativo sobre o aborto no Brasil. Apesar de Jair Bolsonaro ter sido derrotado no processo eleitoral para a Presidência da República em 2022 e ter se tornado inelegível em 2023, os efeitos da agenda chamada "dos costumes" representada pelo *bolsonarismo* segue vigorando com força e eficácia.

A partir do material analisado se pode perceber como a valorização da vida e a garantia do nascer pela proteção incondicionada do nascituro vai se materializar através de interpretações descontextualizadas e moralizantes da Convenção Americana de Direitos Humanos, dos princípios e garantias fundamentais da Constituição Federal, da expectativa de Direitos do Nascituro presente no Código Civil e a dogmática penal baseada na proteção de bens jurídicos.

Outro ponto que se destaca entre os discursos que formulam o corpo da batalha legislativa sobre o aborto está no local ritualizado e seletivo do Poder Legislativo. Nesse sentido, verificamos a defesa da competência legislativa como via exclusiva para regulamentar o direito sobre o aborto como forma de confrontar as movimentações do ativismo judicial, majoritariamente utilizado pelos movimentos feministas. Defender a vida, argumentam, é defender a democracia, pois, sustentam, o "povo" é contra o aborto, temente à deus e necessitam proteger a sua família da "cultura da morte". Diante desse contexto, segundo os discursos parlamentares, a soberania nacional e a defesa do Estado Brasileiro não podem ser abaladas frente aos movimentos de legalização nos países vizinhos; ou seja, o Estado não pode defender tais pautas e influenciar na liberdade individual das famílias.

A batalha legislativa se expande para as redes sociais dos parlamentares - processo este consubstanciado pela digitalização da política e da sua reorganização político-partidária nas redes. O *instagram* é utilizado como plataforma de ataque às feministas e ao feminismo e também como ferramenta digital de combate à interrupção voluntária da gravidez em nome de um pseudodiscurso "em valorização da vida" em detrimento da "cultura da morte".

De tal modo, sob a alegação da "defesa da vida", em junho de 2024, observamos a tramitação no Congresso Federal do Projeto de Lei 1904/2024, que propõe equiparar a prática de aborto, mesmo nos casos legais, após a 22ª semana de gestação ao crime de homicídio. O Projeto apresentado pelo Deputado do partido do antigo presidente e da base neoconservadora aqui indicada Sóstenes Cavalcante (PL-RJ) visa alterar o Código Penal de 1940, incluindo parágrafos aos artigos 124, 125, 126 e 128. A proposta defende que "quando houver viabilidade fetal, presumida em gestações acima de 22 semanas, as penas serão aplicadas conforme o delito de homicídio simples previsto no art. 121 deste Código". Além disso, médicos que realizarem o procedimento após 22 semanas poderão responder criminalmente. Esse projeto aliado às normativas da área da saúde que restringem o atendimento ao aborto legal[11]

11 A Portaria nº 2.282 do Ministério da Saúde (2020), que dispõe sobre o procedimento de justificação e autorização da interrupção da gravidez a ser adotado no âmbito do SUS, foi recentemente revogada (2023), mas durante o período de 2020 e 2023 a portaria criou condições para a realização do aborto nos casos já permitidos em lei, incluindo

e ao fechamento de hospitais especializados no atendimento de mulheres que necessitam de aborto legal (Motter, Leite, 2024) demonstram a força do projeto político antigênero no Brasil que buscamos demonstrar com o presente artigo e o legado que segue ditando o ritmo da luta contra os direitos das mulheres e corpos que gestam.

REFERÊNCIAS BIBLIOGRÁFICAS

Andrade, V. R. P. (2005). A soberania patriarcal: o sistema de justiça criminal no tratamento da violência sexual contra a mulher. *Revista Sequência, 50,* 71-102.

Beiguelman, G. (2021). *Políticas na dadosfera: vigilância e resistência na dadosfera.* São Paulo: Ubu Editora.

Brasil. Ministério da Saúde. (2020). Portaria n. 2.282/2020: Dispõe sobre o procedimento de justificação e autorização da interrupção da gravidez nos casos previstos em lei, no âmbito do Sistema Único de Saúde-SUS.

Brasil. (2019a). Projeto de Lei n. 260/2019: Dispõe sobre a proibição ao aborto.

Brasil. (2019b). Projeto de Lei n. 261/2019: Dispõe sobre a proibição do comércio, propaganda, distribuição e implantação pela Rede Pública de Saúde de micro abortivos e dá outras providências.

Brasil. (2019c). Projeto de Lei n. 564/2019: Dispõe sobre a representação e defesa dos interesses do nascituro.

Brasil. (2019d). Projeto de Lei n. 1006/2019: Altera o Decreto-Lei nº 2.848, de 1940.

Brasil. (2019e). Projeto de Lei n. 1007/2019: Altera o Decreto-Lei nº 2.848, de 1940.

Brasil. (2019f). Projeto de Lei n. 1008/2019: Altera o Decreto-Lei nº 2.848, de 1940.

Brasil. (2019g). Projeto de Lei n. 1009/2019: Altera o Decreto-Lei nº 2.848, de 1940.

Brasil. (2019h). Projeto de Lei n. 2893/2019: Revoga o art. 128 do Decreto-Lei nº 2.848, de 7 de dezembro de 1940 (Código Penal).

Brasil. (2019i). Projeto de Lei n. 3415/2019: Inclui o § 3º no art. 273 do Decreto-Lei nº 2.848, de 7 de dezembro de 1940 - **Código Penal, para agravar a pena para a venda de remédios abortivos e altera o inciso V, do art. 10, da Lei 6.437, de 20 de agosto de 1977.**

Brasil. (2019j). Projeto de Lei n. 4149/2019: Institui a Semana Nacional do Nascituro.

Brasil. (2019k). Projeto de Lei n. 4150/2019 - **Dá nova redação ao art. 2º da**

a hipótese de gravidez resultante de violência sexual, restringindo o atendimento e a viabilidade de realização. (Brasil. Ministério da Saúde, 2020).

Lei nº 10.406, de 2002, que institui o Código Civil - Chris Tonietto (PSL/RJ) - 18/07/2019.

Brasil. (2019l). Projeto de Lei n. 5799/2019: Dá nova redação ao art. 2º da Lei nº 10.406, de 2002, que institui o Código Civil.

Brasil. (2019m). Projeto de Lei n. 6333/2019: Veda a progressão de regime de pena ao condenado pela prática de crimes contra a vida, hediondos e equiparados.

Brasil. (2020a). Projeto de Lei n. 518/2020: Institui o dia 22 de janeiro como dia de homenagem à vida humana, desde a concepção.

Brasil. (2020b). Projeto de Lei n. 580/2020: Aplicação da extraterritorialidade incondicionada aos crimes dolosos contra a vida, quando o agente for brasileiro ou domiciliado no Brasil.

Brasil. (2020c). Projeto n. 581/2020: Altera o Decreto-Lei nº 2.848, de 7 de dezembro de 1940 (Código Penal), a fim de dispor sobre a imprescritibilidade dos crimes dolosos contra a vida.

Brasil. (2020d). Projeto de Lei n. 1945/2020: Altera dispositivo do Decreto-Lei nº 2.848, de 7 de dezembro de 1940 (Código Penal), para fins de inclusão de causa de aumento de pena em caso de aborto realizado em razão de microcefalia ou qualquer outra anomalia ou malformação do feto.

Biroli, F., Vaggione, J. M., & Machado, M. D. C. (2020). *Gênero, neoconservadorismo e democracia: disputas e retrocessos na América Latina.* São Paulo: Boitempo.

Brown, W. (2005). *Edgework: Critical essays on knowledge and politics.* Princeton, NJ: Princeton University Press.

Brown, W. (2006). American nightmare: Neoliberalism, neoconservatism, and de-democratization. *Political Theory, 34*(6), 690-714. Recuperado de https://sxpolitics.org/wpcontent/uploads/2018/05/Wendy-Brown-American-Nightmare.pdf

Brown, W. (2019). *Nas ruínas do neoliberalismo: A ascensão da política antidemocrática no ocidente.* São Paulo: Editora Filosófica Politeia.

Butler, J. (2022). Judith Butler on Roe vs Wade, trans rights and the war on education. *The New Statesman.* Recuperado de https://www.newstatesman.com/international-content/2022/07/judith-butler-roe-v-wade-more-dangerous-backlash

Butler, J. (2024). *Quem tem medo do gênero?* **São Paulo: Boitempo.**

Câmara dos Deputados. (2022). *Capitão Augusto: Deputados.* Recuperado de https://www.camara.leg.br/deputados/178829.

Cesarino, L. (2019). Identidade e representação no bolsonarismo: Corpo digital do rei, bivalência conservadorismo-neoliberalismo e pessoa fractal. *Revista de Antropologia, 62*(3), 530-557.

Cesarino, L. (2022a). Bolsonarismo sem Bolsonaro? Públicos antiestruturais na nova fronteira cibernética. *Revista do Instituto de Estudos Brasileiros, 82*, 162-188.

Cesarino, L. (2022b). *O mundo do avesso: Verdade e política na digital.* São Paulo: Ubu.

Corrêa, S. (2018). A política do gênero: Um comentário genealógico. *Cadernos*

Pagu, 53. Recuperado de https://periodicos.sbu.unicamp.br/ojs/index.php/cadpagu/article/view/8653407

Corrêa, S. (2020). Eleições brasileiras de 2018: Catástrofe perfeita? *Observatório de Sexualidad y Política (SPW)*.

Crary, J. (2023). *Terra arrasada: Além da era digital, rumo a um mundo pós-capitalista*. São Paulo: Ubu.

Dorlin, E. (2020). *Autodefesa: Uma filosofia da violência*. São Paulo: Crocodilo/UBU Editora.

Foucault, M. (2015). *A sociedade punitiva: Curso no Collège de France (1972-1973)*. São Paulo: Martins Fontes.

Gago, V. (2020). *Potência feminista, ou o desejo de transformar tudo* (I. Peres, Trad.). São Paulo: Elefante.

Gama, V. A. (2021). O Centro Dom Bosco e a atuação política da nova direita católica. In *Anais do 31º Simpósio Nacional de História*. Rio de Janeiro.

Goulart, D., & Martins, F. (2020). Neoconservadorismo brasileiro: Pautas antigênero e milícias digitais. In J. Sabariego, A. J. A. do Amaral, & E. B. C. Salles (Orgs.), *Algoritarismos*. Valencia: Tirant lo Blanch.

Junqueira, R. D. (2018). A invenção da "ideologia de gênero": A emergência de um cenário político-discursivo e a elaboração de uma retórica reacionária antigênero. *Psicologia Política, 18*(43), 451-452.

Lacerda, M. B. (2019). *O novo conservadorismo brasileiro: De Reagan a Bolsonaro*. Porto Alegre: Zouk.

Lima, J. D. (2018). Quem é Chris Tonietto, a jovem católica que já enfrentou um ministro do STF e chega à Câmara em 2019. *Blog da Vida - Gazeta do Povo*. Recuperado de https://www.gazetadopovo.com.br/

Motter, A., & Leite, I. (2024). Hospital referência que suspendeu aborto legal em SP realizou a maioria dos procedimentos na cidade em 2023. *Globonews*. Recuperado de https://g1.globo.com/sp/sao-paulo/noticia/2024/01/13/hospital-referencia-que-suspendeu-aborto-legal-em-sp-realizou-a-maioria-dos-procedimentos-na-cidade-em-2023.ghtml

NetLab. (2023). Acompanhamento da desinformação durante as eleições de 2022. Recuperado de https://uploads.strikinglycdn.com/files/e1b9f65e-5651-4070-af56-c4582e3accc5/Especial%20Eleições%202022%20-%20Acompanhamento%20da%20Desinforma%C3%A7%C3%A3o%20Multiplataforma.pdf

Rocha, C. (2020). Cristianismo ou conservadorismo? O caso do movimento antiaborto no Brasil. *Revista TOMO*, 36, 43-78.

Rodríguez, P. M. (2019). Las palavras en las cosas: saber, poder y subjetivación entre algoritmos y biomoléculas (pp. 353-363). Ciudad Autónoma de Buenos Aires: Cactus.

Rouvroy, A., & Berns, T. (2015). Governamentalidade algorítmica e perspectivas de emancipação: O díspar como condição de individuação pela relação? Revista Eco Pós: Tecnopolíticas e Vigilância, 18(2), 36-56.

Ruibal, A. (2020). A controvérsia constitucional do aborto no Brasil: Inovação na interação entre movimento social e o Supremo Tribunal Federal. Revista Direito e Práxis, 11(2), 1183.

Suarez, J. (2023). Brasil: Como funciona o movimento que propaga o ódio às feministas? Revista AzMina. Disponível em: https://azmina.com.br/reportagens/o-movimento-que-propaga-odio-as-feministas/. Acesso em: 31 de julho de 2023.

Vaggione, J. M. (2020). A restauração legal: O neoconservadorismo e o Direito na América Latina. In F. Birolli, J. M. Vaggione, & M. D. C. Machado (Orgs.), *Gênero, neoconservadorismo e democracia: Disputas e retrocessos na América Latina*. São Paulo: Boitempo.

TECNOTIRANÍA

Fernando R. Contreras

Luis Alain Noval

La revolución tecnológica de este milenio surgió de la fusión de tres sectores industriales, las telecomunicaciones, la informática y las industrias de contenidos. La ingesta de información en bases de datos, su gestión racional y su utilización cotidiana consolidaron actualmente la estructura del conjunto tecnológico en un entorno institucional e industrial. En la mediación entre sujeto y universo tecnológico se requirió del proceso de la digitalización de la realidad para una cómoda manipulación. En la revolución industrial, el objeto de explotación era la naturaleza (*Die Eroberung der Natur*) que por su esencia variable requería del control de una materia en continua transformación, en oposición a lo que sucederá con la información que con la informática logró estandarizarse. La adhesión planetaria a las aplicaciones informáticas condujo la supervivencia humana a una producción etérea y luminosa basada en la energía, la información y la comunicación. Su fascinación engendró un nuevo tipo de colonización del mundo, ya no motivada por las conquistas de las riquezas materiales. Tras esta etapa de dominación física de la naturaleza, y superados con la incipiente tecnología de la computación los límites cándidos de la conversión digital de la realidad, la colaboración de los algoritmos inteligentes en los esquemas económicos y culturales se impuso sin dificultades a nivel global. La sagacidad de la evolución técnica esbozó otros retos diferentes: la inteligencia artificial, la robótica y la biotecnología. La artificialidad digital requirió un nuevo simbolismo provisto de competencia interpretativa y de decisión. Un simbolismo posicional solucionó la traducción de transformaciones matemáticas a procesos automáticos. La máquina adquirió con este simbolismo la disposición de la argumentación, y con ello, el conocimiento que posibilitaba la selección por asociación (y no por indexación).

Los efugios tecnoideológicos sucedieron con la misma celeridad que los Estados subvencionaban estrategias políticas para implementar un orden artificial de realidad virtual. Simultáneamente otros posicionamientos fueron explorados: 1) los replanteamientos epistemológicos por la secuela de una inmaterialidad que solo ofrece abstracciones vacías o ilusiones crédulas (dimensión simbólica); 2) el estudio de los sistemas bioquímico-sociales que comparan el materialismo vital con la imagen maquinal de la naturaleza (dimensión pragmática); 3) la formación de poder alrededor de los objetos-cosas que viven entrelazados con los seres humanos ocupando incluso la centralidad del vacío del sujeto en su asociación al ídolo o el fetiche (dimensión óntica/saber).

Paralelamente, con origen en la supremacía ingenieril, han surgido otras perturbaciones sociales que afectan directamente a la vida ordinaria. Entre los más comentados por mentes críticas, y otras ávidas de triunfar en la venta editorial, destacaríamos: la privacidad, la ciberseguridad, la responsabilidad de la inteligencia artificial, la brecha digital, el impacto sobre el empleo, la sostenibilidad tecnológica, la incursión tecnológica en la administración pública, el control ético sobre las capacidades de la tecnología, la innovación en tecnologías emergentes o la misma adicción individual o social con la utilización de dispositivos digitales.

La imaginación algorítmica reemplaza el tiempo histórico por ciclos de comportamientos o actitudes humana desplegados por la afección de estos artefactos y sus propósitos asociados. Los ciclos humanos, ya todos vinculados por la mística de la interconexión, se perpetúan financiados por un incipiente capitalismo global. El esfuerzo para sostener el impulso de la economía de datos y de las plataformas garantizó que la gélida industria de lo digital llegara a tiranizar la cosmovisión de la vida humana, al punto de levantar un muro de veleidades predatorias con las *start-ups* para proteger la fragilidad de la conciencia social del sujeto posmoderno. Sus individuos perdidos en una selva robotizada, un entorno de ruina económica, deterioro climático, crisis energética, guerras fanáticas y miserias espirituales, sacrificarán la facultad de juicios al no entrometerse en el progreso prometido con la implementación de estos sistemas y continuar con la extrema racionalización de las sociedades.

La dinámica histórica desatada por la ciencia de los algoritmos triunfaba en las imágenes y las experiencias del yo, amenazando reducir la sensación existencial a un ensamblaje o aglomeración de individuos sin almas que actúan como piezas funcionales de un subsistema productivo. A medida que íbamos conociendo más sobre las alianzas algorítmicas y el nivel de usuario al que se ve actualmente reducido la vida humana, irremediablemente sospechábamos que nuestras obras, pensamientos y experiencias, en apariencias tan espontáneos y soberanos, estaban programados en nuestros cuerpos-mentes por la ferocidad del capitalismo chatarrero.

El tecnologismo ha desencantado el mundo, arrastrándolo por los barros de un realismo energético surgido de planes de transmutación de las almas, rompiendo los lazos ancestrales con las tramas simbólicas del pasado. Sin embargo, los fantasmas de una herencia cultural del pasado siguen ahí, la llamada bíblica a la conquista de la naturaleza, la ética protestante del trabajo, las interpretaciones de la Cábala que revivieron los mitos o los rituales paganos en forma de magia para controlar a los dioses y las creencias. La artificialidad no cedió a la superstición que socava la razón. Por el contrario, el simbolismo místico, la sensibilidad religiosa, el relato mitológico convertido en un régimen de ideas abstractas, la interpretación alegórica reificadora o las artes herméticas favorecen paradigmas de la inhumana cultura inteligente.

La breve historia de la cultura digital comienza con una alegoría irracional que reemplaza a las viejas alegorías religiosas. El estadio coercitivo de agentes computacionales autónomos racionaliza el componente mítico de la tecnología para transfigurarlo en una teología dogmática. El relativo declive de las democracias modernas fomenta formas tecnopolíticas basadas en una etapa de posprogramación que desarrolla su propia gramática en función del intercambio comunicacional La cultura digital corresponde a modos diferentes de percepción del mundo. No obstante, las sociedades interconectadas no siempre conforman culturas conectadas.

Las tecnopolíticas terminan espiritualizando rutinas en las megaestructuras cibernéticas, arrastrando a una ciudadanía desde la realidad a una ilusión informacional: una malla opresiva compuesta de una moralidad acrítica que obligan a los seres humanos a encenderse y conectarse. No hace falta decir que la pérdida del alma motora de toda disidencia tiene un origen en la infelicidad rousseauniana al adaptar la decisión política a la eficacia de las megamáquinas del progreso técnico. En la cibercultura, la actividad espiritual de la política orientada a la optimización de la vida humana y al desarrollo de la vida comunitaria, encuentra su máxima expresión en la superioridad tecnoideológica. El espíritu hegeliano de la historia que iluminaba el progreso desde el pasado muere en el orden implacable algorítmico. La renovación de las ideas políticas permanece narcotizada por el pensamiento tecnológico, que duerme a los humanistas en el vacío de sentido, ya divisado desde hace tiempo por Nietzsche en la Modernidad. Pero, ni los nuevos revolucionarios que habitan en la telaraña digital pueden impedir que el pensamiento siliciano anuble completamente la enunciación renovada de la emancipación en el mundo digital. Este orden impuesto desde los marcos empresariales, industriales e institucionales es una arquitectura conceptual y operacional funcionando sobre nuestras existencias.

Los seres humanaos ya no causamos en el mundo con la intrusión de las máquinas, solo reaccionamos: ¿algún filósofo ha dicho que la cultura contemporánea quiere autómatas? La cibernética de Norbert Wiener libra a la humanidad de las consecuencias transcendentales del compromiso en cuestiones racionales con el automatismo. Nunca llegó a conocer este ingeniero los cambios exhaustivos que produjo soltar las amarras de las formas fijas asociadas a las responsabilidades inmutables, pero, como un profeta predijo que la comunicación se concebiría como el comportamiento de un sistema de información en perpetua reacción con su entorno. En el mundo de las máquinas, la cibernética distingue entre la energía para iniciar la acción, y la lógica informacional para el control de esa acción. Sin embargo, la interacción en este sistema no ubica la significación humana en la lógica racional de las responsabilidades sobre el paisaje en el que operan los cambios exhaustivos

La tecnotiranía rechaza cualquier traza de humanismo a partir del compromiso con cualquier actividad, práctica o decisión humana impuesta desde la racionalidad instrumental. Sin embargo, el automatismo alcanzó la vida humana, restringiendo la conciencia ordinaria que nos hace responsable de nuestras acciones y ofrece la esperanza de gobernar nuestros deseos. Mediante el aplazamiento del deseo, con el objetivo de conseguir la eficacia, la conciencia ha de tornarse inhumana. La regulación del deseo conduce al deseo de la misma regulación. El humanismo fue la condición primera para el inhumanismo y la autonomía funcional de la conciencia.

El espíritu humano, aquello que no posee una esencia mecánica, se forja con robustez al correr contra el curso de las cosas. La robotización antihumanista del ser humano surge cuando se le exige las mismas habilidades de la razón que su amplificación en las megamáquinas. La razón comporta compromisos ante el ser humano. La autonomía de la razón en la inteligencia artificial es finalmente una renuncia al compromiso humano. El inhumanismo es la tiranía de la agencia racional sobre el humano, o cuando las responsabilidades pertenecen al conjunto del incansable ritmo de exigencias de la razón que convierten funcionalmente sentiencia en sapiencia. La cyborgización selecciona las personas correctas en las que confiar para que el principio de rendimiento se reactive continuamente en las condiciones pragmáticas (el significado a partir de su uso) y funcionales en el régimen de las tareas de producción.

Desde que el trabajo humano dependía de medios financieros se hizo cada vez más urgente tomar las decisiones acertadas. Este objetivo obligó a procedimientos y técnicas que impidieran errores en el desarrollo alígero de la sociedad de consumo. Lo humano era suficientemente frágil para que no cupiese la duda de los traspiés frente al incremento de la presión competitiva sobre los trabajadores. Desde los imperativos de un capitalismo inhumanizado, en los años noventa se diseñaron ejes estratégicos para erigir métodos de organización inspirados en los adelantos informáticos que optimizaron los procesos de producción de determinados sectores. Al tiempo, la informática avanzaba en sistemas de autoperfeccionamiento de sus propios procesos que incidían específicamente en las arborescencias decisionales, como cuenta Sadin (2020: 115) en su estudio sobre la inteligencia artificial.

El psicoespíritu de un tecnotiranía condesciende con el control de la cosmovisión mecánica frente a las posibles negligencias de un cuerpo humano embotado. Los modelos orgánicos de organización retrocedieron frente a los modelos mecánicos. El cibervitalismo fue una reprogramación de la autorrealización de unidades puramente mecánicas que integra los niveles de conciencia asociados con el cuerpo y las emociones. La artificialidad hipnotizó en un convulsionado sueño de ilusiones ordinarias. La realidad consensuada acabó bajo el poder de las fuerzas subliminales de una inteligencia visionaria cibernética. Estos espectros paranoicos incorporaron cosmovisiones de experiencias modernas que se asemejan a la vida humana. Los lazos familiares, tribales, sociales sufrieron mutaciones desapasionadas en las redes digitales sociales (o en las redes organizativas de corporaciones o instituciones). Fanáticos del ego ordinario se acercaron al deseo, al contacto, a la sensación y a la captación mental a través de la alquimia algorítmica de ***Facebook, Twitter, Tik Tok, Instagram*** o ***BeReal***. La similitud la asientan los trances letárgicos y un tipo de técnica de autorrememoración: "la cibernética del sí-mismo".

No es una acción restauradora cualquier tentativa algorítmica, sino el crecimiento exponencial de un proyecto sociopolítico que suprime todas las imperfecciones humanas y de la propia naturaleza: 1) la intervención en la procreación humana (procreática); 2) la intervención sobre el genoma humano (eugenesia); 3) la intervención en la personalidad humana (del comportamiento al cerebro); 4) la intervención sobre el cuerpo humano (experimentación, trasplante de órganos, prótesis); 5) la intervención en el final de la vida humana (cuidados paliativos, eutanasia); 6) la preservación de la naturaleza (equilibrio ecosistemático); y 7) la intervención en la biodiversidad genérica de la naturaleza (transgénesis). La retroalimentación de información a velocidades extremas logró dominar el mundo y expandirse entre la estructura técnica y la configuración biológica. Las correlaciones a través de la data ***mining*** entre series de acontecimientos y fenómenos no perceptibles por los sentidos humanos y la administración de sugerencias mediante parámetros mixtos operados de modo automatizado (como los servicios geolocalizados) fueron fundamentales para que las actuales inteligencias artificiales alcanzarán su autonomía decisional. Evitar los errores humanos y sus riesgos para las empresas, instituciones o la misma convivencia social alentó la vigilancia de la humanidad, no tanto en la dirección de lo que está siendo de nosotros, sino en función de su espacio discursivo de la razón.

La visión artificial inteligente observa nuestros comportamientos, reacciones, emociones, entusiasmo o interés sobre cosas concretas, interpretando nuestros gestos corporales o expresiones faciales. La percepción humana sobre la pluralidad de las cosas es perfeccionada por automatismos insignificantes programados sin conciencia para las depuraciones organizacionales y los remiendos tecnológicos.

Yendo tras la perfección de la producción (deseo de expresión de la humanidad) con eliminación de la duda, el error o las limitaciones humanas, resurge el viejo mito escatológico del Fin del Mundo y su regeneración reactualiza simbólicamente la cosmogonía, la obra creadora de los dioses. La humanidad conoce un nuevo nacimiento, el mito cosmogónico de seres superiores que ahora traen relatos científicos sobre los seres artificiales con inteligencia suprahumana. Los movimientos proféticos y milenaristas de la tecnología recrean un Universo nuevo, expresan la idea arcaica, y extraordinariamente extendida, la degradación progresiva del mundo que necesita de su destrucción y recreación periódica. La *renovatio* es siempre sobre nuestro mundo, el mundo en el que se vive y conoce. El modelo cosmogónico es perfecto para la propuesta de creación de un mundo naciente; también idóneo para la política que encuentra una fuente compulsiva en una personalidad creadora de una revisión más racional. El racionalismo tecnológico descubre las crisis y escenarios especialmente dinámicos y dramáticos. Es la experta del éxtasis, la que nutre, acrecienta y elabora los motivos mitológicos tradicionales. La divulgación de la verdad diferencia a estos nuevos dioses artificiales que abandonan la vaguedad propia de la dialéctica posmoderna del lenguaje.

La perfección no es natural en el ser humano. La interfaz digital es la que establece diagnósticos cognitivos sobre la funcionalidad de los sistemas, suspendiendo a los humanos por sus inexactitudes y desaciertos. La realización de la autonomía racional de la humanidad siguió los siguientes pasos: 1) la automatización que permitió a los dispositivos operar sin un requerimiento previo humano y en plazos cortos de tiempo; 2) la interferencia de los artefactos en las actividades individuales y colectivas, ampliando el mundo alternativo en el que las operaciones son más eficaces; y 3) la concesión de un valor aparentemente objetivo que proporciona mejores beneficios debido a la precisión de ese mundo virtualmente integral. La informática por sí misma se hizo dueña del mundo.

La ética hacker no advirtió sobre la completa relación de dependencia tecnológica, es decir, resumió la discusión únicamente a una cuestión de uso. Antes de la utilización de un medio para la prestación de un servicio, debe tenerse presente la trayectoria de la conducta a la que se obliga al individuo para gobernar la bisoña instrumentación a su meta terminal. Cuando la innovación tecnológica introduce un inesperado objeto material, la sociedad debe ser informada y sometida a su servidumbre para agenciar beneficios evidentes. Langdon Winner (1979: 194) concebía esta servidumbre reactiva ya hace tiempo: "La maquinaria es agresiva. El tejedor se vuelve tejido, el maquinista se convierte en máquina. Si uno no utiliza los instrumentos, éstos lo utilizan a él..." Winner descubre que el medio técnico es reactivo, es decir, no es una simple presencia pasiva en el escenario humano. Al contrario, su existencia causa una reacción imperiosa de quien la utiliza: un determinado comportamiento, una responsabilidad y un criterio de actuación por el que orientarse. También Jacques Ellul (2003) insiste en la repercusión que las técnicas tienen sobre la conciencia, el comportamiento humano y la estructura social. La libertad humana está en juego, pues los individuos y las sociedades más que gobernar los medios técnicos, aceptan con extremada subordinación la autocracia impuesta por la lógica cibernética del control mecánico. La civilización arrastra desde la Ilustración su propio germen de la autodestrucción; el buen salvaje, como define Jacques Rousseau al ser humano que renuncia a su emancipación por la causa de la razón. La sumisión a la tecnotiranía se debió a varias causas provocada por el nivel de usuario, la idolatría a la nube y el tufillo milenarista: 1) el interés humano por la novedad cuando se confunde con el crecimiento, la superación y los recelos frente a las restricciones; 2) la audacia del capitalismo para ubicar posibilidades de beneficios económicos en la rápida explotación de los nuevos ingenios; 3) la eliminación de las incomodidades del pasado, proporcionando otros servicios, bienestares, apresura, pulcritud y la promesa de complacencia, creatividad y objetivos diferentes. El tecnodespotismo preserva un presente continuo en la obediencia sin jugos creativos y sin entrometerse en la compulsión mecánica revisionista.

En el instrumentalismo antropocéntrico, la técnica no tiene sentido, ni legitimidad, salvo bajo una cierta concepción que reconoce las necesidades humanas en sus verdaderas limitaciones.

El humanismo tecnófilo nace de la buena naturaleza del humano, convirtiendo los problemas del mundo en problemas técnicos, solucionables mediante los fuertes grilletes tecnológicos. La vida civilizada considera posible una finitud feliz, universalmente reconciliada y desprovista de toda nostalgia de los supramundos. La existencia humana se reduce a las elecciones conscientes sobre fines y medios, para luego actuar en consecuencia dentro de su enternecedora fantasía. Esta dialéctica descubre el mal de la razón instrumental incorporada al comienzo de la Modernidad. La ciencia y la filosofía basan su avance en un ideal de dominación, apropiación y explotación. Casi simultáneamente el racionalismo llega con la invención de la máquina, revolviendo las catástrofes naturales y renovando radicalmente el cuadro de la historia. El destino expresa la realidad desproporcionada de la humanidad sobre la naturaleza. La razón moderna gobierna con medios eficaces que garanticen una preservación conservadora del presente. La explotación de la naturaleza no sólo requiere instrumentos, sino organizar la apariencia de un destino. Aquí la opinión de Oswald Spengler (2007: 616) sobre la máquina de vapor es reveladora en la era de los ordenadores: "la máquina trabaja y obliga a los hombres al trabajo". Los ordenadores surgieron para simular los procesos cognitivos, pero a un nivel informacional. La manipulación de símbolos vino después en oposición a la mera retroalimentación o a la tecnología on-off (MacCorduck, 1991). El aumento de la automatización exigió una obediencia incondicional para moldear la realidad y encauzar las energías y economías locales. Esta estructura de mando condujo a los científicos a contemplar las posibilidades de máquinas artificialmente inteligentes.

La inteligencia artificial es algo extraño que no comparte la experiencia humana, y, por este motivo, es deficiente. Es una reconstrucción técnica heredada de la Modernidad que frente al pluralismo cultural posibilita actualmente la globalización. La cuestión de la técnica, como hilaba Spengler, debiera ser abordada como una forma de pensamiento dogmático surgida de Occidente y asociada a la mentalidad colonial.

En este ambiente ideológico es posible vislumbrar una verdadera acción política: repensar este proceso histórico y qué futuros imaginaremos. Si entendemos la evolución de la tecnotiranía como una aberración del pensamiento ilustrado, estamos frente a un proceso irreversible encauzado hacia el universalismo y la autonomía absoluta de la razón. Si no hallamos una cosmovisión técnica que supere los límites de la Ilustración seguiremos en la creación de jerarquías, la dominación del ser humano por el ser humano mediante la objetivación y su instrumentalización, o la caída desde la racionalidad en la irracionalidad de un totalitarismo. La cultura estandarizada del conglomerado tecnológico niega al individuo con la emergencia de un sujeto que está incapacitado para cuestionarse y un sistema que se hace autónomo y combate todo aquello que lo pueda hacer peligrar.

La aceleración tecnológica no es una ruptura, sino una continuidad de la ambición ilustrada: ser dueños de la naturaleza. Para Gilbert Simondon (2017) no supone un problema, siempre que a la influencia insidiosa de los algoritmos se le atribuya una racionalidad capaz de superar los límites de las diferencias culturales. Simondon mantiene la confianza en una tecnología que sobrepase el antagonismo y la alienación abierta con la cultura. Para él, inicialmente el conflicto es epistémico: los algoritmos recursivos y su incorporación a los ordenadores concretizan el pensamiento cibernético y alcanzan todas las actividades y prácticas humanas. La autoridad de la racionalidad instrumental excluye la razón dialógica de los discursos que no versen sobre los medios basados en los datos, la emergente fuente de información que hace funcionar los algoritmos recursivos. El sistema tecnológico sufre este bucle y requiere salida desde la acción rebelde. El impulso tecnológico de un sistema de producción resuelve "como realizar", pero difícilmente obtiene respuestas a qué debemos realizar y por qué. La acción recuperaría los fines, los valores, las elecciones y las decisiones. No obstante, el futuro devenir político entre el determinismo tecnológico y el constructivismo social se basa en la autorregulación de sistemas automáticos. La supervivencia de nuestra civilización depende de nuestro posicionamiento político frente al aumento de la población, el acrecimiento de las relaciones sociales y la incursión de la ciencia y la tecnología en las fases de desarrollo del capitalismo.

La crisis de la democracia supone un retroceso de la autonomía de los ciudadanos en sus decisiones. Los científicos/expertos solventan lo que la ciencia investiga y aporta a la humanidad. En virtud de los datos y de la inteligencia artificial, el despojo de la decisión humana socava racionalmente la autonomía de juicio y la voluntad de acción. El decisionismo algorítmico vacía la sociedad de contenidos para la discusión pública. La ausencia de conciencia política conduce hacia el paroxismo monológico de la tecnicidad y resquebraja el principio de emancipación de los individuos y soberanía de las sociedades. James Ellul (1960) llegó a conclusiones similares en el pasado: la mente tecnocrática es autónoma de los valores, las ideas y el Estado y se determina a sí misma en un perímetro cerrado, independiente de cualquier intervención humana al servicio de fines morales y políticos.

Cuando el progreso histórico se interesa por las metanarrativas de la tecnología, surge el rechazo de las esperanzas políticas inmersas en un universo de máquinas, cacharrería y artefactos que garantizan una felicidad material entre tantos objetos. No existe vinculación posible, como ha observado Ellul, entre la calidad humana y la cuantificación de la técnica. La tecnología es una estructura creada a partir de programaciones racionales optimizadas, una colección de comandos, funciones, diseño de programas y mecanismos. Todo eso define un orden tiránico cuya trayectoria permanece fija e inalterable, en la que la improvisación, la heterodoxia o la espontaneidad no puede penetrar. Para el leviatán digital solo podría provocar desorden, desorganización y caos. La falta de predictibilidad del estado de ánimo del ser humano es despreciable para una tecnotiranía. El régimen de la técnica trastorna desde fuera la humanidad. El poder de transformación de la sociedad que contiene la producción técnica, nada tiene que ver con la innovación técnica en el humanismo. Su poder es autónomo de los seres humanos que tendrán que cuestionarse la tiranía del uso práctico de la teoría moderna de la autonomía funcional, tener la posibilidad de rechazar los motivos políticos de su aplicación derivados de los beneficios y enfrentarlos a otros principios menos prácticos, y más espirituales.

REFERENCIAS

Ellul, J. (1960). El siglo XX y la técnica. Labor.

Ellul, J. (2003). La edad de la técnica. Barcelona: Octaedro.

MacCorduck, P. (1991). Máquinas que piensan: una incursión personal en la historia y las perspectivas de la inteligencia artificial. Tecnos.

Sadin, E. (2020). La inteligencia artificial o el desafío del siglo. Anatomía de un antihumanismo radical. Caja Negra.

Simondon, G. (2017). Sobre la técnica. Cactus.

Spengler, O. (2007) *La decadencia de Occidente: bosquejo de una morfología de la historia universal.* Espasa-Calpe.

Winner, L. (1979) Tecnología autónoma: la técnica incontrolada como objeto del pensamiento político. Gustavo Gili.

PARA COMPREENDER OS ITINERÁRIOS REGULATÓRIOS DA INTELIGÊNCIA ARTIFICIAL NO BRASIL: DESAFIOS E PERSPECTIVAS PARA UMA REGULAÇÃO ÉTICA, CONSTITUCIONALMENTE ADEQUADA E DEMOCRÁTICA EM UM CENÁRIO DE TECNOAUTORITARISMO E DEPENDÊNCIA TECNOLÓGICA[1]

Gabrielle Bezerra Sales Sarlet

1. INTRODUÇÃO

Tecnologia é um termo amplo e plurívoco que se refere ao conjunto de conhecimentos, de técnicas, de ferramentas e de processos utilizados para transformar os recursos naturais em produtos e em serviços que satisfaçam as necessidades humanas. Em outras palavras, é tudo aquilo que, desde tempos imemoriais, é empregado para interagir com o mundo e para resolver problemas.

Trata-se de um conceito abrangente que engloba as ferramentas mais simples e os sistemas mais complexos, sendo um motor de transformação da sociedade à medida em que tem potencial para impulsionar o desenvolvimento e a inovação. No entanto, na qualidade de premissa básica, é fundamental que seja utilizada de forma responsável, robusta, inclusiva, segura, ecológica, democrática, resiliente e ética, buscando o bem-estar da Humanidade, a sustentabilidade e a preservação do planeta mediante governança apropriada.

Atualmente, o principal foco se volta para as diversas aplicações de inteligência artificial (doravante IA) que tem se capilarizado no cotidiano, tornando-se *hype* após o perío-

1 Pesquisa em andamento que tem apoio da Fapergs e do CNPQ e será um dos resultados do Projeto PID2022-136548NB-I00, "Os desafios da inteligência artificial para o Estado social e democrático de Direito", financiado pelo Ministerio de Ciencia, Innovación y Universidades da Espanha na Convocatória Proyectos de Generación de Conocimiento 2022.

do invernal. De fato, o debate em torno da IA evoca desafios com estribo nas estratégias de governança, envolvendo questões acerca dos instrumentos regulatórios, do emprego de *sandboxes* e dos mecanismos de ***enforcement***, e, paralelamente, sobre as infraestruturas públicas digitais (Mello, 2023), a eficácia das políticas de cibersegurança, a proteção de dados pessoais, as políticas de dados abertos e, consequentemente, a respeito do conceito e da aplicação da ideia de soberania[2] na atualidade.

Por esse motivo, inquietações eclodem no que toca às externalidades negativas dos usos e das aplicabilidades dos sistemas de IA e, especificamente, dos modelos de negócios baseados em dados (Davenport & Beck, 2002: 30) que, por sua vez, se tornaram hegemônicos (Browne, 2015: 34) na contemporaneidade. E, em vista disso, suscitam dúvidas, inclusive em relação aos impactos nos direitos humanos e fundamentais e à democracia.

Dito isso, IA é uma criação/produção algorítmica projetada para alcançar metas específicas, delineadas a partir de grandes volumes de dados, agindo mediante cálculos probabilísticos, vez em quando, emulando as operações cerebrais humanas como se depreende, v.g., da análise da atuação dos algoritmos de aprendizagem profunda na forma dos LLMs (*Large Language Models*).

Consistem em agentes epistêmicos que, mediante cálculos estatísticos, mais ou menos sofisticados, são considerados uma tecnologia de propósito geral (Suleyman, 2023: 47), a qual produz soluções e, eventualmente, enceta novas arquiteturas informacionais, simulando, em alguma medida, a inteligência humana (Zhang, 2020).

Desde 2022, a IA passou a ser dividida em preditiva e generativa, em virtude da superação do padrão classificatório e preditivo anterior ao passo que algumas aplicações de IA passaram a gerar um resultado "novo", fruto de múltiplas e, em alguma medida, opacas e inexplicáveis combinações probabilísticas. Em verdade, a IA não possui a capacidade de emitir juízos de valor ou de agir com intenção própria, isto é, de atuar de forma exclusivamente autônoma. Sua natureza é a de agente. Portanto, age e opera, conforme os problemas que originaram a demanda, orien-

2 De Jean Bodin aos dias de hoje o conceito de soberania vem sofrendo inúmeras alterações. Nesse sentido, adotar uma abordagem infraestrutural para IA é fundamental para assegurar sustentabilidade sem cair no ***greenwashing***. Barbosa (2024); Brasil. (2023).

tando-se de modo convergente aos bancos de dados e aos *prompts* (Hoffmann-Riem, 2020: 451).

Ou seja, os sistemas de IA parecem encetar novos cenários no que aflige à Humanidade (Nida-Rümelin, 2019: 23), no que toca às condições cognitivas, à expectativa e à qualidade de vida. Estima-se ainda o surgimento de novas molduras de interação (Todorov, 2012: 197; Ienca & Andorno, 2017) e de ecossistemas de negócios. Para além disso, os sistemas de IA podem, e.g., atuar na alocação, na gestão e no controle dos recursos destinados à saúde e à educação de sorte a intervir de modo incisivo, assertivo e acurado para um melhor acompanhamento das jornadas dos pacientes e dos educandos. Desta maneira, logram otimizar os resultados positivos, minimizando riscos, evitando equívocos, desperdício e fraudes (Silva & Klajner, 2019: 21-39).

Implica, pois, exame lúcido acerca da atuação das instituições (Sarlet & Werle, 2023: 466-482), de modo geral, sobretudo na tentativa de conjugação de esforços para uma governança conjunta e plural em prol da proteção integral da pessoa humana *vis-à-vis* a necessidade da construção de ecossistemas democráticos, inclusivos, seguros, robustos e sustentáveis. Trata-se, portanto, de uma tentativa para a qual convergem vários esforços em assegurar formas de proteção efetiva, dentro e fora do ambiente virtual, em congruência com os catálogos de direitos humanos e fundamentais e com o paradigma da soberania digital (Pinto, 2024).

Ou seja, considerando a consolidação do tecnoautoritarismo no cenário atual, e, logo, defronte à dependência tecnológica de países como o Brasil, entende-se a soberania digital (Convergência Digital, 2024; Santos & Soares, 2024; Haidar & Paschoalini, 2024) como uma categoria teórico-analítica essencial, para oportunizar uma atuação coordenada e harmônica entre o governo, a população e as empresas na produção, no fluxo e no tratamento dos dados mediante a implementação de políticas voltadas para a consolidação das infraestruturas públicas digitais, inclusive, permitindo o empoderamento das pessoas em razão da promoção da soberania de dados (Brasil Atual, 2024).

Importa mencionar igualmente que o tecnoautoritarismo, termo que tem sido cada vez mais utilizado nos últimos anos, consiste, em linhas gerais, na utilização de recursos tecnológicos cada vez mais sofisticados, em especial em um contexto de expansão da algoritmização, da digitalização e do significativo emprego das tecnologias de informação e comunicação (TICs) no cotidiano das pessoas, sendo exponencialmente incrementado em razão do vácuo regulatório, especificamente, no que tange às plataformas digitais (Brasil, Tribunal Superior Eleitoral, 2024), de modo a potencializar o controle difuso, opaco, pervasivo e sutil exercido pelas chamadas *Big techs* sobre os governos e sobre a população (Sarlet & Sarlet, 2023: 519-538).

Torna-se essencial investigar o panorama brasileiro, bem como o arcabouço normativo (Brasil, Secretaria de Governo Digital/Ministério da Economia, 2019; Brasil, 2019; Brasil, 2020a; Brasil, 2020b; Brasil, 2021) e, em vista disso, os vácuos jurídicos, para, em face dos possíveis impactos da virada tecnológica nacional, e do incremento do emprego de IA (Rosenvald, 2024; Gilchrist, 2024), melhor compreender as diversas abordagens regulatórias e os esforços legislativos empreendidos pelo parlamento brasileiro, em especial no que diz com o PL 2338.

Tendo em mente o estado atual de incerteza e de insegurança, aposta-se, de antemão, na ideia de que essa investigação possa contribuir para se incrementar um debate sobre uma agenda de governança (Bioni et al., 2023) digital voltada para a produção de estratégias (Convergência Digital, 2024) e de instrumentos regulatórios que assegurem adequadamente a inovação e o desenvolvimento (Chen et al., s.d.: 123-135). E, nesse sentido, colaborem para a pesquisa, o desenvolvimento e a aplicação de ferramentas de IA justas, seguras, robustas, inclusivas, antidiscriminatórias, sustentáveis, ecológicas e confiáveis (Teffé, 2022: 38-39) no Brasil.

2. GOVERNANÇA ALGORÍTMICA, AS ABORDAGENS REGULATÓRIAS DA IA E A PERSPECTIVA REGULATÓRIA NO BRASIL

O apagão cibernético de 19 de julho de 2024 (O Globo, 2024; G1, 2024), que paralisou sistemas em diversos setores ao redor do mundo, expôs fragilidades e dependências nas infraestruturas digitais, acendendo o debate sobre soberania digital, regulação da IA em face do Plano Brasileiro de IA (doravante PBIA) (Ministério da Ciência, Tecnologia e Inovação, 2024a). Ou seja, diante do apagão emergiu a necessidade de refletir profundamente sobre soberania digital, isto é, a capacidade de um país controlar e proteger seus dados, infraestruturas e sistemas de informação se torna cada vez mais básica para garantir sua autonomia e segurança nacional.

A soberania digital, contudo, não se limita à infraestrutura, implicando a capacidade de desenvolver tecnologias nacionais, protagonizar e planejar o futuro, formar/capacitar profissionais qualificados, incluir a população e estabelecer políticas públicas que promovam a inovação, o uso responsável e ético da IA. O apagão cibernético, de fato, serve como um alerta para a necessidade de se investir em PD&I em áreas estratégicas como a saúde, a educação, a cibersegurança e na regulação de IA, ademais de sinalizar a urgência de molduras regulatórias e de planejamento adequadas.

À medida em que a IA vai se capilarizando, o cenário de plataformização e de algoritmização do cotidiano, amalgama o mundo real e o virtual. E, por outro lado, em razão da assimetria regulatória e, em particular, do tecnoautoritarismo, da precariedade quanto à soberania e das lacunas de governança digital, tornou-se inadiável a necessidade de uma análise do que deve ser delegado às infraestruturas das *Big Techs* e, consequentemente, aos sistemas de IA que por elas são produzidos, mantidos e aplicados, em políticas públicas (Brasil, 2023), mormente em áreas estratégicas (Ministério da Ciência, Tecnologia e Inovação, 2024b) de forma que a opção pelas estratégias regulatórias se colocam no centro do debate, tanto nacional quanto internacionalmente.

Destaque-se que se trata de um momento de emergência de uma nova tecnologia de propósito geral, ou seja, são as que atuam como uma espécie de ferramenta universal, podendo ser adaptada e empregada em várias áreas, impulsionando, engajando e oportunizando a inovação e o desenvolvimento de outras tecnologias. Tecnologias de propósito geral como a IA transformam, impactam e forjam o presente e o futuro, em especial quando se observa as potencialidades das IAs generativas.

Ademais, se por um lado, a IA torna-se cada vez mais um augúrio, há desafios em um panorama marcado pela impessoalidade maquínica, pela insegurança, pela dúvida em relação aos processos decisórios, pela desinformação, pela polarização político-partidária, pela superexposição da vida privada, pela discriminação/injustiça algorítmica, pela incerteza, pela dependência tecnológica, pela concentração de poder informacional (Bot Populi, 2024) das *Big Techs*, pelo esvaziamento do papel dos Estados e pelos grandes vazamentos dos dados.

Em síntese, a decisão pela regulação da IA depende de fatores institucionais, legais, políticos, econômicos, sociais e culturais de sorte que se implemente uma governança, inclusive e sobretudo, algorítmica. Nesse sentido, em conformidade com a UNESCO (2024), para fins regulatórios, devem ser observados alguns aspectos essenciais, tais como: falhas de mercado, falhas da atuação do Estado, exposição a riscos inaceitáveis, necessidade de promover direitos humanos e fundamentais em uma perspectiva de governança apropriada.

A UNESCO propõe o emprego das perguntas arquimedianas para se definir as estratégias de regulação. Deste modo, após a superação das indagações referentes ao porquê e ao quando, resta em aberto uma apuração da melhor forma de conjugação de abordagens regulatórias em exercício de adequação ao contexto, considerando: os direitos humanos e a exclusão digital; a agilidade na regulação; os processos participativos e inclusivos; as melhores práticas e instrumentos regulatórios responsivos e apropriados (UNESCO, 2024).

Voltando-se para implementação de uma espécie de governança multinível, a Unesco relaciona nove modalidades de abordagens regulatórias, realçando que pode haver uma constelação das mesmas que se tornarão adequadas desde que se acomodem ao contexto. Dentre elas, destaque-se: abordagem baseada em princípios, abordagem baseada em padrões, abordagem ágil e experimentalista mediante emprego de *sandboxes*, abordagem de facilitação e habilitação, abordagem pela adaptação das leis existentes, abordagem baseada na transparência e acesso à informação, abordagem baseada em riscos, abordagem baseada em direitos e abordagem baseada em responsabilidade (UNESCO, 2024).

A governança algorítmica, a propósito, se refere ao conjunto de processos, de práticas e de mecanismos utilizados para garantir a transparência, a responsabilidade, a segurança, a robustez e a ética no desenvolvimento, na implementação e na utilização de algoritmos, notadamente os embarcados de IA. Intenta estabelecer diretrizes e mecanismos que assegurem que as decisões tomadas pelos algoritmos sejam justas, transparentes, oponíveis e possam ser compreendidas, interpretadas e auditadas.

Importa saber que os algoritmos são sequências lógicas de ações executáveis em linguagem matemática que viabilizam tomadas de decisões automatizadas e, por vezes, autônomas, empregados em quase tudo, entendidos em princípio como eficazes, acurados e eficientes. Eles podem ser pensados como instituições, por institucionalizar uma nova sociedade regida por normas opacas, embutidas em sistemas matemáticos e autônomos de decisão. Oportuno lembrar que eles assumem um desempenho institucional na sociedade contemporânea porque estão dirigindo, gradativamente, o comportamento dos indivíduos e, consequentemente, gerando diversos impactos individuais e coletivos.

No contexto da governança algorítmica, destarte, é muito importante considerar a diversidade e inclusão, garantindo que as soluções algorítmicas sejam equitativas e não perpetuem desigualdades/injustiças existentes. Em vista disso, cresce o consenso sobre a necessidade e a urgência de parâmetros regulatórios éticos, juridicamente adequados e eficazes. Instrumentos de governança, de fato, devem estar alinhados com mecanismos que visem à proteção de dados pessoais, à propriedade intelectual, ao direito à privacidade, ao direito do consumidor, à centralidade do ser humano e à interoperabilidade, garantindo o devido processo informacional como pressuposto essencial.

Ressalte-se, de qualquer sorte, que, a despeito da complexidade do tema, recentemente a Associação Brasileira de Normas Técnicas (ABNT), por meio da ABNT ISSO/IEC TR 24027/2024, já passou a fornecer as diretrizes e as práticas recomendáveis para o emprego de sistemas de IA em todo o seu ciclo de vida.

Para além disso, a despeito do razoável vácuo legislativo que se observa no cenário nacional em termos de regulação propriamente dita dos módulos de IA, deve ser reforçado que o ordenamento jurídico brasileiro possui uma constelação de direitos, de deveres e de garantias em vigor, sobretudo em parâmetros regulatórios setoriais, devendo ser aplicados harmonicamente em sua plena eficácia e na medida da sua constitucionalidade/

fundamentalidade formal e material. Conquanto, não se pode reconhecer um panorama totalmente lacunoso no que se refere a essa temática.

Trata-se de uma expansão que guarda sintonia, e.g., com o dispõe a Lei Geral de Proteção (LGPD), notadamente no que aponta para o artigo 20 (Brasil, 2018). De mais a mais, merecedora de atenção e igualmente desafiadora é a efetivação do direito à centralidade e ao controle humano, sobretudo em cadeias de aplicação de tecnologias que dificilmente tendem a ser compreendidas e auditadas isoladamente.

O PL 2338, em tramitação no senado federal, adota, v.g., o sistema de prevenção, de precaução e de mitigação dos riscos sistêmicos derivados de usos intencionais ou não intencionais e de efeitos não previstos de sistemas de IA. No capítulo 3, à guisa de ilustração, trata sobre a avaliação e a categorização dos riscos. No artigo 12 dispõe que, previamente à sua colocação no mercado ou utilização em serviço, todo sistema de IA passará por avaliação preliminar realizada pelo fornecedor para classificação de seu grau de risco.

Grife-se que os agentes de IA que ofereçam ou operem sistemas de alto risco devem adotar medidas de governança tais como: documentação do desenvolvimento, processos e procedimentos internos, uso de ferramentas de registro automático da operação do sistema, realização de testes para a avaliação de níveis apropriados de confiabilidade, gestão de dados para mitigar e prevenir vieses discriminatórios, medidas técnicas para viabilizar a interpretabilidade, a explicabilidade e a oponibilidade dos resultados dos sistemas de IA.

A estratégia brasileira abrange, pois, o emprego de Avaliação de Impacto Algorítmico (AIA) que, por sua vez, é um processo de identificação e de mitigação dos riscos associados ao emprego de sistemas de IA com foco voltado para a proteção dos direitos humanos e fundamentais. Lembrando-se que o PL 2338 prevê riscos em três níveis: excessivo, alto e moderado/baixo.

Não se deve olvidar que há a previsão no sentido de exigir a descrição detalhada do sistema de IA, o exame quanto à legalidade da finalidade do sistema de IA, quanto à necessidade de participação de terceiros na operação e no monitoramento, identificação dos riscos conhecidos e previsíveis, análise dos benefícios associados, probabilidade e gravidade das consequências adversas e os esforços compatíveis para mitigação, definição das salvaguardas, medidas de segurança e medidas de proteção dos direitos, avaliação de proporcionalidade entre a finalidade e o resultado, análise dos riscos que permanecem após a implementação das medidas de mitigação, dentre outras medidas.

Implica, portanto, um processo que envolve preparação, cognição do risco, mitigação dos riscos e monitoramento. Consiste, logo, em um processo interativo contínuo, sendo executado ao longo de todo o ciclo de vida dos sistemas de IA de alto risco. Oportuno mencionar que na versão de final de junho do PL 2338, contrariando a versão entregue pela comissão de juristas foram acrescidas alterações, em especial voltadas para a proteção dos direitos dos autores.

Saliente-se igualmente que, em razão das alterações propostas, caberá à autoridade reguladora e ao SIA (Sistema Nacional de Regulação e Governança de Inteligência Artificial) (Agência Nacional de Proteção de Dados, 2024) atualizar a lista dos sistemas de alto risco, identificando outras hipóteses e possibilidades.

Interessa destacar, à vista disso, que a Autoridade Nacional de Proteção de Dados (ANPD) foi formalizada como órgão de coordenação do SIA, recebendo, dessarte, novas atribuições. Caberá, por exemplo, à Autarquia representar o Brasil perante organismos internacionais, sob a coordenação do Poder Executivo; celebrar acordos regulatórios com os demais integrantes do SIA; expedir orientações normativas gerais sobre certificados e acreditação de organismos de certificação; entre outras competências.

ARGUMENTOS FINAIS

A IA consiste na tecnologia de propósito geral mais impactante dos últimos tempos (Suleyman, 2023: 47). Sistemas de IA possuem, em tese, potencial (Hartman Peixoto, 2020: 38), positivo e negativo, para produzir profundas alterações em todas as formas de vida, sobretudo vidas humanas, implicando uma governança que seja compatível em um cenário marcado pelo tecnoautoritarismo em que não existem respostas prontas, não há balas de prata.

Por um longo período se entendeu que os instrumentos regulatórios restringiam o desenvolvimento, a pesquisa e a inovação, atualmente é possível constatar uma virada de chave quanto à necessidade de se optar por abordagens regulatórias que sejam apropriadas. Interessa advertir que as meras réplicas no que diz com os esforços legislativos não devem ser estimuladas, sendo relevante a ideia de uma constelação de abordagens que possam convergir para uma composição adequada, factível e executável.

De fato, o que se depreende do atual estado da arte é a urgência em clarificar/explicitar o estado de dependência tecnológica de países como o Brasil que tem protagonizado uma atuação com base em novas formas de colonialismo e, quem sabe, importa apontar caminhos para uma saída a partir de implementação de governança, inclusive algorítmica.

O Brasil, de qualquer sorte, seguindo a tendência internacional, tem feito esforços para desenvolver um ecossistema, confiável, seguro, inclusivo, antidiscriminatório e robusto nessa área desde 2020. O PL 2338 e o PBIA representam momentos essenciais nessa marcha, apresentando uma relação intrínseca e complementar, que não pode e não deve ser menosprezada.

O PL 2338, em síntese, busca estabelecer um marco legal para o desenvolvimento e uso da IA no país, definindo princípios éticos, direitos, obrigações, mecanismos de governança e responsabilidades dos agentes envolvidos, para além de prever instrumentos específicos de responsabilização algorítmica.

Trata-se de projeto que prevê limites e molduras seguras para o incremento do mercado e a inovação em âmbito interno, baseando-se em uma abordagem baseada em riscos, à medida em que institui o Sistema Nacional de Regulação de IA (SIA) sob a coordenação da Autoridade Nacional de Proteção de Dados (ANPD) em um modelo de governança que engaja a sociedade civil, o conselho consultivo, o fórum de reguladores e o poder executivo. Já o PBIA organiza estratégias, ações e investimentos para impulsionar PD&I, buscando posicionar o Brasil como protagonista global.

Assim, por meio de uma configuração das estruturas políticas, técnicas, jurídico-normativas, sociais, econômicas e materiais que perfazem a soberania digital (OECD, 2023) observa-se o germe de um movimento nacional voltado para a exploração dos potenciais benefícios do tratamento dos fluxos de dados em arquiteturas informacionais que, em uma ótica de governança, atuem a favor da população, ou seja, voltadas para a construção de uma cidadania digital. Ou seja, há muito a ser feito, mas, há esperança!

REFERÊNCIAS

Agência Nacional de Proteção de Dados (ANPD). (2024). ANPD é formalizada como coordenadora do Sistema Nacional de Inteligência Artificial. https://www.gov.br/anpd/pt-br/assuntos/noticias/anpd-e-formalizada-como-coordenadora-do-sistema-nacional-de-inteligencia-artificial

Barbosa, A. C. (2024) IA: a urgência das infraestruturas públicas digitais. https://outraspalavras.net/tecnologiaemdisputa/ia-a-urgencia-das-infraestruturas-publicas-digitais/

Bioni, B., Garrote, M., & Guedes, P. (2023). Temas centrais na regulação de IA: O local, o regional e o global na busca da interoperabilidade regulatória. Associação Data Privacy Brasil de Pesquisa.

Bot Populi. (2024). Big Tech from the South: Thinking beyond data colonialism in Latin America. https://botpopuli.net/big-tech-from-the-south-thinking-beyond-data-colonialism-in-latin-america/

Brasil, Secretaria de Governo Digital/Ministério da Economia. (2019). Instrução Normativa SGD/ME nº 1, de 4 de abril de 2019. Trata do processo de contratação de soluções de TIC, Art. 6º, Item I. https://www.gov.br/governodigital/pt-br/contratacoes-de-tic/instrucao-normativa-sgd-me-no-1-de-4-de-abril-de-2019

Brasil, Tribunal Superior Eleitoral. (2024). Resolução nº 23.735, de 27 de fevereiro de 2024. https://www.tse.jus.br/legislacao/compilada/res/2024/resolucao-no-23-735-de-27-de-fevereiro-de-2024

Brasil. (2018). Lei nº 13.709, de 14 de agosto de 2018. Dispõe sobre a proteção de dados pessoais e altera a Lei nº 12.965, de 23 de abril de 2014 (Marco Civil da Internet). https://www.planalto.gov.br/ccivil_03/_ato2015-2018/2018/lei/l13709.html

Brasil. (2019). Portaria SGD/ME nº 778, de 04 de abril de 2019. Trata a implantação da governança de TIC nos órgãos e entidades pertencentes ao Sistema de Administração. https://antigo.mctic.gov.br/mctic/opencms/legislacao/portarias/Portaria_SGD_ME_n_778_de_04042019.html

Brasil. (2020a). Decreto nº 10.332. https://www2.camara.leg.br/legin/fed/decret/2020/decreto-10332-28-abril-2020-790138-publicacaooriginal-160559-pe.html

Brasil. (2020b). Portaria SGD/ME nº 18.152, de 4 de agosto de 2020. Altera a Portaria nº 778 de 04/04/19 ME/SEDGD/SGD. Art. 6º Item III. https://www.gov.br/governodigital/pt-br/estrategias-e-governanca-digital/sisp/portaria-sgd-me-no-778-de-4-de-abril-de-2019

Brasil. (2021). Portaria GM/MS nº 1.001 de 18 de maio de 2021. Altera a Portaria de Consolidação GM/MS nº 1 de 28/09/17 que dispõe sobre o CIINFO/MS e institui o CETIC/MS no âmbito do Ministério da Saúde. https://bvsms.saude.gov.br/bvs/saudelegis/gm/2021/prt1001_24_05_2021.html

Brasil. (2023). Portaria SGD/MGI nº 5.950. https://www.gov.br/governodigital/pt-br/contratacoes-de-tic/copy_of_legislacao/modelo-de-contratacao-de-software-e-servicos-em-nuvem/portaria-sgd-mgi-no-5-950-de-26-de-outubro-de-2023

Browne, S. (2015). Dark Matters: On the Surveillance of Blackness. Duke University Press Books.

Chen, L., Day, T. W., Tang, W., & John, N. W. (s.d.). Recent developments and future challenges in medical mixed reality. In IEEE International Symposium on Mixed and Augmented Reality (ISMAR), [s.l.], 123-135.

Com mais de trilhão de dados, IBGE abraça a inteligência artificial. (2024). https://www.convergenciadigital.com.br/Inovacao/Com-mais-de-trilhao-de-dados%2C-IBGE-abraca-a-inteligencia-artificial-65511.html?UserActiveTemplate=mobile

Convergência Digital. (2024). Serpro incorpora inteligência artificial nos sistemas de governo. https://www.convergenciadigital.com.br/Cloud-Computing/Serpro-incorpora-inteligencia-artificial-nos-sistemas-de-governo-65586.html?UserActiveTemplate=mobile

Davenport, T., & Beck, J. (2002). The attention economy: Understanding the new currency of business. Harvard Business School Press.

G1. (2024). Entenda como apagão cibernético que afeta computadores atingiu voos, serviços bancários e de saúde por todo o mundo. https://g1.globo.com/mundo/noticia/2024/07/19/entenda-apagao-cibernetico.ghtml

Gilchrist, K. (2024). World's first major act to regulate AI passed by European lawmakers. https://www.cnbc.com/2024/03/13/european-lawmakers-endorse-worlds-first-major-act-to-regulate-ai.html

Grossmann, L. O. (2024,Nova regra para setor público adota nuvem de governo e soberania de dados. https://www.convergenciadigital.com.br/Governo/Nova-regra-para-setor-publico-adota-nuvem-de-governo-e-soberania-de-dados-65661.html?UserActiveTemplate=mobile

Haidar, A., Karczeski, L., & Paschoalini, N. (2024). Recentering user needs in digital financial infrastructures: The Global South way. https://www.dataprivacybr.org/recentering-user-needs-in-digital-financial-infrastructures-the-global-south-way/?utm_campaign=tabuleiro_47&utm_medium=email&utm_source=RD+Station

Hartmann Peixoto, F. (2020). Inteligência e direito: Convergência ética e estratégica (p. 38). Alteridade. https://repositorio.ul.pt/handle/10451/47240

Hoffmann-Riem, W. (2020). Big Data e Inteligência Artificial: Desafios para o direito. Revista Estudos Institucionais, 6(2), 431-506. https://doi.org/10.1186/s40504-017-0050-1

Ienca, M., & Andorno, R. (2017). Towards new human rights in the age of neuroscience and neurotechnology. Life Sciences & Society Policy, 13(5). https://doi.org/10.1186/s40504-017-0050-1

Mello, P. C. (2023). Não basta regular, é preciso ter infraestrutura digital pública, diz especialista. Folha de S.Paulo. https://www1.folha.uol.com.br/tec/2023/08/nao-basta-regular-e-preciso-ter-infraestrutura-digital-publica-diz-especialista.shtml

Ministério da Ciência, Tecnologia e Inovação. (2024a). Plano brasileiro de IA terá supercomputador e investimento de R$ 23 bilhões em quatro anos: Proposta apresentada ao presidente Lula tem como objetivo nortear o desenvolvimento e a aplicação ética e sustentável da inteligência artificial no Brasil. https://www.gov.br/mcti/pt-br/acompanhe-o-mcti/noticias/2024/07/plano-brasileiro-de-ia-tera-supercomputador-e-investimento-de-r-23-bilhoes-em-quatro-anos

Ministério da Ciência, Tecnologia e Inovação. (2024b). MCTI anuncia revisão da Estratégia Brasileira de Inteligência Artificial. https://www.gov.br/mcti/pt-br/acompanhe-o-mcti/noticias/2023/12/mcti-anuncia-revisao-da-estrategia-brasileira-de-inteligencia-artificial

Nida-Rümelin, J. (2018). Digitaler Humanismus: Eine Ethik für das Zeitalter der künstlichen Intelligenz (p. 38). Piper; Ramge, T. (2019). Mensch und maschine: Wie künstliche Intelligenz und Roboter unser Leben verändern (p. 23). Reclam.

O Globo. (2024). Apagão cibernético já gerou cancelamento de quase 1.400 voos pelo mundo; veja situação por país. https://oglobo.globo.com/economia/noticia/2024/07/19/apagao-cibernetico-ja-gerou-cancelamento-de-quase-1400-mil-voos-pelo-mundo-veja-situacao-por-pais.ghtml

OECD. (2023). A blueprint for building national compute capacity for artificial intelligence. OECD Digital Economy Papers, No. 350. OECD Publishing. https://doi.org/10.1787/876367e3-en

Pinto, R. Á. (2024). Soberania digital o colonialismo digital? Nuevas tensiones alrededor de la privacidad, la seguridade y las políticas nacionales. https://sur.conectas.org/wp-content/uploads/2018/07/sur-27-portugues-renata-avila-pinto.pdf

Rede Brasil Atual. (2024). IBGE elabora projeto para coordenar sistema de dados e assegurar a soberania do país. https://www.redebrasilatual.com.br/politica/soberania-de-dados-ibge-elabora-projeto-de-lei/

Rosenvald, N. (2024). A ordem executiva de inteligência artificial: Um significativo passo dos EUA na governança pública e gestão de riscos. Migalhas. https://www.migalhas.com.br/coluna/direito-privado-no-common-law/396436/a-ordem-executiva-de-inteligencia-artificial

Santos, N., & Soares, M. (2024). Potencial do Brasil para IA está na qualidade dos dados oficiais. Desinformante. https://desinformante.com.br/brasil-ia-dados/

Sarlet, G. B. S., & Sarlet, I. W. (2023). Os desafios da implementação do 5G em um cenário de exclusão digital e de hiperconexão e o Estado Democrático de Direito no Brasil. Revista da Faculdade de Direito da Universidade de Lisboa, 2(LXIV), 519-538.

Sarlet, G. B. S., & Werle, T. D. (2023). Inteligência artificial na administração pública brasileira: Eficiência x proteção de dados. In J. Martín Rodríguez, S. López de Zubiría, Á. Alzina Lozano, & F. da Silva Veiga (Orgs.), Estudios de Derecho y Gobernanza (Vol. 1, pp. 466-482). Instituto Iberoamericano de Estudos Jurídicos e Universidad Rey Juan Carlos.

Silva, C., & Klajner, P. E. S. (2019). A revolução digital na saúde: Como a inteligência artificial e a internet das coisas tornam o cuidado mais humano, eficiente e sustentável. São Paulo: Editora dos Editores, 21-39.

Suleyman, M. (2023). A próxima onda: Inteligência artificial, poder e o maior dilema do século XXI (A. Bonrruquer, Trad.). Record. (Original work published 2023)

Teffé, C. S. de. (2022). Dados pessoais sensíveis: Qualificação, tratamento e boas práticas (pp. 38-39). Foco.

Todorov, T. (2012). Os inimigos íntimos da democracia (J. A. d'Avila Melo, Trad.). Companhia das Letras. (Original work published 2012)

UNESCO. (2024). Consultation Paper on AI Regulation: Emerging approaches across the world. https://unesdoc.unesco.org/ark:/48223/pf0000390979

Zanatta, R. (2023). IA, regulação e democracia: A centralidade da pessoa humana entre a filosofia e a regulação. Jota. https://www.jota.info/opiniao-e-analise/colunas/ia-regulacao-democracia/a-centralidade-da-pessoa-humana-entre-a-filosofia-e-a-regulacao-06122023

Zhang, K., et al. (2020). Clinically applicable AI system for accurate diagnosis, quantitative measurements, and prognosis of COVID-19 pneumonia using computed tomography. Cell, 181(6), 1423-1433.e11. https://www.sciencedirect.com/science/article/pii/S0092867420305511

APARATO PANDÊMICO E GOVERNAMENTALIDADE DIGITAL[1] [2]

Gianvito Brindisi

Paolo Vignola

1. INTRODUÇÃO

A atual governança biopolítica da pandemia fez uso maciço de toda uma série de tecnologias digitais para governar o comportamento, especialmente rastreando, monitorando e capacitando indivíduos para fins de segurança sanitária: toda uma série de tecnologias diferentes que não surgiram no contexto da pandemia, mas que estão enraizadas em uma história de sistemas técnicos, bem como em uma genealogia de aparatos legais, disciplinares e regulatórios de poder. O que parece sem precedentes é sua articulação, que expressa o desejo de absorver e metabolizar em todos os seus aspectos um fenômeno global como a pandemia para fazê-lo existir em e por meio de plataformas digitais[3]. É difícil encontrar um elemento de realidade nessa pandemia, desde o rastreamento, prevenção e diagnóstico até todas as fases da vacinação, desde o mercado on-line como um todo até o fenômeno do trabalho inteligente e a questão do ensino à distância, que não dependa significativamente de grandes e pequenas plataformas de rede. O nível de captura, extração e reconfiguração da realidade tem sido amplamente considerado como capaz de governar e conter a pandemia, juntamente com o isolamento físico e social dos corpos por meio da quarentena e da segurança algorítmica. Ao mesmo tempo, a infraestrutura digital permitiu a continuidade dos fluxos de energia, matéria, informação e capital. Nesse sentido, o digital serviu tanto como uma forma de tornar a pandemia visível

1 Publicado originalmente em: Brindisi, G. & Vignola, P. (2022). Pandemic Apparatus and Digital Governamentality. *Federalismi.it*, 2, 142-163. Disponível em: https://www.federalismi.it/nv14/articolo-documento.cfm?Artid=46526&content=&content_author=. Tradução de Isadora Zorzi (mestranda em Ciências Criminais da PUCRS) e revisão de Ana Gabriela Ferreira (doutoranda em Filosofia da PUCRS).

2 Artigo submetido à revisão por pares. Embora o presente trabalho seja o resultado de uma reflexão conjunta, as partes 2 e 3 devem ser atribuídos a G. Brindisi, as partes 4 e 5 a P. Vignola, e as partes 1 e 6 a ambos os autores.

3 Para uma análise sobre os riscos biopolíticos da pandemia, ver: Sylvia (2020).

e controlável em escala global quanto como uma alternativa para permitir que a economia política continuasse.

O espaço jurídico-político e social da pandemia representou, nesse sentido, um laboratório para a experimentação de formas de governo digital em que o controle parece se fundir com um novo poder disciplinar: Por um lado, a rastreabilidade e a extração de dados de todos os nossos comportamentos estão projetando um futuro no qual nossas casas se tornarão "nossas escolas, nossos consultórios médicos, nossas academias e, por decisão do Estado, nossas prisões" (Klein, 2020), em suma, um espaço heterotópico multifuncional; por outro lado, as tecnologias de indução comportamental estão transformando nossa psique em um espaço de conquista por nossos ectoplasmas digitais. Em outras palavras, a solução digital para a ansiedade produzida pelo vírus, dominada por uma espécie de capitalismo de vigilância, foi uma forma de transformar o local de exposição e circulação pública por excelência[4], ou seja, a rede, em um refúgio hiperdoméstico no qual, além das soluções para não interromper o trabalho, a informação, a educação e o mercado, foram testadas novas formas de governança do comportamento.

Além das estratégias macropolíticas e das formas relacionadas de socialização do vírus, a governança digital da pandemia nunca foi questionada como tal, mas apenas com relação às suas possíveis variantes[5], que refletem basicamente o choque tecnológico entre os gigantes do Vale do Silício e a China. Esta última representou imediatamente a vanguarda político-tecnológica contra a qual os formadores, que invejavam sua "infraestrutura regulatória relativamente frouxa" e seu "apetite sem fundo por vigilância" (Klein, 2020), corriam o risco de perder sua vantagem competitiva. O já bem estabelecido sistema de crédito social chinês, combinado com o compartilhamento de dados entre os provedores de serviços de telefonia móvel e os ministérios do interior e da saúde, permitiu o rastreamento, o monitoramento e a avaliação sem precedentes de qualquer atividade humana, tanto que Byung Chul Han argumentou, ecoando Carl Schmitt, que a pandemia deveria levar a uma revisão do próprio conceito de soberania: "Soberano é quem possui os dados" (Han, 2020). Em vez de uma

4 Ver Harcourt (2015).

5 Para uma análise da implementação de aparatos de vigilância no espaço da pandemia digital e suas consequências políticas e jurídicas, consulte Pietropaoli (2020); Milan et al., (2021); Taylor et al., (2020).

definição tão problemática, preferimos seguir outras propostas teóricas de Han, como "biopolítica" digital, "psicopolítica" ou "estado policial digital" (Han, 2020), mesmo que tentemos criticá-las ao longo do artigo. Além disso, Han argumenta que o sistema chinês dificilmente poderia coexistir com o liberalismo ocidental, embora reconheça que as plataformas digitais, como o Google ou o Facebook, têm acesso irrestrito à privacidade e que o processo de avaliação de crédito social da China se baseia nos mesmos algoritmos das agências de classificação de crédito, como a FICO nos Estados Unidos ou a Schufa na Alemanha (Han, 2020). Para dissolver a natureza problemática dessa tese, imaginemos que, quando fala de liberalismo, Han se refere ao estado liberal e ao estado de direito (constitucional), e não à governamentalidade liberal, que, em vez disso, é maciçamente equipada com os mais variados procedimentos de supervisão. Se o chamado capitalismo de plataforma já é em si um sistema que, para além da emergência sanitária e com o propósito de acumulação financeira e antecipação de cenários e comportamentos sociais, permite formas de controle de dados que levam a violações sistemáticas de privacidade, então o constitucionalismo liberal pode manter uma relevância crítica apenas em relação à codificação autoritária chinesa dos mecanismos de controle digital. O mesmo não pode ser dito, no entanto, com relação ao principal problema político representado, em nossa opinião, pela biopolítica e psicopolítica digitais, ou seja, seu acionamento de mecanismos de poder, por meio de softwares predatórios, com o objetivo de modificações comportamentais maciças e globais. Na verdade, o modelo dos Estados constitucionais ocidentais coexiste com a extensão maciça das tecnologias de controle, assim como o Estado legislativo do século XIX coexistia com as tecnologias disciplinares e regulatórias.

Mesmo que muitos Estados ocidentais pretendessem promover, no início da pandemia, um tipo de governo remoto destinado a gerenciar o comportamento a partir de parâmetros técnicos por meio de *nudges* e incitamentos comportamentais, na maioria dos casos as tecnologias digitais foram implementadas excessivamente, apesar das dúvidas legítimas sobre sua eficácia no combate ao vírus, em apoio às políticas de lockdown. Deve-se observar que, em ambos os casos, isso aconteceu a partir de argumentos comportamentais e de uma visão comportamental do direito: Por um lado, com base no criticado conceito de fadiga comportamental, para o qual, argumentou-se na Inglaterra, a imposição de um lockdown legalmente sancionado logo levaria as pessoas a violar as regras de distanciamento; por outro lado, com base no fato de que, em uma fase de incerteza regulatória em que uma mudança radical no comportamento é necessária, se a lei assumir o que não é sua tarefa habitual, ou seja, "iniciar uma rápida mudança comportamental em grande escala" e regular "a interação micros-social", ela pode, ao contrário, gerar conformidade voluntária[6]. O problema, portanto, não é apenas a funcionalidade concreta do digital no gerenciamento da pandemia, mas o fato de que o digital representou um dos principais campos discursivos por meio dos quais se pensou em como governar o vírus.

Nestas páginas, obviamente, não será possível realizar uma análise historicamente detalhada de tal ordem de fenômenos, mas tentamos torná-la parcialmente inteligível, questionando a gênese da condição bio-ipermedial (Griziotti, 2016) da pandemia (em que a luta contra o vírus e seus efeitos colaterais se estende do espaço físico ao ciberespaço, já que toda a existência foi traduzida em dados) e delineando a simbiose de duas dinâmicas que caracterizam o que poderíamos definir como o aparato pandêmico, cuja articulação governamental ainda está sendo definida: *data mining* ou extrativismo de dados, e captologia, no sentido de tecnologias de persuasão e indução comportamental. Em nossa opinião, essas duas dinâmicas atualizam o aparato moderno de poder e suas funções de extração e captura.

2. O APARATO ENTRE SOBERANIA, DISCIPLINA E CONTROLE

Antes de defendermos nossa hipótese, algumas precauções históricas e metodológicas são necessárias. Essas precauções focam no debate dos últimos trinta anos sobre os aparatos de poder e as formas de sociedade relacionadas, que muitas vezes levantou o problema da sucessão histórica ou das descontinuidades entre dois aparatos diferentes, ao invés de analisar suas sobreposições ou as refuncionalizações de seus mecanismos. seus mecanismos. Pelo contrário, a última opção nos parece mais eficiente tanto para traçar as linhas de continuidade entre esses

6 Veja, por exemplo, Sibony (2020: 350-357), que dá, com relação a esse assunto, o exemplo da hashtag Covidiots: "A hashtag #COVIDIOTS no Twitter ilustra nomear e envergonhar para impor privadamente as novas normas sociais".

dois aparatos quanto para descrever as características inéditas da racionalidade política na qual nos encontramos.

Sobre nossas sociedades de controle, conforme definido por Gilles Deleuze no início da década de 1990, considerava-se, em geral, que elas haviam seguido historicamente as sociedades disciplinares analisadas por Foucault e produzido um desuso do poder homônimo em favor de sua nova reconfiguração. Essa novidade deveria ter um caráter preventivo e modulador, baseado no uso sistemático e sistêmico da tecnologia da informação e capaz de articular o controle contínuo e a circulação instantânea de informações e comunicação, rastreando cada ação ou fluxo para prever probabilisticamente riscos e fenômenos. Para Deleuze, não se tratava mais de segmentar o espaço existencial e social e normalizar os indivíduos dentro das instituições disciplinares, mas sim de fluidificar papéis e subjetividades, de transformar os comportamentos, afetos e relações que formam as tramas dos processos de subjetivação, com o objetivo de direcioná-los e adaptá-los às necessidades imediatas do mercado ou de um Estado (Deleuze, 1995: 3-7). O elemento problemático dessa análise, no entanto, é a tese segundo a qual as sociedades de controle substituem as sociedades disciplinares sem restrições, sucedendo-as historicamente. Essa tese é profundamente problemática na medida em que ignora a irredutibilidade do poder disciplinar às instituições fechadas e a refuncionalização das tecnologias disciplinares em outros aparatos de poder. Esse é particularmente o caso de Han, que, querendo enfatizar a descontinuidade radical entre o psicopoder que caracterizaria as atuais sociedades de controle e o poder disciplinar, não apenas evita analisar os aparatos de poder e as tecnologias relacionadas em longo prazo, mas constrói uma noção de poder disciplinar "dominada pela negatividade" (Han, 2016: 24) (porque proíbe, impede, exclui, reprime). Isso quer dizer exatamente o oposto do que Foucault argumentou em Vigiar e Punir, onde a dimensão produtiva do poder disciplinar foi exaltada, tanto do ponto de vista corporal e psíquico quanto do ponto de vista social.

Um aparato (***dispositif***) é, para Foucault, uma complexidade heterogênea de poderes e conhecimentos que são articulados a partir de um imperativo estratégico e de acordo com um conjunto de urgências específicas (Foucault, 1980:194)[7]. A ligação en-

7 Sobre a relação entre Deleuze e Foucault, ver Razac (2008).

tre esses elementos heterogêneos (por exemplo, medidas e normas jurídicas e médicas, declarações científicas, invenções arquitetônicas ou tecnológicas etc.) delineia uma forma igualmente específica de racionalidade política e produz uma determinada forma de subjetividade. Assim, Foucault com frequência distinguiu um aparato jurídico-soberano, um aparato disciplinar e um aparato de segurança. Minimizando as distinções, o poder jurídico soberano é exercido sobre o território, tem uma função impositiva e repressiva e é expresso na linguagem da lei ou da regulamentação; a disciplina é exercida sobre o corpo e a alma dos indivíduos, tem a função de prescrever a normalidade e é expressa no conhecimento relacionado ao normal e ao patológico; a segurança é exercida sobre a população em sua natureza dinâmica como elemento flutuante e tem uma função gerencial e preventiva cuja forma privilegiada de conhecimento é a economia política. No entanto, isso não significa que os mecanismos de um não existam no outro, por exemplo, que a segurança não faça uso de técnicas jurídicas e disciplinares. O caso do gerenciamento do espaço epidêmico e do controle político das multiplicidades humanas é exemplar. A exclusão dos leprosos na Idade Média era determinada por "uma combinação jurídica de leis e regulamentos" e por "um conjunto de rituais religiosos" e funcionava para realizar uma divisão binária entre os doentes e os saudáveis. No caso da peste, por outro lado, embora legalmente regulamentada, era uma questão de incluir os indivíduos em um espaço meticulosamente regulado, como na quarentena, em que se era obrigado a permanecer em ambientes fechados, sob o controle de um poder contínuo de vigilância e inspeção. Finalmente, no caso da varíola, correspondente às tecnologias de segurança, as técnicas jurídicas e disciplinares ainda estão presentes, mas a tentativa de deter uma epidemia é caracterizada pela imunização da população por meio da inoculação do vírus e pelo cálculo estatístico de mortalidade, infecções etc. (Foucault, 2009: 7-10).

A distribuição das multiplicidades humanas no espaço de acordo com um determinado aparato não marca o desaparecimento ou o abandono dos outros mecanismos de poder, mas a sua refuncionalização, de modo que é necessário entender o aparato como "uma série de edifícios complexos nos quais [...] as próprias técnicas mudam e são aperfeiçoadas, ou de qualquer forma se tornam mais complicadas, mas nos quais o que muda acima de tudo é a característica dominante, ou mais exatamente, o sistema de correlação entre mecanismos jurídico-legais, mecanismos disciplinares e mecanismos de segurança" (Foucault, 2009: 8). Embora nem sempre seja possível e talvez nem mesmo necessário identificar exatamente uma dominante, deve-se observar que um aparato é sempre estratégico, na medida em que as tecnologias têm uma longa duração, sendo objeto de mudanças que lhes dão um escopo diferente a cada vez dentro das estruturas e relações de poder em que são usadas.

Assim, pode-se fazer uma história de como as tecnologias de poder e os mecanismos jurídicos e disciplinares são estrategicamente reconfigurados dentro de uma estrutura securitária ou de controle, sem absolutizar nenhum desses mecanismos, sendo as tecnologias funcionalmente fungíveis, como nos mostra a atual pandemia. Mas antes de abordar esse problema, há outro de grande importância a ser levantado.

Muito foi escrito no último ano sobre a cidade atingida pela peste, a fim de tornar inteligível o exercício do poder durante a quarentena e o uso de instrumentos de coerção em função de um estado de exceção. Muito também foi escrito sobre nosso movimento dentro do limiar da modernidade biológica simbolizado pela noção de biopolítica. No entanto, muito menos foi escrito sobre o automatismo do poder e a relação entre disciplina e controle a esse respeito, provavelmente porque, ao identificar a vigilância disciplinar com a cidade assolada pela peste, deixamos de entender a novidade do panoptismo no século XIX, bem como o fato de que ele também representava uma forma de controle exercida para além das instituições fechadas.

Considerando que as tecnologias disciplinares se cruzam historicamente com técnicas jurídicas, securitárias e regulatórias, se alguém ler cuidadosamente Vigiar e Punir, verá que o aparato disciplinar não é um todo unitário e que o panoptismo tem algumas características que não são de forma alguma estranhas ao que Deleuze define como controle. O modelo da cidade assolada pela peste não coincide com o modelo de vigilância do século XIX, simbolizado pelo panóptico benthamiano, nem com o panoptismo, entendido por alguns como uma forma de poder-saber estendida por toda a sociedade, e por outros como a característica específica de uma forma de governamentalidade mais complexa do que o simples exercício de vigilância, que Foucault definiria como governamentalidade liberal.

A cidade assolada pela peste representava a "implementação total" das disciplinas elaboradas nas instituições da era clássica, e era um esquema disciplinar excepcional, porque tinha a função de "neutralizar perigos, corrigir populações inúteis ou perturbadas, evitar os inconvenientes de assembleias excessivamente grandes" (Foucault, 1995: 210) e reforçava, contra o perigo de contágio, a ameaça soberana da morte, um poder, portanto, pesado e visível. Era um "bloqueio disciplinar" com uma função predominantemente negativa. O panóptico, por outro lado, tem o papel de ampliar e intensificar um poder anônimo que deve aumentar ao mesmo tempo as forças sociais e a utilidade dos indivíduos no nível da produção, da educação, do aparato de guerra e da moral pública (Foucault, 1995: 208-209). Para isso, ele deve se exercer de forma contínua, mecânica e infinitesimal sobre a sociedade, além das formas associadas ao exercício da soberania. Um "mecanismo-disciplina", como Foucault o chama, certamente em continuidade com a extensão das disciplinas durante o século XVIII, mas também em descontinuidade, porque a principal característica da vigilância panóptica é que ela tende a um exercício não-corporal do poder.

Sinteticamente, o panóptico é um instrumento de governo funcional para a sujeição de vontades que é exercida sobre os corpos e mentes dos indivíduos, na medida em que eles são a fonte dos hábitos. É um poder institucionalmente polivalente, devido à sua capacidade de se integrar e aprimorar qualquer função (econômica, produtiva, terapêutica, educacional). A diferença em relação às disciplinas da era clássica está no funcionamento automático do poder e no fato de que a eficácia do poder é transferida para sua superfície de aplicação (Foucault, 1995: 202), no sentido de que os indivíduos sob vigilância são apanhados em uma situação de poder da qual se tornam portadores ativos.

O panoptismo, por sua vez, representa uma sociedade caracterizada pela extensão maciça de tecnologias disciplinares, que são um tipo de poder com o objetivo de governar a multiplicidade humana, agindo positivamente sobre os indivíduos para fazê-los adquirir hábitos e transformá-los moralmente, constituindo subjetividades economicamente úteis que são forçadas a desaparecer enquanto massa política de contestação. Se essas técnicas têm como objetivo extrair forças e tempo dos corpos para transformar a vida em força de trabalho --por meio das quais Foucault poderia afirmar que o hábito é o que liga os indivíduos ao aparato de produção (Foucault, 2015: 238)--, o mesmo efeito também pode ser alcançado fora das instituições fechadas e com procedimentos diferentes da vigilância em sentido estrito, como o livro de registro do trabalhador (livret ouvrier) como uma função de contabilidade da vida do indivíduo, ou bancos de poupança, que individualizam a poupança e impedem que ela seja depositada em um fundo comum.

Mas, em Vigiar e Punir, Foucault também argumenta que, além da multiplicação dos ***establishments*** disciplinares, os mecanismos que os caracterizam tendem a se "desinstitucionalizar", a se desinternalizar e a circular livremente no corpo social para desempenhar funções de controle generalizado, automático e anônimo da população no plano penal, médico, educacional etc. (Foucault, 2015: 211). Finalmente, ele retoma o problema do panóptico em 1979, argumentando que ele não representa um mecanismo limitado às instituições, mas sim a fórmula política geral do governo liberal em relação às suas funções de vigilância e intervenção na mecânica natural do comportamento e da produção (Foucault, 2008: 67). Nesse sentido, como argumentou Christian Laval, o panoptismo configura a hipótese de um controle remoto que permite a condução da conduta estruturando o campo de ação dos outros por meio de todas as formas de influenciar as representações que determinam o cálculo dos interesses, o que pressupõe conhecer os indivíduos, seus interesses, os motivos que presidem os comportamentos para orientá-los para o interesse geral (Laval, 2011).

3. O APARATO PANDÊMICO E AS TECNOLOGIAS DIGITAIS

Assumindo a noção de aparato como uma rede de elementos discursivos e não discursivos que são articulados em um determinado momento histórico e em uma função estratégica para responder a uma necessidade urgente, devemos primeiro entender qual é a necessidade urgente que a articulação desses elementos na pandemia pretendia responder. O aparato pandêmico é um conjunto tecnológico-político que tem utilizado diferentes técnicas (jurídicas, médicas, de segurança, digitais, estatísticas etc.) para responder à necessidade urgente do imperativo contraditório de conter o contágio e manter a produção e a competitividade tecnológica. Esse imperativo é uma oportunidade de tecer um vínculo entre diferentes atores governamentais que pretendem evitar estrategicamente o questionamento dos mecanismos de produção por meio da responsabilização individual e, ao mesmo tempo, acelerar a digitalização da existência[8].

O conjunto tecnológico-político que caracteriza o governo da pandemia confirma que a sociedade de controle não torna obsoletas as técnicas jurídicas e disciplinares, mas as sobrepõe e amplia, fazendo-as funcionar em toda a profundidade da sociedade. O governo do movimento espacial para indivíduos e populações de fato alcançou uma articulação sem precedentes dos três modos de gerenciamento do espaço e das multiplicidades humanas mencionadas acima: exclusão de certos lugares (modelo da lepra), inclusão/reclusão em casa (modelo da cidade assolada pela peste), controle do movimento com base no cálculo estatístico de riscos (modelo da varíola), com uma clara prevalência dos dois últimos. Nesse sentido, refuncionalizou o exercício dos poderes soberano e disciplinar para fins de controle e segurança sanitária.

No entanto, parece-nos que uma das funções que caracterizam a nova configuração estratégica não tem sido simplesmente o controle, mas sim uma espécie de hipercontrole, ou seja, um controle automatizado que reativa um governo disciplinar de indivíduos e populações por meio de extração, captura e indução comportamental em todo o espaço digital. Além da plataformização das atividades produtivas e sociais e da explosão da vigilância por vídeo[9], houve um investimento maciço em tecnologias digitais para rastrear movimentos e contatos, por um lado, e em tecnologias de design comportamental para elevar o nível de moralidade e higiene pública, por outro.

No artigo *Biopolitics of Social Distancing*, J.J. Silvya nos ensina algo interessante para uma reflexão biopolítica, na medida em que nos diz que, no contexto pandêmico e no nível sociossanitário, o controle biopolítico produz processos etopoiéticos, ou seja, processos que criam ou induzem comportamentos, hábitos e condutas éticas. Mais especificamente, Silvya destaca o surgimento de abordagens biopolíticas adotadas e apoiadas não apenas pelo Estado ou pelas instituições, mas também incorporadas proativamente por seus cidadãos (Sylvia, 2020). Em outras

8 Ver Rouvroy (2020).

9 Sobre o que foi chamado de "virada epistemológica da vigilância digital" ("epidemiological turn in digital surveillance", ver Taylor et al. (2020: 9-16).

palavras, de acordo com Sylvia, em uma sociedade que aplica processos biopolíticos de gestão populacional, somos criados como sujeitos éticos e incorporamos a biopolítica em nossos processos de subjetivação: assim, a capacidade e a responsabilidade de tomar decisões sobre a vida e a morte não são apenas gerenciadas pelos governos, mas também estendidas aos próprios cidadãos por meio de suas escolhas individuais e diárias.

Nesse sentido, o conjunto tecnológico para rastrear mobilidade e conduta foi imediatamente complementado por tecnologias funcionais para modificação de comportamento a fim de reduzir riscos à saúde. Nesse sentido, também, a pandemia tem sido um verdadeiro paraíso, e os experimentos comportamentais que foram feitos não podem ser realmente contados. Christie Aschwanden, por exemplo, argumentou corretamente que: "Para cientistas sociais, a pandemia da COVID-19 apresentou uma oportunidade única - um experimento natural que 'atravessa todas as culturas e grupos socioeconômicos'" (Aschwanden, 2021)[10]. Aschwanden oferece o exemplo marcante de Jay Van Bavel, que lançou um estudo quase global por meio de big data sobre os "enlaces entre liderança de identidade nacional e saúde pública para gerenciar a pandemia da COVID-19 e futuras pandemias" (Van Bavel, 2020)[11]. Entre os muitos outros exemplos que seria possível dar no âmbito da estratégia captológica (isto é, tecnologia persuasiva) de gestão da pandemia, destacamos alguns que nos parecem bastante significativos dessa ordem de fenômenos, pois mostram como a pandemia foi aproveitada como uma oportunidade imperdível para uma compreensão pragmática dos fatores de transformação do comportamento que podem ser replicados em laboratório.

As Academias Nacionais de Ciências, Engenharia e Medicina desenvolveram uma série de estratégias de mudança comportamental para governos com o objetivo de produzir novos hábitos de saúde como uma função de proteção da saúde (por exemplo, tornar novos comportamentos fáceis de executar e recompensadores, conectá-los a hábitos existentes, etc.), bem como uma estratégia de comunicação de risco que argumenta explicitamente que declarar a verdade sobre a Covid-19 não é suficiente para produzir mudança comportamental, razão pela qual é preciso modular persuasiva-

10 Ver também Human Behavior and Emerging Technologies, vol. 3, no. 1, Special Issue on COVID 19 and Human Behavior with Emerging Technologies.

11 Ver também Bavel, Baickerm & BOGGIO et al. (2020).

mente a mensagem de acordo com populações-alvo específicas e sua percepção categórica (Brossard et al., 2020)[12].

Também houve muitos experimentos em design comportamental por meio de gamificação para prevenção e gerenciamento de riscos[13]. Brian Burke argumentou que, além de "medidas reativas" de rastreamento, "medidas proativas para mudar comportamentos" eram necessárias para gerenciar o risco, uma vez que "medidas proativas colocam as pessoas no controle". Ele propôs, então, inspirado no *Health-code* desenvolvido na China, atribuir pontuações ou recompensas para gerenciar o acesso a repartições públicas, transporte e estabelecimentos comerciais, a fim de forçar indivíduos com pontuação baixa (alto risco) ao isolamento (Burke, s.d.). Em uma lógica semelhante, foi concebido o *Digital Vaccine Project*, que promove vacinas digitais como uma subcategoria de terapias digitais funcionais para estimular um comportamento por meio de treinamento neurocognitivo[14].

Ainda assim, vale a pena mencionar os Institutos Nacionais de Saúde, que apoiaram uma estratégia complexa baseada em *nudges* para promover a vacinação (Sylvia et al., 2020), a *Behavior Change for Good Initiative*, em colaboração com a Penn *Medicine Nudge Unit*, que desenvolveu um sistema de mensagens personalizadas[15]. Mas o exemplo mais significativo em nossa opinião é aquele oferecido pelo trabalho do *Behavior Design Lab* da Universidade de Stanford[16], não apenas porque propõe explicitamente enfrentar o desafio da vacinação em nível global agindo sobre os "fatores psicológicos para aceitação e hesitação da vacina", mas também porque foi concebido por um dos psicólogos que mais influenciou o design de software para mudança comportamental, chamado Brian Jeffrey Fogg, cuja conceituação do design de ferramentas computacionais persuasivas voltadas para a automação da mudança comportamental, ou captologia, será discutida em breve. De fato, isso parece ser altamente significativo da direção do poder das tecnologias contemporâneas em direção a uma nova forma de psi-

12 Ver também: Bechler & Tormala (2021: 187-195).

13 Ver, por exemplo Borzenkova et al. (2020).

14 Digital Vaccine Project, Carnegie Mellon University.

15 Ver The University of Pennsylvania's Behavior Change for Good Initiative Unveils Effective Strategies to Boost Vaccination Rates.

16 Ver Behavior Design Lab. Models and Methods for Behavior Change.

copoder ou, como veremos, hipercontrole baseado em tecnologias algorítmicas de indução de mudança comportamental.

4. RASTREANDO E CAPTURANDO

Grégoire Chamayou, mais do que ninguém, foi capaz de reconstruir uma genealogia da rastreabilidade: da antropotelemetria às pulseiras eletrônicas e aos smartphones, dos drones ao *eye-tracking*, do nascimento da cronogeografia à sua generalização no quadro da ***Activity Based Intelligence*** da ***National Geospatial Intelligence Agency***. Neste sentido, Chamayou mostrou que a utilização mais recente de diferentes dispositivos digitais para identificar e seguir alvos específicos é o fim de uma evolução que, do indivíduo tratado como base de dados (o "dividual" mencionado por Deleuze), conduziu a um novo objeto de investimento individual. De fato, trata-se de tecnologias que se implantam em ambientes abertos através da mobilização de "material dividual, agregado em bases de dados e tratado de forma algorítmica", mas que ao mesmo tempo permitem a identificação de trajetórias pensadas como "unidades crono-espaciais indivisíveis". Estes dispositivos permitem "seguir múltiplos indivíduos através de diferentes redes sociais para estabelecer um 'padrão de vida'", ou "segmentos caraterísticos de hábitos" (Chamayou, 2015b: 110-113).

O objetivo, defende Chamayou, não é apenas a vigilância em tempo real, mas o sonho real de constituir um dispositivo de arquivo capaz de recolher dossiês adormecidos e de se tornar o instrumento de um " poder biográfico baseado na captação informativa generalizada das micro-histórias de vida" (Chamayou, 2015a: 30). Já não se trataria de uma individualidade disciplinar em sentido estrito (até porque os dispositivos de localização não impõem um padrão de conduta determinado aos indivíduos), nem apenas de um controle algorítmico em que o indivíduo é reduzido a uma base de dados, mas de uma unidade indivíduo-indivíduo enquanto objeto de conhecimento e de intervenção (Chamayou, 2015b: 113).

As análises de Chamayou são, assim, decisivas para mostrar o entrelaçamento da dividualização para fins de controle cibernético e de reindividualização disciplinar. No entanto, o que é verdade para estas tecnologias de rastreio não é verdade para o conjunto tecnológico conhecido como captologia, que acreditamos poder ser definido como o suplemento moral-persuasivo da rastreabilidade generalizada, ou seja, aquele complexo de mecanismos, procedimentos e ambientes digitais concebidos para o condicionamento do comportamento de acordo com certas normas comportamentais que os designers propõem aos usuários.

Fogg cunhou esta noção no início dos anos 2000[17], indicando com ela a concepção de ferramentas tecnológicas persuasivas destinadas a automatizar a mudança de comportamentos. Esta tecnologia só deu um salto qualitativo com o aparecimento da Internet na década de 1990; no entanto, como o próprio Fogg reconhece, os seus "primeiros sinais [...] apareceram nas décadas de 1970 e 1980, quando alguns sistemas informáticos foram concebidos para promover a saúde e aumentar a produtividade no local de trabalho" (Fogg, 2003: 1). A tecnologia persuasiva encontrou aplicação imediata nos cuidados de saúde[18], na publicidade e no marketing, mas Fogg viu o seu futuro na motivação de equipes para atingirem objetivos, na educação e no avanço da vida cívica em geral. Tal como foi corretamente definida por Nick Seaver, que a inscreve na antropologia da captura, esta tecnologia não é mais do que um sistema de armadilhas de atenção, em que as fronteiras entre persuasão e coerção são bastante tênues. Trata-se de um paradigma behaviorista que encontra um dos seus fundamentos teóricos no Behaviorismo Skinneriano, mas que tem marcado um ponto de virada recente no *design* de *software*, na medida em que incita as empresas que querem adquirir utilizadores a incular-lhes hábitos através de um conjunto de medidas a que Seaver chama "*captivation metrics*" (Seaver, 2019).

O conjunto tecnológico constituído pela captologia não é um todo unitário, mas inclui uma gama bastante variada de mecanismos funcionais para a modificação de comportamentos indesejáveis ou para a produção de hábitos. Estas tecnologias, escolhidas livremente ou impostas de forma desonesta, regem o comportamento através de reforços positivos (recompensas) ou negativos (sanções), causais ou aleatórios, e visam identificar e corrigir comportamentos disfuncionais, ou maximizar o desempenho comportamental na saúde, na educação, no trabalho ou na economia, tanto a nível individual como coletivo.

17 Ver Fogg (2003).

18 Ver Pinzon & Iyengar (2012: 45-48); Chan (2004: 83-91).

A normatividade promovida por estas tecnologias baseia-se numa análise das variáveis ambientais que produzem variações comportamentais de forma mais ou menos sistemática e numa psicologia bastante elementar que exige a atuação sobre as motivações (prazer ou dor, esperança ou medo, aceitação ou rejeição social), as capacidades e os estímulos individuais[19]. O resultado é que um comportamento-alvo terá de ser fácil de executar, demorar pouco tempo, não fazer as pessoas pensarem muito e ser socialmente aceito.

Das tecnologias de vigilância às tecnologias de automonitorização e à manipulação dos feeds de notícias nas redes sociais, este é um conjunto tecnológico para a motivação que realiza "cientificamente" o velho sonho disciplinar na ausência, aparentemente, de coerção, uma vez que enquadra, incita e exerce uma pressão normativa tortuosa destinada a produzir conformidade de julgamento.

Agora, a coabitação de indivíduo e divíduo que a rastreabilidade e a captologia realizam é certamente uma novidade histórica importante que faz parte, há muitos anos, dos mecanismos de poder que organizam os nossos comportamentos e estão a redefinir as nossas instituições. No entanto, este aparato não concretiza uma função totalizadora e individualizadora que é caraterística do aparato de poder moderno na sua articulação de tecnologias disciplinares, reguladoras e de controlo? Além disso, o próprio Chamayou recordou que o sonho de uma rastreabilidade generalizada está ligado à invenção do arquivo policial e, em particular, à máquina imaginada por Guilloté, que pretendia transformar a cidade num arquivo através de um sistema de identificação global e de rastreio das atividades individuais (Chamayou, 2010). Isto significa que as condições históricas de pensabilidade da rastreabilidade generalizada são contemporâneas do panóptico de Bentham e da racionalidade disciplinar, que não se limita às instituições fechadas, como se previa, mas exerce uma ação de normalização do sujeito através da vigilância e do controle mesmo em espaços abertos, e funciona acumulando saberes e constituindo uma série densa de dossiês individuais (ectoplasma administrativo do sujeito) suscetíveis de transitar de uma instituição para outra. Basta pensar no poder de polícia como um poder de controle da poeira dos acontecimentos sociais: "um

19 Ver Fogg (2009).

olhar sem rosto que transformava todo o corpo social num campo de percepção" (Foucault, 1995: 214).

É evidente que o atual aparato de poder não é uma réplica do panopticismo do século XIX, por isso, coloca-se a questão histórica de saber como o aparato contemporâneo realiza, através de outras técnicas, as funções disciplinares, reguladoras e de controle.

Vejamos o caso da vigilância e da respectiva ortopedia moral para fins produtivos, que foi um dos traços específicos da sociedade disciplinar. É sabido que, sobretudo nos anos 90, os chamados Estudos de Vigilância desenvolveram novas conceitualizações do panóptico, muitas vezes mediadas por Foucault, Deleuze, bem como pelas críticas ao consumismo e à indústria cultural, para analisar as formas de vigilância relacionadas com os dispositivos de controle digital e a rede[20]. Jonathan Crary, por exemplo, tomando posição no debate entre Foucault e Debord, mostrou que os dispositivos ópticos desenvolvidos no século XIX eram, tal como o panóptico, "técnicas de gestão da atenção" (Crary, 1990: 188) destinadas a impor a homogeneidade, isolar os indivíduos e reduzir a sua força política. Além disso, Oscar Gandy (1993), que leva ao extremo algumas das ideias de Schiller sobre a gestão da mente (Schiller, 1973), centrou a sua atenção não tanto no problema da vigilância do Estado, mas na vigilância corporativa, especialmente na passagem, no âmbito do marketing, de um paradigma disciplinar para um paradigma estruturado em torno do controle, ou seja, a vigilância de um consumidor cada vez mais móvel e a exploração da pluralidade de vestígios informativos deixados pelo seu movimento no espaço das mídias e das mercadorias. A consequência é a constituição de segmentos populacionais, ou seja, segmentos algorítmicos, sem o conhecimento dos indivíduos e produzindo uma discriminação indireta.

A especificidade deste controle, porém, já não é a formação moral dos indivíduos, e Gandy parece ter, por vezes, uma imagem centralizada e fechada do panóptico. Interrogado recentemente sobre este assunto, afirmou, referindo-se a Pascal König (2020: 467-485), que "O futuro é [...] 'o Leviatã algorítmico'". O panóptico, que era o símbolo de uma mecânica anônima de poder, torna-se para Gandy um poder centralizado a temer, enquanto a

20 Veja por exemplo: Lyon & Zureik (1996); Lyon (2006).

rede algorítmica se torna um Leviatã, "uma figura divina em que se confia para agir no nosso interesse individual e coletivo" (Gandy, 2020). Este Leviatã digital, tal como Stiegler já tinha definido, não é mais do que a imagem filosófico-jurídica da governamentalidade algorítmica (falaremos dela em breve). A sua especificidade reside no fato de evitar a formação de subjetividades ativas e críticas, reduzindo os indivíduos a "perfis de usuários", com o consequente abandono involuntário da sua capacidade de contribuir para a individuação coletiva, uma vez que a extração de dados e o correlacionismo algorítmico que lhes é aplicado em tempo real torna possível a gestão e previsão automática de comportamentos. Por outras palavras, tratar-se-ia de um Leviatã "planetário", resultado da "rastreabilidade automática, interativa e instantânea" (Stiegler, 2016: 70) do capitalismo 24/7.

Embora esta figura mítica tenha a sua própria relevância macropolítica, acreditamos que a noção de panoptismo é mais capaz de dar conta do ponto de vista micropolítico relacionado com as atuais tecnologias de treinamento e produção de hábitos. De fato, o panoptismo, tal como previsto, consiste numa tecnologia de governo, de condicionamento e de produção de hábitos que é muito mais ampla do que o mero exercício do olhar a partir de uma torre central. E a captologia, que é o encontro entre a engenharia psicossocial comportamental e a engenharia algorítmica, insere-se exatamente nesta linha. Parece-nos, portanto, que a descontinuidade do hipercontrole em relação ao panoptismo é muito relativa, porque as suas funções de condicionamento e de produção de hábitos permanecem intactas, embora realizadas por tecnologias diferentes. Neste sentido, a noção de captologia assume para nós um significado mais amplo e mais representativo do aparelho de poder atual do que o proposto por Fogg.

Trata-se, portanto, de compreender como o governo ambiental e motivacional próprio do panoptismo foi combinado e redefinido pela psicologia comportamental e pelas suas aplicações digitais. Para Fogg, por exemplo, não há dúvida de que "aplicar tecnologia informática para observar o comportamento dos outros aumenta a probabilidade de alcançar um resultado desejado" (Fogg, 2003: 256)[21], mas no seu raciocínio a vigilância é concebida não só como um fator entre outros para modificar o comportamento, mas tam-

21 Sobre a dimensão panóptica da vigilância na captologia, ver Jespersen et al., (2007).

bém como uma tecnologia fraca em relação à produção de hábitos (Fogg, 2003: 46-48), porque não afeta eficazmente as motivações intrínsecas e extrínsecas do comportamento. Assim, defende que "se uma tecnologia de sugestão pode produzir o comportamento desejado, essa abordagem deve ser utilizada em vez da tecnologia de vigilância" (Fogg, 2003: 53-54).

Não se trata de modo algum de rejeitar a vigilância, mas simplesmente de a considerar como um dos vários mecanismos destinados a produzir comportamentos, que nos parece importante compreender mais na sua forma mecânica do que representativa. Tratando-se de uma forma de governo das condutas que se exerce através da disposição dos elementos de uma situação, o comportamento-alvo é produzido menos pelo conteúdo representativo da mensagem dirigida aos indivíduos e às populações do que pelo mecanismo técnico-persuasivo. Assim, Shoshana Zuboff tem razão quando argumenta que o mercado comportamental do capitalismo de vigilância pode finalmente "impor a tecnologia de comportamento de Skinner nos vários domínios da vida cotidiana até as nossas profundezas". No entanto, engana-se quando argumenta que "até a ascensão do capitalismo de vigilância, a perspectiva do poder instrumental estava relegada para um mundo nebuloso de sonho e ilusão" (Zuboff, 2019: 236). De fato, não se tratava de um sonho, mas de uma utopia concreta.

Podemos então dizer que as nossas sociedades não são apenas sociedades de controle desmaterializado, mas sociedades de controle que articulam tecnologias de natureza jurídica, disciplinar e securitária, onde a função dominante continua certamente a ser a segurança, caracterizada, no entanto, por um hipercontrole que, estruturando o ambiente digital, reatualiza uma função panóptica através de novas técnicas. Deste modo, realiza-se um psicopoder que faz com que a psique se torne o espaço de conquista da psicologia comportamental. Este psicopoder exerce, de fato, uma ação seletiva sobre os afetos, as paixões, as preferências, etc., que é simultaneamente individualizante e totalizante, exercendo-se sobre os indivíduos e sobre as populações-alvo, e produzindo uma forma de subjetividade que foi fornecida artificial e preliminarmente no laboratório, fazendo coincidir as subjetividades com o seu ectoplasma digital.

5. NOSSO PASSADO E FUTURO PRÓXIMO: O HIPERCONTROLE

Passamos, portanto, a investigar os aspectos mais significativos deste hipercontrole como uma nova forma de gestão política dos indivíduos e das populações, a compará-lo com as recentes hipóteses de atualização das sociedades de controle e, finalmente, a definir a nossa hipótese, nomeadamente que os confinamentos, o rastreio digital e o distanciamento social, acompanhados pela migração para modalidades online de uma grande parte da vida cotidiana, estão contribuindo para a realização de uma regulação massiva, para efeitos do que poderíamos definir como uma imunização algorítmica. O efeito mais evidente desta imunização, confiada a cálculos, estatísticas, rastreios e correlações para reduzir o perigo de contágio fisiológico, parece residir nas esferas da ecologia que Guattari definiu como "social" e "mental"[22], ou seja, não só ao nível das instituições sociais, mas na vasta gama de relações interpessoais, bem como ao nível fisiopsicológico dos indivíduos, a quem são fornecidos cada vez mais estímulos e ferramentas para autoextração de dados, percepções e emoções. Ao redirecionarmos muitas atividades para o modo online, tanto no caso do consumo (*smart shopping e smart entertainment*) como no caso da produção (*smart working*), encontramo-nos constantemente ligados a ecrãs, dispositivos e plataformas que não só nos monitorizam e extraem dados das nossas atividades, como também definem as condições de possibilidade da experiência mediada. Trata-se de ferramentas que, através do cálculo intensivo desses dados e da capacidade de captar a atenção e o tempo mental disponível, produzem perfis calculáveis e previsíveis, como defendem Antoinette Rouvroy e Thomas Berns na sua teoria da governamentalidade algorítmica[23], que, de um ponto de vista político-filosófico, atualiza o conceito deleuziano de sociedade de controle e o conceito foucaultiano de governamentalidade.

Por "governamentalidade algorítmica" Rouvroy e Berns entendem um modo de governo alimentado por bases de dados brutas e metadados cujos fluxos atravessam todos os aspectos da vida humana, que opera através de correlações e procedimentos, e que

22 Ver Guattari (2000).

23 Ver Berns & Rouvroy (2012: 163-196).

se dirige aos cidadãos através dos seus perfis digitais, que são modelos de comportamento produzidos numa base meramente indutiva. Se o objetivo é antecipar, prever e prevenir as relações sociais e os comportamentos individuais, esta operação de modulação automática e a priori dos comportamentos visa "separar os sujeitos da sua capacidade de fazer ou não fazer certas coisas", segundo "o modo condicional da fórmula 'o que um corpo poderia fazer', quando este modo condicional é definidor da agência enquanto tal" (Rouvroy, 2013: 152). Estas últimas palavras encontram hoje, na condição pandêmica, uma concretização decisivamente adequada. A expressão "O que um corpo poderia fazer", extrapolada do plano ético político, na governamentalidade algorítmica descreve uma série de operações probabilísticas e correlacionais, realizadas sobre e em relação aos corpos individuais e coletivos, que durante a pandemia têm vindo a ocupar cada vez mais espaço na vida de qualquer pessoa. De um ponto de vista cibernético, se o controle depende da extração e transmissão de informação, a crescente circulação de fluxos de informação e comunicação dentro de um sistema aumentará necessariamente a capacidade, o volume e a precisão do controle que será possível exercer nesse mesmo sistema. Este aspeto é central para entender o conceito de governamentalidade algorítmica como o resultado da necessidade de destacar uma etapa posterior das sociedades de controle deleuzianas, mas mantendo também uma total continuidade com ela. De fato, com a governamentalidade algorítmica, o controle, nas palavras de Stiegler, torna-se hipercontrole, no sentido de um controle que se exerce "à velocidade da luz", totalmente automatizado, alimentado por dados pessoais dos utilizadores autoproduzidos, autocapturados e autopublicados, segundo o cálculo antecipatório de comportamentos[24].

No entanto, a fase atual, e no que diz respeito às medidas de rastreio, datação e projeção da tendência pandêmica, parece também caracterizar-se por um outro sentido do hipercontrole, a que nos referimos acima, como a produção de uma nova forma de vigilância disciplinar, que opera no espaço (cibernético) da governamentalidade algorítmica sem se limitar ao controle por assim dizer impassível ou inefável, mas induzindo comportamentos, posturas ideológicas, desejos, atuando ao nível que Deleuze e Guattari definem como micropolítico, no sentido em que diz respeito a fluxos materiais e semióticos que atravessam

24 Ver Stiegler (2016: 66-72).

--e constituem-- os sujeitos num campo social e estruturam os (macro) enunciados políticos, sociais e de saúde[25].

É neste contexto, em que o controle se torna hipercontrole junto da tendência para que a biopolítica se transforme em *bioethopoiesis,* que podemos compreender as afirmações de Luis Sebastián Rossi sobre uma espécie de mutação micropolítica em ato, expressa no seu *Pandemia y plataformas: capitalismo, controlatorios y coronavírus* (Rossi, 2020). Segundo Rossi, as políticas epidemiológicas propostas para limitar a propagação do novo coronavírus não estão apenas regulando comportamentos, mas, através da plataformização da emergência pandêmica, estão também produzindo e veiculando novos enunciados que têm a ver com adoecer, deslocar-se, trabalhar, viajar ou mobilizar-se, amar, compreender, imaginar, educar etc. Estes enunciados passaram a fazer parte do nosso cotidiano, moldando novos ritmos sociais e orientando a nossa forma de pensar.

Falando de micropolítica, vale a pena dedicar alguns minutos a recordar o que Deleuze e Guattari disseram sobre ela, e explicar por que este conceito analítico-crítico é, mais uma vez, de extremo interesse no contexto pandêmico. Na perspectiva "micropolítica" de Deleuze e Guattari, o espaço social é atravessado por três tipos de linhas sobrepostas que "acompanham" a nossa vida. Tal como "a política opera por macro decisões e escolhas binárias", a primeira espécie destas linhas --definida como "molar" ou segmentação rígida-- "corta" e classifica cada indivíduo ou grupo de acordo com um esquema binário, através do qual tudo é claramente dividido: homens e mulheres, jovens e velhos, trabalho e férias, etc. Deleuze e Guattari definem como "máquinas binárias" os aparelhos de poder que geram e recortam estes segmentos, codificando a vida dos indivíduos através destas dicotomias baseadas em classes sociais, sexos, cor da pele, gerações, sectores produtivos, ambientes culturais, até se chegar a uma racionalização geométrica tão exaustiva quanto possível (Deleuze & Guattari, 1987: 227). Esta já era reconhecida por Foucault como a tarefa das sociedades disciplinares e de vigilância: estabelecer normas macropolíticas, normalizar, segmentar espaços, identidades, tempos, instituições etc.

25 Ver Deleuze & Guattari (1987: 208-230).

Depois D&G identificam duas outras linhas: uma linha molecular, aquela em que estamos sempre imersos, a das relações com os outros, do desejo, dos devires, que nos fazem sempre trair o segmento molar e rígido. O que está em causa nesta linha é o nível da experiência, e este é o plano propriamente micropolítico. Finalmente, existe um terceiro tipo de linhas, as linhas de fuga, pelas quais um indivíduo decide acabar com a segmentação da existência. A análise micropolítica é muitas vezes confundida com a promoção e a avaliação deste último tipo de linha, sobretudo devido à sua carga revolucionária ou à percentagem de perigo que comporta. No entanto, o que nos interessa tem mais a ver com a relação entre linhas moleculares e segmentos.

Agora, voltando ao hipercontrole pandêmico, podemos dizer que ele opera precisamente ao nível molecular, entre a segunda linha, a micropolítica, e a primeira, a molar, uma vez que os enunciados e os comportamentos que são produzidos como dados são capazes de se cristalizarem algoritmicamente em segmentos identitários, que representam todo o campo social ao nível macropolítico das instituições, dos partidos e das representações sociais. Se o controle cibernético prefigurado por Deleuze deveria ter-se limitado a controlar a dimensão micropolítica modulando-a, o hipercontrole pandêmico vem modelá-la integralmente. O controle molecular iza-se, portanto, numa microgestão plástica, que forma padrões disciplinares e segmentos identitários que se juntam aos das grandes divisões binárias (classe, sexo, etnia, etc.), promovendo insegurança, precariedade, contágio do pânico ou paranoia conspiratória, negacionismos e arcaísmos de todo o tipo. O hipercontrole que ocorre com a plataformização da vida nas pandemias representa, portanto, a forma ideal de uma gestão micropolítica, válida não só para a emergência sanitária, mas também para todos os seus efeitos secundários na esfera social: "uma macropolítica de segurança para e através de uma micropolítica de insegurança", ou seja, a organização de uma segurança molar baseada na produção e administração constante de pequenas inseguranças moleculares.

É no contexto destas miríades de pequenas inseguranças micropolíticas, programadas e agora pré-calculadas e antecipadas, que, segundo Paul B. Preciado, se assiste à precipitação da biopolítica das populações sobre o corpo individual, ou seja, sobre a anatomopolítica. Mais concretamente, quando Preciado afirma que "a nova fronteira necropolítica passou da costa da Grécia para a porta da casa privada. [...] A nova fronteira é a vossa pele. A nova Lampedusa é a tua pele" (Preciado, 2020) mostra o aparato pandêmico em vigor ao nível micropolítico, em que os corpos se tornam cada vez mais os viveiros da macropolítica da fronteira já aplicada aos migrantes e refugiados. Isto porque as medidas de distanciamento, de isolamento, mas também de evidenciação e denúncia dos sintomas, adoptadas em resposta à pandemia, exacerbam uma lógica discriminatória em relação ao outro (enquanto estranho, diferente, anômalo, desconhecido) já existente, impelindo a interiorizá-la, ou seja, a tomar sobre si o perigo de invasão, neste caso representado pelo possível contágio. É a mesma lógica de segmentação identitária que, a uma outra escala, tem conduzido a formas de polarização sistemática da ordem do discurso, assente numa lógica dualista atávica, que tende a constituir quadros rígidos de oposição nos quais se inscrevem os discursos públicos sobre o vírus e a sua gestão sanitária, social, económica e política[26]. Poderíamos, assim, afirmar que as mentes do hipercontrole pandêmico são induzidas a instalar-se nestes quadros captológicos, sendo por eles modeladas.

Podemos concluir esta digressão sobre as diferenças entre controle e hipercontrole, afirmando que este último é hiper não só porque depende da algoritmização, da automação generalizada e dos sistemas de geolocalização, mas também porque acrescenta uma dimensão extra ao conceito deleuziano de controle, que é uma espécie de disciplina de imunização com tendências totalizantes. Seria uma totalização suave, mas micropolítica e onipresente, no sentido de uma mobilização total exigida aos indivíduos para combater o vírus, portanto uma indução à mudança de comportamentos em função da imunização, que faz de cada pessoa um soldado, desde as sentinelas aos coronéis e generais, passando por todos aqueles que estão na "linha de frente". Um soldado potencialmente encarnado por cada um de nós --tal como para Foucault havia algo de encarnação do empreendedorismo pelos indivíduos-- através de uma nova forma de vigilância disciplinar.

Em outras palavras, e retomando os argumentos desenvolvidos no capítulo anterior, mais do que um controle puro, parece que estamos diante de uma forma espúria, um híbrido de controle disciplinar e vigilância, na medida em que, por meio do conjun-

26 Ver Baranzoni & Vignola (2021).

to de interações cotidianas com os dispositivos de informação e comunicação, são introduzidas ou favorecidas segmentações ad hoc e regras de comportamento diante não só e não tanto do vírus como tal, mas dos elementos que compõem seu contexto: instituições, profissões, associações, saberes, atores sociais, etc. Tal impulso para a segmentação, com a consequente polarização de posições, surge da raiz da informação, ricocheteia em todos os cantos das redes sociais, reflete-se em cada olhar, fazendo com que os segmentos e as polarizações se tornem ainda mais rígidos. Ainda que não faça parte diretamente da nossa análise, seria necessário refletir também sobre o quão cinicamente tudo isso é efeito colateral da lógica mercantil que subjaz ao capitalismo de plataforma, como evidenciam os escândalos da venda de imensos pacotes de dados micropolíticos pelos grandes gigantes da web (dos quais a *Cambridge Analytics* é a metonímia) para fins macropolíticos, assim como os estudos de *marketing* e *neuromarketing* voltados para capturar o valor excedente que emerge da relação entre arquiteturas de perfis algorítmicos e ações, emoções e relacionamentos dos usuários.

É por isso que acreditamos que a captologia desempenha um papel estratégico justamente na transição do controle para o hipercontrole do aparato pandêmico. O conceito e as práticas da captologia, nas quais a captura da atenção por armadilhas algorítmicas já visa modificar comportamentos e decisões[27], de fato mostram com clareza suficiente o entrelaçamento de vigilância e controle que inerva o hipercontrole da governamentalidade algorítmica em tempos de pandemia. Dessa perspectiva, pode-se argumentar que o objetivo da disciplina digital não é mais fabricar "corpos dóceis" para a produção, como no caso das sociedades disciplinares. O trabalho algorítmico das várias captologias, tanto públicas e de saúde quanto privadas e comerciais, parece visar modelar "mentes dóceis", isto é, não críticas, não solidárias, mas associais, medrosas, calculáveis, previsíveis, bem como predispostas a depender de segmentos identitários e em polarizações discursivas. São, portanto, estas as mentes que as sociedades de hipercontrole pretendem capturar e disciplinar, encontrando na transição para o modo inteligente um terreno absolutamente adequado para poder realizar a imunização algorítmica da pandemia: distanciar-nos dos outros corpos, dos lugares de partilha física, mas também separar-nos dos próprios desejos

27 Ver Seaver (2019).

- do que o próprio corpo poderia ter feito - e da vida ativa do pensamento crítico, rumo a uma existência monadológica ligada à inteligência digital (*smart working*, *smart city*, e-learning, etc.). Assim, a partir de formas de governamentalidade cada vez mais automatizadas, capazes de antecipar e prevenir, desenvolvem-se e exercem-se novas formas de biopoder e psicopoder disciplinares, que interferem na modificação do comportamento individual e social.

CONCLUSÕES

Ao argumentar que o hipercontrole é uma forma de psicopoder que reativa uma espécie de utopia panóptica, podemos concordar com Han em acreditar que as formas contemporâneas de poder são predominantemente psíquicas e vinculadas à esfera da produção imaterial. No entanto, rejeitamos a tese relativa à sua descontinuidade radical com o aparato moderno, porque isso não apenas deixa de reconhecer as características de novidade do psicopoder, como destacado por exemplo por Stiegler em relação à economia da atenção[28], mas também suas continuidades tecnológicas no nível histórico em relação à produção de hábitos. Diferentemente de Han, acreditamos que o panóptico já é concebido como um poder da mente sobre a mente, que o panopticismo não está vinculado ao meio óptico, que o poder disciplinar tem a ver com a produção de subjetividade e a extensão social do conhecimento psicológico, e que a especificidade do psicopoder não reside em seu acesso aos "pensamentos ou necessidades íntimas" dos indivíduos[29]. Na verdade, o problema não é o de um poder que tem acesso à esfera da intimidade e da afetividade, como se estas fossem independentes do exercício do poder em si, mas é exatamente o de um poder que se exerce produzindo subjetividade.

Se acreditamos que se pode argumentar que o psicopoder contemporâneo está em uma relação de continuidade e descontinuidade com o poder disciplinar, é porque valorizamos a produção de psiquismo ligada à função disciplinar, concebendo-a como uma fabricação micropolítica de mentes dóceis, funcionais à adaptação a novos enunciados imunológicos e polarizações ideológicas. A normatividade produzida pelo psicopoder por meio do processamen-

28 Ver Stiegler (2010).

29 Ver Seaver (2019).

to algorítmico de dados, da predição e da influência do comportamento é, de fato, baseada em toda uma arte de condicionamento ambiental e caça psíquica que não é apenas uma simples técnica de aquisição de dados, mas de produção de hábitos. É verdade que a governamentalidade digital é modelada em nossas classificações cotidianas (conscientes e inconscientes), mas estas se movem em um ambiente construído para persuadi-las a agir de uma certa maneira, projetada em um modelo elementar de subjetividade que é dado como pressuposto, mas que é realmente produzido. Ao modelar nossas percepções e nossa afetividade, esses mecanismos de poder produzem uma subjetividade que, por sua vez, precisa do aparato que a produz. O governo algorítmico da pandemia gera um investimento psíquico no aparato digital como um dispositivo salvador e protetor da angústia que, por sua vez, reproduz a necessidade material do governo que o gerou.

No contexto pandêmico em que vivemos, isso significa, entre outras coisas, explorar a nobreza do sentimento de responsabilidade pelo outro em uma direção útil para não levantar a questão da responsabilidade dos poderes dominantes em relação à origem da pandemia e sua gestão política.

REFERÊNCIAS

Aschwanden, C. (2021, May 18). How COVID is changing the study of human behaviour. *Nature*.

Baranzoni, S., & Vignola, P. (2021). États d'exception micropolitiques. *Lignes, 65*.

Bechler, C. J., & Tormala, Z. L. (2021). Misdirecting persuasive efforts during the COVID-19 pandemic: The targets people choose may not be the most likely to change. *Journal of the Association for Consumer Research*, 6(1), 187-195.

Behavior Design Lab. (n.d.). Models and methods for behavior change.

Berns, T., & Rouvroy, A. (2012). Gouvernementalité algorithmique et perspectives d'émancipation. *Réseaux, 177*, 163-196.

Borzenkova, G., et al. (2020). Gamification design for behavior change of indigenous communities in Choco, Colombia, during COVID-19 pandemic. In Spanellis, A., & Harviainen, J. T. (Eds.), *Transforming society and organizations through gamification: From the sustainable development goals to inclusive workplaces* (pp. 309-334). Cham: Palgrave Macmillan.

Brossard, D., et al. (2020). Encouraging adoption of protective behaviors to mitigate the spread of COVID-19: Strategies for behavior change. *National Academies Press*.

Burke, B. (n.d.). Gamification can flatten the COVID-19 curve. *Gartner*.

Chamayou, G. (2010, June 30). Every move will be recorded. *Max Planck Institute for the History of Science*, (14).

Chamayou, G. (2015a). Dans la tête de la NSA: Une histoire philosophique du renseignement américain. *Revue du Crieur*, (1), 30.

Chamayou, G. (2015b). Patterns of life: A very short history of schematic bodies. In *The Funambulist Papers* (Vol. 2, pp. 110-113).

Chou, W.-Y. S., Burgdorf, C. E., Gaysynsky, A., Vanderpool, R. C., & Sauer, M. (2020). *COVID-19 vaccination communication: Applying behavioral and social science to address vaccine hesitancy and foster vaccine confidence*. National Institutes of Health.

Crary, J. (1990). *Techniques of the observer: On vision and modernity in the nineteenth century*. Cambridge: MIT Press.

Deleuze, G. (1992). Postscript on the societies of control. *October*, 59(Winter), 3-7.

Deleuze, G., & Guattari, F. (1987). *A thousand plateaus: Capitalism and schizophrenia*. Minneapolis: University of Minnesota Press, 208-230.

Digital Vaccine Project. (n.d.). *Carnegie Mellon University*.

Fogg, B. J. (2003). *Persuasive technology: Using computers to change what we think and do*. San Francisco: Morgan Kaufmann.

Fogg, B. J. (2009). A behavior model for persuasive design. In *Persuasive '09: Proceedings of the 4th International Conference on Persuasive Technology*.

Foucault, M. (1980). The confession of the flesh. In C. Gordon (Ed.), *Power/knowledge: Selected interviews and other writings, 1972-1977* (p. 194). New York: Pantheon Books.

Foucault, M. (1995). *Discipline and punish: The birth of the prison*. New York: Vintage Books, 210.

Foucault, M. (2008). *The birth of biopolitics: Lectures at the Collège de France, 1978-1979* (M. Senellart, Ed.). New York: Palgrave Macmillan, 67.

Foucault, M. (2009). *Security, territory, population. Lectures at the Collège de France, 1977-78* (M. Senellart, Ed.). New York: Palgrave Macmillan, 7-10.

Foucault, M. (2015). *The punitive society: Lectures at the Collège de France, 1972-1973* (B. E. Harcourt, Ed.). New York: Palgrave Macmillan, 238.

Gandy, O. H., Jr. (1993). *The panoptic sort: A political economy of personal information*. Critical studies in communication and the cultural industries.

Gandy, O. H., Jr. (2020). Panopticons and leviathans: Oscar H. Gandy, Jr. on algorithmic life. *Logic*, (12).

Griziotti, G. (2016). *Neurocapitalismo: Mediazioni tecnologiche e linee di fuga*. Milano: Mimesis.

Guattari, F. (2000). *The three ecologies*. London and New Brunswick, NJ: The Athlone Press.

Han, B.-Ch. (2016). *Psicopolitica: Il neoliberalismo e le nuove tecniche del potere*. Milano: Nottetempo.

Han, B.-Ch. (2020, March 20). La emergencia viral y el mundo de mañana. *El*

País.

Han, B.-Ch. (2020, October 31). Il fattore X contro la pandemia è il senso civico. *Domani.*

Harcourt, B. E. (2015). *Exposed: Desire and disobedience in the digital age.* Cambridge-London: Harvard University Press.

Human Behavior and Emerging Technologies. (n.d.). Special issue on COVID-19 and human behavior with emerging technologies, 3(1).

Jespersen, J. L., et al. (2007). Surveillance, persuasion, and panopticon. In Y. de Kort, W. Ijsselsteijn, C. Midden, B. Eggen, & B. J. Fogg (Eds.), *Persuasive technology: Second international conference on persuasive technology* (pp. 109-120). Berlin-Heidelberg: Springer.

Klein, N. (2020, May 21). Screen new deal. *Dinamo Press.*

König, P. (2020). Dissecting the algorithmic leviathan: On the socio-political anatomy of algorithmic governance. *Philosophy & Technology, 33,* 467-485.

Laval, C. (2011). Ce que Foucault a appris de Bentham. *Revue d'études benthamiennes,* (8).

Lyon, D., & Zureik, E. (Eds.). (1996). *Computers, surveillance, and privacy.* Minneapolis: University of Minnesota Press. Lyon, D. (Ed.). (2006). *Theorizing surveillance: The panopticon and beyond.* Devon-Portland: Willan Publishing.

National Academies Press. (2020). Encouraging adoption of protective behaviors to mitigate the spread of COVID-19: Strategies for behavior change.

Pietropaoli, S. (2020, 10 de abril). La scia dell'untore: privacy, ICT e virus non informatici. *La fionda*

Milan, S., Treré, E., & Masiero, S. (Eds.). (2021). *COVID-19 from the margins: Pandemic invisibilities, policies and resistance in the datafied society.* Institute of Network Cultures.

Pinzon, C. E., & Iyengar, M. S. (2012). Persuasive technology and mobile health: A systematic review. *Linköping Electronic Conference Proceedings,* 68, 45-48.

Chan, A. S. (2004). Health captology: Application of persuasive technologies to health care. *Studies in Health Technology and Informatics,* 106, 83-91.

Preciado, P. B. (2020, 28 de março). *Aprendiendo del virus.* El País.

RAZAC, Avec Foucault Après Foucault. Disséquer la société de contrôle, L'Harmattan, Paris, 2008.

Rossi, L. S. (2020). Pandemia y plataformas: Capitalismo, controlatorios y coronavirus. *Reflexiones Marginales,* (8).

Rouvroy, A. (2013). The end(s) of critique: Data-behaviourism vs. due-process. In M. Hildebrandt & E. de Vries (Eds.), *Privacy, due process and the computational turn: Philosophers of law meet philosophers of technology* (p. 152). Routledge.

Rouvroy, A. (2020). Le capitalisme numérique colonise tous les lieux que nous dés-habitons. *Etopia, Revue d'écologie politique, 15*(33).

Schiller, H. I. (1973). *The mind managers.* Boston: Beacon Press.

Seaver, N. (2019). Captivating algorithms: Recommender systems as traps. *Journal of Material Culture,* 24(4), 1-16.

Sibony, A.-L. (2020). The UK COVID-19 response: A behavioural irony? *European Journal of Risk Regulation,* 11(Special Issue 2), 350-357.

Stiegler, B. (2010). *Taking care: Of youth and generations.* Stanford: Stanford University Press.

Stiegler, B. (2016). *Automatic society: The future of work.* Cambridge: Polity Press, 66-72.

Sylvia, J. J. (2020). The biopolitics of social distancing. *Social Media + Society,* 6(3).

Taylor, L., Sharma, G., Martin, A., & Jameson, S. (2020). What does the COVID-19 response mean for global data justice? In L. Taylor, G. Sharma, A. Martin, & S. Jameson (Eds.), Data justice and COVID-19: Global perspectives (pp. 9-17). Meatspace Press.

University of Pennsylvania's Behavior Change for Good Initiative. (s.d.). Effective strategies to boost vaccination rates.

Van Bavel, J. J., et al. (2020, September 2). National identity predicts public health support during a global pandemic. *PsyArXiv.*

Van Bavel, J. J., Baicker, K., Boggio, P. S., et al. (2020). Using social and behavioural science to support COVID-19 pandemic response. *Nature Human Behavior,* 4.

Zuboff, S. (2019). *The age of surveillance capitalism: The fight for a human future at the new frontier of power* (p. 236). PublicAffairs.

EL DATO Y LA DIFERENCIA: DILEMAS JURÍDICOS-FILOSÓFICOS

Gonzalo Ana Dobratinich

1. INTRODUCCIÓN

Las sociedades actuales producen y se enfrentan a vertiginosos cambios en los espacios sobre los cuales se despliega. Parte de esta celeridad y amplitud, puede adjudicarse a la injerencia y emerger de la tecnología.

Ciencia, tecnología y sociedad estarán en constante intercambio e intentarán mantener balanceados los niveles de comunicación entre ellos. El ritmo, la trascendencia y crecimiento alcanzados por los espacios tecnológicos se hacen cada vez más visibles en los últimos tiempos.

En ese diálogo, la sociedad adquiere mayor conciencia de los cambios que entraña la introducción de las técnicas informáticas en los diferentes órdenes de la cultura (Guibourg, 1993: 16). Los saberes receptan y hacen uso de los nuevos avances. Se preguntan, intercambian pareceres e intentan asimilar aquellos aspectos que le permiten mejorar y transformar los estudios de sus áreas específicas de trabajo.

2. [DES]CONEXIONES EPISTEMOLÓGICAS

La disrupción de la tecnología mantiene la capacidad de presentarse siempre como una novedad. La aparición misma sorprende en tanto propone la modificación del espacio rutinario de los saberes, aún de aquellos que se caracterizan por su proyección y adaptación constante. Las variables técnicas se adelantan y con ello parecen delimitar el derrotero de los espacios sobre los cuales interviene.

Los intercambios entre la tecnología y el saber se presentan in-acabados. Las nuevas propuestas dejan obsoletos e inservibles de manera instantánea no sólo a productos sino a teorías que no pueden acompañarlas. Surgirán en diferentes formas y lugares, con las más variadas estéticas, capaces de satisfacer aquellas necesidades que aún hasta el momento no se pensaban posibles (Laurie, 1986: 46). Posición de avanzada que deja estupefacta lo que en un principio se presenta como pensamiento ficcional y que luego se ofrece de manera efectiva a los sentidos. La atracción acontece no solo en su presente sino también sobre aquello que sucederá. La tecnología desvela continuamente ya que abre el juego creativo. Fascina por lo que hace existir y por lo que promete a nuestra imaginación. La provocación, la invitación a nuevos mundos, el cambio de espacios, generan su continuidad y protección.

El saber desea sumergirse en esa propuesta lúdica y siente la necesidad de intercambiar, modificar y reestructurar sus enunciados. Sin embargo, su actualización parece llegar tarde. La tecnología se adelanta con formas de comunicación diferentes (Peñaranda Quintero, 2001: 45.). Los diálogos se presentan, así como in-conclusos, lo que una vez más invita a seguir, a proyectar nuevas perspectivas de análisis que dialoguen con ese mundo venidero y del cual la única certera que tenemos es que continúa ampliando sus producciones y alcances.

3. TEORIZAR. DEL PENSAMIENTO AL CÁLCULO

La tecnología conmueve el estado de las cosas. Sin poder establecerse en una estructura del conocimiento que justifique el despliegue tecnológico, ese cúmulo de novedades puede quedar en meros anuncios aditivos sin sentido alguno. Por ello se hace necesario recuperar al espacio que posee el conocimiento, que a diferencia de la mera información es "exquisito y realizador" (Han, 2019: 89).

La teoría establece un marco epistemológico frente a la intensidad fugaz del ámbito tecnológico. Los saberes formulan una mirada capaz de fundamentar la perspectiva acumulativa que ofrecen los productos, datos y proyecciones:

> Ante la proliferante masa de información y datos, hoy las teorías son más necesarias que nunca. Impiden que las cosas se mezclen y proliferen. Y de este modo reducen la entropía. La teoría aclara el mundo antes de explicarlo. Hemos de pensar sobre el origen común de la teoría

> y las ceremonias o los rituales. Todo ellos ponen el mundo en forma. Dando forma al curso de las cosas y lo enmarcan, para que estas no se desborden. (Han, 2019: 87)

La tecnología propone avances y el saber instituye el terreno conceptual para esa adecuación. Observa y cuestiona en torno a la funcionalidad tecnológica, al mismo tiempo que instala formas de comunicación necesarias, valiosas e in-acabadas.

La discusión epistemológica indaga sobre la disposición de la gran masa de datos realizada por los algoritmos, lo que Hui llama como: "la exteriorización del pensamiento racional, que se complica en su proceso de desarrollo desde una lógica lineal hasta una lógica recursiva" (Hui, 2020: 56).

La supuesta capacidad resolutiva guarda consigo la necesidad de una acumulación exponencial de datos, "capitalismo electrónico-informático" en palabras de Lins Ribeiro (Lins Ribeiro, 2018: 19), o lo que Sadin detalla como "tecno-capitalismo" (Sadin, 2018: 122). En estos proceso, el dataísmo parece imponer un sometimiento indiscutido, parapetado en una disposición constante y masiva de información, una seguridad de llana claridad, una solución de aparente neutralidad. Aceptaciones que desdibujan toda delimitación entre lo público y lo privado en sus más diversas formas de desarrollo. Transferencias del saber que implican una delegación invisible del poder, con efectos cuestionables en la construcción armónica del tejido social.

4. INTERACCIONES TECNO-JURÍDICAS-FILOSÓFICAS

4.1. LA JUSTICIA, LAS TÉCNICAS

En el espacio de la justicia, la tecnología parece instalarse con mayor énfasis como una herramienta capaz de mejorar el tratamiento de la información jurídica y transformar la actividad de los agentes jurídicos (Guibourg et al., 1996: 15-28). La organización y recuperación de información, la celeridad en el manejo de los datos, el control de los trámites, las facilidades para la producción y corrección de los documentos, parecen ser terrenos indiscutidos y vistos con gratitud por parte de los actores jurídicos (Martino, 1977: 191). Pero la mera idea de que esos instrumentos informáticos intervengan en las decisiones judiciales parece ser inadmisible. Determinados agentes consideran que podría verse menoscabada la perspectiva humanística propia de la actividad judicial (Rossetti, 2008: 44-47).

Ubicadas entre la certeza y la desconfianza, las consideraciones sobre el funcionamiento de la tecnología en los diferentes ámbitos jurídicos parecen no encontrar un terreno en común e irrebatible. Desde los problemas iniciales de la "jurimetría" (Loevinger, 1949: 455-493) hasta la actualidad, se han establecido múltiples formas de intercambio que dan cuenta de la complejidad que presenta el binomio derecho y nuevas tecnologías. Sin poder agotar estas áreas de participación conjunta, citamos: la modernización de las instituciones judiciales, la automatización y efectivización del trabajo, la digitalización de procesos administrativos, la regulación de los actos jurídicos formalizados a través del ciberespacio, la legislación sobre el complejo universo que comprende el uso de datos o relaciones con criptomonedas, el acceso a las tecnologías de la información y la comunicación, la ampliación del conocimiento de las normas, la enseñanza del derecho a través de plataformas digitales, la regulación de los delitos virtuales (Corvalán & Dupuy, 2020: 7).

Aquí nuevamente emergen contradictorias posiciones. Numerosa bibliografía, autores e instituciones. Quienes están a favor argumentan que no se trata de un reemplazo sino de un auxilio, desde el cual la tecnología mediante su compilado de métodos, medios y capacidad resolutiva a gran escala ayudaría en la toma de decisiones. La injerencia de la informática sería un aporte sustancial para la sistematización, organización y simplificación de la miríada de datos que inciden y participa en el proceso de construcción formal de aspecto del universo judicial (Frosini, 1978: 34-35). Quienes se muestran reacios a esta posición desconfían de la pretendida objetividad y neutralidad sobre la programación y posterior funcionamiento de la informática. Así como también, indican que están poco delimitados los usos, las funciones y propósitos que estas herramientas pueden aportar en el derecho (Cerdio Herrán, 2010: 56-87).

4.2. DILEMAS DE DATOS Y DERECHOS

Los dilemas son acompañados por respuestas que intentan dar clausuras y avances. Se verán pues emerger consideraciones que sostendrán la inscripción de códigos éticos. Pero bien, podemos pensar que la creencia en un orden de funcionamiento codificado, no hace más que producir la automatización de la ética misma. Las perspectivas éticas, espacio marcadamente dialógico, de disputa, necesario y en constante tensión "disenso-consenso" para su necesario funcionamiento, se estanca, se somete a un plano desértico, sin impurezas, pliegues, fisuras; sin desgastes ni desniveles, sin incomodidades ni frenos. Así, los datos exponen su violenta capacidad ilimitada de ofrecer, ofrecer y ofrecer; de hacer, producir, proponer, disponer. Sin quejas ni reparos, sin negatividades. Sin indagarse por la otredad disidente, diferente; en tanto la iguala como un dato. Pura positividad.

Una excedencia fascinante pero también cuestionable. La expansividad ilimitada dificulta el conocimiento de las formas en que los procesos algorítmicos disponen de los datos en la administración de justicia. La incapacidad para entender el funcionamiento, convierte al sistema en un espacio hermético, distante y de escasa confianza. Una caja negra (black box) que solo expone la simpleza del resultado, mientras que previamente exige una aceptación en la metodología de sus procesos decisorio (Herrmann, 2004: 1).

Pero en tanto el aumento informático es constante, frente a esta forma de proceder, han surgido numerosas exigencias para clarificar el pensamiento calculador, analizar las descripciones y solicitar el detalle de las valoraciones. En este sentido, se crearon variables reactualizadas. Programas que ofrecen herramientas para entender, interpretar y explicar el funcionamiento del trabajo algorítmico, invirtiendo así la idea de opacidad (black box), por las nociones de simpleza y claridad de las cajas de cristal (glass box). Así, se propone una mirada total, amplia y capaz de comprender las características de los datos sobre las cuales trabaja la red neuronal (Heaven, 2020: 1). Un control total que permite saber si los procedimientos o los modelos resultante son precisos, y por sobre todo, imparciales.

Sin embargo, la lógica paradojal vuelva a retornar. Si las black box reservan información, las glass box presentan una excesiva y obscena transparencia, también capaz de generar desinformación. El exceso del dato, satura. Solo pretende ubicarse allí, como lugar de recurrencia a una seguridad impuesta, pero no cuestionada. Ya no significa a contrario sensu, una disposición precisa, sino, una verborragia informática caótica, una sobrecarga de información. Es decir, el dato masivo, como forma de agotamiento de los sistemas posible en la sociedad. La sobrecarga, no permite la diferenciación, sino que por lo contario exige la "expulsión de lo distinto" (Han, 2017: 22), el reconocimiento de la igual, lo esperable y medido.

Esta sobrecarga de información exige la existencia de áreas signadas por la especificidad y nuevamente se recurre al desconocimiento. Pero a su vez, el incremento absurdo y acelerado de la producción de datos, instala otros dilemas, signados por la necesidad de su visibilización y la urgencia de soluciones. La maximización del uso de la tecnología, la exigencia de su aplicabilidad y la necesidad de su manejo en diferentes áreas pone en evidencia las desigualdades estructurales de acceso a la tecnología.

CONCLUSIONES

El slogan igualitario y globalizador, omite de manera deliberada las diferencias que se instalan. Téngase en cuenta el alto porcentaje de personas que no tienen acceso al servicio eléctrico. A ello debemos sumarle la dificultad de tener un dispositivo que permita la conectividad. Estos números aumentan si consideramos a los individuos que no tiene acceso a internet. Ahora bien, dentro del grupo de personas que tienen acceso, existe un alto índice de analfabetismo tecnológico, ya que desconoce el uso y funcionamiento de las herramientas disponibles (ITU, 2023). Estas cuestiones inciden directamente en el ámbito jurídico, en tanto restringe el acceso a los mecanismos de justicia.

Espacio abierto pero al mismo tiempo limitado. Estrategia paradojal del discurso tecno-jurídico (Cárcova, 2012: 77). Una igualación que funciona desde una implícita desigualdad y discriminación. Tal como señala Muñoz Gutiérrez:

> Grupos históricamente excluidos y oprimidos, tales como personas latinas, pueblos originarios, comunidades LGBTIQ+, minorías religiosas, personas de escasos recursos, entre otras, son comúnmente afectados de forma desproporcionada, reproduciendo y perpetuando injusticias sociales. Sistemas predictivos que trabajan cuestiones en materia jurídica sobre abuso infantil asocian erróneamente pobreza con abusos, sistemas predictivos de delitos que asocian delincuencia a racismo policial histórico, sistemas predictivos que detectan erróneamente fraudes de beneficios sociales a personas honestas de escasos recursos, la determinante y peligrosa discriminación en sistemas de reconocimiento facial, los generalizados sistemas automatizados de contratación de personal. (Muñoz Gutiérrez, 2023: 273)

Estos grandes y profusos avances del desarrollo y aplicación de la tecnología en la administración de justicia, necesariamente nos exigen el análisis de varios tópicos. Por un lado, visibilizar los efectos positivos y negativos de su aplicación en las funciones decisorias (Domínguez, 2018: 1). Por otro lado, construir herramientas teóricas sólidas, que permitan mantener un diálogo actualizado y transparente. El uso y despliegue de las funciones algorítmicas implica una posición y una exposición sobre nuestras formas de conceptualizar las nociones de sociedad, futuro y bienestar. Esta construcción narrativa incide en la delimitación y expansión de las expectativas esperadas. Por ello, no podemos limitar su análisis a especificidad de la técnica.

Será necesario reflexionar de manera interdisciplinaria sobre las construcciones epistemológicas y herramientas metodológicas del derecho, con el propósito de poder equilibrar su diálogo e interrelación con los avances tecnológicos.

El intercambio dialógico pluralista se presenta como una propuesta fructífera para pensar las relaciones entre el ámbito jurídico y el vertiginoso crecimiento de la tecnología en los tiempos actuales, con el propósito de poder equilibrar y actualizar el diálogo entre ambos espacios. Muchas serán las propuestas y los interrogantes ante un espacio, que por momentos se nos presenta fascinante y desconocido.

REFERENCIAS BIBLIOGRÁFICAS

Cárcova, C. M. (2012), Las teorías jurídicas postpositivistas, Buenos Aires: Ed. Abeledo Perrot.

Cerdio Herrán, J. A. (2009). Informática jurídica pragmática. Una propuesta de metodología jurídica (Tesis de Doctorado en Derecho). Facultad de Derecho de la Universidad de Buenos Aires, Buenos Aires.

Correa, C. M. (1991). Evolución reciente del derecho informático en América Latina, La Ley, A, p. 848.

Corvalán, J. G. & Dupuy, Daniela (dir.) (2020), Cibercrimen III. Inteligencia artificial, automatización, algoritmos y predicciones en el derecho penal y procesal penal, Buenos Aires: Ed. B de F.

Domínguez, N. (2018). Estupidez artificial: el problema que nadie vio venir, Los fallos de diseño en los algoritmos tienen un impacto en la vida de millones de personas. El País. https://elpais.com/elpais/2018/11/15/ciencia/1542314780_296201.html

Frosini, V. (1978), Cibernética, derecho y sociedad, Madrid: Ed. Tecnos.

Guibourg, R. A. (1993), Informática jurídica decisoria, Buenos Aires: Ed. Astrea.

Guibourg, R. A., Allende, J. C. & Campanella, E. M. (1996), Manual de informática jurídica, Buenos Aires: Ed. Astrea.

Han, B. C. (2017), La expulsión de lo distinto, Buenos Aires: Ed. Herder.

Han, B. C. (2019), La agonía del Eros, Argentina: Ed. Herder.

Heaven, D. (2020). Caja negra vs. de cristal: la IA que funciona contra la que se explica. MIT Technology Review. https://www.technologyreview.es/s/11839/caja-negra-vs-de-cristal-la-ia-que-funciona-contra-la-que-se-explica

Herrmann, J. T. (2004). Algoritmo procesal: factibilidad teórica y práctica de automatizar el proceso judicial, SAIJ. http://www.saij.gob.ar/doctrina/dacc040091-herrmann-algoritmo_procesal_factibilidad_teorica.htm

Hui, Y. (2020), Fragmentar el futuro. Ensayos sobre tecnodiversidad, Buenos Aires: Ed. Caja Negra.

International Telecommunication Union (ITU), World Telecommunication/ICT Indicators Database 2023, 27th edition. https://www.itu.int/hub/publication/d-ind-wtid-ol-2023/

Laurie, P. (1986), Informática para todos, Barcelona: Ed. Salvat.

Lins Ribeiro, G. (2018). El precio de la palabra: La hegemonía del capitalismo electrónico-informático y el Googleismo. Desacatos: Revista de Ciencias Sociales, 56, 16-33.

Loevinger, L. (1949). Jurimetrics: The next step forward. Minnessota Law Review, XXXIII, p. 455.

Martino, A. A. (1977). Ausilio elettronico nel tribunale municipale di Buenos Aires. Informatica e Diritto, 3(1), 191-197.

Muñoz Gutiérrez, C. (2021). La discriminación en una sociedad automatizada:

Contribuciones desde América Latina. Revista Chilena de Derecho y Tecnología, 10(1), 271-307.

Peñaranda Quintero, H. R. (2001), Iuscibernética: Interrelación entre el Derecho y la Informática, Caracas: Ed. Fondo Editorial para el Desarrollo de la Educación Superior.

Rossetti, A. (2008), Legal informatics, Bergamo: Ed. Moretti & Vitali.

Sadin, É. (2018), La silicolonización del mundo, Buenos Aires: Ed. Caja Negra.

QUANDO ALGORITMOS PRETENDEM DIZER "QUEM SOMOS": VERDADE E SUBJETIVIDADE NO REGIME ALGORÍTMICO DE SABER

Helena Strecker

1. INTRODUÇÃO

Em 2015, pesquisadores da Universidade de Cambridge fizeram um experimento utilizando dados de curtidas no Facebook: eles queriam provar que modelos computacionais poderiam ser mais eficazes do que humanos em avaliar traços de personalidade das pessoas. As conclusões do estudo indicam que um conjunto simples de algoritmos precisa de 10, 70, 150 e 300 curtidas no Facebook para conhecer melhor a personalidade de uma pessoa do que, respectivamente, um colega de trabalho, um amigo, um membro da família e um cônjuge (Kosinski et al., 2015; Faltay, 2020). Poucos anos depois, alguns dos mesmos pesquisadores defenderam que algoritmos podem inferir a sexualidade de pessoas a partir de padrões visíveis no rosto humano, acertando com mais precisão do que humanos a orientação sexual de 81% dos homens e 83% das mulheres (Wang; Kosinski, 2018). A ideia de que ***algoritmos seriam capazes de nos conhecer melhor do que amigos, familiares ou até nós mesmos*** vem sendo disseminada por entusiasta das novas tecnologias, CEOs, teóricos e até mesmo pesquisadores[1], sustentando a "precisão" ou "eficácia" do novo regime algorítmico de saber.

Mas para além de debater a legitimidade científica dos dois estudos mencionados, interessa aqui apontar como a coleta de dados produzidos a partir de nossos comportamentos online se tornou material para um novo regime de produção de conhecimento, que não apenas embaralha as fronteiras entre os laboratórios científicos e a vida social, como insere empresas privadas nos processos de construção de saber (Bruno, 2018). Interpretadas

1 Duas figuras emblemáticas que deram visibilidade à essa ideia foram Yuval Harari, historiador e autor do livro *Homo Deus: uma breve história do amanhã*, e Tristan Harris, co-fundador do *Center for Humane Technology*. Ver em: https://www.wired.com/story/artificial-intelligence-yuval-noah-harari-tristan-harris/

como uma representação fidedigna da realidade, nossas ações no mundo virtual têm sido cada vez mais mobilizadas para inferir certas "verdades" do sujeito, como preferências, gostos, desejos, intenções e até mesmo emoções e características psicológicas. Conforme discutiremos neste ensaio, o ***regime algorítmico de verdade*** se sustenta sob a promessa preditiva de conhecer - até melhor do que nós mesmos - aspectos relacionados à individualidade, intimidade e subjetividade humanas. Em uma lógica que entrelaça corporações, ciência e sociedade, os algoritmos se consolidam no mundo contemporâneo como entidades místicas ou oraculares capazes de "ler a nossa mente".

Neste texto, buscaremos pensar como a lógica algorítmica de produção de conhecimento tem convergido com duas transformações características do mundo contemporâneo: por um lado, uma mudança histórica nos regimes de subjetivação e nas próprias ideias de sujeito, indivíduo e pessoa; por outro, uma reconfiguração em torno dos sentidos e estatutos da verdade. Se há alguma subjetividade ou individualidade humana capaz de ser compreendida na relação com as plataformas digitais de comunicação, o sentido destes termos parece possuir características muito diferentes do mundo moderno. A verdade ou autenticidade do sujeito não estaria mais naquilo que ele pensa ou diz sobre si, mas em uma complexa rede algorítmica de análise de dados e de modelos estatísticos que pretendem dizer "quem somos" e o que queremos consumir.

2. UM OLHAR SOBRE A NOÇÃO DE VERDADE

> [...] os filósofos têm sua própria maneira de se interessar pela verdade. Uma maneira um tanto ardilosa. Não quero dizer que eles não pretendem dizer a verdade; não digo que não conseguem dizer, de tempos em tempos, alguma coisa verdadeira [...]. ***Mas pretendem dizer a verdade a respeito da própria verdade*** (Foucault, 2022: 120, grifo nosso).

Friedrich Nietzsche e Michel Foucault são dois dos principais autores modernos que trabalharam a noção de "verdade" a partir de uma perspectiva crítica e histórica. Ainda no século XIX, Nietzsche se consolidou como um grande crítico da tradição filosófica ocidental, questionando a busca - e a própria ideia - de uma verdade única, objetiva e eterna. Para ele, a verdade é uma forma de interpretar o mundo, uma determinada perspectiva que é parcial, construída e que atende a interesses e intenções morais. Tanto na sua crítica à ciência como à moral cristã, Nietzsche defende que não há uma única perspectiva possível e verdadeira sobre o mundo, mas interpretações que fortalecem ou não a vontade de potência da vida - de modo que é a ética, e não a moral, que deve guiar a busca pelo conhecimento. Para o filósofo, portanto, toda verdade é instável, finita e temporária. Como explica Roberto Machado, para Nietzsche as "verdades são ilusões que foram esquecidas como tais" (Machado, 1999: 101).

A contribuição de Michel Foucault para a crítica da verdade, por sua vez, presta especial atenção às relações entre saber e poder, deixando claro que não se trata exatamente de um combate "contra" ou "em favor" da verdade, mas em torno do estatuto da verdade e do papel econômico-político que ela desempenha. Para o autor, o importante é que a verdade não existe fora do poder ou sem poder, ela é sempre uma produção "deste mundo", associada a múltiplas coerções e efeitos de poder. Foucault, portanto, concebe a verdade não como o "conjunto de coisas verdadeiras a descobrir ou fazer aceitar", mas como o "conjunto de regras segundo as quais se distingue o verdadeiro do falso" (Foucault, 2016: 53). Neste sentido, ele dá continuidade à crítica nietzschiana sobre o caráter histórico, construído, parcial e instável da verdade, enfatizando como cada sociedade acolhe e faz funcionar certos discursos, estabelecendo regras que permitem distinguir quais enunciados podem ser caracterizados como verdadeiros ou falsos. Sua tese, portanto, é de que o exercício do poder é sempre acompanhado por uma determinada manifestação da verdade.

> Cada sociedade tem seu regime de verdade, sua "política geral" de verdade: isto é, os tipos de discurso que ela acolhe e faz funcionar como verdadeiros; os mecanismos e as instâncias que permitem distinguir os enunciados verdadeiros dos falsos, a maneira como se sanciona uns e outros; as técnicas e os procedimentos que são valorizados para a obtenção da verdade; o estatuto daqueles que têm o encargo de dizer o que funciona como verdadeiro (Foucault, 2016: 52).

Como diz em uma conferência realizada na Universidade de Toronto em 1982, Foucault esteve interessado em entender os critérios e condições necessárias para formular uma proposição verdadeira, bem como os estatutos ontológicos e epistemológicos do erro. Isso envolve colocar uma série de questões a respeito da verdade, tais como: "Por que queremos conhecer a verdade? Por que preferimos a verdade ao erro? Por que somos obrigados a dizer a verdade? Qual a natureza dessa obrigação?" (Foucault, 2022: 120). O que ele busca fazer, portanto, é analisar as várias formas históricas dessa "vontade de verdade", isto é, o fato de estarmos ligados pela obrigação de dizer a verdade (Foucault, 2022: 121).

Outro ponto que interessa no trabalho de Michel Foucault é a relação que o autor estabelece entre verdade e subjetividade. Em *Do Governo dos Vivos*[2], Foucault (2014) propõe uma análise do cristianismo primitivo para pensar como a exigência de que indivíduos manifestem a verdade se tornou um aspecto central dos modos de governo ocidentais e da própria construção da subjetividade. O "governo dos homens", para Foucault, não requer apenas obedecer, mas manifestar ou enunciar "o que nós somos". A cultura ocidental cristã exige, além dos atos de obediência e submissão, "atos de verdade", nos quais se requer "não apenas que o sujeito diga a verdade, mas diga a verdade a propósito de si mesmo, das suas faltas, dos seus desejos, do estado da sua alma etc." (Foucault, 2014: 291). Para o autor, a subjetividade cristã, e por conseguinte a subjetividade ocidental, se constitui em torno de princípios que envolvem a obediência e a elaboração de uma certa verdade sobre si - construindo uma série de práticas e dispositivos que vão desde a confissão e a penitência até os diários íntimos, romances, a própria psicanálise e outros modos de enunciação do eu. Assim, Foucault acredita que práticas e técnicas características do pastorado teriam sido reapropriadas na modernidade, dando forma a uma nova arte de governar.

Se o sujeito cristão é aquele que deve saber quem é, o que se passa em si e enunciar em primeira pessoa esta verdade sobre si perante Deus, a transição para o mundo moderno se caracteriza pela construção de modelos científicos e racionais de conhecimento e classificação da subjetividade. Na modernidade, a verdade do sujeito se associa à produção de saberes e campos de conhecimento dedicados ao estudo do "homem", como as ciências humanas, a psicologia e a psiquiatria. A construção da figura do sujeito psicológico, assim, é correlata à emergência de um certo discurso científico autorizado a enunciar a verdade a respeito

2 O curso *Do Governo dos Vivos* (1979-1980), foi ministrado no Collège de France no ano seguinte aos cursos ***Nascimento da Biopolítica*** (1978-1979) e ***Segurança, Território, População*** (1977-1978), nos quais Foucault elabora a noção de "governamentalidade", circunscrevendo o poder como um exercício do governo através da "condução das condutas". Se nos anos anteriores, portanto, Foucault vinha trabalhando em torno da noção de governo, o curso *Do Governo dos Vivos* tem como problema central "o governo dos homens pela verdade", ampliando a relação saber-poder para saber-poder-verdade.

das instâncias psicológicas que o compõem, como o psiquismo, a cognição, a mente, a consciência, a identidade, o *self*, bem como as interpretações dessa dimensão intrapsíquica, envolvendo desejos, emoções e dimensões inconscientes (Prado Filho & Martins, 2007).

3. SUBJETIVIDADE, INTERIORIDADE E INTIMIDADE

Neste sentido, a perspectiva de Foucault - a partir de Nietzsche - sobre o caráter histórico e construído da verdade contribui para compreender também como o autor entende as noções de sujeito, indivíduo, subjetividade e interioridade. Para Foucault, todas essas categorias são produções históricas, e não instâncias palpáveis, inatas ou existentes a priori. Suas pesquisas, portanto, dedicam-se à investigação de como os seres humanos foram enquadrados em cada uma dessas categorias ao longo da história e através de diferentes culturas, contribuindo para uma "história do presente", isto é, para o entendimento de como nos tornamos o que somos hoje. Se os trabalhos de Foucault retornam para a Grécia antiga ou para o cristianismo primitivo, é porque o autor acredita que certos problemas contemporâneos e interesses do presente podem ser elucidados a partir deste movimento histórico - ou melhor, *genealógico*. A abordagem da genealogia, como descreve, "significa que eu começo minha análise a partir de uma questão disposta no presente" (Foucault, 1988: 262).

Foucault, portanto, contesta a concepção de que a subjetividade seria um núcleo interno e pré-existente de cada indivíduo, questionando a ideia de um "eu" unificado e estável. Para ele, as subjetividades são modos de ser e de estar no mundo que, longe de qualquer essência fixa, transformam-se na relação com diferentes mediações sociais, históricas e técnicas. Diferentes modos de vida históricos, com suas práticas e tecnologias, supõem, propõem e estimulam modelos de corpos e subjetividades compatíveis. Desse modo, seu interesse consistiu em investigar de que maneiras essas mediações contextuais e culturais transformam os processos pelos quais alguém se torna o que se é, ou fazer uma "história da subjetividade" (Foucault, 2022: 147).

> Creio que nossa subjetividade - e, para mim, esta é a principal diferença com o que poderíamos chamar de teoria fenomenológica - não é

> uma espécie de experiência de si radical, imediata, mas que *há muitas mediações sociais, históricas, técnicas entre nós mesmos e nós mesmos.* E o domínio dessas mediações, a estrutura, os efeitos dessas mediações, é exatamente esse o tema da minha investigação desde o começo (Foucault, 2022: 147, grifo nosso).

Neste sentido, se o cristianismo produz uma certa interioridade religiosa, estimulando a reflexão e enunciação do sujeito sobre si, seus próprios atos e pecados, a modernidade introduz novos elementos à compreensão da experiência humana, ao mesmo tempo que se apropria de certas práticas do pastorado. A obrigação cristã de dizer a verdade sobre si (o "diga-me quem tu és"), estimula um modelo de individualização com ênfase na interioridade, pressupondo uma alma interna e única de cada indivíduo. Por sua vez, o modelo disciplinar moderno, com suas práticas de vigilância, também pressupõe e estimula uma individualização e interiorização do sujeito, na medida que essa interioridade seria o objeto a ser observado. A subjetividade moderna, entretanto, é marcada menos pelos pela obediência e mais pela disciplina, processo que envolve uma interiorização do olhar e do julgamento alheio. A ênfase na racionalidade, individualidade e autonomia na modernidade contribui para a concepção de um sujeito autônomo que age de acordo com suas próprias escolhas e razão, marcando uma mudança em relação à submissão às autoridades externas presentes em épocas anteriores.

No paradigma moderno, portanto, a verdade do sujeito está associada a uma dimensão íntima, uma interioridade privada e profunda, a um "mundo interno" que é próprio de cada indivíduo. Neste contexto, a narrativa de si se relaciona a um processo de decifrar a si mesmo ou buscar acessar uma realidade autêntica que é opaca não só ao olhar do outro, como por vezes ao próprio sujeito (Bruno, 2013). O sujeito moderno constrói seu eu nas profundezas de uma interioridade psíquica, em uma esfera íntima onde se passam uma série de pensamentos, emoções, lembranças e sentimentos privados, ou seja, organiza a experiência de si em torno dessa vida interior (Sibilia, 2016). Neste sentido, uma série de dicotomias marcam essa construção subjetiva, como interioridade e exterioridade, público e privado, verdadeiro e falso, aparente e oculto.

> A interioridade individual foi coagulando, assim, como um lugar misterioso, rico e sombrio ao mesmo tempo, localizado dentro de cada sujei-

> to. Um âmago secreto onde despontariam os pensamentos, as emoções e os sentimentos de cada um, para serem cultivados e elaborados em silêncio e solidão, a salvo dos atropelos do mundo exterior e público, composto por tudo aquilo que se supunha fora de cada indivíduo em particular (Sibilia, 2016: 133).

Assim, ainda que muitas características da subjetividade moderna continuem presentes no mundo contemporâneo, há algumas transformações para as quais devemos nos atentar de modo a avançar nosso argumento sobre a reconfiguração do regime de verdade e de subjetivação na era algorítmica. Enquanto a subjetividade moderna estava ligada a uma dimensão privada, interiorizada, profunda e opaca, *na contemporaneidade se sobrepõe a ela uma subjetividade exteriorizada, cujo foco de investimentos e cuidados é a aparência e a visibilidade.* Apesar de a intimidade continuar sendo muito valiosa para cada um, sobretudo na definição de quem se é, ela parece transbordar cada vez mais os limites do espaço privado. Algumas pistas sobre essa transformação podem ser encontradas nos trabalhos de Paula Sibilia (2016) e Fernanda Bruno (2013), que observam como a internet e a televisão tornaram-se, entre o final do século XX e início do XXI, cenários recorrentes de exposição da intimidade.

4. A SUBJETIVIDADE CONTEMPORÂNEA E O DESEJO DE EXIBIÇÃO DA INTIMIDADE

Conforme descreve Sibilia (2016), as tendências de exibição da intimidade e espetacularização diária da vida cotidiana proliferam hoje em dia não só na internet, mas em diversos meios artísticos e de comunicação, evidenciando não apenas uma mera invasão da antiga privacidade, mas um fenômeno novo. Estas novas práticas, como descreve, "dão conta de um desejo de evasão da própria intimidade, uma vontade de se exibir e falar de si. Em termos foucaultianos: um desejo de exercer a técnica de confissão, a fim de saciar os vorazes dispositivos que têm 'vontade de saber'" (Sibilia, 2016: 115). Aquele "eu" outrora desenvolvido no âmbito íntimo, demonstra fortes ansiedades de forçar os limites do espaço privado para mostrar a "*extimidade*" (Sibilia, 2016), flexibilizando e alargando os limites do que pode se exibir.

> Com a ajuda de toda essa parafernália digital - das câmeras embutidas nos celulares de qualquer um até as dos *paparazzi*, dos blogs às redes como *Facebook* ou *Youtube*, das câmeras de segurança aos *reality-shows* e *talk-shows* da televisão -, a velha intimidade se transformou em outra coisa. E agora, convertida em *extimidade*, está à vista de todos (Sibilia, 2016: 115).

Para a autora, entender estes processos é mais complexo do que simplesmente dizer que hoje o privado se tornou público e que a velha intimidade estaria desaparecendo. Trata-se de um novo regime de produção de subjetividades, que germina modos de ser cada vez mais distante daquele caráter *introdirigido* do sujeito moderno. Se a subjetividade antes era cultivada e elaborada em silêncio e solidão, a salvo dos atropelos do mundo exterior e público, os modos de constituição do eu contemporâneo e as formas de se relacionar com o mundo e com os outros parecem impelir uma *exteriorização da subjetividade* (Sibilia, 2016). Este novo tipo de sujeito busca desesperadamente atrair olhares e aprovações, vive *performando* para "aqueles que assistem". "Sob o império das subjetividades *alterdirigidas*, o que se *é* deve ser *visto*, e supõe-se que cada um *é* aquilo que *mostra* de si mesmo [...] Trata-se, em síntese, de um universo onde só é o que se vê e como se deixa ver" (Sibilia, 2015: 257).

De forma similar, Bruno (2013) argumenta que a contemporaneidade produz uma inversão da *topologia da subjetividade*. Enquanto na modernidade a subjetividade era circunscrita ao espaço privado e seus diversos níveis de vida interior - casa, família, intimidade, psiquismo -, o regime atual de produção de subjetividade está cada vez mais voltado para o espaço aberto dos meios de comunicação e seus diversos níveis de vida exterior - tela, imagem, interface, interatividade (Bruno, 2013: 81). Nesta reconfiguração, ainda que a interioridade permaneça presente, ela "deixa de ser o foco privilegiado de cuidados e controles, assim como talvez deixe de ser a morada mesma da verdade ou do desejo" (Bruno, 2013: 81).

5. O SUJEITO "DATIFICÁVEL"

Uma série de deslocamentos podem ser apontados, portanto, entre o "conhece-te a ti mesmo" e os algoritmos que pretendem "nos conhecer melhor do que nos mesmos". O que nos leva a afirmar, como mostramos nos dois exemplos do início deste ensaio, que softwares e modelos computacionais podem prever com ***mais precisão do que humanos*** atributos como personalidade e orientação sexual? Se no regime moderno essas características eram consideradas privadas, íntimas e ocultas ao olhar alheio, hoje elas teriam se tornado acessíveis ao "olhar" dos algoritmos. Nessa reconfiguração das fronteiras entre público e privado, a "verdade" do sujeito parece não mais residir na interioridade e intimidade de cada um, mas nas redes de coleta e análise de dados que pretendem dizer (até melhor do que nós mesmos) quem somos, de que gostamos ou o que queremos consumir.

O que buscamos argumentar aqui é que o regime de saber algorítmico reflete algumas transformações significativas na relação entre verdade e subjetividade. A emergência de um ***sujeito "datificável"***, que pode ser compreendido a partir da análise algorítmica de dados associados a suas ações online, parece ser outra faceta desse fenômeno mais amplo e complexo que mencionamos, que envolve a reconfiguração da topologia da subjetividade e das fronteiras entre interioridade e exterioridade, intimidade e "*extimidade*", essência e aparência, verdadeiro e falso (Sibilia, 2016; Bruno, 2013).

Assim, mais do que questionar se estes algoritmos efetivamente "nos conhecem" ou "acertam" suas previsões - seja a respeito da série que queremos assistir, da roupa que queremos comprar, de nossas emoções ou orientações sexuais -, o que interessa aqui é apontar que o governo algorítmico se fundamenta a partir de um outro regime de verdade e subjetivação. A partir dos trabalhos de Rouvroy e Berns (2015), Van Dijck (2017), Bruno (2019) e Pereira (2022), apresentaremos algumas características dessa nova ***racionalidade algorítmica***, entendida aqui como um modelo de racionalidade no qual "os algoritmos ocupam um lugar central no conhecimento de uma certa realidade" (Bruno, 2019), isto é, nos modos de captura, ordenação, classificação e interpretação do mundo.

A primeira característica é que o regime algorítmico de saber se ancora na ***datificação*** da realidade, ou seja, na transformação de toda ação social e experiência humana em dados computáveis, quantificáveis e rastreáveis (Van Dijck, 2017). Neste contexto, categorias como o sujeito ou a subjetividade, cuja complexidade atravessa a longa história das ciências humanas, necessariamente precisam ser reduzidas ou simplificadas para tornarem-se "legíveis" do ponto de vista maquínico. O ***sujeito datificado*** ou ***datificável***, portanto, é justamente este sujeito que é "feito de dados" (Chenney-Lippold, 2017), que é construído a partir das categorizações que algoritmos e modelos matemáticos fazem de suas ações. Trata-se de um corpo estatístico, que é interpelado pela lógica algorítmica não por sua capacidade de entendimento ou expressão (por aquilo que pensa ou diz sobre si), mas pelo que os dados revelam sobre seu comportamento online (Chenney-Lippold, 2017).

Logo, a autenticidade no regime algorítmico não está naquilo que o indivíduo fala para os outros ou no entendimento que tem de si próprio, mas nos rastros digitais diários que são coletados a partir de seus comportamentos (cliques, ***likes***, ***posts***, compartilhamentos etc.), isto é, em tudo aquilo que pode ser ***medido*** e ***calculado computacionalmente*** sobre ele. Em um movimento interpretativo herdado do behaviorismo, estes dados de interação com as redes passaram a ser considerados inclusive mais ***verdadeiros*** ou ***autênticos*** do que as informações que fornecemos explicitamente sobre nós mesmos e nossas preferências (Seaver, 2018).

Outra característica importante da nova racionalidade algorítmica é que ela se legitima a partir das promessas de objetividade, neutralidade, acurácia e eficiência dos dados e da estatística, uma vez que o processo de produção de conhecimento dependeria o mínimo possível das intervenções humanas - com todos seus problemas e "subjetividades" (Rouvroy; Berns, 2015). Como descreve Bruno (2019), este regime de saber representa um deslocamento epistêmico no qual o humano é colocado "sob suspeita", de modo que as decisões passam a ser consideradas mais objetivas, neutras e confiáveis quanto mais automatizadas. A própria ***razão***, antes atributo do excepcionalismo humano, passa a ser entendida como "uma faculdade compartilhada com atores técnicos, agora dotados de uma 'razão sintética' e considerados, inclusive, mais confiáveis que nós" (Pereira, 2022: 6).

Essa razão algorítmica se ancora em um modelo estatístico da realidade, de modo que o enunciado considerado "verdadeiro" é aquele com maior probabilidade de acontecer. Conforme argumenta Pereira, a estatística algorítmica busca probabilizar a totalidade da realidade, "esquadrinhando-a em termos puramente numéricos e traçando um mapa de suas tendências, propensões, inclinações e potencialidades" (Pereira, 2022: 12). Diferente da estatística moderna, "não se trata mais de excluir o que sai da média, mas de evitar o imprevisível" (Rouvroy & Berns, 2015: 41). Todo o campo de ações e escolhas possíveis dos indivíduos são modulados de acordo com as *malhas do provável* (Pereira, 2022).

Neste sentido, a racionalidade algorítmica se preocupa menos em extrair uma determinada verdade ou certeza sobre os gostos ou preferências de certo indivíduo - se é que isso existe - e mais em fazer uma previsão suficientemente boa (em termos probabilísticos) para influenciar ou desencadear determinada ação. Para Bruno, esse regime representa um deslocamento de um modelo representacional do conhecimento para um modelo performativo, no qual não interessa apenas *conhecer* determinado fenômeno, mas *agir* ou *intervir* diretamente sobre ele (Bruno, 2019).

Por exemplo, ao mesmo tempo que os algoritmos descobrem quais filmes podemos querer assistir, a própria arquitetura de escolhas e visualizações de opções é alterada para tornar aquela previsão mais provável de se concretizar. Dito de outra forma, a antecipação algorítmica é projetada de modo a "aumentar a probabilidade de que nosso próximo passo seja na direção que os algoritmos sutilmente recomendam" (Bruno, 2022: 54). O valor dos fluxos de dados, portanto, não está tanto em dizer "quem somos" ou o que nossos dados dizem sobre nós, mas no que pode ser inferido sobre quem *podemos ser*, isto é, em seu potencial *preditivo*, de modo que é mais relativo ao futuro do que ao passado (Amoore, 2011).

O problema da racionalidade algorítmica não é que ela falha em nos entender ou que ela erra em suas recomendações, mas que ela restringe as possibilidades múltiplas do que poderíamos *vir a ser, vir a gostar, vir a fazer*. O regime algorítmico de cálculo de probabilidades confina as pessoas em mundo pouco permeáveis a contradições, ambiguidades, diversidade e diferenças (Bruno, 2020), definindo a "verdade" de quem somos como aquela mais provável. Questões complexas e até mesmo indefinidas - quem somos? do que gostamos? -, são reduzidas a cálculos probabilísticos e inseridas em disputas de mercado e audiência entre corporações digitais.

Assim, o interesse deste ensaio ao pensar a relação entre verdade e subjetividade no regime algorítmico não é tanto questionar a eficiência desses modelos em prever quem somos, mas indagar se o contato intenso e recorrente com esta interpretação algorítmica de nossas subjetividades tem nos levado a performar este *sujeito datificado,* que é tão *previsível* quanto *influenciável.* O questionamento a essa promessa algorítmica de "nos conhecer melhor do que nós mesmos", portanto, está menos relacionado a se os algoritmos têm acesso, decifram ou conhecem a nossa intimidade, e mais à forma como o regime contemporâneo de produção de subjetividade vem se entrelaçando com os processos algorítmicos e estatísticos de interpretação dos sujeitos e suas identidades.

Isso implica abordar duas facetas que atravessam o atual regime algorítmico. Por um lado, o modo de funcionamento desses sistemas *pressupõe* um sujeito datificável, *previsível,* que pode ser compreendido e decifrado a partir da análise de seus rastros e comportamentos digitais. Por outro, essa lógica de governo das condutas *estimula* a produção de subjetividades *influenciáveis,* que confirmarão aquela previsão ou inferência algorítmica. Não se trata de dizer que a autonomia individual está em risco ou que não podemos decidir por conta própria o que queremos consumir, mas de considerar que o contato recorrente com as interpretações algorítmicas sobre quem somos produz algum efeito sobre nossos modos de subjetivação. A questão é a seguinte: *como passamos a entender nós mesmos quando algoritmos pretendem dizer quem somos?* A relação cada vez mais íntima e complexa entre humanos e máquinas transforma não apenas o que historicamente se entendeu por humano e as maneiras através das quais se buscou "conhecer" a subjetividade, mas reconfigura efetivamente o que somos, de que maneira nos vemos e como nos construímos enquanto sujeitos.

REFERÊNCIAS BIBLIOGRÁFICAS

Amoore, L. (2011). Data derivatives: On the emergence of a security risk calculus for our times. *Theory, Culture & Society, 28*(6), 24-43. https://doi.org/10.1177/0263276411417430

Bruno, F. (2013). *Máquinas de ver, modos de ser: vigilância, tecnologia e subjetividade.* Porto Alegre: Sulina.

Bruno, F. (2018, junho 12). A economia psíquica dos algoritmos: quando o laboratório é mundo. *Nexo Jornal.* Disponível em: https://www.nexojornal.

com.br/a-economia-psiquica-dos-algoritmos-quando-o-laboratorio-e-o-mundo

Bruno, F. (2019, novembro 2). Tecnopolítica, racionalidade algorítmica e mundo como laboratório. *Caderno IHU Online, Instituto Humanas Unisinos.* Recuperado em: http://www.ihu.unisinos.br/78-noticias/594012-tecnopolitica-racionalidade-algoritmica-e-mundo-como-laboratorio-entrevista-com-fernanda-bruno

Bruno, F. (2022). Racionalidade algorítmica & subjetividade maquínica. In L. Santaella (Org.), *Simbioses do humano e tecnologias: Impasses, dilemas, desafios.* São Paulo: Editora da Universidade de São Paulo/IEA-USP.

Faltay, P. (2020). *Máquinas paranoides e sujeito influenciável: conspiração, conhecimento e subjetividade em redes algorítmicas* (Tese de Doutorado, Escola de Comunicação, Universidade Federal do Rio de Janeiro). Disponível em: http://hdl.handle.net/11449/197026

Foucault, M. (1988). The Concern for Truth. In *Politics, philosophy, culture: interviews and other writings of Michel Foucault.* New York: Routledge.

Foucault, M. (2016). *Microfísica do poder.* Rio de Janeiro: Paz e Terra.

Foucault, M. (2014). *Do governo dos vivos: curso no Collège de France (1979-1980).* São Paulo: Editora WMF Martins Fontes.

Foucault, M. (2022). *Dizer a verdade sobre si.* São Paulo: Ubu Editora.

Kosinski, M., Bachard, D., Stillwell, D., Kohli, P., & Graepel, T. (2013). Manifestations of user personality in website choice and behaviour on online social networks. *Machine Learning Journal (MLJ).* Disponível em: http://www.michalkosinski.com/ml2014.pdf

Kosinski, M., Youyou, M., Stillwell, D., Kohli, P., & Graepel, T. (2015). Computer-based personality judgments are more accurate than those made by humans. *Proceedings of the National Academy of Sciences (PNAS).* Disponível em: http://www.pnas.org/content/112/4/1036.full

Machado, R. (1999). *Nietzsche e a verdade* (2a ed.). Rio de Janeiro: Graal.

Pereira, P. C. (2022). Racionalidade algorítmica e o governo do possível. *46º Encontro Anual da Associação Nacional de Pós-Graduação e Pesquisa em Ciências Sociais (ANPOCS).* Campinas, SP: ANPOCS.

Prado Filho, K., & Martins, S. (2007). A subjetividade como objeto da(s) psicologia(s). *Psicologia & Sociedade, 19*(3), 14-19. Disponível em: https://www.scielo.br/j/psoc/a/NJYycJNvX58WS7RHRssSjjH/#

Rouvroy, A., & Berns, T. (2015). Governamentalidade algorítmica e perspectivas de emancipação: o díspar como condição de individuação pela relação? *Revista ECO Pós, 18*(2). Disponível em: https://revistaecopos.eco.ufrj.br/eco_pos/article/view/2662

Seaver, N. (2018). Captivating algorithms: Recommender systems as traps. *Journal of Material Culture, 24*(4), 421-436. https://doi.org/10.1177/1359183518820366

Sibilia, P. (2016). *O show do eu.* Rio de Janeiro: Contraponto.

Sibilia, P. (2015). Autenticidade e performance: a construção de si como personagem visível. *Revista Fronteira, 17*(3). https://doi.org/10.4013/fem.2015.173.09

Van Dijck, J. (2017). Confiamos nos dados? As implicações da datificação para o monitoramento social. *MATRIZes, 11*(1), 39-59. https://doi.org/10.11606/issn.1982-8160.v11i1p39-59

Wang, Y., & Kosinski, M. (2018). Deep neural networks are more accurate than humans at detecting sexual orientation from facial images. *Journal of Personality and Social Psychology, 114*(2), 246-257. Disponível em: http://psycnet.apa.org/record/2018-03783-002

VIGILÂNCIA PREDITIVA E SEGREGAÇÃO URBANA: O IMPACTO DAS TECNOLOGIAS DE CONTROLE NAS CIDADES

Isadora Zorzi

Eduardo Baldissera Carvalho Salles

Em seu livro "Capitalismo Carcerário" (Wang, 2022), recentemente traduzido para o português por Bruno Xavier, Jackie Wang propõe uma atualização da discussão sobre as dimensões raciais, econômicas, políticas, jurídicas e tecnológicas do problema do encarceramento em massa. Embora trate da realidade estadunidense, dentro das questões levantadas pela obra, uma é especialmente interessante para introduzir o tema que nos propomos a tratar neste ensaio: a relação entre o gerenciamento tecnológico das populações e a segregação urbana.

A autora afirma que um algoritmo que cria pontos em um mapa e identifica locais com tendência a roubos representa uma forma invisível de poder. Isso marca a perda do elemento físico do confinamento típico do capitalismo de vigilância (Zuboff, 2020), mostrando como certas populações estão sendo constantemente categorizadas, vigiadas, desmobilizadas, tornadas alvos e gerenciadas. Dentro do que se entende por gerenciamento das populações, inserem-se todas as pequenas maneiras pelas quais os comportamentos são administrados por forças invisíveis, como o desenho das cidades.

Do desejo pela cidade ideal na *Kallipolis* de Platão à *Utopia* de Thomas More, até as cidades perfeitamente planejadas do século XX, como Nowa Huta, na Polônia, Dunaújváros, na Hungria, e Brasília, no Brasil, o desenho e a organização das cidades e sua influência na vida social e política das populações são temas históricos e constantes. A busca por esses arranjos sociais ordenados quase sempre recorreu a padrões geométricos e estéticos e à matemática como ferramentas para melhorar a gestão (Salles, 2022).

O desejo de controlar o imprevisível e a ambição de governar com bases racionais cresceram conforme se desenvolveu o conhecimento estatístico. Nesse paradigma, caberia aos governantes adotarem métodos que garantissem a harmonia do Estado, principalmente conhecimentos minuciosos sobre o território, como produção agrícola e demanda de alimentos, para contabilizar riquezas e administrar melhor a nação (Salles, 2022).

Como os métodos estatísticos e o fascínio em compreender a delinquência e o suicídio possuem estreita relação, conforme afirma Ian Hacking (2010), aos poucos a coleta de dados sobre os comportamentos humanos e a organização em tabelas de desvios e informações sobre médias e normalidade levaram a novas estratégias de engenharia social e modos de controle dos indesejáveis. As estatísticas passaram a servir não apenas para descrever, mas também para compreender o curso dos eventos, culminando no desejo de controlar o futuro.

Surge uma nova penologia, que substitui as justificativas éticas, normativas e científicas da prisão por uma abordagem atuarial baseada em probabilidades (Feeley, 1992). O foco é na gestão de riscos, classificando grupos com base na sua propensão a crimes, e a função da pena muda de reabilitação para incapacitação, visando a eliminação do sujeito do contexto social. Assim, o tratamento individualizado do condenado perde importância, deslocando o controle para além do corpo biológico e dos muros da prisão, tornando-se difuso (Hardt & Negri, 2001: 45). Em outros termos: o controle espraia-se pela cidade, onde os riscos se escondem, e todos os espaços passam a sujeitar-se às políticas de controle.

A transformação da função penal de reabilitação para incapacitação também reflete uma mudança mais ampla na política pública, de uma abordagem centrada na reintegração social para uma que visa a prevenção de riscos e a manutenção da ordem. Esse enfoque, muitas vezes impulsionado por uma lógica de "tolerância zero", favorece políticas punitivas que intensificam a marginalização de certos grupos sociais. Ao invés de abordar as causas subjacentes da criminalidade, como desigualdade social, falta de oportunidades educacionais e econômicas, e discriminação sistêmica, a abordagem preditiva tende a perpetuar um ciclo de exclusão e estigmatização. Isso não só falha em reduzir efetivamente a criminalidade a longo prazo, como também aprofunda as divisões sociais e raciais dentro da sociedade.

Assim, pode-se dizer que a urbanização moderna se desenvolve a partir de uma transformação espacial e corporal marcada pela transição de um poder centrado na punição para um focado na vigilância. Surge um cotidiano estruturado por dispositivos de controle que direcionam os ritmos e fluxos das pessoas, distribuindo-as no espaço, apropriando-se de seus corpos, moldando seus movimentos e gestos, e formatando seu tempo por meio do trabalho. Nesse intercâmbio entre corpo e espaço, constroem-se os lugares e indivíduos urbanos (Daniels, 2003: 36).

Bernardo Secchi (2019) adverte que a cidade, para além de um espaço de integração social e cultural, é "uma potente máquina de distinção e separação, de marginalização e exclusão de grupos étnicos e religiosos, de atividades e profissões, de ricos e pobres" (p. 19). Essa dinâmica histórica das cidades como gerenciadoras da segregação é alimentada pelo discurso retórico sobre a segurança - que tem como corolário a narrativa do risco - o que é um prato cheio para a adoção acrítica de tecnologias de hipervigilância.

Eis o ponto em que nos encontramos: o policiamento tradicional sempre usou táticas de guerra para aprimorar o controle nas cidades. Com o desenvolvimento da cibernética, a importação de tecnologias de reconhecimento facial, drones e dispositivos de policiamento preditivo, desenvolvidos com financiamento militar, são inseridos nas cidades e empregados pela polícia para "combater" inimigos. Estes, por sua vez, são construídos a partir do gerenciamento midiático, social e político da ansiedade - ou das "paranoias", como afirma Jackie Wang - a partir dos discursos de risco, ameaça à ordem e, em última instância, o etiquetamento do diferente como categoria criminosa.

Pensar instrumentos de vigilância, monitoramento e classificação de risco a partir da governabilidade da segurança implica em entender não somente como são utilizados pelas autoridades, mas também como atuam enquanto produtores de efeitos sociais. Dentro disso, o presente ensaio se propõe a explorar algumas formas pelas quais as tecnologias de hipervigilância se inserem, reproduzem e ampliam as dinâmicas segregacionais das cidades, inscrevendo o imigrante, o negro, o pobre e o favelado como alvos de políticas de limpeza étnica e de contenção ambiental para afastá-los dos centros urbanos valorizados, onde são vistos como elementos que desorganizam a paisagem, cada vez mais gentrificada (Salles, 2022).

Um dos pontos centrais é que a implementação de um sistema de vigilância amplamente tecnológico vai muito além do objetivo declarado de redução das taxas de criminalidade. Apenas para citar um exemplo, em estudo de caso realizado pelo projeto O Panóptico, afirmou-se que a implementação e expansão do reconhecimento facial na Bahia não reduziu a taxa de criminalidade e os indicadores criminais e até mesmo aumentou esses indicativos em algumas regiões do estado (Nunes, 2023).

Mas, se a implementação desses sistemas de hipervigilância não implica na redução da criminalidade, certamente garante às autoridades de segurança a possibilidade de governar e modular a circulação na cidade, mobilizando-se sobre ações que potencialmente - a partir do monitoramento das desordens ou de um pino em um mapa - poderiam resultar em crimes. Isso inclui manifestações populares e o risco potencial de instabilidade política; aglomeração de pessoas e o risco potencial de ataques terroristas em grandes eventos baseados nas cidades; o confronto entre interesses imobiliários e a permanência de moradores de rua e drogados em regiões chamadas de degradação social (como, por exemplo, a região da Luz em São Paulo, popularmente conhecida como "Cracolândia") (Peron & Alvarez, 2020).

Ademais, como a automação sempre depende em alguma medida da ação humana, é o olhar subjetivo do agente de segurança e, muitas vezes, do cidadão vigilante a partir de um empoderamento comunitário impulsionado por essas novas redes de vigilantismo (aplicativos, grupos comunitários de *WhatsApp*, botões de pânico etc.) que completa o aparelho de vigilância a partir de sua intuição ou experiência. Ou seja, combinam-se as práticas historicamente discriminatórias com um regime de visibilidade estendido e distribuído pela tecnologia (Peron & Alvarez, 2020).

Portanto, a retórica do gerenciamento tecnológico do risco, do perigo e da possibilidade de crimes esconde preconceito e higienismo. Na prática, todos aqueles compreendidos como "outros" são aos poucos segregados de determinados espaços da cidade, bastando o etiquetamento da suspeita. Essa situação produz os chamados perímetros de intensa vigilância e controle (Peron & Alvarez, 2020) - seja pela distribuição de câmeras na cidade, processo impulsionado pelo discurso de redução de custos da segurança pública, ou pelo estímulo ao vigilantismo dos próprios cidadãos.

Evidentemente, para a expansão desses dispositivos é necessário manter também um discurso de medo de determinadas formas de circulação consideradas desviantes na cidade, a partir da evocação constante da violência. Essa estratégia coincide com a ideia de securitização de questões sociais em Didier Bigo e com o conceito de governamentalidade em Foucault, que pressupõe um governo que produza e reproduza constantemente ameaças à liberdade a fim de justificar a expansão de tecnologias voltadas ao combate e gerenciamento dessas ameaças.

Esse medo, que conforme afirma Marcelo Lopes de Souza na apresentação da obra "Cidades Sitiadas" de Stephen Graham (2016), justifica uma militarização da questão urbana, é representado no Sul Global pela ideia do combate à criminalidade violenta ordinária - em contraste com a ideia de "guerra ao terror" no Norte Global. Esse sentimento é reverberado e retroalimentado pela mídia e pelo sistema político-eleitoral, mas não tem relação linear com a incidência objetiva de crimes violentos.

Outra questão que pode ser levantada é como a adoção desses dispositivos tecnológicos de vigilância nas cidades, em associação com um discurso de insuficiência do estado em gerir os custos da segurança pública, acaba reorganizando esse aparato a partir de uma dinâmica público-privada, o que também reforça características tendenciosas e segregacionistas na cidade (Peron & Alvarez, 2020).

Exemplo disso foi o caso da implementação do Sistema Detecta em São Paulo - hoje aparentemente descontinuado e "reeditado" em um novo projeto, o Muralha Paulista (Agência Brasil, 2024) - conforme estudo de caso realizado por Peron e Alvarez. Os pesquisadores identificaram um alinhamento de interesses entre a promoção de um policiamento comunitário visando a um maior vigilantismo e alteração de condutas em uma determinada localidade (no caso do Detecta, de classe média) e o interesse de empresas privadas em expandir os serviços prestados, culminando na reprodução de velhos padrões de segregação (Peron & Alvarez, 2020).

Esses são alguns pontos que demonstram como as tecnologias de hipervigilância se inserem, reproduzem e ampliam as dinâmicas segregacionais, contribuindo com os processos de segregação que redesenham as dinâmicas das cidades. Não se trata necessariamente da criação de novas dinâmicas. Como visto, a necessidade de agência humana nos processos de automação implica na reprodução de preconceitos, recaindo sobre os mesmos grupos historicamente marginalizados; a formação de perímetros de segurança não é algo inédito na cidade, conforme Teresa Caldeira tratou em seus escritos sobre enclaves fortificados (condomínios) formados entre 1980 e 1990 (Caldeira, 1997); a parceria público-privada no enfrentamento de questões da segurança pública também não é novidade, podendo ser citado como exemplo o Programa de Unidade de Polícia Pacificadora (UPP) implementado em 2008 no Rio de Janeiro.

Além disso, a dependência crescente de soluções tecnológicas fornecidas por empresas privadas introduz uma dinâmica comercial na gestão da segurança pública. Essas parcerias frequentemente resultam em contratos lucrativos para empresas de tecnologia, criando um mercado para soluções de segurança que podem não ser necessariamente as mais eficazes ou justas. A priorização de lucro sobre segurança pode levar à implementação de sistemas invasivos e de alto custo, que drenam recursos que poderiam ser investidos em programas sociais e comunitários. A falta de transparência e supervisão adequada dessas parcerias também pode resultar em violações de direitos humanos e em uma vigilância desproporcional sobre comunidades já marginalizadas.

Stephen Graham (2016) desenvolve a tese de que o novo urbanismo tem implementado experiências e tecnologias importadas dos territórios ocupados no exterior, a partir da combinação de conjuntos de bancos de dados de movimentos e históricos da cidade com as atividades presentes, buscando antecipar e reagir a ataques (Graham, 2016: 235). A cultura do controle e a colonização de diversos âmbitos da vida categoriza os habitantes dos espaços urbanos em grupos de menor ou maior risco - o que, em realidade, cria uma categoria de cidadãos de segunda classe. Essa ideia pode causar assombro na literatura do "centro do mundo", mas não é estranha a quem vem de territórios colonizados e historicamente dominados como o Brasil, onde essas categorias já estão introjetadas no tecido social, "habituado" a conviver com o preconceito (Salles, 2022).

Um exemplo claro sobre como as tecnologias adentram nessa equação, reproduzindo e ampliando dinâmicas de segregação pré-existentes no tecido urbano-social foi a implementação, pelo Governo do Estado do Rio de Janeiro em parceria com a empresa Oi, de um projeto piloto de reconhecimento facial no bairro de Copacabana, durante o Carnaval de 2019. A escolha de Copacabana é ilustrativa, já que "proteger" o cartão-postal fluminense de jovens negros vindos das periferias da cidade sempre foi uma tarefa da Polícia Militar. A instalação de "milhares de câmeras no Rio de Janeiro" (G1, 2018). dentro do objetivo declarado de preservação da ordem pública torna o local cada vez mais inacessível à população negra. É relevante mencionar, ainda, que o estudo de caso realizado pelos pesquisadores do grupo O Panóptico apontou que o projeto-piloto em Copacabana não resultou em redução de crimes na região durante o uso das câmeras no período (Nunes, 2022).

Portanto, o ponto que merece atenção é que essas tecnologias são adotadas acriticamente a partir de um discurso de solucionismo tecnológico, como alternativas neutras e eficientes para a segurança pública. No entanto, a adoção de máquinas cibernéticas para esquadrinhar as cidades em áreas seguras e perigosas, categorizando classes de pessoas mais ou menos ameaçadoras, esconde um tenebroso passado quando a mesma lógica foi adotada para dividir etnias supostamente superiores (Salles, 2022).

A visão romântica de neutralidade dos algoritmos é míope porque não enxerga a espiral que enclausura os resultados e intérpretes em concepções racistas e sexistas presentes implicitamente nos bancos de dados, os quais são construídos por pessoas imbuídas de perspectivas enviesadas do mundo, influenciando para que os sistemas reforcem preconceitos e desigualdades já existentes, conforme evidenciam diversas pesquisas nessa área (Noble, 2018). Ao ocultar suas bases ideológicas, essas tecnologias não apenas interditam o debate público, mas também promovem a ocupação territorial com a intenção de banir, conter e eliminar os indesejáveis, os "objetos fora de lugar", mantendo rígidas as hierarquias raciais e de classe (Salles, 2022).

CONSIDERAÇÕES FINAIS

As tecnologias de vigilância e policiamento preditivo, sob a aparência de neutralidade e eficiência, operam como instrumentos de uma nova era de controle e exclusão. Longe de serem meras ferramentas tecnológicas, esses sistemas representam uma continuidade das estratégias históricas de segregação e marginalização, agora reforçadas por algoritmos que alegam prever comportamentos criminosos. Ao categorizar e monitorar incessantemente indivíduos com base em dados muitas vezes enviesados, essas tecnologias perpetuam uma lógica de suspeição e vigilância que atinge desproporcionalmente comunidades já vulneráveis.

A promessa de segurança que essas tecnologias oferecem é, na verdade, um disfarce para uma agenda mais ampla de controle social e manutenção das hierarquias existentes. Em vez de abordar as causas profundas da criminalidade, como desigualdade e exclusão social, o policiamento preditivo reforça um estado de exceção permanente, onde a lógica do risco justifica práticas de vigilância invasiva e punição antecipada. A apropriação do discurso de segurança para justificar a invasão de privacidade e a restrição de liberdades civis é um retrocesso perigoso, que ameaça transformar as cidades em territórios de vigilância total.

É crucial desmascarar a ideologia subjacente a essas práticas tecnológicas e questionar a quem realmente servem esses sistemas. Não se pode aceitar passivamente a transformação dos espaços urbanos em laboratórios de controle social, onde a liberdade é sacrificada em nome de uma segurança ilusória. A resistência a essa nova forma de governança algorítmica deve ser firme e articulada, exigindo transparência, responsabilidade e uma revisão crítica das políticas públicas de segurança. Somente assim será possível reverter a tendência de um futuro onde a exclusão e o controle se tornam a norma.

REFERÊNCIAS BIBLIOGRÁFICAS

Agência Brasil. (2024, 1º de janeiro). São Paulo avança em integração de sistemas de hipervigilância. Recuperado de https://agenciabrasil.ebc.com.br/geral/noticia/2024-01/sao-paulo-avanca-em-integracao-de-sistemas-de-hipervigilancia

Caldeira, T. P. R. (1997). Enclaves fortificados: a nova segregação urbana. *Novos Estudos*, 47(1). Recuperado de https://www.scielo.br/scielo.php?script=sci_arttext&pid=S0101-33001997000100002

Daniels, M. C. (2003). Corpo e urbanidade em Foucault. *Augusto Guzzo - Revista Acadêmica*, (6), 36.

Feeley, M. M., & Simon, J. (1992). The new penology: Notes on the emerging strategy of corrections and its implications. *Criminology, 30*(4), 449-474. https://doi.org/10.1111/j.1745-9125.1992.tb01112.x

G1. (2018, 13 de outubro). Wilson Witzel propõe a instalação de câmeras com reconhecimento facial nas ruas para melhorar a segurança. Recuperado de https://g1.globo.com/rj/rio-de-janeiro/eleicoes/2018/noticia/2018/10/13/wilson-witzel-propoe-a-instalacao-de-cameras-com-reconhecimento-facial-nas-ruas-para-melhorar-a-seguranca.ghtml

Graham, S. (2016). *Cidades sitiadas: o novo urbanismo militar* (A. Azuma, Trad.). São Paulo: Boitempo.

Hacking, I. (2010). *The taming of chance*. Cambridge University Press.

Hardt, M., & Negri, A. (2001). *Império*.

Noble, S. U. (2018). *Algorithms of Oppression*. New York University Press.

Nunes, P., Lima, T. G. L., & Cruz, T. G. (2023). *O sertão vai virar mar: expansão do reconhecimento facial na Bahia* [livro eletrônico]. Rio de Janeiro: CESeC. Recuperado de https://cesec.seg.br/publicacao/o-sertao-vai-virar-mar

Nunes, P., Silva, M. R., & Oliveira, S. R. (2022). *Um Rio de olhos seletivos: uso de reconhecimento facial pela polícia fluminense* [livro eletrônico]. Rio de Janeiro: CESeC. Recuperado de https://cesec.seg.br/publicacao/um-rio-de-olhos-seletivos

Peron, A., & Alvarez, M. C. (2020). O Sistema Detecta em São Paulo e o papel do vigilantismo nas práticas de segurança da cidade. In F. Brito Cruz & N. Fragoso (Eds.), *Direitos Fundamentais e Processo Penal na Era Digital: Doutrina e Prática em Debate* (Vol. III). São Paulo: InternetLab. Recuperado de https://www.internetlab.org.br/publicacoes

Salles, E. D. C. (2022). *Policiamento preditivo como dispositivo cibernético de controle e comunicação: enlaces comparativos entre as práticas no Brasil e na Espanha* (Tese de Doutorado). Pontifícia Universidade Católica do Rio Grande do Sul/Universidad de Sevilla, Porto Alegre e Sevilla. Recuperado de https://tede2.pucrs.br/tede2/handle/tede/9738

Secchi, B. (2019). *A cidade dos ricos e a cidade dos pobres* (R. de C. Sampaio, Trad., p. 19). São Paulo: Editora Âyiné.

Wang, J. (2022). *Capitalismo carcerário* (B. Xavier, Trad.). Rio de Janeiro: Igra Kniga.

Zuboff, S. (2020). *A era do capitalismo de vigilância: a luta por um futuro humano na nova fronteira do poder* (G. Schlesinger, Trad.). Rio de Janeiro: Intrínseca.

EL IMPACTO EN LO URBANO DE INTERNET COMO CUIDADOR DE LAS MEMORIAS

José Sánchez-Laulhé

1. INTRODUCCIÓN

«Y donde nada queda
Es porque nada se guardó
Y donde nada queda
La memoria se murió»
(Letra de Queralt Lahoz para el tema
Tó ba a çalîh bien mamá, con Califato ¾).

Este artículo pretende comprender las conexiones que se dan entre una memoria que se recluye progresivamente en el archivo online y las transformaciones urbanas de estas últimas dos décadas. Siendo conscientes de que la guerra cultural tiene implicaciones en muchos ámbitos, se ha intentado esbozar cómo se ha impuesto un dispositivo donde la capacidad de almacenamiento aparentemente infinita de Internet y la preponderancia del archivo como forma de gobernanza de las mismas son elementos clave. La experiencia de la memoria está transformándose pero las mayores afectadas en esta fase son aquellas que tienen que ver con los movimientos sociales contestatarios, cuya transmisión se está perdiendo entre generaciones. El primer capítulo expone sintéticamente cómo se conecta el Internet actual con el crecimiento del dispositivo archivo como organizador de las memorias. El segundo capítulo sitúa a las memorias dentro del contexto de nuestras ciudades y cómo la pérdida de relevancia de la ciudad como transmisora de conocimiento es parte de un proyecto que pretende resignificar las áreas más valiosas de la ciudad. El tercer capítulo es una entrevista con Óscar Clemente, componente de la plataforma *La Digitalizadora de la memoria colectiva* y cómo, desde su trabajo de campo, visualiza que se encuentra esta relación entre memoria y ciudad.

2. UNA MEMORIA EN TRÁNSITO

Las tecnologías relacionadas con el espacio digital, especialmente aquellas que tienen que ver con Internet han escalado la capacidad de almacenamiento y distribución de la información desde comienzos del siglo XXI. En un primer momento, estas herramientas sirvieron a los movimientos sociales para conectarse y recibir apoyos por todo el mundo. La importancia de la gobernanza en la red fue alertada desde los años noventa por agrupaciones como la Electronic Frontier Foundation o la Free Software Foundation, y objeto de especial atención durante la primera década del siglo XXI. Pero fue una ilusión pasajera[1]. Los gobiernos, especialmente el estadounidense, promovieron una serie de grandes corporaciones tecnológicas que recompusieron el status quo. O que utilizaron este potencial en su beneficio y consiguieron desarticular ese territorio descentralizado para canalizar la ingente cantidad de información que estas tecnologías abrían la posibilidad de almacenar. En la actualidad, la experiencia de Internet viene filtrada por estas corporaciones[2], a partir de las cuales se conecta el resto de la red priorizando aquellas webs con mayor inversión de tiempo y dinero. Eso convierte a las experiencias minoritarias en marginales, y habitadas únicamente por perfiles muy próximos y previsibles.

Entendiendo que esta transformación de Internet está más que estudiada, este artículo se centrará en cómo se han materializado algunas de las transformaciones, varias de las cuales habían sido avanzadas por los movimientos sociales. En particular me centraré en los intereses que llevaron a un desplazamiento de las formas de memoria de la generación alfabetizada a las formas de las que ahora participan lo que Bifo denominó la generación post-alfa y en algunas de las consecuencias que podemos advertir (Berardi, 2007: 17). Esta transformación se evidencia en la forma de usar las bibliotecas públicas. Según datos del Ministerio de Cultura, entre 2015 y 2022 el número de visitas cayó un 35% y el número de libros prestados ha caído casi un 20%, mientras

1 «La promesa social, política y económica de Internet como una red de redes descentralizada yace en ruinas. Las alternativas a las redes sociales, introducidas durante el turbulento año 2011, no han logrado ningún progreso en absoluto. [...] Todos estamos atrapados en el lodo de las redes sociales y es hora de preguntar por qué» (Lovink, 2019: 53).

2 Es una generalización que pretendemos sirva únicamente para enmarcar el artículo. Desde la autoría se es consciente de la multiplicidad de prácticas en torno a Internet y de que no todo el espectro de Internet está designado por las corporaciones estadounidenses, con experiencias singulares como las de China y Rusia.

el número de libros físicos de la colección ha crecido un 6% y los documentos electrónicos un 46%. Pero no es en la simple traslación de dispositivos físicos a dispositivos electrónicos y en red donde se centra este artículo. Para entender cómo empiezan a funcionar los dispositivos que instituyen la memoria en la actualidad parece necesario conocer qué elementos han sido reforzados y cuáles se han desconectado en la relación entre nuestra sociedad y las historias que la componen.

La actual disposición de las memorias es indisociable del concepto de archivo. La posición del archivo como mediador objetivo de nuestras historias la podemos situar en el año 1997 con la X Documenta de Kassel. Comisariada por Jan Hoet, el profesor Francisco Jarauta señala que la elección final de Gerhard Richter y sus quince mil «polaroids» de su Atlas como pieza principal es «uno de los momentos más poéticos de este tiempo: la retirada del canon y la aparición del atlas» (Jarauta, 2021). Ese momento supone un cambio en las instituciones del conocimiento, en las cuales empieza a sustituirse la narrativa, que arma una realidad única, por el archivo, capaz de mostrar múltiples informaciones que pueden construir un rango de realidades posibles. El modelo de archivo contemporáneo supone poner el material original, sin perturbaciones de las interpretaciones que de él se pudieran derivar, a disposición del receptor. Los defensores del archivo veían posible desbaratar la intromisión de las clases dirigentes en la consolidación de unas narrativas concretas respecto a otras, llegando a la sociedad a partir de las instituciones del conocimiento (enciclopedias, bibliotecas, museos, colegios..).

El crecimiento en importancia del archivo se alió con el desarrollo de Internet, una tecnología que minimizaba el espacio de almacenamiento y multiplicaba las posibilidades de transferencia. En un primer momento esa accesibilidad permitió que se potenciaran proyectos que en otro momento hubieran quedado enclaustrados en el ámbito local como el levantamiento zapatista o abrieron la posibilidad de proyectos de innovación distribuida en red entre particulares como el sistema operativo GNU Linux. Sin embargo, se subestimó que el exponencial crecimiento de ese archivo acabaría sepultando aquellas iniciativas que no pudieron seguir invirtiendo en hacerse visibles. El archivo de nuestras memorias que es custodiado por Internet ha acabado siendo, en su mayoría, inaccesible para el gran público. Solo podemos acceder a aquello que se nos quiere enseñar. Contamos con un archivo continuamente actualizado, pero también ilegible debido a que, siguiendo a Wolfgang Ernst, toda la energía que invierte es organizacional. Hacer memoria es, hoy más que nunca, una cuestión de poder ya que las narrativas aplican al archivo «solo desde el exterior» (Ernst, 2018: 4).

3. LAS REPERCUSIONES URBANAS DE GUARDAR NUESTRAS MEMORIAS EN LA RED

El trasvase de la memoria sobre el espacio digital ha hecho que se menosprecien otras formas de memorias que aún tienen valor y que poseen unas capacidades de resistencia diferentes. La antropóloga Shannon Mattern propone que nuestras ciudades debieran de entenderse, entre otras posibilidades, como infraestructuras mediáticas. Esto significa que son simultáneamente auditivas, gráficas, textuales, sónicas, visuales y digitales (Mattern, 2019). La forma en que esa infraestructura nos construye se viene redefiniendo con la entrada ubicua de Internet. Como indica Mattern (2021: 63): «By means of its storage facilities (buildings, vaults, archives, monuments, tablets, books), the city became capable of transmitting a complex culture from generation to generation, for it marshalled together not only physical means but the human agents needed to pass on and enlarge this heritage. That remains the greatest of the city's gifts». La ciudad ha sido históricamente el espacio de referencia para la asociación de intereses particulares en forma de reivindicaciones y, llegado el caso, de las revueltas. Sus trazados no son consecuencia de la evolución natural en relación a la sociedad y tecnología de cada época sino que vienen cargados de disputas y violencias. Los centros históricos aún son los más visibles depositarios de las historias que han configurado las ciudades actuales. Sin embargo, los procesos de gentrificación, pero sobre todo los de turistificación, están impactando sobre la capacidad de la ciudad como forma de memoria. La ciudad histórica se está centrando en representar una historia seductora para el turismo que hace que las cicatrices de las luchas locales queden en los márgenes o desaparezcan de la misma manera que sus vecinas y vecinos. Y en una ciudad vacía de memoria es más difícil que aparezcan movimientos contestatarios.

Frente a un modelo de ciudades intercambiables e indistinguibles, mantener abierta la posibilidad de otras formas de estar en la ciudad, de otras formas de relacionarnos, parecería una forma de cuidar la singularidad. Esta singularidad no puede estar basada en una versión edulcorada y simplificada de la historia sino que las memorias de las luchas urbanas también tienen que estar presentes. Los espacios digitales, con algunas excepciones, no parecen el medio más favorable para el cuidado y activación de las memorias. Las instituciones públicas y sus archivos tampoco han respondido a las necesidades actuales de la población. Al contrario. Se han mostrado como relatos únicos o hegemónicos en lugar de componerse con las otras memorias presentes en la vida de las comunidades que habitan esos lugares, incluso desmantelando algunos de los depósitos de las memorias comunitarias. Ante esta escasez de recursos convendría recordar el papel que las personas han desarrollado para compensar cuando las infraestructuras están subdesarrolladas. En los últimos tiempos hemos reivindicado lo oral como medio para recomponer estas memorias[3]. Incluso con nuevas figuras como el «palabrero de los muertos» (Haraway, 2019: 114), recuperada por Donna Haraway a partir de un libro de Orson Scott Card, como ese médium que habla en nombre de aquellos que no están presentes pero cuyos relatos podrían modificar nuestro comportamiento en la actualidad. Esos relatos dependen de memorias frágiles por lo que se han de exigir unas políticas activas de transferencia hacia la población local, como las realizadas en la plataforma de *La Digitalizadora*, para realmente consolidar una protección de las memorias.

4. ENTREVISTA A ÓSCAR CLEMENTE

El proyecto *La Digitalizadora de la memoria colectiva*[4], promovido por Óscar Clemente, Adrián Collado, Isabel Medrano, Miguel Paredes y Mercedes Jiménez, entre otras personas, es una plataforma en torno a la memoria desde los archivos audiovisuales personales de comunidades concretas. Surgida en 2019, el

3 El autor desarrolló una investigación dentro del programa de investigación del Instituto de la Cultura y las Artes de Sevilla titulada «Hackitectura.net y otros colectivos de arte y acción en el siglo XXI. Una memoria transmitida-casi-oralmente» entre los años 2020 y 2021.

4 Para más información: La Digitalizadora de la Memoria Coletiva. (n.d.). El movimiento de objeción de conciencia y las barriadas de San Diego y La Bachillera fueron varios de los primeros entornos trabajados.

objeto de su trabajo es luchar contra la obsolescencia de los formatos de gran parte del archivo audiovisual sobre las barriadas surgidas durante el franquismo que eran mantenidas por sus vecinas y vecinos. Para ello están digitalizando vídeos y fotografías en diferentes formatos analógicos de uso no profesional. Dos elementos de interés de esta propuesta son su interés en barriadas periféricas de la ciudad, cuyo archivo seguro era mucho menor y que han recibido menor atención por parte de la administración, y que al trabajo de digitalización le siguen espacios de difusión y transferencia de esas memorias. Se les da espacio a los cuerpos como depositarios de las memorias.

Óscar Clemente [OC]: Digitalizar solo es un sinsentido. Porque en el fondo es transferir unas imágenes de una caja opaca en forma de cinta a otra caja opaca en forma de disco duro. Entonces, si quieres construir un archivo, que esto es donde fallan los movimientos asociativos... Lo que intentamos es darle un acompañamiento profesional para que los resultados sean los mejores posibles. [...] Nosotros orientamos para que esas horas de trabajo que echen tengan el mejor resultado posible. Entonces, hay que describir el material porque si no, dentro de veinte años, nadie entiende qué eran esas imágenes. Y la oportunidad es ahora que esa gente está viva y hay fuentes primarias, en primera persona, que te pueden contar con pelos y señales qué pasó ese día en la iglesia de Los Corrales cuando Diamantino García cantó el Himno de Andalucía en el altar... Dentro de veinte años que se diría «¿quién era este señor?», «¿dónde está?», «¿en qué contexto?». Y, luego, la otra pata es la difusión. O sea, todo esto se hace para devolver la vida a las imágenes. Y esa difusión tiene una doble vertiente. Tiene una vertiente digital, que es que la gente pueda acceder desde su casa a toda esta memoria y que se vaya construyendo por acumulación una base de datos de movimiento asociativo donde las cosas se vinculan entre sí. Que eso es muy bonito... Pero no queríamos quedarnos solo en lo digital sino que creemos que esto es una herramienta muy potente para activar procesos y movilizaciones y reforzar redes asociativas y tejidos vecinales en el presente. Entonces ahí hemos desplegado como una serie de estrategias de difusión en el territorio. Que son las más divertidas, son donde mejor me lo paso, y, en realidad, son las que mejor funcionan porque creo que es a las que menos han prestado atención los archivos públicos o los archivos tradicionales.

José Sánchez-Laulhé [JSL]: ¿Qué conclusiones habéis sacado? Primero vosotros, sobre todo en cómo se han transformado la memoria y el espacio público. ¿Cómo se vive el espacio público [antes y ahora]? ¿Qué conclusiones habéis sacado vosotros y qué conclusiones os dan las propias personas que participan de esos procesos en los propios barrios?

CC: Tener grabaciones audiovisuales de los ochenta y de los setenta te hace tomar conciencia de lo que se ha degradado la convivencia en el espacio público. Y cómo el espacio público está desapareciendo pero no solo de Sevilla ni del Mediterráneo si no del mundo. [...] La mezcla de gente en las calles te llama mucho la atención. [En las películas de los 70 y 80] ves las plazas con una diversidad de gente muy loca. Y, luego, llama mucho la atención todo el proceso de privatización y lo que se ha perdido en él. [La barriada de] San Diego organizó autogestionadamente una velá, un fiestorrón alucinante de cuatro días, ininterrumpidamente desde 1978 hasta principios del siglo XXI, y ya hace casi veinte años que no se celebra. Esa fiesta tenía una cosa maravillosa y es que, el barrio de San Diego son bloques de diez, doce plantas sostenidos en pilares diáfanos por abajo. No tienen...[gesto de obstáculos o elementos intermedios]. Por esos soportales entre bloques se hacía mucha vida. Para la fiesta esos soportales eran perfectos porque los convertían en casetas de feria. Montaban como un triangulito, cerraban con lonas entre pilares y la gente se reunía debajo de su casa pero en un espacio público, y era súper bonito. Cuando digitalizamos ese material y lo llevamos al barrio y estuvimos viendo, lo primero que se daba cuenta la gente allí es que eso ahoa no se podría hacer porque del 2010 en adelante entró la psicosis de la protección de la propiedad privada y esos soportales ahora mismo están vallados. Están todos vallados.

No me acuerdo de quién era esta frase que decía: «El western es un género cinematográfico que no solo es cine histórico sino que ha escrito la historia del país». Todo el papel que tiene el cine de John Ford en la construcción de la identidad americana es brutal. Y eso yo creo que falta en los movimientos sociales. Falta una memoria. Falta un reconocimiento. Falta una celebración de decir «mira lo que fuimos capaces de hacer». Y luego muchas veces faltan puentes entre generaciones. Parece que en los colectivos se está descubriendo la rueda todo el rato. Todo el que llega está haciendo de cero. Es bonito tener esa memoria porque yo creo que te permite reconocer, te permite aprender...

JSL: Hay otro proyecto que seguramente conozcas que intentan recuperar los rótulos de comercios tradicionales o antiguos. En Madrid se llama Paco Graco[5], en Jaén está Rótulos Chuléricos, en Sevilla está Sevilla Tipo, etc. Los comercios, que han sido poco apreciados por los movimientos sociales históricamente, no son superfluos en la vida del barrio. Son algo nuclear. Y que el hecho de que hayan salido de los espacios céntricos de las grandes ciudades hace que se pierda esa pequeña transición que daban esos establecimientos. Para las personas que habían vivido más tiempo, conectando diferentes generaciones, pero también servían para que la gente nueva pudiera integrarse de una manera más natural. Esos espacios ahora ya no existen. Han desaparecido en estos años a una velocidad mucho mayor.

CC: Eso es otra de las cosas que llaman la atención cuando ves material y cuando trabajas con una comunidad el tema de la memoria: la importancia que tiene el pequeño comercio. Como equipamiento cultural, social, de mediación... De todo. Y siempre que hacemos trabajo de memoria en barrios, lo más recordado o una de las cosas más recordadas es Paco el de los churros, Manoli la de la tienda de chucherías... Pero no porque los churros estuvieran buenos o no, sino por su capacidad de articular una comunidad. Y por la función social que desarrollaban en el barrio. La gente no se acuerda de la tienda de chucherías por las chucherías que vendía sino porque le podías dejar las llaves de tu casa. O porque un día se perdió una niña y ella la encontró y la guardó y llamó a los padres.

JSL: O simplemente porque formó parte de tu rutina. Porque ibas todos los sábados a comprarte chucherías después de misa. [...] Era parte de esa rutina que genera ese sentimiento de pertenencia. Se echan de menos esas lógicas de continuidad que daban esos espacios. [...] Hay una tensión, cuando hacemos tema de archivo, entre ser objetivo o dejar los archivos muy en bruto o ser más narrativo. ¿Vosotros dónde intentáis situaros?

5 Para más información sobre la Red: Red Ibérica en Defensa del Patrimonio Gráfico. (n.d.). Paco Graco es a la vez el acrónimo de Patrimonio Común de Gráfica Comercial.

CC: A nivel de conservación se guarda todo, ¿vale? En el formato más respetuoso, sin restaurar... Es lo que llamamos la digitalización en bruto. Eso está siempre ahí y siempre se puede consultar, pero entendíamos que no tenía sentido subir quince horas de gente bailando sevillanas en la velá de San Diego. Con subir quince minutos es suficiente. Entonces, por un lado está eso. Por otro lado luego está lo que es valioso, digamos, en términos de historia con mayúscula y lo que es valioso para el colectivo. Esas quince horas no tienen valor para ponerlas en Internet pero en el barrio tienen mucho valor porque yo no quiero ver sevillanas, quiero ver a mi madre bailando sevillanas. Eso lo gestionamos para que la copia que se queda la asociación de vecinos esté organizada de manera que cada uno encuentre a quien quiera encontrar.

Luego a nivel de relato trabajamos en dos niveles. Uno es la selección que se hace. Es decir, cuando tú editas una marcha contra las bases militares de Morón y Rota. De una hora y media. Si tú la dejas en quince minutos ahí estás narrando. Y estás eligiendo. Simplemente queda referenciado para que la gente sepa que está todo el bruto y luego, lo que te contaba antes, la gracia que tiene es que cada uno la lleva un poco a su lado. Luego hay otro nivel de narración que es todo lo que llamamos los vídeos derivados, es decir, ya hemos rescatado una memoria, la hemos descrito, tenemos aquí a los protagonistas, vamos a hacer una película donde estos elementos rescatados dialogan con la memoria del protagonista. Y ahí es una creación totalmente subjetiva.

JSL: ¿Cómo convivís con esa tensión con lo digital? O sea, vosotros os apoyáis en lo digital porque es parte del proyecto, pero ¿cómo lidiáis con este tema?

CC: Nosotros, lo primero que advertimos a todo el mundo... Porque muchas veces digitalizas y dicen ya lo puedo tirar. «No, no, no. No tires». La cinta es probable que vaya a durar más que el disco duro. A pesar de su caducidad. Nosotros no tenemos la capacidad de almacenamiento físico de los originales. Entonces los originales se les devuelven a los propietarios restaurados, arregladitos y con unas instrucciones de conservación. De hecho estamos valorando que algunos archivos hacen envasados al vacío de las cintas como forma de mantenerlas ahí. Como el que corta jamón, versión cinta.

Lo que tiene de particular lo digital es que es relativamente barato que haya copias infinitas. Entonces intentamos que los colectivos hagan esas copias. A nosotros nos gustaría tener un plan de preservación a largo plazo más sólido del que actualmente tenemos. Pero es que no tenemos condiciones. Nosotros almacenamos en discos duros físicos un original y una copia de seguridad. Y cada X tiempo vamos renovando los discos duros porque sabemos que tienen una vida útil corta.

JSL: ¿No hay un problema en lo digital con esas sensación de infinito?

CC: Lo que es importante es la sensación de que Internet no es Google. Y las cosas no duran siempre. Eso hay que tener la conciencia. Y hay que hacérsela ver a la gente. Mucha gente que nos ha contactado nos dice «No, es que yo ya tengo lo mío en Youtube. Eso va a durar siempre». No va a durar siempre. Para nosotros lo más importante en relación a Internet es hacer pedagogía de los modelos de gobernanza. Hemos fiado en muy poco tiempo nuestra memoria a grandes corporaciones. La gente está volcando su vida en Facebook, en Instagram... Y no conservan siquiera las fotos. Primero, que la fotografía se ha convertido en otra cosa en los últimos años. Antes tenía el valor de que durase, y de este es mi abuelo. De testimonio. Y ahora es más como una especie de certificado de caducidad rápida de que yo estoy en este concierto, yo estoy en tal otro sitio... Pero no hay la idea de que dure. De hecho vamos quemando móviles y la mayoría de la gente pierde todo repetidamente cada tres años. ¿Quién conserva eso? Meta, Elon Musk y tal, que yo tengo la certeza de que nos lo van a revender en el futuro. Y eso es preocupante. No solo en el ámbito de la memoria de la gente sino también de la memoria institucional. Cuando yo veo proyectos de memoria pública que suben las cosas a Youtube o crean una cuenta de Instagram me pregunto «¿a esto no se le ha dado una vuelta?».

BIBLIOGRAFÍA

Berardi, Franco (2007). Generación post-alfa. Patologías e imaginarios en el semiocapitalismo.

Buenos Aires, Tinta Limón. Traducción de Diego Picotto, Emilio Sadier et al.

Card, Orson Scott (1988). La voz de los muertos. Barcelona, B Nova. Original Speaker for the Dead (1986). Nueva York, Tor Books. Traducción de Rafael

Marín.

Ernst, Wolfgang (2018). El archivo como metáfora. Del espacio de archivo al tiempo de archivo. Universidad Nacional de la Plata, Buenos Aires. Revista Nimio, nº5. Traducción: Constanza Qualina.

Haraway, Donna J. (2019). Seguir con el problema. Generar parentesco en el Chthuluceno. Bilbao, Consonni. ISBN 978-84-162-0541-7. Original Staying with the Trouble: Making Kin in the Chthulucene (2016, Durham (North Carolina), Duke University Press). Traducción de Helen Torres.

Jarauta, F. (2021). *Mapas para pensar nuestra época* [Vídeo]. CENDEAC. Disponível em: https://www.youtube.com/watch?v=5wXNQfQJwws&t=2788s. Acesso em: 10 fev. 2022.

La Digitalizadora de la Memoria Coletiva. (n.d.). *Plataforma de preservação e compartilhamento de memórias coletivas.* https://ladigitalizadora.org/

Lovink, Geert (2019). Tristes por diseño. Las redes sociales como ideología. Bilbao, Consonni. ISBN 978-84-16205-47-9. Original: Sad by design. On platform nihilism (2019, Londres, Pluto Press). Traducción de Matheus Calderón Torres.

Mattern, Shannon (2021). A City Is Not a Computer: Other Urban intelligences. Princeton (Nueva Jersey), Princeton University Press. ISBN 978-06-9120-805-3.

Red Ibérica en Defensa del Patrimonio Gráfico. (n.d.). *El patrimonio gráfico como lugar de encuentro.* https://patrimoniografico.org/

Sánchez-Laulhé, José (2022). Hackitectura (2.001-2.010): Una historia de los conflictos territoriales del siglo XXI. Tesis doctoral. Universidad de Córdoba. Director: Pablo Rabasco.

Shannon Mattern, "El tiempo profundo de la infraestructura mediática", InMediaciones de la Comunicación, 14(2) (julio-diciembre, 2019), consultado el 31 de enero de 2024: 211-232.

THE RULE OF LAW "GOVERNMENTALIZED" BY TECHNO-NEOLIBERALISM[1]

Jose Luis Bolzan de Morais

Il potere non è una 'risorsa scarsa', una cosa o una sostanza 'a somma zero', ma una relazione la cui intensità varia con il variare dell'investimento simbólico esercitato nei diversi ambiti del sistema sociale.

(G. Marramao, Contro il Potere: 111)

1. INTRODUCTION

The technological issue, in its current phase of paradigmatic transformation with the new digital revolution, has called into question even the meaning of being human and its future perspectives, as suggested by Giacomo Marramao (2020). In this vein, on a smaller scale, we have been confronted with impacts in various areas, especially in the political-legal field, which highlights the insufficiency of classical models of arrangements that, until now, had been able to adapt to the new vicissitudes that were presented.

The disruption caused by new technologies in all their aspects has not only led to profound changes in ways of living and acting but has also promoted a transition--experienced as a crisis--in modern formulas of production and the shaping of power and political action. This has imposed an acceleration that is entirely incompatible with the models of modern democracy and the exercise of state functions.

The very attempt to keep up with transformations suffers from the mismatch between politics/law and technology. The former operates within an analog temporality--a horizontal, deferred time--while the latter functions in digital terms--vertical, instantaneous time. Space and time have become destabilized and detached from modern political-legal models and practices, both in terms of their locus and their agility in recomposition.

1 Texto publicado em inglês por opção do autor.

This can be evidenced in the case of the greatest modern political-legal institution, the State, whose anachronism seems to become more apparent each day with the advancement of new technologies and the disruption they promote.

For this reason, technology imposes a premature obsolescence on attempts to establish rules for its practices. In the legal-political field, especially concerning the institutional design of political power and its forms, spaces, and contents of action, Mauro Calise and Fortunato Musella state:

> Ma in quale forma? Per usare la metafora di Machiavelli --e di Gramsci--, chi sarà il Principe digitale? Il leader, che utilizzerà questa tecnologia rivoluzionaria per conquistare - con la fortuna, la virtù e l'enganno --il potere? Il partito, che riuscirà a risorgere dalle sue ceneri per riappropriarsi del primato perduto? O il popolo, che troverà finalmente nella rete la leva per sollevarsi ai vertici dela cosa pubblica?...Le soluzioni che hanno prevalso finora hanno puntato sul leader o sul partito. A volte, su una loro combinazione. Quase sempre, però, con uno scarso reale coinvolgimento del popolo. Relegato a massa d'urto, di sfondamento antissistema. Secondo gli schemi collaudati del populismo. (Calise e Musella, 2019).

The evidence, in itself, points to the emergence of a "technoneofeudalism," where power and politics do not connect, with the former in the hands of Big Techs colonizing the latter. On one hand, Big Techs are becoming autonomous from political rules, and on the other, imposing themselves on politics.

In this environment, we have been trying to contribute to the discussion by presenting a series of works that aim to address specific aspects related to the political-legal formulas of modernity (see References at the end). Here and now, within the limits of the text, we will try to bring some of these aspects, particularly in what we will indicate as the governmentalization of the State and democracy by "techno neoliberalism."

2. "TECHNONEOLIBERALISM AND THE 'GOVERNMENTALIZATION' OF THE STATE IN THE 'DIGITAL AGE'"

As Dardot and Laval (2016) pointed out, significant sectors of the resistance movements against neoliberalism made a diagnostic error by obscuring its regulatory or governmental dimension. This was based on the perception that neoliberal ideology, founded on a fanatical faith in the naturalness of the market, would materialize as an anti-interventionist program focused on destroying regulations and institutions, thereby revitalizing classical liberal perspectives and state minimalism.

This reductionist view of the complexity of the contemporary (neoliberal) globalization process, shared by broad sectors of Legal Science, significantly impacts reflections on the set of transformations in the State and Law. It prevents a full understanding of their radical nature, which is now coupled with and sharpened by the new "digital age" and its "technoneoliberalism."

Neoliberalism, in its complexity, does not merely destroy rules, institutions, and rights. It has a prescriptive dimension. It is a rationality (a set of discourses, practices, and devices) that makes the market logic a normative logic, governing everything from the state to the innermost aspects of human subjectivity. Through the generalization of competition as a norm of conduct and the company as a model of subjectivation, it advances as a constitutive reason of human existence: a new reason of the world. In this scenario, it must be recognized that it aims at **transforming public action.**

The main politico-legal institution of modernity--the State--undergoes an entrepreneurial mutation in this context. This occurs with the transposition of market norms to the public sector, radically subverting the modern foundations of liberal democracy.

Thus, the "technoneoliberal State" is "governmentalized" in the sense that the new institutional devices that distinguish it aim to create competitive situations, introduce logics of choice, and develop performance measures. The effect is to modify individuals' behavior, change their relationship with institutions, and, more precisely, transform them into consumers and entrepreneurs.

It is worth noting that this process is driven by significant changes in the structure of the Rule of Law, especially in its characteristic of the supremacy of law in the regulatory framework, a founding principle of the structure of government **per legis and sub legis.**

The **Rule of Law,** in this way, is being succeeded by a model of "governance" in which the support for acts of power is provided by adherence to standards and administrative indicators rather than by the traditional contents of the Rule of Law established through legitimized procedures. Additionally, there is a transfer of power away from the political sphere.

This process has become increasingly evident; one need only observe the developments occurring in the daily affairs of digital societies in the 21st century.

The connections between this governmentalization and the digital society of the 21st century appear at various moments. The clash between one of the "owners of the world" - Elon Musk - and the Brazilian jurisdictional institution, personified by Minister Alexandre Morais, as well as the subsequent reactions, which happened and were reported at the beginning of 2024, seem to confirm our "assumptions," highlighting this "new rationality," now techno neoliberal.

In this context, among other elements, is the perspective of "governance-management," in which, on a plane of internormativity (regulatory competition), the normative force of management norms is enhanced. These norms, "after having long been auxiliaries to legal rules, responsible for technical measures and details, have now become instruments of steering the Law itself." (Frydman, 2016a) - or, at least, as in the case of "Musk vs. STF (Morais)," a tension between power and politics, with the former attempting to "pilot" the latter. In this sense:

> Le management n'est pas, en dépit du modeste costume dans lequel il s'est présenté souvent jusqu'ici, une simple technique, une collection de recettes. C'est une nouvelle logique, un ensemble organisé de dispositifs stratégiques, qui a la vocation et peut-être la puissance de réguler l'ensemble des comportements, par le recours à des normes et à

> des instruments radicalement différents des règles et des procédures juridiques. En d'autres termes, le management pourrait constituer un « équivalent fonctionnel ....(Frydman, 2016b)

Within the context of the mathematical turn, there is a deepening of the commodification of public institutions. Consequently, power--particularly this "digital power"--is permitted to challenge political authority.

In this vein, technoneoliberal rationality, following Éric Sadin, has been seeking a redefinition of public authority, which would become a product of this "immense service enterprise" that the State is transforming into.

In this context, all institutions are mechanisms to be refined or, more precisely, adapted to technoneoliberal standards. Consequently, the State, the Law, and the Rule of Law itself are reinterpreted through the discourse of corporate management, which is characterized by a formal, abstract, and hedonistic view of efficiency that dismisses any elements beyond the economic and monetary sphere.

Therefore, Musk's histrionics reflect not only the neofascist project veiled by his definition of "freedom of expression," but also the ambition to "pilot" public authority, which, it should be noted, is not limited to the personification in Minister Alexandre de Morais or even the STF institution.

3. THE "GOVERNMENTALIZATION" OF DEMOCRACY

The astonishing and still relatively unknown situation--despite the advancement of, on one hand, available technologies and, on the other, a certain methodological inadequacy--places social sciences in a state of deconstruction. The old models and responses appear to be inadequate or, at the very least, insufficient to address new phenomena, leaving even those who rushed to claim the novelty as the desired outcome of a progress-driven project, as observed between the last years of the previous century and the early years of this one (perhaps until 2016), in a state of bewilderment.

The need to address the phenomenon and the uses of new technologies in their vertiginous transformation has imposed on "human intelligence" the demand for new responses to this process of data collection and processing, which impacts democratic choices. This is an inexorable reality for humanity and is increasingly accentuated with the deepening of the digital transition.

While the cybernetic revolution has provided conveniences and further expanded human communicative capacity--perceived optimistically--it is a fact that it has accelerated the crisis of the Rule of Law and challenged humanism. This marks a shift from an optimistic view of the potentialities of technology to a more skeptical, if not pessimistic, perspective.

Due to the advancement of the internet, the development of algorithms, artificial intelligence, and, more recently, the Internet of Things, machine learning, along with other constant technological changes, we have transitioned from the analog to the digital, from the information age to the age of quantification, as suggested by Éric Sadin (2018).

Additionally, as previously mentioned, we are witnessing the transition to the mathematical turn, which may be accompanied by the replacement of the symbolic language of politics--and, of course, the Law--with an algorithmic-numeric-functional-utilitarian-managerial knowledge, as indicated by Amariles Restrepo (2014), Benoit Frydman (2016), and Éric Sadin (2018), each in their own time and manner.

Effectively, the scenario is one of the corruption of rule-based law by norm-based law, as suggested by B. Frydman, and the supremacy of managerial and statistical formulas, which are central to the projects of neoliberalism reinforced by technology. This can be expressed as techno neoliberalism, as conceptualized by É. Sadin.

The use of new technologies, further exacerbated by the health crisis in the context of COVID-19, has cast doubt--not only on the historical inefficiencies of the Liberal State of Law in addressing demands for freedoms (in its inaugural version), equalities (in its liberal-social formulation), and solidarities (in its socio-environmental design)--but also on the capacity of this political-legal framework to respond to the demands of a society in disruption. This is increasingly evident through, on one hand, the growth of inequalities and the fragmentation of freedoms, and on the other, the "liquefaction"--or even "gaseification"--of its institutional structures, as detailed in our work "Revolução da Internet: Perfilamento e microtargeting nas relações de consumo," in collaboration with Thainá Penha Pádua (2023).

The dynamics of this Fourth Industrial Revolution, leading to the prototype of "surveillance capitalism" as delineated by S. Zuboff (2019), indicate a complete weakening of the logic and dynamics of the Rule of Law models, further distorting and exposing their "open veins," to paraphrase Eduardo Galeano.

The danger of the (mis)use of new technologies for democracy lies--among other factors, but sufficient for the purpose of this text--in their role in undermining freedom and the dialogue necessary for the formation of free thought and the consolidation of personal choices. Additionally, they serve as a vehicle for attacks on human rights, disseminating hatred, prejudice, misinformation, and so forth.

In other words, the connections between democracy and technology fail when technology--and its use--reduces or undermines the democratic process as a contest based on universally accepted rules. Additionally, it challenges intrinsic elements such as fundamental rights, the very rules of the democratic game, and its institutions.

The strategy in the political arena, based on the collection and processing of data from millions of voters, has proven to be relatively simple but profoundly destructive: disseminating fake news--as misinformation--to destabilize knowledge, disorient individuals by instilling fear and doubt; generating desires and inciting behaviors through targeted propaganda; using bots to create fake profiles, artificially inflating candidate preferences on social media; and, essentially, viralizing hate speech to persuade, deter, or discourage voting. This reinforces a ***jihadist-like model***[2] of political participation and has cast doubt on the present and, even more so, the future of liberal democracies, as well as on how to conceive citizenship

2 The jihadist form of co-opting and training soldiers for the cause can be compared to the process used in new social media to forge supporters of candidates, fanaticizing them after they join messaging groups or similar, equating them to urban militias, now digital.

in this context(?). This will be addressed further in a separate section.

Not only was the vote affected, but also subsequent political choices outside the electoral processes for selecting representatives, now evident in the handling of social issues such as public health, as experienced during the COVID-19 pandemic and the intense misinformation surrounding the treatment, proliferation, prophylaxis, and control of the disease, excluding dialectics and counterfactual reflection.

From the previously envisioned "cyberdemocracy," one moves towards techno democracy or, worse, a form of *fakedemocracy* as a new reality which, on one hand, does not adhere to the rules of the game--those alluded to by Norberto Bobbio--and, on the other hand, is not encompassed by traditional legal-political formulas that underpin the (Liberal) Rule of Law State in its various historical variants over the past centuries, since its foundation during the course of the liberal revolutions, particularly in the 18th century.

On the contrary, in a *fakedemocracy*, there is an attempt to domesticate or "bribe" the rules of the game, corrupting them until they are reduced to a spectral semblance that reveals a merely apparent democracy--one that is hijacked (Bolzan de Morais, 2019a)--whose instruments are used to achieve a certain veneer of validity and legitimacy.

The account of a cyberdemocracy, algorithmic democracy, digital democracy--or e-democracy, without differentiating them here and now--needs to be confronted, especially when the technological means, instead of enabling a new "operating system" and a new space for the exercise of democracy--quantifying and qualifying these means, as well as their actors and practices, as anticipated/supposed in the pre-Cambridge Analytica period--become instruments of distortion of traditional processes. This includes political representation (elections), direct decision--making by citizens (referendums or plebiscites), or even the colonization of the democratic field by factors external to it, such as the phenomenon of digital militias embedded in the center of Brazilian political power, beyond the substantive dilemmas of liberal democracies, where the fragile citizenship is now subjected to profiling and microtargeting, as if abducted by "algorithmized" politics. This situation does not disregard the perceived and felt impacts on the qualitative content of these processes, where freedom and equality--just to mention two of their stereotypes--are affected, if not suppressed, thus eroding the classic paradigm of the Rule of Law. This erosion is further exacerbated by the confrontation initiated by opposing winds (Delmas-Marty, 2016), which juxtapose freedom and security, for example (Campione, 2020).

What has been referred to as "bubble democracy"[3], amplified by algorithms and fake news, as misinformation, has liberated a system of opinion currents that "move in swarms of unpredictable and changing trajectories, primarily fueled by a load of resentment," as identified by M. Ainis. This phenomenon affects the tools of election and decision-making, the very political strategies of decision-making procedures, and establishes an environment of hatred and rejection. Such an environment is incompatible with the inclusive nature and acceptance of differences that are characteristic of liberal democratic practice, as well as infantilizing citizenship, if not domesticating it.

These resentful swarms challenge the paradigm of constitutional liberal democracy, which was once grounded in the power of political authority and popular sovereignty--even under the mythical figure of a free and autonomous citizen, capable of reasoning. This situation highlights that the concepts of majority and representation no longer guarantee it. On the contrary, in this format, the rule of the majority can be used to impose an authoritarian vision by the elected, in opposition to the projects defeated in the elections.

This so-called "illiberal democracy," as named by F. Zakaria--where the assault on democratic institutions is no longer from the outside in, as seen in Brazil and throughout Latin America in the 1960s and 1970s, but from the inside out, with the rise of a leader through popular vote (a vote, as is known, often "fraudulently" manipulated through the use of new information and communication technologies--ICTs) and the corrup-

3 Bubble democracy or filter bubble is a state of intellectual isolation that can result from personalized online searches when an algorithm selectively guesses what information a user would like to see based on information about them such as location, clicking behavior, and search history. As a result, users are separated from information that does not agree with their views, effectively isolating them in their own cultural or ideological bubbles. (Parisier, 2011)

tion of constitutional structures by "wild powers" (Ferrajoli, 2011)--ends up taking over democratic institutions to undermine them and promote the exercise of populist-authoritarian power.

A power that detaches itself from the presumption of democratic legitimacy, usurping it through strategies that both defraud the will of the citizen on one hand and allow for their manipulation on the other, thereby fostering a return to forms of authoritarian populism. This resembles a post-democracy (Crouch, 2020), where organizations--digital militias (Bolzan de Morais, Lobo, Nemer, 2022)--dedicated to misinformation, attacking supposed opponents, authoritarian technopolitics, and necropolitics, as termed by A. Mbembe (2018), or algorithmic necropolitics, as referred to by R. Richardson (2020), become prominent.

In short, by spreading fear and generating disillusionment, which erode the notion of politics as a collective construction of the good life for all, and by hijacking its instruments and practices, further weakening political citizenship, the Internet Revolution increasingly seems to operate in contradiction to what originally allowed it to be viewed as a means and mechanism for its deepening. It needs to be revisited, though this does not imply a form of neo-Luddism. It is essential to recognize that humans are not only users of these new technologies but also their producers.

With all this in mind, we are experiencing a reversal in thinking about the relationship between democracy and technology, which leads me to reconsider the "future of democracy" and, with it, the very concept of citizenship.

The Internet Revolution--with the transition from the information age to the age of quantification, the emergence of artificial intelligence and the Internet of Things, as well as big data and its possibilities regarding the identification and categorization of individuals, and the mathematical turn transforming juridical and political practices--has, through its dynamic acceleration of transformations, posed challenges to the democratic process that extend well beyond its own temporal framework. The times of technology and politics are distinct, affecting even the conditions of their production. In a sense, we might say, paraphrasing Galileo: "The book of our lives is entirely written in the language of mathematics, whose grammar and syntax are constituted by algorithms" (Mezza, 2018).

While some--whom we might call net-apocalyptics--believe that all this could lead to a post-political or post-democratic society, it seems necessary for us to confront this challenge. From the perspective of those who have moved beyond a certain naive idealism characteristic of the information age, as we will attempt to indicate, we must seek to answer the question of where democracy has gone or is going, as an inherent formula to politics, particularly after the loss of innocence with the Cambridge Analytica case and the use of new social media, characterized by hate speech and fake news.

REFERENCES

Ainis, M. (2018). Internet, isto não é democracia [Entrevista concedida ao Jornal La Repubblica, em 17 de março de 2018, republicado na Revista IHU ON LINE, traduzido por Moisés Sbardelotto]. Disponível em: http://www.ihu.unisinos.br/78-noticias/577190-internet-isto-nao-e-democracia-artigo-de-michele-ainis

Bolzan de Morais, J. L., & Lobo, E. (2019). Rule of Law, New Technologies and Cyberpopulism. Revista Justiça Do Direito, 33(3), 89-115.

Bolzan de Morais, J. L., & Festugatto, A. M. F. (2021). A Democracia Desinformada: Eleições e fake news. Porto Alegre: Livraria do Advogado.

Bolzan de Morais, J. L., & Lobo, E. (2019). A democracia corrompida pela surveillance ou uma fake democracia distópica. In J. L. Bolzan de Morais (Org.), A Democracia Sequestrada (pp. 27-42). São Paulo: Tirant lo Blanch.

Bolzan de Morais, J. L., & Pádua, T. P. (2023). Revolução da Internet: Perfilamento e microtargeting nas relações de consumo. Belo Horizonte: Conhecimento.

Bolzan de Morais, J. L. (2011). As crises do Estado e da Constituição e a transformação espaço-temporal dos direitos humanos (2ª ed.). Porto Alegre: Livraria do Advogado.

Bolzan de Morais, J. L. (2016). Estado e Constituição e o "fim da geografia". In Constituição, Sistemas Sociais e Hermenêutica. Anuário do Programa de Pós-Graduação em Direito, n. 12 (pp. 69-82). Porto Alegre: Livraria do Advogado.

Bolzan de Morais, J. L. (2018). O Estado De Direito "Confrontado" Pela "Revolução da Internet"! Revista Eletrônica do Curso de Direito da UFSM, 13(3), 876-903.

Bolzan de Morais, J. L. (2017). O fim da geografia institucional do Estado: A crise do Estado de Direito. In Constituição, Sistemas Sociais e Hermenêutica. Anuário do Programa de Pós-Graduação em Direito, n. 13 (pp. 77-98). Porto Alegre: Livraria do Advogado.

Calise, M., & Musella, F. (2019). Il príncipe digitale. Roma: Laterza.

Campione, R. (2020). La plausibilidade del derecho em la era de la inteligencia artificial: Filosofía carbónica y filosofia silícica de derecho. Madrid: Dykinson.

Crouch, C. (2020). Postdemocrazia. Roma-Bari: Economica Laterza.

Dardot, P., & Laval, C. (2016). A nova razão do mundo: Ensaio sobre a sociedade neoliberal. São Paulo: Boitempo.

Delmas-Marty, M. (2016). Aux quatre vents du monde: Petit guide de navigation sur l'océan de la mondialisation. Paris: Seuil.

Ferrajoli, L. (2011). Poteri Selvaggi: La crisi della democrazia italiana. Roma-Bari: Laterza.

Frydman, B. (2016). O fim do Estado de Direito: Governar por standards e indicadores. Porto Alegre: Livraria do Advogado.

Frydman, B. (2016). Le management comme alternative à la procédure. Disponível em: https://www.google.com.br/#q=Le+management+comme+alternative+%C3%A0+la+proc%C3%A9dure

Lôbo, E., & Bolzan de Morais, J. L. (2021). New Technologies, Social Media and Democracy. Opinion Juridica, 20, 253-274.

Marramao, G. (2011). Contro il Potere: Filosofia e scritura. Milano: Bompiani.

Mbembe, A. (2018). Necropolítica. São Paulo: N1 Edições.

Mezza, M. (2018). Algoritmi di libertà: La potenza del calcolo tra domínio e conflito. Roma: Donzelli.

Nemer, D. (2022). Technology of the Oppressed: Inequity and the Digital Mundane in Favelas of Brazil. MIT Press.

Pariser, E. (2011). The filter bubble: How the new personalized web is changing what we read and how we think. Penguin.

Pimentel, A. F., Bolzan de Morais, J. L., & Saldanha, P. M. (2021). Estado de Direito e Tecnopoder. Revista Justiça do Direito, 35, 6-43.

Restrepo, A. (2014). The mathematical turn: L'indicateur rule of law dans la politique de développement de la banque mondiale. In Gouverner par les standards et les indicateurs: De Hume au rankings (pp. 193-234). Bruylant Brussels.

Richardson, R. (2020). Government Data Practices as Necropolitics and Racial Arithmetic. Data and Pandemic Politics, 1. Disponível em: https://doi.org/10.26116/datajustice-covid-19.001

Sadin, É. (2019). Critica della ragione artificiale: Una difesa dell'umanità. Roma: Luiss University Press.

Sadin, É. (2018). L'Intelligence artificielle ou l'enjeu du siècle: Anatomie d'un antihumanisme radical. Paris: Échappée.

Sadin, É. (2013). L'humanité augmentée: L'administration numérique du monde. Paris: Échappée.

Sadin, É. (2015). La Vie Algorithmique: Critique de la raison numérique. Paris: Échappée.

Zakaria, F. (2007). The Future of Freedom: Illiberal Democracy at Home and Abroad. W. W. Norton & Company.

Zuboff, S. (2019). The age of surveillance capitalism: The fight for a human future at the new frontier of power. Public Affairs.

(RE)PENSAR A EDUCAÇÃO NA ERA DA IA: GOVERNAMENTALIDADE ALGORÍTMICA E TRANSFIGURAÇÃO DO CONHECIMENTO

José Luís Ferraro

1. INTRODUZINDO O TEMA

Não é preciso repisar que, com os avanços tecnológicos das últimas décadas - sobremaneira das tecnologias digitais - outras formas de interação entre seres humanos (incluindo-se aí, também, as interações humano-máquinas) emergiram; principalmente quando consideramos o aparecimento e a popularização do uso da inteligência artificial (IA), termo primeira vez utilizado por John McCarthy, cientista da computação, em 1956 em conferência no Dartmouth College, Estados Unidos (Andresen, 2002). Uma das aplicações mais populares da IA é o ChatGPT, um *chatbot* capaz de simular conversas humanas e oferecer informações além de realizar diferentes tarefas associadas às necessidades e especificidades recorrentes aos âmbitos pessoal, acadêmico e profissional - de acordo com os limites e potencialidades oferecidos por essa ferramenta (Adamopoulou e Moussiades, 2020).

Com uma variedade de *chatbots* cada vez mais incorporados aos usos cotidianos da população, é preciso ponderar sobre o modo como eles são alimentados por IA. Afinal, em última análise, aquilo que vem sendo apresentado como "inteligência" passa a ser observado pelo que é: uma transfiguração do próprio conhecimento "humano" sob o verniz de "artificial". Como desdobramento disso, aponta-se, ainda, o uso de algoritmos que determinam a forma como essa informação é buscada e selecionada, revelando haver implicações da *governamentalidade algorítmica* (Rouvroy, 2013), que evidencia o papel dos algoritmos não apenas na regulação e no controle de comportamentos sociais, mas na sustentação ou reafirmação de regimes de verdade (Foucault, 1996 [1970]) que interessam a quem controla esses algoritmos.

Frente a isso, observam-se os riscos ao contexto educacional, pois se trata aqui de uma "IA" capaz de produzir uma discursividade perigosa, no que tange às possibilidades de reprodução do senso comum a partir de potenciais interferências epistemológicas em face dos modos como decide (re)organizar o conhecimento e à confiabilidade dos lugares onde está programado para buscar a informação.

2. ENTRE PALAVRAS E MÁQUINAS: DESVENDANDO O CHATGPT

O ChatGPT é uma IA arquitetada a partir do que se denomina *Generative Pre-Trained Transformer (GPT)* (Radford et al., 2018). Este *chatbot* foi desenvolvido pela empresa *OpenAI* com o intuito de que pudesse servir como meio de interação com os usuários a partir de "conversas" humano-máquina. Ele foi pensado para que pudesse fornecer respostas coerentes a partir da análise dos (con)textos que lhes são apresentados. Suas respostas, assim, derivam de um misto entre técnicas de aprendizado de máquina e dos volumes textuais, um vasto banco de dados composto por diferentes tipos de conteúdos de internet que dispõe para embasá-las.

O início de seu desenvolvimento foi marcado pela coleta de dados de diversas fontes na rede mundial de computadores; uma coleta massiva que vai desde conteúdos bibliográficos (livros e artigos acadêmicos) passando por sítios de agências de comunicação e até mesmo redes sociais e fóruns de discussão dedicados aos mais diversos assuntos. Ao ser apresentado a essas fontes, o *chatbot* "aprende" a identificar e a reconhecer padrões linguísticos, gramaticais e, como efeito, "desenvolve" (acumula) um vocabulário considerável em termos de extensão.

Trata-se de um "treinamento" realizado sob a supervisão de algoritmos capazes de produzir um ajuste de parâmetros relacionados à precisão das informações, bem como às previsões que podem ser feitas em relação à temática do assunto que está sendo perguntado. Com isso, por exemplo, o sistema pode prever palavras que seriam adicionadas em um (con)texto construído por outras anteriormente utilizadas. Isso consiste no incremento de uma memória armazenada, referida como rede neural artificial ou neurônios artificiais.

Depois de construída essa memória, chega-se à fase que corresponderia a um "ajuste fino", onde ao *chatbot* são fornecidos textos de caráter mais especializado em relação aos temas que ele já "conhece". Essa ação visa garantir respostas mais assertivas àquilo que lhe poderá ser demandado considerando a multiplicidade de assuntos possíveis. Tudo isso com vistas à construção de um modelo de respostas e interação mais precisas. É sobre essa massa de dados que atuarão algoritmos utilizados desde o processamento da entrada da informação (a pergunta que lhe é feita), até a decomposição dessa entrada, sua análise em unidades menores e a identificação do contexto da/na interação para que, ao longo dela, haja também coerência - conformidade - em relação à natureza dos questionamentos no "diálogo" estabelecido.

No entanto, o ChatGPT não consegue acessar informações em tempo real. Isso se torna um problema quando se percebe que os "treinamentos" - como o que foi previamente descrito - não possuem atualizações automáticas. Logo, a confiabilidade de uma resposta dada pelo *chatbot* em questão pode se tornar imprecisa e/ou desatualizada. Também, por tratar-se de uma IA, sabe-se que a resposta fornecida não deriva de uma compreensão dos conteúdos acessados por ela, mas de um jogo probabilístico que se dá pela recepção da sequência de palavras utilizadas e das formas como estão agenciadas nas perguntas - o que pode levar a respostas com erros gramaticais ou até mesmo incorretas. Com isso, percebem-se as limitações dessa IA que, na verdade, responde a partir de uma manipulação tanto de dados, quanto de padrões.

Outro ponto importante a ser considerado é o que se denomina *Natural Language Processing* (NLP) (Allen, 1995), uma tecnologia responsável pela adequação das respostas do ChatGPT à linguagem humana. Isso significa dizer que a fluidez e a naturalidade das respostas do *chatbot* são resultado do NLP, que permite, entre outras coisas, a interpretação do texto e a adaptação da linguagem na geração das respostas.

A ação do NLP envolve o (i) *parsing* (análise sintática) como reconhecimento da estrutura gramatical e a compreensão do contexto de uma frase; (ii) o *Named Entity Recognition* (reconhecimento de entidades nomeadas - NER) (Grishman e Sundheim,

1996), ferramenta de identificação de elementos-chave dos tópicos de entrada, o que direciona e facilita as respostas; a (iii) análise de sentimento como positivo, neutro ou negativo, para um ajuste das respostas com vistas a uma empatia em relação à maneira como está sendo perguntado; e o (iv) ***Natural Language Generation*** (geração de linguagem natural - NLG) (Wilks, 1975), relacionado à clareza da formulação da informação recebida; e a tradução automática de textos.

No entanto, a complexidade dada pelas ambiguidades, nuances, diferentes contextos socioculturais e até mesmo a utilização de ironias que tende não ser reconhecida na interação maquínica, inclusive a polissemia dos termos. Isso se coloca como o grande desafio à NLP, que pode não escapar dos vieses, produzindo respostas que reproduzem estereótipos ou que fomentam a discriminação. É neste ponto que se faz referência à transfiguração do conhecimento humano, uma vez que ele é inserido em uma rede neural artificial como informação que alimenta as IAs.

Logo, tal transfiguração envolve não apenas a sedimentação do conhecimento em repositórios de memória computacional, mas a maneira como ele é organizado e transformado por meio da atuação de algoritmos. Em outras palavras: não se trata de uma transfiguração do conhecimento reduzida à captura ou cooptação maquínica úteis à sua transformação em dados, mas da identificação de padrões e sua manipulação, exatamente pelas máquinas. É nesse momento que, no treinamento da IA, o conhecimento passa a ser representado numericamente, sendo passível de ser acessado com base em correlações estatísticas que fazem com que nas respostas a previsão do uso de palavras se dê pela recorrência de sua associação a outras, geralmente termos identificados pelo NER. Trata-se de mera reprodução de padrões.

Nesse sentido, pensar na perspectiva da transfiguração do conhecimento relacionado aos modos de alimentação e funcionamento das IAs implica a compreensão de que a utilização do termo "inteligência" é uma emulação; afinal os sistemas computacionais, por si só, não possuem capacidade de compreensão, nem de intenção, desde que não sejam consideradas as atuações algorítmicas que os dirigem. Logo, não se deveria falar em produção de conhecimento em relação à utilização das IAs, mas de sua transfiguração quando se dá a transformação do conhecimento em dados computacionais que, de maneira incontornável, é esvaziada em termos de contextualização, de referências culturais e de seu caráter subjetivo para ser incorporado, assimilado, de maneira objetiva e, portanto, moldado em relação às exigências e à capacidade da tecnologia.

Ainda, é preciso considerar a já referida relação algorítmica que atua sobre as formas de reorganização e escolha da informação; sobre a recomposição que dirige a utilização da informação pela IA e que acaba por influenciar os sujeitos, seus modos de ser e de saber, impondo sobre eles (em alguma medida) o controle social. Trata-se do conceito de *governamentalidade algorítmica*, cunhado por Antoinette Rouvroy (2013) e inspirado em Michel Foucault (2008a [1977-1978]; 2008b [1978-1979]). Com ela, somos confrontados com um modo específico de exercício de um biopoder útil a uma modelagem mais refinada de comportamentos em relação a objetivos de interesse "algorítmico" de cunho político ou social - mesmo cientes de que por trás do desenho de um algoritmo se descortina essencialmente a condição humana.

É assim que a *governamentalidade algorítmica* se refere aos sistemas informatizados não apenas influenciando, mas regulando comportamentos por meio de decisões que respondem a um funcionamento algorítmico e que têm como alvo a condução da conduta dos indivíduos, o governo das populações (Rouvroy, 2013; Foucault 2008a [1977-1978]) Assim, eles afetam tomadas de decisões, a condução em termos de gestão, em relação a diferentes áreas do conhecimento, mas também em um nível que é individual, pois sabemos que o *governo de si*, tal qual como nos apresenta Foucault (2004 [1981-1982]), também se inclui nisso; pois, uma vez associado à ideia do cuidado de si, permite que o indivíduo se coloque no centro de suas próprias ponderações, agora enviesadas pela ordem algorítmica.

Essa forma de *governamentalidade algorítmica* envolve temas candentes à sociedade contemporânea. Seja no sentido do debate relacionado à vigilância e ao controle social, como o acompanhamento de redes sociais, a análise de *big data* para monitorar comportamentos de usuários e sistemas de câmeras de segurança para a identificação de comportamentos suspeitos. Os mesmos algoritmos utilizados para isso são úteis à tomada de decisão sobre quem, por exemplo, deveria receber algum tipo de atendimento ou tratamento prioritário, diferenciado, em face de sua situação cuja descrição seria alimentada como entrada no sistema. Decisões estas tomadas com base em modelos preditivos.

Além disso, serve, ainda, como forma de incremento da experiência de usuários em diferentes plataformas digitais, personalizando cada vez mais a interação a partir do momento em que, durante o uso da aplicação, ele acaba por fornecer dados ao sistema que passa a ter um poder maior para manipular seus gostos e preferências.

Por essas razões, o GPT é um ***chatbot*** que pode ser entendido como ferramenta útil à ***governamentalidade algorítmica***. Mesmo não sendo capaz de tomar decisões, suas respostas passam a influenciar padrões de comportamento que se tornariam cada vez mais previsíveis em face das múltiplas interações de usuários. Há uma sutileza em relação às formas como suas respostas influenciam comportamentos de maneira não tão imediata pelos vieses que conserva e replica, derivados dos algoritmos. E o perigo é ainda maior quando quem interage passa a considerá-lo a partir de uma suposta neutralidade; o que aumenta a possibilidade do não reconhecimento de sua influência em um possível cenário de manipulação responsiva.

Aqui, adentra-se ao debate em relação ao uso do ChatGPT como IA no campo educacional, atualmente percebido como ferramenta de otimização, automação e "imediatização" do conhecimento - o que deve ser entendido não apenas a partir dos seus riscos, mas dos supostos benefícios e desafios inerentes à sua utilização.

Como potenciais benefícios que podem ser atribuídos aos seus usos estão a praticidade e à amplificação do acesso ao conhecimento (sem fazer nenhum tipo de juízo de valor em relação à sua qualidade), principalmente quando se deseja preconizar um ambiente de ensino e de aprendizagem autodirigido; a automação de tarefas didáticas, como auxílio à criação de materiais didáticos, questões-problema úteis também à confecção de avaliações ou questionários; e a atenção na forma de apoio às necessidades individuais dos estudantes a partir de suas interações com a IA, que adaptaria o nível da complexidade de suas respostas de acordo com as perguntas - o que se torna um dilema, pois, se de um lado cada aluno vai construindo seus modos de chegar às respostas, de outro ele precisa antes aprender a perguntar, não podendo ser abandonado à sua própria sorte no momento da interação com a tecnologia.

Por outro lado, a propagação de vieses e a desinformação sob a forma de desatualização ou de equívoco na resposta persiste como um risco associado ao uso do ChatGPT na educação - o que conduz a compreensões distorcidas sobre um tema específico. A dependência excessiva de respostas automatizadas e, portanto, cada vez mais rápidas, se produziria como gatilho do enfraquecimento do pensamento crítico dos estudantes, e de suas aprendizagens relacionadas às buscas em outras fontes confiáveis comumente utilizadas para a realização de investigações mais aprofundadas.

Como riscos ao campo educacional, também se evidencia a perpetuação do senso comum, a despersonalização da aprendizagem - desconectando-a de sua dimensão experiencial - e a falsa ideia que remete à "prescindibilidade" dos educadores. Todos esses exemplos remetem a questões éticas em relação à educação, inclusive o da proteção da privacidade dos estudantes que, se mal orientados, podem fornecer às IAs dados sensíveis.

Percebe-se que o uso do ChatGPT ou de qualquer outra IA na educação é obstaculizado, por diferentes aspectos, mas principalmente pelo fato da limitação dos sistemas em relação à sua capacidade de compreensão e interação, somado à necessidade de um acompanhamento contínuo dos estudantes, que no âmbito da educação formal devem ser orientados pelos docentes em relação à adequação de sua interação em termos formais e metodológicos.

Diante disso, urge relembrar que os algoritmos são treinados por seres humanos e que eles podem incorporar as mesmas limitações de seus criadores. Isso sem contar a quantidade de informação disponível que pode favorecer certos grupos em detrimento de outros, (re)produzindo desigualdades e verdadeiros apagamentos epistemológicos a curto e médio prazo, considerando a facilidade em relação à acessibilidade dos sistemas de IA. Isso sem contar no abalo à capacidade criativa de professores e estudantes que ao consumirem respostas standarizadas, um conhecimento enlatado disponibilizado pelo mercado algorítmico, colocam sob o risco de padronização seus planejamentos e, por extensão, suas aulas; que passariam a demandar uma postura dos estudantes cada vez mais dependente do uso (geralmente irrefletido e acrítico) dessa tecnologia como resposta aos estímulos de planos de aula cada vez menos originais.

É nesses termos que o ChatGPT e as IAs de forma geral não devem ser entendidos como ferramentas substitutivas aos modos de interação tradicional entre alunos e professores, mas como complementares. Isso significa que, em relação à educação, seu uso deve ser mais supletivo do que subsidiário.

No caso dos riscos relacionados à *governamentalidade algorítmica*, é necessária uma regulamentação, bem como uma supervisão relacionada ao uso dos algoritmos - o que inclui a implementação de políticas para que sua transparência seja garantida, bem como suas decisões sejam compreensíveis tanto por estudantes quanto pelos docentes. Movimento que deve ser acompanhado por uma iniciativa de alfabetização digital (Gilster, 1997) que deve ser pauta de formação de educadores e integrar o currículo escolar, sempre sob o viés da crítica. Tudo isso sem retirar a autonomia dos educadores como autoridades pedagógicas e responsáveis diretos pela escolha daquilo que julgam ser as mais adequadas estratégias de ensino e de aprendizagem.

Por fim, persiste o desafio de que o uso das IAs como o ChatGPT não deve permanecer restrito a grupos específicos, exacerbando desigualdades já existentes. Além disso, é preciso prever os prejuízos causados pelos algoritmos em relação à possibilidade de responsabilização nas esferas cível e até mesmo criminal das empresas que fornecem acesso às IAs que serão utilizadas em contextos formais de educação: a saber, espaços escolares ou universitários. Logo, é necessária uma política de governança bem fundamentada em relação ao acesso a essas tecnologias, também consideradas educacionais.

3. TECENDO FUTUROS: BREVES REFLEXÕES SOBRE A CONFLUÊNCIA ENTRE IA E EDUCAÇÃO

Ante ao repercutido, parece evidente que a integração das IAs, como o *chatbot* GPT, representa uma oportunidade de transformação, seja do ensino, seja das aprendizagens, não apenas no contexto da educação básica, mas também no ensino superior. De alguma forma, trata-se da abertura de outros caminhos e possibilidades para processos didático-pedagógicos no interior do campo educacional, mas que, ao trazer consigo riscos - como, por exemplo, os que foram apresentados ao longo do texto - devem ser conduzidos de forma atenta, requerendo políticas e intervenções formativas capazes de regular a utilização das IAs tornando-a mais assertiva. Em outras palavras: requer uma supervisão cuidadosa em termos macropolíticos e micropolíticos, relacionados aos mais diferentes ambientes e contextos educacionais.

Para além da consubstanciação dessa realidade necessária, espera-se que os professores continuem desempenhando seu papel em relação às definições e escolhas pedagógicas, utilizando as IAs de forma supletiva - como anteriormente mencionado - no sentido de enriquecer a experiência educacional nas escolas e nas universidades, engajando-a com atividades que preconizem o desenvolvimento da criatividade e do pensamento crítico.

Em última análise, talvez pudéssemos começar uma mirada em relação ao ChatGPT e seus correlatos em termos tecnológicos que valorizaria sua utilização como extensão ao aprimoramento das formas de conhecer a realidade, com vistas às potências da tecnologia em relação ao ensino, às aprendizagens, mas também à inclusão, com a cautela de quem não pretende nem prescindir, tampouco demonizar essa interação humano-máquina, mas que é consciente também de seus perigos.

É com essa percepção que devemos traçar estratégias equilibradas em relação ao seu "consumo", considerando o investimento na preparação das gerações futuras de educandos e educadores que já se agenciam com elas - alguns até de maneira orgânica, natural - o que não poderia ser diferente em um mundo cada vez mais marcado por realidades atravessadas pelas constantes evoluções tecnológicas que se impõem à vida humana também como forma de regulação, de governo.

REFERÊNCIAS

Adamopoulou, E., & Moussiades, L. (2020). An overview of chatbot technology. In *IFIP International Conference on Artificial Intelligence Applications and Innovations* (pp. 373-383). Springer, Cham. https://doi.org/10.1007/978-3-030-49161-1_31

Allen, J. (1995). *Natural language understanding* (2nd ed.). Redwood City, CA: Benjamin/Cummings.

Andresen, S. L. (2002). John McCarthy: Father of AI. *IEEE Intelligent Systems, 17*(5), 84-85. https://doi.org/10.1109/MIS.2002.1039837

Foucault, M. (1996). *A ordem do discurso* (2nd ed.). São Paulo: Edições Loyola. (Aula inaugural no Collège de France, pronunciada em 2 de dezembro de 1970).

Foucault, M. (2004). *A hermenêutica do sujeito*. São Paulo: Martins Fontes.

Foucault, M. (2008a). *Segurança, território, população*. São Paulo: Martins Fontes.

Foucault, M. (2008b). *Nascimento da biopolítica*. São Paulo: Martins Fontes.

Gilster, P. (1997). *Digital literacy*. New York: Wiley & Sons.

Grishman, R., & Sundheim, B. M. (1996). Message understanding conference-6: A brief history. In *COLING 1996 volume 1: The 16th international conference on computational linguistics*. https://aclanthology.org/C96-1079

Radford, A., Narasimhan, K., Salimans, T., & Sutskever, I. (2018). Improving language understanding by generative pre-training. OpenAI. Disponível em: https://cdn.openai.com/research-covers/language-unsupervised/language_understanding_paper.pdf. Acesso em: 16 ago. 2024.

Rouvroy, A. (2013). The end(s) of critique: Data-behaviourism vs. due-process. In M. Hildebrandt & K. De Viggiani (Eds.), *Privacy, due process and the computational turn: The philosophy of law meets the philosophy of technology* (pp. 143-167). New York: Routledge.

Wilks, Y. (1975). A preferential, pattern-seeking semantics for natural language inference. *Artificial Intelligence, 6*, 53-74. https://doi.org/10.1016/0004-3702(75)90021-8

FEZ SE ESCURO MAIS EU CANTO

Joxean Fernández

"Se hace oscuro, pero yo canto". El verso de Thiago de Mello que da nombre a este artículo es la elección de una mirada. Frente al nihilismo impotente, escoge la esperanza como condición de posibilidad para cambiar el mundo.

Las alarmas están encendidas en múltiples frentes, uno de ellos la tecnología. Hemos frotado la lámpara de Aladino y una multitud de genios fascinantes ha aparecido en nuestras vidas. Seducidos y encantados, somos incapaces de ver las amenazas que sus promesas rutilantes encierran. La tecnología es un cable suelto que chisporrotea dando latigazos incontrolables, amenazando con provocar un incendio cuyas llamas no podremos extinguir. ¿Seremos capaces de domesticar ese genio que nos sonríe de forma malévola, de devolverlo al interior de la lámpara? ¿Qué hacer para sustraernos a la servidumbre de su sortilegio? ¿Cómo recuperar el control?

Romper el hechizo exige cambiar el marco epistemológico, estar dispuestos a caminar contracorriente, rebelarse contra la utilidad y el corto plazo como criterios principales para la toma de decisiones. El conocimiento útil tiene horizontes demasiado estrechos. Está dedicado a completar crucigramas sin salir del mapa, a poner los puntos sobre las íes. Sin embargo, los retos de enorme complejidad que tenemos por delante no requieren perfeccionar la ortografía sino inventar nuevos lenguajes.

El pensamiento práctico nos ahoga. La orientación a obtener resultados y atender las urgencias de lo inmediato (tiempo) y lo próximo (espacio) impide una visión holística y profunda, capaz de conectar los diferentes elementos y de ofrecer alguna posibilidad de anticipación estratégica. Desprecia la ontología (la finalidad de las cosas) y la ética (que explica los porqués), concentrándose en aspectos cuantitativos relacionados con la eficacia y la eficiencia. Es gradualista, permite mejorar cómo nos acercamos al error, pero no ayuda a repensar el rumbo. Es reactivo, no proactivo. El pensamiento práctico carece de imaginación. Tiene una naturaleza conservadora porque no cuestiona el statu quo. Acostumbra a ser reaccionario y conformista.

Más que conocimiento útil y pensamiento práctico, medido en la balanza miope de los contables, necesitamos sabiduría, capaz de actuar como levadura de nuestros sueños. Sabiduria humilde, indispuesta para el atajo mercantilista que destruye, con su voracidad, el mundo que habitamos. En estos tiempos hiperespecializados, es preciso conectar saberes, entrelazar conocimientos, aplicarnos al estudio de los problemas "con desinterés helénico", como diría Russell. Desinterés helénico, sin legañas, con mirada fresca y lúcida, para ver la realidad tal como es, sabiendo leer entre líneas, descubriendo las estructuras de poder que siempre tratan de permanecer ocultas, escondidas entre los pliegues de retóricas empancipadoras, reconociendo y revelando el trabajo esclavo que, entre bambalinas, permite levitar a los poderosos, esos alienígenas que sueñan con huir del planeta.

1. NO MIREN ARRIBA

La película "No miren arriba" está clasificada en el género de la comedia. Es mucho más que eso, una crónica del peligro existencial que supone nuestra irresponsabilidad como especie. Retrata perfectamente los rasgos de frivolidad de nuestra época. Los ciudadanos se dedican a capturar con sus teléfonos móviles el momento en el que un asteroide impacta con el planeta. Tontos, muy tontos, hasta el final. Señala otro rasgo, desigualdad, solo se salvan los ricos. Pero tal vez lo que más sorprende es nuestra dificultad para el aprendizaje. Después de un largo viaje intergaláctico, la presidenta Orlean, interpretada por Meryl Streep, no es capaz de resistir la tentación de fotografiar a un ser de vistosos colores que habita el nuevo mundo al que han llegado. Seguramente entre sus prioridades está inaugurar su cuenta de TikTok, Instagram o cualquiera de esos escaparates narcisistas que muestran la ligereza del ser humano. Orlean se acerca a este ser fantástico, teléfono móvil en mano, para ser devorada de forma instantánea. Ha cambiado de galaxia pero la especie humana no ha modificado un ápice su arrogancia, siempre empeñada en domesticar (y destruir) el mundo.

2. ACELERACIÓN, EMANCIPACIÓN, TECNOLOGÍA

Aquí estamos, en esta época de aceleración histórica, empujados contra el cristal de ese vehículo sin conductor que es nuestro tiempo, pasajeros involuntarios de un viaje que no hemos elegido, secuestrados por los acontecimientos, con el parabrisas incapaz de despejar las imágenes del futuro, atropellados por una realidad cotidiana tan llena de efervescencia, que carece de tiempo para enmendarse a sí misma.

Confiamos de forma ingenua en la capacidad liberadora de la tecnología, en un mundo donde la distancia física parecía haber dejado de ser un obstáculo para el encuentro. Ya sabemos que no es así. La tecnología de las comunicaciones rápidas e instantáneas ha actuado como un detergente que separa las partículas sociales. Frente al desbordamiento de información que amenaza nuestra existencia necesitamos construir diques que protejan aquello que nos hace humanos, construir un marco y una narración que haga inteligible el mundo que habitamos y que proporcione contexto sentido y significado.

El reverso de la promesa de conexión ha sido una realidad de aislamientos en el que se ha perdido el instinto de lo colectivo como mecanismo de reacción frente a la adversidad. La solidaridad no prospera en el territorio evanescente de las burbujas, por conectadas que éstas parezcan. A lo sumo se producen respuestas automáticas y defensivas de los músculos heridos de la sociedad. Un activismo reactivo, inconsciente, que pone en marcha iniciativas puntuales de carácter efímero, incapaces de durar, de sostener el pulso.

Las cadenas tienen una memoria antigua, como los materiales. Se rompen con esfuerzo colectivo, con actitud rebelde frente el poder. En esta época de aturdimientos, sin paz, pero con circo, las cadenas están hechas de materiales suaves: conformismo, renuncia a la utopía, activismo digital de fin de semana. Aprietan menos, ahogan igual. Hoy la tecnología ha proporcionado nuevas formas de sometimiento, la principal de ellas, perversa y sutil, el autosometimiento. Nos ponemos las correas sin necesidad de que nos obliguen, dispuestos con entusiasmo al grillete, sobre todo al grillete tecnológico, con su textura de terciopelo, aunque éste nos robe el tesoro más precioso, el tiempo. Tiempo para pensar de forma crítica e imaginar futuros alternativos, tiempo para prepararnos para la lucha. Los cambios nunca se producen por la generosidad de los poderosos.

3. COMPLEJIDAD, CENTROS Y PERIFERIAS

Recuerda Bauman en "Legisladores e intérpretes" que "en todo sistema complejo, el subsistema más cercano a la inestabilidad es el que domina". Tenemos que estar atentos a los focos de inestabilidad que aparecen en el sistema porque tienen el potencial de convertirse en dominantes. Lo que hoy parece excepcional es un anticipo de lo que vendrá. La inestabilidad es como una bola de nieve rodando por una montaña. Si no la atajamos o reconducimos a tiempo, acabará convirtiéndose en un alud que inundará el valle. Quizá no sea posible escapar a la avalancha.

¿Qué focos de inestabilidad podemos identificar? Algunos son evidentes: la creciente desigualdad, las consecuencias de las nuevas tecnologías, la impotencia de los sistemas de gobierno para pilotar la nave colectiva. La inestabilidad es también el reflejo de un desequilibrio. El sistema social es dinámico, siempre está en movimiento, realiza ajustes hasta alcanzar nuevos puntos de equilibrio. Lo que ha cambiado en los últimos años es la velocidad, la intensidad y la predecibilidad de los cambios. En la periferia del sistema aparecen comportamientos emergentes que tienen el potencial de convertirse en rasgos generalizados. Tenemos pues que estar atentos a los márgenes. Lo que hoy es anecdótico y circunstancial mañana será un elemento estructural. El borde habrá colonizado el centro.

4. LIDERAZGOS CONTRACORRIENTE

Hoy son necesarios liderazgos que ejerzan el derecho a la palabra contraria, capaces de desafiar al sistema para ir más allá del sistema, que reivindiquen mayorías alternativas. Erri de Luca, autor de maravillas como "Los peces no cierran los ojos", descerrajó con palabras el montaje para acallarlo. "Voy a ser procesado por ejercer mi derecho a la palabra contraria", dijo. Y añadió: "Si mi opinión es un delito, no voy a dejar de cometerlo". Por lo tanto, líderes que navegan contracorriente y se atreven a cambiar de opinión, a la luz de mejores argumentos, para desafiar las ideas y convenciones del presente. Liderazgos que no renuncian a la suprema libertad de cambiar de opinión, de ser traidores a sí mismos, capaces de desafiar el instinto gregario y alzar su voz en el espacio público, imperturbables ante su soledad demoscópica.

5. MAYORÍA DE UNO

Clamaba Henry David Thoreau que "cualquier hombre que tenga más razón que sus prójimos ya constituye una mayoría de uno". En materia de derechos no es posible organizar plebiscitos, basta la mayoría de uno. Un voto basta para teñir de esperanza el caldero de la realidad. Una voz disidente capaz de decir "basta" frente al coro de miedos sincronizado de la mayoría. Como dice Pasolini en sus cartas luteranas: "mejor ser enemigo de muchos que de la realidad". La mayoría electoral no es una mayoría moral. Mide el tamaño de nuestro conformismo. Así, en Europa, las mayorías democráticas, atenazadas por el miedo, condenan a los emigrantes a islas cárcel en el Báltico, o a morir en el desierto en Libia o Túnez.

6. CONECTADOS, ENCADENADOS, HIPNOTIZADOS

Miramos el mundo como algo que habitamos pero que, de alguna forma, es externo a nosotros, un artefacto ajeno. Los acontecimientos que se suceden con un ritmo vertiginoso tienen un efecto hipnótico. Estamos encadenados al panóptico digital. La mirada secuestrada por el murmullo narcótico de lo cotidiano entumece nuestros músculos. La mirada conectada es una mirada encadenada. El que mira se convierte en un ser pasivo, atrapado por la rutina. La rutina es por naturaleza conservadora, gradualista, sabe del minuto siguiente, proyecta un pasado conocido, es incapaz de imaginar alternativas. Cerrar los ojos para romper el hechizo, desconectar de esa realidad que impone su ritmo monótono, es el primer paso para despertar.

El mundo está distraído. Cuando estamos distraídos pasan cosas importantes que escapan a nuestra atención. Las redes sociales son armas de distracción masiva que dificultan o impiden la reflexión y la acción política.

7. DESORIENTACIÓN, IRRITACIÓN, DESCONCIERTO

Esta generación vive sobresaltada por una realidad ininteligible que se disuelve delante de sus ojos. La desoladora ausencia de sentido del mundo que nos rodea puede resultar paralizante. ¿Cuáles son las mutaciones decisivas de nuestra época, aquellas que revelan verdades esenciales, que podrían permitirnos construir pasarelas entre el mundo de ayer y el que comienza lentamente a tomar forma delante de nuestros ojos? Cuesta identificarlas. En una época de cambios fulgurantes nos cuesta diferenciar lo episódico de lo estructural. La realidad es un tornado que lanza nuestros anclajes por los aires, arrasando el paisaje, convirtiéndolo en tábula rasa, sin puntos de referencia sólidos en la economía, en la vida social, en la cultura, en los valores. Vagamos sonámbulos en busca de una revelación. Caminamos a la intemperie tratando de encontrar puntos de referencia que nos sirvan de guia. Nuestros marcos cognitivos son bastones de ciego inservibles e inútiles.

La estampa es terrible: la despedida de las ideas que alentarán las mejores luchas de la humanidad, la lucha por la justicia, por la igualdad, por la libertad. Todas encadenadas - cadenas virtuales - de un nuevo sometimiento, marchando bajo las horcas caudinas de la modernidad. Al fondo, los letreros parpadeantes de neón dan un aire retro-futurista a la escena. Todos inermes y anestesiados por el brebaje hipnótico de la democracia electoral en la que vivimos. El flautista de Hamelin ha hecho bien su trabajo. El sonido de la flauta capitalista, más efectivo que nunca, dirige el rebaño obediente hacia el acantilado en el que se despeñarán los sueños de progreso. Cada cierto tiempo, alguien saldrá de la fila y se producirá un alboroto efímero. El caos prefigura un nuevo orden, un caos administrado donde las víctimas se someten de buen grado a las nuevas correas, cerebros maniatados, privados de la capacidad para rebelarse frente a su destino.

La política está desorientada. Carece de un sistema de señales para orientarse ante una realidad que cambia a ritmo de vértigo, cada vez más compleja e inasible. Las viejas categorías proporcionaban tranquilidad, un lenguaje reconocible que ordenaba el debate: izquierda, derecha; clase, infraestructura, superestructura, y tantos otros términos que desfilaban con las espaldas encorvadas por el peso de la historia. Las doctrinas que ordenaban el mundo han perdido fuerza discursiva pero no se resignan a morir. Como ascuas que esperan un leve soplo de viento, sigue el furor ardiendo en sus corazones. Antes dispuestas a quemarlo todo para cambiar el mundo, ahora, con un aire fatalista y resignado.

Frente al desconcierto, la coherencia actúa como un calmante. Referencia estable en un mundo caótico, la coherencia ofrece una tranquilidad balsámica, también narcótica. La coherencia tranquiliza, pero no ayuda a corregir rumbos, por el contrario dificulta el aprendizaje. La complejidad de los problemas a los que nos enfrentamos requiere parar la máquina, detener los motores, repensar la totalidad. El reto es descubrir patrones ocultos en sistemas complejos, aparentemente desordenados. La gestión de la complejidad requiere abandonar los caminos trillados de la experiencia. Allí solo encontraremos cadáveres ilustres a medio embalsamar, conocimiento amortizado e inútil para enfrentarse a los nuevos desafíos. Estamos a merced de una galerna airada que ha desarbolado la nave y necesitamos capitanes que sepan navegar sin ayudas, confiados a su pericia y a su intuición, humildes y osados al mismo tiempo, asumiendo riesgos para sortear los arrecifes invisibles que surgen por doquier. Es un tiempo donde el asentimiento, la conformidad, la aceptación de las reglas, son la garantía del fracaso, promesa de un destino de rocas y hundimientos. No es un tiempo para la inercia y la resignación que la acompaña siempre. Es un tiempo para la asunción de riesgos, la experimentación y la audacia. Solo así podremos para seguir aprendiendo. Tenemos también que evitar la tentación gregaria, que se pliega en conformidad con la voluntad de la mayoría, aunque ésta sea cruel, egoísta o abiertamente irracional.

La idea del antes y el después nos resulta tranquilizadora. La única respuesta a la pregunta insistente sobre qué vendrá después es la irritación y un encogimiento ilustrado de hombros, con la sabiduría silenciosa de los estoicos, sin aspavientos. Vendrá lo que estemos dispuestos a imaginar y a pelear. Imaginación y combate, coraje de la fantasía para poner el cuerpo y organizar el nosotros desde la responsabilidad individual y la inteligencia distribuida de la acción colectiva, Vendrá lo que construyamos con paciencia de artesano, tejiendo y destejiendo, rechazando normas antiguas, equivocándonos de forma inteligente para aprender de los errores, para ajustar rumbos.

8. PARADOJAS, ATISBOS DE VERDAD

En lo paradójico encontramos atisbos de verdad. Un ejemplo es el incremento exponencial del poder de cómputo y, simultáneamente, la disminución paralela de nuestra capacidad de hacernos preguntas significativas. La realidad se acelera, los hechos se precipitan en cascada. Los propios observadores caen, junto con los acontecimientos que observan, confundidos y revueltos, lo que dificulta, tal vez hasta impide, el análisis. Esa realidad compleja que nos rodea, desintegrada en el aire, teje una cortina de humo delante de nuestros ojos. Somos ciegos que caminan al borde del precipicio, tanteando un mundo que se desmorona. En momentos así se impone parar, encontrar el momento y el lugar donde formular las preguntas adecuadas. Solo creando las condiciones para la reflexión serena podremos iluminar la brillante oscuridad que hoy nos ciega, Encandilados por las luces titilantes del neón tecnológico, estamos más desorientados que nunca. Nos falta perspicacia para entender las consecuencias de nuestros actos. Tal vez preferimos la ceguera, una ceguera selectiva que teje un velo sobre aquellos acontecimientos que pueden perturbar el orden natural de las cosas. El orden, siempre refractario a todo cambio, retranqueado en su privilegio.

9. SOMBRAS DE LO DIGITAL

Lo digital es una nueva forma de oscuridad. Comienza con una luz cegadora que nos deslumbra: la promesa de la emancipación total, la creencia en su poder liberador. Lo digital es una niebla que lo envuelve todo, que lo cambia todo, que altera nuestro sistema de señales, construido en los últimos miles de años en torno a la presencia tangible de los objetos.

En las líneas de código habitan fantasmas que cobran vida propia, muchas veces en direcciones inesperadas para sus propios autores. Lo digital tiene una textura plana, sin relieve. Puede tener también el filo de una navaja, capaz de cortarnos con su sola mirada y separarnos de aquello que somos, o de lo que más queremos, sin que nos demos cuenta.

Es el momento para repensar el punto de equilibrio entre lo digital y lo analógico. Las pantallas como epítome de la tecnología, son estructuras de intermediación que nos confunden, que desmienten nuestras sensaciones, que desvirtúan la experiencia al colocar una capa entre nosotros y la realidad.

10. ALBOROTO Y JAULAS DE GRILLOS

Los medios de comunicación se han convertido en una jaula de grillos que emite mensajes continuamente. No son una plataforma para el intercambio de ideas, más bien un espacio de alboroto y desorden, un agujero negro de opiniones fútiles que no aporta nada valioso y consume mucha energía. Sus dinámicas no contribuyen a una deliberación racional de los desafíos que tiene la sociedad. No ofrecen reflexiones basadas en evidencias científicas, espacios de contraste, disensos constructivos allí donde no estén claros los diagnósticos y por tanto las posibles soluciones. Por el contrario, actúan de caja de resonancia de posiciones reactivas y cortoplacistas que traen beneficios inmediatos en términos de niveles de audiencia y por tanto ingresos económicos tangibles. Los algoritmos que los configuran acentúan las aristas, convirtiéndose en un vehiculo para mensajes extremos que cobran vida propia, girando como un bumerang, atrayendo ruido y desperdicios, incrementando su masa, haciéndose, en definitiva, más peligrosos. El sistema carece de filtros adecuados. Escupe ruido hacia afuera. Retiene impurezas hacia dentro. Mensajes sin pulir, cargados de odio, que se quedan flotando en el tejido social y que generan excrecencias, metástasis, una inflamación sistémica que dificulta procesos orgánicos de curación y transformación. Por otro lado, mensajes sin pausa, avalancha de información que no podemos procesar y que nos provoca cerumen defensivo, sordera estratégica.

Asistimos a una capitulación de la razón, rendida ante el poder movilizador de las emociones más primarias que no tienen que rendir cuentas con la realidad. Como señala Hans Magnus Enzensberger, en referencia a las promesas del fascismo "el cielo no suele desautorizar a sus beneficiarios ideológicos. Cuanto más trascendentales son los valores que invoca una ideología, tanto más grande suele ser la falta de escrúpulos de sus defensores".

11. ¿UMBRAL O ENCRUCIJADA?

La humanidad está ante una encrucijada existencial. Puede continuar arrastrada por la inercia actual, una declaración de ceguera e impotencia que ignora verdades que resultan incómodas e inoportunas. O despertar, recuperar la lucidez y explorar caminos alternativos tomando medidas urgentes para detener la destrucción del planeta. Esa alternativa está ahí, al alcance de nuestra mano, pero tal vez preferimos mirar para otro lado y elegir el suicidio colectivo. ¿Continuaremos haciendo autorretratos banales e irresponsables mientras el mundo a nuestro alrededor se desmorona? La encrucijada es un lugar tranquilizador. El sendero de los caminos que se bifurcan sigue teniendo horizonte. La encrucijada ofrece alternativas, soluciones binarias, caminos que pueden ser recorridos. La encrucijada es una ecuación con solución. La encrucijada puede resultar angustiante y paralizante pero, si logramos contener la angustia, es posible tomar una decisión. Pero no estamos antes una encrucijada. No podemos confiar en la tranquilizadora existencia de alternativas ante el futuro incierto que se aproxima sin que nadie, nadie, sea capaz de develar su naturaleza.

En el umbral, no. El umbral nos sitúa en otra dimensión. Ningún horizonte, por lejano o brumoso que pueda ser, parece estar a nuestro alcance. En el umbral la mirada se nubla, el tiempo queda suspendido, un ambiente de irrealidad nos inunda. En el umbral nuestra mirada se detiene, se precipita hacia su interior, no podemos pasear la vista por el futuro. No atravesamos los umbrales por gusto, sin empujones. Un umbral es el otro lado, la nada o algo desconocido, lo que nos inquieta aún más. El umbral es un punto de discontinuidad, una serie interrumpida donde cambian las reglas de juego. Donde la experiencia pasada deja de ser útil, donde el futuro no puede representarse, donde quedamos temblando, ateridos, a la intemperie, donde todo se desvanece. El mundo de ayer queda atrás sin que seamos capaces de percibir la fisonomía de los nuevos tiempos. El umbral es un lugar para la fantasía. Lo desconocido, lo mágico que habita en el umbral, nos encandila.

Tenemos que evitar sacar conclusiones demasiado precipitadas. El sanedrín de expertos mira por el espejo retrovisor y, arrogante, cacarea diagnósticos y soluciones. Reunión de necios. Nadie conoce las matemáticas del futuro. Por un lado, las imágenes que podemos convocar son insuficientes o equivocadas. Corremos un grave riesgo si recurrimos a la analogía como fuente para iluminar las zonas de sombra que se escapan a nuestra comprensión. Nuestro entendimiento es limitado. Tendremos que aprender a caminar a tientas, atravesando zonas de luz y de oscuridad. La biblioteca de experiencias del pasado no es adecuada para entender los retos del futuro.

12. EL TIEMPO CORTO DE LA REVOLUCIÓN, EL TIEMPO LARGO DE LA TRANSFORMACIÓN

Ningún cambio se produce de la noche a la mañana. Las transformaciones políticas requieren la combinación de velocidades distintas. El tempo corto de la revolución, que se desarrolla tantas veces de forma sorprendente e inesperada. El tiempo moroso de la construcción, que explora posibilidades, que se adentra en la espesura, sin conocer el camino, prueba y error hasta encontrar un hilo del que tirar, dispuesto al riesgo de perderse para llegar al destino. La paciencia no es solo una virtud, es un requisito indispensable de la transformación política. Sin paciencia nos puede el ansía de llegar. La urgencia de actuar ante los retos nos empuja al precipicio. ¿Cómo combinar rapidez y lentitud, las urgencias del presente con la larga duración? ¿Cómo pueden las organizaciones políticas interpeladas desde el ahora evitar la tentación del atajo?. Si la paciencia es una condición necesaria de la transformación ¿cómo enseñar a estas organizaciones a tener paciencia? ¿Qué incentivos pueden sustituir o complementar los que actúan desde su código genético: hacer y decir lo que sea necesario para ganar elecciones?

13. HACKEAR EL ALGORITMO DE LA DEMOCRACIA LIBERAL

El término "algoritmo" procede del matemático, filósofo, geógrafo y astrónomo persa Abu Abdallah Muhammad Ibn Musa Al-Khwarizmi (Abu Yaffar), oriundo de Khoream, en el actual Uzbekistán, que vivió entre los años 783 y 850. Conocido como Al-Juarismi o por su nombre latinizado, Algorithmi, fue jefe de la Biblioteca de la Casa de Sabiduría de Bagdad. Su nombre latinizado dió nombre a varios términos matemáticos como algoritmo y guarismo así como el portugués "algarismo", que significa dígito.

Un algoritmo es un conjunto de instrucciones o reglas definidas y no-ambiguas, ordenadas y finitas que permite, típicamente, solucionar un problema, realizar un cómputo, procesar datos y llevar a cabo otras tareas o actividades. Dados un estado inicial y una entrada, siguiendo pasos sucesivos, se llega a un estado final y se obtiene una solución.

Durante muchos años, el manual de instrucciones de las democracias liberales parece haber funcionado con la precisión de un reloj suizo. Resultaba posible identificar los principales desafíos de la sociedad y proponer programas de actuación que contenían soluciones los problemas sugeridos. Los gobiernos, las empresas, la sociedad civil organizada y los ciudadanos, podían tomar decisiones en entornos razonablemente estables. Los partidos políticos, en función de sus diferentes ideologías, preparaban sus programas y los ciudadanos determinaban sus preferencias en elecciones que se celebraban de forma regular con el objeto de seleccionar las opciones que merecían el apoyo mayoritario de los ciudadanos. Los gobiernos que se constituían a continuación trataban de plasmar, a través de políticas públicas supuestamente racionales, las propuestas contenidas en sus programas de gobierno. Al menos, esa era la teoría. Un marco epistemológico narcisista y autosatisfecho.

En la Arcadia feliz del sistema, rebosante de confianza en el progreso, el marco racional de políticas públicas era una caja de algoritmos capaz de solucionar cada desafío que pudiera aparecer. Los ciudadanos podían dormir tranquilos, un Leviatán cibernético trabajaba para hacer realidad sus aspiraciones. Cada problema, por complejo que fuera, podía ser resuelto con un buen diagnóstico y una secuencia de pasos lógicos que permitía encontrar de forma inexorable la solución al desafío planteado.

La supremacía de la planificación se asentaba en una hipótesis fuerte: la capacidad de destrabar la cancela que abría la puerta a un futuro cuyo pronóstico era posible. Subida a lomos del progreso, la humanidad confiaba en que todos los problemas tenían solución. Esta confianza autorreferencial, escasamente crítica, en el predominio de la técnica y en la capacidad del ser humano para domesticar la complejidad, convertía a los planes en fines en sí mismos.

En ocasiones, el sueño de la razón producía pesadillas. La historia de los naranjos del Lago Balatón, narrada por Maurice Duverger, mostraba los límites de la ciencia social para enfrentar estos desafíos. Con el objetivo de garantizar la autosuficiencia alimentaria de Hungría, el régimen del dirigente estaliniano Rakosi decidió cultivar naranjos en las orillas del Lago Balatón. El ingeniero agrónomo responsable del proyecto informó desfavorablemente de la viabilidad del proyecto porque la zona estaba expuesta a intensas heladas invernales. Como señala Duverger, "intérprete del materialismo histórico, fiel expresión de la verdad científica, el partido no podía equivocarse. Se plantaron, pues, millones de árboles, financiados con divisas que escaseaban. Los árboles murieron. Por consiguiente, el agrónomo fue condenado por sabotaje. ¿No había mostrado su mala voluntad desde el principio, al criticar la decisión del buró político". La meteorología había desobedecido las instrucciones del partido.

La historia anterior puede ser presentada como una muestra de la superioridad de la planificación occidental frente a la soviética. En realidad resulta reveladora de los límites de la planificación racional para abordar retos complejos. Las políticas públicas están inundadas de Lagos Balatón. El sol de la estupidez humana brilla tenazmente por todos los lados. Demasiadas veces las premisas, que debían actuar como pilares de las decisiones tomadas, se han revelado erróneas, falsas o no han sido modificadas cuando su "verdad" científica se ha deteriorado por el paso del tiempo. La arrogancia del conocimiento experto, amplificada por la política, ha producido decisiones incorrectas durante demasiados años. Nuestros sistemas de toma de decisiones están llenos de "*nudges*", cargados de inercias. La consecuencia es que no estimulan la prueba y el error, dificultando por lo tanto el aprendizaje.

En tiempos de crisis complejas, los decisores públicos deben asegurarse de que los dispositivos institucionales existentes cuenten con los recursos necesarios para enfrentar los desafíos de forma efectiva, poniendo en el centro de la política pública las necesidades de los ciudadanos, especialmente de aquellos más vulnerables, que se encuentran más desprotegidos y que por tanto precisan de mayores cuidados.

Sin embargo, los sistemas actuales fracasan de forma recurrente. En el pasado, en entornos más estables, la trayectoria histórica actuaba como predictor eficiente de lo que podía ocurrir en el futuro. Mirar por el espejo retrovisor de la experiencia acumulada en el pasado permitía enfrentarse a los desafíos existentes. El mejor abordaje estaba basado en el pensamiento convergente, donde especialistas en las respectivas materias, diagnosticaban el problema y a continuación decidían, desde su conocimiento experto, qué medidas era necesario tomar.

Hay toda una generación de políticas públicas que sigue empeñada en equivocarse una y otra vez, incapaz de generar entornos de prueba y error. En un pasado no muy lejano, estos modelos de política pública funcionaban razonablemente bien. Han dejado de hacerlo. Sin asunción de riesgos es imposible el aprendizaje.

Los modelos actuales gestionan entornos conocidos y valores típicos. Son incapaces de predecir la aparición súbita de cisnes negros en el horizonte, sean pandemias, emergencias climáticas, conflictos, o distorsiones electorales producidas por herramientas tecnológicas que afectan a las preferencias de los ciudadanos de forma muy sutil, incidiendo sobre capas muy profundas de la consciencia humana y modificando comportamientos. No funcionan con valores que escapan a nuestro control y que vuelan por debajo de un radar de alertas que ha dejado de funcionar.

Nuestra capacidad de comprender nuestro entorno y las perturbaciones que pueden alterarlo está basada en conocimientos tácitos y explícitos acumulados durante generaciones. Este conocimiento es muy idiosincrático, varía a lo largo del tiempo en función de variables culturales, sociales y económicas, con diferencias en cada territorio que pueden resultar significativas. La capacidad de anticipación estratégica del sistema depende de que las premisas de partida continúen siendo válidas, de manera que sigan actuando como pilares firmes de nuestros modelos de actuación.

Las dinámicas tecnológicas disruptivas, entre otros factores, actúan como termitas que erosionan estos modelos hasta terminar de reducirlos a estructuras vacías de significado, sin capacidad expresiva, incapaces de orientarnos en los nuevos laberintos por los que transcurren la vida humana.

El conocimiento científico basado en evidencias es una muleta imperfecta que en ocasiones retrasa la salida del laberinto. Una y otra vez, inasequibles a nuestro desconcierto, insistimos en caminos trillados que no nos llevan a ninguna parte. El nivel de los desafíos ha cambiado de escala.

La prospectiva actual tiene cataratas. Los modelos que usan datos pasados para predecir tendencias futuras simplemente no funcionan. Mirar por el espejo retrovisor ha dejado de ser un comportamiento racional para comprender un mundo que se desmorona. Nos hemos acostumbrado a un mundo en que abundan los cisnes negros, esos sucesos inesperados que aparecen de forma súbita generando impactos masivos y globales, descritos por el investigador libanés Nassim Nicholas Taleb en 2008, aunque su origen se remonta al siglo XVII. Hablando de cisnes negros, no sabemos cuál es el meteorito político que terminará con nuestra vida democrática

Volatilidad y vértigo, signos de los nuevos tiempos. Los cambios radicales que se están produciendo impactan en los aspectos materiales de nuestras vidas, en las formas de creación y distribución de riqueza. Pero tal vez sean más significativo los factores simbólicos que afectan a nuestro comportamiento ya nuestra identidad. Las preguntas claves son: quiénes somos; en qué nos estamos convirtiendo, individual y colectivamente; cómo organizaremos nuestra convivencia, cómo mutará el ADN del poder para seguir manteniendo su camaleónica capacidad de supervivencia.

Antes, flujo en una sola dirección, progreso hacia el futuro. Ahora, flujo y reflujo, conexiones improbables, incertidumbre. Todo ha cambiado hasta hacerse irreconocible. Persisten las sombras del pasado que proyectan, desde la caverna, una ilusión de permanencia y sosiego que no durará mucho tiempo.

No es solo un cambio de variables y de datos. Es el modelo el que debe cambiar. Los patrones funcionan de forma errática. La única forma de orientarse en el futuro es abandonar los viejos mapas, identificar las nuevas señales, perderse con inteligencia. Los nuevos sistemas de inteligencia profunda usan modelos de aprendizaje automático que se realimentan. Son un caballo desbocado que habrá que domar. La cantidad de incertidumbre que almacenan es un riesgo que crece de forma exponencial. Los caballos salvajes pueden arrojar de sus grupas a los jinetes menos experimentados. Magullados o descalabrados, tenemos que reconocer con humildad que nadie tiene el nivel de experiencia necesaria. Necesitamos nuevas combinaciones de contención y arrojo, de cautela y audacia.

En las líneas de código habitan fantasmas que cobran vida propia, muchas veces en direcciones inesperadas para sus propios autores. frente al desbordamiento de información que amenaza nuestra existencia necesitamos construir diques que protejan aquello que nos hace humanos. construir un marco y una narración que haga inteligible el mundo que habitamos y que proporcione contexto sentido y significado.

Dice Byung-Chun Hal que la infoesfera tiene la cabeza de Jano, libertad y vigilancia. Es más lo segundo que lo primero. Hoy la infoesfera es una cárcel en la que entramos sin que nadie nos empuje físicamente. La libertad digital es una quimera, una libertad disecada, que carece de aliento vital, desconectada de sus raíces de lucha, sufrimiento, y dignidad.

La complejidad de los problemas actuales, la velocidad a la que cambian, el impacto que producen en variables no controladas, determinan que los sistemas de toma de decisiones que han funcionado en el pasado puedan resultar de utilidad. El número de variables en juego, la frecuencia a la que cambian, el impacto que producen. Como resultado, aumenta la complejidad de los desafíos existentes. El sistema se vuelve inestable e impredecible.

14. ¿QUÉ HACER?

¿Qué hacer para enfrentar estos desafíos? Thiago de Mello decía en su verso que cuando se hacía oscuro, él cantaba. Canto como conjuro para disolver las sombras y recuperar el horizonte. Para volver a dibujar en el mapa la isla de Utopía, dibujada con carboncillo suave, para que cada nueva generación pueda borrar sus límites y reimaginar su contorno. El horizonte de derechos es dinámico. No puede quedar embalsamado por las tradiciones y legados del pasado. El mejor tributo a las luchas precedentes es seguir luchando. Un programa utópico que no se conforma con la injusticia y la desigualdad, que se rebela contra un mundo crecientemente autoritario. Un programa que sabe que el potencial emancipador de la tecnología requiere una epistemología crítica.

Los ajustes graduales del modelo son más un peligro que una solución. Pueden generar una falsa sensación de que todo vuelve a estar bajo control, mientras nos acercamos lentamente hacia el abismo de lo desconocido. Realizar ajustes adaptativos y correctivos para continuar pronosticando puede ser una estrategia adecuada si sirve para abandonarla.

El mayor riesgo es no hacer nada. También han cambiado los tiempos. Nuestros sistemas de posicionamiento están completamente magnetizados, hace tiempo que su aguja gira enloquecida, sin rumbo.

Necesitamos talento rebelde y pensamiento divergente para gestionar la nueva complejidad. Las proyecciones deben ser interpretadas de forma proactiva, debiendo ser abandonadas y sustituidas cuando no funcionan. La capacidad de formular preguntas pertinentes se convertirá en una actividad crítica. Tendremos que entender que el futuro es una sucesión de estados estacionarios, altamente inestables. Tendremos que acostumbrarnos a vivir en un mundo que cambia tan rápidamente que, renunciar a entenderlo será, para algunos, una estrategia de supervivencia. Una estrategia inexorablemente condenada al fracaso.

Filosofar, activar la cultura para reimaginar el mundo, definir el marco adecuado para discutir los problemas, entrenar la discoformidad, explorar la periferia, elegir la duda como estado de ánimo, repensar la educación, rebeldía analógica para recuperar un mundo con sentido, son aspectos de este programa.

Hoy la filosofía requiere un valor especial. Debe formular preguntas inquietantes sobre los misterios de la vida y de la muerte, sobre el ser humano, sobre la naturaleza del poder, sobre la fragilidad de la condición humana, sobre la relación con la naturaleza. Hoy, el amor a la sabiduría es un oficio de riesgo, propio de exploradores tenaces que carecen de mapas y cartografías, dispuestos a aventurarse en terra incognita. Todo lo contrario que lo que recomiendan los manuales de auto ayuda que tanto han proliferado. Pensar requiere concentración y silencio, ¿Cómo pensar en medio de ese ruido incesante que percute sin misericordia talandrando los oidos? Datos, datos, datos. Hoy el filósofo debe ser un profanador de tumbas donde yace, embalsamado, el pensamiento convencional.

Tenemos, también, que explorar la cultura, la obra de arte, como "negación de la alienación" (Adorno), como espacio de posibilidades que se despliegan y son capaces de contribuir a re-imaginar el mundo, construyendo plataformas para el desarrollo de nuevos proyectos, muchos de los cuáles seguirán trayectorias caóticas, que nos permitirán aventurarnos en otros espacios, descubrir nuevas cartografías, aterrizar en nuevos mundos.

El marco para la conversación ciudadana tiene una importancia fundamental. Hay que enmarcar los datos. Los datos objetivos, basados en evidencias son fundamentales, pero deben ser utilizados adecuadamente, esto es, proporcionando el contexto adecuado para que puedan ser interpretados de forma correcta. En ocasiones las estrategias basadas en datos pueden ser percibidas como narrativas soberbias y arrogantes, consiguiendo el resultado contrario al que pretendían: cerrar las mentes y los corazones, bloquear los receptores racionales y emocionales de nuestro cerebro. Antes de sembrar ideas hay que arar el terreno. Cualquier estrategia para combatir los bulos y la desinformación requiere abordajes circulares que preparen el terreno. La línea recta no es el camino más corto. No hay atajos posibles.

Tenemos que denunciar el tartamudeo moral, la anestesia moral colectiva. Para Sísifo, "la única dignidad del hombre" era "la rebelión tenaz contra su condición, la perseverancia en un esfuerzo considerado estéril" (Camus).

Lo conocido es tranquilizador. La tentación de la rutina es poderosa. Salirse de la fila, descarrilar, desobedecer, caminar contracorriente, exige coraje. Tenemos que entrenar la disconformidad. Ser tenazmente rebelde y perseverar en los esfuerzos, especialmente aquellos que parecen condenados al fracaso por la magnitud del desafío, eso es lo que define al ciudadano que no se conforma. Como señala Adorno, "la fantasía exacta de un disidente puede ver más que mil ojos a los que les han calado las gafas rosadas de la unidad y que, en consecuencia, confunden todo lo que perciben con la verdad universal". No hemos encontrado la manera de organizar políticamente las disidencias y consensuar un diagnóstico que nos permita definir un plan de acción para pasar de la retórica a la acción política. La disidencia exige coraje y lucidez. Capacidad para enfrentarse a uno mismo, a la inercia de la trayectoria y la experiencia, siempre conservadoras. Capacidad para sacudirnos pegajoso abrazo pegajoso de la tribu. La disidencia es una brújula para navegar en un mundo sumido en las tinieblas de la ortodoxia y el pensamiento convencional.

En tiempos de turbulencias en los extremos, en la periferia del sistema, se pueden estar gestando embriones de verdad. Lo excéntrico es la perspectiva que mejor permite entender los desafíos de nuestro tiempo. Lo excéntrico permite alejarse de problemas tan candentes que desprenden un vapor niebla que los ocultan. Lo excéntrico exige atalayas corales. Solo desde una pluralidad de perspectivas es posible analizar los desafíos de forma sistémica, valorando la mayor cantidad de dimensiones posibles. En la periferia del sistema aparecen propiedades y comportamientos emergentes que tienen el potencial de convertirse en rasgos generalizados.

La duda como forma superior de inteligencia y herramienta fundamental de acción política transformadora. Frente a la certeza, la duda; frente al dogma, cualquier dogma, especialmente aquellos que nos habitan en forma de tradiciones y prejuicios, un liberal escepticismo. Frente al rigorismo, tolerancia. Un estado de ánimo confundido es prólogo de todos los cambios.

Equivocarnos de acera, caminar con los diferentes, mezclarse, sacar el disolvente de prejuicios, abrir nuestras membranas, entrenar la porosidad, romper las burbujas que nos protegen pero que también nos aíslan e impiden que salgamos del círculo vicioso de prejuicios, atrapados por sesgos de confirmación y disonancias cognitivas, son también acciones del programa de la utopía. Dudar genera oportunidades. Como recoge la cita de Camus con la que se abre el libro de Judt 'El peso de la responsabilidad' "si existiera un partido de los que no estar seguros de tener razon, yo estaría en él". Las certezas son una cárcel intelectual y moral. Bertold Brecht es un farol para alumbrar el camino: "la más hermosa de todas las dudas es cuando los débiles y desalentados levantan su cabeza y dejan de creer en la fuerza de sus opresores".

Entre las muchas revoluciones pendientes, una urgente, la educativa. Necesitamos que la educación esté conectada con las grandes preguntas de la existencia, con todo aquello que nos provoca curiosidad, que nos desorbita los ojos, en lugar de los métodos actuales dirigidos a producir trabajadores para el enjambre capitalista. Por eso es necesario arrancar las raíces de la ortodoxia, que tan profundamente han penetrado en nuestros sistemas de creencias y sacudirnos las inercias de nuestra época, preocupada en exceso por la aplicación práctica del conocimiento.

Por último, rebeldía analógica. La fantasía de la hiperconexión tecnológica es pura realidad aumentada, ensoñación y apariencia que se deshace entre los dedos cuando la intentamos tocar. Ahí está uno de los retos: salir del laberinto, restaurar los equilibrios. Precisamos una transferencia urgente de recursos analógicos a nuestras vidas. Zeilberger habla de "intolerancia antropocêntrica", de una resistencia genética del ser humano a asociarse con máquinas. Hay que frenar la invasión de los cuerpos por parte de la tecnología. Necesitamos clínicas de desintoxicación digital.

El programa de la utopia es el programa de la esperanza. Como el mezcal, te pone mágico, es capaz de re-imaginar el mundo. Imaginar un mundo mejor es el primer paso para conseguirlo. Con realismo, con determinación, con audacia. Sin límites. Somos fuego si alguien nos enciende.

PRÁCTICA ARTÍSTICA Y TEMATIZACIÓN CRÍTICA DEL ALGORITMO

Juan Martín Prada

1. DAR A VER LOS ALGORITMOS

El funcionamiento de los algoritmos nos suele pasar desapercibido. La invisibilidad del código digital actúa como metáfora de lo que acaso podríamos denominar como el «inconsciente tecnológico». Estamos tan habituados a los automatismos tecnológicos, se hallan estos tan profundamente integrados en nuestra vida, que no apreciamos su presencia (solo cuando hay un fallo de conexión, una avería o sufrimos los efectos de un virus informático parece que tomamos conciencia de nuestra dependencia de ellos). Los algoritmos son omnipresentes, pero se escamotean a nuestra atención. Esa es la condición principal de su capacidad invasora. No en vano, muchas prácticas artísticas se centran hoy, precisamente, en dar a ver, de algún modo, esa invisibilidad. Convierten en tema de trabajo la opacidad algorítmica, su condición «enigmática». Se trata de *dar imagen* a eso que produce y gestiona imágenes pero que no opera como imagen, lo que, incluso, parece infigurable por su condición codificada. Proliferan así las tematizaciones del carácter inaccesible e inadvertido de los algoritmos, de la invisibilidad en la que se basa su poder, del carácter por lo general poco o insuficientemente regulado de las formas de almacenaje y uso de los datos que extraen y manejan (solemos desconocer las finalidades a las que pueden llegar a servir esos procesos, en ocasiones exhaustivos, de registro y *datafícación* que se llevan a cabo en prácticamente todos los ámbitos de nuestra vida).

La constancia de que los algoritmos hacen más cosas de las que creemos que hacen, la fundada sospecha de que sus efectos van más allá de lo proporcionado por sus específicas capacidades técnicas, nos produce, inevitablemente, cierta inquietud. Pero esa angustia que padecemos por la pérdida progresiva de nuestra capacidad de control, por sentirnos desplazados por máquinas y automatismos, es probablemente necesaria, como defendía De

Vries, para abrirnos a «imaginaciones alternativas» (2019: 33) como las que vemos ensayadas en muchas de las nuevas prácticas artísticas digitales. Estas llevan a cabo hoy una revelación poética (aunque con frecuencia no distinguible de un ejercicio de puro activismo digital) que se enfrenta al secretismo corporativo y a la extrema complejidad técnica de los algoritmos, actuando a modo de sutiles operadores de inteligibilidad.

Vías de trabajo que cuentan con no pocos antecedentes. Entre los más importantes, algunas de las primeras obras de *net art* en las que se empezó, a mediados de la pasada década de los noventa, a abordar las lógicas ocultas en las interfaces de navegación (pensemos, por ejemplo, en la famosísima obra de Jodi *wwwwwwwww.jodi.org* de 1995) así como las políticas e intereses escondidos en los algoritmos de los motores de búsqueda, en sus actividades de jerarquización y exclusión de información (tratadas en muchos de los trabajos de Mongrel, Christophe Bruno, Steve Nelson, Tsila Hassine, etc.). Líneas que hoy encuentran nuevos campos de desarrollo en la creciente complejidad y eficacia de los sistemas de inteligencia artificial (IA) en la gestión de nuestras vidas. El *dataísmo*, la *self-quantification*, entendido como base del capitalismo digital, se vislumbra como campo temático de primera importancia en el arte actual. De lo que se trata es de proporcionar ciertas referencias visuales sobre todo ello, generar metáforas y nuevas narrativas, elucidaciones críticas acerca de los efectos de los algoritmos en la consolidación de ciertos patrones de comportamiento.

La actividad de los artistas puede ser muy reveladora acerca lo que implica esta fase en la que hoy vivimos, la de la transición de un tipo de gobernanza estadística a otra de tipo algorítmico, y en la que las operaciones automatizadas ejecutadas por sistemas de visión artificial, como iremos viendo más adelante, ganan cada vez más importancia.

2. SOBRE EL PANÓPTICO DIGITAL

Nuestros espacios cotidianos de vida se han llenado de aparatos que no cesan de aprehenderlo todo como imagen, de forma continua y automatizada. Cámaras que no son simplemente instrumentos de registro, sino que forman parte de inteligentes sistemas de análisis y rastreo. Estamos rodeados de ojos robóticos, de máquinas que no dejan de mirar, registrar, procesar. Ellas no solo observan y transmiten, también detectan e identifican. En este contexto, no es en absoluto extraño el recobrado interés en el arte actual por lo que Harun Farocki denominó «imágenes operativas» (2013), esas que no se crean tanto para representar o entretenernos sino que forman parte de algún tipo de operación o proceso de carácter instrumental.

Nuevas vías creativas se abren en torno a esa visión, puramente de registro, no mediada emocionalmente, de geonavegadores, drones, satélites o cámaras de vigilancia, extremadamente atractiva para nuevas prácticas apropiacionistas (como en algunas de las obras de Jenny Odell, Doug Rickard, Michael Wolf, etc.). Se mira el mundo en el ***retrato*** que las máquinas hacen continuamente de él. Poéticas de la visura de ojos no humanos, que miran todo el tiempo, sin parpadeos, de unas nuevas ***acheiropoieta***, centradas en el puro registro técnico. Obras que, en todo caso, tematizan el paso del ver al visualizar, de la mirada a la ***visiónica***.

En este contexto del panóptico digital, la ya vieja consigna ***watch the watchers*** (vigilar a los vigilantes) la sigue enarbolando el arte como otro de sus compromisos más firmes. Surgen poéticas sobre el hacer visibles los sistemas que nos vigilan, acerca de cómo representar la sociedad de control. A un nivel más amplio, el propósito es documentar, dar cierta luz a la «***black box society***»[1], crear imágenes de esta, tematizar la opacidad que la caracteriza.

Podría resultar paradójico el cuestionar los sistemas de vigilancia en una época en la que casi todo el mundo ha renunciado voluntariamente a parte de su privacidad mediante la compartición de infinidad de imágenes y documentos de todo tipo en las redes sociales. Sin embargo, el número de obras y proyectos de comisariado sobre el ejercicio de la vigilancia en la era digital sigue en aumento. El protagonismo en el arte de los modos en los que la visibilidad e invisibilidad son administradas hoy técnicamente es cada vez mayor. Tematizando cómo somos seres observados, calculados, ubicados bajo miles de miradas no humanas (en un contexto en el que se quiere que la vigilancia simbolice protección, no limitación de libertades) estas obras conforman una etapa más en la evolución de las investigaciones creativas en

1 Sobre este concepto, véase Pasquale (2015).

torno a las estéticas de la cámara de vigilancia y a las retóricas sobre la imagen policial[2]. Propuestas que inciden en la dificultad que siempre hay para ver lo que nos mira, para sobrellevar esa presión escópica ejercida por los sofisticados sistemas de visión automatizada y de rastreo digital que vienen a conformar una especie de sujeto *puro*, en el sentido de que *ve sin ser visto*.

Countersurveillance es un término recurrentemente asociado a proyectos artísticos y activistas (Walsh, 2019). Este encuentra nuevas aplicaciones en una vía cuya vitalidad ha hecho que se hable, incluso, de un «*anti-facial recognition movement*» en el mundo del arte (ejemplificable con trabajos como *Hyperface* de Adam Harvey u otros de Zach Blas, Sterling Crispin, etc.) Nuevamente, las separaciones entre arte y activismo se diluyen. Todo se orienta a la producción de áreas de irreconocibilidad, de «*autonomous free-zones*» en relación al control visual digital, en una exigencia de lo que se podría denominar, empleando una expresión tomada de Édouard Glissant, como el «derecho a la opacidad» (Glissant, 2010: 89).

Es central en todo ello la cuestión de hasta qué punto la ganancia de invisibilidad es más adquirir poder que escapar de él. Son apasionantes las discusiones actuales sobre las prácticas de «*radical effacement*», de la borradura radical, del desaparecer en la multitud, de devenir algo irreconocible o indistinguible en ella disolviendo, mediante tácticas de homotipia y camuflaje, toda diferencia entre fondo y figura. Nuevas poéticas emergen ahora sobre la *self-obliteration*, la autoerradicación, la autoanulación visual en el ámbito digital. Retóricas que en la era de la visión artificial invisten de novedad aquella indistinción en términos visuales sobre la que tan bellas páginas escribió Roger Caillois (1986).

Es posible que, a pesar del contexto *high-tech* que constituye el universo de referencia de estas prácticas, pudiéramos hallar en ellas numerosos ecos de aquellas poéticas decimonónicas en las que el paseante trataba de escabullirse en medio de la multitud de las calles de las emergentes ciudades modernas, camuflado en el interior de los flujos multitudinarios y anónimos de los transeúntes, con una pretensión de indiferenciación,

2 Aquí habría que recordar, necesariamente, la serie *Most Wanted Men* de Andy Warhol (1964) y la obra titulada *Bilder der Welt und Inschrift des Krieges* de Harun Farocki (1988).

de invisibilización, y que ya entonces se mostraba colmada de componentes emancipatorios.

La máscara o el pasamontañas, las prótesis, los adornos distorsionantes del rostro, el maquillaje, etc. se convierten en medios para estos nuevos *artivistas* comprometidos con estrategias subversivas orientadas, digamos, a *salvar la cara*. Propuestas en las que se da la paradoja de que para dejar de ser visible ante la máquina uno acabe, mediante máscaras y otras alteraciones del rostro, haciéndose muy visible para los demás humanos. Su intención es romper las relaciones entre identificación y legibilidad confundiendo a los sofisticados sistemas de reconocimiento facial. Diseños de *media camouflage*, ensayos de ocultación en un régimen de visibilidad cuyos sistemas e infraestructuras observantes suelen escamotearse a nuestra visión.

Son las de estos artistas[3] estrategias de oposición respecto a la mirada algorítmica, la del *Otro* tecnológico, que queda siempre asociada a un poder totalitario, policial, deshumanizado, objetualizante, garante de la inveterada vinculación entre anonimato y peligrosidad. No obstante, podríamos decir que, en realidad, son menos estrategias de invisibilidad que de irreconocibilidad. No tener rostro y devenir imperceptible se propone como gesto amenazante (tanto para el estado como para el capitalismo mismo). Todo tipo de mimetismos proliferan en este hacerse invisible o indetectable como supuesta forma de ganar más libertad.

3. TEMATIZACIONES CRÍTICAS DE LA IA EN EL CAMPO VISUAL

Como podemos apreciar en proyectos como *ImageNet Roulette* (2019) o en la muestra «Training Humans» (2019) de Kate Crawford y Trevor Paglen, son de vital importancia los procesos de conformación de los conjuntos de imágenes (*datasets*) que se emplean para que los sistemas de inteligencia artificial aprendan a «ver» y a categorizar lo que perciben. Los motivos de que ciertas categorías estén o no presentes en los *datasets*, los prejuicios a los que responden, intencionadamente o no, muchos de esos procesos de identificación y clasificación, las caracte-

3 Mencionemos aquí proyectos como *Facial Weaponization Suite* (2011-2014) de Zach Blas o *The Revolutionary, from Spirit Is a Bone* (2013) de Adam Broomberg y Oliver Chanarin.

rísticas de sus sesgos, son interrogantes de vital importancia. Hay toda una política condensada en los modos de codificación de las representaciones (sobre todo de personas) que integran esos enormes archivos de imágenes, en las formas de etiquetarlas y clasificarlas.

La reflexión sobre los componentes racistas, sexistas o simplemente ridículos que se derivan del entrenamiento de los sistemas de reconocimiento visual por IA empleando ciertos *datasets* y que vemos tematizados en *ImageNet Roulette* encuentra en la instalación de Paglen *From 'Apple' to 'Anomaly'* (2019) matizaciones más sutiles. La obra de Magritte *Ceci n'est pas une pomme* (1964) y con ella la idea del texto identificador como negación o *traición* a la imagen sirve aquí como punto de arranque para problematizar las relaciones entre imagen y palabras identificadoras, entre representaciones visuales y etiquetas clasificadoras. *From 'Apple' to 'Anomaly'* toma como base unas 30,000 fotografías impresas y extraídas de ImageNet, uno de los *datasets* más empleados para entrenar sistemas de *machine learning*). Ante ella enseguida apreciamos que los procesos de identificación de imágenes en el desarrollo de los *datasets* a veces parecen juzgar más que categorizar.

En términos generales, la cuestión abordada por este tipo de propuestas artísticas es qué significan las imágenes y quién decide qué significan. Pero también la necesidad de una redefinición, como apuntara Zylinska, de los límites conceptuales y discursivos de la percepción humana (Zylinska, 2020).

Los artistas que tematizan en sus obras la saturación de la IA de prejuicios humanos derivados tanto de errores o condicionamientos ideológicos en la elaboración de los *datasets* como del propio diseño de los algoritmos, llevan a cabo una valiosa tarea desconstructiva. Lo que se cuestiona es cómo en el orden de los sistemas de inteligencia artificial, un desorden dañino y discriminador queda de alguna forma fijado, integrado en un sistema operacional que se aplicará a partir de entonces a la gestión de todo tipo de datos visuales.

En un popular vídeo del 2016, la activista Joy Buolamwini demostraba cómo ciertos sistemas de reconocimiento facial fallaban estrepitosamente en el reconocimiento del rostro de personas de color (Buolamwini, 2016). Su proyecto Liga de la Justicia

Algorítmica surgió, precisamente, para combatir los prejuicios de la inteligencia artificial, los sesgos discriminatorios con los que con demasiada frecuencia actúa la codificación de la mirada digital. Un paso más en la denuncia de las políticas y formas de discriminación inscritas en las operaciones digitales y en la que los modos de funcionamiento de los algoritmos de los buscadores de Internet llevan ya desde hace años siendo un importante centro de atención (cabría mencionar aquí, por ejemplo, el trabajo de Safiya Noble *Algorithms of Oppression: How Search Engines Reinforce Racism,* de 2018).

En relación a las prácticas artísticas, es obligado que recordemos que las actividades de etiquetado de imágenes, las ***tags*** y las palabras clave identificadoras (los procesos de ***folksonomía*** en general) ya fueron objeto de experimentaciones creativas para numerosos artistas durante la primera década de siglo. Una actividad la de etiquetar y taxonomizar imágenes que con la generación de ***datasets*** para el entrenamiento de las redes neuronales deviene centro temático de primera importancia para los artistas más comprometidos con el análisis crítico de la visión artificial.

La elaboración de algunos de los ***training datasets*** empleados para ***machine learning*** ha llevado años de trabajo y la participación de miles de personas. No equivocadamente afirmó Kate Crawford que el ***machine learning*** «es el mayor experimento de clasificación de la historia de la humanidad» (Crawford, 2017). Y siendo de tan vital importancia en la calidad de los resultados, analizar cómo y quiénes han elaborado esos *datasets* resulta clave. La fase de identificación de datos es crucial, siendo enormemente problemático que tecnologías tan sofisticadas y con tanta capacidad de influir en nuestra vida diaria partan de una actividad de etiquetado encomendada, frecuentemente, a trabajadores muy precarizados[4].

Es obvio que, en no pocas ocasiones, se aplican en estos procesos de etiquetado taxonomías inadecuadas (muchas de ellas expresión de viejas jerarquías sociales y discriminatorias) entremezclándose también, erróneamente, órdenes semióticos diferentes.

4 En relación a la precarización de los trabajadores encargados de la identificación de imágenes en los datasets que servirán para el entrenamiento de los sistemas de inteligencia artificial, véase Diehm y Sinders (2020).

La conformación de los ***datasets*** es un modo de concretar qué debe ser tecnológicamente considerado y qué no debe serlo. Todos los conjuntos de datos de entrenamiento son un muestreo estadístico y, en último término, una visión que es siempre parcial, sesgada, del mundo. ***Datasets*** mal elaborados pueden normalizar estereotipos e incrementar la discriminación racial o sexual en una sociedad cada vez más dependiente y condicionada por estas tecnologías.

La descripción figurada de un sistema de IA como un instrumento óptico de «lentes lógicas» nos exigiría tomar en consideración sus aberraciones y distorsiones. Algo que deviene contenido temático de nuevas líneas creativas, en una exploración siempre crítica de cómo somos vistos y categorizados por las máquinas.

Entender por qué caminamos hacia una cultura cada vez más estandarizada a todos los niveles pasa necesariamente por tener también en cuenta qué información elimina la IA al considerarla innecesaria o superflua, cómo y bajo qué criterios los modelos estadísticos generan pérdida de información. Y es de esperar de las prácticas artísticas, siempre problematizadoras de los modos de producción de ***diferencia***, una llamada de atención sobre las limitaciones de los modelos sobre los que tienen lugar los procesos de ***deep learning***, en los que la singularidad se ve siempre sometida al cálculo de la *norma* media.

Por otra parte, y dado el carácter prescriptivo de los ***datasets*** que se emplean para entrenar a los sistemas de IA, una estrategia válida puede ser «inyectar diferencia» (Zeilinger, 2021: 139) en ellos, diversificando el conjunto imágenes sobre los que se desarrollan los procesos de ***machine learning***. Cuando Jakes Elwes, por ejemplo, para la realización de su obra *Zizi* (2019), emplea ***datasets*** en los que ha incorporado imágenes de rostros travestidos y de género fluido, lo hace con la pretensión de obtener como resultado de la elaboración algorítmica representaciones alejadas de las identidades normativas[5]. La propuesta de tomar el control sobre estos conjuntos de imágenes,

5 Según se indica en la web del autor, «El vídeo se realizó disrumpiendo estos sistemas [Styledan, de 2019, entrenado sobre FFHQ 2018, que contiene 70,000 fotografías de rostros] y volviéndolos a entrenar con la adición de 1.000 imágenes de rostros travestidos y de género fluido encontradas en Internet. Esto hace que los pesos dentro de la red neuronal se alejen de las identidades normativas en las que se entrenó originalmente y se adentren en un espacio de homosexualidad» (Elwes, 2019).

de cargarlos de representaciones ***otras***, algo concretado en la consigna «***queering the datasets***», responde a la ausencia de representaciones de ciertas identidades en los bancos de imágenes más empleados en el entrenamiento de sistemas de inteligencia artificial.

Otro trabajo de Elwes titulado *The Zizi Show* (2020), apunta a vías en las que la IA no amplifica prejuicios ni sesgos discriminatorios, sino que se convierte en motor de diversidad (no es la normalidad estándar lo que aquí surge del *dataset*). Una exploración del género y de la otredad a través de una *performance* interactiva que hace uso tecnologías de *deepfake* para crear un muy peculiar *drag cabaret*. Una muestra de lo que el mundo *drag*, en opinión del artista, «puede enseñarnos sobre la IA» (Elwes, 2020). Se establece así un sugerente paralelismo entre la fluidez de lo generativo digital, lo que está en permanente transición, en continuo devenir, y el transformismo de cabaret. La obra actúa irónicamente en relación a algo que también relaciona la IA y el mundo *drag*, la exageración de ciertos aspectos, la amplificación de determinados sesgos representacionales. Un buen ejemplo este de cómo el arte puede adoptar como estrategia una apropiación *extrañadora* de las funcionalidades *mainstream* de la IA, y contraria a la habitual asimilación de esta «en regímenes de capital, vigilancia y formas explotadoras de gubernamentalidad algorítmica» (Zeilinger, 2021: 154).

REFERENCIAS

Blas, Z. (2011-2014). *Facial Weaponization Suite*.

Broomberg, A., & Chanarin, O. (2013). *The Revolutionary*, from *Spirit Is a Bone*.

Buolamwini, J. (2016, noviembre). *How I'm fighting bias in algorithms*. [Video]. YouTube. Disponível em: https://www.youtube.com/watch?v=UG_X_7g63rY.

Caillois, R. (1986). *Los juegos y los hombres: La máscara y el vértigo*. México D.F.: Fondo de Cultura Económica.

Crawford, K. (2017, 10 de dezembro). *The Trouble with Bias* [Ponência]. Conference on Neural Information Processing (NIPS). Disponível em: https://www.youtube.com/watch?v=fMym_BKWQzk.

De Vries, P. (2019). *Algorithmic anxiety in contemporary art: A kierkegaardian inquiry into the imaginary of possibility*. Amsterdam: Institute of Network Cultures, p. 33.

Diehm, C., & Sinders, C. (2020, 14 de maio). *"Technically" Responsible: The essential, precarious workforce that powers A.I.* The New Design Congress. Disponível em: https://newdesigncongress.org/en/pub/trk.

Elwes, J. (2019). *Zizi - Queering the Dataset.* Disponível em: https://www.jakeelwes.com/project-zizi-2019.html.

Elwes, J. (2020). *The Zizi Show.* Disponível em: https://www.jakeelwes.com/project-zizi-show.html.

Farocki, H. (1988). *Bilder der Welt und Inschrift des Krieges.*

Farocki, H. (2013). «La guerra siempre encuentra una salida» [2005]. In *Desconfiar de las imágenes.* Buenos Aires: Caja Negra.

Glissant, É. (2010). *Poetics of Relations.* Ann Arbor: The University of Michigan Press, p. 89.

Pasquale, F. (2015). *The Black Box Society: The Secret Algorithms that Control Money and Information.* Londres & Cambridge: Harvard University Press.

Walsh, J. P. (2019). Countersurveillance. In M. Deflem (Ed.), *The Handbook of Social Control* (pp. 374-388). John Wiley & Sons Ltd.

Warhol, A. (1964). *Most Wanted Men.*

Zeilinger, M. (2021). *Tactical Entanglements: AI Art, Creative Agency, and the Limits of Intellectual Property.* Lüneburg: Meson Press, p. 139.

Żylinska, J. (2020). *AI Art: Machine Visions and Warped Dreams.* Londres: Open Humanities Press.

PLATAFORMIZAÇÃO DE GÊNEROS E SEXUALIDADES EM UM CONTEXTO DE COLONIALIDADE DE DADOS: UMA REFLEXÃO INICIAL SOBRE O CAMPO DE ESTUDOS DE PLATAFORMIZAÇÃO E SUAS INTERSECÇÕES COM QUESTÕES DE GÊNERO E SEXUALIDADE

Julianna Paz Japiassu Motter

Olhamo-nos e eu me pergunto onde está este olhar, como é possível olhar-se quando o que os olhos veem não são outros olhos, mas a imagem dos olhos numa tela. Impossível averiguar o momento em que seus olhos deixaram de ver-me e substituíram minha imagem por outra. Nossas telas se olham. Nossas telas se amam. Quando isso acontece, não estamos estritamente nem aqui nem lá. A música, os mapas, a escrita, nós como entidades relacionais, nosso amor existe então, constituem-se no espaço que Deleuze denominava dobra, cujas externalidades internadas consistem em milhares de cabos de internet, dobrados e distribuídos em centenas de milhares de telas. As telas são as novas peles do mundo, penso comigo enquanto movo sua imagem com o dedo para fazê-la coincidir com a minha. São a pele de uma nova entidade coletiva radicalmente descentrada e em processo de subjetivação.

(Preciado, 2020: 253)

A passagem que abre este ensaio faz parte do livro *Um Apartamento em Urano*, de Paul B. Preciado, e compõe a crônica *Tecnoconsciências*, na qual o filósofo vai discorrer sobre alguns dos efeitos daquilo que chamará de "suportes protéticos da internet" (Preciado, 2020: 252). Na crônica, o filósofo reflete sobre o crescente fenômeno da hiperconectividade - sem necessariamente nomeá-lo dessa forma - e da dissolução virtual das fronteiras - digo virtual por ser ocasionada por uma certa virtualização da vida, mas essa dissolução repercute, também, em um sentido geográfico e material, e funciona, inclusive, para além desses termos. Segundo ele, trata-se de uma mudança corrente que conseguirá desafiar até mesmo as aparentemente indiscutíveis categorias newtonianas de tempo e espaço, justamente por possibilitar uma conexão entre sujeitos que estão fisicamente distantes na geografia do mundo.

Ainda, para Preciado (2020), essa hiperconexão ocorre através desses chamados suportes protéticos da internet, que têm origem na discussão sobre as próteses de gênero e sexualidade, discutidas pelo autor em obras anteriores a partir das figuras dos dildos e dos hormônios (Preciado, 2018) mas que, no caso da evolução das plataformas digitais, podem ser interpretados de maneira semelhante: abarcando exemplos que vão desde as tecnologias de digitalização e transmissão da voz, a possibilidade de intercâmbio de áudios, imagens, mas também aqueles que constituem as estruturas dos próprios dispositivos e interfaces, além das partes externalizadas desses redes sociotécnicas, que incluem as próprias telas, mas também os cabos, as câmeras e microfones, e todas as experiências material-semióticas[1] que elas podem possibilitar a partir de seus usos e apropriações.

É interessante pensar esse caminho feito por Preciado (2020), que parte de uma análise daquilo que é material ou visível, como é o caso dos dildos, mas que também passa por um atravessamento daquilo que é de ordem aparentemente imaterial ou invisível a olhos nus, como as alterações hormonais e as conexões *wi-fi* provocadas pela internet, cujos efeitos só podem ser observáveis a longo prazo, ainda que o encadeamento de ações já esteja lá. É assim que, em diferentes medidas, o contexto de uma sociedade tão profundamente marcada pela existência das plataformas digitais acaba englobando esses dois aspectos: das alterações que são tanto visíveis, quanto invisíveis, que podem ser imediatas, mas também podem ser lentas.

Seguindo essa reflexão em torno da incidência das mudanças tecnológicas na experiência de sujeites, Preciado (2020) reafirma que nada será, ou terá como ser, como antes. Principalmente quando tudo está mudando e se movendo tão rapidamente, incluindo leis que pareciam ser, até então, bem estabelecidas na ciência e no senso comum do Ocidente, como as próprias percepções e definições sobre o tempo e o espaço, já citadas anteriormente, ou mesmo outras máximas científicas de dimensões mais cotidianas, por exemplo: o princípio de que dois corpos não podem ocupar o mesmo lugar no espaço, ou que é impossível estar em dois lugares ao mesmo tempo. Fisicamente, essas coisas seguem sendo impossí-

1 Por "material-semiótico", estamos recorrendo à expressão comumente utilizada por Donna Haraway (2011). Essa interpretação conceitual funciona para salientar a maneira como tudo que se (re)produz em termos de sentido, também se reproduz materialmente e vice-versa, ou seja, uma afirmação de que o campo discursivo não pode ser deslocado do campo material.

veis, mas os avanços tecnológicos conseguiram traduzir a presença física em outras expressões em diferentes âmbitos.

Todas essas mudanças, decorrentes das transformações tecnológicas e outras composições que elas agregam, passam a representar uma cisão na maneira de enxergar, categorizar e, inclusive, de imaginar o mundo. Isso, no entanto, não significa que os movimentos de transformação não acontecessem ou não pudessem acontecer anteriormente, mas que a nível material e simbólico, eles têm acontecido com muito mais velocidade e de maneiras muito mais transformadoras do que antes. É dessa forma que, em maior ou menor medida, não podemos seguir afirmando que as coisas existem do mesmo modo que antes afirmávamos ou com o mesmo tipo de existência que atestávamos a elas.

Em uma outra dimensão, isso também corresponde ao que preconiza Édouard Glissant quando afirma que "nada é verdade, tudo é vivo[2]" (Glissant, 2010, tradução nossa). As coisas estão mudando o tempo todo e buscar explicações permanentes é buscar explicações genéricas e mal situadas diante das dinâmicas que estão sendo colocadas em diferentes contextos. Os sentidos e imaginários não estão somente em processo de disputa, mas sobretudo evidenciando o modo como todas as coisas seguem mutáveis e passíveis de alterações e/ou revisões sobre as formas como as percebemos e, sobretudo, as categorizamos. Os sentidos e imaginários sobre gêneros e sexualidades também estão em disputa nas plataformas digitais e, especialmente, no Sul Global. Localizar interpretações em espaços e tempos específicos é um exercício fundamental para uma compreensão mais abrangente e aprofundada.

Isso significa dizer, portanto, que estão sendo produzidas, e estamos produzindo, outras cadeias de significados[3] - e agenciamentos (Deleuze e Guattari, 1987; Puar, 2013) - a partir

2 A frase original em francês é "rien n'est vrai, tout est vivant", alguns traduzem enquanto "verdade", outros enquanto "verdadeiro". Optamos por seguir com a noção de "verdade" porque ela dá conta de um certo horizonte que circunda a produção de conhecimento como um todo e as questões filosóficas e éticas em torno do conhecimento, mais do que um atributo de algo específico, tal qual o "verdadeiro". Trata-se do título da conferência apresentada por Édouard Glissant, cujo vídeo completo está disponível em: https://www.dailymotion.com/video/xcvrg8.

3 É fundamental destacar que o termo "significados", quando acionado nessa tese, está sempre acompanhado de uma intepretação que situa os significados a essa dimensão (re)produtiva material-semiótica explanada anteriormente. Isso significa, portanto, que "significados" sempre fazem referência a uma perspectiva que é tanto discursiva, quanto material. Da mesma maneira como "significados" funciona de maneira sinonímica à "sentidos" e que "sentidos" são sempre espelhados e, assim, confrontados ou reafirmados, pelos imaginários. Essa discussão tomará mais corpo - e sentido - conforme a tese for se configurando.

desses suportes protéticos que, indo um pouco além da contribuição de Preciado (2020), não se situam mais somente na dimensão da internet *per se*. Isto porque limitar essas discussões tecnológicas apenas ao mundo da internet - ou ao mundo que chamávamos de cibernético - já representa algo bastante obsoleto. Isso também ocorre quando é feita a distinção *online* VS. *offline* que frequentemente era, e ainda acaba sendo erroneamente, convocada aos debates. Na atualidade, é possível afirmar existe um profundo sentido de coprodução e engendramento entre as tecnologias digitais e a vida social. Os suportes protéticos, nos dias de hoje, abarcam um novo contexto (re)produzido a partir e com as plataformas e outras tecnologias digitais que têm (re)mediado nossa relação com o mundo e se consolidado enquanto redes muito mais complexas de composições de Plataformização, Dataficação e Performatividade Algorítmica - PDPA (Lemos, 2019).

E, ainda que Preciado (2020) acredite que essas mudanças poderiam, no futuro, significar um processo de desmaterialização absoluta ou mesmo de uma automatização total, podemos, ao menos por hora, nos contentar em mapear e analisar a maneira como essas mudanças requerem olhares não somente críticos, mas também compostos[4], que nos possibilitem construir mais argumentos que, sobretudo, defendam que essas tecnologias não podem continuar sendo vistas e construídas discursivamente como instrumentos neutros que operam somente como mediadores em nossas relações com o mundo (Preciado, 2020).

E isso se dá não apenas porque essa neutralidade é falsa, mas porque, inclusive, essas tecnologias têm tido consequências cada vez mais materializáveis em nossas vidas, especialmente quando olhamos os cenários de polarização política[5] e os desafios que têm sido apresentados através e a partir dessas disputas coordenadas pelas plataformas digitais, ou melhor, pelas

4 O uso do termo "compostos" aqui faz referência à noção de complexidade acionada por Donna Haraway em *Seguir con el problema. Generar parentesco en el Chthuluceno* (2019), em que a autora vai refletir sobre os seres das compostagens que, para além de confirmarem que a beleza não vem daquilo que é belo, mas daquilo que é capaz de gerar vida, também confirmam a maneira como certas análises/apreensões de realidade exigem uma complexificação para além das categorias e interpretações analíticas que estão convencionadas. Remete à dimensão de co-constituição das coisas.

5 O caso emblemático da Cambrigde Analytica já foi exaustivamente mencionado e discutido em vários espaços, no entanto, é sempre bom referenciar esse tipo de exemplificação na incidência/atuação dessas tecnologias governadas por corporações na vida de populações inteiras. Recomenda-se a leitura do artigo "Cambridge Analytica and Facebook: The Scandal and the Fallout So Far". Disponível em: https://www.nytimes.com/2018/04/04/us/politics/cambridge-analytica-scandal-fallout.html. Acesso em: 11 jul. 2024.

corporações e agentes tomadores de decisão, detentores dessas plataformas. Válido registrar que esses exemplos acontecem com ênfase nas plataformas de redes sociais e nas estratégias de financiamento da veiculação massiva de desinformação e *fake news*, mas que esses são apenas alguns dos exemplos possíveis para demonstrar essa materialização, em um cenário coletivo, dessas consequências e desdobramentos.

Essa perspectiva nos ajuda a escancarar de imediato ao menos dois pontos: o primeiro, de que se há mediação, não é possível haver neutralidade e, o segundo, de que, na verdade, há uma impossibilidade de que se mantenha de pé a própria noção de neutralidade em toda e qualquer (re)produção humana, por mais artificial que essa produção fantasie ser. E, para além disso, que o discurso em torno da artificialidade, no que tange especificamente o desenvolvimento de Inteligências Artificiais, é um recurso para deslocar a influência subjetiva - e, portanto, humana - dessa produção, com o intuito de gerar - ou seja, falsear - uma maior credibilidade a esses sistemas[6]. Válido destacar que essa credibilidade acontece porque, durante séculos, foi alimentada a percepção de que o desenvolvimento tecnológico vem para evitar ou suprimir as falhas humanas, falhas que, nessa lógica, são entendidas enquanto escolhas que vão dizer respeito ao reconhecimento de posicionamentos, ou seja, o reconhecimento da não neutralidade e, sobretudo, da subjetividade e do enviesamento. Trata-se, portanto, de uma crítica à perspectiva positivista da ciência, além da assunção de uma posição crítica em torno do discurso da neutralidade tecnológica.

Seguindo esse raciocínio, para dar conta das dinâmicas (re) instauradas a partir das plataformas digitais e dos processos correntes de PDPA (Lemos, 2019), é preciso levar em conta como esse novo regime de produção do social incide de maneiras específicas quando se coloca em perspectiva as dinâmicas de mundo que já estão dadas, as que estão se estabelecendo e, inclusive, o fluxo econômico-político que é determinante dessas novas modalidades de organização social. Não é possível, portanto,

6 Evgeny Morozov, um pesquisador e escritor bielorusso, autor de diferentes obras sobre críticas à tecnocracia em andamento, escreveu recentemente um artigo crítico à dimensão de artificialidade creditada às IAs, chamado *O problema com da Inteligência Artificial? Ela não é nem artificial e nem inteligente* (Tradução livre). O artigo induz à reflexão sobre os propósitos de descolamento da noção de artificialidade dos vínculos humanos (subjetividade, criatividade etc). Sugere-se a leitura para reflexão. Disponível em: https://www.theguardian.com/commentisfree/2023/mar/30/artificial-intelligence-chatgpt-human-mind.

não situar esses processos dentro de um contexto de corrente exploração imperialista e, mais ainda, de um acirramento das desigualdades sistêmicas em um cenário de hiperdesenvolvimento de um capitalismo tardio, estruturalmente marcado por processos contínuos de aprofundamento não apenas das sequelas, mas de uma certa continuidade, da colonização.

Ainda, tendo em vista o contexto da América Latina e, mais especificamente, o contexto brasileiro a partir do qual se desenvolve essa reflexão crítica, é válido dar o devido destaque ao que alerta a pesquisadora Paola Ricaurte (2019), quando reflete sobre as distintas maneiras como, diante dessa dinâmica de mundo, "países multiétnicos com altos níveis de desigualdade social têm mais riscos de dobrar ou triplicar a marginalização através de tecnologias digitais e epistemologias de dados dominantes"[7] (p.4, tradução nossa). A autora também alerta para as maneiras como esse regime ontoepistemológico, através de sua lógica de produção do conhecimento, passa a operar no acirramento dos processos de colonialidade, de vigilância, além de trabalhar na própria manutenção de concentração de capital (Ricaurte, 2019).

Isso que a autora vai chamar de uma "epistemologia de dados dominantes" (Ricaurte, 2019: 4) se refere à racionalidade que vem orientando o presente regime de capitalismo de dados e/ou capitalismo de vigilância operacionalizado a partir dos dados (Zuboff, 2020). Trata-se de um cenário que, ainda, em nosso contexto, acaba sendo acirrado por uma conjuntura de colonialidade de dados (Ricaurte, 2019), esse presente regime opera a partir de uma ontoepistemologia que é enxergada enquanto um arranjo complexo do que poderia vir a ser uma evolução[8] de um paradigma pós-positivista (Ricaurte, 2019) e que, ainda, pode ser definida como

> baseada em três pressupostos: (1) dados refletem a realidade, (2) análises de dados geram os mais valiosos e apurados conhecimentos, e (3) os resultados do processamento de dados podem ser utilizados para

7 A versão original em inglês afirma que "Multiethnic countries with high levels of social inequality are at greater risk of double or triple marginalization through digital technologies and dominant data epistemologies" (Ricaurte, 2019: 4).

8 O termo "evolução" precisa ser compreendido aqui em um sentido bastante pragmático de uma atualização e/ou aperfeiçoamento, sem carregar necessariamente um sentido positivo, mas sim uma mudança decorrente da passagem de tempo de outras alterações.

tomar decisões melhores sobre o mundo (Ricaurte, 2019: 2, tradução nossa)[9].

No entanto, não se trata de uma evolução, mas da construção e manutenção de uma estratégia discursiva que visa legitimar modelos de extração de dados em diferentes frentes sob a justificativa da neutralidade, da imparcialidade e da precisão. E, como já mencionado anteriormente, Ricaurte (2019) avalia como essa tendência interpretativa e/ou lente analítica está servindo, inclusive, para fomentar lógicas sistêmicas de desigualdade, como o aumento na concentração de capital, fomentando oligopólios de corporações voltadas para tecnologia; uma crescente nas dinâmicas de vigilância, com suas políticas de autorização às informações pessoais, tecnologias de reconhecimento facial; além do acirramento de dinâmicas coloniais, expressas pela falta de proteção aos direitos de trabalhadores e/ou usuáries em países do Sul Global (Couldry e Mejias, 2019; Ricaurte, 2019; West, 2017; Zuboff, 2015).

Esse processo se dá especialmente porque essa racionalidade se vale de uma dominância epistêmica (Ricaurte, 2019) que serve, inclusive, para fornecer e fazer a manutenção de sua própria legitimação. A dominância epistêmica cria fundamentos para se estabelecer, muitos deles, inclusive, baseados na crença de que os dados, por seu caráter numérico e, aparentemente, objetivo, podem representar a realidade com exatidão e neutralidade. Mas a verdade é que até mesmo números, como todos os dados - sejam eles numéricos ou não -, podem ser produzidos, interpretados, posicionados e/ou inseridos em um determinado contexto. E mais do que isso, essas produções sempre contam com uma dimensão humana em seus processos de definição, e as dimensões humanas nunca estão isentas disso que é a subjetividade - para além da falta de transparência nos métodos de aquisição de dados e informações pessoais.

De todo modo, outro aspecto importante tem a ver com a forma como essa perspectiva datificada tem governado e direcionado muito dos devires em nossa sociedade - uma atualização dos modos de governamentalidade, formulados por Foucault (2008), onde novos métodos, procedimentos, agentes e instrumentos passam a atuar

9 A versão original em inglês afirma que: "is based on three assumptions: (1) data reflects reality, (2) data analysis generates the most valuable and accurate knowledge, and (3) the results of data processing can be used to make better decisions about the world" (Ricaurte, 2019: 2).

nesse processo. Inclusive no que diz respeito ao direcionamento dos sentidos e/ou imaginários que podem - ou não - ser formulados. Isso ocorre de tal maneira que as "narrativas guiadas-por-dados direcionam nossos imaginários e governam o que significa viver em sociedades urbanas na contemporaneidade" (Ricaurte, 2019: 3, tradução nossa)[10].

Isso não é apenas fruto, ou mesmo um desdobramento, de um regime biopolítico e do biopoder (Foucault, 1988) que transforma os corpos e a própria produtividade corporal - biológica, reprodutiva - em dados, índices e informações a serem controladas e governadas de acordo com interesses que seriam, a priori, do Estado, mas um aperfeiçoamento desse tipo de poder disciplinar que pode ter alcance ainda inimaginável. Esse "a priori do Estado" é importante porque era assim que funcionava esse controle em sua gênese, mas o que acontece atualmente, a partir desse aperfeiçoamento nos mecanismos, inclusive de regulação e controle, é, na verdade, uma resposta às agendas das grandes corporações que trabalham para terem suas ações de extração e vendas de dados legitimadas.

É essencial, portanto, destacar que se trata também de uma reinauguração das operações de governamentalidade (Foucault, 2008). Isto porque o que vivemos, hoje, é um para-além das formas de governamentalidade teorizadas e, sobretudo, experimentadas até então, isto porque existem novos elementos que poderão fornecer diferentes camadas de sensibilidade para captação, análise e produção desses dados, índices e informações. E, além disso, outros interesses que se envolvem na produção, captação e assimilação desses dados. Há, portanto, uma dinâmica de biopoder (Foucault, 1988) que interage e passa a ser composta por uma dinâmica de infopoder (Koopman, 2019), que é própria desse atual regime.

Explico: para Koopman (2019), nós nos tornamos nossos dados de uma maneira muito mais radical do que o imaginado anteriormente. O controle dos corpos e das populações, categorizado anteriormente a partir do poder disciplinar e do biopoder (Foucault, 1988), ainda existe, se expressa e antecede o que vem a ser esse infopoder (Koopman, 2019). O que acontece é que essa nova configuração vai operar além desses limites, inclusive analíticos. Isto porque o que ocorre é muito mais complexo,

10 A versão original em inglês afirma que: "Data-driven narratives guide our imaginaries and govern what it means to live in contemporary urban societies" (Ricaurte, 2019: 3).

tanto por envolver tecnologias até então não desenvolvidas, mas também por conseguir mesclar informações e decisões políticas de uma maneira nunca vista antes, constituindo uma outra forma de poder, relacionado à essa racionalidade de dados dominante (Ricaurte, 2019).

Portanto, o que passa a acontecer é um processo de "engendramento de tecnologias e regimes de dados em todas as esferas de existência [que] excluem formas alternativas de ser, pensar e sentir" (Ricaurte, 2019: 3, tradução nossa)[11]. Ainda, para Koopman (2019), o que acaba sendo a grande matéria produtiva desse regime de infopoder são os próprios sujeitos, aos quais ele chamará de sujeitos informacionais, que são coproduzidos por operações técnicas que são internalizadas, operações estas que também são afetadas por esses sujeitos, já que responderão aos feedbacks deles, em uma dinâmica de coconstituição.

Esse infopoder (Koopman, 2019), no entanto, precisa ainda ser incorporado ou situado nessa dinâmica do colonialialidade de dados, visto que esse regime age no campo das representações e narrativas e nos imaginários de si (Ricaurte, 2019). As questões de gênero e sexualidade, juntamente com corpo, raça, linguagem e subjetividade estão sujeitas à captura da vida, de modo geral. Nos interessa entender como essas dinâmicas fazem manutenção do patriarcado, como um todo, além de capturar formas de autoexpressão e a parte dos afetos, que envolvem as percepções de si e do grupo, a tecnovigilância, o automonitoramento - que responde também à autoregulação -, as dinâmicas de perfilamento - ***profiling*** -, a condução dos desejos, interações, comunicação, práticas, a reiteração e veiculação de normas, a gestão e controle de biodados, além dos imaginários de si, as representações e narrativas (Ricaurte, 2019).

"A apropriação colonial dos dados da vida está anexada ao capital por meio uma série de mecanismos, entre eles as plataformas digitais" (Ferreira, 2021: 53), em uma lógica que parte basicamente do pressuposto de que na natureza nada se perde, tudo se transforma em dados, há uma naturalização da captura e extração de dados, que ocorre sem muita reflexão ou consciência por parte dos usuários, que naturalizam o aceite dos termos de

11 A versão original em inglês afirma que: "The pervasiveness of technologies and data regimes in all spheres of existence crowd out alternative forms of being, thinking, and sensing" (Ricaurte, 2019: 3).

uso e/ou de privacidade sem dar atenção às negociações colocadas. De quais formas a colonialidade de dados têm atuado na captura desses corpos de gênero e/ou sexualidade desviante?

Há uma tendência cada vez maior de publicização de diferentes formas de identificar-se, ao passo que essas plataformas não conseguem, necessariamente, processar essas informações de maneira qualificada. Isso resulta em diferentes processos de extração, mas também de violência. Controvérsias relacionadas à censura de conteúdos LGBTQIA+ nas redes e plataformas digitais (Southerton et al., 2020; Ziller et al., 2019) foram apontadas em estudos que demonstram o quanto "esses sistemas de classificação de conteúdo e as respostas das plataformas às críticas públicas operam como tecnologias produtoras de normas" (Southerton et al., 2020: 2). Isso demonstra a existência de outras expressões normativas que não somente a censura explícita de determinados termos e/ou conteúdos[12], assim como outros tipos de rastros digitais a serem mapeados, que corroboram uma diversidade de estratégias que impõem, como horizonte, a cisheteronormatividade enquanto único imaginário-realização possível.

Ao levar em consideração que, ambos os avanços tecnológicos e o aumento na frequência dos usos fazem com que se torne cada vez mais difícil separar o eu dessas tecnologias, "os dispositivos se tornaram mais profundamente acoplados aos nossos sentidos de corpos e cada vez mais parecem extensões das nossas mentes" (Turkle, 2013: 16). É fundamental, portanto, situar os processos de PDPA (Lemos, 2019) nesses processos marcadamente coloniais para dar conta de que

> mesmo quando as máquinas de fazer desperceber conflitos e desigualdades estruturantes projetam – sempre arbitrariamente – verdades cuja promessa é a de serem neutras, justas e universalmente aplicáveis, transcendentes, legais, modernas, coloniais, sobre o que significa ser um criminoso; o que é segurança; quanto vale para este mundo a indústria do punitivismo; que marcadores sociais desenham os gráficos do extermínio sistemático, continuado e neocolonial; por que há vidas matáveis; que corpos adornam os projetos de futuro; quem são os sujeitos da história; (Mombaça, 2016: 4).

12 Por censura explícita refere-se, por exemplo, às políticas de uso e permanência de algumas plataformas que delimitam o que pode ou não aparecer em suas ambiências, como é o caso da pornografia no Instagram. Ainda que alguns usuários consigam burlar esse interdito e, sobretudo, que a própria plataforma interprete o que é pornográfico de acordo com suas automatizações, interpreta-se enquanto censura explícito o tipo de proibição que está devidamente explicitada nos documentos da plataforma.

Quando dizemos que a colonização teve efeitos físicos e materiais, mas sobretudo simbólicos, estamos nos referindo à uma dimensão da colonização que tem a ver com a incidência dessa estrutura na (re)produção de sentidos e imaginários a partir dos próprios sujeitos, nas possibilidades que esses mesmos sujeitos vão encontrar para (re)produzir seus sentidos e imaginários dentro de uma matriz que produz tantas estabilizações e/ou enquadramentos. De todo modo, é importante ressaltar que existem rotas de fuga a esses modelos de enquadramento a partir dos dados, como nos demonstra Nêgo Bispo (2020). E sobre a qual nos questiona Rita Segato (2012) quando pergunta "estão sendo abertas as fissuras que avançam, hoje, desarticulando a colonialidade do poder, e como podemos falar delas? Que papéis desempenham as relações de gênero nesse processo?" (Segato, 2012: 106).

> Quando nós falamos tagarelando e escrevemos mal ortografado, quando nós cantamos desafinando e dançamos descompassados, quando nós pintamos borrando e desenhamos enviesado, não é porque estamos errando é porque não fomos colonizados. (Bispo, 2020)[13].

Parte da tarefa deste ensaio é, portanto, ressaltar a importância de fornecer novos/outros mapas que nos demonstrem quais têm sido essas rotas de fugas possíveis para descolonização ou anti-colonização de todos os espaços em que os processos de PDPA têm atravessado e como sujeites têm sido responsáveis por fornecer saídas e/ou outros espaços pelos quais essas disputas na (re)produção de sentidos e imaginários têm podido escoar, (re)construindo outras formas de estar no mundo.

REFERÊNCIAS BIBLIOGRÁFICAS

Couldry, N., & Mejías, U. A. (2019a). Colonialismo de datos: repensando la relación de los datos masivos con el sujeto contemporáneo. *Virtualis: Revista de Cultura Digital, 10*(18), 78-97. Recuperado de http://www.revistavirtualis.mx/index.php/virtualis/article/view/289

Deleuze, G., & Guattari, F. (1987). *A thousand plateaus: capitalism and schizophrenia* (B. Massumi, Trad.). Minneapolis: University of Minnesota Press.

Koopman, C. (2019). *How we became our data: A genealogy of the informational person.* Chicago: University of Chicago Press.

13 Esse texto poético foi declamado por Nêgo Bispo durante sua palestra no evento Mekukradjá e disponibilizada no Canal Itaú Cultural no Youtube: https://www.youtube.com/watch?v=gLc9ZNdgJxw. Acesso em: 8 de março de 2024.

Lemos, A. (2019). Desafios atuais da cibercultura. *Correio do Povo, Caderno de Sábado*. Porto Alegre, 15 de junho de 2019.

Preciado, P. B. (2018). *Testo junkie: Sexo, drogas e biopolítica na era farmacopornográfica*. São Paulo: n-1 edições.

Preciado, P. B. (2020). *Um apartamento em Urano: Crônicas da travessia*. Rio de Janeiro: Zahar.

Puar, J. (2013). Prefiro ser um ciborgue a ser uma deusa: interseccionalidade, agenciamento e política afetiva. *Meritum, 8*(2). Belo Horizonte.

Ricaurte, P. (2019). Data epistemologies, the coloniality of power, and resistance. *Television & New Media, 20*(4), 350-365. https://doi.org/10.1177/1527476419831640

Segato, R. L. (2012). Gênero e colonialidade: em busca de chaves de leitura e de um vocabulário estratégico descolonial. *E-cadernos*, Coimbra, *18*. Recuperado de http://eces.revues.org/1533#quotation

Turkle, S. (1997). *Life on the screen: Identity in the age of the Internet*. New York: Touchstone.

EM NOME DA SEGURANÇA E DO PROGRESSO: "UMA CASA NA PRAIA NÃO É UM SONHO", O EXÉRCITO DE ISRAEL A FARÁ[1]

LASInTec

Este boletim foi reformulado a partir de um artigo original cuja publicação se tornou inviabilizada por uma acusação de "parcialidade" e "politização" excessiva da análise, dado o uso do termo "genocídio", supostamente inadequado para uma abordagem acadêmico-científica. A intersecção entre o debate da tecnociência, de práticas de genocídio e da modernidade remete pelo menos à primeira metade do século XX, elucidando não apenas a falácia do argumento em prol da neutralidade da ciência e da tecnologia, como também o fato de que essa mesma neutralidade positivista da técnica produziu as condições para o extermínio de populações inteiras, tal como vemos na Palestina hoje.

Enfatiza-se, ainda, que o termo "genocídio" é reconhecido pela Convenção das Nações Unidas como um crime cometido com a intenção de eliminar, parcial ou completamente, um grupo nacional, étnico, racial ou religioso[2]. O século XX é testemunha frequente de episódios assim descritos, tal como visto na Namíbia em 1908, na Armênia em 1915, na Alemanha Nazista em 1939 e em Ruanda em 1994. Não por acaso, o conceito de "genocídio", formulado em 1943 por Raphael Lemkin (2009), toma como base estes acontecimentos da primeira metade do século XX. Para além da morte física de indivíduos de um determinado grupo, o genocídio deve ser considerado como um "plano coordenado" de diversas ações com objetivo de minar e inviabilizar a existência deste mesmo grupo. O assassinato e a destruição de meios de sobrevivência são algumas das práticas que se inserem no processo genocidário.

Em um relatório da agência de pesquisa *Forensic Architecture* (FA), é demonstrado como desde outubro de 2023 as forças

1 Publicado originalmente em: LASInTec. (2023). *Boletim (Anti)Segurança 37: Em nome da segurança e do progresso*. LASInTec. Disponível em: https://lasintec.unifesp.br/boletins/boletim-antiseguran%C3%A7a/boletim-antiseguran%C3%A7a-37.

2 Tal definição é conforme a Convenção para a Prevenção e a Repressão do Crime de Genocídio. Veja mais em Câmara dos Deputados (1952).

israelenses alvejam sistematicamente pomares e infraestruturas agrícolas vitais nos territórios palestinos, aumentando deliberadamente a fome e os privando dos recursos essenciais à vida (Forensic Architecture, n.d.-a). "No total, a *Forensic Architecture* identificou mais de 2.000 locais agrícolas, incluindo fazendas e estufas, que foram destruídos desde outubro de 2023, muitas vezes para serem substituídos por terraplenagens militares israelenses. Essa destruição foi mais intensa na parte norte de Gaza, onde 90% das estufas foram destruídas nos estágios iniciais da invasão terrestre" (Forensic Architecture, n.d.-a). Em outro relatório da FA é demonstrado um padrão de ataque das forças militares israelenses a hospitais, compondo uma "intimidação e violência" enquanto componentes da invasão em curso (Forensic Architecture, n.d.-b). A justificativa dada por Israel à Corte Internacional de Justiça (CIJ) --em resposta aos argumentos apresentados pela África do Sul solicitando a aplicação da Convenção para a Prevenção e a Repressão do Crime de Genocídio--, de que há um "esforço humanitário" em proteger vidas civis, como o alerta de ataque ou a indicação de "rotas seguras", é inautêntica e não corresponde ao que ocorreu. A FA encontrou "oito casos em que a equipe jurídica israelense deturpou as provas visuais que citou, por meio de uma combinação de anotações e rótulos incorretos e descrições verbais enganosas" (Forensic Architecture, 2024 e n.d.-c).

Em paralelo a estas investidas, a taxa de mortalidade na atual incursão em Gaza supera a de todos os conflitos registrados no século XXI, segundo relatório da Oxfam, sem considerar os palestinos mortos na Cisjordânia desde outubro de 2023.

Qualquer tentativa de relativizar o referido cenário também demonstra "politização" e "parcialidade", como na recusa do artigo supracitada. Decidimos, portanto, publicar essa versão do artigo como Boletim (Anti)Segurança, primeiro porque não reivindicamos neutralidade científica ou qualquer espécie de "boas práticas" no que se refere às tecnologias políticas de letalidade em massa; em segundo lugar, porque, a despeito das questões históricas e contemporâneas que explicam e justificam o massacre em Gaza, sua ocorrência e as reações a ela são uma evidência extrema de onde se pode chegar por questões de segurança. No limite, independente da classificação (acadêmica e/ou jurídica, segundo o Direito Internacional) do que ocorre em

Gaza como genocídio, é em nome da segurança e da paz que se mata e se extermina indiscriminadamente naquela faixa de terra, ou seja, trata-se de uma política que encontra na forma-Estado sua imagem mais acabada. Por fim, e não menos importante, para nós é intolerável que tal massacre, com tamanha assimetria de forças, continue seja qual for o argumento.

Há quase 20 anos, o Plano de Retirada da Faixa de Gaza sinalizava para uma inflexão paradigmática no padrão de intervenção e gestão dos Territórios Palestinos Ocupados (TPOs) na forma do que tem sido identificado como uma política de equilíbrio estratégico entre a responsabilidade mínima e controle máximo sobre a população autóctone (Li, 2006). Sob este marco, drones de reconhecimento aéreo, metralhadoras remotas, circuitos de CCTV, imagens sônicas, detectores de radiação, escavadeiras e barcos controlados à distância, cercas eletrificadas, entre outros dispositivos caracterizam a ocupação contemporânea de Gaza como profundamente atravessada pelo uso intensivo de tecnologias computo-informacionais (Tawil-Souri, 2012).

No mesmo contexto, Israel gradualmente estabelecia-se como fornecedor de equipamentos de segurança de alta tecnologia para governos, forças policiais, agências de segurança e atores privados de setores estratégicos em pelo menos cem países ao redor do planeta, configurando Tel Aviv rapidamente como uma das mais relevantes capitais ***high tech*** do mundo. Fortemente impulsionada pela demanda local na primeira década dos anos 2000, o complexo industrial-militar serviu a centenas de programadores provenientes da indústria de tecnologia --fragilizada pela quebra da bolha *ponto*.com-- como um espaço colaborativo facilitador para o desenvolvimento de produtos e serviços aprimorados pela experiência recorrente do ***teste em combate***, experiência esta que ao longo das últimas décadas tem conferido à produção israelense uma percepção da legitimidade "verificada em campo" a nível global (Gordon, 2008).

Consolidada como um pilar incontornável da economia nacional (Hever, 2010), a indústria da segurança cibernética permanece como uma porta giratória fundamental entre o Corpo de Inteligência (Unidade 8200) das Forças de Defesa de Israel (FDI) e o mercado de trabalho local e global, servindo a interesses não apenas das elites políticas e econômicas locais, mas a uma lógica ascendente e planetária de gestão, monitoramento e vigilância de populações vulneráveis (e inconvenientes) (Halper, 2015).

À luz deste cenário, a atual incursão militar em Gaza parece representar a fase mais contemporânea do referido processo, adotando o uso intensivo de ferramentas de inteligência artificial como marca registrada tanto na produção sistemática de alvos quanto em campanhas de desinformação em massa (Kawash, 2024). Pelo menos dois novos sistemas têm sido empregados contra populações civis palestinas desde outubro de 2023, conforme levantamentos realizados até o momento por agências de notícias (Abraham, 2024) e organizações da sociedade civil (Kawash, 2024).

Idealizado para identificar suspeitos vinculados ao Hamas e à Jihad Islâmica, o sistema *Lavender*, ao analisar dados massivos de cerca de 2,3 milhões de residentes do território, teria identificado, somente nas primeiras semanas da guerra, cerca de 37 mil suspeitos sobre os quais oficiais do exército teriam autorizado bombardeios, exigindo pouca ou nenhuma verificação humana sobre os alvos a serem abatidos. Adicionados ao sistema *Lavender*, softwares complementares são empregados para identificar a localização dos indivíduos selecionados (Israel Defense, 2022). O *Where's Daddy*, também de uso intensivo desde outubro, emite também alertas automáticos aos oficiais responsáveis no momento em que os alvos determinados entram em suas residências familiares --razão pela qual cerca de metade dos mortos no primeiro mês da operação foram atingidos enquanto estavam em casa (Conselho de Segurança das Nações Unidas, 2023). Dispositivos de "*smart shooting*" e disparadores automáticos não são, entretanto, ferramentas isoladas das demais iniciativas típicas da ocupação digital dos TPOs, que incluem sobretudo ferramentas de monitoramento amplo e permanente (Amnesty International, n.d.) da população palestina mesmo da Cisjordânia e Jerusalém. O sistema *Pegasus* do grupo NSO, associado a polêmicas levantadas em anos recentes no governo brasileiro[3], representa um dos casos paradigmáticos das referidas

3 No ano em que se completam 10 anos do desaparecimento dos 43 estudantes de Ayotzinapa, em Guerrero, no México, vale lembrar o uso do sistema Pegasus pelas forças armadas e outras instâncias, como a Procuradoria Geral da República e órgãos de inteligência mexicanos. A espionagem alvejou telefone integrante do Grupo Interdisciplinario de Expertos Independientes (GIEI), grupo de investigação do caso, dois advogados que representavam parte dos familiares dos estudantes, além de outros alvos como ativistas e jornalistas. Adquirido em 2011 durante o primeiro governo Peña Nieto, seguiu sendo utilizado em AMLO como uma das tecnologias repressivas levadas a cabo pelo Estado, sobretudo por suas Forças Armadas. Veja mais nas seguintes notícias: Lakhani (2021) e Zerega e Ferri (2020).

iniciativas, contempladas pelo setor privado e estatal no interior de Israel (Goodfriend, 2022).

Cabe aqui salientar a relação entre o uso deste imenso arsenal altamente tecnológico, como dispositivos de "*smart shooting*" e drones explosivos teleguiados, e o avanço das fronteiras de especulação imobiliária sobre território ocupado. A capa do presente boletim é uma montagem publicada nas redes sociais da empreiteira israelita Harry Zahav onde projeta-se, sobre as ruínas de uma cidade bombardeada, diversos projetos habitacionais que comporiam um conjunto residencial a ser ocupado. Acompanha a imagem a seguinte frase: "Nós da Harry Zahav estamos trabalhando duro para preparar o terreno para o retorno a *Gush Katif*[4]. Foram iniciadas as obras de recuperação da área, retirada de resíduos e expulsão de invasores. Esperamos que num futuro próximo todos os raptados sejam devolvidos em segurança às suas casas, os nossos soldados regressem e possamos iniciar a construção na Faixa de Gaza e em toda a *Gush Katif*". Tal atividade da empreiteira, cujo histórico está cheio de tentativas de anexação de território palestino via construção e comercialização de condomínios habitacionais (Araj, 2019), explicita a relação entre o uso ostensivo de dispositivos de destruição em massa e a "preparação do terreno" para a viabilização de novas formas de acumulação. Aliada ao Exército de Israel, manifestando este apoio, inclusive, mediante a divulgação de imagens de soldados segurando uma bandeira com a logo da empresa à frente de um tanque de guerra operantes, a empreiteira opera em uma esfera fundamental do movimento de dominação da forma mercadoria sobre a terra, seus agentes e sobre a forma que a vida se organiza em conjunto com o território para além de sua funcionalidade capitalística.

Combinando devastação e reconstrução; aniquilação de modos de vida e da terra; incorporação do território mediante ao afunilamento das possibilidades de reprodução espacial; o mais requintado aparato tecnológico às formas mais bárbaras e "arcaicas" de expansão fronteiriça do capital: as atividades da tal empreiteira simbolizam claramente como a "assim chamada acumulação primitiva", ao contrário de constituir um momento passado e estático da história do capitalismo, está ativa todos os dias do

4 *Gush Katif* é o nome de um antigo bloco que continha 17 assentamentos habitacionais de judeus israelenses situado ao sul da Faixa de Gaza, entre a divisa de Rafah com o Egito. Em 2005, de acordo com o Plano de Retirada Unilateral de Israel, o Exército de Israel retirou cerca de 8000 colonos judeus de suas habitações e o território foi «transferido» aos palestinos.

sul da Bahia (Pajolla, 2024) ao sul da Faixa de Gaza e é baseada na construção de territórios inabitáveis/securitários para o sufocamento das formas de vida previamente estabelecidas e articula o setor público e privado de modo a garantir dinamicidade ao movimento violentamente expansivo da forma valor.

Ressaltam-se também casos de ferramentas de IA generativa que contribuem com a (re)produção de um imaginário orientalista e falacioso sobre o conflito associando figuras de crianças palestinas com armas e estereótipos racializados de "terroristas árabes" (Bhuiyan, 2023). Ao mesmo tempo, algoritmos aprimorados por IA têm sido acusados de discriminação, ocultamento e cancelamento de produtores de conteúdos críticos às ações do Estado de Israel e favoráveis as reinvindicações palestinas por autodeterminação, tal como de conteúdo que simplesmente registram a violência das operações (7amleh - The Arab Center for the Advancement of Social Media, 2023).

É pertinente salientar que o contexto israelo-palestino não inaugura, de forma alguma, a profusão de debates e preocupações em torno da intersecção entre a violência organizada e o ímpeto por um domínio de espectro total, associado a aparatos sociotécnicos de monitoramento remoto (Mariutti, 2020). Pelo contrário: trata-se de uma inquietação típica do contexto imediatamente posterior à derrota estadunidense na Guerra do Vietnã e exacerbada pelos atentados de 11 de setembro de 2001. A materialização mais atual deste imaginário distópico da modernidade tardia que se vê agora em Gaza, entretanto, sinaliza para a aceleração ainda maior de um processo de integração do campo de batalha à vida social e erosão da distinção "clássica" entre a "paz" e a "guerra" ou a "vida civil" e a "vida militar", processo este em curso pelo menos desde a virada do século, conforme já exaustivamente mapeado por diversos debates no interior dos estudos críticos de segurança.

O chamado da sociedade civil internacional pela exigência de um cessar fogo em Gaza e pela defesa dos direitos humanos nos territórios ocupados se amplia significativamente nos últimos meses --em particular desde os eventos recentes em Rafah-- motivados pela evidente desproporcionalidade da força empregada pelas FDI e recuperando a memória da Nakba de 1948 e da Guerra dos Seis dias de 1967. É possível, nesse sentido, que dos escombros do tecno-genocídio atual em Gaza se consolide a percepção de que qualquer silêncio da comunidade internacional abrirá as brechas para a reincidência generalizada das práticas e políticas da Ocupação Digital da Palestina (Gomes, 2018) sobre populações vulneráveis ao redor do mundo.

Ao passo que a incursão em Gaza escalava, ainda em outubro, Israel começou a abrir licitações para companhias transnacionais de exploração de gás e petróleo na costa do Mediterrâneo como parte de uma agenda da administração de Netanyahu para projeção do país como um *hub* energético alternativo à Rússia na região. Alguns meses depois, circularam propagandas para a construção de condomínios de luxo em bairros bombardeados de Gaza (como exposto acima), e da construção do chamado Canal de Ben Gurion, através do deserto do Negev, como alternativa ao Canal de Suez, controlado pelo Egito. A presença palestina em Gaza é um obstáculo conhecido pela administração israelense para a condução dos referidos projetos, entre outros, ao redor dos Territórios Ocupados.

É fato que o genocídio não foi a alternativa privilegiada pelos administradores da colonização da Palestina que, ao longo das primeiras décadas no território, optaram pela exploração da mão de obra autóctone em uma série de empreendimentos para a modernização da infraestrutura do território. Desde o início dos anos 1990, sob a névoa de um processo de paz que converteu a gramática da libertação na neoliberalização do que restava da administração palestina dos territórios, Israel não apenas endurece políticas de restrições e fechamento das fronteiras da Ocupação, como incentiva centenas de trabalhadores imigrantes do sudeste asiático e do leste europeu, substituindo a «tradicional» mão de obra palestina adotada pelas primeiras gerações do colonialismo sionista e consolidando a população dos TPOs --e principalmente de Gaza-- como uma população simplesmente excedente, objeto ideal para o investimento no crescente setor de acumulação pela repressão, e pela repressão altamente informatizada.

O regime genocida de Netanyahu, portanto, se beneficia pela adesão a sistemas de inteligência artificial --famosos pelo apelo à neutralidade científica-- que passam de capturar gestos, movimentos, interações e dados, para a tentativa de produzir em larga escala novos paradigmas da verdade e da realidade. A governamentalidade algorítmica que, para Antoinette Rouvroy, já eliminava a existência singular do sujeito --com uma memória, uma experiência e um corpo-- pela sua transformação em comportamentos antecipados, introduz também os dispositivos de reconfiguração do apagamento da Palestina, asfixiada pelo desenho de um futuro artificial do qual seu passado e presente são progressivamente suprimidos e exterminados.

As incursões israelenses em Gaza e seu extermínio ***hightech*** são um condensado extremo e macabro do que governa o planeta desde o final da Segunda Guerra Mundial: segurança policial planetária, banco de dados e extrema violência estatal. O que coloca a questão da segurança como um problema mais urgente que os estéreis debates do campo da representação política e seus temores em torno das formas da democracia. Isso porque esse aparato de massacre altamente tecnológico é mobilizado independente coloração ideológica do governo de turno, se movendo sem a necessidade do que poderia ser classificado pela Ciência Política como um governo autoritário ou ditatorial. O experimento da criação de um Estado no pós II Guerra evidencia o que é do que é feito o Estado Moderno; para além disso, de que Estado, democracia e capitalismo, assim como o tão desejado progresso, só se fazem com uma produção gigantesca de violência. Basta olhar para Israel. Mesmo subtraindo a variável da ocupação de Gaza, o que se vê é uma forma bastante acabada de uma democracia securitária.

REFERÊNCIAS

Lemkin, R. (2009). *El dominio del Eje en la Europa ocupada: leyes de ocupación: análisis de la administración gubernamental: propuestas de reparaciones* (1ª ed.). Prometeo Libros; Universidad Nacional de Tres de Febrero.

Câmara dos Deputados. (1952, 6 de maio). Decreto nº 30.822, de 6 de maio de 1952. Câmara dos Deputados. Disponível em https://www2.camara.leg.br/legin/fed/decret/1950-1959/decreto-30822-6-maio-1952-339476-publicacaooriginal-1-pe.html

Forensic Architecture. (n.d.-a). *Ecocide in Gaza*. Forensic Architecture. Disponível em https://forensic-architecture.org/investigation/ecocide-in-gaza

Forensic Architecture. (n.d.-b). *Destruction of medical infrastructure in Gaza*. Forensic Architecture. Disponível em https://forensic-architecture.org/investigation/destruction-of-medical-infrastructure-in-gaza

Forensic Architecture. (2024). Realiza uma avaliação dos materiais israelenses para o Tribunal Internacional de Justiça (ICJ).

Forensic Architecture. (n.d.-c). *Humanitarian violence in Gaza.* Forensic Architecture. Recuperado em 17 de dezembro de 2024, de https://forensic-architecture.org/investigation/humanitarian-violence-in-gaza

Li, D. (2006). The Gaza Strip as a Laboratory: Notes in the Wake of Disengagement. *Journal of Palestine Studies,* 35(2), 38-55. https://doi.org/10.1525/jps.2006.35.2.38

Tawil-Souri, H. (2012). Digital Occupation: Gaza's High-Tech Enclosure. *Journal of Palestine Studies,* 41(2), 27-43. https://ciaotest.cc.columbia.edu/journals/jps/v41i2/f_0025106_20500.pdf

Gordon, N. (2008). *Israel's occupation.* University of California Press. https://www.ucpress.edu/books/israels-occupation/paper

Hever, S. (2010). *The political economy of Israel's occupation: Repression beyond exploitation.* Pluto Press. https://www.plutobooks.com/9780745327945/the-political-economy-of-israels-occupation/

Halper, J. (2015). *War against the people: Israel, the Palestinians and global pacification.* Pluto Press. https://www.plutobooks.com/9780745334301/war-against-the-people/

Kawash, A. (2024). *Impacts of AI Tecnologies on Palestinian Lives and Narratives.* 7amleh - The Arab Center for the Development of Social Media. Recuperado em 17 de dezembro de 2024, de https://7amleh.org/storage/AI%20&%20Racism/7amleh%20-AI%20english1-1.pdf

Abraham, Y. (2024). *Lavender AI: The Israeli army's new weapon against Gaza's civilians.* +972 Magazine. Recuperado de https://www.972mag.com/lavender-ai-israeli-army-gaza/

Conselho de Segurança das Nações Unidas. (2023, 14 de dezembro). *Declaração à imprensa do Conselho de Segurança sobre a situação em Gaza.* Nações Unidas. Recuperado de https://press.un.org/en/2023/sc15503.doc.htm

Goodfriend, S. (2022). *How the Occupation Fuels Tev Aviv's Booming AI Sector.* Foreign Policy. Recuperado de https://foreignpolicy.com/2022/02/21/palestine-israel-ai-surveillance-tech-hebron-occupation-privacy/

Mariutti, E. B. (2020). *Guerra, Complexidade e Informação: Automação da Percepção e os Sistemas Preditivos de Vigilância.* Revista da Escola Superior de Guerra, 35(74), 117-137. https://revista.esg.br/index.php/revistadaesg/article/view/1134/924

Araj, M. (2019). *Israeli Gov't Uses Judicial Tricks to Legitimize Settlement Outposts.* Palestine Liberation Organization National Bureau for Defending Land Bablus. https://nbprs.ps/2019/02/18/israeli-govt-uses-judicial-tricks-to-legitimize-settlement-outposts-aley-zahav-example/

Pajolla, M. (2024). *PM abriu caminho para fazendeiros matarem; negas Pataxó, dizem sobreviventes de ataque ruralista na Bahia.* Brasil de Fato. Recuperado de https://www.brasildefato.com.br/2024/01/25/pm-abriu-caminho-para-fazendeiros-matarem-nega-pataxo-dizem-sobreviventes-de-ataque-ruralista-na-bahia

Gomes, J. T. D. (2018). Dimensões cibernéticas de colonialidade, controle e resistência na Palestina Ocupada. (Dissertação de Mestrado). Universidade de São Paulo. https://doi.org/10.11606/D.8.2019.tde-13032019-101713

Israel Defense. (2022, março 28). *Comandante do Centro de Inteligência*

Artificial, 8200: A inteligência artificial permite classificação e detecção mais rápidas de alvos terroristas. Israel Defense. Recuperado de https://www.israeldefense.co.il/node/57256#google_vignette

Amnesty International. (n.d.). *Ban the scan: End invasive facial recognition.* Amnesty International. Recuperado em 18 de dezembro de 2024, de https://banthescan.amnesty.org/opt/

Lakhani, N. (2021). *Fifty people close to Mexico's president among potential targets of NSO clients. The Guardian.* Recuperado de https://www.theguardian.com/news/2021/jul/19/fifty-people-close-mexico-president-amlo-among-potential-targets-nso-clients

Zerea, G. & Ferri, P. (2020). *Estado mexicano tropeça no caso Pegasus, do software para espionagem política. El País Brasil.* Recuperado de https://brasil.elpais.com/internacional/2020-08-06/estado-mexicano-tropeca-no-caso-pegasus-do-software-para-espionagem-politica.html

Bhuiyan, J. (2023). *WhatsApp's AI shows gun-wielding children When prompted with 'Palestine'. The Guardian.* Recuperado de https://www.theguardian.com/technology/2023/nov/02/whatsapps-ai-palestine-kids-gun-gaza-bias-israel

7amleh - The Arab Center for the Advancement of Social Media. (2023). *Briefing on the Palestinian digital rights situation since October 7th, 2023.* 7amleh - The Arab Center for the Advancement of Social Media. Recuperado de https://7amleh.org/2023/11/01/briefing-on-the-palestinian-digital-rights-situation-since-october-7th-2023

COMO UMA MÁQUINA APRENDE E FALHA - UMA GRAMÁTICA DO ERRO PARA A INTELIGÊNCIA ARTIFICIAL[1]

Matteo Pasquinelli

Uma vez que os números característicos sejam estabelecidos para a maioria dos conceitos, a humanidade possuirá um novo instrumento que aprimorará as capacidades da mente a uma extensão muito maior do que os instrumentos ópticos fortalecem os olhos, e substituirá o microscópio e o telescópio na mesma medida em que a razão é superior à visão.

Gottfried Wilhelm Leibniz (1677).

O Iluminismo foi [...] não sobre consenso, não sobre unidade sistemática, e não sobre o uso da razão instrumental: o que foi desenvolvido no Iluminismo foi uma ideia moderna de verdade definida pelo erro, uma ideia moderna de conhecimento definida pela falha, conflito e risco, mas também pela esperança.

David Bates (2002: 18).

Não há inteligência na Inteligência Artificial, nem realmente aprende, embora seu nome técnico seja aprendizado de máquina; é simplesmente minimização matemática.

Dan McQuillan (2018).

Quando você está levantando fundos, é Inteligência Artificial. Quando você está contratando, é Aprendizado de Máquina. Quando você está implementando, é regressão logística.

Joe Davidson (2018).

O que significa para a inteligência e, em particular, para a Inteligência Artificial falhar, cometer um erro, quebrar uma regra? Refletindo sobre uma época anterior da racionalidade moderna, o epistemólogo David Bates argumentou que a novidade do Iluminismo, como uma busca pelo conhecimento, era uma nova meto-

1 Publicado originalmente em: Pasquinelli, M. (2019, November 20). *How a machine learns and fails - A grammar of error for artificial intelligence*. Spheres Journal. https://spheres-journal.org/contribution/how-a-machine-learns-and-fails-a-grammar-of-error-for-artificial-intelligence/. Tradução de Paula Fernanda Fallace Antunes de Oliveira.

dologia de erro, em vez de uma razão dogmática instrumental[2]. Em contraste, o projeto de IA (ou seja, quase sempre, a IA corporativa), independentemente e talvez devido aos seus sonhos de cognição super-humana, falha em reconhecer e discutir os limites, aproximações, preconceitos, erros, falácias e vulnerabilidades que são nativos de seu paradigma. Um paradigma de racionalidade que não oferece uma metodologia de erro está destinado, presumivelmente, a se tornar uma caricatura para feiras de marionetes, como é o caso da ideia alardeada de IAG (Inteligência Artificial Geral)[3].

O aprendizado de máquina é tecnicamente baseado em fórmulas para correção de erros, mas a natureza, a escala e as implicações do erro raramente são discutidas na comunidade de desenvolvedores. Os desenvolvedores de aprendizado de máquina possuem e continuam a expandir um vasto arsenal de truques de correção de erros; no entanto, estão comprometidos com uma incessante "otimização de código" sem reconhecer o impacto social de suas aproximações lógicas. Devido à complexidade da matemática envolvida, o debate público sobre IA é incapaz de considerar as limitações lógicas não IA e permanece polarizado entre posições integradas e apocalípticas, entre tecnofilia e tecnofobia[4]. A posição integrada segue os passos de Ray Kurzweil em sua alegre jornada em direção à Singularidade, acreditando que a matemática resolverá todos os problemas e que a automação em massa se desenvolverá sem perturbações para a ordem social. Na posição especular apocalíptica, mal-entendendo o efeito da caixa-preta no aprendizado de máquina, autores como Nick Bostrom, entre outros, alertam sobre uma futura era das trevas da razão, na qual máquinas cegas agem descontroladamente[5]. Essa última posição compartilha áreas com sentimentos de teoria da conspiração, segundo os quais os sistemas de IA não podem ser estudados, conhecidos e controlados. Mesmo a posição apocalíptica permanece no nível da especulação ("e se a IA...") e falha em esclarecer a lógica interna do aprendizado de máquina ("o que é IA?").

2 "Foi [no Iluminismo], talvez pela primeira vez no pensamento moderno, que o erro assumiu um papel significativo não apenas na definição do conhecimento, mas na própria busca pelo conhecimento." (Bates, 2002: ix).

3 Uma referência ao robô Sophia de 2016, que foi construído pela Hanson Robotics. Ben Goertzel, patrono histriônico do chamado paradigma de Inteligência Artificial Geral, supervisionou o projeto.

4 Cp. Eco (2000).

5 Cp. Bostrom (2014).

Felizmente, uma visão crítica da IA está surgindo lentamente. Graças a livros populares como "Algoritmos de Destruição em Massa" (*Weapons of Math Destruction)*, de Cathy O'Neil, entre outros, está se tornando claro que o problema da IA não tem a ver com a inteligência em si, mas com a forma como é aplicada à governança da sociedade e do trabalho por meio de modelos estatísticos - os quais deveriam ser transparentes e expostos à escrutínio público[6]. Como Yarden Katz observou, a IA é apenas uma operação de marketing usada para rebatizar o que era conhecido uma década atrás como análise de dados em grande escala e negócios de centros de dados[7]. Aprofundando-se nos elementos centrais dos preconceitos algorítmicos, Kate Crawford destacou as amplas implicações éticas da classificação e das taxonomias do aprendizado de máquina, lembrando que "o aprendizado de máquina é o maior experimento de classificação da história humana." (Crawford, 2017). O ensaio de Kate Crawford e Vladan Joler, "Anatomia de uma Inteligência Artificial", é outro exemplo de investigação incisiva da caixa-preta da IA, no qual eles desconstroem o dispositivo *Amazon Echo*, mapeando cada um de seus componentes na ecologia e economia globais. O momento parece propício para uma crítica radical da inteligência de máquina: Dan McQuillan, por exemplo, defende o surgimento de uma contracultura que se posiciona contra o aparato normativo opaco do aprendizado de máquina[8].

De modo geral, pode-se estudar a IA tanto como uma construção técnica quanto como uma construção social. No entanto, a discussão sobre os limites da IA pode ser imprecisa se os limites técnicos forem separados dos limites sociais, e vice-versa. As observações de Deleuze e Guattari sobre o relógio podem ser aplicadas à IA de forma útil: o relógio pode ser visto como uma engrenagem mecânica que projeta o tempo universal ou como uma disciplina abstrata que controla o tempo coletivo[9]. Essas duas perspectivas estão, é claro, interligadas e se estimulam mutuamente. No entanto, é o agenciamento social que revela a verdade sobre o técnico e o torna historicamente possível e poderoso.

6 Cf. O'Neil (2016). Veja também: Noble (2018) e Eubanks, (2018).

7 Cf. Katz (2017).

8 Cf. McQuillan (2018).

9 "Uma mesma máquina pode ser técnica e social, mas não sob o mesmo aspecto: por exemplo o relógio, que é uma máquina técnica que serve para medir o tempo uniforme e uma máquina social que serve para reproduzir as horas canônicas e garantir a ordem na cidade" (Deleuze & Guattari, (1983: 141).

Parafraseando o que Guattari uma vez disse sobre máquinas em geral, a inteligência de máquina é, em última análise, constituída de "formas hiper-desenvolvidas e hiper-concentradas de certos aspectos da subjetividade humana." (Guattari, 2013: 2).

Trabalhando na interseção das humanidades e da ciência da computação, este texto busca esboçar uma gramática geral do aprendizado de máquina e fornecer uma visão sistemática de seus limites, aproximações, preconceitos, erros, falácias e vulnerabilidades. O termo convencional Inteligência Artificial é mantido neste texto para indicar a recepção pública e a espetacularização do aprendizado de máquina e do negócio de análise de dados (Big Data). Tecnicamente falando, seria mais preciso chamar a Inteligência Artificial de aprendizado de máquina ou estatística computacional, mas esses termos teriam zero apelo de marketing para empresas, universidades e o mercado de arte. Dado o grau de criação de mitos e preconceito social em torno de seus construtos matemáticos, a Inteligência Artificial, de fato, inaugurou a era da ficção científica estatística.

1. INTRODUZINDO O NOOSCÓPIO: UM DIAGRAMA GERAL DO APRENDIZADO DE MÁQUINA

O padrinho das redes neurais convolucionais, Yann LeCun, argumenta que os atuais sistemas de IA não são versões sofisticadas da cognição, mas sim da percepção (LeCun, 2018). No final da década de 1950, o aprendizado de máquina surgiu como uma forma de reconhecimento de padrões visuais que foi posteriormente estendida à análise de dados não visuais. No caso de carros autônomos, os padrões a serem reconhecidos são as características visuais mais comuns de um cenário de estrada e, no caso da tradução automática, os padrões são as sequências de palavras mais comuns entre duas línguas. O que o aprendizado de máquina calcula, no entanto, não é um padrão exato, mas a distribuição estatística de um padrão. Ao apenas arranhar a superfície do marketing da IA, encontra-se uma construção estatística complexa a ser examinada. Como esses modelos estatísticos são construídos? Quão precisos e confiáveis são? Qual é a relação entre modelos estatísticos e inteligência humana? De fato, seria útil reformular a pergunta ingênua "Uma máquina pode pensar?" na pergunta teoricamente mais fundamentada "Um modelo estatístico pode pensar?"

A Inteligência Artificial não é "inteligente" de forma alguma. Seria mais preciso enquadrar a IA como um instrumento de conhecimento ou ampliação lógica que percebe padrões que estão além do alcance da mente humana. Leibniz, ao abordar essa modalidade de IA, utiliza o telescópio e o microscópio como metáforas para seu ***cálculo raciocinador***[10]. De maneira similar, um sistema de aprendizado de máquina pode ser comparado a um ***nooscópio***, um dispositivo que mapeia e percebe padrões complexos através de vastos espaços de dados (o que as humanidades digitais chamam de ***leitura distante***)[11]. No entanto, cada instrumento de medição e percepção vem com aberrações contingentes incorporadas. Da mesma forma que as lentes de microscópios e telescópios nunca são perfeitamente curvilíneas e lisas, as lentes lógicas dos sistemas de IA possuem suas próprias falhas e aberrações. Estudar o impacto da IA é estudar o grau em que os fluxos de informação são difratados, distorcidos e perdidos pela IA. Para entender a natureza dessa perda de informação, é necessário estudar a anatomia algorítmica dos modelos estatísticos que sustentam o aprendizado de máquina.

Em termos matemáticos, o aprendizado de máquina é usado para prever um valor de saída "y" dado um valor de entrada "x". Os algoritmos traçam uma função que relaciona "x" a "y", aprendendo a partir de dados passados em que tanto "x" quanto "y" são conhecidos: $y = f(x)$. Ao construir tal função, o algoritmo poderá prever "y" com base em futuras configurações de "x". Por exemplo, dadas imagens de animais (x), o algoritmo aprende sua associação com as categorias "gato" ou "cachorro" (y) e, em seguida, tenta classificar novas imagens de acordo. Neste caso, o número de entrada "x" é uma imagem digital, e o número de saída "y" é uma porcentagem relacionada a um rótulo semântico (97% "gato", 3% "cachorro"). Este é um processo de classificação que se distingue da regressão, na qual a saída é um número contínuo. Um exemplo deste último seria um algoritmo que aprende a prever a pontuação de crédito, saída "y", para qualquer idade de um grupo de estudantes, entrada "x". Classificação e regressão são ambas instâncias de aprendizado supervisionado, em que o algo-

10 Veja a citação de abertura de Leibniz.

11 Cf. Moretti (2007: 14-25).

ritmo utiliza dados nos quais a relação entre a entrada "x" e a saída "y" é conhecida e tenta adivinhar a saída "y" para futuras entradas "x" desconhecidas. Diz-se que um algoritmo de aprendizado de máquina aproxima a função que mapeia "y" para "x".

Um sistema de aprendizado de máquina parece para um usuário ou operador ser composto por três elementos ou etapas: dados de treinamento, algoritmo de aprendizado e aplicação do modelo.

1. *Dados de treinamento*: O conjunto de dados de treinamento contém dados a serem analisados para extrair conhecimento e "inteligência", ou seja, padrões de associação entre seus elementos. No aprendizado supervisionado, o conjunto de dados de treinamento é composto por dois elementos: a entrada "x" (por exemplo, imagens brutas, idades de estudantes) e a saída "y" (rótulos que descrevem essas imagens, pontuações de crédito). No aprendizado não supervisionado ou auto-supervisionado, apenas a entrada "x" é fornecida, a partir da qual um padrão desconhecido "y" deve ser descoberto.

2. *Algoritmo de aprendizado*: O algoritmo de aprendizado extrai padrões dos dados de treinamento ao ler a associação entre a entrada "x" e a saída "y", construindo uma descrição estatística dessa associação. O modelo estatístico é o núcleo do aprendizado de máquina, sendo o repositório da "inteligência" extraída dos dados de treinamento. No entanto, ele nunca é 100% preciso e não existe um método científico para avaliá-lo: o processo de treinamento para quando um operador humano decide que *uma taxa de erro aceitável foi alcançada para um conjunto de dados de teste.*]

3. *Aplicação do modelo*: Quando o modelo estatístico é considerado suficientemente treinado e "se ajusta" aos dados de treinamento, ele pode ser aplicado a diferentes tarefas, como classificação e previsão. Na classificação (ou reconhecimento), um novo valor "x" é associado a um rótulo "y", se "x" estiver dentro da distribuição do modelo estatístico. Na previsão (ou geração), um novo valor "x" é usado para gerar e prever seu valor correspondente "y", utilizando o mesmo modelo estatístico (a

geração de padrões é, logicamente, a mesma coisa que a previsão).

A assemblagem desses três elementos (Dados + Algoritmo + Modelo) é proposta como um diagrama geral do aprendizado de máquina. Continuando a metáfora dos meios ópticos, como telescópios e microscópios, pode-se dizer que o fluxo de informação que atravessa tal instrumento de conhecimento (aqui denominado nooscópio) se comporta como um feixe de luz projetado pelos dados de treinamento, difratado pelo algoritmo e seu modelo estatístico, e refletido de volta para o mundo com distorções incorporadas. Os próximos trechos descrevem cada componente individual, focando especialmente na natureza do modelo estatístico que está no núcleo do aprendizado de máquina.

2. DADOS DE TREINAMENTO, OU A FONTE COLETIVA DA INTELIGÊNCIA DE MÁQUINA

A digitalização em massa, que começou após a Segunda Guerra Mundial com a comercialização de mainframes industriais e atingiu seu auge nos anos 2000 com *data centers* globais, estabeleceu as bases para um regime de extrativismo da inteligência. A inteligência de máquina é treinada em vastos conjuntos de dados que são acumulados de maneiras que não são tecnicamente neutras nem socialmente imparciais. Dados neutros não existem, pois dependem do trabalho individual, dados pessoais e comportamentos sociais que se acumulam ao longo de longos períodos, provenientes de redes extensas e diversas taxonomias culturais[12].

Os dados de treinamento são provavelmente o fator mais importante na qualidade da "inteligência" que os algoritmos de aprendizado de máquina extraem. O conjunto de dados de treinamento é geralmente composto por dados de entrada e dados de saída ideais: imagens digitais brutas, por exemplo, podem ser associadas a rótulos (como os humanos costumam categorizar essas imagens com seus significados). Como descrito em termos matemáticos acima, o aprendizado de máquina é o cálculo da relação entre as imagens iniciais (entrada) e seus rótulos (saída), com o objetivo de prever os rótulos (saída) de imagens futuras semelhantes (entrada). A definição, formatação e edição do conjunto

12 Cf. Gitelman (2013).

de dados de treinamento é uma tarefa trabalhosa e delicada, que é provavelmente mais significativa do que os parâmetros técnicos que controlam o algoritmo de aprendizado[13]. Na preparação dos conjuntos de dados de treinamento, quatro etapas podem ser reconhecidas:

1. *Produção*: trabalho individual ou fenômenos que produzem informações.

2. *Captura*: a captura de informações por um instrumento que as transforma em dados.

3. *Formatação*: a codificação de informações em um formato de dados específico.

4. *Rotulação*: a aplicação de categorias de uma determinada taxonomia ao conjunto de dados.

Os conjuntos de dados de treinamento mais populares utilizados para aprendizado de máquina (NMIST, ImageNet, Labelled Faces in the Wild, etc.) se originam em corporações, universidades e agências militares do Norte Global (embora, ao observar mais cuidadosamente, descubra-se uma profunda divisão do trabalho que se estende para o Sul Global). Os dados de treinamento podem ser fornecidos por comportamentos online espontâneos (por meio de redes sociais, cobertura de notícias, geolocalização de celulares, etc.) ou por trabalho de tela que é coletado por crowdsourcing (como no caso do Amazon Mechanical Turk, por exemplo). Em ambos os casos, formas invisíveis e sub-reconhecidas de trabalho são utilizadas. Dados pessoais, em particular, são enterrados e desaparecem em conjuntos de dados privatizados de forma desconhecida e sem transparência[14]. É por isso que esses conjuntos de dados também levantam questões de soberania de dados, privacidade e direitos civis, dos quais os órgãos políticos e a legislação estão se tornando gradualmente cientes (veja a regulamentação de privacidade de dados GDPR que foi aprovada em maio de 2018 pelo Parlamento Europeu).

13 Por exemplo, levou nove anos de trabalho manual para rotular os 14 milhões de imagens do conjunto de dados de treinamento *ImageNet*, que foi patrocinado pelo *Google, Amazon*, pelas universidades de Princeton e Stanford.

14 Veja o projeto Megapixel de Adam Harvey (megapixels.cc). (Murgia, 2019).

3. AS MODALIDADES DE APRENDIZADO DE MÁQUINA: TREINAMENTO, CLASSIFICAÇÃO E PREDIÇÃO

Quando os dados de treinamento estão prontos para serem analisados, eles são apresentados ao algoritmo de aprendizado, que é escolhido entre várias opções por um operador humano, considerando parâmetros específicos. Por exemplo, redes neurais convolucionais exigem a especificação de uma topologia complexa e de um conjunto de hiperparâmetros (número de camadas, neurônios, tipo de conexão, comportamento de cada camada e neurônio, etc.). Embora as redes neurais tenham surgido inicialmente como uma técnica para reconhecimento de padrões, cientistas da computação hoje preferem a expressão mais abstrata e precisa "mapeamento de entrada-saída" (*inputoutput mapping*) para evitar a comparação ultrapassada com sistemas biológicos e percepção visual. No entanto, a construção de uma relação entre uma entrada "x" e uma saída "y" ainda é, fundamentalmente, a busca por um padrão. Um exemplo primário de reconhecimento básico de padrões é o *Perceptron* de Frank Rosenblatt, criado em 1957, a primeira rede neural operativa. Dada uma matriz visual de 20x20 fotorreceptores, essa máquina podia aprender a reconhecer uma letra simples. Hoje, dada uma entrada muito mais complexa, como a gravação em vídeo de uma rua movimentada, a rede neural de um carro autônomo é encarregada de controlar engrenagens mecânicas e tomar decisões éticas em situações perigosas, exigindo, assim, um mapeamento de entrada-saída extremamente complexo. Independentemente de sua complexidade, do ponto de vista numérico do aprendizado de máquina, noções como imagem, movimento, forma, estilo e decisão podem ser descritas como distribuições estatísticas de um padrão. Do ponto de vista do modelo estatístico, são apresentadas três modalidades de operação do aprendizado de máquina: 1) treinamento, 2) classificação e 3) predição. Em termos mais intuitivos, essas modalidades podem ser definidas como: abstração de padrões, reconhecimento de padrões e geração de padrões.

1. Na modalidade de *treinamento* (abstração de padrões), o algoritmo "aprende" a associação entre uma entrada "x" e uma saída "y" (sua etiqueta, por exemplo). Como mencionado anteriormente, o algoritmo constrói uma distribuição estatística dos padrões subjacentes e os extrai do fundo. O modelo estatístico será considerado treina-

do quando uma taxa de erro aceitável em um conjunto de dados de teste for alcançada (até o momento, não existe método científico para determinar quando um modelo está suficientemente treinado, isto é, quando uma IA parece ser "inteligente").

2. Na modalidade de ***classificação*** (reconhecimento de padrões), novos dados de entrada "x" são comparados com o modelo estatístico para determinar se eles estão ou não dentro de sua distribuição estatística. Se estiverem, eles recebem a etiqueta de saída correspondente "y". Hoje, existem classificadores de objetos que podem detectar todos os objetos mais comuns em um cenário de estrada e aplicar etiquetas como pessoa, carro, caminhão, bicicleta ou semáforo em questão de milissegundos - claro, com uma margem de erro.

3. Na modalidade de ***predição*** (geração de padrões), novos dados de entrada "x" são usados para prever seu valor de saída "y". Nessa modalidade, pode-se dizer que o modelo estatístico é executado "de trás para frente" para gerar novos padrões em vez de apenas registrá-los. A expressão "arte criada por IA" significa, na verdade, que um operador humano aplica a modalidade generativa de redes neurais após treiná-las com um conjunto de dados específico. Por exemplo, depois de ser treinada com o conjunto de dados MIDI de um compositor, uma rede neural pode gerar uma nova melodia que se assemelha ao estilo do compositor. A modalidade generativa é útil como uma espécie de "teste de realidade" algorítmico, pois mostra o que o modelo aprendeu, ou seja, como o modelo "vê o mundo".

4. TRÊS TIPOS DE VIÉS

O ciclo de *feedback* de informações entre a IA e a sociedade, ou seja, entre o aprendizado de máquina e seus dados de treinamento, não é virtuoso, mas está corrompido por viés técnico. Qualquer conjunto de dados de treinamento - por mais preciso que pareça - é uma amostragem estatística e, portanto, uma visão parcial do mundo. Além disso, o grau de compressão de informações dos algoritmos de aprendizado de máquina afeta as proporções originais dos dados de treinamento, o que, por sua vez, amplifica o viés. O viés é a questão mais debatida e conhecida do aprendizado de máquina devido às suas implicações sociais diretas e é uma boa maneira de começar a ilustrar as limitações lógicas de seus modelos estatísticos. No aprendizado de máquina, seria necessário pelo menos distinguir entre os vieses de mundo, de dados e de algoritmo.

O viés de mundo já é evidente na sociedade antes mesmo da intervenção tecnológica; no entanto, os conjuntos de dados reforçam as desigualdades de raça, gênero e classe, normalizando ainda mais os estereótipos já operantes. A naturalização do viés pelo aprendizado de máquina, ou seja, a integração da desigualdade em um algoritmo como "dados aparentemente imparciais", pode, evidentemente, ser prejudicial por si só[15]. Para identificar as categorias de viés, Kate Crawford distinguiu entre um dano de alocação de recursos (quando um algoritmo nega hipotecas a um grupo minoritário, por exemplo) e um dano de representação social (como sub-representação ou determinação injusta de raça, gênero e classe)[16].

O viés de dados, por outro lado, é introduzido através da captura, formatação e rotulagem dos dados do conjunto de dados de treinamento. O ato de capturar e formatar os dados tem o potencial de afetar a resolução e a precisão das informações, mas a parte mais delicada do processo é a rotulagem dos dados. Universidades, corporações e agências militares constroem conjuntos de dados de treinamento com mão de obra precária e barata. Muitas vezes, elas utilizam taxonomias antigas e conservadoras, causando uma visão distorcida das culturas e diversidades mundiais. Essas taxonomias muitas vezes refletem hierarquias sociais e são uma expressão do poder normativo, como já elucidou Foucault[17]. Hoje, as taxonomias culturais e científicas estão incorporadas e formalizadas pelo aprendizado de máquina: seu poder normativo não é mais institucional, mas computacional.

O viés algorítmico (também conhecido como "viés de máquina", "viés estatístico" ou "viés de modelo") é a amplificação adicional do viés de mundo e do viés de dados causada por erros

15 Cf. Eubanks (2018).

16 Cf. Kate Crawford (2017).

17 Cf. Michel Foucault (2005).

computacionais, compressão de informações e técnicas de aproximação dos algoritmos de aprendizado de máquina. Devido às suas taxas de compressão de informações, os algoritmos de aprendizado de máquina difratam e distorcem os vieses de mundo e de dados, fazendo com que as desigualdades se tornem ainda mais desiguais. Uma maneira de ilustrar essa difração e amplificação é considerar a ilusão da perspectiva anamórfica usada em pintura e design gráfico. A visão do mundo pelo aprendizado de máquina também é anamórfica: mesmo que respeite a forma, ou topologia, do mundo, distorce suas proporções.

5. OS LIMITES LÓGICOS DO MODELO ESTATÍSTICO

No cerne dos atuais sistemas de IA está um algoritmo de aprendizado cujo propósito é calcular um modelo estatístico dos dados de treinamento. Os cientistas da computação simplesmente o chamam de "*o modelo*". O modelo é a representação estatística de um conjunto de dados de treinamento grande e diversificado em um único arquivo. Desde a época do Perceptron de Rosenblatt, a primeira rede neural operativa, o objetivo principal do aprendizado de máquina tem sido armazenar um pequeno modelo estatístico em vez de memorizar, por exemplo, mil fotos do mesmo objeto de diferentes ângulos. O modelo é calculado usando diferentes técnicas (por exemplo, redes neurais, Máquinas de Vetores de Suporte, redes bayesianas) que sempre tomam a forma de ***inferência estatística*** e cuja saída assume a forma, consequentemente, de uma ***distribuição estatística***. Tecnicamente, diz-se que o modelo aprende a distribuição estatística dos dados de treinamento mapeando as correlações (também conhecidas como padrões ou dependências) entre a entrada e a saída desejada. O modelo estatístico, em última análise, constrói uma ***função f*** que, quando efetiva, descreve os dados de treinamento de forma adequada e prevê a saída de uma entrada futura.

Vamos tomar um exemplo clássico de aprendizado de máquina: o ***LeNet***, desenvolvido por Yann LeCun em 1988, é uma rede neural convolucional para o reconhecimento óptico de números em códigos postais e cheques bancários. Os dados de treinamento são fornecidos pelo banco de dados MNIST, que contém 60.000 números manuscritos (coletados entre apenas dois grupos sociais: estudantes do ensino médio dos EUA e funcionários do *Census Bureau*).

O modelo interno do *LeNet* registra a associação estatística de imagens dadas de números manuscritos com sua etiqueta correta, que neste caso é um numeral[18]. Após ser treinado, o modelo estatístico do *LeNet* reconhecerá futuras ocorrências de números manuscritos com uma margem de erro.

Um modelo estatístico é considerado treinado com sucesso quando pode ***generalizar*** os padrões do conjunto de dados de treinamento para novos dados "no mundo real", ***ajustando*** elegantemente os dados de treinamento com a menor margem de erro possível (sempre há uma margem de erro no aprendizado de máquina). Se um modelo aprende os dados de treinamento muito bem, ele será capaz de reconhecer apenas correspondências exatas e não conseguirá perceber padrões com similaridade próxima. Nesse caso, diz-se que o modelo está com ***overfitting***, pois não consegue distinguir padrões do fundo, ou seja, aprendeu meticulosamente tudo, incluindo o ruído. Por outro lado, o modelo está com ***underfitting*** quando não consegue formular padrões a partir dos dados de treinamento. No ***overfitting***, não há compressão de informações, enquanto no ***underfitting*** o modelo perdeu a maior parte das informações valiosas[19].

É comum descrever a IA como a medida estatística de uma correlação entre pontos de dados. Na verdade, o ***aprendizado*** de máquina não aprende nada no sentido propriamente dito; ele apenas mapeia uma entrada "x" com uma saída "y", traçando uma função que descreve ***aproximadamente*** sua tendência e, em seguida, aplica essa função a entradas futuras para prever suas saídas. Essa função também é uma aproximação no sentido de que ela adivinha as "partes faltantes" do gráfico de dados: seja por meio da ***interpolação***, que é a projeção e previsão de uma saída "y" que cai dentro do intervalo conhecido da entrada "x" no conjunto de dados de treinamento, ou através da ***extrapolação***, que é a projeção e previsão da saída "y" além dos limites de "x", muitas vezes com altos riscos de imprecisão.

O aprendizado de máquina é incrivelmente eficiente como um algoritmo para analisar dados e aproximar uma função matemática que os descreve. Os cientistas da computação, na verdade, se

18 Cf. LeCun et al. (1989: 541-551).

19 Um terceiro caso pode ser considerado quando um modelo aprende uma associação de padrões errada. Se a apofenia é a tendência humana de perceber padrões significativos em dados aleatórios, o ***underfitting*** é uma espécie de apofenia da máquina. A apofenia da máquina acontece quando um modelo estatístico vê um padrão que não está presente, ou seja, quando interpreta ruído como semelhante a um padrão existente.

sentem mais à vontade com a definição de IA como uma técnica de *compressão de informações* do que com a concepção popular dela como uma manifestação da cognição sobre-humana[20]. Desde os tempos antigos, os algoritmos têm sido procedimentos de natureza econômica, projetados para alcançar um resultado no menor número de etapas, consumindo a menor quantidade de recursos, como espaço, tempo, energia etc. A atual corrida armamentista entre as empresas de IA ainda se concentra em encontrar os algoritmos mais rápidos para computar modelos estatísticos. A compressão de informações, portanto, mede a relação de lucro nessas empresas, mas também a relação de *perda de informações* - e essa perda muitas vezes significa uma perda da diversidade cultural do mundo.

A analogia dos meios ópticos ilumina as características da IA melhor do que a analogia do cérebro humano. Deixando de lado o fato, por enquanto, de que a primeira rede neural operativa, o Perceptron, era uma *máquina de visão*[21], existem semelhanças epistêmicas entre o aprendizado de máquina e os meios ópticos, como, utilizando as sugestões de Leibniz, o microscópio e o telescópio[22]. O aprendizado de máquina, assim como esses dispositivos, apresenta problemas tanto na *resolução de informações* quanto na *difração de informações*, com os modelos estatísticos desempenhando um papel corretivo semelhante ao das lentes em meios ópticos. Em termos de *ofuscação de informações*, um problema bem conhecido do aprendizado de máquina é provavelmente o *efeito "caixa preta"* (*black box effect*), presente em grandes redes neurais (*Deep Learning*). "Caixa preta" é um termo popular usado para descrever como a compressão de informações apaga uma grande quantidade de informações aparentemente inúteis, resultando em uma condição de ofuscação que é irreversível[23]. Isso ocorre à medida que cada camada de neurônios descarrega a maior parte dos dados recebidos da camada anterior, esquecendo, no processo, alguns links na cadeia de "raciocínio". Fora da ciência da computação, "caixa preta" se tornou uma metáfora genérica para indicar a aparente complexidade dos sistemas de IA, que

20 Os cientistas da computação argumentariam que a IA realmente pertence a um subcampo do processamento de sinais, ou seja, a compressão de dados.

21 Cf. Virilio (1994).

22 Como já mencionado, o aprendizado de máquina é uma espécie de cinema estatístico, projetando o novo gênero de ficção científica estatística.

23 Também existem questões de propagação de erros, nas quais algumas características do hardware da GPU podem gerar uma cadeia de erros que atinge as camadas superiores de abstração de características. Veja: Li et al. (2017).

podem parecer insondáveis e opacos, se não alienígenas e fora de controle. Projetos como Inteligência Artificial Explicável, Aprendizado Profundo *Interpretable* e *Heatmapping*, entre outros, demonstraram, no entanto, que é possível romper a "caixa preta" e tornar sua obscura cadeia de computação interpretável para os usuários[24].

Devido ao grau de compressão de informações e à perda de informações que ocorre em seus modelos estatísticos, o aprendizado de máquina necessita de uma redução dos rótulos e categorias que estão inicialmente presentes nos conjuntos de dados de treinamento. Em uma técnica chamada *redução de dimensionalidade*, por exemplo, categorias que apresentam *baixa variância* (ou seja, cujos valores flutuam apenas um pouco) são agregadas e eliminadas para reduzir os custos de cálculo. A redução de dimensionalidade, então, leva a algo que pode ser chamado de *redução de categorias,* que é o encolhimento das taxonomias culturais também. Eventualmente, o efeito do aprendizado de máquina sobre a diversidade mundial é a *normalização,* ou seja, uma equalização de anomalias a uma norma média. O termo técnico regressão refere-se, na verdade, ao fenômeno da regressão em direção à média que Francis Galton observou ao medir as alturas das pessoas. Redes neurais para reconhecimento facial, por exemplo, mostram uma tendência a favorecer imagens de pessoas com pele clara. A *regressão em direção à média* não é, portanto, apenas uma técnica matemática de aprendizado de máquina, mas uma com claras consequências sociais e implicações políticas.

6. TÉCNICAS DE APROXIMAÇÃO E OS PERIGOS DA CORRELAÇÃO

Como Dan McQuillian coloca de forma apropriada: "Não há inteligência na Inteligência Artificial, nem realmente aprende; embora seu nome técnico seja aprendizado de máquina, é simplesmente minimização matemática." (McQuillan, 2018a). É importante lembrar que a "inteligência" do aprendizado de máquina não é impulsionada pela aplicação de fórmulas exatas de análise matemática, mas sim por algoritmos de aproximação, ou seja, por procedimentos heurísticos. A forma da função de correlação en-

24 No entanto, a total interepretabilidade e explicabilidade dos modelos estatísticos de aprendizado de máquina continua sendo um mito. Cf. Lipton (2016).

tre a entrada x e a saída y é calculada algorítmica e passo a passo, através de processos mecânicos cansativos de ajuste gradual. Este é o mesmo procedimento utilizado em geometria diferencial ou cálculo, em que pequenos blocos quadrados são usados para aproximar uma área irregular, em vez de desenhar uma forma curvilínea exata. As redes neurais são consideradas alguns dos algoritmos mais eficientes para aprender porque esses métodos diferenciais de aproximação permitem adivinhar qualquer função, dado um número suficiente de camadas de neurônios e tempo de computação (como provado pelo chamado Teorema da Aproximação Universal). Quando se diz que "as redes neurais podem resolver qualquer problema", isso significa que elas podem aproximar a forma de qualquer curva (qualquer função não linear) em um espaço de dados multidimensional[25]. A aproximação gradual de uma função por força bruta é a característica central da IA de hoje, e apenas a partir dessa perspectiva é possível entender suas potencialidades e limitações.

Outro problema do aprendizado de máquina é como a *correlação estatística* entre dois elementos é usada para explicar a *causalidade lógica* de um para o outro. Na gramática dos erros da IA, isso não é um erro atribuído à máquina, mas uma falácia humana. Compreende-se comumente que *correlação não implica causalidade*, o que significa que uma correlação estatística sozinha não é suficiente para demonstrar a causalidade. Essa falácia lógica facilmente se torna uma falácia política. A ilusão de causalidade pode ser usada, por exemplo, para apoiar algoritmos de policiamento preditivo. Quando o aprendizado de máquina é aplicado à sociedade dessa maneira, correlaçoes preditivas se transformam em um aparato político de *preempção*. Dan McQuillan observa: "A natureza preditiva do aprendizado de máquina promove a preempção, ou seja, a ação que tenta antecipar ou prevenir o resultado previsto" (McQuillan, 2018b). A preempção, como a automação da tomada de decisões, contribui para uma exclusão da participação coletiva nas instituições sociais e políticas. O aprendizado de máquina pode até apoiar correlações arbitrárias e sem sentido (por exemplo, entre o consumo diário de queijo, etnia e pontuação de crédito, sempre pode ser encontrada uma correlação estatística). Isso é o que se chama *apofenia algorítmica*

25 Nota bene: Nestes trechos, a linha divisória entre os pontos de dados de entrada e saída foi descrita como uma curva. Na verdade, o aprendizado de máquina calcula tais aproximações diferenciais em espaços n-dimensionais traçando, portanto, hiperpainéis (em vez de uma curva em uma matriz bidimensional).

(*algorithmic apophenia*), a consolidação ilusória de correlações ou relações causais que não existem no mundo material, mas apenas na mente da IA[26].

7. A IMPREVISIBILIDADE DO NOVO

Outra limitação lógica encontrada no núcleo do aprendizado de máquina é a incapacidade de prever e reconhecer uma nova ***anomalia única***, ou seja, uma anomalia que aparece apenas uma vez, como uma nova metáfora na poesia, uma nova piada feita na linguagem cotidiana ou um objeto misterioso no meio da estrada. Sistemas de IA com algoritmos de reconhecimento de fala enfrentam problemas quando confrontados por dialetos locais, por exemplo. Pior ainda, minorias sociais muitas vezes ficam fora do radar da logística da IA e são excluídas (por exemplo, pessoas que falam com um sotaque escocês para a *Alexa* da *Amazon* ou comunidades negras ignoradas pela entrega da *Amazon*)[27]. ***A não detecção do novo*** (algo que é inesperado, ou seja, que nunca foi "visto" antes por uma máquina e, portanto, não classificado em uma categoria conhecida) é um problema particularmente perigoso para carros autônomos, que já causaram fatalidades por causa disso. ***Ataques adversariais*** exploram essas lacunas na aprendizagem de máquina, usando padrões estranhos que obstruem a leitura visual da máquina do ambiente: esses padrões às vezes são projetados por uma mente humana sabendo que uma "mente" de IA nunca os viu.

Na aprendizagem de máquina, o problema da ***previsão do novo*** está logicamente relacionado ao problema da ***geração do novo***. Curiosamente, a definição lógica de uma questão de segurança também descreve o limite lógico da criatividade na aprendizagem de máquina. A pergunta batida "A IA pode fazer arte?" deve ser reformulada em termos técnicos: A IA é capaz de criar obras que não sejam imitações do passado? A IA consegue extrapolar além das fronteiras estilísticas dos dados de treinamento? A resposta é: não. A "criatividade" da aprendizagem de máquina é limitada à detecção estilos ***preexistentes*** a partir dos dados de treinamento e à subsequente improvisação aleatória desses estilos. Em outras palavras, a aprendizagem de máquina pode explorar e improvisar

26 Veja também "Correlação ilusória", Wikipedia (2019). Sobre apofenia, veja também Pasquinelli (2015).

27 Cf. Ingold & Soper (2016).

apenas dentro das fronteiras das categorias estabelecidas pelos dados de treinamento. As obras de arte do ***Obvious Collective*** (***nomen est omen***), um projeto colaborativo que cria pinturas usando IA, fornecem evidências visuais dessas limitações. O estilo de seus retratos é altamente normalizado e esteticamente previsível[28]. Seria, portanto, mais preciso chamar a arte da IA de arte estatística.

Em termos de processamento de linguagem natural, pode-se questionar se a IA é capaz de inventar novas metáforas de maneira consistente e não aleatória. Em uma época anterior ao aprendizado de máquina, quando perguntado se uma metáfora poderia ser inventada por um algoritmo, Umberto Eco respondeu:

> Nenhum algoritmo existe para a metáfora, nem uma metáfora pode ser produzida por meio das instruções precisas de um computador, independentemente do volume de informações organizadas a ser alimentado (Eco, 1986: 127).

Qualquer nova metáfora é a quebra de uma regra e a invenção de uma nova, argumentou Eco. Pode um algoritmo ser programado para quebrar as regras (padrões) de seus dados de treinamento de uma forma criativa? O aprendizado de máquina nunca será capaz de detectar ou gerar o famoso jargão de Rimbaud "eu é um outro" (***je est um autre***) após executar uma análise estatística de um milhão de jornais. O aprendizado de máquina nunca inventa códigos e mundos, mas desenha ***espaços vetoriais*** que reproduzem frequências estatísticas de dados antigos. Em estatísticas computacionais, uma nova metáfora é um ***novo vetor*** sem similaridades de frequência com ***vetores antigos***--algo que facilmente desapareceria na passagem computacional seguinte. Além disso, uma metáfora não é a ***correlação*** estatística de dois significados, mas a construção de um ***novo modelo de mundo*** no qual essa nova expressão adquirirá um sentido lógico (***uma causalidade***) que não existia no antigo modelo de mundo. Uma nova metáfora é a invenção de um paradigma constitutivo. Muitas vezes, as metáforas são banais, mas às vezes podem ser brilhantes e ***abertas***, como quando deixam espaço para interpretações infinitas, um processo fundamental para as humanidades e não apenas. Pergunta-se quem deseja mecanizar a hermenêutica, a arte da interpretação e do juízo estético - processos que devem permanecer livres. Entretanto, a arte da in-

28 Cf. Vincent (2018).

terpretação pode ser enriquecida e ampliada, é claro, por novos instrumentos de amplificação lógica e exploração de padrões.

CONCLUSÃO

Qualquer *anomalia* (também social e política) é a invenção de um novo código ou regra. Por outro lado, o poder muitas vezes se baseia na normalização de códigos e regras, que buscam minimizar a ocorrência do anômalo. O aprendizado de máquina não é exceção quando aplicado à medição e governança da sociedade. Veja, por exemplo, o experimento de incorporação de palavras realizado por Bolukbasi e outros, que usou o *Word2vec* como um modelo estatístico pré-treinado para analisar *posts* do *Google News* como dados de treinamento. Quando o algoritmo foi solicitado a resolver a equação "homem está para programador de computador, assim como mulher está para x", ele respondeu de maneira problemática com x = "dona de casa", mostrando o efeito da IA em reforçar estereótipos[29]. As diversidades sociais e culturais desaparecem facilmente no aprendizado de máquina, uma vez que os algoritmos não conseguem expressar profundidade semântica, a menos que se tornem lentos e ineficientes[30]. A IA está representando um mundo cada vez mais padronizado, no qual normas institucionais e sociais tradicionais são traduzidas e amplificadas em novas normas estatísticas e computacionais[31].

Este ensaio tentou revisar as limitações que afetam a IA como técnica matemática e cultural, destacando o papel do erro na definição de inteligência em geral. Foi construído um índice provisório de limites, aproximações, vieses, erros, falácias e vulnerabilidades do aprendizado de máquina. Descreveu o aprendizado de máquina como composto por três partes: conjunto de dados de treinamento, algoritmo estatístico e aplicação do modelo (como classificação ou previsão). Em seguida, distinguiu três tipos de viés: viés do mundo, viés de dados e viés algorítmico. Argumentou-se que os ***limites*** lógicos dos modelos estatísticos

29 Cf. Bolukbasi et al. (2016).

30 O impacto da IA na sociedade já está registrado em comportamentos cotidianos, quando as pessoas se ajustam ao algoritmo em vez do contrário. É cada vez mais comum, por exemplo, ajustar a pronúncia e neutralizar a entonação para ter certeza de que o software de reconhecimento de voz de um *call center* ou *smartphone* capte as palavras corretamente. Esse comportamento autocorretivo é uma integração e absorção inconscientes dos preconceitos do aprendizado de máquina pela própria sociedade.

31 Cf. Pasquinelli, (2017: 281-293).

produzem ou ampliam ***viés*** (que muitas vezes já está presente nos conjuntos de dados de treinamento) e causam ***erros*** na classificação e previsão. No entanto, não é um problema da máquina, mas uma ***falácia*** política, quando uma correlação estatística entre números dentro de um conjunto de dados é recebida e aceita como causação entre entidades reais no mundo. O grau de compressão de informações pelos modelos estatísticos usados no aprendizado de máquina também causa ***perda de informações*** em relação à granularidade das categorias e taxonomias, resultando em perda de diversidade social e cultural. O limite máximo dos modelos de IA é encontrado na incapacidade de detectar e prever uma ***anomalia única***, como uma metáfora na linguagem natural. Pelo mesmo motivo, os sistemas de IA também são vulneráveis a ***ataques adversariais*** que podem ser lançados por um operador externo ciente das regiões frágeis de um modelo estatístico. Em última análise, o principal efeito do aprendizado de máquina na sociedade como um todo é a ***normalização*** cultural e social. A IA corporativa apenas estende o poder normativo das antigas instituições de conhecimento para os novos aparatos computacionais. A normatividade distorcida da IA procede das limitações lógicas da modelagem estatística - uma técnica que é adorada, embaraçosamente, como um totem animista de cognição sobre-humana.

REFERÊNCIAS

Bates, D. W. (2002). *Aberrações do Iluminismo: Erro e Revolução na França.* Ithaca, NY: Cornell University Press.

Bolukbasi, T., Chang, K.-W., Zou, J. Y., Saligrama, V., & Kalai, A. T. (2016). Man is to computer programmer as woman is to homemaker? Debiasing word embeddings. *arXiv preprint.* Disponível em: https://arxiv.org/abs/1607.06520

Crawford, K. (2017). The trouble with bias. Palestra principal apresentada na *NIPS Conference.*

Davison, J. (2018, 27 de junho). Não, aprendizado de máquina não é apenas estatística glorificada. *Medium.* Disponível em: https://towardsdatascience.com/no-machine-learning-is-not-just-glorified-statistics-26d3952234e3

Deleuze, G., & Guattari, F. (1983). *Anti-Édipo.* Minneapolis: University of Minnesota Press.

Eco, U. (1986). *Semiotics and the philosophy of language.* Bloomington, IN: Indiana University Press.

Eco, U. (2000). *Apocalípticos e Integrados.* Bloomington, IN: Indiana University Press.

Eubanks, V. (2018). *Automating inequality: How high-tech tools profile, police, and punish the poor.* Nova Iorque, NY: St. Martin's Press.

Foucault, M. (2005). *As palavras e as coisas.* Londres: Routledge.

Goertzel, B. (2016). Desenvolvimento do robô Sophia pela Hanson Robotics.

Gottfried Wilhelm Leibniz. (1677). Prefácio à Ciência Geral.

Gitelman, L. (Org.). (2013). *Raw data is an oxymoron.* Cambridge, MA: MIT Press.

Guattari, F. (2013). *Cartografías esquizoanalíticas.* Londres: Continuum.

Harvey, A. (n.d.). Projeto Megapixel. Disponível em: https://megapixels.cc

Ingold, D., & Soper, S. (2016, 21 de abril). Amazon doesn't consider the race of its customers. Should it? *Bloomberg.* Disponível em: https://www.bloomberg.com/graphics/2016-amazon-same-day

Katz, Y. (2017). Manufacturing an artificial intelligence revolution. *SSRN.* Disponível em: http://dx.doi.org/10.2139/ssrn.3078224

LeCun, Y. (2018). Learning world models: The next step towards AI. Palestra principal na *International Joint Conference on Artificial Intelligence (IJCAI)*, Estocolmo, Suécia.

LeCun, Y., Bottou, L., Bengio, Y., & Haffner, P. (1989). Backpropagation applied to handwritten zip code recognition. *Neural Computation, 1*(4), 541-551.

Lipton, Z. C. (2016). The mythos of model interpretability. *arXiv preprint.* Disponível em: https://arxiv.org/abs/1606.03490

McQuillan, D. (2018a). Manifesto sobre humanitarismo algorítmico. Simpósio *Reimagining Digital Humanitarianism*, Goldsmiths, Universidade de Londres.

McQuillan, D. (2018b). People's councils for ethical machine learning. *Social Media and Society, 4*(2), 1-10. https://doi.org/10.1177/2056305118768303

Moretti, F. (2013). *Distant reading.* Londres: Verso Books.

Murgia, M. (2019, 19 de abril). Who's using your face? The ugly truth about facial recognition. *Financial Times.*

Noble, S. U. (2018). *Algoritmos de opressão: Como mecanismos de busca reforçam o racismo.* Nova Iorque, NY: NYU Press.

O'Neil, C. (2016). *Algoritmos de destruição em massa.* Nova Iorque: Broadway Books.

Pasquinelli, M. (2015). Detecção de anomalias: A matemática do anormal na sociedade de metadados. Artigo apresentado na *transmediale.* Disponível em: https://www.academia.edu/10369819

Pasquinelli, M. (2017). Arcana Mathematica Imperii: The evolution of Western computational norms. Em Hlavajova, M., et al. (Eds.), *Former West* (pp. 281-293). Cambridge, MA: MIT Press.

Sophia. (2016). Robô desenvolvido pela Hanson Robotics.

Vincent, J. (2018, 25 de outubro). Christie's sells its first AI portrait for $432,500, beating estimates of $10,000. *The Verge.* Disponível em: https://www.theverge.com/2018/10/25/18023266

Virilio, P. (1994). *A máquina de visão.* Londres/Bloomington: British Film

Institute/Indiana University Press.

Vogl, J. (2007). Becoming media: Galileo's telescope. *Grey Room, 29,* 14-25.

Wikipedia. (2019, 11 de março). Correlação ilusória. Disponível em: https://en.wikipedia.org/wiki/Illusory_correlation

Zuboff, S. (2019). *The age of surveillance capitalism: The fight for a human future at the new frontier of power.* Nova Iorque, NY: PublicAffairs.

SELETIVIDADE ALGORÍTMICA E PROFECIAS AUTORREALIZÁVEIS: O POLICIAMENTO PREDITIVO E O CÍRCULO VICIOSO DE CRIMINALIZAÇÃO

Mauricio Dal Castel

Vanessa Chiari Gonçalves

1. INTRODUÇÃO

O tema da vigilância em matéria de segurança pública não é novo. Aliás, a vigilância é um dos principais pilares de toda a política de controle social formal ou informal. Com o tempo, alteram-se apenas os instrumentos de vigilância que acompanham a própria evolução tecnológica. Da mesma forma, há uma tendência natural de o sistema de justiça criminal atuar de forma seletiva e direcionada à repressão de segmentos vulnerabilizados da população em geral. Assim, quando as novas tecnologias de vigilância capazes de agir à distância e de forma autônoma por meio de algoritmos se combinam com a seletividade penal, o resultado não pode ser diferente da massificação de um punitivismo que se alimenta da cultura do medo.

A cultura do medo legitima o tratamento do infrator como inimigo assim como a retórica de guerra ao crime. Nesse contexto, analisa-se neste texto a recente tendência à adoção de tecnologias de policiamento preditivo por meio de algoritmos e de sistema de inteligência artificial que realizam previsões geoespaciais direcionando o policiamento ostensivo para as áreas periféricas dos grandes centros urbanos.

A fim de analisar o fenômeno da seletividade algorítmica aliada ao racismo de Estado, o texto está dividido em três partes. Na primeira parte, revisitam-se o conceito simbólico de guerra contra o crime e a construção da figura do inimigo no âmbito do sistema de justiça criminal, passando pela noção de racismo de Estado e da tendência punitivista das políticas de segurança pública. Na segunda parte, adota-se o filme Minority

Report como metáfora para o desenvolvimento das noções de policiamento preditivo e de racismo algorítmico. Por fim, apresentam-se as considerações finais.

2. GUERRA AO CRIME E A NEUTRALIZAÇÃO DO INIMIGO

A utilização das expressões "guerra ao crime" e "guerra ao terror" reflete uma estratégia de governança que se fundamenta na incitação ao medo para justificar novas abordagens de controle social e a alocação de recursos públicos. O termo "guerra", carregado de uma carga retórica poderosa, é amplamente empregado nos Estados Unidos e em outros contextos internacionais como um meio de direcionar a atenção e recursos para áreas específicas consideradas de grande interesse ou urgência. Essa retórica belicosa permeia diversos setores da vida pública, desde políticas de segurança e saúde até iniciativas científicas e tecnológicas. Para exemplificar, a "guerra às drogas" justifica o aumento do orçamento e o fortalecimento das agências policiais, enquanto a "guerra contra o câncer" mobiliza recursos para institutos de pesquisa médica. De outro lado, a "corrida espacial" (não portadora do termo "guerra" propriamente dito, mas impulsionada durante a Guerra Fria como forma de demonstração de poderio militar) impulsiona investimentos na NASA e em tecnologias relacionadas à exploração espacial. Essas narrativas de guerra não apenas moldam as políticas públicas, mas também influenciam a percepção pública e a alocação de recursos em diferentes setores da sociedade (Simon, 2009: 259-264).

Segundo Zaffaroni, a determinação de um inimigo, especialmente no âmbito do direito penal, é construída por meio de um discurso autoritário popularesco. Nesse discurso a definição do inimigo é operacionalizada a partir de um vazio de conteúdo que é abstrato, indefinido, porque objetiva angariar as massas não educadas e, assim, legitimar a proposição de soluções "mágicas", alheias às técnicas da política criminal, da criminologia e do direito penal (Zaffaroni, 2007: 78).

Assim, para Zaffaroni, a diferenciação entre *iguais* e *inimigos* faz surgir uma ruptura no direito penal, com a criação de um direito penal para *iguais* e outro para *inimigos*. Segundo o jurista argentino:

> Resulta daí que desde, os projetos suíços de Stooss do final do século XIX e começo do século passado, teoriza-se sobre um direito penal para *iguais* e outro para *estranhos ou inimigos* (ou racionalizado como direito administrativo ou *de polícia* para os *outros*), destinando aos primeiras penas retributivas e aos segundos *medidas administrativas* que estão com um pé no penal e outro na coerção administrativa direta, pois não respondem à gravidade do fato, mas sim ao direito penal de autor, conforme sua *periculosidade positiva*. Vão *in rem*, como dizia Stooss, seguindo uma *coisa perigosa* em razão de seu *estado* (Zaffaroni, 2007: 96).

Foucault, por seu turno, identifica na eleição de inimigos elimináveis um dos efeitos do racismo de Estado e da biopolítica. Segundo o autor, o racismo de Estado funciona a partir da lógica biopolítica do *fazer viver*, que se diferencia da antiga lógica soberana do *fazer morrer*. Apesar do aparente paradoxo, a eliminação de indivíduos a partir desta lógica biopolítica justifica-se por meio do racismo: eliminando-se indivíduos indesejáveis, que tornam a população menos sadia, mais fraca e suscetível à corrupção moral, está-se, em verdade, proporcionando mais saúde à população identificada com o Estado. Assim, inimigos eleitos pelo Estado podem ser eliminados visando ao bem-estar da população, considerando que não sejam *iguais* aos demais, aqueles que merecem ter seus direitos e sua vida garantidos. Para Foucault, o sentido do racismo empregado para a diferenciação entre os indivíduos, identificando-se os *iguais* e os *outros* estende-se para além da categoria raça, podendo abrigar outras categorias de sujeitos indesejáveis, como criminosos, homossexuais, deficientes físicos e intelectuais (Foucault, 2010: 217).

A seletividade opera, também, para além da identificação explícita de *iguais* e *inimigos*. Ao analisar a transição do direito penal empregado no modelo estatal liberal para o direito penal característico do *welfare state*, Salo de Carvalho assinala o incremento da tipificação de condutas das mais diversas em caráter prevencionista praticado pelo Estado social a fim de proteger bens jurídicos coletivos e neutralizar indivíduos perigosos. Ocorre que, embora amplas e diversificadas condutas tenham sido criminalizadas, a eficácia do sistema não obteve igual incremento, sendo que a parcela criminalizada da população permaneceu a mesma. Tal segmento ainda passou a responsabilizado de forma mais incisiva diante do aparelhamento das agências de repressão ao crime, aumentando, ainda mais, o abismo entre a criminalização primária e secundária e a desigualdade de tratamento entre diferentes condutas e pessoas, caracterizado pela igualdade formal e pela desigualdade material da criminalização. Solidifica-se, dessa forma, um Estado policialesco no qual o discurso oficial e os fins concretos do direito penal destoam, servindo, em verdade, como forma de gestão dos excedentes, no termo do autor, daqueles indivíduos indesejáveis à ordem econômica, que, em razão de sua classe social (intimamente ligada, muitas vezes, à raça), tornam-se dispensáveis e custosos ao sistema, cuja reação (estatal) é o seu manejo para o sistema de justiça criminal (Carvalho, 2015: 79-94).

Para Simon, que analisa o contexto norte-americano, a guerra ao terror e a consequente eleição de inimigos contra os quais políticas repressivas, praticadas à margem da lei e sob o manto da necessidade, da efetividade e da garantia da segurança nacional, influenciaram a guerra ao crime doméstica. Tal influência potencializou o encarceramento em massa apesar da sua evidente ineficiência, uma vez que interfere timidamente nos índices de criminalidade. Trata-se de uma política pública de segurança estimulada muito antes pelo medo do crime do que por critérios técnicos e racionais e cujos efeitos danosos são sentidos desproporcionalmente por minorias étnicas. Diz o autor:

> A nível doméstico, a guerra ao crime, sob a forma de um esforço sustentado para encarcerar certas classes racializadas de infratores perigosos, apenas produziu, na opinião da maioria dos criminólogos, uma redução marginal das taxas de criminalidade e nenhum ganho real no sentimento de segurança da sociedade. Ainda assim, essa ideia continua profundamente enraizada na atual estrutura da política e da elaboração de políticas americanas, apenas com sinais graduais de reforma. O impacto de um empreendimento militar global semelhante em matéria de segurança através do encarceramento em massa não é promissor[1].

Ao lado de uma cultura do medo que legitima cada vez mais políticas punitivistas, há o desenvolvimento tecnológico de novos instrumentos de controle social. Alessandro De Giorgi assinala que na transição para o pós-fordismo, as tecnologias de controle da multidão descritas como técnicas disciplinares co-

1 Tradução livre de: "Domestically, the war on crime in the form of a sustained effort to incarcerate certain racialized classes of dangerous lawbreakers has produced only marginal drops in crime rates, in the view of most criminologists, and no real gains in the sense of security in society. Still it remains deeply embedded in the current structure of American politics and policy making, with only incremental signs of reform. The impact of a similar global military enterprise in security through mass incarceration is not promising." (Simon, 2009: 271).

meçam a ceder espaço para técnicas essencialmente *preventivas* da criminalidade. O modelo disciplinar do panóptico benthamiano começa a ser substituído - ou ampliado - por instrumentos de controle capazes de exercer vigilância mútua entre os indivíduos, mas também de concentrar ainda mais poder de controle e supervisão nas mãos de grupos sociais restritos em detrimento de outros grupos sociais (Giorgi, 2017: 94-95).

Dessa forma, é possível identificar uma transição entre o exercício do poder punitivo direcionado aos ***iguais*** e praticado de forma retributiva ao crime cometido para práticas punitivas e de controle social praticadas de forma ***preventiva*** e em detrimento daqueles considerados ***inimigos***. Embora não haja uma substituição completa do antigo pelo novo paradigma, essa mudança gera uma clara divisão no sistema penal e no tratamento dispensado aos criminalizados, a depender de sua aderência a categoria dos ***iguais*** ou dos ***inimigos***.

3. PREDIÇÃO OU PROFECIA AUTORREALIZÁVEL?

No filme Minority Report, no ano de 2054, John Anderton (Tom Cruise) é um agente e chefe do Departamento de Polícia encarregado pelo sistema intitulado Pré-Crime, responsável pela prevenção de crimes que são previstos por três crianças paranormais geneticamente alteradas, os ***precogs***. Na trama, o Pré-Crime é responsável por zerar a taxa de homicídios na cidade de Washington, DC, levando à prisão de potenciais homicidas antes que praticassem seus crimes. Durante uma auditoria do programa, outro agente descobre que os ***precogs*** previram que Anderton mataria outro homem. Ao final, contudo, é descoberto que o Pré-Crime era suscetível a falhas derivadas de previsões divergentes entre os três ***precogs*** e que aqueles que soubessem o que o futuro lhes reservava poderiam alterá-lo, fazendo com que o programa fosse encerrado (Spielberg, 2002: 145min).

Em Minority Report, o policiamento preditivo funcionava mediante métodos sobrenaturais para a prevenção - e punição - de homicídios ainda não ocorridos, prendendo-se preventivamente o potencial homicida e prevenindo, assim, a morte da vítima. No filme havia a possibilidade de punição do agente antes da prática dos atos executórios, no momento da cogitação do delito ou até mesmo antes dela.

Na vida real, contudo, o policiamento preditivo funciona de forma diferente, por meio de algoritmos e sistemas de inteligência artificial. Softwares de policiamento preditivo, como o PredPol, utilizam uma técnica para coletar e analisar dados visando a orientar o patrulhamento policial ostensivo. No entanto, ainda que a referida técnica seja anunciada como sendo neutra em termos raciais, o software não leva em conta outros fatores que, na prática, substituem a raça, mas que são utilizados para criminalizar os mesmos grupos já marginalizados. Ele coleta dados criminais e, com base na localização dos crimes passados, faz previsões geoespaciais sobre onde os futuros crimes poderão potencialmente ocorrer.

Salienta-se, entretanto, que o programa ignora o fato de que a aplicação da lei sempre foi mais incisiva contra grupos economicamente desfavorecidos, historicamente compostos de forma predominante por pessoas de cor - principalmente negros e latinos. Consequentemente, o software opera sobre a base do racismo estrutural inerente ao sistema de justiça criminal, usando dados tendenciosos que legitimam o racismo ao substituir a raça pela localização geográfica ou vizinhança, especialmente em áreas habitadas majoritariamente por pessoas de cor. Essas áreas acabam sendo mais intensamente patrulhadas e, portanto, mais sujeitas à criminalização, alimentando um ciclo vicioso de racismo algorítmico, tudo isso sob o véu de uma pretensa neutralidade do sistema.

Por esses motivos, Wang alerta que a substituição do julgamento policial instintivo e dos preconceitos arraigados por uma abordagem estatística impessoal constitui uma forma de contornar a proibição da discriminação racial no policiamento e na aplicação da lei. Isso ocorre porque os dados utilizados para alimentar os algoritmos de policiamento preditivo já são tendenciosos e racialmente influenciados, resultando em uma prática policial que, embora se apresente como neutra, imparcial e racional, é na verdade racista. Essa prática é legitimada por uma retórica que enfatiza a imparcialidade dos números (Wang, 2022: 216-220).

De acordo com Elesbão, Amaral e Dias, os algoritmos funcionam como "caixas pretas", termo que tomam emprestado da obra de Frank Pasquale, que torna inacessível o acesso ou mesmo o conhecimento de seu funcionamento e das variáveis consideradas para a resolução dos problemas apresentados, apenas os ***inputs*** (dados inseridos no sistema) e os *outputs* (as soluções apresentadas pelo sistema) são cognoscíveis. A forma como esse processamento se deu, como foi produzida a resposta X ao problema Y, contudo, é ubíqua aos afetados por tais algoritmos e até mesmo aos seus criadores. Assim, tais algoritmos não são passíveis de fiscalização, não sendo possível aferir os critérios concretamente empregados por eles (Amaral, Elesbão, Dias, 2021).

CONSIDERAÇÕES FINAIS

O texto parte da ideia de que a definição do inimigo é operacionalizada de forma a legitimar socialmente medidas ineficientes ao enfrentamento da criminalidade, fazendo surgir, no plano fático, um direito penal para iguais e um direito penal para os inimigos. O racismo de Estado e a biolítica dependem da eleição de inimigos a serem eliminados ou neutralizados com o argumento de salvaguardar os cidadãos cumpridores das normas. No contexto de uma cultura do medo, os indivíduos indesejáveis no mundo neoliberal ou socialmente vulnerabilizados por preconceito étnico, de gênero ou de origem, serão sempre os eleitos como inimigos públicos e contra eles se voltarão os aparatos de vigilância do Estado.

Com a revolução tecnológica e o surgimento de novos instrumentos de controle e repressão, a seletividade das políticas de segurança pública e do sistema de justiça criminal como um todo não muda. No entanto, ampliam-se os instrumentos de controle social praticados de forma preventiva em detrimento do indivíduos considerados infratores, perigosos ou inimigos. Esse policiamento preditivo funciona por meio de algoritmos e sistemas de inteligência artificial. Softwares de policiamento preditivo, como o PredPol, utilizam uma técnica para coletar e analisar dados visando a orientar o patrulhamento policial ostensivo. Observa-se, no entanto, que apesar de haver uma propaganda no sentido de que o programa é neutro em termos raciais, ele potencialmente criminaliza os mesmos grupos historicamente marginalizados. Isso ocorre porque o programa se baseia em previsões geoespaciais a partir da ocorrência de crimes pretéritos, facilitando o direcionamento das ações de policiamento ostensivo para os bairros periféricos. Essas áreas geográficas tornam-se, assim, mais suscetíveis à criminalização, alimentando um ciclo vicioso de racismo algorítmico.

Os dados utilizados para alimentar os algoritmos de policiamento preditivo já são tendenciosos e racialmente influenciados, resultando em uma prática policial racista legitimada por uma retórica que enfatiza a imparcialidade dos números. Desse modo, pode-se afirmar que mudam os instrumentos, surgem novas tecnologias, mas na essência a seletividade do sistema de justiça criminal se mostra perene. Tal perenidade nos remete à Eça de Queiroz, quando refere que "não há nada novo sob o Sol, e a eterna repetição das coisas é a eterna repetição dos males. Quanto mais se sabe mais se pena".

REFERÊNCIAS

Amaral, A. J., Elesbão, A. C. S., & Dias, F. V. (2021). Gubernamentalidad algorítmica y nuevas prácticas punitivas. *Derechos En Acción, 20*(20), 549. Retrieved from https://revistas.unlp.edu.ar/ReDeA/article/view/12557.

Carvalho, S. (2015). *Antimanual de criminologia* (6th ed., rev. and ampl.). São Paulo: Saraiva.

De Giorgi, A. (2017). *A miséria governada através do sistema penal* (3rd reimp.). Rio de Janeiro: Revan; Instituto Carioca de Criminologia.

Foucault, M. (2010). *Em defesa da sociedade: Curso dado no Collège de France (1975-1976)* (M. E. A. P. Galvão, Trans.). São Paulo: WMF Martins Fontes.

Simon, J. (2009). *Governing through crime: How the war on crime transformed American democracy and created a culture of fear.* New York: Oxford University Press.

Spielberg, S. (Director). (2002). *Minority Report* [Film]. 20th Century Fox and DreamWorks SKG.

Wang, J. (2022). *Capitalismo carcerário* (B. X. Martins, Trans.; 1st ed.). São Paulo: Ingrá Kniga.

Zaffaroni, E. R. (2007). *O inimigo no direito penal* (S. Lamarão, Trans.; 2nd ed., 7th reimp.). Rio de Janeiro: Revan.

DESINFORMACIÓN DE GÉNERO: *RIESGO EXISTENCIAL* PARA LAS MUJERES[1]

Miren Gutiérrez

1. INTRODUCCIÓN

La proliferación de mensajes de odio en las plataformas se identifica ya como «un riesgo existencial» (Guterres, 2023: 27). Las plataformas digitales se están utilizando para difundir desinformación y odio, alimentando conflictos, amenazando la democracia y los derechos humanos, y socavando la salud pública y la lucha contra el cambio climático, indica el secretario general de Naciones Unidas, António Guterres. Esta amenaza global exige una acción internacional coordinada (Guterres, 2023). La desinformación de género -aquella que se genera en relación con el género y que afecta especialmente a las mujeres-- forma parte de este riesgo global. Sin embargo, pesar de que se empieza a investigar, la intersección entre desinformación y género todavía no se ha estudiado con detenimiento. La desinformación de género se ha convertido en un fenómeno en sí mismo y debe definirse para poder desarrollar respuestas efectivas (Jankowicz et al., 2021).

Las plataformas digitales representan un espacio cada vez más conflictivo en el que las mujeres, junto con colectivos como los de las personas LGBTQI+, son atacadas y acosadas desproporcionadamente. Debido a que no existe la igualdad en ningún lugar --incluso en Islandia, Finlandia y Noruega, los países más igualitarios, existen desigualdades (World Economic Forum, 2022) --, las mujeres deben luchar para hacer oír su voz. Pero cuando lo hacen, se ven acosadas. El efecto de la desinformación de género es que las mujeres y los grupos marginados abandonan los espacios digitales, renunciando a su derecho a participar en la vida pública y al disfrute de su libertad de expresión, con el peligro de que la brecha entre hombres y mujeres se amplíe.

1 Este trabajo forma parte de un proyecto financiado por la Agencia Estatal de Investigación del Ministerio de Ciencia e Innovación del Gobierno de España PID2020-114445RB-I00: ARES Analizando las Resistencias Antifeministas.

En las plataformas, la desinformación viaja más rápido que la información; es más adictiva y los algoritmos las promocionan (Krasodomski-Jones et al., 2020). Aunque no suelen ser sus generadores, muchas veces, los medios periodísticos se sienten inclinados a abordar los asuntos promocionados por la desinformación porque consideran que tienen valor informativo o porque algunos bulos se ajustan a sus agendas (Tsfati et al., 2020). Cuando ocurre, se crea un efecto ***pelota de nieve***. Entonces, la desinformación de género se refiere a campañas de ofuscación y descrédito que presentan falsedades sobre mujeres conocidas y que pueden incluir amenazas, imágenes humillantes o contenido de naturaleza sexual, incluido el llamado ***fake porn***. La pornografía ***deepfake***, o pornografía falsa se crea alterando material pornográfico existente mediante la aplicación de tecnología ***deepfake*** a los rostros de las actrices para que muestren los de personas conocidas, sin su consentimiento. La pornografía falsa afecta únicamente a mujeres (Ajder et al., 2019).

El objetivo de estos ataques es presentar a las mujeres políticas, periodistas y activistas como poco honestas, estúpidas o demasiado emocionales y viciosas para ocupar un cargo o participar en la política democrática. Sobre la base de narrativas sexistas y estereotipadas, y caracterizada por malas intenciones y la coordinación, la desinformación de género distorsiona la imagen de las mujeres y las disuade de buscar carreras públicas. Este tipo de ataques siempre han existido, pero ahora, con las plataformas digitales, ocurren de forma masiva, oculta y en tiempo real, con consecuencias devastadoras.

Este capítulo explora once casos de desinformación de género y amplia su definición para abarcar también ataques que se dirigen contra el feminismo y sus logros. El análisis comparativo de casos permite explorar y clasificar los motivos y las herramientas que emplea la desinformación de género. Ante la llamada a la acción de Guterres para combatir la desinformación, es imperativo examinar cómo se emplea para desactivar a las mujeres y socavar las mejoras en igualdad.

2. EXPLORANDO LA DESINFORMACIÓN DE GÉNERO

Como indica EU DisinfoLab (2021), el primer desafío en el estudio de la desinformación de género es su definición, dado que existen varias enunciaciones con enfoques diferentes. Di Meco y MacKay (2022) la describen como la difusión de información e imágenes engañosas o inexactas contra figuras públicas femeninas motivada por la misoginia y los estereotipos sociales. Las definiciones se centran sobre todo en las mujeres políticas, ya que son objetivos frecuentes del odio, la violencia y la desinformación, con historias falsas e imágenes que las retratan como estúpidas, poco confiables y sexuales. Ya en 2016, un estudio revelaba que, mundialmente, el 42% de las mujeres parlamentarias habían visto imágenes suyas humillantes o cargadas de contenido sexual difundidas a través de las plataformas (Inter-Parliamentary Union, 2016). Según Di Meco y MacKay (2022), este tipo de desinformación está diseñada para empeorar la percepción que existe sobre las políticas y rentabilizarlo electoralmente, así como para desalentar a otras mujeres que buscan papeles de liderazgo. En otro informe de 2020, se conecta con intereses políticos (Krasodomski-Jones et al., 2020). Krasodomski-Jones y sus colegas (2020) la consideran una grave amenaza para la participación política igualitaria de las mujeres. Este mismo informe concluye que la desinformación de género, a) aunque tenga un origen concreto, termina alcanzado audiencias muy amplias gracias a las plataformas digitales; b) incluye temas y comportamientos consistentes; c) se alimenta de las noticias, rumores y estereotipos; y d) juega con figuras retóricas para convencer de que las mujeres son retorcidas, estúpidas, demasiado sexuales, necesitadas de protección o inmorales, y, por lo tanto, no aptas para la vida pública (Krasodomski-Jones et al., 2020). Por ejemplo, se criticó que la primera ministra finlandesa Sanna Marin fuera a una discoteca. «La primera ministra finlandesa casada, Sanna Marin, 'bailó íntimamente' con un hombre en un club: video», anunciaba un titular (Brown, 2022). Tras una visita oficial a España en que se reunió con el presidente de gobierno español, un tuit decía: «¿Alguien me puede explicar el reportaje fotográfico de novios que ha subido Sanna Marin a Instagram?» La insinuación es que las mujeres no pueden reunirse con hombres a no ser que haya algún interés sexual. Jankowicz y sus colegas del Wilson Center identifican tres características de la desinformación de género: la falsedad, la intención maligna y la coordinación (Jankowicz et al., 2021). La desinformación de género, para estas investigadoras, es una subcategoría del abuso de género en línea que utiliza falsedades contra las mujeres, a menudo coordinadamente, con el objetivo de disuadirlas de participar en la esfera pública. La mayoría de las 85 mujeres políticas y expertas entrevistadas para un informe de 2019 realizado por #ShePersisted aseguraba estar extremadamente preocupada por la omnipresencia del abuso y la desinformación en el espacio digital (Di Meco, 2019).

Un precedente es la campaña rusa para entrometerse en las elecciones estadounidenses de 2016, que desplegó estereotipos profundamente deshumanizantes contra Hillary Clinton (Desiderio y Lippman, 2020). Las primarias presidenciales de EE.UU. de 2020 brindaron también ejemplos del acoso que enfrentan las mujeres políticas en plataformas. Usando análisis de datos, un estudio concluyó que diversas cuentas poco fiables atacaron a las candidatas más que a sus contrapartes masculinas (Countering Disinformation, 2021).

Dentro de la desinformación de género, un creciente fenómeno es la utilización de *deepfakes* o vídeos, imágenes o audios sintéticos que imitan la apariencia y el sonido de una persona. Más del 90% de los vídeos falsos hiperrealistas, que se duplican cada seis meses, es pornografía no consentida que se utiliza como arma de violencia machista (Dunn, 2021). Una investigación de la Universidad Northwestern y de Brookings Instituto alerta de su peligro potencial para la seguridad (Byman et al., 2023). Otros estudios advierten del riesgo de interferencia y manipulación en procesos políticos democráticos. Lo preocupante es que la mayor parte de las víctimas son mujeres o niñas mujeres (Ajder et al., 2019).

3. AUTORITARISMO, TECNOLOGÍA Y SUPRESIÓN DE DERECHOS

Desde un punto de vista interseccional, la desinformación de género puede tener motivos y consecuencias muy diferentes según el entorno geográfico, cultural o político. La desinformación que afecta a las líderes políticas que pertenecen a grupos raciales, étnicos, religiosos u otros grupos minoritarios es más pronunciada (Countering Disinformation, 2021). En autocracias y democracias imperfectas, diversos de actores iliberales se aprovechan de los sistemas algorítmicos que incentivan la desinformación de género para deshacerse de mujeres rivales molestas (Bjarnegård et al., 2020; True, 2012).

La misoginia y el sexismo no explican por sí solos la organización y coordinación de los ataques contra las mujeres; en cambio, estudiar las ganancias políticas y económicas para sus perpetradores puede arrojar interesantes relevaciones. Una nueva ola de líderes autoritarios y actores antiliberales utiliza la desinformación de género para rechazar el progreso logrado en derechos de las mujeres y las minorías. Este movimiento busca neutralizar a las políticas y activistas, reavivar los estereotipos de género y la misoginia, y aprovechar la tecnología como herramienta en sus campañas.

Son varios los líderes políticos que han utilizado la desinformación de género. Un ejemplo es el primer ministro indio, Narendra Modi, quien ha seguido cuentas de Twitter responsables de violaciones y amenazas de muerte contra mujeres políticas en su propio gobierno (Mackintosh y Gupta, 2020). Asimismo, el partido de Modi ha sido acusado de dirigir un «ejército de ***trolls***» dirigido a opositoras políticas, especialmente figuras femeninas prominentes, con campañas de acoso, abuso y desinformación (Mackintosh y Gupta, 2020). En 2018, tras el asesinato de Marielle Franco, activista brasileña de derechos humanos, una red de blogueros, destacados empresarios y legisladores cercanos al entonces presidente brasileño Jair Bolsonaro llevó a cabo una campaña de difamación contra la intelectual Bianca Santana, alegando que había liderado una «acción inmoral» (Santana, 2020). Lo que en realidad había pasado es que Santana había publicado las conexiones entre Bolsonaro y el asesinato de Franco (Santana, 2020). Por su lado, usando ideas sexistas sobre la supuesta debilidad de las mujeres, el presidente bielorruso, Alexander Lukashenko, pintó a la líder de la oposición Svetlana Tikhanovskaya como un títere de los países occidentales (Yeliseyeu, 2020). En 2021, la propaganda rusa intentó desacreditar a Tikhanovskaya como «una mujer teleprompter» que «ni siquiera puede juntar dos oraciones sin perderse» (EU DisinfoLab, 2021). Aquellas mujeres que intentaron participar en el movimiento #MeToo desde Rusia han sido ridiculizadas o amenazadas. Y cuando, en 2017, Diana S. -una joven de 17 años-- apareció en un popular programa de televisión para contar su violación, un grupo de comentaristas, blogueros y medios estatales la culparon del ataque del que fue víctima (Ferris-Rotman, 2018). La franquicia norteamericana Burger King de Rusia creó una parodia, usando la imagen de Diana indicando cuánto alcohol consumió la noche de su violación[2] (Ferris-Rotman, 2018). Asimismo, existe un ranking de los comentarios más sexistas del presidente de Filipinas, Rodrigo Duarte (Liotta, 2019), quien ha sido descrito como el príncipe del «populismo machista» (Santos, 2018). Y el presidente turco, Recep Tayyip Erdogan, ha llegado a declarar que las mujeres no son iguales a los hombres (O'Grady, 2014). En Europa, políticos de derecha han utilizado la desinformación de género contra las legisladoras y políticas progresistas, considerándolas no aptas para el poder (Sessa, 2020).

En general, desde Filipinas a Polonia se difunden narrativas falsas, humillantes y dañinas contra las mujeres políticas con el objetivo de proteger el poder gobernante (Krasodomski--Jones et al., 2020).

DESINFORMACIÓN DE GÉNERO VINCULADA A LA DESARTICULACIÓN DE LOS LOGROS EN IGUALDAD

Como se ha visto, en autocracias y democracias imperfectas, la desinformación de género se ha utilizado para dañar, más allá de la víctima concreta, la participación política y la oposición en general. En España, se puede observar cómo esta se utiliza, no sólo para atacar a mujeres políticas específicas, sino también para destruir los logros en igualdad. Es decir, las campañas de desinformación de género pueden ser parte de una estrategia más amplia para debilitar el sistema de derechos de las mujeres. *Un ejemplo son los bulos difundidos por el partido de extrema derecha Vox, en los que se confunde deliberadamente la violencia doméstica (intrafamiliar) con la violencia machista; se afirma que las denuncias falsas de supuesta violencia afectan a millones de españoles, cuando éstas representan el 0.01% del*

2 Burger King luego retiró el anuncio.

total; y se equiparan las absoluciones de hombres acusados de violencia machista (27,84%) con «denuncias falsas» de mujeres, cuando una absolución no es una prueba de inocencia (Martín Plaza, 2019). Otra creencia de la extrema derecha es que los hombres mueren en igual número a manos de sus parejas que las mujeres. Por ejemplo, la líder del partido ultraderechista Rocío Monasterio afirmaba en una entrevista con *El Mundo* que hay muchos hombres que son víctimas en el ámbito doméstico, pero no hay cifras oficinas porque no lo denuncian (Monasterio, 2019).

Otro fenómeno estudiado es la intersección del antifeminismo con el racismo o la identificación de feminismo con una izquierda radical (Gutiérrez et al., 2020). La extrema derecha española, por ejemplo, insiste en que la mayoría de los hombres que matan a sus parejas o exparejas son extranjeros, cuando estos son alrededor del 30% de los asesinos (Martín Plaza, 2019). La líder de extrema derecha francesa Marine Le Pen frecuentemente afirma que la violencia de género tiene más que ver con cuestiones de raza que con género (della Sudda, 2022). Asimismo, la derecha española denuncia la existencia de 'chiringuitos de género' de la izquierda, alegando, por ejemplo, que solo el 2,8% del presupuesto del Instituto Andaluz de la Mujer se dedicaba a las víctimas de violencia machista cuando estaba en manos del gobierno socialista (Aurum, 2019); sin embargo, este servicio consiste en mucho más que las ayudas monetarias directas que las víctimas reciben (Martín Plaza, 2019). Por tanto, en un sentido amplio, se podría incluir en la desinformación de género los ataques basados en mentiras que pretenden socavar los logros en igualdad y los derechos de las mujeres.

5. MÉTODO Y SELECCIÓN DE CASOS

La selección de casos se ha realizado de forma oportunista, sobre la base de los siguientes criterios: a) se han usado motores de búsqueda empleando las palabras clave en inglés "gender disinformation" y "gendered disinformation" en relación con líderes políticas; y b) se trata de casos publicados en trabajos científicos o en medios periodísticos confiables. No se han considerado limitaciones geográficas. Se identificaron 11 casos y 25 textos -análisis, informes y artículos científicos-- referidos a mujeres políticas, activistas o periodistas víctimas de *desinformación* (ver Anexo). Con un enfoque inductivo, el examen de los textos indica como elementos importantes a) qué plataforma de difusión se emplea; b) los hechos o rumores sobre los que se apoya la desinformación; c) si existen elementos sexuales o que apunten a la inmoralidad de la víctima; d) si se basa en estereotipos (codificado como ES); e) si se pretende silenciar a la mujer (SI); f) si incita a la violencia (IN); g) si se sugiere que la mujer en cuestión es tonta, inepta o incapaz (RI); y h) si se vincula con las luchas feministas o los logros en igualdad (FE). En el análisis se observa si estos elementos aparecen. El objetivo es captar y definir qué es la desinformación de género y cómo se emplea para desactivar a las mujeres y socavar las mejoras en igualdad.

Las limitaciones de este estudio incluyen usar motores de búsqueda, que son algoritmos que estipulan la relevancia de una respuesta para una consulta y que integran sesgos nacidos del historial de búsquedas de la investigadora y la posición y presentación de los contenidos, entre otros. Por ello, que los once casos aquí estudiados cumplan los criterios de búsqueda no quiere decir que no haya otros que también lo hacen. La muestra es limitada, por lo que tampoco se pueden hacer generalizaciones. La revisión de literatura que precede al análisis tampoco pretende ser exhaustiva; sirve para contextualizar el análisis de los casos. Este estudio no intenta ser estadísticamente relevante, sino explorar cómo se podría definir la desinformación de género para poder ser usada en otros estudios.

6. ANÁLISIS DE LOS CASOS

Aunque se demostró su falsedad y las personas involucradas fueron llevadas ante la justicia, #Pizzagate -una teoría de la conspiración que circuló en plataformas en 2016-- influyó en la derrota electoral de la demócrata Hillary Clinton (Ouyang et al., 2021). Durante la campaña, Clinton fue denostada y ridiculizada sin piedad (Freeman, 2017). Posteriormente, el Comité de Inteligencia del Senado de EE.UU. emitió informes sobre el esfuerzo de Rusia por entrometerse en las elecciones para impulsar al rival de Clinton, Donald Trump (Committee on Intelligence, 2020; Desiderio y Lippman, 2020).

Un informe del Centro de Excelencia en Comunicaciones Estratégicas de la OTAN dice que el gobierno finlandés, encabezado por ***la primera ministra Sanna Marin***, es objeto de un exagerado acoso misógino. El país llegó a los titulares en 2019 porque todas las líderes de su coalición de centroizquierda eran mujeres. Estas ministras están recibiendo niveles sorprendentemente altos de mensajes abusivos (Cater, 2021; Van Sant et al., 2021). En estos ataques se ponía en entredicho sus valores y se denigraba sus habilidades para tomar decisiones. Algunas publicaciones de Twitter usaron epítetos misóginos y vincularon a las mujeres con las tareas domésticas (Van Sant et al., 2021).

Esto está en línea con las experiencias de ***Iiris Suomela***, una política verde finlandesa que sirvió en el Parlamento. La política dijo en una entrevista que tanto para ella como para sus colegas hay un "factor de miedo" involucrado en la toma de decisiones controvertidas porque desatan un abuso con el que están ya familiarizadas (Cater, 2021).

Kamala Harris, la vicepresidenta de EE.UU., decidió crear un grupo de trabajo para abordar el acoso en línea. Un memorando del grupo de trabajo condenó la "desinformación de género" y anunció que el gobierno de EE.UU. desarrollará programas para abordar el acoso dirigido contra las mujeres y personas LGBTQI+ que son figuras públicas (The White House, 2022). En 2019, Harris lanzó una iniciativa para terminar con la llamada *pornografía de venganza* de las que son víctimas muchas mujeres, ya que se trata de un crimen, de la misma manera que la violencia machista lo es ya (Scola, 2019). Harris también ha sido objetivo de la desinformación de género (Bierman, 2021).

Las mujeres pertenecientes a minorías son especialmente propensas a sufrir abusos (Guerin y Maharasingam-Shah, 2021). En Twitter, la congresista demócrata somalí-estadounidense Ilhan Omar recibió la mayor proporción de mensajes abusivos de todos los candidatos revisados en informe sobre el abuso online (39 %) (Guerin y Maharasingam-Shah, 2021). Entretanto, la congresista demócrata Alexandria Ocasio-Cortez (puertorriqueña-estadounidense) recibió la mayor proporción de comentarios abusivos en Facebook (Guerin Maharasingam-Shah, 2021). Publicaciones de Facebook que mencionaron a la política Nancy Pelosi, exigían que fuera destituida de su cargo, se retirara o fuera "eliminada" por incompetente (Guerin y Maharasingam-Shah, 2021).

Bianca Santana ha sido también atacada en Brasil por señalar a Bolsonaro en el asesinato en 2018 de la concejala de Río de Janeiro, Marielle Franco (Santana, 2020). En su discurso semanal de YouTube, Bolsonaro la señaló como mentirosa, lo que la enfrentó a un aluvión de intentos de hackeo de sus correos electrónicos y cuentas en plataformas, acoso en línea y amenazas de muerte (Santana, 2020). Santana, en representación de 19 organizaciones, testificó ante el Consejo de Derechos Humanos de las UN en Ginebra sobre Bolsonaro y sus ministros, denunciando ataques a mujeres periodistas y amenazas a sus vidas (Ford Foundation, 2021). El presidente se disculpó y un juez le ordenó pagar a la periodista unos $1.900 en daños (Ford Foundation, 2021).

En Bielorrusia, la líder de la oposición exiliada Svetlana Tikhanovskaya -acusada por la fiscalía general de terrorismo- ha sido otra víctima de ataques online (Meduza, 2021). Las habilidades mentales de Tikhanovskaya han sido comparadas con las de un orangután y ha sido denostada (Amnesty International, 2020; Yeliseyeu, 2021).

Dos estrategias -los ataques a su persona y al feminismo-- se pueden observar en la persona de Irene Montero, quien ha sido el objetivo de numerosos ataques de Vox. Por ejemplo, Carla Toscano ha llegado a proferir *en sede parlamentaria*: «el único mérito que tiene usted es haber estudiado en profundidad a Pablo Iglesias (su esposo)» (Carvajal, 2022). La ministra denunció esta intervención como parte de la violencia política.

En Ucrania, las mujeres han enfrentado ataques similares. Tras decir que las ucranianas habían tenido que cambiar sus objetivos «de la igualdad a la supervivencia», circuló un tuit falso que afirmaba Svitlana Zalishchuk, parlamentaria, había prometido correr desnuda por las calles de Kiev si el ejército ucraniano perdía una batalla (Jankowicz, 2017). Zalishchuk se dio a conocer internacionalmente en 2017 cuando habló ante la ONU sobre la guerra de su país con Rusia y su impacto en las mujeres. La campaña de Twitter estuvo acompañada de imágenes falsas de ella desnuda (Moceri, 2021).

Tabla 1. Comparación de casos de desinformación de género

Atacada	Plataforma, fecha	Hecho/rumor	ES	SI	IN	RI	FE
Hilary Clinton, EE.UU.	Medios periodísticos, Twitter, 2016	Obtuvo su posición gracias a su marido, pierde los estribos, manipula, elitista, líder de una conspiración	Incapaz, histérica, manipuladora	+	-	+	+
Sanna Marin, Finlandia	Twitter, 2019-2022	Promiscua, incapaz de gobernar, sin experiencia	Puta, incapaz	+	-	+	+
Iiris Suomelam Finlandia	2021	Sin experiencia	Incapaz	+	+	-	-
Kamala Harris, EE.UU.	-	Sin experiencia	Incapaz	+	-	-	-
Ilhan Omar, EE.UU.	Twitter, 2021	Antifa, sinvergüenza	Incapaz	+	+	-	-
Alexandria Ocasio-Cortez, EE.UU.	Facebook, 2021	Hipócrita, incapaz de gobernar, sin experiencia (camarera)	Incapaz, manipuladora	+	-	+	-
Nancy Pelosi, EE.UU.	Facebook, 2021	Hipócrita, incapaz de gobernar, se pone botox, elitista	Incapaz, manipuladora	+	+	+	-
Bianca Santana, Brasil	YouTube, 2020	Mentirosa	Manipuladora	+	+	-	-
Svetlana Tikhanovskaya, Bielorrusia	Telegram, 2020	Tonta, orangután, ama de casa, manejada por poderes extranjeros	Incapaz	+	+	+	+
Irene Montero, España	Medios periodísticos, Twitter, 2022	Obtuvo su posición gracias a su marido, manipula, elitista	Puta, incapaz	+	-	+	+
Svitlana Zalishchuk, Ucrania	Twitter, 2017	Correría desnuda, promiscua	Puta	+	-	+	-

Elaboración propia basado en la revisión de los casos anterior.

7. CONCLUSIONES Y DISCUSIÓN

Entre las conclusiones de este breve estudio, primero, se observa que el estereotipo esgrimido con más frecuencia en los casos observados es el de la inferioridad de las mujeres, que las incapacita para el liderazgo, seguido de su potencial para la mentira y la manipulación, así como su tendencia a la lascivia. Por mucho que esto sea contradictorio (o se es astuta y mendaz o se es tonta e inepta), parece que estos estereotipos pueden convivir en la percepción que se tiene de una sola persona. Esto coincide con las creencias del supremacismo masculino. Algunas de las ideas contradictorias esgrimidas por los supremacistas son que las mujeres oprimen a los hombres, que son dependientes, que se pueden reducir a su función reproductiva, y que están diseñadas para el placer sexual (Southern Poverty Law Center, 2021). En segundo lugar, la plataforma más utilizada es Twitter, aunque también se han detectado ataques en Facebook, YouTube y Telegram, así como los medios tradicionales. El debate sobre la responsabilidad de las plataformas en la difusión de bulos y desinformación no es parte de este estudio, pero es necesario señalar que hay un consenso en que estas los promocionan (Ciampaglia, 2018; Garton Ash, 2021; Rankin, 2019; Santana, 2020; Tsfati et al., 2020). Es decir, las plataformas desempeñan un papel fundamental en la promoción de la desinformación de género. En tercero, el resultado de las campañas de desinformación en todos los casos es el silenciamiento de las mujeres políticas, que puede llevar incluso a su exilio por peligrar su vida o la de sus familias, como en el caso de Tikhanovskaya. Otro resultado de estas campañas es la ridiculización y escarnio de las mujeres que pretenden tener voz pública. En algunos de los casos estudiados -como el de Montero-- se ve que los atacantes aprovechan para extender el daño más allá y embestir contra la causa de la igualdad. Se argumenta que a los políticos también se les ataca con toda clase de acusaciones; sin embargo, los estudios mencionados -por ejemplo, Van Sant et al. (2021)-- indican que los ataques contra las políticas y activistas son más enconados y tienen un carácter sexual y una base en el estereotipo, que raramente están presentes en los ataques contra sus compañeros. Como se ha visto, las víctimas de la pornografía falsa son también mujeres. Esta es la cuarta conclusión de este estudio, ya algunos de los casos observados tienen este componente. Por último, la desinformación se vale de contenidos engañosos, y no hechos confirmados, para ser usados de forma distorsionada. El único argumento factual esgrimido, en el caso de las políticas jóvenes, es su falta de experiencia, cosa que se puede decir de cualquier político precoz. El resto de las acusaciones son bulos o rumores. Por tanto, se puede proponer la siguiente definición: la desinformación de género es la difusión en plataformas de contenidos engañosos contra líderes y figuras públicas femeninas que se sustentan en bulos y estereotipos -como la supuesta inferioridad y capacidad para la mentira y la lascivia de las mujeres-- con el objetivo de silenciarlas y ridiculizarlas, para obtener réditos políticos y, en algunos casos, atacar la igualdad, y socavar la democracia.

La desinformación de género debilita la credibilidad de las mujeres; plantea obstáculos para su éxito electoral, y en última instancia, representa una razón importante por la que muchas mujeres abandonan sus carreras políticas. El odio y las amenazas en línea alimentadas por campañas de desinformación de género pueden ir seguidas de violencia física. Incluso en los casos más leves, el abuso puede causar daños psicológicos. Expulsar a las mujeres de la arena política a menudo es solo el primer paso de una estrategia más amplia y peligrosa para erosionar la democracia y los derechos humanos. La participación de las mujeres a menudo representa un desafío para las élites políticas antiliberales y autocráticas, lo que desbarata las redes políticas dominadas por hombres que permiten que florezca el abuso de poder (Bauhr et al., 2018). Particularmente en países donde las mujeres se encuentran entre las críticas más abiertas del populismo machista, la desinformación de género se utiliza para socavar a opositoras, creando un espacio político inherentemente corrupto, cínico y violento, inadecuado para quienes no están dispuestas a jugar sucio. Desarrollar a través de la alfabetización en medios y de datos, el pensamiento crítico y un periodismo responsable puede proporcionar un impulso para frenarla, pero no es suficiente para detener el aluvión de desinformación dirigida a mujeres líderes. Debido a que la desinformación de género representa una amenaza para la seguridad y democracia, un riesgo existencial, se necesitan respuestas más complejas y abarcadoras.

REFERENCIAS

Ajder, Henry, Giorgio Patrini, Francesco Cavalli, and Laurence Cullen. 2019. 'The State of Deepfakes: Landscape, Threats, and Impact.' Deeptrace Labs. https://regmedia.co.uk/2019/10/08/deepfake_report.pdf.

Aurum (2019) *Destripamos el Instituto Andaluz de la Mujer*. Ser Hombre No Es Delito. Available at: https://serhombrenoesdelito.org/2019/01/destripamos-instituto-andaluz-dela-mujer/.

Bauhr M, Charron N y Wängnerud L (2018) *Close the political gender gap to reduce corruption: How women's political agenda and risk aversion restricts corrupt behaviour*. U4 Anti-corruption Resource Centre. Available at: https://www.u4.no/publications/close-the-political-gender-gap-to-reduce-corruption.pdf.

Bjarnegård E, Melander E y True J (2020) *The Sexism and Violence Nexus*. Folke Bernadotte Academy. Available at: https://fba.se/en/about-fba/publications/the-sexism-and-violence-nexus/.

Byman D, Gao C, Meserole C, et al. (2023) *Deepfakes and international conflict*. Brookings. Available at: https://www.brookings.edu/research/deepfakes-and-international-conflict/.

Ciampaglia GL (2018) Fighting fake news: a role for computational social science in the fight against digital misinformation. *Journal of Computational Social Science* 1(1). 1: 147-153. DOI: https://doi.org/10.1007/s42001-017-0005-6.

Countering Disinformation (2021) *Marvelous.ai*. Countering Disinformation. Available at: https://counteringdisinformation.org/interventions/marvelousai.

Della Sudda, M. (2022). *Les nouvelles femmes de droite, Marseille,* Hors-d'atteinte, coll. « Faits & idées ». HORS D'Atteinte. ISBN: 978-2-38257-028-9.

di Meco L (2019) *Women, Politics & Power in the New Media World*. The Wilson Center. Available at: https://www.iknowpolitics.org/sites/default/files/191105shepersisted_final.pdf.

di Meco L y MacKay A (2022) *Social media, violence and gender norms: the need for a new digital social contract*. ALIGN. Available at: https://www.alignplatform.org/resources/blog/social-media-violence-and-gender-norms-need-new-digital-social-contract.

Dunn S (2021) *Women, Not Politicians, Are Targeted Most Often by Deepfake Videos*. Centre for International Governance Innovation. Available at: https://www.cigionline.org/articles/women-not-politicians-are-targeted-most-often-deepfake-videos/.

EU DisinfoLab (2021) *Gender-Based Disinformation: Advancing Our Understanding and Response*. EU DisinfoLab. Available at: https://www.disinfo.eu/publications/gender-based-disinformation-advancing-our-understanding-and-response/.

Garton Ash T (2021) In the war of fake news versus facts, here's what the next battle should be. *The Guardian*. Available at: https://www.theguardian.com/commentisfree/2021/feb/08/fake-news-facts-facebook-twitter-fox-news-democracy.

Guterres A (2023) *Our Common Agenda: Report of the Secretary-General*. United Nations. Available at: https://www.un.org/en/content/common-agenda-report/assets/pdf/Common_Agenda_Report_English.pdf.

Gutierrez M, Pando MJ, y Congosto M (2020) New approaches into the propagation of the antifeminist backlash on Twitter. *Investigaciones Feministas* 11(2): 221-237. DOI: https://doi.org/10.5209/infe.66089.

Inter-Parliamentary Union (2016) *Sexism, harassment, and violence against women parliamentarians*. Inter-Parliamentary Union.

Krasodomski-Jones A, Atay A, Judson E, et al. (2020) *Engendering Hate: The contours of state-aligned gendered disinformation online*. DEMOS. Available at: https://demos.co.uk/research/engendering-hate-the-contours-of-state-aligned-gendered-disinformation-online/.

Mackintosh E y Gupta S (2020) *Troll armies, 'deepfake' porn videos and violent threats. How Twitter became so toxic for India's women politicians.* CNN. Available at: https://edition.cnn.com/2020/01/22/india/india-women-politicians-trolling-amnesty-asequals-intl/index.html.

Martin Plaza A (2019) Los bulos y desinformaciones de Vox sobre la violencia machista y su mezcla con la violencia doméstica. *RTVE*. Available at: https://www.rtve.es/noticias/20190109/bulos-desinformaciones-vox-sobre-violencia-machista-su-mezcla-violencia-domestica/1865821.shtml.

Rankin J (2019) EU declares migration crisis over as it hits out at 'fake news'. *The Guardian*. Available at: https://www.theguardian.com/world/2019/mar/06/eu-declares-migration-crisis-over-hits-out-fake-news-european-commission.

Sessa MG (2020) Misogyny and Misinformation: An analysis of gendered disinformation tactics during the COVID-19 pandemic. *EU DisinfoLab*. Available at: https://www.disinfo.eu/publications/misogyny-and-misinformation:-an-analysis-of-gendered-disinformation-tactics-during-the-covid-19-pandemic/.

Southern Poverty Law Center (2021) *Male supremacy*. Available at: https://www.splcenter.org/fighting-hate/extremist-files/ideology/male-supremacy.

True J (2012) *The Political Economy of Violence Against Women: A Feminist International Relations Perspective*. Oxford: Oxford University Press.

Tsfati Y, Boomgaarden HG, Strömbäck J, et al. (2020) Causes and consequences of mainstream media dissemination of fake news: literature review and synthesis. *Annals of the International Communication Association, 44*(2): 157-173. DOI: 10.1080/23808985.2020.1759443.

World Economic Forum (2022) *Global Gender Gap Report 2022*. World Economic Forum. Available at: https://www3.weforum.org/docs/WEF_GGGR_2022.pdf.

ANEXO: DOCUMENTOS ANALIZADOS EN RELACIÓN CON LOS ONCE CASOS

Amnesty International (2020) *Belarus: Authorities threatening women political activists ahead of election*. Amnesty International. Available at: https://www.amnesty.org.uk/press-releases/belarus-authorities-threatening-women-political-activists-ahead-election.

Bierman N (2021) Black, female and high-profile, Kamala Harris is a top target in online fever swamps. *San Diego Union Tribune*. Available at: https://www.sandiegouniontribune.com/news/politics/story/2021-02-19/kamala-harris-is-the-top-target-of-online-harassment-as-fears-of-political-violence-grow.

Brown L (2022) Married Finnish PM Sanna Marin 'danced intimately' with man at club: video. *New York Post*. Available at: https://nypost.com/2022/08/19/finnish-pm-sanna-marin-danced-intimately-with-man-at-club/.

Carvajal A (2022) El ataque de Vox a Montero provoca un cierre de filas de la izquierda con la ministra en su peor momento. *El Mundo*. Available at: https://www.elmundo.es/espana/2022/11/24/637f2998e4d4d87d708b459a.html.

Cater L (2021) Finland's women-led government targeted by online harassment. *Politico*. Available at: https://www.politico.eu/article/sanna-marin-finland-online-harassment-women-government-targeted/.

Committee on Intelligence (2020) *Report 116-Xx Select Committee on Intelligence United States Senate on Russian Active Measures Campaigns and Interference in the 2016 U.S. Election Volume 5: Counterintelligence Threats and Vulnerabilities*. Washington DC: Committee on Intelligence United States Senate. Available at: https://www.intelligence.senate.gov/sites/default/

files/documents/report_volume5.pdf.

Desiderio A y Lippman D (2020) Intel chief releases Russian disinfo on Hillary Clinton that was rejected by bipartisan Senate panel. Available at: https://www.politico.com/news/2020/09/29/john-ratcliffe-hillary-clinton-russia-423022.

Ferris-Rotman A (2018) Putin's War on Women: Why #MeToo skipped Russia. *Foreign Policy*. Available at: https://foreignpolicy.com/2018/04/09/putins-war-on-women/.

Ford Foundation (2021) *Bianca Santana: Writing the Way Out of Injustice*. Ford Foundation. Available at: https://www.fordfoundation.org/news-and-stories/stories/posts/bianca-santana-writing-the-way-out-of-injustice/.

Freeman H (2017) America's vitriol towards Clinton reveals a nation mired in misogyny. *The Guardian*. Available at: https://www.theguardian.com/commentisfree/2017/sep/15/america-hillary-clinton-misogyny.

Guerin C y Maharasingam-Shah E (2021) *Public Figures, Public Rage Candidate abuse on social media*. Institute for Strategic Dialogue. Available at: https://www.isdglobal.org/wp-content/uploads/2020/10/Public-Figures-Public-Rage-4.pdf.

Jankowicz N (2017) How disinformation became a new threat to women. *Coda Story*. Available at: https://www.codastory.com/disinformation/how-disinformation-became-a-new-threat-to-women/.

Jankowicz N, Hunchak J, Pavliuc A, et al. (2021) *Malign Creativity: How Gender, Sex, and Lies are Weaponized Against Women Online*. Wilson Center. Available at: https://www.wilsoncenter.org/sites/default/files/media/uploads/documents/Report%20Malign%20Creativity%20How%20Gender%20%20Sex%20%20and%20Lies%20are%20Weaponized%20Against%20Women%20Online_0.pdf.

Liotta E (2019) Ranking the Worst Sexist Comments President Duterte Has Made About Women. *Vice News*. Available at: https://www.vice.com/en/contributor/edoardo-liotta.

Meduza (2021) Belarus opens terrorism case against exiled opposition leader Svetlana Tikhanovskaya. *Meduza*. Available at: https://meduza.io/en/news/2021/03/29/belarus-opens-terrorism-case-against-exiled-opposition-leader-svetlana-tikhanovskaya.

Moceri A (2021) Gendered Disinformation Campaigns, an Attack on Democracy. *Insights*. Available at: https://www.ie.edu/insights/articles/gendered-disinformation-campaigns-an-attack-on-democracy/.

Monasterio R (2019) La musa de Vox contra las 'feminazis'. Available at: https://www.elmundo.es/cronica/2019/01/06/5c2f9122fdddffd09b8b469a.html.

O'Grady S (2014) Erdogan Tells Feminist Summit That Women Aren't Equal to Men. *Foreign Policy*. Available at: https://foreignpolicy.com/2014/11/24/erdogan-tells-feminist-summit-that-women-arent-equal-to-men/.

Ouyang X, Zhu Y, Luo S, et al. (n.d.) Disinformation Reinforces Female Political Inequality and Social Misogyny. In: *Proceedings of the 2021 International Conference on Public Relations and Social Sciences (ICPRSS 2021)*, Kunming. Atlantis Press. Available at: https://www.atlantis-press.com/proceedings/icprss-21.

Santana B (2020) Jair Bolsonaro accused me of spreading 'fake news'. I know why he targeted me. *The Guardian*. Available at: https://www.theguardian.com/

commentisfree/2020/jun/22/jair-bolsonaro-fake-news-accusation-marielle-franco.

Santos AP (2018) The Price of 'Machismo Populism' in the Philippines. *The Atlantic*. Available at: https://www.theatlantic.com/international/archive/2018/06/duterte-kiss-philippines/562265/.

Scola N (2019) POLITICO Magazine: Kamala Harris' crusade against 'revenge porn'. *Politico*. Available at: https://www.politico.com/states/california/story/2019/02/01/politico-magazine-kamala-harris-crusade-against-revenge-porn-833564.

The White House (2022) *Memorandum on the Establishment of the White House Task Force to Address Online Harassment and Abuse*. Washington DC: US Government. Available at: https://www.whitehouse.gov/briefing-room/presidential-actions/2022/06/16/memorandum-on-the-establishment-of-the-white-house-task-force-to-address-online-harassment-and-abuse/.

Van Sant K, Fredheim R y Bergmanis-Korats G (2021) *Abuse of power: coordinated online harassment of Finnish government ministers*. NATO Strategic Communications Centre of Excellence. Available at: https://stratcomcoe.org/publications/abuse-of-power-coordinated-online-harassment-of-finnish-government-ministers/5.

Yeliseyeu A (2020) *(Bela)Ru(s)sian propaganda: three keyways to discredit Svetlana Tikhanovskaya*. The International Strategic Action Network for Security. Available at: https://isans.org/columns-en/belarussian-propaganda-three-key-ways-to-discredit-svetlana-tikhanovskaya.html.

DRONES: OLHOS ROBÓTICOS SOBRE OS CORPOS RACIALIZADOS DE IMIGRANTES[1] [2]

Ozgun Topak

1. INTRODUÇÃO

Uma investigação conjunta da Border Forensics e da Human Rights Watch revelou que os retornos forçados de imigrantes pela Guarda Costeira Líbia (Lybyan Coast Guard - LCG) são facilitados por meio de vigilância dos barcos de migrantes realizada por aviões e drones fornecidos pela Frontex (Agência Europeia de Guarda de Fronteiras e Costeira) à LCG (Sunderland & Pezzani, 2022). Os migrantes obrigados a retornar à Líbia são submetidos à escravidão, extorsão, tortura, estupro e assassinato (ACNUR, 2023); entre eles, Daoud (pseudônimo), um ativista estudantil de Darfur, Sudão, explicou: "Quando eu estava na Líbia, era como se estivesse no século XVII, não no presente"[3].

A tecnologia de drone está sendo cada vez mais utilizada em operações de vigilância e controle de migração, ganhando novas funções com a integração de Inteligência Artificial (IA). No entanto, há uma limitação na crítica científica e acadêmica em torno da relação entre drones de vigilância e migração. Este artigo situa os drones dentro da tendência de militarização dos controles migratórios, que traz implicações significativas em termos de vigilância, ética e direitos humanos, especialmente para migrantes racializados[4].

1 Publicado originalmente em: Topak, ÖE. (2023) "Drones: Robot Eyes on Racialized Migrant Bodies", *International Migration*, 61: 313-317. Disponível em: https://onlinelibrary.wiley.com/doi/full/10.1111/imig.13183. Tradução de Roberta Medina (douteranda em Estudos Sócio-Jurídicos pela York University, Canadá).

2 *Agradeço à editora pela permissão para traduzir e reproduzir o artigo, o apoio do Conselho de Pesquisa em Ciências Sociais e Humanidades do Canadá (SSHRC) e a assistência de pesquisa de Roberta Medina.

3 Entrevista realizada pelo autor (2022).

4 Entre outros tópicos significativos deixados de fora deste ensaio devido às limitações de espaço, está o aumento do uso de drones por atores não estatais.

2. MILITARIZAÇÃO, VIGILÂNCIA, RACIALIZAÇÃO

Os drones surgiram do processo de militarização dos controles migratórios e o aceleraram significativamente. Esse processo implica não apenas a transferência de tecnologia militar, mas também a aplicação de racionalidades militares para tornar os migrantes alvos (por exemplo, Csernatoni, 2018). Largamente empregados pelo exército dos EUA no contexto pós-11 de setembro, os drones são amplamente utilizados em zonas de guerra pelos militares para realizar vigilância, eliminar e destruir alvos inimigos. Posteriormente, os drones foram transferidos para aplicações civis, incluindo policiamento urbano e controle migratório. Embora aviões tenham sido utilizados há muito tempo no controle migratório, os drones estão sendo cada vez mais preferidos por sua relação custo-eficácia, velocidade, capacidade de operar em condições climáticas adversas, amplo alcance em terrenos difíceis e baixo risco que representam para os operadores humanos (por exemplo, Lutterbeck, 2022). Além disso, os drones apresentam altos níveis de interoperabilidade, podendo se conectar a outros sistemas de vigilância, como satélites, bancos de dados e sistemas de vigilância terrestre. Eles fornecem transmissão de vídeo em tempo real dos movimentos migratórios por meio de vários sensores ópticos e térmicos, além de radares, proporcionando assim uma 'consciência situacional'. Seguindo uma lógica militarizada, a vigilância por drones normalmente resulta na identificação de migrantes como 'ameaças' ao longo das zonas de fronteira, informando os agentes no solo e antecipando sua entrada, contribuindo assim para a neutralização da 'ameaça' representada pelos migrantes/migração. Os dados também são utilizados para avaliação de 'risco', visando compreender as jornadas dos migrantes e preparar estratégias preemptivas para o futuro.

A 'verticalidade' (Weizman, 2007) da vigilância por drones assemelha-se à conhecida metáfora de Foucault da torre do Panóptico como modelo de vigilância moderna, disciplinando os sujeitos sob seu olhar hierárquico (Foucault, 1991). Mas ao contrário do Panóptico, os drones são móveis e dispersos (ou 'líquidos', ver Bauman & Lyon, 2013), e estão menos preocupados com formas sutis de disciplina e mais com a classificação brutal de sujeitos e sua condução em direção a 'mundos de morte' (Mbembe, 2019: 92). E quem são os sujeitos da vigilância por drones? Das zonas de guerra, onde a morte de civis é definida como mero 'dano colateral', ao policiamento de fronteiras, onde a subjugação de migrantes é rotulada como 'resgate', os sujeitos são aqueles que são negados até mesmo o status de vítimas: as populações racializadas do Sul/leste Global. Para expandir a observação de Daoud, os drones combinam a violência racial do século XVII com a tecnologia do século XXI.

Outro ponto importante é que a tecnologia dos drones segue os passos de outra importante tecnologia de controle migratório: a biometria de impressões digitais. Impulsionada pela ideologia racista do Darwinismo Social, a impressão digital teve origem durante o domínio colonial britânico na Índia, com o objetivo de identificar, diferenciar e controlar as populações racializadas. Posteriormente, foi implementada como forma de identificação para a população em geral, embora mantendo sua essência racista (ver Pugliese, 2010). Padrões semelhantes de subjugação racial também são observados na economia política dos drones. A Frontex utiliza drones Heron e Hermes produzidos por empresas israelenses e utilizados pelo exército israelense nos Territórios Palestinos Ocupados (MiddleEastEye, 2022), os quais se tornaram um 'laboratório para testes de drones' (Zureik, 2016: 132). Esses drones são posteriormente implantados no Mediterrâneo Central para facilitar a subjugação racial de migrantes africanos, reproduzindo assim o padrão de violência racial (neo) colonial.

3. DIREITOS HUMANOS E ÉTICA

A vigilância militarizada de migrantes feita por drones tem graves implicações nos âmbitos dos direitos humanos e da ética. O direito internacional estabelece o dever de resgatar pessoas em situação de perigo e levá-las para um local seguro (SAR, 1979; SOLAS, 1974; UNCLOS, 1982). As justificativas de busca e resgate (SAR) são frequentemente utilizadas pelas autoridades para enquadrar os drones como tecnologias humanitárias, desviando a atenção de suas origens militares violentas (por exemplo, Loukinas, 2022: 104). Na prática, a vigilância por drones geralmente expõe os migrantes a situações mais danosas por meio de interceptações e devoluções (que são estrategicamente enquadradas como "resgates no mar" - veja Klein, 2021) para locais inseguros (como a Líbia), ao invés de garantir sua segurança. Na verdade, e como observado no contexto dos retornos da LCG, a vigilância por drones pode ser o ponto de partida para uma cadeia de violações dos direitos humanos que podem até levar à escravidão, tortura, estupro e morte de migrantes. Esta forma de vigilância assemelha-se às históricas 'patrulhas de escravos' que existiam para detectar e devolver escravos fugitivos à captura (ver Browne, 2016: 22-24). Além disso, a própria existência da vigilância por drones contribui para as tragédias envolvendo migrantes. Similarmente a outras tecnologias de vigilância de fronteira, os drones levam os migrantes a buscar rotas mais arriscadas, frequentemente sob a supervisão de contrabandistas.

A visão computadorizada dos drones reduz a complexidade das subjetividades dos migrantes, suas complexas histórias de vida, ideias, identidades, pertencimentos, crenças religiosas e políticas, esperanças, ambições, ocupações, habilidades, dores, medos, sofrimentos e muitas outras qualidades humanas em meras categorias militares de 'sujeitos de risco' ou 'ameaças' à distância. Essa forma de desumanização pode ser melhor explicada pelo conceito de ***adiaforização*** de Bauman, definido como tornar os atos, sistemas e processos 'mensuráveis em relação a valores técnicos (orientados para o propósito ou procedimentais), mas não morais' (Bauman, 1989: 216). Nesse sentido, a vigilância por drones tem sua eficácia medida pelas suas capacidades técnicas (por exemplo, altura, alcance, velocidade, interoperabilidade e, mais recentemente, autonomia habilitada por IA) e seu sucesso no objetivo de controle migratório, não pelos seus efeitos desumanizadores.

A distância física entre os operadores de drones e os migrantes que estão sob vigilância, juntamente com o compartilhamento de dados com outras unidades internas ou externas para intervenção, contribui ainda mais para o distanciamento moral e a abdicação da responsabilidade pelas consequências da vigilância por drones. Alguns operadores de drones de assassinato relatam 'estresse traumático induzido pela perpetração', pois testemunham, a grandes distâncias, as consequências de suas ações transformadas em sofrimento humano por meio de telas de alta resolução (Pinchevski, 2016: 68). No campo da migração, os operadores de drones repassam informações para outras unidades (internas ou externas) para intervenção, e eles podem não testemunhar as consequências de suas ações (por exemplo, violência em detenção). Assim como nos drones de guerra, a interpretação dos dados e a decisão sobre como agir frequentemente envolvem vários atores, como oficiais de alto escalão, assessores jurídicos, analistas de inteligência e outros funcionários do Estado. As unidades de intervenção podem justificar suas ações alegando estar 'simplesmente' seguindo ordens, negando assim qualquer responsabilidade pessoal e rotinizando a desumanização dos migrantes (privando-os de qualquer qualidade moral), estratégias de defesa típicas em 'crimes de obediência' (Kelman & Hamilton, 1989).

Drones também são utilizados em campos de refugiados, como nas Ilhas Gregas (também conhecidas como campos '*hotspot*'), com a justificativa de que irão 'prevenir violência' (Emmanouilidou & Fallon, 2021). A situação de insegurança que afeta os migrantes nos campos 'hotspot' gregos têm sido há muito tempo observada por pesquisadores (por exemplo, RGE, 2018). Mas o que causa essa insegurança? Pode ela ser simplesmente eliminada pelos drones? Uma análise mais aprofundada mostra que as condições precárias nos campos de refugiados --incluindo superlotação, falta de higiene, alimentos adequados, cuidados médicos e apoio à integração, combinados com longas e indefinidas esperas por decisões de asilo-- causam danos físicos e psicológicos aos migrantes e, portanto, constituem as causas fundamentais da insegurança (Topak, 2020). Em entrevista, Mustafa (pseudônimo), que vivia no '*hotspot*' de Moria, na Ilha de Lesbos, pouco antes do campo ser incendiado, afirmou: 'Todos estão de mau humor psicologicamente, e começam a brigar por quase nenhum motivo' (citado em Topak, 2020: 1869). Promover os drones como 'soluções tecnológicas' para a insegurança em campos de refugiados, sem abordar as causas fundamentais da insegurança, causa mais danos aos migrantes, violando ainda mais seus direitos básicos de privacidade e contribuindo para o sofrimento durante a espera. Os drones estão se expandindo das zonas de guerra para as zonas de fronteira --e ainda mais dentro dos territórios nacionais: para campos de refugiados e cidades, atuando na subjugação de populações racializadas. É sintomático que autoridades de segurança dos EUA tenham utilizado drones para monitorar manifestantes do movimento *Black Lives Matter* que estavam protestando contra o racismo sistêmico e a brutalidade policial (NYT, 2020).

4. INTELIGÊNCIA ARTIFICIAL

A inteligência artificial está cada vez mais integrada nos controles de fronteira (por exemplo, Aradau, 2023; Molnar, 2023; Ozkul, 2023, inclusive em tecnologia de drone. A Frontex possui várias iniciativas de drones com inteligência artificial (Frontex, 2021), e autoridades gregas testaram 'enxames de drones autônomos' na fronteira com a Turquia (Monroy, 2022). A inteligência artificial já "aumenta a capacidade dos drones de identificar e rastrear alvos" (Frontex, 2021: 121), e promete fazer com que os drones operem "totalmente autonomamente", mesmo "em ambientes desafiadores sem a necessidade de operadores humanos" (Frontex, 2021: 35, 121). O "*swarm* de drones", por exemplo, refere-se a "enxames" de drones autônomos que se comunicam entre si para alcançar um objetivo, como realizar vigilância, ***profiling***, identificação, rastreamento e tornar os tidos como 'ameaças' alvos.

Os retornos forçados de imigrantes na Fronteira LOG Europeia mostram que os drones já condenam os migrantes a situações de morte ou quase morte, mesmo que indiretamente. A situação não é diferente nas fronteiras entre Grécia e Turquia (região do Evros e Mar Egeu), onde drones estão sendo utilizados e enxames de drones com inteligência artificial estão em fase de teste. Tais fronteiras há muito tempo são locais de retornos forçados e de suas consequências, como abusos e mortes de migrantes facilitados pela tecnologia de vigilância (Topak, 2014). A inteligência artificial não altera a lógica central violenta de classificação de migrantes nas fronteiras, mas, ao invés disso, complementa essa lógica refinando suas capacidades. Algoritmos de IA reproduzem padrões racistas e categorizam populações racializadas como 'alto risco' (por exemplo, Jefferson, 2020; Molnar, 2023). Assim, algoritmos podem categorizar automaticamente os migrantes como ameaças de 'alto risco' (por exemplo, devido aos seus padrões de movimento, objetos que carregam ou simplesmente pela sua presença em zonas de fronteira). Essa decisão poderia ser seguida por atores humanos; ou drones totalmente autônomos com inteligência artificial poderiam realizar intervenções automatizadas para direcionar os migrantes (por exemplo, para evitar a passagem deles). Ambos os cenários complicam ainda mais as questões de responsabilidade e ética, aprofundando a ***adiaforização*** e a desumanização dos migrantes. Nesse sentido, os resultados violentos de racialização provocados pelos drones não dependem deles se tornarem autônomos ou não. Os atores humanos que interpretam a vigilância por drones já percebem a realidade através de uma lente militarizada e racializada, mesmo que cada vez mais mediada algoritmicamente, e veem os migrantes como 'ameaças'; e os migrantes racializados já experimentam as brutais consequências da vigilância por drones, como na Líbia. Assim sendo, os drones do século XXI estão sendo usados para reproduzir padrões de violência racial observados no século XVII. O olho robótico desumanizante do drone opera remotamente --não apenas a uma distância física, mas também a uma grande distância da moralidade.

REFERÊNCIAS

Aradau, C. (2023) Borders have always been artificial: migration, data and artificial intelligence. *International Migration.*

Bauman, Z. (1989) *Modernity and the holocaust.* Cambridge: Polity Press.

Bauman, Z. & Lyon, D. (2013) *Liquid surveillance: a conversation.* Cambridge: Polity Press.

Browne, S. (2016) *Dark matters: on the surveillance of blackness.* Durham: Duke University Press.

Csernatoni, R. (2018) Constructing the EU's high-tech borders: FRONTEX and dual-use drones for border management. *European Security,* 27(2), 175-200.

Emmanouilidou, L. & Fallon, K. (2021) With drones and thermal cameras, Greek officials monitor refugees. *Al Jazeera.* Disponível em: https://www.aljazeera.com/news/2021/12/24/greece-pilots-high-tech-surveillance-system-in-refugee-camps [Acesso em 2 de Maio de 2023].

Foucault, M. (1991) *Discipline and punish: the birth of the prison.* London: Penguin.

Frontex. (2021) *Artificial Intelligence-based capabilities for European Border and Coast Guard.* Disponível em: https://frontex.europa.eu/assets/Publications/Research/Frontex_AI_Research_Study_2020_final_report.pdf [Acesso em 2 de Maio de 2023].

International Convention for the Safety of Life at Sea (SOLAS). 1 de Novembro de 1974. *1184 UNTS 278.*

International Convention on Maritime Search and Rescue (SAR). 27 de Abril de 1979. *1405 UNTS 119.*

Jefferson, B.J. (2020) *Digitize and punish: racial criminalization in the digital age.* Minneapolis, MN: University of Minnesota Press.

Kelman, H.C. & Hamilton, V. (1989) *Crimes of obedience toward a social psychology of authority and responsibility.* New Haven, CT: Yale University Press.

Klein, N. (2021) Maritime autonomous vehicles and international laws on boat migration: lessons from the use of drones in the Mediterranean. *Marine Policy*, 127, 104447.

Loukinas, P. (2022) Drones for border surveillance: multipurpose use, uncertainty and challenges at EU borders. *Geopolitics*, 27(1), 89-112.

Lutterbeck, D. (2022) Airpower and migration control. *Geopolitics*, 1-26. Available from: https://doi.org/10.1080/14650045.2022.2094776

Mbembe, A. (2019) *Necropolitics*. Durham, NC: Duke University Press.

MiddleEastEye. (2022) No *rescue from above: Europe's surveillance in the Mediterranean leaves migrants to their fate*. 30 de Janeiro de 2022. Disponível em: https://www.middl eeast eye.net/news/libya -europe-migration-frontex-surveillan ce-deadly-fate [Acesso em 2 de Maio de 2023].

Molnar, P. (2023) Digital border technologies, techno-racism, and logics of exclusion. *International Migration*.

Monroy, M. (2022) Artificial intelligence for border surveillance: Greece tests autonomous drone swarms. Security Architectures in the EU. 3 Outubro de 2022. Disponível em: https://digit.site36.net/2022/10/03/artif icial -intelligen ce-for-border-surveillan ce-greece-tests-autonomous -drone-swarms/ [Acesso em 2 de Maio de 2023].

NYT. (2020) U.S. watched George Floyd protests in 15 cities using aerial surveillance. *New York Times*. 19 de Junho de 2020. Disponível em: https://www.nytim es.com/2020/06/19/us/politics/georg e-floyd-protests-surve

illan ce.html [Acesso em 2 de Maio de 2023].

Ozkul, D. (2023) *Automating immigration and asylum: the uses of new technologies in migration and asylum governance in Europe*. Oxford: University of Oxford.

Pinchevski, A. (2016) Screen trauma: visual media and post-traumatic stress disorder. *Theory, Culture & Society*, 33(4), 51-75.

Pugliese, J. (2010) *Biometrics: bodies, technologies, biopolitics*. New York: Routledge.

RRE. (2018) *An Island in despair: documenting the situation of refugees and displaced people in Lesvos*, Greece. UK: Refugee Rights Europe. Disponível em: https://refug ee-rights.eu/wp-content/uploa ds/2018/11/RRE_AnIsl andIn Despa ir.pdf [Acesso em 2 de Maio de 2023].

Sunderland, J. & Pezzani, L. (2022) *Airborne complicity: Frontex aerial surveillance enables abuse*. Border Forensics and Human Rights Watch. Disponível em: https://www.hrw.org/video -photos/inter activ e/2022/12/08/ airbo rne-complicity -frontex-aerial-surveillan ce-enables-abuse [Acesso em 2 de Maio de 2023].

Topak, Ö.E. (2014) The biopolitical border in practice: surveillance and death at the Greece-Turkey borderzones. *Environment and Planning D: Society and Space*, 32(5), 815-833.

Topak, Ö.E. (2020) Biopolitical violence and waiting: hotspot as a biopolitical borderzone. *Antipode*, 52(6), 1857-1878.

UNHRC. (2023) Report of the independent fact-finding Mission on Libya. UN Human Rights Council. 3 de março de 2023.

United Nations Convention on the Law of the Sea (UNCLOS). 10 de Dezembro de 1982. *1833 UNTS 3*.

Weizman, E. (2007) *Hollow land: Israel's architecture of occupation*. London: Verso.

Zureik, E. (2016) *Israel's colonial project in Palestine: brutal pursuit*. Oxon, NY: Routledge.

NASCIMENTO DO ECOSSISTEMA TECNOCONSERVADOR BRASILEIRO E O ENCONTRO DA ECONOMIA DA ATENÇÃO COM A GUERRA CULTURAL

Pablo Ornelas Rosa

Aknaton Toczek Souza

Giovane Matheus Camargo

Marcelo Bordin

1. INTRODUÇÃO

A história deste território em que foi instituída a República Federativa do Brasil, e em especial a passagem do período monárquico para o republicano, esteve marcada pela presença e disputa de distintas tradições conservadoras, dentre as quais destacam-se uma de orientação epistemológica de base escolástica e outra positivista. Assim, enquanto a primeira representava a defesa de uma ordem colonial conduzida pela coroa, bem como pela igreja católica; a segunda, defendia a adequação a uma ordem secular, republicana, liberal e pretensamente científica, influenciada pelos Estados europeus à época, que apesar de terem colonizado o continente americano a partir do século XV, encontravam-se diante de profundas mudanças políticas, culturais e econômicas decorrentes das Revoluções Americana e Francesa. Porém, as forças armadas brasileiras, influenciadas pelo positivismo, passaram a atuar na defesa dessa tendência política emergente, o que culminou com a instituição da república em decorrência da independência do Brasil, ocorrida em 1889.

Através de estudos sobre a passagem do período monárquico para o republicano no Brasil, é possível constatar que a tradição conservadora defendida pela coroa brasileira, herdada do império português a partir de uma fundamentação colonial, mercantil e cristã, encontrava-se em conflito com outro conservadorismo secular e pretensamente científico capitaneado pelos militares, que eram influenciados pelo liberalismo e, principalmente, pelo evolucionismo, conforme ainda se faz presente em discursos proferidos por segmentos das forças armadas no país. O que fica evidente no trecho publicado no documento intitulado "Projeto de Nação: O Brasil em 2035", produzido em 2022 pelo Instituto Vilas Boas, Instituto Sagres e Instituto Federalista, todos eles vinculados direta ou indiretamente às forças armadas brasileiras, afirmando sem base científica alguma que:

> Mesmo considerando-se que, em pleno Século XXI, qualquer perfil político-ideológico apresenta-se com contornos de difícil definição, no caso atual é válido afirmar que os cidadãos brasileiros, em sua maior parte, identificam-se como Conservadores evolucionistas, no campo psicossocial, e Liberais, porém, conscientes da responsabilidade social de apoiar, com políticas públicas sustentáveis, as camadas carentes da sociedade (Sagres, 2022: 15).

Todavia, embora possamos reconhecer essas e outras distintas vertentes do conservadorismo na história do país que muitas vezes são atravessadas por conflitos entre si e que as investigações por nós realizadas identificaram que em meados dos anos 1990, emerge no Brasil certo redirecionamento político capitaneado pelo escritor conservador brasileiro Olavo de Carvalho (2014).

Isso ocorreu, porque foi ele quem articulou esses segmentos conservadores, tradicionalistas e neoliberais difusos com outras demais vertentes extremistas associadas à grupos católicos, protestantes, empresariais, militares, integralistas, monarquistas etc., com o objetivo de resgatar esse espectro político, tendo em vista que a identificação com a direita no país até o início do século XXI estava associada diretamente a censura, perseguição, tortura e morte, capitaneadas pelos militares após um golpe de Estado perpetrado em 1964 no Brasil, que teve continuidade com uma ditadura civil-militar, que durou até 1985 (Pierucci, 2013).

Através da proposição de uma etnografia com sujeitos, grupos e empresas que se reconhecem como conservadores e que atuam por meio de seus perfis no WhatsApp, Instagram e Youtube, foi possível constatar que a articulação promovida por Olavo de Carvalho com representantes de distintos segmentos da extrema direita --alcançando pessoas dos mais variados perfis-- ocorreu concomitantemente com a passagem da chamada Web 1.0, também conhecida como *internet do ponto com*, para a Web 2.0, também chamada de ***internet de plataforma*** (Rosa, 2019). E esse é um fato importante porque foi através do uso das plataformas digitais e de sua economia da atenção que a extrema direita foi paulatinamente galgando espaço no cenário político do século XXI não apenas no Brasil, mas também em um contexto internacional, através de discursos que afirmam existir uma guerra cultural em curso que ameaçaria os modos de vida presentes no Ocidente (Da Empoli, 2019; Teiteulbaum, 2020; Stefanoni, 2022).

Assim, a partir desses apontamentos iniciais, é possível compreender que o nascimento do Brasil enquanto república decorre de conflitos entre diferentes tradições conservadoras, em que se destacam uma colonial e outra evolucionista, tendo em vista que esse espectro político possui diferentes nuances e perspectivas. Todavia, essas foram sendo modificadas paulatinamente no decorrer da história do país, até alcançar a sua atual configuração proposta por Olavo de Carvalho, que conseguiu resgatar este espectro político com uma considerável ajuda das plataformas digitais, resultando no que estamos chamando de tecnoconservadorismo (Rosa, Angelo, Almeida, Vieira, 2024) ou conservadorismo tecnopolítico à brasileira (Rosa, 2022). Este, encontra-se organizado em torno de um ecossistema informacional que só foi possível através das plataformas digitais. Nesse caso, é necessário mencionar a relação entre os discursos econômicos e bélicos, pressupondo que

> A internet reivindicada pelo Silício representa-se como um reflexo ideal do universo hayekiano, em que a dinâmica do ciberespaço, tal como a do livre mercado, é igualmente caracterizada com base em uma "ordem catalítica", "transcendental", espontânea, difusa, descentralizada, desencadeada, e, acima de tudo, antiestatal (Ceolin, 2022: 39).

O capítulo apresentado resulta de diferentes investigações que foram realizadas pelos autores sobre diversas formas de articulação da extrema direita por meio da atuação de sujeitos, grupos e empresas que militam ativamente nas plataformas digitais, estabelecendo o Estado, o coletivismo, comunismo, globalismo, feminismo, gayzismo, indigenismo, ambientalismo, maconheirismo etc. como seus principais adversários, quiçá inimigos. Ademais, é importante relatar que a pesquisa exposta decorre da adoção de procedimentos etnográficos que contaram com a utilização da técnica ***lurker*** ou ***lurking*** (espreita), em que o investigador acompanha os diálogos nas redes sociais previamente selecionadas, sem interferir com perguntas ou quaisquer questionamentos nestes espaços mediados por dispositivos eletrônicos (Orgadi, 2009).

Sendo assim, a despeito das limitações analíticas e textuais que envolvem o assunto escrutinado, apresentaremos alguns resultados preliminares destas pesquisas que versam sobre as formas de articulação da extrema direita, objetivando destacar as suas principais pautas, além de averiguar a forma com a qual buscam conferir certa legitimidade aos seus discursos através de distintas estratégias, que implicam também no investimento em publicidade, bem como na instrumentalização de seu principal arsenal da "guerra cultural", que são os livros (Rosa, 2022).

A escolha por etnografar representantes do chamado tecnoconservadorismo brasileiro, que atuam diuturnamente em diferentes plataformas digitais, teve como principal motivação a busca por compreender quais são as suas principais formas de organização, legitimação e difusão de seus discursos. Nesse caso, a escolha pelo WhatsApp, Instagram e Youtube se deve ao fato de que elas foram as redes sociais mais utilizadas no Brasil em 2023, contando, respectivamente com 169 milhões, 142 milhões e 113 milhões de usuários (Dourado, 2024). Contudo, a opção por investigá-las também decorre do esforço em procurar analisar diferentes modalidades de interação mediadas por este tipo de empresa que se caracteriza como plataforma digital, tanto em uma dimensão pública quanto em uma dimensão privada.

Assim, se o WhatsApp nos permite acessar aqueles dados particulares que são compartilhados em grupos fechados e que só puderam ser acessados através de convites enviados por números dos telefones privados destes sujeitos; com o Instagram temos uma maior transparência no que se refere às fontes acerca de quem produziu e compartilhou as informações analisadas, uma vez que estamos tratando de uma plataforma digital que disponibiliza publicamente o conteúdo proposto por seus usuários, caso estes permitam. Já em relação ao Youtube - que pertence a Alphabet, diferentemente do WhatsApp e Instagram que são empresas do grupo Meta -, temos a principal máquina de difusão desse tipo de conteúdo com viés conservador, em que Olavo de Carvalho figura como protagonista. O que fica evidente nos gastos em publicidade no grupo Meta por parte de empresas como a Brasil Paralelo e Revista Oeste, que se reconhecem abertamente como conservadoras (Delorenzo, 2024), tendo este escritor brasileiro como uma de suas principais referências.

O capítulo foi organizado em duas seções: a primeira, versa sobre as transformações ocorridas nas duas últimas décadas, enfatizando a atuação da extrema direita, que encontrou em Olavo de Carvalho e Jair Bolsonaro, respectivamente, a vanguarda intelectual e política do tecnoconservadorismo brasileiro que emerge no século XXI; enquanto que a segunda, expõe não apenas a agenda que compõe os discursos conservadores hodiernos, como apresenta os principais autores que são mobilizados para legitimar os seus discursos sobre gênero, meio ambiente e raça.

2. O NASCIMENTO DA TECNOPOLÍTICA E SUA RELAÇÃO COM A EXTREMA DIREITA

Ao partir da premissa de que as transformações ocorridas na passagem do século XX para o XXI, sobretudo em decorrência do aumento do uso da internet e, principalmente das plataformas digitais, através de fenômenos como a *dataficação da vida* (Lemos, 2021), *colonialismo de dados* (Silveira, 2021), *plataformização* (Poell, Neiborg, Dijck, 2020) etc., é possível constatar, nas análises de Shoshana Zuboff (2020) acerca do que chamou de *capitalismo de vigilância*, assim como de Nick Srnicek (2018) a partir daquilo que tratou como *capitalismo de plataforma,* dentre muitos outros estudos, que as nossas condutas passaram a ser moduladas por meio da inteligência artificial através da captura daquelas informações que disponibilizamos gratuitamente a cada movimento que damos no *mouse* quando estamos conectados à internet.

Estes dados capturados por essas plataformas digitais são comercializados por corporações como a Google e o Facebook para serem utilizados para fins preditivos por outras demais empresas que compram essas informações, chamadas por Zuboff (2020) de *superávit comportamental*. Desse modo, os produtos que resultam de sua apropriação passam a serem comercializados por essas empresas que também atuam como plataformas digitais em um novo tipo de mercado voltado para predições, nomeados pela autora de *mercados de comportamentos futuros*.

No artigo intitulado *Psicologia das massas digitais e análise do sujeito democrático*, Christian Dunker (2019) evidencia o efeito político dessas plataformas digitais, constatando que o maior risco à democracia brasileira na atualidade está associado aos discursos que envolvem o que Theodor Adorno chamou de *síndrome fascista*. Segundo o autor, isso ocorre quando o *afeto dominante* passa a se fundamentar em um *ódio segregativo*, caracterizado pela "redução dualista das pessoas, como líder-seguidor ou vencedor-fracassado, assim como uma projeção essencialista do inimigo. Aqui, predomina a identificação de massa e uma espécie de reação hipnótica de ódio que age por contaminação" (Dunker, 2019: 128).

Nesse caso, o diagnóstico acerca do *ódio segregativo* que domina as plataformas digitais através de uma *reação hipnótica* também pode ser encontrado de forma semelhante nos estudos de Giuliano Da Empoli (2019), que tratam da relação entre a extrema direita internacional e sua atuação política nas redes sociais. Segundo o autor, no contexto hegemônico dos meios de comunicação corporativos como o jornal, rádio e a televisão, era possível encontrar na política institucional a presença de certa tendência centrípeta, ou seja, quanto mais consensual, quanto maiores as coligações partidárias e, consequentemente, maior tempo disponível para propaganda política, maiores eram as chances do candidato ser eleito.

Todavia, ao averiguar o uso cada vez mais intenso das plataformas digitais por parte da população planetária, foi possível constatar a emergência de uma tendência centrífuga. O que quer dizer que, quanto mais extremo o discurso, quanto mais radicalizado, mais polarizado, mais veemente e violento, maiores serão as chances de amplificação de seu conteúdo. Isso porque as sugestões apresentadas por essas empresas nas *timelines* de seus usuários decorrem do investimento em propagandas utilizadas nos seus modelos de negócio, que não se preocupam com a qualidade e veracidade das informações que fazem circular nestes espaços virtuais. Ao contrário, priorizam a capacidade de modular a atenção e os interesses de seus usuários a partir de critérios publicitários.

Desse modo, podemos compreender a polarização política presente no século XXI como um efeito da radicalização promovida pelas plataformas digitais, conforme encontramos nas análises de Giuliano Da Empoli (2019). E esse fenômeno ocorre porque a coleta de dados e a consequente comercialização das informações extraídas daqueles que possuem perfis em redes sociais, passou a ser instrumentalizada não apenas para o direcionamento de interesses de seus usuários para fins comerciais, mas também visando finalidades políticas preditivas. Um exemplo disso foi a compra de dados pessoais de mais oitenta milhões de usuários do Facebook por parte da empresa *Cambridge Analytica* --que à época fazia a campanha eleitoral à presidência dos EUA de Donald Trump, cujo coordenador era Steve Bannon--, com o objetivo de modular a atenção de seus usuários com a finalidade de angariar votos democratas a partir de estratégias de desinformação (Rosa, 2019; Da Empoli, 2019; Mello, 2020).

Não obstante, também é necessário destacar a relação existente entre o nascimento da inteligência artificial, dos algoritmos e do computador que foram tecnologias desenvolvidas através de fortes estímulos estatais durante e após a Segunda Guerra Mundial, perpassando por toda a Guerra Fria, caracterizada pela disputa entre Estados Unidos e União Soviética, tendo em vista que ambos os países disputavam a liderança política, econômica e cultural global. Sendo assim, essas tecnologias associadas aos computadores e demais produtos semelhantes, desde o seu nascimento foram impulsionadas pelos Estados do Norte global que investiam nesse mercado em ascensão com objetivos bélicos, bem como políticos, econômicos e estratégicos.

Embora Alan Turing tenha sido considerado pelos especialistas como o grande responsável por proporcionar as condições necessárias para a criação do computador, sobretudo a partir da publicação de um artigo seu na década de 1930 (Miskolci, 2016), é necessário destacar que este escrito foi extremamente necessário para que pudessem ser desenvolvidas as três primeiras tecnologias computacionais durante e após a Segunda Guerra Mundial, a exemplo do Z-3 criado em 1941 na Alemanha, do Colossus fabricado no Reino Unido em 1943 e o ENIAC produzido nos Estados Unidos em 1946.

A rede de comunicação que se tornou possível através da criação do computador foi desenvolvida principalmente a partir de uma iniciativa do Departamento de Defesa dos Estados Unidos por meio de sua Agência de Projetos de Pesquisa Avançada (ARPA) que, em setembro de 1969, lançou a ARPANET. Esta foi a primeira rede de comunicação computacional desenvolvida até aquele momento --conectando a Universidade da California nas cidades de Los Angeles e Santa Bárbara, com a Universidade de Stanford, na região de São Francisco, abarcando ainda a Universidade de Utah--, visando criar um sistema de comunicação protegido de ataques nucleares (Miskolci, 2016). Isso evidencia que capitalismo de vigilância, capitalismo de plataforma, plataformização etc. podem ser entendidos como efeitos da hipermilitarização que se desdobra no século XX alcançando o XXI (Bordin, 2021), em que a guerra cultural capitaneada pela extrema direita internacional atua como estratégia de ruptura das democracias liberais (Castells, 2018).

Ao utilizar as plataformas digitais como estratégia de produção e difusão de discursos radicais que ameaçam as democracias liberais, em defesa tanto de um fundamentalismo religioso cristão quanto do livre mercado concorrencial, abarcando assuntos como gênero, meio ambiente, drogas, ações afirmativas etc., Olavo de Carvalho atuou na seleção, tradução e publicação de livros de autores conservadores anticomunistas por editoras brasileiras com o objetivo de legitimar o seu discurso extremista, figurando como o mais um influente intelectual conservador brasileiro contemporâneo ao oferecer seu Curso Online de Filosofia (COF)[1]. Os assuntos mencionados nessas aulas gravitavam em torno de teorias conspiratórias que associam o Partido dos Trabalhadores (PT), Movimento dos Trabalhadores Sem Terra (MST), comunismo, Forças Armadas Revolucionárias da Colômbia (FARC) e Foro de São Paulo e até mesmo organizações internacionais como a Organização das Nações Unidas (ONU), com estratégias de destruição da civilização ocidental.

Assim, embora a noção de tecnopolítica adotada para tratar das pautas capitaneadas pela extrema direita tenha nascido a partir de estratégias de resistências provenientes de articulações perpetradas por movimentos sociais e, portanto, circunscritas as esquerdas, houve certa transformação decorrente do uso cada vez mais intenso das plataformas digitais, em que a polarização política, desinformação e discurso de ódio se tornaram práticas discursivas engendradas pelo modelo de negócio deste tipo de empresa que fatura também por meio da comercialização de informações de seus usuários direcionados para fins preditivos (Zuboff, 2020). "Neste sentido, a tecnopolítica se

1 Disponível em: https://www.youtube.com/@cursodefilosofia. Acesso em 09/07/2024.

configura também como uma linguagem emocional da política que permeia o quotidiano e as materialidades dos movimentos e das vidas com as suas práticas e o seu universo simbólico" (Panico, 2020: 568-569).

Segundo Bruno, Cardoso, Kanashiro, Guilhon e Melgaço (2018), a passagem para o século XXI --caracterizada pela remissão ao modelo panóptico benthamiano/foucaultiano que até então operava como referência quase obrigatória no campo da vigilância-- parece ter dado lugar a novos arranjos sociotécnicos e geopolíticos que passaram a ter por efeito certo deslocamento do olhar de investigadores, demandando por novas reflexões teóricas sobre esse assunto. Isso porque parece evidente que houve um aumento significativo do uso da internet através de plataformas digitais, resultando *i)* no recrudescido pelo uso de algoritmos, *ii)* na hipertrofia do modelo de "capitalismo de vigilância", *iii)* na recorrência dos efeitos preditivos na conduta de indivíduos e populações, bem como *iv)* no desenvolvimento e na experimentação de formas de resistência e de reversão de assimetrias associadas às especificidades da vigilância hodierna. Sendo assim,

> Tanto o desenvolvimento de novas formas de vigilância e controle quanto a experimentação de resistências e subversões que dialogam com elas formam aquilo que chamamos de "tecnopolíticas". Os agenciamentos sociotécnicos emergentes possibilitam inauditas estratégias de disputa sobre o uso de tecnologias e a agregação de atores heterogêneos que visem a criar, a reforçar ou a reverter formas de dominação ou exploração ou mesmo a fazer florescer modos de existência e/ou organização. Nesse sentido, as tecnopolíticas podem ser entendidas amplamente como uma caixa de ferramentas para os embates sociotécnicos do presente. Afirmam-se, portanto, como fundamentais para a análise, a compreensão e a atuação no mundo que vem se constituindo nas primeiras décadas do século XXI, num movimento que tende a ganhar ainda mais importância nos anos vindouros. Assim, em vez de apontarmos para um cenário dominado por distopias tecnológicas, reconhecemos nas tecnopolíticas um estratégico território de disputa entre uma grande diversidade de forças e atores (Bruno, Cardoso, Kanashiro, Guilhon, Melgaço, 2018: 07-08).

Nesse sentido, o que estamos chamando de tecnoconservadorismo brasileiro ou de conservadorismo tecnopolítico à brasileira, compreende o uso de agenciamentos sociotécnicos emergentes capitaneados por empresas que atuam como plataformas digitais --tais como o WhatsApp, Instagram, Youtube etc.-- na captura e comercialização de dados extraídos de seus usuários, que são utilizados para finalidades políticas preditivas por meio de estímulos emocionais e desinformação.

Através de pesquisas por nós realizadas foi possível constatar que o conservadorismo ganhou amplitude e ancoragem política enquanto cosmovisão legítima a partir da emergência de uma economia da atenção capitaneada pelas plataformas digitais, que opera na conversão do histórico de seus usuários em produtos a serem comercializados para fins políticos preditivos. Isso porque a difusão da crença acerca da existência de uma guerra cultural em curso, permite a mobilização de estratégias destinadas tanto a captura da atenção de seus usuários configurados enquanto comunidades quanto a neutralização das atividades desenvolvidas por seus inimigos, assim como a extração de vantagens políticas a partir da modulação comportamental decorrente do uso de algoritmos e da inteligência artificial.

3. ECOSSISTEMA DO TECNOCONSERVADORISMO BRASILEIRO

Embora os diferentes conservadorismos brasileiros, cada um a sua maneira, encontram-se em articulação com suas respectivas variantes internacionais, é necessário mencionar que algumas pautas presentes no Norte global, sobretudo, no contexto europeu e estadunidense, não se fazem presentes no caso brasileiro, a exemplo da imigração --embora este assunto se articule diretamente com questões raciais quando deparadas com a islamofobia. Todavia, encontramos em sua grande maioria pautas semelhantes em relação ao Brasil e a América Latina, a exemplo da defesa do livre mercado concorrencial, dos valores judaico-cristãos, do modelo de família patriarcal, da heterossexualidade compulsória etc., apesar de ser possível verificar casos em que não há definições bem claras, como ocorre com os homonacionalistas e ecofascistas, que promovem certo embaralhamento acerca de pautas como gênero e sexualidade, bem como o meio ambiente (Stefanoni, 2022).

Sendo assim, partiremos do pressuposto de que com as transformações ocorridas no final do século XX e início do século XXI, principalmente em decorrência da intensificação do uso das plataformas digitais, deparamo-nos com certa possibilidade de termos as nossas condutas moduladas por meio da inteligência artificial (Zuboff, 2020), incidindo não apenas no campo econômico, mas também na política institucional, promovendo uma ruptura nas democracias liberais hodiernas (Castells, 2018; Da Empoli, 2019). Porém, isso não quer dizer que inexistam outros modos de subjetivação contemporâneos que escapam aos domínios das plataformas digitais, ou que os nossos comportamentos tenham sido conduzidos universalmente e de modo exclusivo pelas redes sociais, sem nenhuma forma de contestação ou mesmo de resistência.

O que estamos afirmando a partir das nossas pesquisas é que sujeitos, grupos e empresas que se reconhecem como conservadoras no Brasil contemporâneo foram e estão sendo constituídas a partir da concatenação de diferentes dimensões ou camadas de subjetivação instrumentalizadas por meio das plataformas digitais, em que o modelo de negócio dessas Big Techs, operado por meio de uma economia da atenção, amplifica o alcance dos discursos de ódio e desinformação que beneficiam diretamente a extrema direita brasileira e internacional (Da Empoli, 2019; Rosa, 2022; Stefanoni, 2022).

Todavia, partiremos da compreensão de que estas dimensões ou camadas de subjetivação mencionadas estão sendo constituídas a partir de um diagrama que compõe o que estamos chamando de ecossistema tecnoconservador brasileiro. Este, encontra-se arquitetado por: ***i) imprensa alternativa,*** que assevera certo sentimento de pertencimento a uma comunidade hipoteticamente imune ao contágio ideológico progressista e revolucionário promovido por intelectuais associados ao comunismo, que querem acabar com os valores ocidentais ancorados na tradição judaico-cristã; ***ii) editoras,*** como a Record, Ludwig von Mises (LVM), Armada, Instituto Plínio Corrêa de Oliveira, É Realizações, E.D.A., Danúbio, Katechesis, Ecclesiae, Avis Raras, Vide Editorial etc., bem como ***iii) redes de editoras,*** a exemplo da Faro Editorial e CEDET[2], sendo que esta última contou com a curadoria direta de Olavo de Carvalho na seleção, tradução e publicação de livros com o propósito de legitimar os seus discursos, assim como ocorreu com outras editoras, a exemplo da É Realizações.

Nesse sentido, parece necessário mencionar a conexão direta do tecnoconservadorismo brasileiro com o grupo CEDET, que con-

2 Disponível em: https://www.cedet.com.br/ Acesso em 09/07/2024.

ta com mais de sessenta *iv) editoras parceiras*[3] com atividades comerciais nas mais distintas regiões do país, abarcando ainda a atuação de *v) livrarias virtuais*[4], que foram criadas e organizadas em parceria com essa rede de editoras, porém em sociedade com *vi) influenciadores digitais* como Rodrigo Constantino, Ernesto Lacombe, Ana Caroline Campagnolo, Ítalo Marsili, Guilherme Freire, Antonia Fontenelle, Livraria E.D.A., dentre muitos outros sujeitos, grupos, empresas e até mesmo de políticos que possuem milhares e até mesmo milhões de seguidores. Isso fica evidente na atuação do deputado federal mais votado do país em 2022, Nikolas Ferreira (PL/MG)[5], que possui milhões de *vii) seguidores* em seus perfis, que são instrumentalizados na difusão deste tipo de conteúdo extremista.

Todavia, existem também os *viii) congressos nacionais e internacionais* - a exemplo dos diversos encontros municipais, estaduais e nacionais, além do próprio CPAC (maior evento conservador do planeta, que nasce nos Estados Unidos em 1974, tendo ocorrido cinco edições no Brasil entre o governo Bolsonaro e o ano de 2024, aglutinando conservadores de distintas vertentes); *ix) grupos religiosos de tradição cristã; x) militares; xi) empresários,* dentre outros demais segmentos da sociedade que adotam discursos anticomunistas (Rosa, 2022).

A agenda articulada por meio desse ecossistema tecnoconservador atua no combate aos direitos sexuais e reprodutivos, ao meio ambiente, à demarcação de terras indígenas, às ações afirmativas, aos sindicatos, aos direitos sociais, à regulamentação drogas ilícitas, dentre outras demais pautas, que ora convergem com aquelas defendidas pela extrema direita europeia e estadunidense, ora divergem (Stefanoni, 2022). Nesse caso, visam conduzir condutas e verdades a partir de uma abordagem prescritivista de um ponto de vista moral, que envolve a normalização de condutas sexuais, a imposição de um modelo de família, a criminalização das drogas e, inclusive, do comunismo --conforme encontramos nos Projetos de Lei 5358/2016 e 4425/2020 propostos pelo deputado federal Eduardo Bolsonaro (PL/SP), filho do ex-presidente Jair Bolsonaro.

3 Disponível em: https://www.cedet.com.br/editoras-parceiras Acesso em 09/07/2024.

4 Disponível em: https://www.cedet.com.br/livrarias-virtuais Acesso em 09/07/2024.

5 Disponível em: https://livrariadonikolas.com/ Acesso em 09/07/2024.

A partir dos elementos apontados previamente, achamos oportuno tratar desse ecossistema capitaneado pela extrema direita no Brasil, propondo um diagrama composto por diferentes dimensões pelas quais operam certa subjetivação associada ao tecnoconservadorismo brasileiro (Rosa, Angelo, Vieria, Aguiar, 2024). Sendo assim, partiremos da compreensão de que

> O diagrama não é mais o arquivo, auditivo ou visual, é o mapa, a cartografia, coextensiva a todo o campo social. É uma máquina abstrata. Definindo-se por meio de funções e matérias informes, ele ignora toda a distinção de forma entre um conteúdo e uma expressão, entre uma formação discursiva e uma formação não discursiva. É uma máquina quase muda e cega, embora seja ela que faça ver e falar. Se há muitas funções e mesmo matérias diagramáticas, é porque todo diagrama é uma multiplicidade espaço-temporal. Mas, também porque há tantos diagramas quanto campos sociais na História (Deleuze, 2019: 41).

Nesse caso, propomos que o diagrama apresentado --composto por uma subjetivação tecnoconservadora (Rosa, Angelo, Vieria, Aguiar, 2024) que se articula em diferentes dimensões ou mesmo camadas, gravitando em torno de um discurso anticomunista que foi importado do macarthismo por Olavo de Carvalho-- atualiza esses preceitos apresentados por autores que compuseram o chamado *Moderno movimento conservador dos Estados Unidos* (Souza, 2021), bem como por outros demais representantes das distintas abordagens neoliberais, conservadoras e tradicionalistas presentes tanto no Norte global quanto no hemisfério Sul.

Aliás, a citação de autores conservadores tem sido diuturnamente utilizada por representantes deste espectro político para conferir certa legitimidade aos seus discursos, por mais absurdos que possam ser. Um exemplo deste tipo de mentalidade pode ser identificada em um trecho extraído do livro *Uma breve história do homem*, escrito por Hans Hermann-Hoppe (2018: 134), professor de economia da Universidade de Nevada (EUA) e um dos principais representantes da escola austríaca de economia, assim como do paleolibertarianismo, que, após ter sido orientando de Jürgen Habermas no doutorado realizado em 1974 na Universidade de Frankfurt, seguiu como pupilo de Murray Rothbard nos EUA, afirmando que "os ricos geralmente são brilhantes e inventivos, e os pobres geralmente tolos, preguiçosos ou ambos. Não é provável que os tolos, mesmo que compunham a maioria, sistematicamente superem e enriqueçam à custa de uma minoria de pessoas brilhantes e cheias de energia".

Não obstante, também é necessário enfatizar que o ponto de partida do conservadorismo, de modo geral, perpassa justamente uma crítica contundente à modernidade. E é por isso que muitas de suas distintas variantes se amalgamam ou mesmo se emaranham com o tradicionalismo. Para Sedgwick (2020: 55), "um tradicionalista pode não passar de um conservador, provavelmente uma pessoa nostálgica com desejo de retomar os costumes de sua juventude", podendo ser ainda "alguém que prefere alguma prática estabelecida em detrimento de algo que veio substituí-la" (Sedwick, 2020: 55).

Segundo o autor, a história do tradicionalismo pode ser caracterizada a partir de três distintos momentos (Sedgwick, 2020). O primeiro, foi marcado pela influência de René Guénon como principal intelectual tradicionalista até a década de 1930, a partir da proposição de sua filosofia perenialista por meio da publicação de seus artigos e livros que passaram a circular entre um pequeno grupo de seguidores; no segundo, "foram feitas tentativas de colocar a filosofia Tradicionalista em prática, principalmente em dois contextos bastante diferentes: o islã sufi, como exemplo da metafísica oriental, e o fascismo europeu, como forma de revolta" (Sedgwick, 2020: 56); no terceiro momento, ocorrido após a década de 1960, "as ideias tradicionalistas começaram a penetrar, sem serem notadas, na cultura ocidental mais ampla, passando dali ao mundo islâmico e à Rússia" (Sedgwick, 2020: 56).

Para Sedgwick (2020), o movimento tradicionalista toma como ponto de partida a defesa intransigente da tradição, tratada como aquelas crenças, valores e práticas transmitidas desde os tempos imemoriais, sobretudo, compreendendo que elas foram sendo paulatinamente perdidas pelo Ocidente, durante a segunda metade do segundo milênio depois de Cristo. Desse modo, conforme destacam os autores tradicionalistas, o principal problema da modernidade decorre da compreensão de que "o Ocidente moderno está em crise devido à perda da transmissão da tradição, como explicado em 1927 no livro *A crise do mundo moderno*" (Sedgwick, 2020: 55), escrito por René Guenón (1977) recorrentemente citado como o fundador do perenialismo, também conhecido como tradicionalismo ou escola tradicionalista.

Nesse sentido, René Guénon não apenas figura como o mais importante intelectual tradicionalista, como também exerceu uma enorme influência tanto nas trajetórias de Olavo de Carvalho e Steve Bannon - que passaram a atuar na defesa veemente de um tipo de tradicionalismo ocidental tributário do livre mercado concorrencial - quanto Alexander Dugin (2012) - que, contrariamente aos autores mencionados, passou a defender uma perspectiva antiliberal e antiamericana, conforme constatamos em seu livro *Quarta Teoria Política* (Teiteulbaum, 2020; Rosa, 2022). Aliás, as divergências entre as perspectivas conservadoras de Olavo de Carvalho e Alexander Dugin podem ser constatadas no livro escrito por ambos os autores, que resultou de um debate intitulado *Os Estados Unidos e a Nova Ordem Mundial* (Dugin; Carvalho, 2012).

Essas distintas variantes do conservadorismo moderno e tradicional podem ser localizadas nos populismos de extrema direita difundidos no século XXI, principalmente naqueles discursos proferidos pelos consultores --muitas vezes chamados de "gurus"-- de Vladmir Putin na Rússia, Donald Trump nos Estados Unidos e Jair Bolsonaro no Brasil, que são/foram Alexander Dugin, Steve Bannon e Olavo de Carvalho, respectivamente. Aqui é importante mencionar que todos eles se reconhecem como conservadores, atestando certa inspiração no tradicionalismo inaugurado por René Guénon, conforme mostrou Benjamim Teitelbaum (2020).

Não obstante, apesar de compartilharem certa filiação ao tradicionalismo, Alexander Dugin, Steve Bannon e Olavo de Carvalho possuem perspectivas divergentes acerca de vários aspectos, embora reconheçam certo consenso em relação à chamada agenda dos costumes, na defesa dos valores judaico-cristãos, da heterossexualidade compulsória e de um modelo de família patriarcal, dentre outros. Entretanto, também encontramos divergências no que se refere à defesa do neoliberalismo e do livre mercado concorrencial, conforme questionou Dugin (2012).

As críticas endereçadas à modernidade, assim como ao liberalismo clássico, ao comunismo e ao nazifascismo, fez com que esses autores, cada um a sua maneira, passassem a promover um discurso de ruptura às democracias liberais que, de um lado, resultou na adesão ao livre mercado concorrencial como condição intrínseca à existência humana, conforme sugerem Steve Bannon e Olavo de Carvalho e, de outro, culminou com a sua plena negação, sob a argumentação de que o liberalismo econômico produziu um mundo que despreza o que há de mais relevante na história da civilização, que é a tradição, conforme afirmou Dugin (2012).

Desse modo, se de um lado temos Dugin (2012) representando uma agenda antiliberal e anti-imperialista que encontra nos Estados Unidos o seu principal e maior inimigo, de outro, deparamo-nos com Olavo de Carvalho e Steve Bannon na defesa do livre mercado concorrencial e do imperialismo estadunidense, a partir da articulação de distintos autores, destacando-se economistas austríacos como Mises e Hayek, paleolibertários como Rothbard e Hoppe, bem como representantes do *Moderno movimento conservador dos Estados Unidos* (Souza, 2021) - a exemplo de Russell Kirk (2013) e dos fusionistas - que fundamentam seus discursos em autores anticomunistas. No trecho abaixo, Olavo de Carvalho (2018: 230-231) evidencia o desconhecimento de autores conservadores no Brasil, sobretudo, aqueles que foram difundidos por ele:

> Quem primeiro me falou de Roger Scruton, no início dos anos 1990, foi Daniel Brilhante de Brito, o brasileiro mais culto que já conheci. Citei o filósofo inglês em 1993, em A nova era e a revolução cultural, antevendo - nada é mais fácil neste país - que sua obra dificilmente chegaria ao conhecimento dos nossos compatriotas. Decorridos sete anos, o Dicionário crítico do pensamento da direita, pago com dinheiro do governo à fina flor da esquerda falante - 104 intelectuais que prometiam esgotar o assunto -, ainda exibia despudoradamente a total ignorância universitária de um autor que, àquela altura, já era tido no seu país e nos EUA como um dos mais vigorosos homens de ideias no campo conservador. Só se pode alegar como atenuante o fato de que não haviam excluído Scruton por birra pessoal. Ao contrário, eram rigorosamente democráticos na distribuição da sua ignorância: desconheciam, por igual, Ludwig von Mises, Friedrich von Hayek, Murray Rothbard, Russel Kirk, Thomas Sowell, Bertrand de Jouvenel, Alain Peyrefitte e praticamente todos os demais autores sem os quais não existiria nenhum "pensamento da direita" para ser "dicionarizado".

Apesar de estar crescendo, o conservadorismo de esquerda vinculado a Dugin ainda é bastante incipiente no Brasil se comparado a sua versão neoliberal defendida por Olavo de Carvalho. Entretanto, ele pode ser encontrado em movimentos como a Nova Resistência[6], que atuava no interior do PDT (Congresso em Foco, 2023). Nesse sentido, é necessário mencionar que não analisaremos a ressonância de Dugin no Brasil, uma vez que reconhecemos

6 Disponível em: https://novaresistencia.org/sobre-nos. Acesso em 15/07/2024.

uma maior relevância de Olavo de Carvalho na construção do tecnoconservadorismo brasileiro.

A partir dos escritos publicados pelas editoras que compõem esse ecossistema tecnoconservador brasileiro, é possível compreender a relação existente entre as suas agendas e os autores que são recorrentemente mobilizados na legitimação de seus discursos. Sendo assim, apesar de serem variadas, trataremos aqui de três das principais pautas apresentadas por representantes dessa extrema direita brasileira capitaneada por Olavo de Carvalho, que são gênero, meio ambiente e raça. Estas, geralmente são apresentadas pelos tecnoconservadores a partir de pressupostos universalistas, frequentemente associadas a perspectivas evolucionistas ou escolásticas que prescrevem modelos de condutas a serem seguidos não apenas de um ponto de vista político, mas também econômico e cultural.

Em relação às publicações orientadas sobre gênero, sobretudo através de críticas aos movimentos e estudos feministas, assim como ao movimento LGBTQIAPN+ e estudos *queer*, parece-nos imprescindível mencionar três livros: ***Ideologia de gênero: neototalitarismo e a morte da família***, do advogado Jorge Scala; ***Feminismo: perversão e subversão***, da deputada estadual Ana Caroline Campagnolo (PL/SC); e ***12 regras para a vida***, do psicólogo Jordan Peterson, certamente o escrito com maior relevância internacional, exercendo enorme influência entre jovens. Estes são citados diuturnamente para justificar as desigualdades entre homens e mulheres, naturalizando condutas conduzidas universalmente por bases biológicas e religiosas, que servem para legitimar o modelo de família patriarcal e a heterossexualidade compulsória (Rosa; Zamboni; Vieira, 2023; Souza; Rosa, 2023).

No que concerne ao meio ambiente, uma obra deveras importante para os tecnoconservadores brasileiros é ***Psicose Ambientalista: Os bastidores do ecoterrorismo para implantar uma religião ecológica, igualitária e anticristã***, escrito pelo pretenso príncipe brasileiro, Dom Bertrand de Orleans e Bragança e publicado pela editora do Instituto Plínio Corrêa de Oliveira, nome do fundador da Sociedade Brasileira de Defesa da Tradição, Família e Propriedade (TFP), que nasce da extrema direita católica brasileira. Nesse escrito, o autor afirma que

> (...) estamos diante de uma realidade bem diferente. A ecologia radical - qualificada como religião ecológica por alguns cientistas sérios e renomados - desencadeou uma psicose ambientalista. Sob o pretexto de salvar a natureza, na verdade viola gravemente o direito a propriedade, cerceia a produção agropecuária e impõe limites ao legítimo progresso econômico de todas as camadas da população (Orleans e Bragança, 2022: 11).

A partir desse trecho, é possível verificar como que a defesa da propriedade privada e do livre mercado concorrencial são tomadas universalmente como uma espécie de natureza social intrínseca a quaisquer sociedades que almejam a condição de civilização. Diante disso, o meio ambiente passa a ser tratado como um território contemplado por potenciais produtos que devem ser explorados com o objetivo exclusive de garantir o desenvolvimento socioeconômico. E para isso, seria necessário que os povos originários, indígenas e quilombolas, adequem-se aos valores judaico-cristãos para que possam superar a sua condição de inferioridade. Ou seja, é por meio dessa matriz etnocêntrica, eurocêntrica e até mesmo racista, que localizaremos os discursos proferidos pelos tecnoconservadores brasileiros, conforme sugere o ex-presidente da república, o General Hamilton Mourão (Correio Brasiliense, 2023), ao afirmar que "temos uma cultura da indolência, que vem da cultura indígena. Eu sou indígena. Meu pai é amazonense. E a malandragem? Nada contra, mas a malandragem é oriunda do africano. Então, esse é nosso cadinho cultural" (Zamboni, Rosa, Souza, Bordallo, 2023: 158).

Aqui parece evidente que o discurso que hierarquiza populações e sociedades se articula com o meio ambiente, confrontando todos os modos de vida que não se adequam ao capitalismo neoliberal. Como efeito desse processo de enfrentamento aos direitos sociais, também encontramos na literatura oferecida pela extrema direita internacional, a atuação de intelectuais negros que combatem as cotas raciais e demais políticas orientadas por ações afirmativas, conforme argumenta Thomas Sowell, economista negro com doutorado pela Universidade de Chicago, tendo atuado como professor em universidade como Cornell, Amherst e UCLA. Em seu livro intitulado *Ação afirmativa ao redor do mundo: Um estudo empírico sobre cotas e grupos preferenciais*, Sowell (2016, p. 256) afirma que

> A despeito da tendência em se considerar os grupos preferenciais e as cotas como transferências de benefícios --um processo de soma zero--, existem de fato muitas maneiras pelas quais tais transferências podem se transformar em processo de soma negativa nos quais o que é permitido por um dos grupos excede o que é ganho por outro, deixando a sociedade como um todo em pior condição.

Neste trecho fica evidente a tentativa de desqualificar ações afirmativas, assim como ocorre com outros demais direitos sociais, que são tratados como mercadorias pela grande maioria daqueles que se reconhecem como conservadores no Brasil e que atuam a partir da influência de Olavo de Carvalho. Sendo assim, é possível encontrar diversas menções a Thomas Sowell (2016) proferidas por influenciadores digitais e políticos que desqualificam os argumentos progressistas em defesa de direitos em detrimento de críticas que visam combater a atuação do estado em investimentos que reduzam as desigualdades sociais.

CONSIDERAÇÕES FINAIS

O capítulo apresentado procurou mostrar alguns dos principais elementos que compõem a agenda da extrema direita no país, que estamos tratando como tecnoconservadorismo brasileiro, justamente por considerar as ações conservadoras em sua íntima relação com as plataformas digitais que, em certa medida, nascem a partir de estímulos bélicos e comerciais, conforme constatamos em nossas pesquisas. Desse modo, apesar das limitações textuais, analíticas e metodológicas, esperamos que o escrito exposto contribua para outras demais investigações e análises que evidenciam não apenas a atuação do espectro político investigado, mas também as estratégias mobilizadas para conferir legitimidade aos seus discursos a partir da difusão desse tipo de conteúdo.

REFERÊNCIAS

Bordin, M. (2021). *A guerra é a regra*. PG Editorial.

Bruno, F., Cardoso, B., Kanashiro, M., Guilhon, L., & Melgaço, L. (2018). Apresentação. In F. Bruno, B. Cardoso, M. Kanashiro, L. Guilhon, & L. Melgaço (Eds.), *Tecnopolíticas da vigilância*. São Paulo: Boitempo.

Carvalho, O. (2014). *A nova era e a revolução cultural*. Campinas: Vide Editorial.

Carvalho, O. (2018). *O mínimo que você precisa saber para não ser um idiota.* Rio de Janeiro: Record.

Castells, M. (2018). *Ruptura.* Rio de Janeiro: Zahar.

Ceolin, A. M. (2022). *Vale do Silício a contrapelo.* São Paulo: AnnaBlume.

Congresso em Foco. (2023, 6 de fevereiro). *Por ordens de Lupi, PDT expulsa 50 'infiltrados' de extrema direita.* Disponível em: https://congressoemfoco.uol.com.br/area/pais/por-ordens-de-lupi-pdt-expulsa-50-infiltrados-de-extrema-direita/. Acesso em 15/07/2024.

Correio Braziliense. (2023, 2 de fevereiro). *Mourão sobre ianomâmis: "Índio quer celular, caminhonete e ar-condicionado".* Disponível em: https://www.correiobraziliense.com.br/politica/2023/02/5070941-mourao-sobre-ianomamis-indio-quer-celular-caminhonete-e-ar-condicionado.html. Acesso em 15/07/2024.

Da Empoli, G. (2019). *Os Engenheiros do Caos.* São Paulo: Vestígio.

Deleuze, G. (2019). *Foucault.* São Paulo: Brasiliense.

Delorenzo, D. (2024, 19 de março). Revista Fórum. *Brasil Paralelo gastou R$ 22 milhões em redes na Meta em 4 anos, o dobro da Secom.* Disponível em: https://revistaforum.com.br/midia/2024/3/19/brasil-paralelo-gastou-r-22-milhes-em-redes-na-meta-em-anos-dobro-da-secom-155935.html. Acesso em 04/07/2024.

Dourado, B. (2024, 11 de fevereiro). *Ranking: as redes sociais mais usadas no Brasil e no mundo em 2025, com insights, ferramentas e materiais.* RD Station. Disponível em: https://www.rdstation.com/blog/marketing/redes-sociais-mais-usadas-no-brasil/. Acesso em 09/07/2024.

Dugin, A. (2012). *The Fourth Political Theory.* London: Arktos.

Dugin, A., & Carvalho, O. (2012). *Os Estados Unidos e a Nova Ordem Mundial.* Campinas: Vide Editorial.

Dunker, C. (2019). Psicologia das massas digitais e análise do sujeito democrático. In Abranches et al. *Democracia em risco?* São Paulo: Companhia das Letras.

Guénon, R. (1977). *A crise do mundo moderno.* Lisboa: Veiga Editorial.

Hoppe, H.-H. (2018). *Uma breve história do homem.* São Paulo: LVM.

Lemos, A. (2021). Dataficação da vida. *Civitas, 21*(2), 193-202. Disponível em: https://revistaseletronicas.pucrs.br/index.php/civitas/article/view/39638. Acesso em: 8 jul. 2024.

Mello, P. C. (2020). *Máquina do ódio.* São Paulo: Companhia das Letras.

Miskolci, R. (2016). Sociologia Digital: notas sobre pesquisa na era da conectividade. *Contemporânea - Revista de Sociologia da UFSCar, 6*(2). Disponível em: https://www.contemporanea.ufscar.br/index.php/contemporanea/article/view/525. Acesso em: 8 jul. 2024.

Orgadi, S. (2009). How can researchers make sense of the issues involved in collecting and interpreting online and offline data? In A. Markham & N. Baym (Eds.), *Internet inquiry conversations about method.* Los Angeles: Sage.

Panico, C. (2020). Da tecnopolítica à tecnoafetividade (à distância): Movimentos sociais, migrações e feminismo na Itália, Europa do Sul, 2008-2020. In J. Sabariego, A. J. Amaral, & E. B. C. Salles (Eds.), *Algoritarismos.* São Paulo: Tirant lo Blanch.

Poell, T., Neiborg, D., & Dijck, J. V. (2020). Plataformização. *Fronteiras - Estudos Midiáticos, 20*(1), 2-10. Disponível em: https://revistas.unisinos.br/index.php/fronteiras/article/view/fem.2020.221.01. Acesso em: 16 jul. 2024.

Pierucci, A. F. (2013). *Ciladas da diferença.* São Paulo: Ed. 34.

Rosa, P. C. (2019). *Fascismo Tropical.* Vitória: Milfontes.

Rosa, P. C. (2022). Etnografia nas plataformas digitais: Um diagrama do conservadorismo tecnopolítico à brasileira e sua articulação com o sistema de justiça criminal. In M. Bordin (Ed.), *Metodologias de pesquisa qualitativa no Sistema de Justiça Criminal.* Pelotas: Sinclave.

Rosa, P. C., & Zamboni, J., & Vieira, B. B. R. (2023). Ideologia de gênero em perspectiva genealógica: A disputa pela verdade entre conservadorismos e estudos feministas. *Revista Veritas, 68*(1), 1-15. Disponível em: https://revistaseletronicas.pucrs.br/ojs/index.php/veritas/article/view/44665. Acesso em: 16 jul. 2024.

Rosa, P. C., Angelo, V. A., Almeida, V. A., & Vieira, B. B. R. (2024). *Tecnoconservadorismo e o Brasil Paralelo.* São Paulo: Autonomia Literária.

Instituto Sagres. (2022). Projeto de Nação - Cenário Prospectivo Brasil 2035 - Cenário foco - Objetivo, Diretrizes e Óbices. Brasília: Instituto Sagres. Disponível em: https://sagres.org.br/Apresent/2.%20Resumo%20do%20Pjt%20e%20Orienta%C3%A7%C3%A3o%20aos%20Respondentes%20da%20Consulta_J.pdf. Acesso em: 6 jul. 2024.

Sedgwick, M. (2020). *Contra o mundo moderno.* Rio de Janeiro: Editora Âyiné.

Silveira, S. A. (2021). A hipótese do colonialismo de dados e o neoliberalismo. In J. F. Cassino, J. Souza, & S. A. Silveira (Eds.), *Colonialismo de dados.* São Paulo: Hedra.

Souza, A. T., & Rosa, P. C. (2023). Gênero e sexualidade na guerra cultural: o conservadorismo no WhatsApp. *Revista Argumentum, 15*(1), 125-139. Disponível em: http://10.0.185.96/argumentum.v15i1.38558. Acesso em: 16 jul. 2024.

Souza, R. F. (2021). National Review, o moderno conservadorismo americano e a luta para "salvar" os EUA do comunismo, do liberalismo e da integração racial (1955-1959). *Revista de História da Universidade de São Paulo - USP, 138.* Disponível em: https://www.scielo.br/j/rh/a/hktqdvws6mp8h8nsvFBMc4k/?format=pdf&lang=pt. Acesso em: 6 jul. 2024.

Sowell, T. (2016). *Ação afirmativa ao redor do mundo.* São Paulo: É Realizações.

Srnicek, N. (2018). *Capitalismo de plataforma.* Buenos Aires: Caja Negra.

Stefanoni, P. (2022). *A rebeldia tornou-se de direita?* Campinas: UNICAMP.

Teitelbaum, B. (2020). *Guerra pela eternidade.* Campinas: UNICAMP.

Ustra, C. A. B. (2018). *A verdade sufocada.* Brasília: SER.

Zamboni, J., Rosa, P. C., Souza, A. T., & Bordallo, P. A. C. (2023). Agonísticas cosmológicas: Uma genealogia do feitiço capitalista lançado pelos militares aos povos Yanomami. *Aceno - Revista de Antropologia do Centro-Oeste, 10*(24), 151-166. Disponível em: https://periodicoscientificos.ufmt.br/ojs/index.php/aceno/article/view/15639. Acesso em: 18 jul. 2024.

Zuboff, S. (2020). *A era do capitalismo de vigilância.* Rio de Janeiro: Intrínseca.

EL PROCESAMIENTO DE LO SOCIAL. DE LA IA AL ESQUEMA DAP (DATOS, ALGORITMOS, PLATAFORMAS)

Pablo Manolo Rodríguez

El deseo de potencia consagra a la máquina como medio de supremacía, y hace de ella el filtro moderno. El hombre que quiere dominar a sus semejantes suscita la máquina androide. Abdica entonces frente a ella y le delega su humanidad. Busca construir la máquina de pensar, soñando con poder construir la máquina de querer, la máquina de vivir, para quedarse detrás de ella sin angustia, libre de todo peligro, exento de todo sentimiento de debilidad, y triunfante de modo mediato por lo que ha inventado. Ahora bien, en este caso, la máquina convertida por la imaginación en ese doble del hombre que es el robot, desprovisto de interioridad, representa de modo demasiado evidente e inevitable un ser puramente mítico e imaginario.

Querríamos mostrar precisamente que el robot no existe, que no es una máquina, como no es un ser vivo una estatua, sino solamente un producto de la imaginación y de la fabricación ficticia, del arte de la ilusión. Sin embargo, la noción de máquina que existe en la cultura actual incorpora en una medida lo suficientemente amplia esta representación mítica del robot. Un hombre cultivado no se permitiría hablar de objetos o de personajes pintados sobre una tela como de verdaderas realidades que tienen una interioridad, una voluntad buena o mala. Este mismo hombre habla sin embargo de máquinas que amenazan al hombre como si atribuyera a esos objetos un alma y una existencia separada, autónoma, que le confiere el uso de sentimientos e intenciones contra el hombre.

La cultura conlleva de este modo *dos actitudes contradictorias* con respecto a los objetos técnicos: por una parte, los trata como *puros ensamblajes de materia*, desprovistos de verdadera significación, y que presentan solamente una utilidad. Por otra parte, supone que esos objetos son también robots y que están animados por intenciones hostiles para con el hombre, o que representan para él un peligro permanente de agresión, de insurrección. Al juzgar bueno conservar el primer carácter, quiere impedir la manifestación del segundo y habla de poner a las máquinas al servicio del hombre, creyendo encontrar de este modo, en la reducción a la esclavitud, un medio seguro de impedir toda rebelión.

> De hecho, esta contradicción inherente a la cultura proviene de la ambigüedad de las ideas relativas al automatismo, en las cuales se esconde una verdadera falta lógica. Los idólatras de la máquina presentan en general el grado de perfección de una máquina como proporcional al grado de automatismo. Superando lo que muestra la experiencia, suponen que, a través de un crecimiento y un perfeccionamiento del automatismo, se llegará a reunir y a interconectar todas las máquinas entre ellas, de manera de constituir una máquina de todas las máquinas. (Gilbert Simondon, *El modo de existencia de los objetos técnicos*: 32-33).

Esta larga y rica cita contiene muchas ideas; más, quizás, de las que podamos desplegar en el espacio de este artículo.

En un primer eje de análisis se podría trazar una historia que comienza en la modernidad industrial. Efectivamente, la máquina que se erige en medio de supremacía de seres humanos sobre otros seres humanos correspondería al capitalismo de los siglos XVIII y XIX analizada por Marx. Luego, en el siglo XX, con el ascenso de la cibernética y la teoría de la información, la máquina sube un peldaño en nivel de complejidad. Desarrollo de las ciencias cognitivas y de la inteligencia artificial mediante, se vuelve posible que la máquina pueda pensar, pueda querer, pueda vivir[1]. Ya no es solo un medio de dominación como lo era la máquina termodinámica, sino que se transforma en una duplicación imaginaria de todas las capacidades humanas.

Por lo tanto, siendo mero "ensamblaje de materia", la máquina adquiere un espíritu (Simondon habla aquí del objeto técnico, pero puede ser algo extensible a la máquina). Y, al hacerlo, al tener esa doble condición de no ser humana pero a la vez tener rasgos humanoides, es vista como un esclavo; o sea, un ser humano reducido a máquina pero con capacidad de rebelión. Finalmente, la forma de salir de esa paradoja es elevándola al mayor grado posible de automatización, lo cual reduce su espiritualidad y aumenta su eficacia; la vuelve casi perfecta. La "máquina de todas las máquinas" ya no necesitará ser humana porque podría ser algo diferente. Podemos agregar que esta ilusión es cuanto menos ambigua si la etapa siguiente no supera a la anterior; por

1 "Al observar ahora ciertas analogías entre las máquinas y los organismos vivientes, nos hallamos frente al problema de saber si las máquinas poseen vida; para nuestros propósitos la pregunta es semántica y somos libres de responder de una manera u otra, como nos convenga" (Wiener, 1988, p.30). Por otra parte, en el coloquio de Royaumont sobre "El concepto de información en la ciencia contemporánea, antes la afirmación de que "una máquina no siente dolor", Wiener respondió: "No es seguro" (Wiener, 1966: 89).

ejemplo, si una máquina general automática conserva la capacidad de rebelarse, o incluso pueda querer, pensar, etc.

En un segundo eje de análisis se podría introducir a la tan promocionada hoy Inteligencia Artificial. De hecho, no costaría demasiado reemplazar "máquina" por IA en esta historia y mantener el sentido original. Por un lado, la "máquina de pensar" es literalmente una "inteligencia artificial", una máquina que tiene propiedades "inteligentes". Una IA, siendo una máquina, posee una espiritualidad al mostrar "rasgos de inteligencia". Y la historia misma de la IA, desde su formulación original hasta la actualidad de las redes neuronales profundas y el *machine learning* (una máquina que aprende), muestra justamente un camino de creciente automatización junto con la ambivalencia de verla como un "auxiliar" de la actividad humana (los sistemas expertos que florecieron a partir de la década de 1970) que, al aumentar sus capacidades, pueda adquirir una autonomía que se asemejaría a una voluntad; un grado alto de automatización conllevaría un nivel de opacidad en sus procedimientos (la cajanegrización de los procesos algorítmicos) que no se condice con la condición de "auxiliar".

Un tercer eje de análisis podría centrarse en la historia científica, social y geopolítica de la IA, de manera de ampliar el foco de la mirada respecto de la mitología de la máquina denunciada por Simondon en el terreno filosófico, o en todo caso de ver cómo esta mitología se entreteje con un verdadero tablero geopolítico donde se definen nuevas instituciones y nuevos modos de subjetivación.

2. BREVE HISTORIA DE LA IA

El acta de nacimiento del campo de la IA en 1956 -la convocatoria del director del Departamento de Matemáticas del Darmouth College, John McCarthy, a varios especialistas, entre ellos el mentor de la teoría matemática de la información, Claude Shannon- propone siete ejes a investigar: computadoras automáticas; programación de computadoras para que usen un lenguaje; redes neuronales; teoría del tamaño de un cálculo; auto-mejoras [*self-improvement*] de una máquina; métodos maquínicos para formar abstracciones; y la relación entre azar y creatividad (McCarthy, Minsky, Rochester y Shannon, 2006).

Durante los años 60 la IA fue una prioridad para las agencias de defensa y de seguridad principalmente de Estados Unidos y Gran Bretaña. A fines de los 50 el equipo de Frank Rosenblatt diseñó el Perceptrón para los laboratorios aeronáuticos Cornell como una realización práctica de las redes neuronales, eso de lo que se habla hoy con tanta frecuencia y cuya teoría había sido presentada en 1943 por los matemáticos Warren McCulloch y Walter Pitts. De hecho el Perceptrón es uno de los antecedentes de algoritmos diseñados para un aprendizaje supervisado como lo es hoy el *machine learning* (en adelante, ML). Entre 1964 y 1966 el equipo de Joseph Weizembaum en el MIT (Massachusetts Institute of Technology) puso a punto un chatbot llamado Eliza, que es el antecedente directo de los sistemas de procesamiento de lenguaje natural bajo modelo de diálogo como el actual chat GPT, aunque con un funcionamiento muy diferente. Además, en esos años los fondos de estas agencias estaban dirigidos a la creación de sistemas de reconocimiento de patrones en imagen y en sonido. Finalmente, otra de las áreas de desarrollo de la IA fue, como dijimos, la generación de sistemas expertos que "simulan" el razonamiento en un área específica para ayudar a la toma de decisiones en ámbitos como los de la medicina.

El desarrollo de estas áreas (redes neuronales, sistemas expertos, modelos de diálogo "natural" y sistemas de reconocimiento de patrones), que son las mismas que originaron la explosión de la IA en la última década, impulsó la delimitación de dos interpretaciones básicas de las perspectivas del campo. Por un lado, la IA débil sostenía que la computadora simulaba actividades humanas pero no se confundía con ellas, de acuerdo a los aspectos nodales de los sistemas expertos y los modelos de diálogo "natural"; y, por el otro, la *IA fuerte* postulaba que, en tanto realización de la mente, es semejante a la mente humana, básicamente a partir del funcionamiento masivo de las redes neuronales (Penrose, 1996). El desarrollo de la IA renueva así la historia mitológica que reconstruimos a partir de Simondon (cuyo texto es de 1958): la máquina como un inquietante doble de lo humano que necesita ser mantenido a raya como auxiliar o, en cambio, como una duplicación completa de lo humano, en este caso de la mente.

Para que estos dilemas vuelvan con una fuerza inusitada en la actualidad fue necesario un retroceso y un avance en una dirección diferente. El retroceso es lo que se conoce como el "invierno de la IA" (Pasquinelli & Joler, 2021: 5). En coincidencia con la crisis del petróleo en las economías occidentales, Estados Unidos y Gran Bretaña suspendieron el financiamiento de varios proyectos, algunos referidos a sistemas de reconocimiento del habla. El avance fue más lento y por otro lado.

En la década de los años 1980, y hasta la constitución de internet en su variante comercial hacia mediados de los años 1990, las computadoras evolucionaron en miniaturización de componentes, velocidad de procesamiento y capacidad de almacenamiento, pero eso no se tradujo en cambios significativos en el campo de la IA. Sin embargo, la arquitectura reticular de nodos de internet permitió que muchas computadoras pasaran a compartir datos y, a partir de las mejoras en los protocolos de comunicación entre ellas y en los sistemas comunes de codificación, también pasaran a procesar información de manera conjunta. Como consecuencia de esta transformación, y de la actividad comercial de internet, tanto la informática como la IA lograron atraer la inversión privada en los países más desarrollados, especialmente Estados Unidos, frente a la merma de la inversión directa de los agentes estatales.

Así fue como a principios de los años 2000 comenzó el proceso que desemboca en los desafíos y preocupaciones actuales respecto de los dominios donde la IA "reemplaza" a los seres humanos y cuáles serían las consecuencias sociales y éticas. En el campo específico de la IA, la mayor velocidad de procesamiento y el acceso y fabricación de grandes volúmenes de datos creó la posibilidad de elaborar modelos pre-entrenados [*pre-trained models*], como el actual chat GPT en sus diferentes variantes, esto es, un modelo o red de modelos que son automáticamente entrenados por grupos de datos para resolver determinados problemas; una suerte de auto-programación de los modelos computacionales, hasta entonces limitados, por un lado, a una provisión más "artesanal" de datos y, por el otro, a un tipo de programación ligada casi exclusivamente a secuencias lógicas equiparables a sistemas de lenguaje. Así fue como volvió a ganar importancia la tesis de las redes neuronales como lógica de funcionamiento de red.

Por otro lado, esta transformación de la IA vino de la mano de la reticulación de los nodos de internet, de manera que esos modelos pre-entrenados comenzaron a ser alimentados constantemente y de manera automática por ese *Big data*. Y esto, a su vez, potenció a las corporaciones de software, que comenzaron a encontrar en los datos y la automatización de los procesos algorítmicos la clave para un nuevo modelo de negocios cuyo caso emblemático es Google, que ofrece una gran cantidad de datos y de productos digitalizados de la cultura (videos, música, imágenes) a cambio de controlar el entorno de los intercambios producidos en internet a través del sistema Android para capturar cada vez más datos. En el seno de este modelo, que se conoce como modelo de plataformas (Bratton, 2015; Srnicek, 2018), surgieron las redes sociales, desde Youtube hasta Instagram, pasando por Facebook, que no sólo aumentaron exponencialmente la comunicación y con ello la posibilidad de digitalizar grandes porciones de la vida social a nivel global, sino que también generaron incentivos para que dichas corporaciones lideraran la investigación y desarrollo de la IA, en un sentido contrario a lo que ocurría en los años 1960 y 1970.

Esta situación provocó transformaciones en diferentes planos. Ante todo, la IA como campo de investigación logró que las computadoras se conectaran de manera masiva y directa con los lazos y las prácticas sociales, de manera de convertirse en una "metatecnología": una tecnología que controla otras tecnologías (Tecnocenolab, 2023a). Así, la competición entre ser humano y ser maquínico que engendró la historia mitológica que narramos a partir de Simondon se transformó en una suerte de "cooperación" o "colaboración" entre humanos y máquinas entendidos como seres sociales en un entorno cada vez más complejo[2].

A su vez, la opción más decidida por las tesis de las redes neuronales, basadas en mayor procesamiento y mayor volumen de datos, permitió justamente "desbloquear" las áreas que hacia 1970 ya habían experimentado límites en su desarrollo: los modelos de lenguaje natural y los sistemas de reconocimiento de patrones en sonidos, en voces especialmente, y en imágenes. Esto generó y genera un feedback "cibernético", porque la automatización de los patrones de generación y reconocimiento de sonidos e imágenes acelera a los modelos pre-entrenados para optimizar modelos y predecir patrones a una escala prácticamente no humana. Entre 2009 y 2012, por ejemplo, los sistemas de IA consolidaron

2 "Las computadoras son limitadas porque los humanos las colocamos en sistemas de baja complejidad. Una vez que hayamos logrado escribir programas capaces de introducir mejoras en sí mismos, comenzará un proceso de rápida evolución" (Minsky, 1974: 327).

el reconocimiento de fonemas y de una amplia variedad de objetos artificiales y naturales, lo que permitió aumentar exponencialmente la capacidad de generar sonidos e imágenes a partir de patrones dinámicos y generar así diversas aplicaciones en las tecnologías de uso cotidiano que tienden así a "reproducir" en entornos digitales casi cualquier aspecto de la vida social.

De ello se desprende que la división anterior entre una IA débil (simulación de la mente humana) y una IA fuerte (una mente artificial similar a la humana) se reorganice en torno a una tripartición: una IA estrecha [*narrow AI*], que se especializa en tareas limitadas según el modelo de los sistemas expertos (juegos, transacciones financieras, geolocalización, etc.), una IA general [*general AI*], que aspira a un desarrollo similar al de la mente humana en todos sus aspectos y actividades; y una suerte de Super IA que, saliendo de la partición entre IA débil o fuerte, se plantea como una inteligencia que ya no tiene como referencia a la inteligencia humana porque la supera tanto en velocidad de procesamiento como en cantidad de datos procesados. Se trataría de una inteligencia de la cual no conocemos sus rasgos fundamentales porque no tiene una escala antropométrica (Tecnocenolab, 2023c).

Esto muestra un salto de escala respecto de la propuesta original de McCarthy acerca del campo de la IA, porque ya no se busca que los sistemas informáticos simulen o se asemejen a una "mente humana", sino que calculen algo incalculable por ella, y por ende representen algo no representado ni representable por ella. La IA hoy puede crear, inventar, y sobre todo operar sobre el mundo humano ya sin tener como referencia a un ser humano aislado, como ocurría en los años 1960, sino estando inmersa en la vida social, cultural y política de millones de seres humanos. En este sentido, pues, también estaríamos más allá de la situación simondoniana respecto del esclavo que obedece, se rebela y genera en nosotros el temor a que tenga un alma. O, en todo caso, estaríamos más cerca de esa "máquina de todas las máquinas" que mencionaba el filósofo francés; una máquina que ya no necesita compararse con el ser humano.

Si este análisis no está demasiado errado, conviene entonces abandonar la imagen de la IA como un proceso soportado por una máquina, por compleja que sea y humana que parezca, y explorar un paisaje socialmente más relevante, compuesto por la combinación entre datos, algoritmos y plataformas, lo que llamaremos de aquí en más el esquema DAP. Nuestra hipótesis es que una parte no menor del despliegue de la IA hoy sólo es posible dentro del esquema DAP, que su referencia ya no es un laboratorio ni un mero procedimiento matemático, sino la sociedad misma que se encuentra "procesada" bajo este esquema, al cual ella a la vez "entrena". Esto supone abrir la reflexión sobre la IA a la política, la economía, la sociedad y la cultura. Si la famosa carta firmada en abril de 2023 por figuras destacadas del mundo científico y tecnológico (entre ellos Elon Musk) se basaba en advertir todos los "peligros" del desarrollo de la IA, pidiendo por una interrupción de seis meses de las investigaciones en el campo, es necesario señalar que una buena parte de esos peligros son precisamente derivados de la forma capitalista en que se desenvuelve. Por lo pronto, dicha interrupción nunca se produjo.

3. DE LA IA AL ESQUEMA DAP (DATOS, ALGORITMOS, PLATAFORMAS)

En las últimas dos décadas, al ritmo del desarrollo del modelo que estableció Google de gestión de los datos, del impulso a las tecnologías algorítmicas como el ML y de la constitución de plataformas de todo tipo, emergieron términos analíticos como "extractivismo de datos", "gubernamentalidad algorítmica" y "capitalismo de plataformas", entre otros, para dar cuenta de las transformaciones en curso. Proponemos el esquema DAP como concepto que reúne estas perspectivas, y aquí encontramos tres antecedentes importantes.

El primer enfoque es el de Matteo Pasquinelli y Vladan Joler, que en su texto *El nooscopio de manifiesto* proponen la tríada datos-algoritmos-modelos para explicar el funcionamiento del ML en un doble sentido: como "instrumento de magnificación del conocimiento", en un sentido cognitivo, y como "cadena de montaje", en un sentido socioeconómico (Pasquinelli & Joler, 2021: 1-2). Los datos son entendidos como "objetos observables", los algoritmos como "instrumentos de observación" y los modelos como la "representación final" del proceso (*id.*). Sobre esta base, los autores proponen una caracterización adicional de corte socioeconómica, acercándose a la hipótesis de la existencia de un capitalismo de plataformas, por la cual: a) los datos son elementos producidos mediante el trabajo humano y el registro masivo de las interacciones sociales a partir de los procesos masivos de digitalización; b) los algoritmos son sistemas de "automatización de la percepción" (siempre en la forma del ML, que es su foco de análisis) en los cuales anidan sesgos tanto humanos como técnicos (Pasquinelli & Joler, 2021: 4-5); c) y el modelo, en tanto modelo estadístico, es el resultado de los procesamientos algorítmicos y está constituido por el reconocimiento y gestión de patrones (Pasquinelli & Joler, 2021: 6-9). Esos patrones efectivamente se vuelcan luego sobre el intento de predicción de comportamientos.

El segundo enfoque es el de José Van Dijck, Thomas Poell y Martijn De Waal, centrado en las plataformas consideradas desde su infraestructura y sus derivaciones socioeconómicas pero también políticas. Las plataformas son "alimentadas por *data*, automatizadas y organizadas a través de ***algoritmos*** e ***interfaces***, formalizadas mediante relaciones de ***propiedad*** impulsadas por ***modelos de negocios*** y gobernadas mediante ***acuerdos de uso***" (Van Dijck, Poell & De Waal, 2018: 9). Por un lado, estos autores comparten la visión sociotécnica y económica de Pasquinelli y Joler, en este caso enfocado en la producción de valor económico a partir de la digitalización de las interacciones sociales; por el otro, subrayan que hay un modelo político que las plataformas establecen y que requieren la intervención de poderes públicos en la definición de lo que es un bien común. Al mismo tiempo, el énfasis en las interacciones y en las interfaces muestran una cara complementaria al acento puesto en los modelos en el caso de Pasquinelli y Joler.

El tercer enfoque es el de Antoinette Rouvroy y Thomas Berns, quienes buscan subrayar los efectos de la interacción entre datos, algoritmos y plataformas en los procesos de subjetivación, valiéndose de la noción de gubernamentalidad de Michel Foucault. La gubernamentalidad, en tanto modo de conducir conductas, tendría para estos autores una versión contemporánea en la centralidad de los datos y los algoritmos, en la medida en que "la recolección, la agrupación y el análisis automatizado de datos en cantidad masiva" apunta no sólo a registrar las interacciones sociales, sino sobre todo a "modelizar, anticipar y afectar por adelantado los comportamientos posibles" (Rouvroy & Berns, 2016: 96) bajo el paraguas de la personalización.

Desde este punto de vista, los datos son entendidos como algo emergente de los individuos en su forma "molecular" y los algoritmos como una suerte de máquinas que procesan esos datos, y que conducen a una entidad superior a los individuos denominada "perfil". El perfil en tanto supraindividual reverbera sobre los individuos generando un proceso de identificación y eventualmente un proceso de subjetivación.

Vemos, pues, que la interacción entre los datos y los algoritmos construyen los modelos (Pasquinelli & Joler), las interfaces (Van Dijck, Poell & De Waal) y los perfiles (Rouvroy & Berns). Nuestro enfoque parte de considerar que estas tres instancias conviven en las plataformas. Para ello vamos a analizar cada instancia por separado y sus correlatos en actividades dinámicas: ***datificación, algoritmización y plataformización.***

4. DATOS

En lo que respecta a los datos, se puede hacer tres distinciones. La primera concierne a su relación con un acto epistemológico, esto es, al hecho de que un dato es algo que se obtiene, y no que está dado (dato), a partir de una búsqueda explícita por parte de alguien. Se trata más de un *captum* que de un *datum*, "algo que ha sido tomado o seleccionado de la naturaleza por un científico de acuerdo con un propósito" (Jensen, en Kitchin, 2014: 29). La segunda es que el dato proviene del hecho de "abstraer el mundo dentro de categorías, medidas y otras formas representacionales -números, caracteres, símbolos, imágenes, sonidos, ondas electromagnéticas, bits" (Kitchin, 2014: 28), pero al mismo tiempo es "la entidad que exhibe la anomalía" dentro de ese mundo (Prado, 2022: 142), una anomalía que merece ser registrada en función del acto que la buscó. Y la tercera distinción, consecuencia de las dos anteriores, es que los datos son entidades relacionales; "nada es un dato per se. Más bien, ser un dato es una propiedad externa" (Floridi, en *id.*).

El surgimiento de la teoría matemática de la información (TMI) a mediados del siglo XX y su consecuencia más inmediata, que es la creación de los sistemas digitales a través de procesos de codificación y decodificación de señales, obligaron a redefinir a los datos vinculándolos orgánicamente con la información, ya sea respecto de la "transferencia y recepción cuantitativa de información de forma correcta" y la "sintaxis almacenada en las variables", o respecto de aquello que "incumbe genéricamente a la información relevante para el usuario humano" (Prado, 2022: 142). Esto es lo que lleva de los datos a la *datificación*, un proceso que remite no solo al aumento exponencial de los procesos de abstracción y cuantificación gracias a la digitalización (o sea, el crecimiento de los registros susceptibles de ser convertidos en datos), sino también a la integración del resultado de este aumento en un proceso dinámico conectado con las instancias de los algoritmos y de las plataformas, que convierte esos mismos registros en datos para un sistema dado.

Nick Couldry y Ulises Mejías plantean que la datificación combina la efectiva "transformación de la vida humana en datos a través de procesos de cuantificación" con "la generación de diferentes tipos de valor a partir de los datos" (Couldry & Mejías, 2019: 4). En este sentido, siguiendo el enfoque centrado en lo económico, los autores observan una analogía entre los procesos de abstracción de la datificación en sí y los de la mercancía en Marx, pues en ambos casos se trata de "la *posibilidad* misma de transformar los procesos vitales en 'cosas'con valor a través de la abstracción" (Couldry & Mejías, 2019: 7). La datificación estaría así en la base de un extractivismo y un colonialismo de datos, una tesis que, como dijimos, se está extendiendo en la actualidad a partir de las obras de Couldry y Mejías y también de Paola Ricaurte (2019; Tello, 2023).

Los procesos de datificación están en la base de lo que se da a conocer como *Big Data*, un término que pretende dar cuenta de la explosión de datos que se verifica en las últimas dos décadas. Se suele mencionar las "tres V" del Big Data (volumen, velocidad, variedad) como dimensiones que justifican la aserción de que se produce una transformación considerable del papel de la estadística y de su alcance epistemológico (Sosa Escudero, 2019). Tanto Rouvroy y Berns como Pasquinelli y Joler señalan que, allí donde la estadística tradicional elabora promedios que atraviesan cualidades y aspectos específicos de aquello que cuantifica y calcula, la estadística de la ciencia de datos "personaliza", como lo hacen, por ejemplo, las plataformas de consumo cultural en música y en video. Y allí donde la estadística construía modelos que "representaban" el universo estudiado, la ciencia de datos prueba modelos en tiempo real para refutarlos o confirmarlos.

Ahora bien, dicha "estadística en tiempo real" y la ciencia de datos que la soporta (y donde los datos se organizan en una estructura compleja: datos primarios, secundarios, metadatos, datos operacionales, datos derivativos, etc.) existe gracias a los procesamientos algorítmicos, por lo cual en la datificación como operación resulta difícil distinguir claramente entre dato y algoritmo.

5. ALGORITMOS

Un algoritmo suele ser definido como un conjunto finito de instrucciones o pasos que sirven para ejecutar una tarea o resolver un problema de tipo matemático a través de la manipulación de símbolos. Al igual que con la definición de dato, la de algoritmo creció exponencialmente en su aplicación con la teoría de la información, la creación de los sistemas digitales y su coronación con el nacimiento de la informática y las ciencias cognitivas. La computabilidad como problema estrictamente matemático se transformó en un problema sociotécnico con el surgimiento de la computadora. La noción de algoritmo quedó así asociada a la de programa y por extensión cualquier sistema informático pasó a ser un sistema que emplea algoritmos para realizar una tarea, desde las primeras computadoras que necesitaban ser recableadas para realizar una nueva operación hasta las apps actuales y, por supuesto, la explosión actual ligada a las inteligencias artificiales.

Existen muchas formas de procesamientos algorítmicos digitales: la tradicional y conocida "máquina de Turing", los sistemas homeostáticos de Ashby, los programas con sentido común de McCarthy, los sistemas físicos simbólicos de Newell y Simon, las redes bayesianas, el Perceptrón, las máquinas de vectores de soporte, las cadenas de Markov, los *autoencoders*, las máquinas de Boltzmann, etc. (Prado, 2022b: 299). Sin embargo, la que tomó la delantera en la consideración general en los últimos años son las redes neuronales profundas que comenzaron a generalizarse en hace poco menos de dos décadas a partir de las investigaciones de los equipos del citado Geoffrey Hinton, Yoshua Bengio y Yann Le Cunn. Estas redes neuronales profundas están en la base del

ML. De hecho, la explosión de los procesos de datificación y de algoritmización proviene justamente del impulso que el ML brinda a la ciencia de datos (*Big Data*) y viceversa.

El ML construye incesantemente modelos, definidos como "aplicación de métodos estadísticos clásicos para encontrar regularidades" (Ilcic, 2022: 380). De allí que Pasquinelli y Joler construyan la tríada de ese modo: datos-algoritmos-modelos. Lo que hace el ML es automatizar estadísticas o, dicho de otro modo, realiza una "extracción automatizada de características" (Prado, 2022b: 299), que son los patrones con los que interactúan los usuarios de redes y plataformas para, desde el punto de vista "interno" de este proceso, ajustar y redefinir esos mismos patrones y/o crear otros nuevos. Esto supone considerar, entonces, dos caras del ML estrictamente entrelazadas: por un lado, se trata de un proceso "autoprogramado", en el sentido de que los algoritmos operantes bajo esta forma son "entrenados" para autonomizarse de su programación original y realizar procesos por "sí mismos", o sea, que tienen la apariencia de "aprender"; por el otro, dicho aprendizaje depende de la interacción constante con entidades exteriores (los datos como *captum*), sobre todo de índole social, de la cual depende justamente el proceso mismo.

Así, los procesos de algoritmización, espejados con los de datificación, se despliegan gracias a la comunicación de dos fases, una técnica y otra política, que tienden además a ser indistintas en el terreno de las operaciones. Desde el punto de vista técnico, existe una construcción matemática, una secuencia de pasos realizados desde un *input* hasta un *output*, bajo la lógica de la "máquina de Turing", que se transforma en una función computacional con la que interactúan los usuarios de sistemas algorítmicos; o sea, un procesamiento que tiene un nivel interno de composición al cual el usuario no accede, pues solo se relaciona con sus resultados. Sin embargo, en ese nivel interno de composición se vinculan el "aprendizaje" del sistema algorítmico con el "entrenamiento" brindado por las instancias más claramente humanas y/o sociales. Por eso se habla de aprendizaje supervisado, no supervisado o por refuerzos.

Desde el punto de vista político, como plantean Rouvroy y Berns, este proceso anima lo que ellos llaman la *gubernamentalidad algorítmica*, en tanto modo de conducir conductas y anticipar comportamientos bajo el paraguas de la "personalización". Este tipo de gubernamentalidad, en el sentido foucaultiano del término, convierte a la algoritmización en un proceso no neutral y pasible de ser leído políticamente, algo en lo que se ha insistido frecuentemente en los últimos años con el llamado "efecto burbuja" y la pretendida manipulación de la opinión pública a través del control de las redes sociales.

5. PLATAFORMAS

Finalmente, el nivel de las plataformas es el que quizás presente mayor complejidad en su definición. A diferencia de los datos y los algoritmos, es difícil sostener la existencia de las plataformas con anterioridad a los sistemas digitales y la teoría de la información. Existían hasta fines del siglo XX redes técnicas, infraestructuras, incluso internet, pero no plataformas, pues éstas son el resultado de la interacción entre datos y algoritmos, a los cuales también produce; o dicho de otro modo, las plataformas son el producto de los procesos de algoritmización y datificación. De hecho, de acuerdo a la literatura existente sobre plataformas, su punto de despegue coincide a principios del siglo XXI con el crecimiento del *Big Data* y del ML (Gendler & Mallamacci, 2024).

Lo que distingue a las plataformas digitales de otro tipo de infraestructura del mismo tipo es que, "usualmente presentadas como páginas web o apps", "intermedian a través de Internet entre dos o más clases de actores humanos". Esto quiere decir que "no toda página web o aplicación es una plataforma en el sentido que aquí le damos", y de hecho excluye a "todo aquello que aunque requiere del uso en línea por parte de un usuario o un grupo de usuarios, su utilización no lo/s conecta con otro grupo de actores humanos que excedan a la aplicación o software en sí mismo y el producto o ente que circula es propio de lxs titulares de la plataforma" (Zuckerfeld & Yansen, 2020: 4). De allí que Van Dijck, Poell y De Waal, como ya dijimos, señalen a las interfaces, entre usuarios y entre usuarios y plataformas, como la tercera dimensión luego de los datos y los algoritmos. No se trata únicamente de poner en interacción a varios usuarios, sino también y sobre todo de poner en interacción a usuarios y redes que no se "conocen" de antemano. Esta característica "abierta" de las plataformas es la que se retroalimenta con los procesos de datificación y de algoritmización.

Se puede decir que las plataformas son infraestructuras que organizan flujos de distinto tipo: de atención, de datos, de contenidos, de trabajo remunerado y de dinero (Zuckerfeld y Yansen, 2021: 21). Es difícil exagerar, pues, su importancia a nivel económico, político, sociocultural e incluso organizacional. Desde el enfoque económico, la calificación de capitalismo de plataformas (Srnicek, 2018) alude al hecho de las plataformas son modelos de negocios que conducen a la formación de oligopolios merced a los efectos de red (cuántos más usuarios tiene una plataforma, más valor tienen y son integradas en plataformas mayores hasta quedar concentrado todo el mercado en las GAFAM: Google, Apple, Facebook hoy Meta, Amazon y Microsoft). También están en la base de un nuevo tipo de modelo productivo, siguiendo la imagen de la "cadena de montaje" empleada por Pasquinelli y Joler, donde los datos efectivamente equivalen a una suerte de materia prima transformada por sistemas algorítmicos e integrados luego en las infraestructuras de red de las plataformas que realizan interfaces cada vez más amplias entre sí.

Como modelo de negocios y como modelo productivo que toma la vida social en su conjunto como su punto de partida, y en particular las interacciones sociales, se puede decir que las plataformas realizan un corte transversal a todas las actividades, lo cual supone un doble movimiento: de capilarización hacia cualquier tipo de actividad, y de concentración luego de esa capilarización en la medida en que la "infraestructura tecnológica" que trama "se beneficia de leyes económicas precisas, a saber: las ventajas derivadas de los efectos de red (la ley de Metcalfe), del haber llegado primero (***first-mover advantage***) y de las tendencias al monopolio derivadas de ella (***winner-takes--all***, el ganador de se lleva todo)" (Míguez, 2024: 25).

Esta omnipresencia de las plataformas responde también a un tipo de construcción política, la principal de las cuales tiene que ver con el hecho de que su crecimiento está ligado a la ausencia de regulaciones tanto en el terreno económico como en el político. En lo económico, el cariz pretendidamente "colaborativo" de algunas actividades mediadas por plataformas (desde las de transporte hasta la de compartir información) se tradujo en una progresiva transferencia desde actividades laborales complementarias a actividades laborales principales, desplazando así a las organizaciones sindicales y empresariales como instancias regulatorias. En lo político, el carácter de "empresas tecnológicas" de las GAFAM y de las empresas que surgen en el ecosistema de plataformas les permitió evitar las regulaciones en materia de telecomunicaciones, de logística, etc. (Míguez, 2024: 25,28). Sin regulaciones que especifiquen su actividad, pudieron avanzar en cualquier terreno, sea estatal, privado o del tercer sector: desde "los controles policiales sobre la entrada y salida de personas por las fronteras" hasta "la bancarización forzosa de toda la sociedad para cobrar subsidios", pasando por los "permisos de circulación y códigos QR" o "la educación a distancia en todos los niveles" (Míguez, 2024: 4-25).

Según Sebastián Touza (2022: 387), las plataformas "no funcionan siguiendo un plan maestro", sino que establecen "la escena de la acción". Por lo tanto se parecen a los estados en la medida en que "ejercen una gobernanza sobre las interacciones", pero al mismo tiempo, al "crear el medio, no el fin", se distingue de las burocracias propias de los estados. Se trata de una rara identidad de las plataformas en tanto institución, por la cual se puede postular como un "tercer modelo con respecto al Estado y el mercado"

Al mismo tiempo, en comparación con otro tipo de infraestructuras técnicas, justamente en virtud de este carácter político (espejando, justamente, lo que sucede con los algoritmos), las plataformas se instalan como un ambiente. Esto quiere decir que, aunque participen corporaciones con modelos clásicos de negocios, o estados con intereses geopolíticos tradicionales, o sectores de la sociedad civil que construyen formas alternativas de participación política y cooperación económica y social, el ascenso, caída y reabsorción de las plataformas, desde las más infraestructurales y ligadas a la arquitectura material de las interacciones, hasta las aplicaciones móviles que surgen al calor de nuevas actividades sociales que pueden ser "plataformizadas", dependen de un escenario móvil donde las fichas que juega cada actor son definidas de manera contingente.

Por eso se vuelve necesario pasar de las plataformas a la plataformización, "un proceso similar a la industrialización o la electrificación, que se refiere a una transformación multifacética de las sociedades globalizadas" (Poell, Nieborg, Van

Dijck, 2019: 2). Los autores señalan que lo específico de la plataformización es, precisamente, la apertura de una cuña sobre algunas instituciones establecidas logrando, para las plataformas, la posibilidad de estructurar actividades y operaciones en un nuevo escenario. Así, la lógica de la Internet "universal y neutral que conecta al mundo" da paso a un cuello de botella del tráfico entre nodos gobernado por las GAFAM. Estas corporaciones "logran eludir el marco regulatorio convencional", que sólo examina "un aspecto de la gobernanza, como la concentración del mercado, la libertad de información o los derechos de privacidad, incluso cuando la plataforma atraviesa diferentes marcos legales y continentes" (*id.*); y lo hacen mediante "las guías para desarrolladores [*developers guidelines*], los acuerdos de licencias de explotación de los servicios [*license agreements*] y los términos y condiciones de dichos servicios planteados a los usuarios [*terms of service*]" (Poell, Nieborg, Van Dijck, 2019: 8).

6. DESAFÍOS POLÍTICOS DEL ESQUEMA DAP

Respecto de la *datificación*, cabe destacar que los datos en la mayoría de los casos son extraídos sin la anuencia de los usuarios de plataformas. Esto plantea la vulneración de los derechos a la intimidad y a la privacidad, además de llevar a la discusión acerca de la propiedad o titularidad de los datos respecto de las personas de donde son extraídas, por más que se trate de perfiles y que las transformaciones en los modos de subjetivación pongan en jaque estas caracterizaciones. Por otro lado, la datificación da lugar a lo que se conoce como la *economía de la atención*, esto es, un proceso de valorización basado en la vigilancia creciente sobre aspectos de los individuos para reconocer en ellos formas y patrones de comportamiento a través de la captación de la atención en la exposición de contenidos (Celis Bueno, 2017).

Respecto de la *algoritmización*, la faz técnica de la gubernamentalidad algorítmica revela este mismo desconocimiento de los usuarios, esta vez en relación con el procesamiento de esos datos y metadatos, dados los mecanismos de cajanegrización algorítmica de los procedimientos por medio de los cuales se organizan las personalizaciones y las construcciones "técnicas" de los perfiles de esos usuarios. En esa faz técnica hay que agregar, además, la existencia de los sesgos (maquínicos y también humanos, señalan Pasquinelli y Joler) en la programación de las arquitecturas algorítmicas. Ambos aspectos reverberan en la faz política, pues el modo de guiar conductas propio de estas operaciones resultan impregnadas tanto por los sesgos como por el desconocimiento de los mismos en el uso de la vida cotidiana, como ocurre con los llamados "filtros burbuja" (Gómez Barrera, 2018).

Por otro lado, en la construcción de patrones de conducta y predicción de comportamientos, se presenta la relación entre correlación y causalidad, pues la copertenencia de dos o más aspectos de procesos asignados a una sola persona (la compra de un bien, el recorrido diario en una ciudad y el tipo de series que ve en una plataforma de ***streaming***) no significa que se pueda establecer una causalidad entre ellos. Esto es particularmente inquietante cuando dichos procesamientos no se limitan a perfiles de personas en situaciones de consumo sino que operan en oficinas públicas y privadas que definen el destino de un crédito, un plan social, el establecimiento de una política de salud, etc. Además, en el espacio abierto por esa relación entre correlación y causalidad se organiza una verdadera métrica de los afectos y de las emociones que van mucho más allá de una mera asociación entre actividades o datos diversos. Así, la predicción de comportamientos propia de la gubernamentalidad algorítmica se despliega en el espacio de lo que se llama la "economía psíquica de los algoritmos" (Bruno, Bentes & Faltay, 2019), que de alguna manera es la continuación de los procedimientos desplegados en la economía de la atención.

Finalmente, respecto de la ***plataformización***, "arrastra" los problemas existentes en los dos procesos previos, la datificación y la algoritmización. En tanto proceso que organiza las mediaciones e interacciones sociales en las redes digitales, la plataformización es muy poco neutral. Además, en la medida en que se trata de "instituciones" tan públicas como un ministerio o una secretaría, es materia de análisis y eventual regulación, como plantea Van Dijck y su equipo, que las plataformas operen de acuerdo a criterios económicos: todas las actividades registradas son pasibles de monetización (venta de bases de datos, de perfiles, de tendencias psicológicas, de publicidades, etc., según la plataforma que se trate y la diversificación de negocios que tengan), y tantos los datos como los algoritmos entran en el régimen de la propiedad privada, siendo que esos datos corresponden a individuos y sus resultados no son sometidos al escrutinio público. De este modo, la economía de la atención y la economía psíquica de los algoritmos terminan componiendo un capitalismo de plataformas que transforma en renta porciones cada vez más importantes de la vida social, como había establecido las tesis sobre el capitalismo cognitivo.

De esta manera, aquellos procesos de IA que dependen de la interacción dentro del esquema DAP se sitúan en una particular composición de acuerdo a la mitología de la máquina narrada por Simondon. Si la máquina termodinámica como medio de dominación de seres humanos sobre otros seres humanos había sido desplazada en su dimensión imaginaria por la máquina informacional que procede a "duplicarlos", la manifestación de esta nueva máquina compuesta por datos, algoritmos y plataformas en el seno de la vida social nos devuelve a otra escena de poder. En este nuevo escenario lo que podía aparecer como "dominación" se transforma en control, vigilancia, modulación, nuevas formas de normatividades asociados a nuevos modos de subjetivación en donde se entretejen nuevas relaciones laborales y políticas, al menos desde las dimensiones planteadas por los distintos esquemas DAP expuestos (el nooscopio de Pasquinelli-Joler, la gubermentalidad algorítmica de Rouvroy-Berns y la sociedad de las interfaces de Van Dijck y su equipo).

Como decía Gilles Deleuze (1999: 108) en su siempre vigente texto sobre las sociedades de control: "No se trata de temer o de esperar, sino de buscar nuevas armas".

REFERENCIAS BIBLIOGRÁFICAS

Bratton, Benjamin (2015). *The Stack. On Software and Sovereignity*, Cambridge: The MIT Press. https://journals.sagepub.com/doi/abs/10.1177/02632764211029356

Celis Bueno y Schutz, María (2021). Extractivismo de datos. 1-17. *Imaginación maquínica*. https://imaginacionmaquinica.cl/extractivismo-de-datos.

Celis Bueno, Claudio (2017). *The Attention Economy: Labour, Time and Power in Cognitive Capitalism*. Landham: Rowman & Littlefield International.

Couldry Nick y Mejías, Ulises (2023). *El costo de la conexión. Cómo los datos colonizan la vida humana y se la apropian para el capitalismo* [Trad.:

Laura Estefanía].Buenos Aires: Godot Ediciones.

Couldry Nick y Mejías, Ulises (2019). Datafication. *Internet Policy Review*, 8 (4). 1-10. DOI: 10.14763/2019.4.1428. https://policyreview.info/concepts/datafication

Deleuze, Gilles (1999). Posdata sobre las sociedades de control. En *El lenguaje libertario. Antología del pensamiento anarquista contemporáneo.* Buenos Aires: Editorial Altamira.

Gendler, M. A. y Mallamacci, M. (2024). Los bits (no solo) son bits. Genealogía, dimensiones y actualidad de los estudios sobre plataformas digitales. *Hipertextos*, 12 (21), e079. 39-54. DOI: 10.24215/23143924e079. https://revistas.unlp.edu.ar/hipertextos/article/view/17059/16652

Gomez Barrera, Juan Camilo (2018). Segmentación, sesgos y normas sociales en la programación. Aportes a la teoría de la gubernamentalidad algorítmica. *Avatares de la comunicación y la cultura* N° 15. 1-14. https://publicaciones.sociales.uba.ar/index.php/avatares/article/view/4889

Ilcic, Andrés (2022). Programa. En Parente, Diego; Berti, Agustín y Celis, Claudio y (coords.), *Glosario de filosofía de la técnica.* 406-410. Adrogué: La Cebra.

Kitchin, Rob (2014). *The Data Revolution. Big Data, open data, data infrastructures and their consequences.* London: Sage.

McCarthy, John; Minsky, Marvin; Rochester, Nathaniel y Shannon, Claude (2006). A proposal for the Darmouth Summer Research Project on Artificial Intelligence, August 31, 1955. https://ojs.aaai.org/aimagazine/index.php/aimagazine/article/view/1904 DOI: 10.1609/aimag.v27i4.1904

Miguez, Pablo (2024). Plataformas, rentas y trabajo. Efectos de la competencia capitalista contemporánea. *Realidad económica*, v.54, n.364. 9-40. https://ojs.iade.org.ar/index.php/re/article/view/295

Minsky, Marvin (1974). Inteligencia artificial. En Carnap, Rudolf y otros. *Matemáticas en las ciencias del comportamiento.* Madrid, Alianza.

Pasquinelli, Matteo y Joler, Vladan (2021). El nooscopio manifiesto. La inteligencia artificial como instrumento del extractivismo cognitivo. En revista *La Fuga*. www.lafuga.cl

Penrose, Roger (1996). *La mente nueva del emperador. En torno a la cibernética, la mente y las leyes de la física.* México: Fondo de Cultura Económica.

Poell, Thomas, Nieborg, David y Van Dijck, José (2019). Platformisation. *Internet Policy Review.* Journal on Internet Regulation. Vol.8, Issue 4. 1-13. DOI: 10.14763/2019.4.1425. https://pure.uva.nl/ws/files/43149747/Poell_Nieborg_Van_Dijck_Platformisation_2019_.pdf

Prado, Belén (2022). Datos. En Parente, Diego; Berti, Agustín y Celis, Claudio (coords.), *Glosario de filosofía de la técnica.* 141-144. Adrogué: La Cebra.

Prado, Belén (2022b). Machine Learning. En Parente, Diego; Berti, Agustín y Celis, Claudio (coords.), *Glosario de filosofía de la técnica.* 299-303. Adrogué: La Cebra.

Ricaurte, Paola (2019). Data epistemologies, Coloniality of power, and Resistance. *Television & New Media.* 1-16. 1-16. DOI: 10.1177/1527476419831640. https://journals.sagepub.com/doi/full/10.1177/1527476419831640

Sosa Escudero, Walter (2019). *Big Data. Breve manual para conocer la ciencia de datos que invadió nuestras vidas*. Buenos Aires: Siglo XXI.

Srnicek, Nick (2018). *Capitalismo de plataformas*, Buenos Aires: Caja Negra.

Tecnocelolab (2023a). Metatecnología. https://tecnocenolab.ar/glosario/metatecnologia/

Tecnocenolab (2023b). Sistema DAP. https://tecnocenolab.ar/glosario/sistema-dap/

Tecnocenolab (2023c). IA estrecha, IA general, Super IA. https://tecnocenolab.ar/glosario/ia-estrecha-ia-general-super-ia/

Tello, Andrés (2023). Sobre el colonialismo digital. Datos, algoritmos y colonialidad tecnológica del poder en el sur global. *InMediaciones de la Comunicacion, 18*(2), 89-110. DOI: 10.18861/ic.2023.18.2.3523. https://revistas.ort.edu.uy/inmediaciones-de-la-comunicacion/article/view/3523

Touza, Sebastián (2022). Plataformas. En Parente, Diego; Berti, Agustín y Celis, Claudio (coords.), *Glosario de filosofía de la técnica*. 385-390. Adrogué: La Cebra.

Van Dijck, José; Poell, Thomas y De Waal, Martijn (2018). *The Platform Society. Public Values in a Connective World*. Oxford, Oxford University Press.

Zuckerfeld, Mariano y Yansen, Guillermina (2021). Plataformas, una introducción: la cosa, el caos, humanos y flujos. *Redes*, v.27, n. 53. DOI: 10.48160/18517072re53.167. 1-25. https://revistaredes.unq.edu.ar/index.php/redes/article/view/167

Wiener, Norbert (1988). *Cibernética y sociedad*. Buenos Aires: Sudamericana.

Wiener, Norbert (1966). El hombre y la máquina. En VV.AA., *El concepto de información en la ciencia contemporánea*. México: Siglo XXI.

VIGILÂNCIA POR RECONHECIMENTO FACIAL E BRUTALIDADE POLICIAL NO BRASIL

Pablo Nunes

1. INTRODUÇÃO

No carnaval de 2019, a imagem de um jovem negro fantasiado em um bloco em Salvador iria se tornar famosa. Não tanto pelo o quê a câmera registrou naquela tarde de fevereiro, mas pela própria câmera em si. Aquela imagem é o registro da primeira pessoa presa por reconhecimento facial no Brasil. A partir dali, o país passou a assistir de maneira veloz a multiplicação das câmeras com essa tecnologia pelo território nacional. De Roraima ao Rio Grande do Sul, o reconhecimento facial hoje é um dado da realidade brasileira. E seus efeitos perversos também já ficaram bem conhecidos por aqui.

No Brasil, todos os anos, registramos mais de 40 mil homicídios. Em 2017, ano recorde, chegamos a registrar 65 mil mortes violentas apenas naquele ano. Essas cifras fazem do Brasil o país com o maior registro de mortes violentas no mundo, e essa realidade não tem mudado.

Gráfico 1. Número de homicídios e a taxa - Brasil (1980-2021).

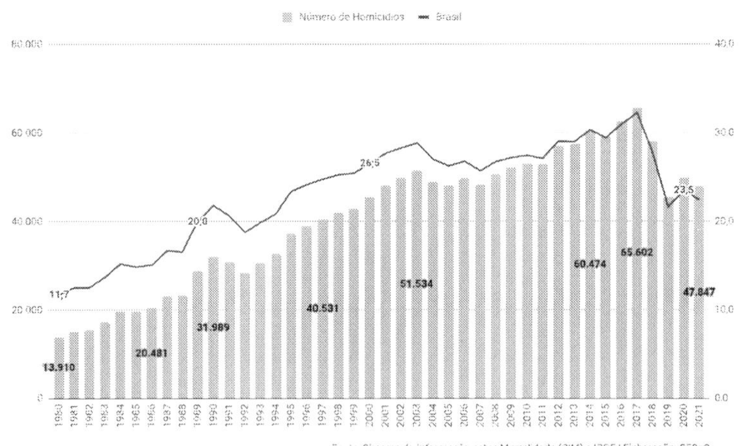

A população negra, masculina e jovem continua sendo a principal vítima dos homicídios. Apenas em 2022, segundo dados do Fórum Brasileiro de Segurança Pública (Anuário, 2023), os negros foram 76,9% dos mortos e 50,2% das vítimas tinham entre 12 e 29 anos. Apesar das reduções no número de homicídios observadas nos últimos anos, a proporção de negros entre os mortos continua aumentando, enquanto a de não-negros tem diminuído, evidenciando que a juventude negra brasileira não tem se beneficiado das sucessivas quedas nas taxas de homicídio.

Quando consideramos apenas a letalidade policial, o cenário é ainda mais devastador. Em 2022, 6.429 pessoas foram mortas por agentes das diversas forças policiais brasileiras. Dentre esses mortos, 87,3% são negros, segundo relatório produzido pela Rede de Observatórios da Segurança. Em alguns estados, como no Rio de Janeiro, a polícia é responsável por mais de 20% de todas as mortes violentas registradas. Em certos lugares do estado do Rio de Janeiro, por exemplo, esse percentual chega a mais de 50%.

Esses números constroem um cenário onde a violência policial poderia ser enquadrada como a principal questão de segurança pública nacional. Mas não é isso que acontece. Pelo contrário. O que temos visto ano após ano é um fortalecimento da ideia de que a polícia "tem que fazer o seu trabalho" e que por isso, qualquer tentativa de controle seria um empecilho para o "bom trabalho dos policiais".

Isso foi observado recentemente no caso da adoção de câmeras corporais, que enfrentou significativa resistência por parte de muitos governadores. As resistências colocadas são menos sobre as preocupações em relação à privacidade, vigilância e accountability, que cercam o debate sobre as bodycams, e mais sobre o efeito de "cerceamento" que as câmeras corporais produziriam no "bom trabalho policial". No Brasil, isso sempre significa usar a violência corriqueiramente.

Apesar de diversas estatísticas e estudos comprovarem que o controle da letalidade policial não resulta em aumento de outros indicadores criminais, a ideia de que policiais devem vigiar e punir, inclusive com a morte, segmentos marginalizados da população, encontra forte ressonância na sociedade e na política. Vimos isso com a eleição de Bolsonaro e seus seguidores, suas políticas de armamento da população e todo o esforço de desmantelar qualquer ferramenta de transparência e accountability.

Por fim, é importante mencionar duas dimensões além da letalidade. O problema do encarceramento no Brasil não tem a devida atenção dos formuladores de políticas públicas e gestores. Só ouvimos falar do sistema penitenciário quando ocorre alguma rebelião violenta e nunca refletimos, enquanto sociedade, no impacto do encarceramento em massa no país. Apesar das pequenas reduções no número de pessoas encarceradas registradas nos últimos anos, ainda são 649.592 pessoas presas no Brasil (Secretaria Nacional de Políticas Penais, n.d.). Uma parcela significativa de 27,9% está presa sem condenação, ou seja, presas provisoriamente. Esse é um expediente usado com muita frequência no Brasil, e pressiona ainda mais o sistema penitenciário. Entre os presos, 67,7% são negros e a grande maioria são homens. A situação degradante em que os presos no Brasil vivem já foi alvo de comentário da Suprema Corte Brasileira, que descreveu o sistema como "um estado de coisas inconstitucional". Apesar disso, pouco se fez em direção a repensar o caráter desse sistema na nossa sociedade.

Outro aspecto relevante para se compreender o atual estágio da segurança pública no Brasil são as abordagens policiais. Todos os dias, milhares de jovens são abordados no Rio de Janeiro, alguns deles são abordados mais de uma vez no mesmo dia. Uma pesquisa do Centro de Estudos de Segurança e Cidadania (CESeC) mostrou que alguns jovens foram abordados dezenas de vezes em curto espaço de tempo e uma parcela significativa deles nem ao menos se recorda da quantidade de vezes que foi abordado, revelando um cotidiano de medo e ansiedade. Na cidade do Rio de Janeiro, os negros são 68% de todas as pessoas abordadas pela polícia (Ramos et al., 2022), enquanto na população, os negros são 48%. Esses encontros com a polícia muitas vezes são violentos e marcam de maneira profunda a vida desses jovens, deixando traumas que são difíceis de superar. Essa é uma das faces do policiamento cotidiano que pouco debatemos no Brasil, mas que reproduz violência no cotidiano de jovens negros.

É nesse contexto que o Brasil começa a assistir uma série de projetos com uso de algoritmos de reconhecimento facial por diferentes agências policiais em todo o território. Apesar do grave problema de violência policial que assola o país, as câmeras corporais são recebidas com resistência, enquanto o reconhecimento facial avança a ideia de um Estado vigilante e encarcerador. A dificuldade de se explicar esses sistemas também tem corroborado para não vermos discussões sérias sobre seu uso e seus efeitos, que, além do encarceramento, também são vistos no cotidiano violento de abordagens policiais.

2. O RECONHECIMENTO FACIAL GANHA O BRASIL

No Brasil, a história do reconhecimento facial na segurança pública é recente. Durante os grandes eventos que mobilizaram todo o país durante os anos 2010, foram experimentadas diversas tecnologias e arquiteturas de vigilância voltadas para a segurança desses eventos. Em dez anos, o Brasil recebeu as Olimpíadas e a Copa do Mundo, os principais eventos esportivos do mundo; também foi sede da Jornada Mundial da Juventude, série de atividades realizadas pela igreja católica que mobilizou mais de 3 milhões de católicos de todo mundo (Memória Globo, 2021), incluindo o próprio Papa.

Esses são apenas os maiores e mais expressivos exemplos dos eventos que marcaram essa década no Brasil. Receber esse número grande de pessoas no país, incluindo chefes de Estado e de governo, além dos principais atletas de várias modalidades, impôs aos diversos governos uma preocupação em relação à segurança pública.

Na esteira dessas preocupações, os Centros Integrados de Comando e Controle (CICCs) (Martins, 2023) foram propostos como uma forma de reunir as principais agências ligadas à segurança pública, Defesa Civil, bombeiros e outras agências, em um espaço de troca e de pronta resposta a possíveis ocorrências. Sua integração se dava a nível local, no estado, e também a nível nacional, já que muitos estados receberam jogos da Copa e de seus campeonatos preparatórios. Essa "coordenação como técnica de governo" (Cardoso; Hirata, 2016) foi uma marca dos anos 2010 na área de segurança pública e provocou uma série de mudanças de tendências nas agências policiais brasileiras[1].

1 Seja pela manutenção da coordenação enquanto cerne da política pública de segurança, seja pela adoção cada vez mais frequente de novas tecnologias com a justificativa de melhoria na eficiência, os CICCs têm papel importante nas tendências que assistimos nos últimos anos.

Nesse contexto, alguns estados testaram tecnologias de reconhecimento facial dentro dos CICCs. A tecnologia foi usada nos jogos preparatórios para a Copa, nos principais estádios brasileiros (Filho & Calil, 2012) e, apesar do uso disseminado pelo país, há pouca informação sobre os efeitos do uso dessas tecnologias durante os jogos e, principalmente, como as agências policiais trataram da ferramenta. O que sabemos é que, apesar da propaganda da época, boa parte dos CICCs deixou de usar reconhecimento facial em sua rotina. Aliás, muitos dos Centros simplesmente viram seus orçamentos enxugarem (Bacelar et al., 2018) de maneira a impossibilitar sua plena operação, cenário em que muitos CICCs se encontram até hoje.

De certa forma, a tecnologia de reconhecimento facial deixou de ser usada na segurança pública após o final dos grandes eventos e a subsequente crise fiscal que atingiu o país em cheio a partir de 2015. Simultaneamente, o país enfrentou o pior momento em termos de mortes violentas, chegando ao patamar de mais de 60 mil mortes registradas em 2017 (Instituto de Pesquisa Econômica Aplicada; Fórum Brasileiro de Segurança Pública, 2019).

Essa sensação de aumento da violência e da insegurança foi um dos muitos fatores mobilizados pela extrema-direita nas eleições de 2018. Sempre presente no cenário político brasileiro, ora mais discreta, ora mais vocal, a extrema-direita encontrou em Jair Bolsonaro seu candidato à presidência e anida uma centena de candidatos a deputados estaduais e federais. A campanha de 2018 foi marcada por promessas de expurgo dos adversários políticos[2], por desejos de que bombas pudessem ser lançadas em favelas do Rio de Janeiro[3] e também pela reeleição de um governador que viu inerte durante o seu primeiro mandato a letalidade policial passar dos mil mortos por ano[4].

Junto a eleição de governadores e presidente aliados a uma pauta punitivista e inclinados a aceitar a violação de direitos como política pública, houve um aumento importante do número de parlamentares eleitos sob esse mesmo manto. A legislatura iniciada em 2019 pintou o parlamento de tintas reacionárias,

2 Em comício no Acre, Bolsonaro disse "Vamos fuzilar a petralhada" (Ribeiro, 2018).

3 Em campanha ao Palácio Guanabara, Wilson Witzel disse que "se fosse com autorização da ONU, em outros lugares do mundo, nós tínhamos autorização para mandar um míssil naquele local e explodir aquelas pessoas" (G1, 2019).

4 Durante a gestão Rui Costa, a Bahia entrou para o seleto grupo de estados brasileiros a registrar mais de mil mortes cometidas por policiais anualmente. (Mendonça, 2022).

deputados que viam no aparato de vigilância estatal chinês uma inspiração. Posto de maneira clara pelas matérias à época, os parlamentares foram ao país asiático para importar novas tecnologias, principalmente as de reconhecimento facial (Rebello, 2019).

A partir de então, vários projetos de uso de câmeras com reconhecimento facial iriam se espalhar pelo Brasil. Bahia e o Rio de Janeiro foram os estados onde esses projetos tomaram uma maior relevância dado o tamanho de suas populações, suas questões de violência e por serem projetos capitaneados pelos governos estaduais e não pequenas iniciativas feitas por municípios.

Aproveitando a estrutura de vigilância construída desde a Copa do Mundo com os CICCs, a Bahia pôde rapidamente incluir o sistema de reconhecimento facial ao seu conjunto de ferramentas de vigilância. A estrutura por trás do projeto, aliada ao comprometimento pessoal do governador em fazer daquela tecnologia um "case de sucesso" de sua gestão, permitiu que o projeto baiano se consolidasse mais rapidamente e fincasse raízes mais profundas na gestão pública. Não à toa ele é o mais antigo projeto de reconhecimento facial ainda em operação no Brasil e está atualmente expandindo a sua cobertura para o interior do estado. E, pela última contagem, já são 1.700 os presos por meio de reconhecimento facial no estado (Governo da Bahia, 2020).

No Rio de Janeiro, o bairro de Copacabana foi escolhido para o projeto-piloto realizado em 2019. Foram duas fases, a primeira durou dez dias com um número menor de câmeras e ficou localizada apenas naquele bairro. Já a segunda fase expandiu a quantidade de câmeras e ainda ampliou a cobertura para os arredores do Maracanã e do aeroporto. Diferente da Bahia onde o governador foi o grande patrocinador da tecnologia, no Rio de Janeiro a iniciativa foi tímida e localizada, fruto de uma parceria com a empresa Oi, que cedeu as câmeras e o software para a Polícia Militar "sem custo" (Nunes; Silva; Oliveira, 2022).

Em ambos os estados, foram registrados casos de erros no reconhecimento facial. O primeiro deles é expressivo não só dos problemas inerentes a tecnologia em si e sua cegueira em relação a pessoas racializadas, mas também demonstra como os perigos no uso de novas tecnologias podem vir de diferentes fontes. Durante a primeira fase do projeto-piloto, uma mulher foi reconhecida erroneamente pelo software. Além das consequências individuais para a pessoa detida para averiguação, o fato é que, na verdade, a pessoa procurada já estava presa há anos. Ou seja, o banco de dados estava desatualizado. E não só isso: os gestores do projeto-piloto sabiam que o banco não poderia ser utilizado, mas decidiram fazê-lo mesmo assim (Nunes; Silva; Oliveira, 2022).

Em Salvador, enquanto estava a caminho de uma consulta médica com sua mãe, um jovem foi abordado por um policial que apontou uma arma para a sua cabeça. Nada poderia justificar essa utilização da arma de fogo durante uma abordagem: o jovem não oferecia nenhum risco à segurança do policial e nem a terceiros. Segundo o relato da mãe do jovem que é autista, o policial apontou a arma para a cabeça do seu filho enquanto ele estava de costas em uma padaria onde tomavam café (Pereira, 2020). Depois desse encontro violento com a polícia, o jovem não conseguiu sair às ruas novamente por certo tempo.

Esses casos marcaram os primeiros anos de uso da tecnologia no Brasil. Apenas em 2019, mapeamos casos de prisões com o uso dessa tecnologia, e registramos 184 pessoas presas em seis estados. A grande maioria dos casos em que foi possível recolher informações sobre a cor/raça do preso, 90% deles eram negros. E presos, em sua maioria, por crimes sem violência, como furtos e tráfico de pequenas quantidades de drogas (Nunes, 2023).

Unindo a vontade da extrema-direita de implantar no país um estado de vigilância massiva e os investimentos financeiros, tanto do poder público, quanto de empresas privadas, registramos a partir de 2019 um aumento expressivo no número de câmeras com tecnologias de reconhecimento facial no Brasil. Os investimentos públicos, seja por meio de emendas parlamentares, seja pela destinação de parcelas importantes do Fundo Nacional de Segurança Pública[5], possibilitaram que diversas cidades e estados tivessem a primeira experiência com a tecnologia. Aliado ao movimento governamental, empresas passaram a oferecer testes gratuitos ou empréstimos de aparelhos e softwares com o intuito de criar um mercado consumidor.

O movimento político e de mercado encontrou pouca resistência de setores progressistas no Brasil. A mistificação com que

5 Em 2019, o então Ministro da Justiça, Sérgio Moro, assinou a portaria nº 793 que reservou parte do Fundo Nacional de Segurança Pública para o financiamento de câmeras de reconhecimento facial. (Brasil, 2019).

alguns setores ainda tratam tecnologias baseadas em Inteligência Artificial fez com que a chegada do reconhecimento facial no país fosse celebrada por muitos daqueles que defendem e lutam pela igualdade e pela garantia de direitos.

Isso porque, para esses setores, o racismo que estrutura a polícia e o sistema de justiça criminal poderia ser superado, uma vez que o operador do sistema deixaria de decidir quem abordar ou aplicar maiores penas e a decisão passaria para as mãos de tecnologias "isentas e objetivas". Dar a um algoritmo "isento" a responsabilidade de selecionar, por exemplo, quem será abordado seria a resposta final ao problema secular do perfilamento racial, na visão dessa parcela dos formadores de opinião.

O véu da isenção e da objetividade com que são cobertas as novas tecnologias já foi muito bem desvelado por diversos autores[6]. No entanto, ele segue sendo um dado facilitador para o avanço de novas tecnologias baseadas em Inteligência Artificial, principalmente as aplicadas à segurança pública.

O resultado pode ser demonstrado pelo número de cidades e estados brasileiros que já tiveram contato ou seguem utilizando tecnologias de reconhecimento facial. Dados coletados até o final de 2023 mostram que a totalidade dos 26 estados e o distrito federal já utilizaram reconhecimento facial na segurança pública:

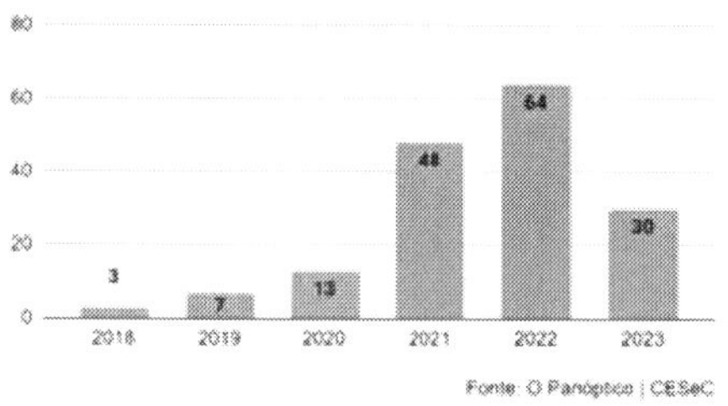

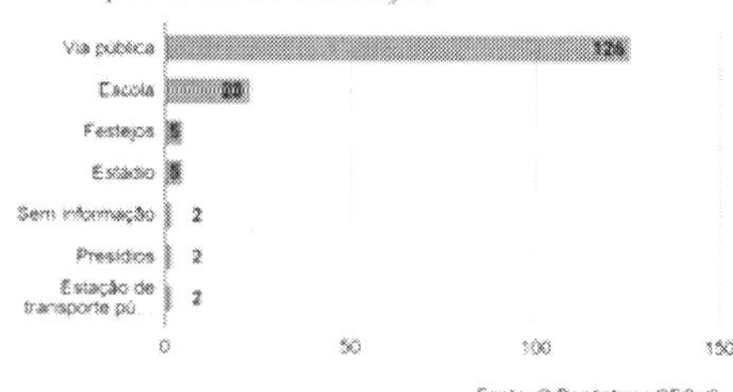

O avanço desenfreado dessa tecnologia no Brasil não foi acompanhado, como visto pelos exemplos do Rio de Janeiro e da Bahia, da estruturação de uma política pública de segurança onde

6 Para uma aproximação sobre o tema a partir de uma leitura racial, ver Kremer (2021) e Silva (2022).

a tecnologia seria apenas uma ferramenta. Nem houve preocupação com a construção de procedimentos operacionais para estruturar o uso diário da tecnologia. Tampouco a população sujeita ao reconhecimento facial foi amplamente informada sobre o processamento de suas imagens a partir de câmeras instaladas em espaços públicos.

Essas são algumas simples recomendações elaboradas pela Associação Internacional de Chefes de Polícia (IACP, na sigla em inglês) em conjunto com o Instituto de Sistemas Integrados de Informação da Justiça (IJIS, na sigla em inglês), organizações compostas por policiais (Law Enforcement Imaging Technology Task Force, 2019).

A realidade do uso dessas tecnologias por polícias brasileiras é bem distante do ideal traçado pela IACP. A organização de direitos digitais Lapin concluiu que nenhuma das experiências de uso de reconhecimento facial por polícias brasileiras estudadas em seu relatório cumpria quatro critérios simples: a existência de regulação da tecnologia; boas práticas; controle dos erros de acurácia; e a defesa dos direitos dos titulares (Reis et al, 2021).

Publicizar a eficiência das tecnologias de reconhecimento facial deveria ser algo básico para a aquisição e o uso dessas tecnologias. Sabemos pela experiência internacional que o uso de algoritmos de reconhecimento facial pelas polícias produz erros que podem chegar a 80% (Brewster, 2019). No entanto, no Brasil, não existe uma agência policial, uma secretaria de segurança pública que registre e divulgue o número de pessoas identificadas pelo algoritmo e o número de indivíduos que realmente estavam na lista de procurados.

Sem saber quantas pessoas são reconhecidas erroneamente pelos sistemas, não conseguimos ter uma visão do nível de erro que a política de utilização de reconhecimento facial produz. Estamos falando de pessoas que têm tido seus direitos violados, mas também estamos falando sobre mau uso do dinheiro público.

Algumas cidades que estão recebendo câmeras nem ao menos conseguem prover a maioria da população saneamento básico adequado. É o caso de Seabra, município do interior da Bahia que cobre apenas 4.03% da população com saneamento básico adequado (Nunes; Lima; Cruz, 2023).

Todo esse cenário aponta para um contexto preocupante para a segurança pública no Brasil. Mas nada é mais grave do que governos comprando tecnologias falhas a custos milionários enquanto os reais problemas seguem sem políticas para superá-los. É curioso notar que estados que hoje se destacam pela letalidade policial[7] sejam os mesmos com desenvolvimento de projetos de reconhecimento facial. Não é à toa.

Reconhecimento facial significa abordagem policial e fortalecimento do punitivismo. Em um país que cada vez mais assume a violência enquanto uma forma de resolver conflitos, reforça-se a ideia de que para jovens negros as únicas saídas que o Estado oferece são a cadeia ou a morte. O relato da mãe do jovem abordado violentamente por policiais em Salvador nos ajuda a enxergar essa relação:

> Dois meses depois [do filho ser abordado violentamente por conta do reconhecimento facial], aconteceu com o filho de uma amiga minha, e eles mataram o menino de 15 anos. Não foi reconhecimento facial, mas foi uma abordagem da polícia, chegaram já atirando. Ele correu com medo, os colegas conseguiram se esconder, mas ele não e mataram ele com vários tiros na nuca. Minha amiga hoje chora, acabou a vida dela porque ele era filho único, enquanto eu dou graças a Deus por não ter acontecido nada com meu filho (Pereira, 2020).

3. FRATURAS E PONTOS-CEGO

Casos de erro como o ocorrido na Bahia se multiplicaram no Brasil. O Réveillon de 2024 em Copacabana, um dos maiores do mundo, ficou marcado por dois casos de erro no reconhecimento facial. Uma mulher e um homem passaram a virada do ano presos injustamente. A mulher presa prometeu processar o estado pela situação degradante que passou. Outro caso notório foram os dois erros ocorridos em um intervalo de poucas horas com uma foliã durante um show de carnaval. A agressividade com que foi abordada marcou a foliã que expôs sua situação nas redes sociais, levando o governador do seu estado a se desculpar publicamente pelo ocorrido. Por fim, o caso de João Antônio, que ganhou repercussão internacional, mostrou que até mesmo torcedores em uma partida de futebol não estão seguros. O jovem foi conduzido

7 Rio de Janeiro e Bahia são os únicos dois estados da federação que registraram nos últimos anos mais de mil mortes decorrentes de intervenções policiais, segundo o Anuário Brasileiro de Segurança Pública. (Fórum Brasileiro de Segurança Pública, n.d.).

de forma vexatória por policiais após ser identificado como um criminoso em um estádio de Sergipe. O caso forçou o governador a pausar o uso de reconhecimento facial no estado.

Por conta dos numerosos casos de erros no reconhecimento facial e também por outros motivos, temos visto nos últimos anos um movimento crescente de impor limites e até mesmo banir esse tipo de tecnologia nos espaços públicos ou, especificamente, para as agências policiais. Essa mudança de cenário que se intensifica a partir de 2019 tem relação com os casos de maior repercussão internacional de uso de algoritmos de reconhecimento facial.

Seguindo o movimento internacional, algumas campanhas pelo banimento do reconhecimento facial têm ganhado corpo no Brasil. A campanha Tire Meu Rosto da Sua Mira (n.d.) congrega mais de 50 organizações que defendem os direitos digitais da população brasileira e tem avançado em ações de campanha e atuação no legislativo. A campanha Sai da Minha Cara conseguiu mobilizar parlamentares para a confecção de projetos de lei pelo banimento do reconhecimento facial em várias cidades e estados brasileiros.

O movimento pelo banimento tem sido desafiado por uma postura agressiva das grandes empresas de tecnologia em campanhas publicitárias, financiamento de agências governamentais, doações de tecnologia e casos de usos que colocam os setores progressistas em situação desconfortável.

Gostaria de destacar esse último ponto, pois acredito que seja o cenário de maior disputa entre as grandes empresas de tecnologia e ativistas pelos direitos humanos. A invasão do Capitólio, em janeiro de 2021, colocou boa parte dos defensores do banimento do reconhecimento facial em uma situação sensível. Afinal de contas, reacionários e extremistas invadiram o Congresso americano para impedir a diplomação do presidente eleito, Joe Biden, em um movimento sem precedentes na história americana e que, de maneira muito clara, desafiava a democracia daquele país. "Democracia" e seu fortalecimento fazem parte central das preocupações e linhas de ação de uma parcela significativa dos movimentos sociais e coletivos. O CEO da Clearview à época disse que seu software de reconhecimento facial foi utilizado por policiais para identificar os invasores - eles registraram um aumento de 26% no uso do software no dia posterior à invasão

(Lyons, 2021). Como então se opor a tecnologia quando policiais e alguns ativistas passaram a utilizar softwares de reconhecimento facial para identificar os invasores do Capitólio?

Essa não seria a primeira nem a última vez que o reconhecimento facial seria utilizado com a anuência de setores progressistas. O que temos visto ao longo dos anos é que a maioria desses projetos se inicia com dois objetivos básicos: identificar pessoas procuradas pela justiça e encontrar pessoas desaparecidas, notadamente, crianças. O fato do reconhecimento facial ser vendido como um auxílio na busca de crianças desaparecidas acaba por desarticular setores que se oporiam em um primeiro momento. Nesse sentido, o reconhecimento facial seria como uma vigilância do "cuidado" ao tomar conta daqueles que são inocentes e desprotegidos (O'Neil et al, 2022). Uma das questões mais complicadas nesse uso é que o rosto das crianças muda rapidamente em poucos meses, o que é reconhecido como um desafio técnico para o uso de reconhecimento facial. A despeito desses limites, a indústria segue usando a inocência das crianças, e o que essa inocência suscita nos adultos, para seguir legitimando e expandindo seus negócios com tecnologias de vigilância (ibidem).

Independente da opinião se é necessário ou não responsabilizar criminalmente os que invadiram o Capitólio, do possível benefício de se encontrar crianças desaparecidas, ou de religar parentes e amigos com entes mortos na guerra, todos esses usos estão mais para "dádivas" indigestas do que qualquer outra coisa. São "trojans"[8], benesses dadas para a sociedade pelas grandes empresas, mas que escondem por trás todos os riscos e vieses que a tecnologia possui. O fato da Clearview AI estar atuando na guerra da Ucrânia gratuitamente para identificar mortos é apenas a forma que a empresa encontrou de deixar fora dos holofotes o uso de sua tecnologia que realmente gera lucros para a empresa. Aceitando esse Cavalo de Tróia a sociedade acaba incorporando de maneira irrefletida a tecnologia e seus perigos.

8 Trojans ou Cavalos de Tróia são malwares que enganam o usuário sobre sua verdadeira intenção, incluir vírus e transformar o computador em um disseminador de malwares.

4. TENDÊNCIAS E FRENTES DE AÇÃO

Enquanto a compra de câmeras de reconhecimento facial avança, um fosso cada vez maior se abre no caminho para uma sociedade mais justa. A morosidade em avançarmos no Brasil em direção a uma regulação mínima ou, no melhor cenário, o banimento, se baseia, na minha visão, em três aspectos:

O primeiro deles é a própria natureza do Estado brasileiro e como ele exerce controle, vigilância e punição. O fato de termos uma das maiores populações carcerárias do mundo, o país com o maior número de pessoas mortas violentamente todos os anos, não afasta de alguns setores da sociedade a ideia de que para lidar com crime os caminhos são cadeia ou morte. Obviamente que isso só é possível enquanto há a destituição da população alvo majoritária da punição, os negros, de qualquer traço de humanidade, de qualquer direito.

Em segundo lugar, há interesses financeiros que se articulam para a manutenção e expansão dessa arquitetura de vigilância no Brasil, no nível local e no nível global. O processo de "municipalização do reconhecimento facial" que temos assistido em alguns estados se dá por relações suspeitas entre políticos e pequenas empresas que surgem um ano e fecham as portas assim que vencem a licitação para fornecer a tecnologia (Nunes et al., 2023). No nível federal, deputados têm criado através de emendas uma base de apoio importante para sua pauta de segurança pública em seus estados (Nunes et al., 2023). E é importante notar que essa tecnologia também tem sido usada como ferramenta na guerra geopolítica entre EUA e China, tendo o último país investido massivamente nos últimos anos em estados do nordeste brasileiro (Folha de São Paulo, 2019).

Por fim, o aspecto da transparência impõe desafios importantes para compreendermos os verdadeiros efeitos do uso do reconhecimento facial no Brasil. Isso se reflete na dificuldade que existe em criarmos uma taxa de erros, um diagnóstico, do uso dessas tecnologias por policiais em um cenário habitual de policiamento. Boa parte dos estados que utilizaram ou ainda utilizam essas tecnologias dizem não recolher essa informação, ou dizem que ela é sigilosa. Outra dificuldade é encontrarmos pessoas afetadas pelo uso das câmeras. Sabemos que nem sempre os policiais dizem que a abordagem foi fruto de um alarme do sistema de inteligência artificial e, por isso, não temos mais histórias como as ocorridas com o jovem baiano abordado violentamente em 2019. A falta de controles mínimos, de regulação e de transparência afasta a instituição policial da responsabilização, algo que tem sido a marca das polícias por décadas.

Por fim, nada mais importante do que colocar no centro do debate quais são as verdadeiras prioridades para a segurança pública dos estados brasileiros. Enquanto vemos as mortes cometidas por policiais galoparem na Bahia e no Rio, os governadores investem em tecnologias caras, enviesadas e ineficientes quando alguns locais mal têm iluminação pública adequada, inclusive para o reconhecimento facial funcionar minimamente. Enquanto isso, pessoas negras seguem sendo violadas. E essas violações são tratadas como "efeitos colaterais para um bem maior". Não caminharemos para uma sociedade realmente democrática e justa se as violações de direitos da população negra continuarem a ser vistas como "efeitos colaterais".

REFERÊNCIAS BIBLIOGRÁFICAS

Browne, S. (2015). *Dark matters: On the surveillance of blackness.* Duke University Press.

Buolamwini, J., & Gebru, T. (2018). Gender shades: Intersectional accuracy disparities in commercial gender classification. In *Conference on fairness, accountability and transparency* (pp. 77-91). PMLR.

Cao, Q., Shen, L., Xie, W., Parkhi, O. M., & Zisserman, A. (2018). VGGFace2: A dataset for recognising faces across pose and age. In *2018 13th IEEE International Conference on Automatic Face & Gesture Recognition (FG 2018)* (pp. 67-74). IEEE.

Cardoso, B., & Hirata, D. (2016). Coordenação como técnica de governo. *Horizontes Antropológicos, 22*(46), 97-130. http://dx.doi.org/10.1590/S0104-71832016000200004

Carneiro, S. (2023). *Dispositivo de racialidade: A construção do outro como não ser como fundamento do ser.* Rio de Janeiro: Ed. Zahar.

Conselho Nacional de Justiça. (2022). *Grupo de Trabalho: Reconhecimento de Pessoas.* Brasília: CNJ. Disponível em: https://www.cnj.jus.br/wp-content/uploads/2022/12/relatorio-final-gt-sobre-o-reconhecimento-de-pessoas-conselho-nacional-de-jusica.pdf. Acesso em 30 mar. 2023.

Foucault, M. (1987). *Vigiar e punir: História da violência nas prisões.* Petrópolis: Editora Vozes.

Instituto de Pesquisa Econômica Aplicada; Fórum Brasileiro de Segurança Pública. (2019). *Atlas da violência 2019.* Brasília, Rio de Janeiro, São Paulo: Instituto de Pesquisa Econômica Aplicada; Fórum Brasileiro de

Segurança Pública.

Kremer, B. (2021). *Direito e tecnologia em perspectiva amefricana: Autonomia, algoritmos e vieses raciais.* (Doctoral thesis). Pontifícia Universidade Católica do Rio de Janeiro, Departamento de Direito.

Law Enforcement Imaging Technology Task Force. (2019). *Law enforcement: Facial recognition use case catalog.* Disponível em: https://www.theiacp.org/resources/document/law-enforcement-facial-recognition-use-case-catalog. Acesso em: 24 mar. 2023.

Merler, M., Ratha, N., Feris, R. S., & Smith, J. R. (2019). Diversity in Faces. *arXiv preprints arXiv:1901.10436.*

Nunes, P. (2023). *Coleção Panorama: Reconhecimento facial.* Rio de Janeiro: CESeC (no prelo).

Nunes, P., Lima, T. G. L., & Cruz, T. G. (2023). *O sertão vai virar mar: Expansão do reconhecimento facial na Bahia.* Rio de Janeiro: CESeC (no prelo).

Nunes, P., Lima, T. G. L., & Rodrigues, Y. (2023). *Das planícies ao planalto: Como Goiás influenciou a expansão do reconhecimento facial na segurança pública brasileira.* Rio de Janeiro: CESeC (no prelo).

Nunes, P., Silva, M. R., & Oliveira, S. R. (2022). *Um Rio de olhos seletivos [livro eletrônico]: Uso de reconhecimento facial pela polícia fluminense.* Rio de Janeiro: CESeC.

O'Neill, C. et al. (2022). The two faces of the child in facial recognition industry discourse: Biometric capture between innocence and recalcitrance. *Information, Communication & Society, 25*(6), 752-767. https://doi.org/10.1080/1369118X.2022.2044501. Acesso em 2 fev. 2023.

Ramos, S. (2022). *Negro trauma: Racismo e abordagem policial no Rio de Janeiro.* Rio de Janeiro: CESeC.

Reis, C., Almeida, E., Da Silva, F., & Dourado, F. (2021). *Relatório sobre o uso de tecnologias de reconhecimento facial e câmeras de vigilância pela administração pública no Brasil.* Brasília: Laboratório de Políticas Públicas e Internet.

Silva, T. (2022). *Racismo algorítmico: Inteligência artificial e discriminação nas redes digitais.* Edições Sesc SP.

FONTES DE INFORMAÇÃO

Bacelar, C., Teixeira, F. & Araújo, V. (2018). Quartel-general das Forças Armadas no Rio sofre com falta de verbas. *O Globo*. Recuperado em 03 fev. 2023, de https://oglobo.globo.com/rio/quartel-general-das-forcas-armadas-no-rio-sofre-com-falta-de-verbas-22454328

Brasil. (2019). *Portaria n.º 793, de 24 de outubro de 2019.* Diário Oficial da União. Recuperado em 20 mar. 2023, de https://www.in.gov.br/en/web/dou/-/portaria-n-793-de-24-de-outubro-de-2019-223853575.

Brewster, T. (2019). *London police facial recognition fails 80% of the time and must stop now.* Forbes. Recuperado em 23 mar. 2023, de https://www.forbes.com/sites/thomasbrewster/2019/07/04/london-police-facial-recognition-fails-80-of-the-time-and-must-stop-now/?sh=6d5fa9aebf95.

Filho, H. B. & Calil, L. (2012). ***Reconhecimento facial em câmeras irá identificar torcedores em estádios.*** Extra. Recuperado em 3 fev. 2023, de https://extra.globo.com/casos-de-policia/reconhecimento-facial-em-cameras-ira-identificar-torcedores-em-estadios-5896012.html

Folha de São Paulo. (2019). ***Nordeste vira palco de guerra fria tecnológica entre EUA e China.*** Recuperado em 30 mar. 2023, de https://www1.folha.uol.com.br/mundo/2019/08/nordeste-vira-palco-de-guerra-fria-tecnologica-entre-eua-e-china.shtml.

Fórum Brasileiro de Segurança Pública. (n.d.). ***Anuário Brasileiro de Segurança Pública.*** Recuperado em 17 mar. 2023, de https://forumseguranca.org.br/publicacoes/anuario-brasileiro-de-seguranca-publica/.

G1. (2019). ***Em discurso, Witzel fala em jogar míssil em traficantes na Cidade de Deus.*** Recuperado em 3 fev. 2023, de https://g1.globo.com/rj/rio-de-janeiro/noticia/2019/06/14/em-discurso-witzel-fala-em-jogar-missil-em-traficantes-na-cidade-de-deus.ghtml

Governo da Bahia. (2020). ***Reconhecimento facial atinge marca de 1.700 foragidos da justiça localizados.*** Recuperado em 29 jul. 2024, de https://www.ba.gov.br/noticias/342019/reconhecimento-facial-atinge-marca-de-1700-foragidos-da-justica-localizados.

Lyons, K. (2021). Use of Clearview AI facial recognition tech spiked as law enforcement seeks to identify Capitol mob. The Verge. Recuperado em 2 fev. 2023, de https://www.theverge.com/2021/1/10/22223349/clearview-ai-facial-recognition-law-enforcement-capitol-rioters

Martins, V. (2023). ***CCIC - Centro Integrado de Comando e Controle.*** WikiFavelas. Recuperado em 3 fev. 2023, de https://wikifavelas.com.br/index.php/CICC_-_Centro_Integrado_de_Comando_e_Controle

Memória Globo. (2021). ***Jornada Mundial da Juventude.*** Recuperado em 3 fev. 2023, de https://memoriaglobo.globo.com/jornalismo/coberturas/jornada-mundial-da-juventude/noticia/jornada-mundial-da-juventude.ghtml

Mendonça, J. (2022). ***Por que a violência policial explodiu na Bahia mesmo com 15 anos de PT no poder.*** Ponte Jornalismo. Recuperado em 2 fev. 2023, de https://ponte.org/por-que-o-governo-da-bahia-nao-reduziu-a-violencia-policial-mesmo-com-15-anos-de-pt-no-poder/

Pereira, M. (2020). ***'O policial já foi com a arma na cabeça dele', diz mãe de jovem confundido por reconhecimento facial.*** Metrol. Recuperado em 17 mar. 2023, de https://www.metrol.com.br/noticias/cidade/85609,o-policial-ja-foi-com-a-arma-na-cabeca-dele-diz-mae-de-jovem-confundido-por-reconhecimento-facial

Ramos, S., Silva, P. P., Silva, I., & Francisco, D. (2022). ***Negro trauma: racismo e abordagem policial no Rio de Janeiro.*** Rio de Janeiro: CESeC. Disponível em https://bit.ly/4diMO2j

Rebello, A. (2019). ***Bancada do PSL vai à China para importar técnicas de reconhecimento facial.*** UOL Notícias. Recuperado em 6 fev. 2023, de https://noticias.uol.com.br/politica/ultimas-noticias/2019/01/16/bancada-do-psl-vai-a-china-para-importar-tecnicas-de-reconhecimento-facial.html

Ribeiro, J. (2018). ***'Vamos fuzilar a petralhada', diz Bolsonaro em campanha no Acre.*** Exame. Recuperado em 3 fev. 2023, de https://exame.com/brasil/vamos-fuzilar-a-petralhada-diz-bolsonaro-em-campanha-no-acre/

Secretaria Nacional de Políticas Penais (SENAPPEN). (n.d.). ***Painel de dados*** *do Sistema Nacional de Informações Penais (SISDEPEN).* Power BI. Disponível em: https://bit.ly/46xY5JV

Tire meu rosto da sua mira. (n.d.). *Pelo banimento total do uso das tecnologias digitais de Reconhecimento Facial na Segurança Pública.* Recuperado de http://www.tiremeurostodasuamira.com.br/

ALGORITMOS, CAPITALISMO DE PLATAFORMA E A INCESSANTE BUSCA PELO *ESTAR*

Paula Fernanda Failace Antunes de Oliveira

Mais do que nunca, o lucro sobre os corpos (Foucault, 1977), tornou-se tão sutil e eficiente. O capitalismo, em sua forma mais brutal e contemporânea, ainda que tenha evoluído para tentar se apropriar do inapropriável, a própria condição do *ser*, acabou por se contentar com o *estar*, como me atentarei a explicar no presente ensaio.

Em seu ensaio sobre suicídio e absurdo, Camus nos alerta para *a defasagem constante entre o que imaginamos saber e o que realmente sabemos* (Camus, 1942: 32). Camus, imerso na imensidão de seus pensamentos, temia - com razão - a *aceitação da ignorância simulada*. Aceitar ideais que, em verdade, não são sentidos, mas amplamente difundidos, divulgados, promovidos e instigados, impostos como se verdade fossem. Se em 1942 o cenário de Camus era o *absurdo* da Primeira e Segunda Guerra Mundial, em 2024, seguimos na infindável rolagem de Sísifo, em que se torna quase impossível acreditar no futuro ou ter esperanças.

Esse pessimismo é absolutamente justificável, visto que o "inimigo" é cada vez mais sutil e ardiloso. Ele se infiltra no desejo, ao invés de utilizar a força bruta ou a coerção; ele incita e estimula, seduz através da promessa de liberdade, tornando a resistência uma tarefa muito mais complexa (Foucault, 1979). No entanto, graças a Kant, concebemos o poder de forma restritiva e negativa, devido à sua ideia de lei moral. Imortalizou-se a visão simplista de opressão como o maior dos males, desconsiderando um universo de técnicas de aplicação do poder muito complexas, que se refinam a cada ano que passa e se disseminam feito um vírus a cada dado gerado-coletado na internet.

Shoshana Zuboff nos alerta sobre este tema, explorando esse novo meio de exercício do capitalismo através das plataformas digitais. A autora nos leva a crer que essa nova lógica capitalista não se apropria do tempo, mas o utiliza; não se apropria do trabalho, mas dele necessita. Na verdade, o que é apropriado somos nós. Somos anatomizados pelo poder das grandes corporações de tecnologia, somos valiosos precisamente pelo poder que é exercido sobre nossos corpos e pelo o que os nossos corpos produzem. Somos produtivos, assim como o poder (Foucault, 1979). Navegar nas redes sociais é adentrar em águas perigosas; ao mesmo tempo que exploramos, somos explorados. Zuboff explica que cada rastro deixado por um usuário na internet forma uma ramificação. Não apenas o "like" nas redes sociais ou a pesquisa feita no Google, mas o tempo de tela em determinada imagem, os comentários proferidos com o celular por perto, a expressão do rosto ao ler determinada notícia - tudo isso compõe o perfil do usuário. Há quem diga que é útil que a inteligência artificial entenda do que gostamos para filtrar aquilo que nos interessa, mas o que não é tão comentado são as implicações drásticas desse mecanismo.

A delicadeza da construção para a exploração é gigantesca e muito bem explicada por Zuboff através do que ela chama de ciclo da despossessão. Trata-se de uma operação complexa, que, conforme descrito por Zuboff, é segmentada em quatro fases distintas: incursão, habituação, adaptação e redirecionamento. Na fase inicial, denominada Incursão, ocorre o processo de extração, em que as operações de despossessão se baseiam na apropriação de excedentes comportamentais de aspectos da vida cotidiana que não são tradicionalmente comercializados (Zuboff, 2021: 165). Essa etapa é fundamental, pois possibilita a implementação de práticas lucrativas, tais como a manipulação de resultados de pesquisa, o direcionamento preciso de anúncios publicitários e o rastreamento detalhado dos usuários. Para realizar essas práticas agressivas, as plataformas digitais frequentemente escondem suas ações ou as justificam sob o pretexto de promover inovações tecnológicas.

Apesar das aparentes vantagens proporcionadas pelo capitalismo de vigilância, as atividades das plataformas digitais são altamente controversas. Muitas vezes, essas atividades ultrapassam os limites da legalidade, desafiando a capacidade de intervenção das autoridades jurídicas. A fase de Habituação se inicia com a exposição e a investigação das estratégias empregadas na fase anterior. Mesmo diante dessas investigações, a continuidade da lógica da vigilância e a manutenção dos lucros são asseguradas, já que "enquanto processos judiciais e investigações se desenrolam no tedioso ritmo das instituições democráticas, o Google continua a desenvolver suas contestadas práticas em alta velocidade" (Zuboff, 2021: 166). Eventualmente, a comoção gerada pela revelação dessas práticas é controlada, os usuários são conduzidos a um estado de aceitação, habituando-se e desenvolvendo novas dependências através da submissão.

Com a repercussão das ações e determinações legais, ou devido a outras razões determinantes, inicia-se a terceira fase do ciclo da despossessão, conhecida como Adaptação. Nesta etapa, os gigantes da tecnologia digital são compelidos a modificar - ou disfarçar - suas práticas, implementando pequenas alterações para satisfazer as exigências judiciais. Por fim, a quarta e última fase consagra o ciclo da despossessão como um conjunto de manobras políticas de extrema complexidade, conectando-se novamente à primeira fase, mas redirecionando sua abordagem para forçar a sutileza, modulando suas estratégias sem que a exploração jamais cesse (Bridle, 2018), perpetuando o capitalismo de vigilância.

Mas será que todas essas técnicas realmente conseguem captar a essência do ser? E é aqui que Hamlet surge para iluminar o dilema. "To be or not to be, that is the question", cabe aqui uma lição de inglês. Ainda que essa célebre passagem seja amplamente traduzida como "ser ou não ser, eis a questão", partilho da opinião minoritária de que a imortalizada frase foi mal traduzida nos países lusófonos. O verbo "to be" tem dois significados principais: ser e estar. Na tragédia shakespeariana, estar é o significado atribuído à expressão. Vejamos a passagem que inaugura o monólogo de Hamlet: "Ser ou não ser, eis a questão. Será mais nobre em nosso espírito sofrer pedras e flechas com que a Fortuna, enfurecida, nos alveja, ou insurgir-nos contra um mar de provocações e, em luta, pôr-lhes fim? Morrer... dormir". Como se percebe, uma frase que parece excessivamente complexa na sua constituição é, na realidade, a dúvida entre viver ou morrer, ou seja, existir ou não existir. Nada tem a ver com uma construção do "ser". Hamlet já "era"; lúcido como sempre esteve, ainda que simulasse o contrário, levantava a questão se valia a pena estar ou não vivo - essa era a questão.

Pois bem, essa digressão é necessária. Hamlet é a ponte que conecta o capitalismo de plataforma e a construção do estar.

Refaço a pergunta anterior: será que todas essas técnicas de vigilância realmente conseguem captar a essência do ser? O *Ser* é insustentavelmente leve para ser apropriado, ou seja, é, na verdade, bastante pesado, tal o fardo de viver, principalmente para quem se coloca no dilema da existência (Kundera, 1999). Mas há algo fluido e facilmente mutável que pode ser apropriado pelas corporações: a habilidade humana de estar.

Estamos sendo constantemente bombardeado por informações e, uma vez construído o perfil do usuário, os capitalistas contemporâneos sabem as respostas que buscamos e a elas somos direcionados. Como se fosse uma bolha, imersos em um universo criado pela mera aparência do ser, somos consumidos e consumimos o conteúdo alimentado pela internet, não há obrigatoriedade em transparência ou verdade, de fato, o conteúdo que nos atinge é enviesado. Aqui Zuboff e Camus se encontram. Quando Camus alertava para a ignorância simulada, as verdades simuladas, pelo estar, e não sentidas, pelo ser, ele falava do ciclo da despossessão de sua época, assim como Zuboff fala da do nosso. É a sina de Sísifo, estamos condenados à rolagem infinita da pedra.

Nessa linha, o professor Augusto Jobim do Amaral denota: "é da crise generalizada dos meios de confinamento, das candentes e sempre urgentes 'reformas', que nascem as novas configurações do controle". No entanto, embora seja difícil ser otimista em meio a tantos desafios, não há razão para não ser, ou ao menos tentar ser, realista. Não nos esqueçamos da lição de Foucault: onde há poder, há resistência (Foucault, 1977). Poder e resistência se entrelaçam no tecido social, mantendo uma relação contínua de forças, movimentos que não se anulam mutuamente. Amaral reafirma: "Pouco importará perguntar o que é pior --devendo-se temer ou--, mas se impõe buscar novas resistências prontas a subsidiar incipientes agenciamentos coletivos".

Para tanto, é imprescindível que não desanimemos. À medida que os aparatos de dominação evoluem, a resistência, como forma de *contrapoder* (Amaral, 2020: 70), se fortalece. Mais do que nunca, as vozes ecoadas há séculos pelos movimentos antiautoritários estão, de fato, alcançando mais pessoas, divulgando as lutas que por muitos anos foram oprimidas e sufocadas. Movimentos feministas, antirracistas e LGBTQ+ são exemplos de meios de existência antipastorais, que ultrapassam a identidade, figurando como força criadora (Amaral, 2020: 64).

O ponto discutido no presente ensaio se desvela. As pessoas *foram* e *são* resistência; sua constituição e suas verdades não são alteradas, e por isso o incômodo com o absurdo e com os regimes de veridição impostos no *estar*. A náusea advinda da sensação de não pertencimento promovida pelo "regime de empresa" (Amaral, 2020: 148) é, a meu ver, a prova de que o *ser* é inapropriável. Ainda que a verdade seja promovida por quem grita mais alto e que os espaços de fala sejam avassaladoramente desiguais, a condição de *ser* permanece intocada. Imperioso é, portanto, explorar a microfísica do poder (Foucault, 1979), pois apenas assim se desvelam as verdades não sentidas (Camus, 1942), mas que, por serem vastamente difundidas (Zuboff, 2021) insistem em moldar os corpos e suas formas de existir (Foucault, 1982).

REFERÊNCIAS

Amaral, A. J. (2020). *Política da Criminologia*. São Paulo: Tirant lo Blanch.

Bridle, J. (2018). *New dark age: Technology and the end of the future*. Reino Unido: Verso Books.

Bruno, F. (2013). *Máquinas de ver, modos de ser: Vigilância, tecnologia e subjetividade*. Porto Alegre: Meridional Ltda.

Camus, A. (2024). *O mito de Sísifo*. Rio de Janeiro: Record.

Foucault, M. (2006). *Hermenêutica do sujeito: Curso dado no Collège de France (1981-1982)* (F. Gros, Ed.; M. A. Fonseca & S. T. Muchail, Trads.). São Paulo: Martins Fontes.

Foucault, M. (1977). *História da sexualidade: A vontade de saber*. Rio de Janeiro: Graal.

Foucault, M. (1979). *Microfísica do poder*. Rio de Janeiro: Graal.

Kundera, M. (1999). *A insustentável leveza do ser*. São Paulo: Companhia das Letras.

Shakespeare, W. (1999). *Hamlet*. São Paulo: Companhia das Letras.

Zuboff, S. (2021). *A era do capitalismo de vigilância: A luta por um futuro humano na nova fronteira do poder*. Rio de Janeiro: Intrínseca.

PROTESTING IN THE DRONE AGE: POLICE VERTICAL SURVEILLANCE OF THE PALESTINIAN MOVEMENT MARCHES IN TORONTO[1]

Roberta da Silva Medina

1. INTRODUCTION

It is a tough task to keep up with new and ongoing *events*, especially when life is disrupted by the escalating climate crisis, the intensification of neoliberal policies dismantling what remained of the few common policies enabled by the welfare state, the advancement of violence between wars (declared or not) and the subsequent militarization of life. Amid life's acceleration, new practices that would have appeared to bring about a dystopian reality only a few years ago, become normalized. How can we keep up with creating meaning and critique as they unfold so quickly?

This was something that crossed my mind when I was attending a march demanding a ceasefire amid the ongoing genocide occuring in Gaza in Toronto in October of 2023. When you're amidst a political demonstration of this nature, charged with mourning, uprising, and outrage, your thoughts are scattered, making it hard to focus on just one aspect of it. However, during this day, it was impossible not to notice a striking new presence in the sky: drones surveilling the march from above, tracking its every move from start to finish. Initially, one could hear some of the protesters wondering, 'Whose drones are these? Should we fear them?' and even trying to hide their faces and shield their identities from its cameras, since support demonstrations for the Palestinian cause have faced heavy censorship and criminalization in the West. The intensification of aggressive and militarized police presence (within the parameters of the Canadian context) only adds to the tension. Part of the complexity lies in the fact that there's no *actually* hiding from vertical and

1 Texto publicado em inglês por opção da autora.

mobile surveillance. There's also no certainty about the drones' ownsership or visual capabilities--how are they watching you? Are these police drones? If so, what are they looking for? It is also ironic not to consider that these drones are the 'civilian' version of the same technology being used in the genocide of Palestinians is also being deployed to surveil the pro-Palestinian movement, which is predominantly led by Palestinians in diaspora in the West.

This chapter explores the new and yet-to-be-normalized phenomenon of police drone surveillance of social movements. The aim is to address the use of drones in pro-Palestinian protests in Toronto, Canada, pointing out research concerns about the use of such devices for monitoring social movements and the ability of this technology to change the surveillance's parameters of social movements. To do so, I ground my methodology in the situational analysis method, considerd an "extension and regrounding of grounded theory" (Clarke, 2021: 223). It encompasses the ontological turn in anthropology, aiming to explore not only current social phenomena but also what they might become, in order to help us navigate such radical transformations. Situational analysis method draws from Foucauldian discourse analysis, which goes beyond the classical focus on the subject in qualitative research (typically the interviewee) and also emphasizes discourses as central to contemporary social life. Additionally, it explicitly accounts for nonhuman entities within the situation, drawing on Deleuze and Guattari's concepts of the rhizome and assemblage (Clarke, 2021). Situational analysis also involves a hybrid approach to analyzing the relationalities in a given situation "to understand the dense complexities of a particular situation broadly conceived" (Clarke, 2021: 224). It may include interviews and/or ethnographic observations, as well as the analysis of discourse and historical materials, encompassing "all kinds of documents, websites, imagery, material cultural objects, technological apparatuses, scientific or other specialized literatures, social media, and so forth" (Clarke, 2021: 225).

In the first part, I will provide a theoretical approach to the obsolete distinction between what is considered 'civilian' and 'military' drone technology. Secondly, I will analyze the police drone surveillance in the Toronto context of pro-palestinian protests. The focus is to delve into potential issues and speculations regarding the implications of drone surveillance on suppressing social movements, and to instigate this inminent topic as a research agenda for critical surveillance scholars.

2. THE 'MILITARY BOOMERANG': BLURRING THE LINES BETWEEN CIVILIAN AND MILITARY DRONES

The spread out and incorporation of military tactics and technologies employed firstly in occupation zones into domestic environments has been described in the academic literature as "military boomerang" (Jensen, 2016). Drawing on Michel Foucault and Aimé Césaire works, Stephen Graham (2011) asserts that this phenomenon entails the adoption and extension of military doctrine and security norms, organized through technologies with military origins. These technologies are utilized for tracking, identification, and selection within spaces traditionally classified as civilian and urban. The 'military boomerang' is the result of the deepening culture of surveillance and progressive militarization of urban spaces, through the conception of 'internal security' (Neocleous, 2011).

At this point, Yagil Levy (2010) refers to the process of increasing commercialization of military service as the "market army," in which militarism and neoliberalism serve as key elements of mutual reinforcement. The fundamental characteristic of this process is that the military must function like a private corporation, culminating in the current stage of capitalism where there is hardly any distinction between the economy of death production and the production and circulation of goods. Yet, Jeff Halper (2015) demonstrates how the military, security agencies, police forces, and prison systems have assumed a central role in consolidating the totalizing flow of neoliberal capital, which, in order to eliminate other systems, has continued to self-perpetuate in an effort to force accumulation through expropriation.

Along the same lines, the Brazilian philosopher Paulo Arantes (2021) unravels the economic approach to military strategy and considers the violent transposition of "human capital theory" to the underdeveloped South, especially in Latin America, as a paradigmatic case. For him, the military coup and the concomitant advancement of neoliberalism in Chile in 1973 formed an ideal laboratory for the Chicago School to implement its ideas of a new type of militarism. This new type of militarism, described by Arantes as "properly civilian," consists simultaneously of a military approach to the economy of poverty and an economic approach to the expantion of the military strategy. In the Chilean case, a financially vulnerable and precarized population became the privileged ***target*** of a policy of order and social security based on economic policies of management of poverty, the only economic approach that would subvert the compensate basis of the welfare state. Arantes speaks about a 'military metaphysics' as the accumulation of military power as a goal in itself, rendering the distinction between what is 'civilian' and 'military' obsolete (Arantes, 2021).

Although Paulo Arantes focused specifically on Brazilian militarism and more broadly on Latin America, his thought also allows us to reflect on the advance of militarization and economic austerity policies in the so-called 'Global North'. The peripheralization thesis (Arantes, 2023) positions the Global South as a laboratory for new forms of capitalist expansion. This approach emphasizes peripheral formations moving toward the center due to global neoliberal policies dismantling the welfare state's foundations. Within this context, a peripheral country in the context of global capital like Brazil can stand as a paradigm for understanding emerging governance practices in the Global North, such as the growing gap between globalized elites and increasingly precarious working masses, the increase in police-militarized governance, hyper-segregated geographies with 'favelas' (racially and economically marginalized neighborhoods), and the privatization of wealth and social space. In sum, this 'civilian militarism' can be understood in terms of the creation of a military-industrial-complex, that blurs the lines between the state and private industry, including na ensemble of non-state actors such as arms and security manu-facturer, private prison corporations, commercial office companies, among others (Pugliese, 2013).

Discussing the mutual implications between the global flow of capital and militarism and its 'boomerang effect' outcomes necessarily involves understanding the central importance of the state of Israel in these processes. The Israel Defense Forces (IDF) follow a unique management model funded by the business community, responsible for the rehabilitation of the armed forces, as well as covering costs related to human resources (such as soldier salaries) and equipment. Israel combines a military doctrine founded on population control with an economy heavily driven by military technology, making it a major global hub for the provision of knowledge and instruments for domestic control. Israel occupies a central position in the globalization processes of security technologies as the fastest-growing arms export complex, with the country controlling approximately 70% of the unmanned aerial vehicle technology market (Denes, 2010).

Even more significantly, discussions regarding Israel and its 'market-army' capabilities cannot overlook the colonial-military occupation of Palestine. The Gaza Strip and the West Bank territories are occupied with various necro-military tactics of death and urban warfare, serving as a global laboratory for the implementation of military technologies and 'expertise' in population control (Mbembe, 2006). Moreover, Israel's heavy investment and partnerships with private companies in developing technologies and tactics of urban occupation can be seen as a form of "privatization of colonial power" in Palestine (Gomes, 2018). Surveillance and armed drones stand out as one of the most crucial technologies for surveillance, control, and *necro* purposes.

In the wake of the Vietnam War, Israel and its defense force (IDF), politically aligned with the United States[2], began to emerge as a global power in military drones (Halper, 2015), taking the lead in the development of this technique, constructing a series of different surveillance drone models, primarily used during the Yom Kippur War of 1973 (Cole, 2014). Subsequently, Israel continued to invest even more in research on drone technology, and drones played a decisive role against Syrian defenses in the Lebanon War in 2006 (Halper, 2015). The

2 The first unmanned aerial vehicles were developed in the context of the Vietnam War, employed by the U.S. Air Force. At that time, the drones were called "Lighting Bugs" and were used only for reconnaissance and surveillance (Chamayou, 2013). During the 1960s, the U.S. Department of Defense began to automate and computerize the battlefield, creating a security sphere managed with the certainties of cybernetics through the use of sensors, drones, automated weapons, laser-guided bombs, computer systems mediated by algorithms, and monitoring systems. The Vietnam War left a precedent-setting path for the increasing use of unmanned aerial vehicles on the battlefield and the spread of manhunts as a war-strategic principle, leading to an increased military desire for intelligence, surveillance and reconnaissance (Chamayou, 2013).

Israeli drones engage in constant surveillance of the Palestinian people[3], and the ***target killings*** [which, contrary to what the name suggests, results in the death of numerous civilian victims, including women and children (Scahill, 2017)], operations increased during the years of the Second Intifada in the mid-2000s. These ***target killings*** operations are one of the main demonstrations of power asymmetry in the so-called "war" (Chamayou, 2013), redefining its traditional conceptualization (Gros, 2010), as drones offered the ability to have a radical asymmetric view of a segmented and distant target. With this radical elimination of any reciprocal relationship, drones obliterate "much of the traditional language of human reciprocity and recognition" (Kroker & Kroker, 2021: 110). Israeli drones are designed to vertically subjugate and target Palestinians, and even the sound of drones flying constantly over homes in Gaza is a source of suffering and post-traumatic stress (Saif, 2016).

The incorporation of drones into civilian and urban environments stands as one of the most prevalent examples of the 'military boomerang' phenomenon, alongside with other weaponry manufactured or through the implementation of military tactics of urban warfare by civilian police forces. Drones are now a part of the surveillance apparatuses of police operations worldwide, and they may be equipped with artificial intelligence, night and thermal imaging, and facial recognition (Klauser, 2022). For some police agencies in the US, drones provide an alternative means to document police-public encounters from a less intrusive aerial perspective, reducing ambiguity, which has been one of the main critiques related to the widely adopted body-worn cameras (Willis, 2023). Other justifications for the adoption of drones by police forces globally are that they can serve as a strategy for de-escalation and aid in monitoring protests, mass gatherings, and enhancing response to large-scale events. Drones can also assist in data collection at crime scenes, search and rescue operations, and locating missing persons (Greenwood, 2023).

Even though the connection between these 'small robot spies' and military drones may not seem evident at first glan-

3 Israeli drones have operated in collaboration with intelligence services, conducting activities such as communication and radio signal interception, biometric data collection and storage, terrain mapping, as well as being capable of distinguishing and recording facial features (Weizman, 2017).

ce, it's intriguing that a 'civilian' version of a technology so intricately associated with the genocide in Gaza is now being used to monitor and watch the social movements led by the Palestinian diaspora in the West. For certain authors delving into the philosophy of technology, such as Heidegger (1977), Simondon (1980), and Stiegler (1998), the processes of evolution and automation of the technical object in relation to its environment (or *milieu*), and its consequent independence from 'human rationality', lead to the technical object creating its own *milieu*. This rupture drives the dynamics of concretization - the technical object gains autonomy and becomes autonomous from human agency. Through this approach, the process by which drone technology evolves into 'civilian' versions can be understood as integrated into a large-scale network of technical information ensembles (Simondon, 1980) encompassing both capitalist and military aspects. Kroker and Kroker, drawing on the philosophy of technology authors mentioned before, state that "no technological device is born innocent" (Kroker & Kroker, 2021: 12), and that drones adhere to its 'evolutionary logic' while still retaining its original military 'killer instinct'. Kroker & Kroker reiteirate Simondon's critique that a 'technical essence' persists unchanged throughout the process of technical evolution. They are effectively highlighting the manner in which drone technology reveals itself - by means of a militaristic, exclusionary and necrotic logic - even if it is adapted to suit non-military environments.

Furthermore, perhaps more than simply understanding drone technology as predetermined and inherently 'bad'[4], it is in-

4 This is a point that fosters an immense debate. Some researchers have delved into the question of "decolonizing technologies" or creating "common policies" based on existing technologies from different theoretical and empirical perspectives. To cite a few examples, some projects of 'left accelerationism' (Williams & Srnicek, 2014) have advocated for the creation of a new economy based on structural solidarity to bring about change amidst the ongoing crises of neoliberalism. They argue that neoliberalism fails to foster individual creativity and suggest that resisting neoliberalism requires embracing the capitalist accelerationist tendency, paradoxically, to redirect it towards common goals. According to them, there's no option for a revolution 'outside' the capitalist association, and, due to that, so we must take advantage of every technological and scientific advance made possible by capitalism. They draw attention to the fact that we should invest on creatives socio-political action with these technologies. Feminist perspectives have also espoused similar positions, investing in creative proposals for political action here and now, using technological tools to foster disruptive politics. It's important to point out that the so-called 'left accelerationism' has sparked much controversy and debate in the field of contemporary philosophy. For a deeper exploration of this debate, I recommend a Deleuze-Guattarian reading of 'left accelerationism', which argues that what should be accelerated are the struggles against capital rather than the accelerationist conceptions that advocate for accelerating capitalist development in order to produce contradictions that will lead the system to crisis and its overcoming (Fortes & Pirola, 2021). In the wake of the ontological turn

teresting to observe that the same models of civilian drones predominantly used by police forces as part of the 'outward' trajectory of the military boomerang are also being repurposed and employed in military and occupation contexts. Currently, the use of 'small consumer drones' is a reality in both the military occupation context of Palestine and Israel, as well as in the war between Russia and Ukraine (Greenwood, 2023, October 26). In 2018, Israel used the DJI Matrice 100 model (one of the most common models of police drones), equipped with tear gas, to monitor protests occurring in Gaza (Greenwood, 2023, October 26). Since then, Israel argues that civilian drones are a remarkably efficient and inexpensive tool for capturing super-high resolution 3D maps, identification, border defense, and aiding in targeting operations (Greenwood, 2023, October 26). In 2021, Lebanon's Hezbollah asserted that they shot down an Israeli DJI Matrice 100 drone that was flying above the UN-imposed Blue Line (Greenwood, 2023, October 26).

Moreover, the aerial view captured by drone footage of the attack on October 7th at the music festival grounds was widely

in anthropology, the philosopher Yuki Hui presents an intriguing approach to this issue. According to Hui (2017), Heidegger's approach to technology is catastrophic because it seeks universality, reflecting a legacy of modern and European thought that assumes a singular 'technology/technique' exists. Hui offers an alternative way to approach the issue of technique, framing it as a local problem, particularly through his work "The Question Concerning Technology in China" (2016). Hui aims to encourage the development of diverse understandings of technique from different localities. Specifically in relation to other usages than military and capitalistic of drone technology, to cite some examples, there is the #DroneHackademy project. It is a hacktivist school and critical theory platform that aims to promote the use and discussion of drones as a social technology. The first #DroneHackademy took place in Rio de Janeiro in 2015, when the city was crossed by the controversial urban transformations linked to the mega-events of the World Cup and the Olympic Games, which produced real estate violence and attempted eviction of communities from the port area or 'Vila Autodromo'. To avoid supporting the military-industrial complex, they opted to employ the "do-it-yourself bodies" approach in constructing two drones for the project. As a final practice, the #dronehackademy project proposed to situate in some place in the city to experiment with the potential of drones to produce aerial counter-visibility. If aerial vision, beyond the military scope, is extensively used by actors in the development of the neoliberal city model, the project's activity was to produce an aerial cartography that allowed the visualization of real estate violence and the enclosure of common goods. In a public act held in September of the same year, the cartography was handed over to the residents of the community, in order to use it in the processes of popular advocacy and defense of their right to the city (De Soto, 2018). Additionally, indigenous communities across the globe are being significantly impacted by the visual surveillance conducted by entities such as the fossil fuel industry, miners, and deforestation agents. In response to this, the indigenous movements have adopted the practices of 'counter watching', which have become instrumental in their efforts to protect their lands. Naomi Milner (2023) shows how in her ethnographic work in the Maya Forest, Andean Forest, and Amazon, indigenous and rural communities are using drones in various contexts, mainly to assert authority and expertise, and to protect territorial rights. These communities may view drones in relation to bird and insect companions, connecting their ability to surveillance with ways of knowing and being that involve more-than-human elements. Through dialogues with Indigenous practitioners of "non-modern" aerial technologies, such as shamanistic plant-guides and earthworks for a "gods' eye view," alternative modes of knowing forest worlds from above are proposed that prioritize care over military control.

utilized as a narrative of war and extensively shared by the international Western media. In spite of this, drone footage is also used as a form of counter-narrative and resistance. Journalists and drone pilots in Gaza release a constant stream of horrifying aerial footage showing the damage to civilian buildings from Israeli attacks, and this type of content has been widely shared on social media, working as a counter-narrative to the traditional Western media (Greenwood, 2023, October 26).

The circular movement of the military boomerang and the increasing use of civilian drones in war contexts reveal something essential about drone technology: beyond being a military weapon capable of firing missiles or a data-gathering device in civilian contexts, drones are image-capturing devices, and they fundamentally re-shape the perception and interpretation of bodies and spaces. Drones' 'vertical visuality' is not only a means of seeing more but also *a way of seeing differently*: for the first time in history, due to the mass production of 'civilian drones', the vertical perspective has become accessible (in the sense that it does not require extensive aviation knowledge) and cheap enough for a wide array of individuals with diverse purposes of use (Greenwood, 2023, September 28). The "occupation of the skies" and the vertical view have been crucial in political terms since the early European colonization (Neocleous, 2013; Mbembe, 2006). However, while this generates an unprecedented fact and undoubtedly has a certain transgressive potential, it is important to note that the perspective of the drone is a top-down perspective with dehumanizing potential, as it eliminates reciprocity of vision, exacerbates power disparities, abstracting people from their contexts and reducing them to a calculable formula of risk factors.

One of the most emblematic cases of dehumanization and violence through the eyes of drones occurred in February 2024 when over a hundred Palestinians, desperate for food, were killed in a drone attack launched by Israel. Beyond the announced barbarity, it is striking that the IDF released drone footage of the moment, claiming that Israeli soldiers were seeking to 'defend themselves'.

Image 1. Video footage released by the IDF, Israeli Defense Forces, on February 29, 2024, shows hundreds of Palestinians around humanitarian aid trucks in Gaza.

This political event represents the simultaneous concretization of two sides of the same massacre: as part of the ongoing genocide, the cruel killing of Palestinians struggling for survival, to the condition of a hungry population desperate for their survival, but also the symbolic death projected by the circulation of this drone footage around the world as the main basis visual document for narrative creation (Safatle, 2024). This drone footage reduces bodies to mere blurred points, indiscernible smudges on a screen, and fuels one of the fundamental pillars in the politics of genocide against the Palestinian people - it accelerates a process of continuous desensitization. This image portrays an unacceptable political reality - the cold and distant massacre of hundreds of starving people, mediated like a video game - as an ordinary, commonplace occurrence that does not merit much attention from the public. This circulating image is not the humanized perspective of bodies falling[5], but the cold perspective of the drone, for whom these people were already dead, reduced to a threshold between nothingness and

5 A crucial counter-image, which will certainly be an image we will have to confront for some time as part of the collective imaginary of our political era, is the image of Palestinian doctors at a press conference surrounded by the bodies of children, blood-stained sheets enveloping small bodies.

something. The process of desensitization is a fundamental axis of political apathy in the face of horror, leading people not to be outraged by the unacceptable, nor to act to prevent it.

The political fact taken here as an example, as well as the incorporation of civilian drones into military environments, shows how drone imagery has become a tool that can be wielded to counter existing narratives or create new ones of their own, both in military and civilian environments (Greenwood, 2023, October 26). In the domestic context and, specifically, in surveillance of social movements, drone footage can also amplify police authority in interpreting, editing, and sharing footage, making it a crucial technology in narrative creation - which is one of the reasons we should not uncritically accept as 'normality' the police's incorporation of these devices into urban life.

3. VERTICAL SURVEILLANCE OF SOCIAL MOVEMENTS: THE CASE OF THE PALESTINIAN MOVEMENT IN TORONTO

Even though critical academic literature has addressed the effects of the military boomerang related to police drones, little has been discussed about their use in policing social movements, although this is an increasingly common reality. To cite a few examples, the *Black Lives Matter* movement, the most closely monitored protest in US history, saw a heavy presence of police drone surveillance[6]. In some American states, the police are purchasing and bidding for drones equipped with tear gas bombs, specifically designed for the control of 'unruly mobs' (Willis, 2023, June 1). The same type of drone technology has been showcased at law enforcement technology fairs in the state of São Paulo, Brazil (Rodrigues & Ribeiro, 2023).

After the events of October 7, 2023, and the subsequent escalation of Israel's genocidal policies against the Palestinian people, a new wave of protests proliferated globally. In North America, protests have been occurring regularly, practically every week. There have been episodes of student and faculty oc-

6 "The Department of Homeland Security has conducted extensive surveillance of Black Lives Matter activists,45 while the FBI conducted aerial surveillance for overbroad monitoring of all individuals engaged in protests in Baltimore in response to Freddy Gray's death while in police custody." Laperruque, J. (2017).

cupation at universities, such as the well-publicized case at Columbia University in the United States (and many others in the country), but also at the University of Toronto in Canada[7].

As I write this chapter, it's still too early to know for sure where this wave of protests will lead us, and whether they will be sufficient to envision some kind of alternative future for Palestine, one that doesn't involve more death[8]. Interestingly, the asymmetry generated by drone technology (consolidated in the logic of targeting) resonates in different types of *assemblages* - for the first time, there's a wave of anti-war protests and solidarity regarding a 'belic conflict' in which no national soldiers are dying. However, the heavy presence of surveillance and police repression that these movements have faced tells us something about the current political landscape that will require attention from the academic community. The Palestinian and student movement in North America also created the "Cops Off Campus" movement in response to this, to raise awareness about the heavy and violent police presence on university campuses. Police drones are just one of the 'new' tactics and technologies being used in the surveillance of these social movements, which can aid in the criminalization of activists, immigrants, students, professors and academics.

To some extent, we can interpret the massive surveillance and policing of pro-Palestine movements within a broader context of political shifts in the management of urban protests after 9/11 and the rapid development of surveillance technologies (Heh & Wainwright, 2022). This was a reality in the case of movements and global solidarities associated with the Arab Spring, the Occupy movement that occurred in 2011 in North America, the Indignados movement in Spain, the June Journeys of 2013 in Brazil, among others. In the Canadian context, since September 2001, national security and intelligence agencies have expanded their reach, with targets being defined on a suspicious basis

7 It was the first encampment demanding divestment of the university's endowment, capital assets, and other financial holdings from all direct and indirect investments that sustain Israel's occupation of Palestine occurred in early April of 2024, even before the wave of encampments on university campuses in the United States. The outdoor encampment at the University of Toronto took place on May 1, 2024. The encampment ended on July 3rd due to a court injunction, and the students decided to dismantle the camp to avoid a violent interaction with the Toronto Police Service.

8 In the case of the Vietnam War, for example, much is discussed about the importance of the domestic front in the defeat of the USA, as the public opinion shift due to anti-war protests was crucial for the Vietnamese victory. We may or may not be witnessing the same now regarding Palestine.

(Bell, 2006). This configuration of control, often referred to as 'actuarial' (Harcourt, 2019), follows a global trend where the notion of risk is preemptively defined. Consequently, there is a decisive shift (from statistics to control) where risk is no longer assumed as statistical probability--capturing deviation from regularity--but as imminent threat, shifting from "probability" to "possibility." Risk management thus operates in the realm of possibility, inherently indeterminate, rendering threat intrinsic to life, embedding control mechanisms (Chignola, 2018).

Another significant milestone that intensified surveillance of social movements in Canada was the preparation for the mega-events of 2010, in which Canadian policing agencies centralised security-intelligence preparations by creating the Integrated Security Unit (ISU). For Monaghan and Walby, "the centralisation of intelligence under the ISU-JIG (and later ITAC) in Canada resembles Department of Homeland Security 'fusion centres' in the United States, which coordinate data-sharing among state and local police, intelligence agencies and private companies" (Monaghan & Walby, 2012: 136). These 'fusion centers' are often referred to as experiencing 'mission creep,' as their functions have expanded beyond their originally intended purposes to encompass all perceived threats. These security practices are more broadly associated with the slogan of 'anti-terrorism', which led to the production of 'Multi-Issue Extremism as a category of domestic terrorism and security threat (produced by special intelligence clusters in Canada in the 2010s) and the transformations signaled by the emergence of this category. These transformations encompassed the ITAC-coordinated Threat Assessments expanding their focus to target activist groups, indigenous groups, environmentalists, and others who are publicly critical of government policy. It also included the cataloging of many left-wing associated groups as threatening, particularly those associated with direct action tactics, and the blurring of categories defining what is considered 'terrorism'. This expansion of the purview of security intelligence agencies led to net-widening, where a greater diversity of actions is governed through surveillance processes and criminal law (Monaghan & Walby, 2012).

Furthermore, the mutual relationship between private companies and the state is crucial for understanding the vertical surveillance of social movements, as it is closely related to the spread of the 'military-industrial complex' and the doctrine of 'civilian militarism'. In relation to police drones, there is a global monopoly on the so-called 'civil/consumer drones' manufactured by the Chinese company DJI. Many Western countries, especially the US, are trying to foster suspicion of DJI's motives and loyalties. Some states, like Florida, are implementing new policies to ban the use of DJI drones by everyone from police officers to state university researchers, arguing that the Chinese government could have access to the data (Greenwood, 2023). However, even though a number of Western competitors, such as the American company Axon, have tried to challenge DJI as the principal seller of consumer drones over the last decade, it has not been easy. This is because manufacturing a drone with DJI's capabilities at their price point is difficult, partly due to Shenzhen's location, which provides direct access to the world's largest source of electronic parts manufacturing (Greenwood, 2023). Regarding the Toronto Police Service, although there is no disclosure of the exact data about how many drones and which manufacturers TPS is using, documentation requested under the Access to Information Act on June 7, 2023, from Transport Canada[9] shows that TPS has acquired drones manufactured by both DJI and Axon.

Regarding the technical capabilities of these drones, empirical research needs to investigate the specific activities and justifications for which TPS is using drones. Although their use has already been reported in the surveillance of social movements (particularly the Palestinian marches) and in the removal of homelessness encampments from public parks (Casey, 2022, May 01). Police drones may be equipped with artificial intelligence, night and thermal imaging, and facial recognition[10]. In addition to that, developments in the visual capacities of vertical sur-

9 Namely, the request was for "A-2020-00224 - All Special Flight Operation Certificates issued by Transport Canada to all Canadian police agencies for all unmanned aerial vehicle (UAV)/drone operations conducted in Canada from January 1, 2013, to June 30, 2020."

10 In relation to facial recognition technology, there is not much specific research on drone technology. However, most models manufactured by DJI do not include this facial recognition technology. It is known that facial recognition in drone technology is prone to even more errors than the already error-ridden terrestrial facial recognition tools (Greenwood, 2023).

veillance technologies offer new means of video surveillance. Drones can provide law enforcement with the ability to rapidly zoom in on specific areas of a city to a level where facial scans can be conducted (Laperuque, 2017).

Despite the technological capabilities of police drones, one of the biggest concerns regarding their use in the surveillance of social movements is the risk of a ***chilling effect*** and threats to the exercise of the right to protest. The possibility of being subject to constant surveillance can lead people to change their behavior, resulting in self-censorship, and legitimate mobilizations may be inhibited. Self-censorship can particularly affect groups that are more vulnerable to state repression and violence, potentially leading to an increase in the criminalization of social movements. The ***chilling effect*** can also be related to the idea of ***supression*** as 'a process through which the preconditions for dissident action, mobilisation, and collective organisation are inhibited by either raising their costs or minimising their benefits'[11]. In this sense, the vertical surveillance of social movements can lead to preemptive regulation of perceived national security threats, and social movement suppression aims to create a scenario in which political opposition is removed from the picture.

Another crucial point when referring to drone surveillance of social movements, particularly in the case of the Palestinian movement in Toronto, is the use of drones by the protesters as a means of sousveillance (Mann & Ferenbok, 2013). The Palestinian movement in Toronto is also using drones to measure and publicize the size and impact of the protests, as well as to conduct their own count of the number of attendees. More significantly, drone imagery aids social movements in the creation of narratives, similar to how it is used in war scenarios, in be what can be characterized as a struggle over the control of visibilities, turning visibility into a synonym of power. In this state of affairs, where drones are used by both the police and the protest organizers, it is difficult to identify whose drone is filming the march. This increases the risk of a chilling effect, as protesters do not know who owns the drones. This is why journalist and consumer drone researcher Faine Greenwood stated that "drones don't wear uniforms, but they should" (Greenwood, 2018).

11 Boykoff (2007: 12), as cited in Monaghan & Walby (2012).

CONCLUSION

There are still many aspects of drone surveillance of social movements that require further research. The case of the Palestinian movement in Toronto illustrates well all the facets involved in the phenomenon--ranging from the risk of increased criminalization of the right to protest, a new stage in the production of the "chilling effect" and its demobilizing effects, to the use of drones by protesters as a new practice of sousveillance. There is a need for an agenda in surveillance studies to research why the police are adopting drones for the surveillance of rallies and protests, how this occurs, and the justifications provided. This includes understanding the rationales behind drone adoption by police forces, their ostensible purposes, and the value each police force finds in the "vertical visuality" offered by drones. Further investigation is also needed into the 'civilian-militarism' involved in these practices--specifically, what claims the 'civilian' drone industry makes regarding police purchases, including their relevance, claimed capabilities, and potential use cases.

But most crucially, the political movement taken in this chapter as a case of study, namely the struggle for a free Palestine, serves as an indicator of a political and ethical horizon: the radical desire for a completely different world and new forms of collective living. This desire must also include the abolition of all contemporary forms of 'democratic' security. This reflects the aspirations of Palestinian woman activists: "I don't want to fight for another capitalist form of a colony. I don't want the democracy that they're talking about. (...) It's not just about ending the occupation. It's much more global than that" (Shoall, 2024: 09). The palestinian struggle is "a struggle agaisnt capitalism and against patriarchy. (...) *I want a completely different world.* I want liberation" (Shoall, 2024: 18-19).

REFERENCES

Arantes, P. (2021). *O mundo como alvo: uma genealogia da militarização contemporânea*. São Paulo: [s.n.].

Arantes, P. (2023). *A fratura brasileira do mundo: visões do laboratório brasileiro de mundialização.* Posfácio de Marildo Menegat. São Paulo: Editora 34.

Bell, C., (2006). Surveillance strategies and populations at risk: biopolitical governance in Canada's National Security Policy. *Security Dialogue,* 37 (2), 147-165.

Boykoff (2007), p. 12, as cited in Monaghan, J., & Walby, K. (2012). Making up 'Terror Identities': security intelligence, Canada's Integrated Threat Assessment Centre and social movement suppression. *Policing and Society,* 22(2), 133-151.

Casey, L. (2022, May 01). Toronto planned encampment clearing operation for months, built profiles of residents. CBC News. https://www.cbc.ca/news/canada/toronto/ont-homeless-foi-1.6437578.

Chamayou, G. (2013). *Drone theory.* London: Penguin.

Chignola, S. (2018). The mole and the snake. Soft Power. *Revista euro-americana de teoría e historia de la politica y del derecho,* 5(1), 53-78.

Clarke, A. E. (2021). From Grounded Theory to Situational Analysis: What's New? Why? How? In *Developing Grounded Theory* (2nd ed., pp. 223-266). Routledge.

Cole, C. (2014). Rise of the Reapers: A brief history of drones. *Drone wars.* Available on: https://dronewars.net/2014/10/06/rise-of-the-reapers-a-brief-history-of-drones/.

Denes, N. (2010). From tanks to wheelchairs: unmanned aerial vehicles, Zionist battlefield experiments, and the transparence of the civilian. In *Surveillance and Control in Israel/Palestine.* Routledge, 195-220.

Gomes, J. T. D. (2018). *Dimensões cibernéticas de colonialidade, controle e resistência na Palestina Ocupada* (Doctoral dissertation, Universidade de São Paulo) [In Portuguese].

Graham, S. (2011). *Cities under siege: The new military urbanism.* London: Verso Books.

Greenwood, F. (2018) Drones Don't Wear Uniforms. They Should. *Foreign Policy.* Available at: https://foreignpolicy.com/2018/05/22/drones-dont-wear-uniforms-they-should/.

Greenwood, F. (2023) There's No Substitute for Chinese Drones (and That's a Problem). *Foreign Policy.* Available at: https://foreignpolicy.com/2023/07/09/chinese-drone-dominance-dji-defense-florida/.

Greenwood, F. (2023, October 26). Watching Small Drones in the Israel - Palestine Conflict. Retrieved from https://faineg.substack.com/p/watching-small-drones-in-the-israel. Access on April 24th, 2024.

Greenwood, F. (2023, September 28). Why I Care About Drones - Part One. Retrieved from https://faineg.com/why-i-care-about-drones-part-one/. Access on April 24th, 2024.

Gros, F. (2010). *States of Violence: An Essay on the End of War.* London: Seagull Books.

Halper, J. (2015). *War against the people. Israel, the Palestinians and Global Pacification.* London: Pluto.

Harcourt, B. E. (2019). *Against prediction: Profiling, policing, and punishing in an actuarial age*. University of Chicago Press.

Heh, E., & Wainwright, J. (2022). No privacy, no peace: Urban surveillance and the movement for Black lives. *Journal of Race, Ethnicity and the City*, 3(2), 121-141.

Heidegger, M. (1977). *The Question Concerning Technology*.

Greenwood, F. (2023) There's No Substitute for Chinese Drones (and That's a Problem). *Foreign Policy*. Available at: https://foreignpolicy.com/2023/07/09/chinese-drone-dominance-dji-defense-florida/.

Jensen, O. B. (2016). New 'Foucaultdian Boomerangs': Drones and Urban Surveillance. *Surveillance and Society*, 14(1), 20-33.

Klauser, F. (2022). Policing with the drone: Towards an aerial geopolitics of security. *Security Dialogue*, 53(2), 148-163.

Kroker, A., & Kroker, M. (2021). *Technologies of the New Real: Viral Contagion and Death of the Social*. University of Toronto Press.

Laperruque, J. (2017). Preserving the right to obscurity in the age of facial recognition. *The Century Foundation*. Available at: https://production-tcf.imgix.net/app/uploads/2017/10/03111141/preserving-the-right-to-obscurity-in-the-age-of-facial-recognition.pdf.

Levy, Y. (2010). The essence of the "Market Army". *Public Administration Review*, 70(3), 378-389.

Mann, S. & Ferenbok, J. (2013) New media and the power politics of sousveillance in a surveillance-dominated world. *Surveillance & society*, 11 (1-2), 18-34.

Mbembe, A. (2006). Necropolitics. *Raisons politiques*, 21(1), 29-60.

Monaghan, J., & Walby, K. (2012). Making up 'Terror Identities': security intelligence, Canada's Integrated Threat Assessment Centre and social movement suppression. *Policing and Society*, 22(2), 133-151.

Namely, the request was for "A-2020-00224 - All Special Flight Operation Certificates issued by Transport Canada to all Canadian police agencies for all unmanned aerial vehicle (UAV)/drone operations conducted in Canada from January 1, 2013, to June 30, 2020."

Neocleous, M. (2011). 'A brighter and nicer new life': Security as pacification. *Social & Legal Studies*, v. 20, n. 2, pp. 191-208.

Neocleous, M. (2013) Air Power as Police Power. Environment and planning. D, *Society & space*. [Online] 31 (4), 578-593; Mbembe, A. (2006). Necropolitics. *Raisons politiques*, 21(1), 29-60.

Pugliese, J. (2013). *State Violence and the Execution of Law: Biopolitical Caesurae of Torture, Black Sites, Drones*. Abingdon, Oxon: Routledge.

Rodrigues, R., & Ribeiro, P. (2023, October 27). *Feira de segurança traz soluções não letais para polícias, como bodycams com transmissão online e drone que atira gás lacrimogêneo. G1 SP*. https://g1.globo.com/sp/sao-paulo/noticia/2023/10/27/feira-de-seguranca-traz-solucoes-nao-letais-para-policias-como-bodycams-com-transmissao-online-e-drone-que-atira-gas-lacrimogeneo.ghtml.

Safatle, V. (2024, April 3rd). *Aula inaugural do departamento de filosofia da USP - São Paulo/Brazil*. Pensar após Gaza: desumanização, trauma, e a filosofia como freio de emergencia [Video file]. Retrieved from https://www.

youtube.com/watch?v=7KT2mzw6HXl4. Access on April 25, 2024.

Saif, A. A. (2016). *The drone eats with me: A Gaza diary.* Beacon Press.

Scahill, J. (2017). *The Assassination Complex: Inside the Government's Secret Drone Warfare Program.* Toronto: Simon and Schuster; Shaw, I. (2016). *Predator empire: Drone warfare and full spectrum dominance.* Minnesota: U of Minnesota Press.

Shoal Collective. (2024) *Interviews with Radical Palestinian Women.* Shoal Collective, pp. 18-19.

Simondon, G. (1980). *On the mode of existence of technical objects.* London: University of Western Ontario.

Stiegler, B. (1998). *Technics and Time, 1: The Fault of Epimetheus.*

Willis, S. (2023, June 1). Drone cops are coming for small-town America. 1843 Magazine. *The Economist.*

Willis, S. (2023, June 1). Drone cops are coming for small-town America. *The Economist.* https://www.economist.com/1843/2023/06/01/drone-cops-are-coming-for-small-town-america.

CONSIDERAÇÕES SOBRE A POLITIZAÇÃO DA VELOCIDADE E A BARRICADA DO ANONIMATO[1]

Samuel Medeiros Andreatta

1. INTRODUÇÃO

Este ensaio percorre alguns aspectos do trabalho de Paul Virilio levando em conta o anonimato no espaço da rede. A intenção é examinar as abstrações do autor, problematizando --em um primeiro momento-- aspectos de uma resignação generalizada. Em seguida, os efeitos de seu olhar sobre o desenvolvimento da tirania da velocidade são explorados possibilitando algum tipo de fricção materializada pelo potencial do anonimato na rede.

A resignação toma conta: uma debilidade frente a algumas mãos invisíveis; outras nem tanto. O marasmo capitalista compreendido por Mark Fisher (2020) é aquele de uma resignação ao que nos é imposto como realidade inescapável. Um cansaço nutrido por um processo de esvaziamento político e cultural que norteia vidas como negócio e instaura uma ontologia do empresário de si. A racionalidade da universalização do discurso concorrencial[2] atua limitando as condições de possibilidade de atrito, reduzindo-as à distopias, para salvaguardar a sempre frágil democracia.

Paul Virilio evoca também uma resignação, certamente resignação quanto à impossibilidade de resistência frente a ameaça da arma final (Lotringer & Virilio, 1983), problemática contemporânea do autor. A guerra move eixo significativo de seu pensamento. Filho da segunda guerra mundial, o autor percebia o vetor da guerra como compositor e decompositor no processo de formação das cidades; fora marcado pela possibilidade de impermanência. A difusão do pensamento logístico militar seria --segundo Virilio-- resultado de alterações calculadas nas velocidades técnicas

1 O presente trabalho foi realizado com auxílio da Coordenação de Aperfeiçoamento de Pessoal de Nível Superior (CAPES), Brasil - Código de Financiamento 001.

2 Uma perspectiva do neoliberalismo para além do absenteísmo estatal encontra-se em Dardot & Laval (2014).

e metabólicas. O correlato imediatismo da estética do desaparecimento decomporia a realidade em sequências de imagens que tomam o olhar de assalto.

Outro tipo de resignação merece destaque. Nela há uma chave de análise do processo que nos toma e que precede em muito as redes: a confusão com as validades dos regimes de verdade já atentada por Foucault (2002). Virilio, partindo de periodização distinta, realiza uma divisão tríade para explicar tal confusão: a sobre-informação dos experts do sistema, a sub-informação dos produtores de uma epistemologia que se situa como marginal e o que ele denomina como realizadores do estado suicidário, aqueles que "usam a informação como um fim" (Virilio, 1999: 34). Virilio argumenta que os experts podem montar quadros estatísticos maravilhosos que tendem para o final do mundo, mas o pensamento não passa daí. Os ideólogos, segundo o autor (Virilio, 1999: 35), podem compor uma análise mais ou menos ajustada da realidade que não deixa de ser letárgica.

A estagnação dos ideólogos e experts conduz a um ponto nevrálgico. O problema em nortear-se em uma perspectiva racional está na tendência infinita à especulação cuja situação limítrofe é demarcada pelo sentimento, como Pascal relembra a Virilio (1999: 35). O mesmo ocorre com a mobilização de leituras ideológicas. A resignação encontra-se na abertura ilimitada para a especulação que gera imobilidade, como também na escassa adesão aos ideólogos, que a sua vez, aguardam um futuro em que existiria um despertar marcado por uma correlação de forças favorável. O âmago desta resignação é a estagnação da possibilidade de avanço pelos horizontes políticos da terceira categoria. O autor percebe a internalização de uma dinâmica do terror a partir da construção da imagem do Estado Suicida. O Estado Suicida é aquele em que as fronteiras da guerra e paz são indistinguíveis, normalizando regimes de exceção; seus realizadores retalham as condições do possível, reduzindo-as a possibilidades que se apresentam na lógica neoliberal. Não esqueçamos que o que é possível sempre depende de horizontes políticos.

Essa terceira categoria instaura uma resignação ao conseguir sequestrar para si o real, obviamente não de maneira racional. Virilio (1999: 35) vê nesse desenvolvimento uma psicopatia, efeito do desprezo e abandono de toda relação produtiva com o meio ambiente que provém de um certo tipo de urbanização.

2. FORNECIMENTO DE DADOS E VELOCIDADE

Um terceiro tipo de resignação, aliada a segunda anteriormente descrita, é perceptível no fornecimento de dados pessoais. Já há instaurada uma sensação de debilidade quanto a qualquer tipo de oposição no fornecimento de dados. Da CIA às geladeiras, todos têm nossos dados, não há nada a fazer. A resignação quanto ao fornecimento indiscriminado dos dados é, como nos ensina Bernard Harcourt (2015), alimentada por uma política de *likes*, e substanciada à exaustão sob um argumento de praticidade.

A resignação causada pelo fornecimento indiscriminado de dados é uma exigência da velocidade. Esta exigência é materializada na obra de Virilio pela divisão tripartida das características tecnológicas emprestadas do divino: "ubiquidade, instantaneidade e imediatez" (1997:19). Mckenzie Wark (2004: 79) define o processo como "telestesia", esse poder instantâneo que nos exige o fornecimento constante de dados. Para Virilio, esse processo instaura uma leitura pós-humanista que se concentra na falibilidade humana e leva a um embate interno, que sempre acaba por culpabilizar o humano por sua humanidade. As instituições em crise sempre evocam o problema do intermediário humano, há um cansaço humano. A perda da tangibilidade de algo que é compartido, ao se perder de vista a imagem do humanoide estatal, dinamita a perspectiva do comum, substituída pela privatização sempre crescente centrada em um modelo de competição.

Virilio, como filósofo dos trajetos, notou uma crescente distância entre a realidade objetiva e a visão que temos dela (1999: 33). É nesse ponto que se insinua a relação tecnológica, ela se insere, segundo o autor, na dessincronização, no vácuo equidistante entre esses dois pontos, para dublar a realidade. Caminhamos, nesse sentido, para uma revolução da informação do serviço de inteligência, tudo se move no espaço-tempo da guerra. O que se presentifica é a necessidade de perceber que aqueles que detêm a riqueza são os que detêm os meios de velocidade; dos que antigamente possuíam os meios para um transporte a cavalo aos que hoje possuem as formas contemporâneas de velocidade --dos recursos instantâneos de informação que movimentam o capital especulativo aos jatos privados-- a velocidade se apresenta intrinsecamente ligada à riqueza. Afinal, a herança da revolução industrial é, acima de tudo, maior velocidade de produção. Poder-se-ia dizer que hoje todos têm um amplo acesso à internet, 84% dos brasileiros (Viecelli, 2023) têm internet nos seus lares nas cidades, mas o que se percebe é que essa aparente "democratização da velocidade" (Virilio, 1999: 183), em verdade determina um caminho retilíneo, o que se pode observar pela concentração do tráfego da internet em poucas plataformas. O acesso a rede se estrutura mais como imposição do que qualquer tipo de vertente de escolha democrática, como demonstram também os funis de Thomas Mathiesen (2013).

A desterritorialização rápida torna-se pedra de toque em lugar da realidade primeira da experiência com o objeto, e ao melhorar a condutibilidade dos lugares e dos meios atravessados pelas vias da comunicação, também se acelera sua dissipação e dissolução[3]. Lugares se transformam em meros pontos de conexão.

A perda da memória dos lugares tem íntima relação com o desenvolvimento das próteses oculares, o que Virilio denomina como máquinas de visão (1997: 77). Os aparatos óticos alteram significativamente o meio em que os signos podem ser signos, criando uma forma de memória cuja velocidade iconoclasta desmantela a topografia mental de outrora. A introdução de uma prótese de visão telescópica oblitera distâncias, seguindo a logística própria da batalha, que por sua vez se preocupa com o encurtamento das informações. Mas as influências da lógica de batalha não param por aí, é necessário ter um conhecimento ubíquo e total das informações; a logística da batalha demanda um constante esforço de síntese. Não é preciso dizer que muito se perde. A invisibilidade da internet faz esquecer das estruturas físicas que armazenam e transmitem os dados, e são justamente essas estruturas que fazem parte do jogo da cronopolítica propriamente militarizada[4].

Fenômenos que nos parecem contemporâneos, como a falta de atenção diante dos circuitos de velocidades, já eram percebidos por Virilio desde a chave de uma "multiplicação industrial das próteses visuais e audiovisuais" (Virilio, 1997: 77). O movimento constante e a presença sempre alcançável dos objetos do olhar levam a uma diminuição nos tempos de retenção e à perda da

3 Neste sentido está a estética do desaparecimento conforme Virilio (1997: 20).

4 A disputa sobre a transmissão de dados em cabos de internet é atravessada pela logística militar, por exemplo, como se pode observar em: Sutton (2020). Assim como em: Redação Exame (2024).

"persistência retiniana" (1997:77), ou seja, o olhar inquieto, cuja velocidade explodiu os horizontes, não consegue se situar. A atenção se evapora diante do carrossel de imagens.

A revolução francesa trouxe um ímpeto de iluminação, iluminação para clarear as margens da propriedade privada, das instituições e da ciência. Esse ímpeto esclarecedor traz uma forma de governo, o conhecimento da população passa a gerenciar as condutas, o que poderíamos chamar de aspectos biopolíticos, que por sua vez traduzem uma maneira específica de encarar a realidade e construir perfis a partir de uma incansável fome de informação.

O período da revolução francesa materializou o ímpeto esclarecedor da época em uma vertente do terror, os avanços científicos, econômicos, filosóficos e políticos do país das luzes, que tomava o discurso da razão como norte, se converteu para Virilio (1997: 48), em um fenômeno sociológico do terror. O acontecimento que marca essa virada, para o autor, é a eleição, pela polícia revolucionária francesa, do olho como símbolo da corporação. Há uma transformação da força policial, que passa de ostensiva e aparente para um polo de vigilância, instando a necessidade de monitoramento de cidadãos suspeitos.

O desenvolvimento desta forma de governo é dúplice, por um lado temos o efeito de terror, do outro o desejo totalitário de aclaração, é o que autor denomina de "dupla preocupação atávica" (1997: 77). O slogan de "ver ser sem visto" se introjeta na atuação policial e a sua incorporação, como é de praxe, é aliada ao conhecimento de informações do indivíduo para melhor posicionamento tático. Um exemplo suscitado pelo autor é a transposição das técnicas datiloscópicas, inauguradas para o controle dos colonizados na Bengala (1997: 58), e que são posteriormente utilizadas no próprio Reino Unido, na definição dos inimigos internos passíveis da mirada do ímpeto esclarecedor.

Virilio percebe um declínio dos relatos e provas testemunhais, substituídos por um novo regime de verificação para além do testemunho, a razão cientifica da câmera. O olhar humano já não organiza a busca pela verdade, não tem velocidade para tanto. A formação de uma imagem depende do olhar minucioso que o pretenso cientificismo aclarador nas técnicas policiais passa a normatizar. Os peritos técnicos inauguram um hiper-realismo da representação. No teatro judiciário o réu se vê cerceado, não apenas pelas instituições de reclusão, mas por todo um implacável circuito eletrônico. Para Virilio "a arquitetura do teatro judicial foi convertida em sala de projeção cinematográfica, depois em assunto de vídeo" (1997: 61). O autor defende que o trabalho da fotografia médica e judicial não é mais a (re)interpretação dos signos, mas o desenvolvimento de códigos visuais que prefiguram os fluxos numéricos de algoritmização da vida que hoje nos atravessam.

A guerra tem um importante papel catalisador no encurtamento das distâncias e revolução das comunicações, revolução logísticas. Não podemos olvidar que os primórdios da internet derivam do projeto militar Arpanet. A máquina de guerra de Virilio é essencialmente a velocidade da expedição e mobilização de forças, justamente a dimensão logística, que tem como uma das proveniências as expansões napoleônicas.

Neste sentido, incorporando a dimensão logística, Virilio (Lotringer & Virilio, 1983: 19) denota que a diferenciação entre estados de paz e guerra está superada, assim como a diferenciação entre a inteligência militar e política, processo que remonta ao fim da primeira guerra. Quanto à imbricação entre guerra e tecnologia não são necessárias maiores elocubrações, o que é preciso perceber é o fato de que a tecnologia, mesmo que imbricada na guerra, tende a assumir um caráter positivo; já a guerra, por óbvio, denota um aspecto negativo. Devemos passar a perceber as tendências negativas da tecnologia, ver a tecnologia por seus "acidentes", e verificar quem é visto como bode expiatório nos processos de "desperdício experimental" (Klossowski, 2017).

Como já não é possível distinguir entre estados de guerra e paz, a política passa a segundo plano, ou melhor, o tempo que era depreendido para validar uma discussão política, e que as bases da democracia consultiva dependem, se encurta. Por isso, Virilio reconhece a entrada em cena de uma dimensão transpolítica (Lotringer & Virlio, 1983: 35). Regida pela velocidade, essa nova forma de ordenar condutas denuncia a morosidade e ineficiência do discurso político ao reduzi-lo ao jogo de interesse partidário burguês, qualificando-o como ineficaz. E se o político contava com um tempo maior para a tomada de decisões, e lidava com os conflitos pelo tempo da Lei, levando em conta, na sua fundamentação, as possibilidades de contraditório, a transpolítica marca a instantaneidade de preocupações logísticas materializadas por vetores tecnológicos. Prescinde de tempo para a reflexão. A tecnologia não organiza apenas o espaço, mas o tempo.

Assim, o autor conclui que é preciso politizar a velocidade, seja a velocidade metabólica, seja a velocidade tecnológica. Politizar a velocidade significa perceber que assim como na riqueza há uma violência, a violência da acumulação primitiva e exploração dos corpos, há também violência na imposição e distribuição seletiva da velocidade. Os processos de desigualdade social já foram amplamente debatidos a partir de uma matriz de concentração de riqueza, agora é preciso politizar a violência que trazem as novas formas de velocidade. Para Virilio, a riqueza é um aspecto da velocidade (Lotringer & Virlio, 1983: 49). A concentração de riqueza é um efeito ordenador das velocidades, velocidade que dita o longo tempo das riquezas dinásticas e a instantaneidade das quedas especulativas.

É preciso estender a análise da tecnologia não apenas ao problema que ela se dispõe solucionar, mas ao acidente produzido. O olhar depositado sobre a propagação de uma racionalidade centrada pela velocidade faz esquecer o acidente produzido. Modelos de previsibilidade de reincidência atuariais que expandem o encarceramento (O'Neil, 2016 e Harcourt, 2007: 21), práticas de reiteração de um racismo sistêmico através de padrões algorítmicos de seleção enviesados (O'Neil, 2016: 99), desastres energéticos de mineração especulativa (ONU, 2024), a logística que demanda cada vez mais eficiência reduz esses acidentes a meros pontos fora da curva, quando é preciso começar a pensá-los como essenciais ao próprio desenvolvimento tecnológico.

Não se tenta argumentar que o avanço tecnológico não propõe praticidade, tampouco defende-se um abandono tecnológico, mas é preciso perceber que esse impulso leva a reboque o constante aumento da velocidade que se exige das interações, o que em um regime de mercantilização da vida significa mais velocidade de exploração. Quais são as interrupções possíveis a essa velocidade? Repensar a utilização dos instrumentos técnicos para além da resignação derivada do constante aumento de velocidade que se impõe é enxergar outro mundo possível. Se para os europeus os machados (Clastres, 2007: 175) de metal trazidos durante a colonização da América do Sul significavam maior estoque, maior produção, para as sociedades contra o Estado significavam menos tempo alocado para o trabalho de cortar árvores.

3. O ANONIMATO COMO CONTRAPODER

Cabem aqui considerações gerais acerca dos temas tratados por Virilio em termos de estruturação de resistências à velocidade. A pergunta acertada diante da imposição desses circuitos de velocidade é: qual é a função política de opor barreiras? Parar como ato de revolta fora um tema explorado nos ilegalismos de dissipação (Foucault, 2015), método da nascente classe operária de opor uma resistência tática frente às relações de poder do capitalismo industrial. Fazer oposição à velocidade é um ponto de fricção política, especialmente com o avanço da globalização que propaga um tempo único; não custa lembrar que a resistência à exigência da velocidade se materializou nos primeiros momentos da revolução francesa com a quebra de relógios (Virilio, 1997: 47); a onda recente de ocupações em instituições secundaristas no Brasil (Agência Brasil, 2016) demonstra que não há contrassenso algum em parar pela educação. Se alguns desses ilegalismos, como o desperdício do corpo, foram relegados a desviancia moral, outros, inicialmente criminalizados como a greve, têm hoje o verdadeiro papel anacrônico de barricada no tempo, como defendem Lotringer e Virilio (1983: 42).

A barricada não implica em uma obstrução defensiva, como a construção de uma muralha. Implica a fabricação de outro território, uma outra cidade na cidade, uma cidade viva e impermanente como toda a cidade, uma brecha ao fechamento das distâncias horizontais que é construída horizontalmente através da circulação das massas e ativistas. Como nos ensina Eric Hazan (2015), o mérito das barricadas está também em seu potencial de rápida multiplicação, e muito embora um pessimismo míope possa ver na sua história apenas vitórias efêmeras, elas permanecem sendo uma fonte de inspiração de contrapoder.

O anonimato materializado pelas técnicas criptográficas da rede é uma barricada ao tempo e ao espaço. Uma barricada ao tempo em dois tempos: impede ou torna mais demoradas as técnicas de identificação que tentam quebrar os processos criptográficos, dificultando o processo de extração de valor de dados. Estabelecem uma nova hierarquia valorizando a segurança das comunicações acima da rapidez. Como explica o fundador da rede TOR (Dingledine, 2013), os processos anonimizantes demandam mais banda, pois para mascarar o envio e recebimento de comunicações é necessário enviar as mensagens em levas. Se apenas um sujeito manda uma mensagem e o outro recebe, decifrar o destinatário e o remetente é simples. No entanto, se as mensagens são enviadas em levas, e diversas pessoas também recebem todas as mensagens, desembaralhar a comunicação torna-se mais difícil. Esse tipo de técnica, mesclar o tráfego na rede, também é denominada por antropólogos como anonimato horizontal (Book, 2020:33), é o desaparecer na multidão.

O anonimato também é uma barricada no espaço, pois cria um outro espaço de circulação que independe de marcadores de identidade, que não corre o risco de desembocar em "identidades estratificadas autointoxicantes" (Bordeleau, 2023). Em uma pesquisa realizada com uma ferramenta de chat anônima entre participantes de diferentes espectros políticos, os pesquisadores concluíram que o anonimato mitigou os efeitos da polarização política (Combs, 2023). É preciso deslocar a passividade do anonimato, transformando-o em posição ofensiva (Comitê Invisível, 2013: 13). Encarar a falibilidade intrínseca da representatividade (Wark, 2004: 106) ao invés de se pautar por um regime de exposição ou por uma razão iluminadora própria da velocidade. Acertada a posição que "torna o anonimato um refúgio tático para o qual fomos relegados" (Comitê Invisível, 2013: 132), uma tática de combate que evita se expor ao confronto, estabelecendo "zonas de opacidade de livre a experimentação" (Tiqqun, 2020: 80).

O segundo grau do anonimato em Bordeleau (2018: 13) conjuga formas de ação política e de modo de vida. Para ele, no nível da ação política prática, é preciso converter o anonimato em uma função ofensiva e não passiva ou reativa. Como modo de vida, é preciso aceitar o anonimato enquanto categoria política de resistência, contribuir para a negação dos lugares comuns que configuram a hegemonia cultural do capitalismo, abdicar do que significa ser alguém: "basta ver a cara de quem é alguém na sociedade para compreender a alegria de não ser nada" (2018: 16). Trata-se, em suma, de uma negação experiencial, que se constitui como modo de vida crítico ao marco cognitivo hegemônico e que, antes de tudo, visualiza a tensão normativa entre liberdade e liberdade (Egaliberté) que define o Estado de Direito contemporâneo segundo Etienne Balibar (2010).

A barricada ao reconhecimento e criação de perfis no bloqueio de fornecimento de dados pode ser uma das barricadas mais importantes da revolução da informação. As lições dos *cypherpunks* não podem ser perdidas (May, 2021). A comunicação anônima é uma ferramenta de potencialização da liberdade proporcionada pelo avanço da criptografia e pode ser aliada para defender novas possibilidades de mundo. Porém, quando os *cypherpunks* defendiam que a "Privacidade é o poder de se revelar seletivamente ao mundo" (Hughes, 2021) falavam desde um local onde o sujeito tinha maior agência na produção e criação desses dados, e a essencialidade da sua produção ainda não estava ligada aos aspectos mais básicos da vida cotidiana. Assim, entende-se que a dimensão principiológica da privacidade tem um caráter reativo, e pressupõe um inexistente nascer livre dos dados, o que se mostra no mínimo pouco crível, pois os dados não nascem em um vácuo, eles são produzidos pelos próprios polos que as empresas compõem, e logo sua abertura para violações depende apenas do modus operandi de diferentes companhias. Os incontáveis escândalos de vazamentos de dados já deveriam nos ensinar que a privacidade é violável e trocada na bolsa de valores.

Isto posto, é preciso admitir que o anonimato é um espectro, ele passa pela privacidade. As distinções dos acordos de cooperação de fornecimento de dados entre diferentes países, também podem oferecer um tipo de anonimato prático, mas ele de fato nunca é absoluto, mesmo em suas facetas mais técnicas. A tentação é querer encerrá-lo em uma dicotomia; o anonimato definitivamente pode ser usado para propagação de discursos fascistas, mas como a liberdade, não proporciona apenas efeitos nefastos, confere possibilidade de resistência. Driblando qualquer regulamentação dos esforços iluminadores ele ainda (re) existe no tecido social da internet, desde instrumentos mais avançados que demandam maior conhecimento técnico, até a utilização de espaços "esquecidos" da internet. A tarefa que se impõe é a de encontrar linhas de fuga para além de um maniqueísmo tacanho, a pergunta não é se o anonimato é bom ou mal, pois ele persiste, mas se vale a pena potencializá-lo como ferramenta de contrapoder e desnaturalização frente aos ímpetos da razão algoritária da velocidade.

REFERÊNCIAS BIBLIOGRÁFICAS

Agência Brasil. (2016, 25 de outubro). Mais de mil escolas do país estão ocupadas em protesto; entenda o movimento. Disponível em: https://agenciabrasil.ebc.com.br/educacao/noticia/2016-10/mais-de-mil-escolas-do-pais-estao-ocupadas-em-protesto-entenda-o-movimento. Acesso em: 8 de março de 2024.

Balibar, E. (2010). La proposition de l'égaliberté: Essais politiques 1989-2009. França: Presses Universitaires de France.

Book of Anonymity: An Edited Collection. (2020). Publicação online: Punctum Books.

Bordeleau, E. (2023). Bellonging in Becoming: Partes anárquicas y comunes cripto escalables. Dissenso: Revista de pensamento político, 4(V), 91-105.

Bordeleau, E. (2018). Foucault anonimato. Buenos Aires: Cactus.

Clastres, P. (2007). A sociedade contra o estado. São Paulo: Cosac Naify.

Combs, A., et al. (2023). Reducing political polarization in the United States with a mobile chat platform. Nature Human Behaviour, 7, 1454-1461. Disponível em: https://www.nature.com/articles/s41562-023-01655-0.

Comitê Invisível. (2013). A insurreição que vem. Brasil: Edições Baratas.

Dardot, P., & Laval, C. (2014). A nova razão de mundo: Ensaio sobre a sociedade neoliberal. São Paulo: Boitempo.

Dingledine, R. (2013, 3 de outubro). (BlackHat) BlackHat USA 2002 - Why is Anonymity So Hard? Disponível em: https://www.youtube.com/watch?v=RDcXXsIH48I&list=PLg_vgvhrkFa6whQn7cy4tRE9UD52i38Ke&index=1&t=3465s. Acesso em: 3 de janeiro de 2022.

Fisher, M. (2020). Realismo Capitalista: É mais fácil imaginar o fim do mundo do que o fim do capitalismo? São Paulo: Autonomia Literária.

Foucault, M. (2002). A verdade e as formas jurídicas. Rio de Janeiro: Nau Editora.

Foucault, M. (2015). Sociedade punitiva (I. C. Benedetti, Trad.). São Paulo: WMF Martins Fontes.

Harcourt, B. (2007). Profiling, Policing, and Punishing in an Actuarial Age. Chicago: University of Chicago Press.

Harcourt, B. (2015). Exposed: Desire and disobedience in the digital age. Cambridge: Harvard University Press.

Hazan, E. (2015). History of the Barricade (D. Fernbach, Trad.). EUA: Maple Press.

Hughes, E. (2021). Manifesto CypherPunk. In L. Folleto (Org.), Manifestos Cypherpunks. Ponta Grossa: Baixa Cultura.

Klossowski, P. (2017). The Living Currency (V. Cisney, Trad.). Londres: Bloomsbury Academic.

Lotringer, S., & Virilio, P. (1983). Guerra pura: A militarização do cotidiano. São Paulo: Editora Brasiliense S.A.

Mathiesen, T. (2013). Towards a surveillant society: The rise of surveillance systems in Europe. Londres: Waterside Press.

May, T. (2021). Manifesto Criptoanarquista. In L. Folleto (Org.), Manifestos Cypherpunks. Ponta Grossa: Baixa Cultura.

O'Neil, C. (2016). Weapons of Math Destruction. Nova Iorque: Crown.

ONU. (2024). UN Study Reveals the Hidden Environmental Impacts of Bitcoin: Carbon is Not the Only Harmful By-product. Disponível em: https://unu.edu/press-release/un-study-reveals-hidden-environmental-impacts-bitcoin-carbon-not-only-harmful-product. Acesso em: 8 de março de 2024.

Redação Exame. (2024, 16 de fevereiro). Rússia está usando satélites Starlink na guerra, diz chefe da inteligência ucraniana. Exame. Disponível em: https://exame.com/tecnologia/russia-esta-usando-satelites-starlink-na-guerra-diz-chefe-da-inteligencia-ucraniana/. Acesso em: 9 de março de 2024.

Sutton, H. (2020, agosto). How Russian Spy Submarines Can Interfere With Undersea Internet Cables. Forbes. Disponível em: https://www.forbes.com/sites/hisutton/2020/08/19/how-russian-spy-submarines-can-interfere-with-undersea-internet-cables/?sh=calbaea3b04a. Acesso em: 9 de março de 2024.

Tiqqun. (2020). The Cybernetic Hypothesis. França: Semiotext.

Virilio, P. (1997). El Cibermundo, la política de lo peor. Madrid: Ediciones Catedra S.A.

Virilio, P. (1999). La inseguridad del território. Argentina: La Marca.

Viecelli, L. (2023, 9 de novembro). Internet chega a 87,2% dos brasileiros de dez anos ou mais. Folha de São Paulo. Disponível em: https://www1.folha.uol.com.br/mercado/2023/11/internet-chega-a-872-dos-brasileiros-de-dez-anos-ou-mais-uso-e-maior-no-centro-oeste.shtml#:~:text=Internet%20est%C3%A1%20presente%20em%2091%2C5%25%20dos%20domic%C3%ADlios&text=A%20alta%20foi%20de%201,93%2C5%25%20na%20urbana.

Wark, M. (2004). A Hacker Manifesto. Cambridge, Massachusetts, and London, England: Harvard University Press.

O DEVIR-HUB DA METRÓPOLE: ENTREGADORES, ALGORITMOS, TRABALHO DIGITAL[1]

Sandro Chignola

Uma literatura crescente coloca em ação, também na Itália, um "olhar logístico" sobre as relações de capital. Isso permite compreender, não apenas a reestruturação da geografia das cadeias de produção e as transformações induzidas por ela na radiografia articulada das formas contemporâneas de acumulação, mas também os muitos e diversos níveis em que o capital encontra resistência e é forçado a modular seletivamente suas operações. Entre as contribuições mais recentes sobre o tema, vale a pena considerar a pesquisa que produziu o volume coletivo que está sendo publicado pela *Fondazione Giangiacomo Feltrinelli*: *Ultimo miglio. Lavoro di piattaforma e conflitti urbani*, editado por Maurilio Pirone, Quaderni 48, 2023[2].

Há pelo menos três aspectos que esta obra chama a atenção do leitor. A primeira diz respeito às profundas transformações induzidas pela logística (em particular, pela chamada logística de "último quilômetro" (*last mile logistics*)[3]: aquela com a qual todos são confrontados toda vez que recebem uma encomenda da *Amazon* ou mandam entregar uma refeição por meio de um aplicativo) na forma-cidade. A segunda diz respeito à ambivalência das práticas por meio das quais se impôs o regime particular de subordinação do trabalho vivo que, com uma fórmula feliz, foi chamado de *"imprendicariato"*[4] (em particular: dos *motociclistas*), com uma aceleração crescente desde as duas crises

1 Texto originalmente publicado em italiano na EuroNomade (2023). Disponível em: https://www.euronomade.info/il-divenire-hub-della-metropoli-riders-algoritmi-digital-labor/. Tradução de Augusto Jobim do Amaral.

2 Com textos de Emiliana Armano, Federico Chicchi, Niccolò Cuppini, Anna Maria Donini, Ricard Espelt, Michele Forlivesi, Mattia Frapporti, Mayo Fuster Morell, Daniela Leonardi, Marco Marrone, Annalisa Murgia, Maurilio Pirone, Melissa Renau Cano e Ugo Rossi. Disponível para download em Fondazione Feltrinelli (2023).

3 Logística de "última milha" ou de "último quilômetro", nos setores das telecomunicações, principalmente de internet, refere-se ao trecho final de uma rede que fornece seus serviços aos usuários finais (clientes) de varejo.

4 (N. T.): *"imprendicariato"* - referência ao neologismo que reúne os sentidos de um trabalhador empreendedor precarizado (*imprenditore* e *precarizzato*).

sucessivas marcadas primeiro pelo estouro da bolha especulativa de 2008 e depois pela pandemia. O terceiro diz respeito às especificidades da "heteromação"[5] imposta pelo capitalismo de plataforma ao trabalho digital e às lutas, também organizadas por meio de experimentos significativos no sindicalismo social, que as enfrentaram.

Com relação ao primeiro ponto, Niccolò Cuppini e Mattia Frapporti apontam um processo decisivo, que se tornou plasticamente evidente durante a pandemia, quando os trabalhadores da logística de último quilômetro se viram incluídos em serviços reconhecidos como "essenciais" --*tornar-se-hub* das cidades. Se é verdade que a revolução logística implica, como sempre, a rearticulação das dimensões espaciais das redes de produção em um entrelaçamento complexo e articulado --às vezes uma sobreposição direta-- do global e do local, também é verdade que, no nível de máxima proximidade em que essas dimensões impactam o processo de produção, ela também implica uma reorganização drástica da fábrica social. O advento do paradigma tecno-econômico do algoritmo, que diz respeito tanto aos novos processos de organização do trabalho quanto aos modelos de governança dos contextos socioinstitucionais nos quais eles se inserem, marca e orienta a gênese da *plataforma-metrópole* (Ugo Rossi: "A cidade e as sociedades urbanas, em um sentido mais amplo, são usadas por grandes corporações tecnológicas e *startups* emergentes como 'laboratórios vivos' para a exploração econômica de tecnologias digitais-algorítmicas"). O que é relevante aqui, em particular, é o esgotamento da lógica de investimento em territórios como incubadoras potenciais de desenvolvimento e o uso deles, em vez disso, para a extração direta de valor de dados, consumo e aluguéis curtos. Basta pensar nas transformações induzidas por plataformas como *Justeat, Deliveroo* ou *Airbnb*. A valorização capitalista não ocorre mais na simples produção de bens --de acordo com a lógica extensiva do comando fordista que projetou uma fábrica na cidade-- mas se estende ao consumo, já que uma mercadoria não vendida é um lucro perdido. Essa é outra razão pela qual é particularmente significativo que uma grande multinacional como a *Amazon* esteja se reterritorializando microfisicamente com a compra de armazéns e empresas de entrega: a *last mile* e o redesenho da cidade como um *hub* de fluxo são um objetivo

5 (N. T.): *"heretomation"*, expressão cunhada por Hamid Ekbia e Bonnie Nardi, espécie de oposição de "automação", referindo-se aos pequenos trabalhadores mal remunerados que, sob demanda, executam tarefas simuladas por IA. Cf. Binns (2014).

estratégico do capitalismo de plataforma; um capitalismo "predatório", cujas ambições estão se acelerando e cuja configuração geral deve ser questionada, investigada e contrastada, principalmente por causa dos efeitos que determina sobre os ativos dos territórios no contexto da crise da tributação geral do Estado. Os investimentos em infraestrutura exigidos pela distribuição em larga escala dependem de lógicas que não são as tradicionais de desenvolvimento, mas respondem a lógicas complexas de financeirização volátil, que acabam sendo incentivadas por poderes locais que facilitam sua implantação.

A segunda das razões para ler o livro diz respeito às características específicas do ***trabalho digital***. O que encontramos aqui --e isso pode ser inferido a partir da mistura de algoritmos e do comando do trabalho vivo, tanto nos níveis aparentemente mais rarefeitos do processo de digitalização (a *Amazon* não conseguiria atingir seus lucros e inovação contínua sem o trabalho obscuro de "mineradores de dados" ou operadores dos *"mechanical turk"* espalhados pelo mundo) tanto quanto naquilo que é mais imediatamente evidente na fadiga dos *motociclistas* que percorrem os espaços urbanos ou dos carregadores em armazéns logísticos --é o esgotamento do esquema binário que, no fordismo implantado, permitia que o trabalho fosse classificado como autônomo ou subordinado. As que proliferam são formas de hibridização contínua que Federico Chicchi e Marco Marrone não hesitam em chamar de *monstruosas*: "As figuras de trabalho emergentes em contextos digitais (e os entregadores de comida, em particular)", escrevem, "tendem a ultrapassar intrinsecamente as restrições clássicas do trabalho dependente e são cada vez mais forçados a assumir, juntamente com algumas restrições precisas de subordinação gerenciadas principalmente pelo algoritmo, tarefas e deveres caracterizados, como na atividade comercial real, por uma assunção pessoal do risco produtivo". Se é verdade que as plataformas muitas vezes transmitem uma cultura empresarial do trabalho que encontra nas cidades sujeitos dispostos a serem capturados --é a retórica do trabalho, da competição, da possibilidade de aumentar a própria renda com a qual as tarefas que elas oferecem são apresentadas--, também é verdade, como emerge dos dados de pesquisa apresentados em particular por Maurilio Pirone, Annamaria Donini e Marco Forlivesi, que o trabalho fisicamente realizado pelos motociclistas exibe perfis sem precedentes. Desse ponto de vista, interceptando o desejo expresso de escapar da subordinação, pelo menos, pelas duas últimas gerações, o capitalismo digital coloca em ação não apenas processos de organização do trabalho voltados para a desestruturação definitiva da relação salarial fordista, mas também tende a generalizar e acelerar, também por meio de novas tecnologias, um regime de trabalho baseado na disposição dos trabalhadores de realizar serviços cada vez mais intensificados e fragmentados. Na contramão do "auto-empreendedorismo de massa" (ou melhor: do "auto-empreendedorismo precário", como é chamado aqui), surgem, portanto, novas formas de relações salariais, estruturadas em torno de inusuais *convenções individuais* e completamente paradoxais que, de fato, acabam reintroduzindo o trabalho serial ou, em suas formas mais atuais e extremas, uma espécie de *salário por desempenho*.

É nesse ponto que é possível agrupar alguns *insights* adicionais aos oferecidos pelo volume. As transformações induzidas pela digitalização do trabalho, capturadas sob a espécie da proliferação tecnológica e organizacional de aplicativos nas últimas décadas e, em particular, desde a recente pandemia, podem ser compreendidas em sua irreversibilidade e ambivalência. Por um lado, eles podem ser redirecionados em um sentido participativo e democrático --Mayo Fuster Morell, Ricard Espelt e Melissa Renau Canu elaboram uma matriz das qualidades democráticas das plataformas com o objetivo de problematizar seu *status*, muitas vezes visto apenas como os grandes "unicórnios" monopolistas, para considerar, em vez disso, os aspectos da dita economia colaborativa (*sharing economy*) envolvidos em modelos circulares, organizados de baixo para cima em uma forma cooperativa (experimentos significativos nesse sentido podem ser encontrados em Berlim, *Crow*; Barcelona, *Mensekas*; Paris: *CoopCycle, estudos de caso* analisados em um capítulo do livro)--, por outro lado, os limites da heterorganização podem ser forçados. As contribuições de Emiliana Armano, Daniela Leonardi e Annalisa Murgia, além de outras, lançam luz sobre os aspectos da combinação ativa que o neo-autoritarismo digital opera entre algoritmos e capacidade humana viva, tentando dissolver a ambivalência implícita nessas fórmulas de composição do trabalho vivo a seu favor. Por outro lado, a continuidade das lutas dos motociclistas e os processos de auto-organização sindical que elas sedimentaram --submetidos à investigação de Pirone, Donini e Forlivesi-- mostram como, mesmo nesse terreno, os processos de captura que atravessam *o trabalho digital* não foram e não podem ser lineares e definitivos. Um dos méritos do livro é que ele lança luz não apenas sobre as fraturas que atravessam, mesmo de um ponto de vista organizacional, o zumbido suave da máquina algorítmica, mas também sobre a dinâmica da subjetivação política e da luta do trabalho vivo que, mesmo nessa composição migrante e *empresarial* específica, dificulta sua neutralização. Se há algo que falta neste volume, mas isso diz respeito a todos que o leem e a todos nós, são as linhas políticas para tornar essa neutralização efetivamente impossível.

REFERÊNCIAS

Fondazione Feltrinelli. (2023). *Quaderni 48: Ultimo miglio.* Recuperado de https://fondazionefeltrinelli.it/app/uploads/2023/03/Quaderni48_Ultimomiglio.pdf

Binns, R. (2014). *The ethics of technological and social innovation: A critical perspective. First Monday, 19*(4). https://doi.org/10.5210/fm.v19i4.5331

TEORIA CRÍTICA DA RAÇA NA REGULAÇÃO DE INTELIGÊNCIA ARTIFICIAL

Fernanda dos Santos Rodrigues Silva

Tarcízio Silva

1. INTRODUÇÃO

O reconhecimento da possibilidade de incorporação de discriminação racial em tecnologias e instituições do campo da inteligência artificial no Brasil já é evidenciado através de casos emblemáticos, literatura científica e atividades da sociedade civil sobre o tema. Quanto a casos emblemáticos, a imprensa pôde registrar danos ligados a tecnologias como reconhecimento facial no espaço público (Ribeiro & Scalzaretto, 2019), moderação de conteúdo orgânico em plataformas digitais (Intervozes, 2021), moderação por visão computacional de conteúdo publicitário, precarização racializada de trabalhadores de plataforma (Jornal do Brasil, 2024), entre outros[1].

A terminologia ligada a racismo algorítmico e vieses discriminatórios no país já é corrente. Levantamentos bibliográficos indicam produção local que abordam os modos pelos quais a tecnologia digital emergente pode incorporar mecanismos subjetivos e estruturais de discriminação racial, de gênero e outras (Simões-Gomes et al, 2020). A concepção política do termo "racismo algorítmico" tem sido levantada por autores que observam como os impactos discriminatórios da I.A. podem intensificar a opressão racial e reprodução da supremacia branca (Silva, 2022) e como tal arranjo se concretiza no contexto sociotécnico através dos vieses algorítmicos (Kremer, 2023). Tal substituição de processos complexos de deliberação sobre indivíduos e situações pelos algoritmos é rechaçada por juristas que identificam seu potencial discriminatório (Moreira, 2020).

1 Mapeamentos de casos de impactos algorítmicos nocivos reúnem centenas de casos em torno do mundo reforçam essa avaliação, a exemplo do mapeamento da Desvelar (desvelar.org/casos-de-discriminacao-algoritmica), AI Incident Database da OECD (oecd.ai/en/incidents) e AIAAIC (aiaaic.org).

Em relação à produção da sociedade civil engajada, o reconhecimento da relação entre inteligência artificial e discriminação racial tem sido realizado em diferentes arenas de incidência. O debate em torno da proposição de projeto de lei para regulação de inteligência artificial em comissão de juristas é um exemplo eloquente. Estabelecida pelo Senado em 2022, a comissão foi composta de 18 juristas que não incluíram nenhuma pessoa afrodescendente brasileira, ainda que represente a maior fatia da população. Não obstante, organizações com pautas antidiscriminatórias realizaram propostas sobre o tema nas audiências públicas e contribuições escritas. A ausência de preocupação de legisladores com consensos já constitucionais, como o combate à discriminação direta e indireta foram registrados por grupos da sociedade civil (Juristas Negras, 2022), que também apontaram questões como o rechaço ao argumento do segredo comercial como evasão à transparência e accountability e a necessidade de tecnologia *bottom-up* considerando as particularidades do país (Caixeta & Utomi, 2022). A Comissão Temporária de Inteligência Artificial no Senado, posteriormente, apresentou parco espaço para a participação da sociedade civil e reuniu avanços e retrocessos de diferentes ordens, mas ainda não adequadamente endereçou os impactos do racismo estrutural e institucional na inteligência artificial. Defendemos, neste texto, que as abordagens das Teorias Críticas da Raça são lentes essenciais para o futuro ético da inteligência artificial no país e para a construção de uma regulação efetivamente capaz de mitigar vieses discriminatórios.

2. DESCOBRINDO E MITIGANDO IMPACTOS ALGORÍTMICOS

A terminologia mais popular sobre a Teoria Crítica da Raça é atribuída em grande medida ao desvelamento programático das relações entre a permanência do racismo e a falsa neutralidade de noções de igualdade no Direito estadunidense a partir da década de 1970, em torno de intelectuais como Derrick Bell e seus então estudantes que pavimentaram caminhos epistêmicos e políticos da abordagem, como Kimberlé Crenshaw, Richard Delgado, Patricia Williams e outros. A TCR "questiona os próprios fundamentos da ordem liberal, incluindo a igualdade, o discurso jurídico, o racionalismo iluminista e os princípios neutros do Direito Constitucional" (Delgado & Stefancic, 2021: 29).

A preocupação com um direito capaz de ser mobilizado do ponto de vista do grupo racializado e subalternizado é compartilhada pela perspectiva da Teoria Crítica da Raça (TCR) aplicada ao contexto brasileiro. Caroline Silva e Thula Pires (2015: 67) destacam que, apesar de sua origem estadunidense, "ao levar em conta a realidade racial e o papel do direito na manutenção das desigualdades", a TCR "questiona fatos que também são relevantes no Brasil ao se discutir a estrutura racialmente hierarquizada da sociedade e das instituições". As autoras, inclusive, afirmam não compactuar com o argumento de que não houve segregação legal contra pessoas negras no Estado, se não somente que "os mecanismos normativos de segregação operaram segundo uma lógica distinta daquela evidenciada pelos regimes de *apartheid* vivenciados nos Estados Unidos e na África do Sul" (Silva e Pires, 2015: 79). Assim, ainda que seja necessário trazer as especificidades do cenário latinoamericano para a discussão, a TCR contribuiria para "remapear as concepções raciais, mantendo o compromisso com uma avaliação da realidade situada e contingente".

As categorias mobilizadas por uma Teoria Crítica Raça ampliada e interdisciplinar são importantes para observar o enfrentamento do racismo em sua representação indireta, que é justamente a mais corriqueira diante de sistemas de inteligência artificial. É provável que a grande maioria dessas ferramentas não sejam projetadas para produzir resultados intencionalmente racistas ou empreguem a categoria de raça como uma variável de exclusão em seu funcionamento. Ainda assim, é possível que suas ações e consequências acabem por prejudicar pessoas negras de forma diferenciada, o que deve ser o foco para se pensar em alternativas adequadas (Benjamin, 2019a). Segundo a Convenção Interamericana contra o Racismo, a Discriminação Racial e Formas Correlatas de Intolerância, ratificada pelo Brasil com status de emenda constitucional em janeiro de 2022, discriminação racial indireta é

> (...) aquela que ocorre, em qualquer esfera da vida pública ou privada, quando um dispositivo, prática ou critério aparentemente neutro tem a capacidade de acarretar uma desvantagem particular para pessoas pertencentes a um grupo específico, com base nas razões estabelecidas no Artigo 1.1, ou as coloca em desvantagem, a menos que esse dispositivo, prática ou critério tenha um objetivo ou justificativa razoável e legítima à luz do Direito Internacional dos Direitos Humanos (Brasil, 2022).

Desenvolvedoras, programadoras e especialistas em políticas da tecnologia vinculadas a abordagens como a Teoria Crítica da Raça e o feminismo negro desenvolveram projetos de interrogação sobre sistemas algorítmicos, com especial visibilidade aquelas focadas em plataformas de comunicação digital. A consideração de que "historicamente, pessoas racializadas têm sido vítimas de sistemas de opressão tecnologicamente viabilizados, da expansão colonial, a ciências raciais de craniologia e frenologia a extração e vigilância informacional" (Nelson et al, 2001: 3) motivou estudos independentes, apesar dos problemas de transparência das empresas de tecnologia e corporações ***big tech***.

Um divisor de águas na percepção pública e política do racismo algorítmico foi certamente o lançamento do projeto *Gender Shades* e seus impactos posteriores. Um grupo de desenvolvedoras lideradas por Joy Buolamwini realizou uma análise interseccional sobre três fornecedores de serviços de visão computacional: IBM, Face++ e Microsoft. Considerando as capacidades dos serviços até então, as autoras propuseram uma pergunta-chave simples que permitiria comparar os fornecedores: "quão bem os serviços de reconhecimento facial conseguem acertar o gênero de um rosto?". Para realizar a comparação, as pesquisadoras criaram uma base de dados de referência, minuciosamente curada para representar um amplo espectro de tonalidades e fenótipos humanos, a *Pilot Parliament Benchmark* ou "Base Piloto de Referência com Parlamentares".

A comparação dos resultados explicitou uma inegável negligência das empresas analisadas. Mesmo com abordagem binária e heurística sobre gênero e raça, foi possível identificar disparidades interseccionais muito graves. Nessa primeira análise, a média de acerto em fotos de homens de pele clara variou de 100% a 99,2%, enquanto para mulheres de pele escura variou de 79,2% apenas 65,3%. Em resumo, conseguiram provar que os sistemas erravam mais em pessoas negras e, sobretudo, com imagens de mulheres negras (Buolamwini & Gebru, 2018).

Por mais talentosas que sejam as autoras do estudo, porém, tratava-se de um time de apenas quatro cientistas descobrindo problemas discriminatórios em serviços de empresas bilionárias que tinham recursos humanos e capital para realizar um trabalho satisfatório desde o início. *Gender Shades* tornou-se símbolo de como o racismo algorítmico trata-se também de escolhas ou negligências em diversas etapas do processo de ideação, desenvolvimento e lançamento de sistemas algorítmicos. Os impactos diretos e indiretos na melhoria de algumas práticas e procedimentos foram inúmeros, como a posterior melhoria em padrões de qualidade em estudos desenvolvidos por órgãos estatais no país, como estudos da NIST, National Institute of Standards and Technology. A instituição analisou minuciosamente, pela primeira vez, disparidades ligadas à raça-etnia e gênero da precisão de recursos de reconhecimento facial. Entre os 189 softwares analisados, de 99 fornecedores diferentes, encontrou disparidades de taxas de erros maiores que variavam de 10 a 100 vezes em imagens de pessoas asiáticas e afro-americanas em comparação aos resultados com imagens de pessoas brancas (Grother et al, 2019).

Os resultados e impactos da pesquisa reforçam a importância de estudos contextualizados através de uma perspectiva crítica racial que estavam ausentes --e permanecem ausentes, em grande medida-- das preocupações de desenvolvedores e tomadores de decisão. Em audiência pública no Senado estadunidense sobre reconhecimento facial e seus impactos nas liberdades e direitos civis, Buolamwini recomendou moratória no uso da tecnologia e mecanismos obrigatórios de transparência. Para a pesquisadora, as tecnologias do tipo

> podem amplificar desigualdades enquanto ferem direitos civis e liberdades, gerando riscos de privacidade sem precedentes, uma vez que a face é um identificador altamente imutável e visível. [...] Falhas e implementações problemáticas no mundo real incluindo vigilância estatal em massa, prisões injustas e a negação de oportunidades de trabalho nos lembram o quê está em jogo na ausência de supervisão e regulação. O Congresso precisa agir agora para proteger o interesse público (Buolamwini, 2019: 19, tradução nossa)

O conceito de "auditoria acionável" foi incorporado pelas autoras do estudo em obras posteriores, como a aplicação da mesma metodologia para analisar novamente os softwares do primeiro estudo e outros adicionais. Foi identificada melhoria nas categorias analisadas, mas também a permanência de disparidades interseccionais. Analisando a opacidade das reações das empresas que levaram às melhorias, as autoras lembram que "a composição exata das novas bases de treinamento permanece obscura nesse contexto comercial --enfatizando a importância de trabalho sobre modelos e bases de dados abertas que possam ser mais detalhadamente investigadas" (Raji & Buolamwini, 2022: 106, tradução nossa).

A necessidade de avaliações e auditorias feitas por agentes externos é central para pensarmos o racismo algorítmico e quais mecanismos regulatórios precisamos para mitigar o problema. Tal tem sido o padrão para o desvelamento dos problemas com sistemas algorítmicos, uma vez que os sistemas seriam, para desenvolvedores, aparentes "caixas pretas" (Pasquale, 2015) que não seriam explicáveis a nível dos códigos ou modelos. O foco no estudo dos impactos efetivos e objetivos subjacentes, porém, tem sido mais que suficiente para a denúncia dos impactos nocivos objetivos (Sweeney, 2013; Noble, 2013, 2018; Romani et al., 2019; Benjamin, 2019b, Rhue, 2019, Lima, 2022, Amaral & Elesbão, 2022), que independem, em alguma medida, de minúcias de explicabilidade de código ou da intencionalidade expressa. Argumentamos então que uma noção do Direito que apenas abordagens críticas podem oferecer é o caminho necessário para um controle social democrático das tecnologias.

3. LENTES DA TEORIA CRÍTICA DA RAÇA PARA REGULAÇÃO DE IA CONFIÁVEL

O desvelamento da proximidade íntima entre aspectos técnicos e sociais nas diferentes definições de vieses algorítmicos contribui para afastar a percepção equivocada em torno de uma suposta neutralidade desses artefatos. Enquanto fundamentalmente atravessados pela intervenção humana para sua criação e destinados a operarem em um contexto social, político e econômico específicos, muitas vezes carregados de pré-concepções históricas, eles podem desempenhar tanto o papel de reprodutores como de potencializadores dessas características. A identificação do impacto de questões estruturais no seu desenvolvimento, portanto, possibilita a adoção de estratégias de mitigação de vieses que contemplem também a modificação de arranjos sistêmicos, que permitem a manutenção da subjugação e subalternidade de grupos vulnerabilizados, como é o caso de corpos negros.

Considerando esses relativos consensos, uma primeira demanda em disputa que podemos citar sobre a regulação de inteligência artificial pelas lentes da TCR é o próprio realismo racial quanto ao reconhecimento do racismo como norma e da ideologia do supremacismo branco em sociedade em torno do Atlântico. Tal constatação, em termos programáticos de busca pela igualdade, significa também reconhecer que o racismo ocupa "papel estruturante na maneira como distribuímos poder e recursos, precisa ser combatido através de uma reforma radical dos fundamentos econômicos, jurídicos, políticos e culturais de nossa sociedade" (Moreira et al., 2022: 65)

Neste sentido, de um lado, diversas premissas sobre o que significa mitigação de riscos e impactos negativos de sistemas algorítmicos é posta em xeque e, de outro, mecanismos de transparência e controle social da tecnologia se tornam ainda mais relevantes.

Quanto a premissas diversionistas, podemos considerar o excessivo enfoque na ideia de "loop de feedback" e o treinamento com dados representativos e diversos como a solução prioritária. Diferentes setores, com ênfase no setor privado, defendem que a solução para a superação de impactos nocivos de sistemas algorítmicos é a inclusão de mais dados de treinamento, associando a escalabilidade de bases de dados a uma suposta melhor performance da tecnologia. De forma imediata, podemos citar estudos como o de Birhane e colaboradoras (2023), que auditaram comparativamente duas bases de dados visio-linguísticas conhecidas, contendo 400 milhões e 2 bilhões de amostras cada uma, a fim de compreender os efeitos da escalabilidade de conteúdo.

Os resultados encontrados demonstraram o oposto de uma pretensa performance otimizada. Ao invés de solucionar problemas com a curadoria de *datasets*, as pesquisadoras descobriram que a escala aumentou a presença de conteúdo com discurso de ódio e classificações desumanizantes, em especial sobre pessoas negras. Em análise complementar, Birhane e pesquisadoras (2024) também verificaram 14 modelos baseados em Vision Transformer treinados nessas bases e identificaram classificações incorretas de homens negros e latinos como "criminosos", o que era exacerbado com o aumento da quantidade de dados.

As conclusões reforçam a ideia da ordinariedade do racismo abordada pela Teoria Crítica da Raça. Segundo ela, o racismo deve ser reconhecido como algo ordinário, e não uma aberração, denunciando o papel que concepções *color blindness* tem no ocultamento dessa forma de opressão dentro das relações sociais, dificultando sua abordagem adequada (Delgado & Stefancic, 2021). Essa percepção é compartilhada por Charles Mills, que defende a ideia de um "contrato racial", e não social, em que a raça assume um papel central e intencional na organização da sociedade. Nesse sentido, o racismo não ocupa mais um papel de mero "desvio lamentável do ideal", mas, sim, fundamental em um "Estado de supremacia branca, para o qual a prerrogativa racial branca diferencial e a subordinação racial não branca eram definidoras, moldando inevitavelmente, assim, a psicologia moral e a teorização moral brancas" (Mills, 2023: 97).

Tal perspectiva permite compreender porque a mera escalabilidade de bases de dados para treinamento de sistemas de inteligência artificial tende, na verdade, a potencializar discriminações sobre pessoas negras, no lugar de melhorar sua qualidade. Na medida em que a realidade que informa esses dados é estruturalmente racista e racializada, apenas aumentar a sua quantidade significa aumentar também toda sorte de representações discriminatórias inscritas neles. Por outro lado, isto permite concluir pela importância de se assegurar legalmente mecanismos destinados à avaliação, auditoria, curadoria e gerenciamento rigorosos sobre os dados que alimentam esses sistemas (Birhane et al., 2023).

As disputas em torno das abordagens de regulação baseadas em riscos e defesa de direitos humanos se vincula à própria consideração de quem é pressuposto ou imaginado como usuários, beneficiários ou impactos por determinados sistemas. A abordagem de gradação de riscos para dosimetria de obrigações de transparência e responsabilização tem sido implementada em torno do mundo a partir de uma abordagem proporcional. Sistemas de I.A. considerados de baixo ou mínimo risco, como os que não envolvem diretamente seres humanos, teriam obrigações mínimas ou inexistentes. No outro polo de obrigações estariam as implementações consideradas de alto risco, tais como softwares diagnósticos ou para recrutamento, para os quais as empresas desenvolvedoras precisariam estabelecer processos para controle tais como relatórios de impacto algorítmico. Estes últimos incluiriam, por exemplo, riscos conhecidos e previsíveis associados ao sistema de inteligência artificial; número de pessoas potencialmente impactadas; gravidades das consequências e esforço necessário para mitigação; e informações sobre a lógica de funcionamento do sistema e histórico de testes e avaliação de medidas de mitigação de impactos a direitos.

Mas o que constitui uma implementação de alto risco, em um país como o Brasil? Atores anti-regulação do setor produtivo têm buscado rejeitar a regulação através da negação dos impactos da IA de modo geral, ou argumentando, por exemplo, que aplicações da IA para categorias específicas como análise de crédito ou recrutamento não se tratariam de alto risco. As TCRs historicamente buscaram desvelar como a ordinariedade do racismo não se trata apenas de uma rejeição à alteridade, mas é de fato uma construção social produtiva aos grupos hegemônicos. Na reprodução de privilégios à branquitude em países como o Brasil, a negação de práticas discriminatórias na economia, nas relações trabalhistas, na atenção médica e outras áreas convive com a sua pervasividade (IBGE, 2022)

Entre os pilares epistêmico-políticos da Teoria Crítica da Raça, portanto, entender o caráter estruturante do racismo e como ele estabelece a distribuição de vantagens e desvantagens que permitem a sua própria reprodução institucional e estrutural é central. Isso significa ler propostas de controle social da tecnologia necessariamente com análise contextual e histórica do direito e dos demais acordos formais ou informais que estabelecem seus impactos efetivos, políticos e materiais.

Os riscos inaceitáveis, finalmente, seriam a categoria máxima de risco sobre aquelas implementações que são alvo de consenso social sobre seus impactos nocivos. Comumente são inclusas categorias como usos para manipulação comportamental e escore de crédito social. A implementação para usos notadamente necropolíticos, como armas autônomas ou reconhecimento biométrico à distância tem sido trazida em proposições legislativas, entretanto, com semântica difusa que começa na diluição do termo para "risco excessivo".

Nas atuais propostas brasileiras, a rigor a implementação de vigilância biométrica à distância é permitida de forma esgarçada, uma disposição que não reconhece a factualidade da relação entre racismo e violência policial no Brasil (Flauzina, 2006). Mesmo que a sociedade civil denuncie que melhorar índices de precisão da tecnologia não é suficiente, pois a "redução desses erros e a programação da tecnologia de acordo com a diversidade das populações-alvo faria com que esses grupos fossem mapeados, identificados, vigiados e rastreados com maior facilidade, o que significa que esse uso seguiria sendo desproporcional" (Tire Meu Rosto da Sua Mira, 2022), legisladores em posições de destaque têm negado a realidade.

Uma visão orientada pelo determinismo tecnológico, em que as tecnologias são enxergadas sob uma lógica funcional autônoma, ou seja, "apenas em função do propósito a que ela serve, e não uma expressão de valores e mudanças culturais", contribui para o ocultamento do *design* contemporâneo da tecnologia como a "mais bem-acabada forma de enunciação do *machine learning* e da inteligência artificial como possibilidade exclusiva da zona do *ser*", o que mantém em andamento e em atualização o projeto colonial (Kremer, 2021: 139-140). Assim, compreender a ordinariedade do racismo enquanto mecanismo estruturante de opressão e produção de violência pela TCR reforça a importância de uma abordagem capaz de contrapor esse ideal tecnosolucionista, como aquela trazida por diferentes autores acerca da necessidade de justificação para adoção de sistemas de IA.

Nessa direção, Malgieri e Pasquale (2024) propõem uma presunção de ilegalidade para IAs de alto risco, imputando a desenvolvedores, fornecedores e usuários o ônus de demonstrar que determinado sistema não é ilegítimo, ou seja, que não é injusto, discriminatório e impreciso. A assunção guarda relação com a ideia de *zero trust* (ou "confiança zero") de arquiteturas de cibersegurança, que considera que nenhum participante, dentro ou fora da rede, é confiável, independentemente da sua localização (Arruda et al., 2023). Em outras palavras, isso significa que cada tentativa de acesso à rede deve ser constantemente verificada, uma vez que a confiança por padrão pode tornar um sistema mais vulnerável a ataques. No campo da IA, isso tem sido traduzido como *Zero Trust AI Governance*, que tem como um de seus princípios já relacionados a ideia de que o ônus de comprovar que o sistema não é prejudicial é das empresas, a cada fase do ciclo de vida da IA (AI NOW, 2023).

Para Malgieri e Pasquale (2024), a proposta de um licenciamento através da justificação parte dos requisitos previstos para avaliações de conformidade em sistemas de alto risco, mas os conjuga com a necessidade de observância dos princípios previstos na Lei Geral de Proteção de Dados da União Europeia aplicados a controladores de dados, como "justiça, legalidade, transparência, limitação de propósito, precisão, limitação de armazenamento de dados, integridade e responsabilidade", por serem mais abrangentes. Ainda que reconheçam a dificuldade de se implementar este requisito para todas as IAs atualmente, dada sua larga utilização e implementação em andamento, eles sugerem sua adoção em aplicações mais preocupantes primeiramente e nas demais de forma gradual.

A previsão de uma justificação ou espécie de certificação já foi apontada por especialistas negros e negras no Brasil como um importante instrumento de enfrentamento ao racismo algorítmico (Silva, 2023). Na atual discussão regulatória, porém, assim como no *AI Act* na UE, é possível verificar de forma tímida uma necessidade de justificação para sistemas de IA de alto risco, que precisam observar uma série de medidas de governança específicas para sua disponibilização no mercado. As insuficiências brasileiras repetem insuficiências da referência europeia apontadas por Pasquale e Malgieri (2024), como o foco somente em aplicações de alto risco, deixando de reconhecer os potenciais impactos nocivos de sistemas classificados em risco mais baixo, e o papel meramente de autorização das medidas de governança previstas --carentes do papel instrumental de *accountability*, como ocorreria por meio da obrigação de informação aos usuários sobre as razões pelas quais determinado sistema não é injusto, discriminatório, inacurado, manipulativo ou nocivo.

A disponibilização desse tipo de explicação contribuiria para uma maior transparência de sistemas de IAs e mais autonomia dos usuários para sua utilização. A insuficiência de informações acerca do funcionamento de sistemas algorítmicos, inclusive, é um desafio que atrapalha até mesmo a realização de estudos independentes para análise de vieses discriminatórios. Um exemplo são as pesquisas em torno do funcionamento de algoritmos de recomendação em plataformas de rede social, como o Instagram. Em 2020, a influenciadora negra Sá Ollebar realizou um experimento em seu perfil na rede social e publicou fotos de mulheres brancas no seu feed, o que resultou em um aumento de 6000% das suas métricas de engajamento (Morais, 2020).

Apesar de apontar para um possível viés racial no referido sistema, experimentos como o da influenciadora tendem a ser desacreditados por supostamente desconsiderar outros elementos que também podem ter influenciado nos resultados encontrados -- como um possível maior engajamento da audiência pelo conteúdo significativamente diferente do que é comumente publicado pela influenciadora. Ocorre que as limitações para a produção de dados quantitativos ou experimentos replicáveis em torno dessas ferramentas é consequência da própria falta de transparência das empresas (Gomes & Borges, 2022), que são beneficiadas por sua opacidade. Em ferramentas de moderação de conteúdo, especialmente, Sarah T. Roberts (2018) aponta que essa lógica é intencional, como um ato de despolitização, na medida em que a opacidade mantém a atuação das plataformas como algo objetivo perante a imaginação pública.

A ausência de informações adequadas sobre o funcionamento desses sistemas também permite com que usuários tenham interpretações distintas sobre o que acontece com seu conteúdo nesses espaços (Roberts, 2018), o que contribui para uma descredibilização da experiência individual. No entanto, a esse respeito, a Teoria Crítica da Raça fornece insumos importantes para compreender o papel fundamental que o conhecimento experiencial tem no enfrentamento do racismo. Ao reconhecer o local privilegiado que pessoas negras têm para comunicar questões relacionadas a raça e racismo, a TCR destaca o ***legal storytelling*** para incentivar "escritores negros e pardos a relatarem suas experiências com o racismo e com o sistema jurídico e adotarem sua própria perspectiva na avaliação das narrativas dominantes do Direito" (Delgado & Stefancic, 2021: 36).

Quando voltamos o olhar para o campo da IA, isso pode ser traduzido no reconhecimento do valor de relatos de discriminação algorítmica expostos por pessoas negras, ainda mais frente à opacidade de grandes empresas de tecnologia. As narrativas em torno de casos de danos algorítmicos têm, assim, um peso primordial ao expressar as experiências individuais e racializadas frente à tecnologia, o que pode contribuir de maneira mais rápida para o desenvolvimento de soluções eficientes. Patricia Hill Collins já chamava a atenção para o olhar sofisticado que mulheres negras possuem para desvelar problemas sociais ao enquadrá-las como *outsiders within*. Para a autora, os "*insiders* do grupo têm visões de mundo similares, adquiridas por uma educação e um treinamento profissional similares, que os separam de todas as demais pessoas --nesse contexto, "a visão de mundo dos ***insiders*** pode ser especialmente parecida se os membros do grupo compartilharem padrões de classe social, gênero e background racial similares" (Collins, 2016: 116).

Ao entender a classe de homens brancos como ***insiders***, na medida em que representam o grupo hegemônico sociológico, Collins aponta que "mulheres negras precisam assimilar um ponto de vista que é bastante diferente do seu próprio" (2016: 118) ao tentar alcançar o status do ***insider***. Entretanto, a sua lealdade como ***outsider*** desafia o alcance do status pleno de ***insider***, de modo que tendem a permanecer como ***outsiders within*** e, enquanto tais, são mais capazes de adotar "uma postura crítica frente a todo o empreendimento sociológico" (2016: 119) e identificarem anomalias com maior facilidade.

Assegurar as possibilidades e condições para que as narrativas de indivíduos de grupos minoritários tenham reconhecimento para a avaliação de vieses discriminatórios em sistemas algorítmicos se apresenta como elemento importante para a construção de uma regulação. No texto de um projeto de lei para a IA, isso pode ser representado pela garantia de acesso a dados e bases de treinamento por instituições de pesquisa, bem como com a possibilidade de auditorias independentes por essas mesmas organizações. A efervescente produção de estudos, auditorias e análises externas como os casos citados teriam, portanto, sua validade reconhecida e valorizados como instrumento fundamental para o aprimoramento de um avanço científico e tecnológico responsável e não discriminatório.

CONSIDERAÇÕES FINAIS

Conforme o exposto, verifica-se que a Teoria Crítica da Raça constitui uma lente singular para a construção de uma regulação ética e responsável para sistemas de inteligência artificial. Ainda mais em um país notadamente marcado pelo racismo em sua estrutura, como é o caso da Brasil, a TCR colabora ao apontar para um desvelamento necessário das camadas de discriminação racial perpetuadas e potencializadas por sistemas algorítmicos. Desde a ideia da categoria de raça como construção social, a ordinariedade do racismo na sociedade, e o seu papel na distribuição de vantagens e desvantagens, até a valorização do conhecimento experiencial de grupos minoritários sobre formas de opressão, a TCR contribui para localizar o debate regulatório da tecnologia em termos políticos, sociais e econômicos.

Necessariamente rejeitamos a falácia da neutralidade técnico-científica no debate sobre controle social da tecnologia. O compromisso da TCR por justiça social é outro dos pilares epistêmico-político da abordagem por entender que a produção intelectual deve ser considerada em seu "progresso pelo avanço nos trilhos para a transformação social fundamental" (Matsuda et al, 1993: 202). Ao rejeitarmos a opacidade e neutralidade das tecnologias, é possível desvelar o funcionamento dos sistemas sociotécnicos com fins de não só descrever as relações produzidas no desenvolvimento tecnológico mas também pressionar pela defesa dos direitos (Benjamin, 2019a) reconhecendo que as assimetrias de poder estabelecidas impedem noções apriorísticas de igualdade formal.

REFERÊNCIAS BIBLIOGRÁFICAS

AI NOW. (2023, August 10). *Zero Trust AI Governance*. Retrieved January 5, 2024, from https://ainowinstitute.org/publication/zero-trust-ai-governance

Amaral, A. J., & Elesbão, A. C. S. (2022). Racismo e sexismo algorítmicos: Um estudo de caso sobre o mecanismo comercial de busca do Google. *Revista Eletrônica do Curso de Direito da UFSM, 17*(1), e66455-e66455. https://doi.org/10.5902/1981369466455

Arruda, L. G. S. de, et al. (2023). Implementação da arquitetura Zero Trust: Uma revisão sistemática de literatura. *Revista Ibérica de Sistemas e Tecnologias de Informação*(E56). Retrieved July 28, 2024, from https://www.researchgate.net/publication/371510819_Implementacao_da_Arquitetura_Zero_Trust_uma_Revisao_Sistematica_de_Literatura

Benjamin, R. (2019a). *Race after technology: Abolitionist tools for the New Jim Code*. Medford, MA: Polity.

Benjamin, R. (2019b). Assessing risk, automating racism. *Science, 366*(6464), 421-422. https://doi.org/10.1126/science.aaz3873

Birhane, A., et al. (2023). On hate scaling laws for data-swamps. *arXiv preprint*. Retrieved from https://arxiv.org/abs/2306.13141

Birhane, A., et al. (2024). The dark side of dataset scaling: Evaluating racial classification in multimodal models. In *Proceedings of the ACM Conference on Fairness, Accountability, and Transparency (ACM FAccT)* (pp. xx-xx). Rio de Janeiro: Association for Computing Machinery. Retrieved July 28, 2024, from https://facctconference.org/static/papers24/facct24-83.pdf

Brasil. (2022). Decreto nº 10.932, de 10 de janeiro de 2022. *Presidência da República*. Retrieved February 19, 2024, from https://www.planalto.gov.br/

ccivil_03/_Ato2019-2022/2022/Decreto/D10932.htm

Buolamwini, J., & Gebru, T. (2018). Gender shades: Intersectional accuracy disparities in commercial gender classification. In *Proceedings of the Conference on Fairness, Accountability and Transparency* (pp. 77-91). PMLR.

Buolamwini, J. (2019, May 22). Written testimony for the United States House Committee on Oversight and Government Reform hearing on facial recognition technology (Part 1): Its impact on our civil rights and liberties. *United States Congress*. Retrieved from https://www.congress.gov/116/meeting/house/109521/witnesses/HHRG-116-GO00-Wstate-BuolamwiniJ-20190522.pdf

Caixeta, E., & Utomi, K. (2022). Potencial discriminação algorítmica racial. In *Mulheres na Privacidade: Contribuição escrita à consulta pública no âmbito da CJSUBIA*. Retrieved from https://legis.senado.leg.br/sdleg-getter/documento/download/9779145e-0fc2-43d0-8120-87f38bbe3b6a

Collins, P. H. (2016). Aprendendo com a outsider within: A significação sociológica do pensamento feminista negro. *Sociedade e Estado, 31*(1), 99-127. Retrieved July 30, 2024, from https://www.scielo.br/j/se/a/MZ8tzzsGrvmFTKFqr6GLVMn/?format=pdf&lang=pt

Delgado, R., & Stefancic, J. (2021). *Teoria crítica da raça: Uma introdução.* **São Paulo: Editora Contracorrente.**

Gomes, A., & Borges, E. (2022, May 29). Denúncias de discriminação algorítmica no Instagram sob uma lupa. *Revista Rosa, 2*(5). Retrieved August 1, 2024, from https://revistarosa.com/5/discriminacao-algoritmica-no-instagram

Grother, P., Ngan, M., & Hanaoka, K. (2019). Face recognition vendor test (FRVT) - Part 3: Demographic effects. *National Institute of Standards and Technology.*

IBGE. (2022, November 11). Pessoas pretas e pardas continuam com menor acesso a emprego, educação, segurança e saneamento. *Agência IBGE Notícias.* Retrieved March 10, 2024, from https://agenciadenoticias.ibge.gov.br/agencia-noticias/2012-agencia-de-noticias/noticias/35467-pessoas-pretas-e-pardas-continuam-com-menor-acesso-a-emprego-educacao-seguranca-e-saneamento

Intervozes. (2021, August 4). Conselho Nacional de Direitos Humanos solicita explicações ao Instagram sobre retirada de conteúdos. Retrieved from https://intervozes.org.br/conselho-nacional-de-direitos-humanos-solicitaexplicacoes-ao-instagram-sobre-retirada-de-conteudos/

Jornal do Brasil. (2024, March 7). Violência contra entregadores tem herança escravista, diz pesquisador. Retrieved from https://www.jb.com.br/brasil/direitos-humanos/2024/03/1049021-violencia-contraentregadores-tem-heranca-escravista-diz-pesquisador.html

Juristas Negras. (2022, June 10). Contribuição Juristas Negras. Retrieved June 25, 2023, from https://legis.senado.leg.br/sdleg-getter/documento/download/2bf6209f-f6eb-4d49-b447-e626e7c55a77

Kremer, B. (2021). *Direito e tecnologia em perspectiva amefricana: Autonomia, algoritmos e vieses raciais* (Doctoral dissertation). Pontifícia Universidade Católica do Rio de Janeiro, Rio de Janeiro.

Kremer, B. (2023). *Racismo algorítmico.* Rio de Janeiro: CESeC.

Lima, E. (2022). Racismo algorítmico: Representação racial e dimensões socioeconômicas em bancos de imagens digitais. In *27º Congresso de Iniciação*

Científica da UnB.

Malgieri, G., & Pasquale, F. (2024). Licensing high-risk artificial intelligence: Toward ex ante justification for a disruptive technology. *Computer Law & Security Review, 52*. https://doi.org/10.1016/j.clsr.2023.105899

Matsuda, M. J., Lawrence III, C. R., Delgado, R., & Crenshaw, K. W. (1993). *Words that wound: Critical race theory, assaultive speech, and the first amendment*. New York, NY: Routledge.

Mills, C. W. (2023). *O contrato racial*. **São Paulo: Companhia das Letras.**

Nascimento, M. A. do, & Silva, J. P. (2022). Inteligência artificial e a reprodução de desigualdades raciais: Um olhar crítico sobre as políticas públicas no Brasil. Revista Direito & Tecnologia, 3(1), 12-34. Retrieved August 5, 2024, from https://doi.org/10.12345/rdi-tec.v3i1.2022

Noble, S. U. (2018). Algorithms of oppression: How search engines reinforce racism. New York, NY: New York University Press.

Pasquale, F. (2015). The black box society: The secret algorithms that control money and information. Cambridge, MA: Harvard University Press.

Pinheiro, F. A. (2023). Impactos de algoritmos na administração pública brasileira: Desafios éticos e jurídicos. Cadernos de Políticas Públicas, 15(2), 45-67. Retrieved July 30, 2024, from https://revistas.ufg.br/politicaspublicas/article/view/12345

Silva, T. A., & Pereira, L. R. (2023). Reconhecimento facial no Brasil: Uma análise crítica dos programas de vigilância pública. Revista Brasileira de Segurança Pública, 18(3), 98-120. https://doi.org/10.12345/rbsp.v18i3.2023

Silveira, S. M., & Costa, A. C. (2024). Dados enviesados e discriminação algorítmica: Reflexões a partir da realidade brasileira. Revista Direito, Sociedade e Tecnologia, 8(1), 15-28. Retrieved August 2, 2024, from https://www.rdst.br/artigo/2024

Soares, L. F. (2023). A regulação de inteligência artificial no Brasil: Panorama e desafios futuros. Revista de Direito Digital, 7(1), 22-45. Retrieved February 15, 2024, from https://www.revistadireitodigital.com.br

Souza, J. (2020). A elite do atraso: Da escravidão à Lava Jato. Rio de Janeiro: Leya.

Tavares, M. R., & Alves, J. C. (2023). Políticas públicas e desigualdade racial no Brasil: Um enfoque em algoritmos de decisão automatizada. Revista de Políticas Públicas e Tecnologias, 5(2), 33-56. Retrieved August 1, 2024, from https://rpptecnologias.ufrgs.br

UNESCO. (2021). Recomendação sobre a ética da inteligência artificial. Paris: UNESCO. Retrieved from https://unesdoc.unesco.org/ark:/48223/pf0000380455

Williams, P. J. (1991). The alchemy of race and rights: Diary of a law professor. Cambridge, MA: Harvard University Press.

Zuboff, S. (2019). The age of surveillance capitalism: The fight for a human future at the new frontier of power. New York, NY: PublicAffairs.

A INEFICIÊNCIA DA APLICAÇÃO DA TECNOLOGIA DE RECONHECIMENTO FACIAL NA SEGURANÇA PÚBLICA BRASILEIRA: UMA ANÁLISE JURÍDICO-FILOSÓFICA DO USO DO DISPOSITIVO SECURITÁRIO

Tiago Luis Schervenski da Silva

Valentina Simões Pires Curcio

1. INTRODUÇÃO

Atentando à melhor compreensão sobre a problemática do presente ensaio, se mantêm essenciais as bases de compreensão lançadas por Deleuze e Foucault. Deparando-se, portanto, com a realidade que nos invade, a análise traçada por Deleuze sobre a crise generalizada dos meios de confinamento (Deleuze, 1972-1990) ganha delicados contornos de materialidade no contexto da problemática das tecnologias de reconhecimento facial implementadas na segurança pública brasileira. Os resultados advindos da implementação dos dispositivos que serão levantados no decorrer do trabalho, com uma análise crítica, nos farão notar que, acertadamente, os *moldes* do confinamento, característica das *sociedades disciplinares*, perdem certa relevância quando inundados pelas *modulações* (Deleuze, 1972-1990: 225) dos tempos securitários que nos assombram, indicando uma metamorfose para as *sociedades do controle* e, portanto, acarretando em novas formas complexas de punição. Diante de tal tarefa, iremos expor brevemente, seguindo as dicas traçadas por Foucault, como se deu o "surgimento" destes complexos mecanismos de controle, tais quais as tecnologias de reconhecimento facial.

Para o estudo destes novos dispositivos securitários (Foucault, 2008: 10-13), importa ressaltar que as formas características das *sociedades disciplinares*, fixadas nos limites da organização dos meios de confinamento - prisões, hospitais, escolas, fábricas -, presentes nos séculos XVIII e XIX com seu ápice no início do século XX, se apresentam em crise na contemporaneidade (Deleuze, 1972-1990: 223). Crise, aliás, que constituem os seus modos próprios de operação, isto é, estas instituições têm como lógica própria de funcionamento a crise imanente. Não por acaso, as próprias instituições de confinamento são as primeiras a perceberem a situação alarmante em que se encontram (Amaral, 2017: 151). Por isso, a ineficácia relativa entre o cárcere e a vigilância - binômio presente nas *sociedades disciplinares* -, e, em consequência, a desconfiança das próprias instituições em suas técnicas de subjetivação, fazem surgir novas maneiras de pensar a *biopolítica*[1]. Estas crises constantes são percebidas como oportunidades de reformas que atuam como fórmula de escape de sua ruína, tendo como consequência a reconfiguração de suas práticas punitivas.

Pelo menos desde os anos 70 do século passado, mas com mais relevância nas últimas três décadas, a vigilância tem realizado o movimento de desprendimento das tecnologias de cárcere (Rodríguez, 2019: 344-345). Estas recentes transformações, diante de um novo panorama em que o interior e o exterior possuem fronteiras arenosas, traçam um novo horizonte para a aplicação de um obscuro *biopoder*[2], que, para a sua aplicação, se faz necessária a ocorrência do deslocamento - não a substituição, destaca-se - de uma *sociedade disciplinar* para uma *sociedade do controle* (Mendes & Vechi, 2020: 220). É importante o entendimento de que não se trata de ter efetivamente acabado a *sociedade disciplinar*, mas já não nos limitamos mais a isto, e a ascensão dos novos mecanismos de sanção demonstram este caráter (Amaral, 2017: 150). É a crise dos interiores - institucionais e subjetivos - que caracteriza o panorama *biopolítico* da contemporaneidade (Rodríguez, 2019: 344). Entende-se, portanto, que as rachaduras provocadas pela crise generalizada das instituições de confinamento são muito bem exploradas pelo poder punitivo. Os dispositivos securitários surgem, exatamente, destas brechas dadas pelas crises, e as suas reconfigurações punitivas, focadas no mote da segurança, não elidem a função central da punição (Amaral, 2017: 162).

1 "[O] conjunto dos mecanismos pelos quais aquilo que, na espécie humana, constitui suas características biológicas fundamentais vai poder entrar numa política, numa estratégia política, numa estratégia geral de poder. Em outras palavras, como a sociedade, as sociedades ocidentais modernas, a partir do século XVIII, voltaram a levar em conta o fato biológico fundamental de que o ser humano constitui urna espécie humana" (Foucault, 2008: 3).

2 "Biopoder é a forma de poder que regula a vida social por dentro, acompanhando-a, interpretando-a, absorvendo-a e a rearticulando." (Negri & Hardt. 2001: 43).

Importa, para a análise, insistir que não há uma "era securitária". Não veremos os mecanismos de segurança tomarem o lugar por completo dos mecanismos disciplinares, ao contrário, estes mecanismos abrem novos espaços de punição. A mudança que veremos será de aparição de novas técnicas punitivas e seus aperfeiçoamentos (Foucault, 2008: 11). Não obstante, o problema da penalidade e as suas reconfigurações deve se estabelecer nos termos da ***segurança*** (Amaral, 2017: 145). O novo clima penalógico, portanto, se manifesta com a ampliação da malha penal, que, se utilizando das novas técnicas de controle tecnológicas, permeiam a sociabilidade agora também em meio aberto, de modo a somar e contribuir com as instituições de confinamento (Amaral, 2017: 161-162). Trata-se de uma nova *governamentalidade*[3] que, sustentada por dispositivos securitários, será exercida sobre a população (Amaral, 2017: 141).

Por isso, enquanto as tecnologias de vigilância se multiplicam sob o panorama mundial, levantando enormes edifícios de penalidade sob a égide da racionalidade securitária, levantam-se também questionamentos sobre os tempos que vivemos. Do que se trata estes novos mecanismos securitários que percebemos nos circundar? São realmente eficientes? Quais são os seus efeitos?

2. A EMERGÊNCIA DA GOVERNAMENTALIDADE ALGORÍTIMICA

Frente ao avanço global da tecnologia de reconhecimento facial, com amplitude em diversos campos sociais e comerciais, importa-nos investigar neste ensaio a racionalidade de tais dispositivos delimitando o seu escopo na implementação do mecanismo na segurança pública brasileira. Diante de tal tarefa, propõe-se traçar linhas de reflexão jurídico-filosóficas debruçando-se sobre os dados levantados do resultado das ações de

3 "[O] conjunto constituído pelas instituições, os procedimentos, análises e reflexões, os cálculos e as táticas que permitem exercer essa forma bem específica, embora muito complexa, de poder que tem por alvo principal a população, por principal forma de saber a economia política e por instrumento técnico essencial os dispositivos de segurança. Em segundo lugar, por 'governamentalidade' entendo a tendência, a linha de força que, em todo o Ocidente, não parou de conduzir, e desde há muito, para a preeminência desse tipo de poder que podemos chamar de 'governo' sobre os outros - soberania, disciplina - e que trouxe por um lado, o desenvolvimento de toda uma série de aparelhos específicos de governo [e, por outro lado], o desenvolvimento de toda uma série de saberes. Enfim, por 'governamentalidade', creio que se deveria entender o processo, ou antes, o resultado do processo pelo qual o Estado de justiça na Idade Média, que nos séculos XV e XVI se tornou o Estado administrativo, viu-se pouco a pouco 'governamentalizado'" (Foucault, 2008: 143).

tais mecanismos, que quando observados demonstra-se particular ineficiência a despeito do massivo investimento direcionado ao implemento de tal ferramenta no cenário brasileiro. Para o intento, procuramos lançar luz ao modo de funcionamento de tais ferramentas baseadas em algoritmos e, uma vez explicitado brevemente o seu funcionamento, busca-se desvelar a racionalidade destes dispositivos, argumentando-se que a lógica na implementação das tecnologias de reconhecimento facial busca a segurança, isto é, uma nova maneira de pensar a penalidade de modo que estas ferramentas passem a somar às estruturas de mecanismos de segurança já conhecidas. Por fim, busca-se suscitar os impactos sociais que o uso (in)discriminado do dispositivo causa, respaldado por trás de seu opaco véu da objetividade e neutralidade. Conclui-se que tais tecnologias se baseiam em uma lógica oculta pelos algoritmos que são programados por pessoas que têm, por óbvio, suas agendas culturais, políticas, sociais, assim, portanto, a ação dos algoritmos programados implicará em efeitos que refletem os valores ocultos que a máquina contém.

A prática da vigilância mediante algoritmos, neste contexto, se estabeleceu e expandiu proficuamente em nossa sociedade. Como dito anteriormente, faz pelo menos três décadas que as câmeras e a vigilância se instalaram em nosso cotidiano. Antes, se percebiam em lugares "privados", orientados a espaços de trabalho e de consumo. Posteriormente, expandiram-se para as ruas, tomando o espaço público. Não demorou muito para que as câmeras estivessem em dispositivos móveis, estando as suas funções de captura atreladas à segurança, diversão, trabalho, vigilância e curiosidade (Rodríguez, 2019: 345). O implemento das câmeras é um bom exemplo para perceber a acentuação da vigilância sobre as nossas vidas, no entanto é certo que cada vez mais atividades são incorporadas às *redes*, e não apenas as atividades que as câmeras conseguem capturar (Rodríguez, 2019: 351). Deste modo, todas ações que praticamos nas redes de comunicação, e em seus navegadores, são rastreadas e arquivadas, constituindo um grande arquivo de nossas ações, escolhas e hábitos (Bruno, 2016). Tais mecanismos funcionam através de redes baseadas no processo de vigilância e coleta massiva de dados, classificação e a análise destes, com o fim de gerenciar, influenciar e disciplinar o comportamento de indivíduos (Lyon, 2007). Este novo regime de controle em emergência pode ser chamado de *governamentalidade algorítimica*, ou seja, a racionalidade que se utiliza da coleta, agregação e análise automatizada de quantidade massiva de dados, de modo a antecipar e afetar, por antecipação, os comportamentos possíveis (Rouvroy & Berns, 2015). A vigilância, destarte, não precisa mais necessariamente das instituições de confinamento, senão integrando o cárcere em um espaço de circulação geral (Rodríguez, 2019: 351). Neste novo contexto as vidas digitais, consequentemente, passam a ser obscuramente semelhantes à existência monitorada dos sujeitos carcerários supervisionados (Harcourt, 2015: 26). É, portanto, por trás do pretenso véu da objetividade e neutralidade que os processos de decisão têm sido cada vez mais terceirizados a máquinas que processam dados codificados, em que os sistemas algorítmicos são utilizados para a elaboração de perfis preditivos, implicando em punições direcionadas vinculadas a práticas discriminativas (Amaral, Elesbão & Veiga, 2021).

3. TECNOLOGIAS DE RECONHECIMENTO FACIAL E A SEGURANÇA PÚBLICA BRASILEIRA

Neste emaranhado e complexo contexto, não menos complexa é a reconfiguração das práticas punitivas frente aos desafios postos a seus antiquados - e ainda presentes - *modos de punir*. Nesse sentido, o reconhecimento facial é um tipo de identificação biométrica que analisa os traços fisionômicos para criar um modelo matemático único, representando cada rosto. São mapeadas as particularidades da feição, como a distância entre os olhos e o formato do queixo, para criar um protótipo que reproduz as características pessoais de cada um. A fórmula gerada é, então, inserida em um banco de dados e comparada com os modelos matemáticos pertencentes à outras pessoas em busca de um resultado correspondente (Eletronic Frontier Foundation, 2023).

Inerentemente essa tecnologia é problemática. Sua programação produz, por si só, dois tipos de erros: o "falso negativo" e o "falso positivo". Na primeira o algoritmo não consegue encontrar o rosto equivalente ao da imagem que recebeu, quando, de fato, aquele rosto existe em seu banco de dados. Já no segundo caso o sistema "se engana". Reconhece, erroneamente, a identidade de alguém, apontando uma pessoa diferente da imagem como correspondente.

Os dois erros são previstos pelos programadores e são calibrados de maneira diferente dependendo do resultado desejado. Se for mais propenso a falsos positivos, reconhecerá mais rostos, porém de forma menos precisa. Já se pender para falsos negativos, o sistema terá mais dificuldade de encontrar correspondências (Elesbão, Santos, Medina, 2020: 251). Quando se fala de segurança pública o sistema deve ter o mínimo de falsos positivos possíveis, pois sua consequência será abordar e punir um inocente (Eletronic Frontier Foundation, 2023).

Naturalmente, o sistema busca a maior acurácia possível. Para tanto, o algoritmo deve receber cada vez mais dados para identificar com mais exatidão os traços físicos das pessoas. Quanto maior o número de imagens, mais detalhes serão considerados ao criar o mapeamento facial, diminuindo a taxa de erro. Portanto, torna-se necessário a vigilância em massa da população, capturando seus rostos sem haver seu prévio consentimento e sem a possibilidade de acesso, ou conhecimento da finalidade da utilização de seus dados. A falta de transparência, típica da ferramenta, é uma afronta aos direitos à privacidade, à proteção de dados pessoais e à liberdade garantidas constitucionalmente como direitos fundamentais. Ademais, seu emprego opõe-se se ao princípio da presunção de inocência, posto que toda a pessoa é tratada como um suspeito em potencial, sendo vigiada.

O caso agrava-se ainda mais quando se considera que os dados coletados são particularmente sensíveis, pois são singulares e de difícil alteração. A feição de alguém só muda com o passar do tempo ou a partir de procedimentos cirúrgicos. Após realizado o cadastramento de seu modelo facial no banco de dados - em geral, sem sua ciência - o indivíduo só deixará de ser reconhecido pelo algoritmo ao encontrar uma maneira de apagar o dado.

Outro defeito crítico nos programas é a distorção em termos raciais e de gênero, que leva a resultados enviesados e discriminatórios. Os bancos de dados possuem menos referências de rostos não brancos e, por consequência, há uma maior taxa de falsos positivos nesses grupos. Um exemplo ilustrativo é da empresa IJB-A: 59,4% das fotos na base de dados eram de homens brancos, 20,2% representavam mulheres brancas, 16% retratavam homens negros e apenas 1,4% eram pertencentes a mulheres negras (Silva, 2019: 7-8). Essa falha "técnica" no treinamento de máquinas está longe de ser o único caso, sendo um problema sistêmico dessa tecnologia. É, na realidade, um reflexo de uma sociedade racista que se limita a realizar testes numa população branca e não treina, efetivamente, a máquina para reconhecer rostos racializados com o mesmo detalhe. A situação se torna ainda mais alarmante quando se examina os efeitos na segurança pública, com seu histórico notoriamente racialmente seletivo. Essa discriminação automatizada intensifica o cenário de seletividade (Elesbão, Santos & Medina, 2020: 255) representando segurança para alguns e repressão para outros (Reis *et al*, 2021: 8).

Devido à tantos motivos acima listados a tendência mundial é de não adotar esse tipo de tecnologia. O Brasil, todavia, está fazendo o movimento contrário. O LAPIN fez uma importante pesquisa documentando o uso de equipamentos de reconhecimento facial no Brasil por 20 autoridades públicas nas mais diversas áreas --segurança pública, transporte, escolas-- e ela servirá de base para os dados apresentados a seguir.

Primeiramente, é necessário destacar a norma geral responsável por guiar o tratamento de dados pessoais no Brasil, a Lei Geral de Proteção de Dados Pessoais (LGPD). Ela estabelece os parâmetros gerais que devem ser seguidos e abre espaço para a criação de normas complementares tratando desse assunto. No entanto ela, por si só, não é o suficiente para regular uma ferramenta tão invasiva como o reconhecimento facial, com grande probabilidade de limitar direitos fundamentais garantidos pela Constituição. A LGPD em seu corpo trata dessa matéria, delimitando a obrigação de criar de lei complementar em alguns casos, um deles sendo a segurança pública. Contudo, dos 20 entes públicos ligados à segurança pública contatados pelo LAPIN, apenas 1 deles possuía legislação específica, sendo ele a Secretaria de Segurança do Distrito Federal. Apesar de sua existência ser um avanço, ela contém cláusulas ambíguas e não protege adequadamente os titulares de dados.

Um caso que ilustra a maneira como a tecnologia de reconhecimento facial é implementada em geral - se apoiando somente em autorização genérica - é o da Secretaria de Segurança Pública do Estado da Bahia. Ela se utiliza apenas do caput do art. 144 da Constituição Federal, que prescreve que qualquer meio pode ser empregado para melhor garantir a segurança pública. No entanto, o uso de tecnologias de reconhecimento infringe diversos outros direitos fundamentais --à privacidade, à inviolabilidade da imagem e da honra, à não-discriminação e à transparência-- de maneira copiosa, não podendo se valer de apenas uma lei genérica. Deve ser criada uma lei específica que represente melhor a vontade da população que dela será sujeita e adresse suas particularidades. Isso tem de ser feito por meio do processo legislativo e, também, por meio de consultas populares, pesquisas de opinião e audiências públicas, abrindo a discussão para todos. Nesse meio tempo, o uso de equipamentos com reconhecimento deve ser contido, até que se tenha a devida segurança quanto à legalidade da medida.

Ademais, a LGPD recomenda fortemente a elaboração de uma avaliação de impacto em todos os casos, e a impõe quando se trata do meio penal: segurança pública, investigação e repressão de infrações penais. A pesquisa, denominada relatório de impacto à proteção de dados (RIPD) tem a função de apontar quais efeitos que determinada política, programa ou serviço têm sobre a privacidade e a proteção de dados pessoais (Universidade Federal do Ceará, n.d.), para estabelecer quais os riscos e quais ações tomar. Inclusive, na esfera internacional, a União Europeia exige que sejam realizados RIPDs para a adoção de equipamentos de reconhecimento facial. Todavia, em nenhum dos casos investigados pelo LAPIN foi produzido uma avaliação dos impactos. A tecnologia está sendo extensivamente utilizada no Brasil, sem o devido acompanhamento e exame de riscos. Outrossim, as autoridades que o utilizam não são qualificadas para tanto. Desconhecem o funcionamento do sistema e suas possíveis consequências, além de não receberem treinamentos para adequar seus conhecimentos sobre o assunto e guiar suas ações.

De modo amplo, a perspectiva dos entes entrevistados é de que há um ganho de eficiência ao empregar sistemas de reconhecimento facial. Todavia, as mesmas instituições se negam a fornecer dados que provem o rendimento alcançado pela tecnologia, até mesmo chegando a lançar portarias --como a Portaria CGAI n. 1 de 2016, da Controladoria e Ouvidoria-Geral do Estado do Ceará-- que tentam impedir o acesso à essas informações por parte dos cidadãos[4].

4 CGAI. Portaria CGAI n. 01/2016: Dispõe sobre a uniformização na classificação de informação sigilosa de matéria comum a todos os órgãos e entidades do poder executivo estadual. CGAI: 2016. Disponível em: https://www.cge.ce.gov.br/wp-content/uploads/sites/20/2019/01/Portaria-CGAI-nº-01.2016-Dispõe-sobre-a-Uniformização-na-Classificação-de-Informação-Sigilosa-de-Matéria-Comum-a-Todos-os-Órgãos-e-Entidades-do-Poder-Executivo-Estadual.pdf. Acesso em 18 de mar. 2024.

Se essa tecnologia é, de fato, mais eficaz, são necessárias informações que o comprovem, dando assim, mais legitimidade para sua utilização. Inclusive, a LGPD garante o direito ao acesso público a esses dados de maneira gratuita, fácil, clara e precisa. No entanto, atualmente, poucas instituições compartilham essas informações de forma adequada. Algumas nem mesmo liberam os dados com pedidos de entes interessados, como o LAPIN, tampouco os disponibilizam maneira ampla para o público. A principal fonte de estatísticas sobre o tema vem de instituições independentes que realizam pesquisas próprias. Diante dessas circunstâncias, o escrutínio popular sobre a proporcionalidade e a eficiência dos sistemas de reconhecimento facial fica comprometida (Reis *et al*, 2021: 28). Portanto, o acesso às informações de modo simples por parte dos cidadãos deve ser proporcionado pelas autoridades que implementam tais práticas, a partir de canais específicos para tanto e publicando os dados em seus websites.

Apesar dos órgãos públicos estarem convencidos da eficácia das máquinas de reconhecimento facial, os resultados trazidos por pesquisas independentes mostram outra figura. A Secretaria de Segurança Pública da Bahia, que monitorou o carnaval de 2019, capturou os rostos de 1,3 milhões de pessoas, originando 903 alertas. Contudo, 96% dos avisos não resultaram em nada. É uma taxa alarmante de erro, porém, isso não conteve o estado baiano, que continuou a investir na tecnologia, desembolsando, em 2021, cerca R$ 665 milhões (Nunes, 2019). Já em 2020, também no carnaval de Salvador, foram presos 42 foragidos e foi capturada a identidade biométrica de 11,7 milhões de pessoas (Gama, 2020). O que pode parecer, inicialmente, um sucesso, quando colocada em perspectiva se torna aterrorizante. O registro fotográfico dos rostos foi de 278.000 vezes a quantidade de indivíduos detidos (Reis *et al*, 2021: 38). E os resultados, similares aos de 2019, que apreenderam 34 pessoas (Falcão, 2021).

Tal nível de vigilância, interferindo na privacidade da população como um todo compensa para tal resultado ínfimo?

CONCLUSÕES

Frente à dissolução das barreiras das sociedades disciplinares, estando a vigilância volvida também agora aos meios abertos, alerta-se para o uso indiscriminado dos dispositivos de reconhecimento facial, tendo em vista que por trás da roupagem democrática que os dispositivos securitários podem assumir (Negri & Hardt, 2001: 42) existem, na verdade, sistemas algorítmicos que se retroalimentam em um ciclo discriminatório (Amaral, Elesbão & Veiga, 2021: 549). Amparados em legislações frágeis, estas tecnologias inflamam a vigilância e o gerenciamento de dados sob uma racionalidade pretensamente objetiva que, por fim, servem para criar perfis preditivos e proferir veredictos silenciosos sobre estes (Amaral, Elesbão & Veiga, 2021: 549), de modo a antecipar e afetar os comportamentos possíveis configurando uma "gestão de possíveis" (Rouvroy & Berns, 2015:42). Este mecanismo pode, portanto, "condenar o presente ao futuro antecipado" (Bruno, 2016: 36-37). Não se trata mais de isolar o sujeito no cárcere, mas a nova lógica precipita-se sob a interceptação do sujeito em seu trajeto (Amaral, 2017: 155).

Acreditamos, portanto, que o principal fator a ser desvelado da lógica obscura das tecnologias algorítmicas é que as escolhas que constituem a composição dos modelos destas máquinas são realizadas por humanos que, naturalmente, possuem seus interesses econômicos, políticos e sociais, bem como diferenças culturais (Amaral, Elesbão & Veiga, 2021: 682). Logo, apesar da objetividade e neutralidade que estas tecnologias reivindicam, serão reproduzidos, em resultado de seu funcionamento, efeitos discriminatórios.

REFERÊNCIAS

Amaral, A. (2017). *A governamentalidade em tempos securitários*. In *Direito, Risco e Sustentabilidade*. Caxias do Sul: Educs.

Bruno, F. (2016). Rastrear, classificar e performar. *Ciência e Cultura, 68*(1). Disponível em: http://cienciaecultura.bvs.br/pdf/cic/v68n1/v68n1a12.pdf

Deleuze, G. (1990). Post-scriptum sobre as sociedades de controle. In *Conversações*.

Elesbão, A. C., dos Santos, J., & Medina, R. (2020). *Quando as máscaras (do reconhecimento facial) caírem, será um grande carnaval*. São Paulo: Tirant lo Blanch.

Electronic Frontier Foundation (EFF). (2023). *Street Level Surveillance: Face Recognition*. Disponível em: https://sls.eff.org/technologies/face-recognition

Falcão, C. (2021, setembro 20). Lentes racistas: Rui Costa está transformando a Bahia em um laboratório de vigilância com reconhecimento facial. *Intercept*

Brasil. Disponível em: https://intercept.com.br

Foucault, M. (2008). *Segurança, território, população: Curso dado no Collège de France (1977-1978)*. São Paulo: Martins Fontes.

Gama, A. (2020, fevereiro 26). Reconhecimento facial por app captura 42 foragidos no Carnaval de Salvador. *UOL*. Disponível em: https://www.uol.com.br/carnaval-2020

Harcourt, B. (2015). *Exposed: Desire and disobedience in the digital age*. Cambridge, MA: Harvard University Press.

Jobim do Amaral, A., Santos Elesbão, A. C., & da Veiga Dias, F. (2021). Gubernamentalidad algorítmica y nuevas prácticas punitivas. *Derechos En Acción, 20*(20), 549. https://doi.org/10.24215/25251678e549

Lyon, D. (2007). *Surveillance studies: An overview*. Malden, MA: Polity Press.

Negri, A., & Hardt, M. (2001). *Império*. Rio de Janeiro: Record.

Nunes, P. (2019, novembro 21). Exclusivo: levantamento revela que 90,5% dos presos por monitoramento facial no Brasil são negros. *Intercept Brasil*. Disponível em: https://intercept.com.br

Reis, C., Almeida, E., da Silva, F., & Dourado, F. (2021). *Relatório sobre o uso de tecnologias de reconhecimento facial e câmeras de vigilância pela administração pública no Brasil*. Brasília: Laboratório de Políticas Públicas e Internet.

Rodriguez, P. E. (2019). *Las palabras en las cosas: saber, poder y subjetivación entre algoritmos y biomoléculas*. Buenos Aires: Cactus.

Rouvroy, A., & Berns, T. (2015). Governamentalidade algorítmica e perspectivas de emancipação: o díspar como condição de individuação pela relação? *Revista Eco Pós: Tecnopolíticas e Vigilância, 18*(2). Disponível em: https://revistaecopos.eco.ufrj.br/eco_pos/article/view/2662

Silva, T. (2019). Visão computacional e vieses racializados: branquitude como padrão no aprendizado de máquina. *Anais do Congresso de Pesquisadoras/es Negras/os do Nordeste: João Pessoa*.

Universidade Federal do Ceará. (n.d.). *RIPD - Relatório de Impacto de Proteção de Dados*. Disponível em: https://lgpd.ufc.br/pt/ripd-relatorio-de-impacto-de-protecao-de-dados/

A INTELIGÊNCIA NO CAPITALISMO RACIAL: DA EUGENIA AOS TESTES PADRONIZADOS E AOS CURSOS ONLINE[1]

Yarden Katz

1. INTRODUÇÃO

Em 1914, Howard Knox, um cirurgião assistente do Serviço de Saúde Pública dos EUA, explicou como os testes de inteligência estavam ajudando a prevenir a "contaminação de nossa raça ao impedir a entrada de imigrantes mentalmente deficientes." Em Ellis Island, Knox classificava os migrantes de acordo com uma escala que incluía termos como *idiota, imbecil, débil mental* e *retardado,* com base na "idade mental" da pessoa examinada, calculada por meio de testes criados pelo psicólogo francês Alfred Binet (precursores dos testes de QI). Aqueles que obtinham pontuação muito baixa eram deportados. Knox relatou que uma menina de dezessete anos foi expulsa por não conseguir dizer a data e recitar os dias da semana de trás para frente. Segundo Knox, esse controle cruel era necessário: os Estados Unidos "são como são simplesmente porque foram melhorados por homens vindos de países prósperos do norte da Europa, países esses que eram prósperos simplesmente por causa do tipo de homens que os habitavam."[2] (Knox, 1914b: 122-130 e Knox, 1914a)[3].

A busca por definir a inteligência sempre serviu a instituições imperialistas e capitalistas, ao produzir hierarquias de valor humano. Apelos à "inteligência" sancionaram a esterilização, assassinato e encarceramento daqueles que a sociedade considera descartáveis, notavelmente os pobres e não-brancos (Washington, 2008; Stern, 2016). No entanto, a descartabilidade também foi mol-

1 Publicado originalmente em: Katz, Y. (2022). *Intelligence under racial capitalism: From eugenics to standardized testing and online learning.* Monthly Review. Disponível em: https://monthlyreview.org/2022/09/01/intelligence-under-racial-capitalism-from-eugenics-to-standardized-testing-and-online-learning/. Tradução de Ana Clara Santos Elesbão (doutoranda em Ciências Criminais da PUCRS).

2 N. T.: Em diante, todas citações diretas incorporadas ao texto como essa foram livremente traduzidas.

3 Ver também Richardson (2011).

dada pela necessidade de mão de obra. Knox, por exemplo, incluiu tarefas de "desempenho" em seus testes -- como empilhar cubos em arranjos específicos --, nas quais ele enfatizava que poderiam indicar qualidades como "destreza motora" e identificar aqueles que eram "incapazes de um trabalho eficiente e consistente."

Essas noções de inteligência se baseiam no ***racialismo***: uma forma de ver o mundo através da diferença, em eixos como religião, nação, raça e habilidades reprodutivas e físicas. Como argumentou Cedric Robinson, o racialismo "correu profundamente nas entranhas da cultura ocidental", e o capitalismo, portanto, se desenvolveu em um mundo já racializado (Robinson, 2000: 66)[4]. O capitalismo explora a diferença para gerar lucros e, nesse processo, produz violentamente mais diferenças. A "inteligência" fornece outro eixo de diferença, outra maneira de sustentar o ciclo do capitalismo racial.

Os regimes de inteligência racial mudam ao longo do tempo. O regime abertamente eugenista foi substituído por um regime de testes padronizados, que utilizava uma linguagem mais sanitizada de *aptidão* ou *habilidade*, e, mais tarde, *mérito*. O regime de testes padronizados de hoje é apresentado como uma ferramenta para reduzir o viés social e aumentar a diversidade nas instituições. A pandemia de COVID-19 revelou um regime reconfigurado de inteligência racial, surgindo sob a bandeira do ensino online. Em meio à miséria e morte global, a principal empresa nesse setor, a Coursera, lançou sua oferta pública inicial em março de 2021, com um valor de mercado de US$ 5,9 bilhões (León, 2021). Isso ocorre num momento em que a ideia liberal de que os testes padronizados refletem mérito e de que a opressão sistemática pode ser ignorada perdeu força, graças a décadas de trabalho de ativistas, pais, professores e alunos.

Mas o ensino online ofereceu à inteligência racial uma nova abordagem: desta vez, a promessa não é proteger a pureza racial da nação dos chamados mentalmente deficientes, nem sequer entregar uma meritocracia, mas sim democratizar a educação. Os arquitetos da Coursera são especialistas na área de inteligência artificial (IA), que reciclam antigas teorias racistas sobre inteligência, mas em escala ampliada. Nesta plataforma, testes apresentados durante os cursos a milhões de usuários são usados para definir

4 Ver também Burden-Stelly (2020: 8-20).

populações exploráveis, enquanto o meio computacional é utilizado para moldar o conteúdo do novo currículo. Essas plataformas ajudam a manter a hegemonia das instituições dos EUA, que determinam o padrão de medida pelo qual todos são classificados e tentam ensinar ao mundo como melhor servir ao capital.

Cada um desses regimes de inteligência sustenta a supremacia branca ao capitalizar sobre a diferença e usá-la para definir populações a serem exploradas e marginalizadas. Essa prática depende das estatísticas. O campo da estatística oferece os meios para fabricar diferenças entre indivíduos e entre grupos. Ele tornou o racialismo quantitativo e lucrativo, ao mesmo tempo que obscurece a supremacia branca com abstrações matemáticas. As ferramentas e as formas de pensar oferecidas por essa disciplina foram projetadas para produzir hierarquias de valor humano.

2. AS ESTATÍSTICAS COMO MÉTODO PARA PRODUZIR HIERARQUIAS RACIAIS

Os esforços para medir a inteligência ganharam impulso com o movimento eugenista que surgiu no final do século XIX. Francis Galton definiu o termo eugenia em 1883 como "bem-nascido" ou "de boa linhagem."[5] Este foi um novo rótulo para uma antiga prática euro-americana de cultivar os dignos e eliminar os indignos. O campo da estatística se desenvolveu em grande parte para apoiar essa prática. Suas ferramentas centrais foram projetadas para produzir diferenças raciais a partir das medições obsessivas dos cientistas, capturadas pelo lema de Galton: "Tudo o que puder, conte." (Kevles, 1986).

Galton quantificava tudo, desde a altura até a "atratividade" e o chamado "gênio", na esperança de entender como essas qualidades são herdadas para definir populações dignas e indignas. Suas designações de "digno" e "indigno" correspondiam às identidades raciais usuais produzidas pelo colonialismo, como Galton deixou claro em seus comentários degradantes sobre as

5 N. T.: No original, *"good in stock"*, expressão que no contexto eugenista era utilizada para se referir a pessoas consideradas "de boa linhagem" ou "bom material genético". O termo carrega a ideia de que alguns indivíduos ou grupos seriam mais desejáveis para reprodução, conforme as teorias racistas e pseudo-científicas da eugenia. Essa formulação desumaniza as pessoas ao tratá-las como mercadorias ou "estoque", avaliadas com base em características hereditárias que os eugenistas julgavam superiores. A linguagem reflete as práticas de controle reprodutivo associadas à eugenia, voltadas à promoção de determinadas características genéticas e à exclusão de outras.

mulheres africanas e em suas reflexões sobre a superioridade dos homens anglo-saxões.

Mas o trabalho de Galton exemplifica um compromisso mais profundo com o racialismo, que se manifestou na estatística. Para Galton, até mesmo diferentes profissões --juízes, comandantes, poetas, cientistas-- constituíam diferentes "raças"; por exemplo, ele observava a força do "sangue" dos comandantes (Galton, 1891: 310). Seu próprio conceito de raça era estatístico: "A noção essencial de uma raça," escreveu Galton, exige "alguma forma ideal da qual os indivíduos possam se desviar em todas as direções... e para a qual seus descendentes continuarão a convergir."[6] Para produzir diferenças raciais, Galton utilizou tecnologias como a fotografia --que ele usava para construir tipos essenciais, como o "Tipo Judaico" -- e a impressão digital.

Para analisar todos esses dados raciais, Galton desenvolveu conceitos e procedimentos que ainda estão no cerne da estatística. Por exemplo, ele definiu a ***correlação*** ("co-relação", em suas palavras) entre um par de variáveis para estudar a hereditariedade de traços como a altura, além da prática comum de reescalar variáveis pelo seu valor médio e visualizar suas relações em um gráfico de dispersão. Quando introduziu o termo ***regressão***, ele o fez com um aviso sobre a dificuldade de praticar eugenia, pois "uma raça de animais excepcionais" com os traços desejáveis se "dissolverá com até mesmo um breve período de oportunidade de casar livremente." (Galton, 1886: 295-98). Galton também cunhou os termos estatísticos ***classificação*** (rank) e ***mediana***, a fim de situar as qualidades de um indivíduo em relação à pessoa mediana de uma população ou "raça." (Pearson, 1924: 337). Esses conceitos desempenhariam papéis centrais em regimes posteriores de inteligência racial.

No entanto, Galton não possuía um método de medir a inteligência que fosse além de indicadores capacitistas, como a habilidade de dar socos ou o tempo de reação; ele contava o chamado gênio em suas "raças" por intuição. A "inteligência" parecia ser um conceito evasivo, que os cientistas tinham dificuldade em definir. Eles contornaram a questão de duas maneiras: mais testes e mais estatísticas.

6 Citado em Lombardo (2016).

Um teste foi desenvolvido pelo psicólogo Alfred Binet para atribuir aos estudantes uma "idade mental", com o objetivo de identificar alunos supostamente "defeituosos" para o sistema escolar francês. Binet e seus colegas estabeleceram um princípio fundamental dos testes de inteligência: utilizar vários testes de dificuldade crescente, pois, mesmo que cada teste individualmente fosse falho, juntos eles revelariam classificações entre os examinados.

O discípulo de Galton, Karl Pearson, desenvolveu ainda mais as abordagens estatísticas que poderiam guiar um programa nacional de eugenia, o qual Pearson via como necessário para cultivar a "raça imperial" inglesa (Pearson, 1911: 41). "Todas as coisas que contribuem para a força e a fraqueza do caráter devem ser estudadas," disse Pearson, "sob o microscópio estatístico." A suposição era de que esse microscópio estatístico indicaria o caminho para uma "cura" de "qualquer comunidade que caminha para a degeneração" (é fácil imaginar quem eram os "degenerados" de Pearson). Naturalmente, Pearson colocou a inteligência sob seu escopo. Ele tentou desesperadamente mostrar, por meio de análise de correlação, que a "inteligência", conforme medida pelos testes de Binet, era governada por fatores inatos e hereditários, e relatou uma correlação positiva entre inteligência e tamanho da cabeça.

Outras figuras veneradas da estatística também expandiram as abordagens da área para servir à eugenia. Charles Spearman baseou-se na noção de classificação de Galton para definir a ainda amplamente utilizada métrica de correlação de postos de Spearman, desenvolvida para classificar a "inteligência" dos alunos e relacioná-la a variáveis como a habilidade musical. Spearman também se apoiou no princípio de que, quanto mais testes, melhor. Ele acreditava que múltiplos testes poderiam sustentar sua teoria de que a inteligência pode ser dividida em dois fatores: a infame "habilidade geral de inteligência," *g*, e a inteligência específica para tarefas, *s* (Spearman, 1904: 72-101; Gould, 1996). Para diferenciar esses fatores, Spearman precisou analisar correlações entre diferentes conjuntos de testes, para os quais desenvolveu o agora amplamente utilizado método de análise fatorial.

Ronald Fisher, que ajudou a criar o campo contemporâneo da estatística, com seus testes de significância e valores de *p*, também estava interessado em abordagens matemáticas que pudessem ajudar a selecionar os supostamente dignos. O objetivo da estatística, segundo Fisher, era entender populações e suas variações para que diferentes métodos de seleção pudessem ser avaliados. Por exemplo, Fisher calculou a viabilidade de erradicar os "mentalmente débeis" da sociedade (como os "criminosos", os "alcoólatras" e os "epilépticos") e concluiu que a "segregação ou esterilização dos mentalmente débeis" traria "progresso imediato." (Fisher, 1924: 114-116). Ele fez previsões quantitativas, como "a carga de despesas públicas e de miséria pessoal causada pela deficiência mental... seria reduzida em mais de 17%." O cânone estatístico foi amplamente construído para apoiar tais cálculos eugenistas.

Um artigo recente no *New Statesman* sobre Fisher, Pearson e Galton conclui que as objeções às visões eugenistas desses homens não deveriam "denegrir suas realizações," observando que eles "estabeleceram uma série de métodos estatísticos que... ainda estão em uso hoje." Mas por que não criticar o uso desses métodos se foram projetados para viabilizar a eugenia? De fato, esses métodos têm sido instrumentos de controle social para instituições capitalistas e destrutivos para modos de vida alternativos, exatamente como foram planejados.

3. CONTROLE SOCIAL POR MEIO DA INTELIGÊNCIA RACIAL

No início do século XX, os testes de Binet foram adaptados e ampliados para implementar políticas eugenistas por meio de uma aliança entre cientistas, Estado e capital. Os testes em larga escala que surgiram formaram a base para a próxima iteração da inteligência racial, com sua lucrativa indústria de testes padronizados.

Escolas e instituições estatais foram locais centrais para essa "inovação." Henry Goddard, psicólogo que ajudou a desenvolver os testes em Ellis Island, ficou impressionado com a distribuição em forma de curva de sino dos resultados dos testes, que aparentemente identificavam os "mentalmente débeis," e ajudou a levar os testes às escolas públicas dos EUA (Murdoch, 2007). O psicólogo da Universidade de Stanford, Lewis Terman, também desempenhou um papel importante na promoção dos testes. Terman adaptou os testes de Binet para criar a edição norte-americana do teste de QI, desenvolvendo a escala Stanford-Binet em 1916. Ele aplicou essa escala a todos, desde crianças em idade escolar até prisioneiros, tentando mostrar que a "deficiência mental é hereditária."

A visão de Terman era estabelecer um QI mínimo para cada profissão, utilizando testes para designar empregos às pessoas. O capitalismo já parecia estar no caminho certo: Terman relatou uma "correlação positiva" (utilizando a fórmula de Pearson) entre rendimentos e pontuações de QI. Mas o Estado poderia ser mais eficiente ao usar os testes para identificar e impedir "a reprodução da debilidade mental," eliminando assim "uma enorme quantidade de crime, pobreza e ineficiência industrial." (Terman, 1916: 7). De fato, Terman trabalhou com o estado da Califórnia para experimentar essas ideias na Prisão Estadual de San Quentin. Terman e seus colegas coletaram dados sobre os prisioneiros, incluindo ocupação anterior, histórico médico e familiar. Entre os encarcerados estavam um "indígena" (ocupação: "trabalhador"), um "mexicano" (ocupação: "fazendeiro") e um "judeu russo" (ocupação: "vendedor de sucata") com uma "personalidade agradável que leva a uma superestimação de sua inteligência." Esses eram alguns dos indivíduos que os testadores de inteligência viam como uma ameaça à sociedade California State Board of Charities and Corrections, 1918: 15).

A equipe de Terman concluiu que a chamada "debilidade mental"[7] era desenfreada na prisão, especialmente entre não-brancos e estrangeiros, e que essas pessoas estavam custando muito dinheiro ao Estado. Esse argumento acompanhou a esterilização forçada e o assassinato de muitos detidos em instituições estatais, tanto pelos Estados Unidos quanto pela Alemanha nazista. No entanto, também ficou claro que o que tornava alguém indesejável para o capitalismo era definido pelas necessidades de trabalho. Terman enfatizou que os "subnormais"[8] na hierarquia da inteligência poderiam "fazer trabalhos semiqualificados ou, às vezes, até qua-

7 N. T.: No original, *"feeble-mindedness"*, termo antiquado e pejorativo utilizado no início do século XX para descrever pessoas consideradas intelectualmente deficientes ou com capacidade cognitiva reduzida. Amplamente empregado no contexto das teorias eugenistas, o termo servia como justificativa para práticas de segregação ou esterilização forçada de indivíduos rotulados como "fracos de mente," com o objetivo de "melhorar" a qualidade genética da população.

8 N. T.: No original, *"subnormals"*, termo historicamente utilizado de forma pejorativa para se referir a pessoas consideradas com deficiência intelectual ou desenvolvimento cognitivo abaixo do que era definido como "normal". Esse termo esteve associado a contextos eugenistas e políticas de exclusão social, sendo empregado para justificar práticas discriminatórias, como segregação e esterilização forçada, sob a alegação de "melhorar" a qualidade genética da população.

lificados" se tivessem as habilidades físicas certas. Sua própria noção de inteligência "normal" foi definida pelo capitalismo: as pontuações dos prisioneiros foram comparadas às dos "homens empregados não qualificados," bem como às dos desejáveis na sociedade capitalista, como funcionários do Wells Fargo e outros "homens de negócios." Terman queria caracterizar esses desejáveis estatisticamente, enquanto destinava os "subnormais" a trabalhos de baixa remuneração (ou pior). Terman reconheceu que a implementação desse regime de inteligência racial exigiria um grande esforço. "Toda a questão das diferenças raciais nos traços mentais," escreveu ele, "terá que ser abordada de novo e por métodos experimentais" -- métodos que supostamente revelariam "diferenças raciais significativas na inteligência geral... que não podem ser eliminadas por nenhum esquema de cultura mental." (Terman, 1916: 92).

A Primeira Guerra Mundial proporcionou a oportunidade para desenvolver esses métodos experimentais. Em 1917, os principais nomes da psicologia norte-americana se reuniram para discutir como ajudar os Estados Unidos na guerra. Esse grupo incluía Terman, Goddard, o presidente da American Psychological Association, Robert Yerkes, e o jovem psicólogo Carl Brigham. Com base no teste de QI de Terman, o grupo desenvolveu os testes de inteligência Alpha e Beta do exército (Army Alpha para "alfabetizados" e Army Beta para "analfabetos"). O teste Alpha incluía questões de múltipla escolha como "Por que os criminosos são presos?" (as opções: "para proteger a sociedade," "para se vingar deles," ou "para fazê-los trabalhar," sendo a primeira a resposta "correta"), enquanto o teste Beta envolvia tarefas como traçar um labirinto. Os testes foram aplicados a 1,7 milhão de soldados durante a Primeira Guerra Mundial. Com base nas pontuações, os soldados eram designados para cargos no exército ou dispensados.

Os cientistas usaram essas pontuações para criar hierarquias racialistas moldadas pelas necessidades de trabalho do exército. Oficiais de engenharia, oficiais médicos e contadores estavam no topo; barbeiros, mineiros e trabalhadores braçais, na base (Figura 1)[9]. Outra hierarquia de inteligência foi organizada em torno da raça, com os recrutas negros no nível mais baixo. Chegou-se a argumentar que o tom de pele e a inteligência fossem correlacionados (quanto mais escura a pele, menor a pontuação)

9 Os autores escreveram que essa hierarquia demonstra a "possibilidade e a conveniência de garantir especificações de inteligência para uso na educação e na indústria". Yerkes & Yoakum (1920: 199).

(Gould, 1996: 227). Da mesma forma, as pontuações de inteligência foram divididas por nacionalidade europeia, sugerindo que os migrantes de pele mais fossem menos inteligentes.

Figura 1. Hierarquia de "Inteligência" Baseada em Cargos no Exército.

OCCUPATIONS	NO. CASES	% BETA
ENG OFFS	675	
MED OFFS	407	
37 ACCOUNTANTS	264	0.8
38b BOOKKEEPERS	458	1.7
ARMY NURSES	592	
38g CLERKS	1589	1.5
10g ELECTRICIANS	499	3.4
31t TELEGRAPHERS	261	2.3
18s STOCKKEEPERS	412	3.4
24g AUTO REPAIRMEN	1249	8.6
6g MACHINISTS	1251	14.9
14p PLUMBERS	270	17.0
23t TRUCK DRIVERS	1019	13.0
7g BLACKSMITHS	351	21.6
8g CARPENTERS	792	17.0
40c COOKS	435	28.5
45 BARBERS	377	27.1
27h HORSE HOSLRS	1021	29.2
12g MINERS	852	30.2
3. LABORERS	1453	32.4

D- D C- C C+ B A

Nota e fonte: Gráfico reproduzido do teste do Exército dos EUA durante a Primeira Guerra Mundial em que A denota o topo da hierarquia de inteligência e D denota a base. Extraído de Yerkes & Yoakum (1920).

Essa lógica racialista foi ampliada pelo professor de Princeton, Carl Brigham, em seu livro publicado em 1923, *A Study of American Intelligence*. Brigham usou os dados do exército para produzir um ranking racial que colocava a Inglaterra no topo, a Irlanda no meio, lugares como a Itália próximos ao fim e, na base, os recrutas negros (em inglês, "Negro", de acordo com a classificação de Brigham) (Figura 2) (Brigham, 1923: 146). Ele também analisou as pontuações por país de origem e concluiu que os migrantes com "sangue" nórdico eram os mais inteligentes. Como a proporção de pessoas nórdicas que entravam nos Estados Unidos aparentemente havia diminuído, e essa queda correlacionava-se com as pontuações mais baixas dos migrantes recentes, Brigham concluiu que a "inteligência americana" estava em declínio. (Ele acrescentou que a miscigenação entre brancos e negros era um fator contribuinte.) Brigham pediu mais restrições racistas à imigração, e suas análises estatísticas foram referenciadas por aqueles que já faziam lobby por tais leis (Kamin, 1974).

Figura 2. Hierarquia Racialista de Carl Brigham.

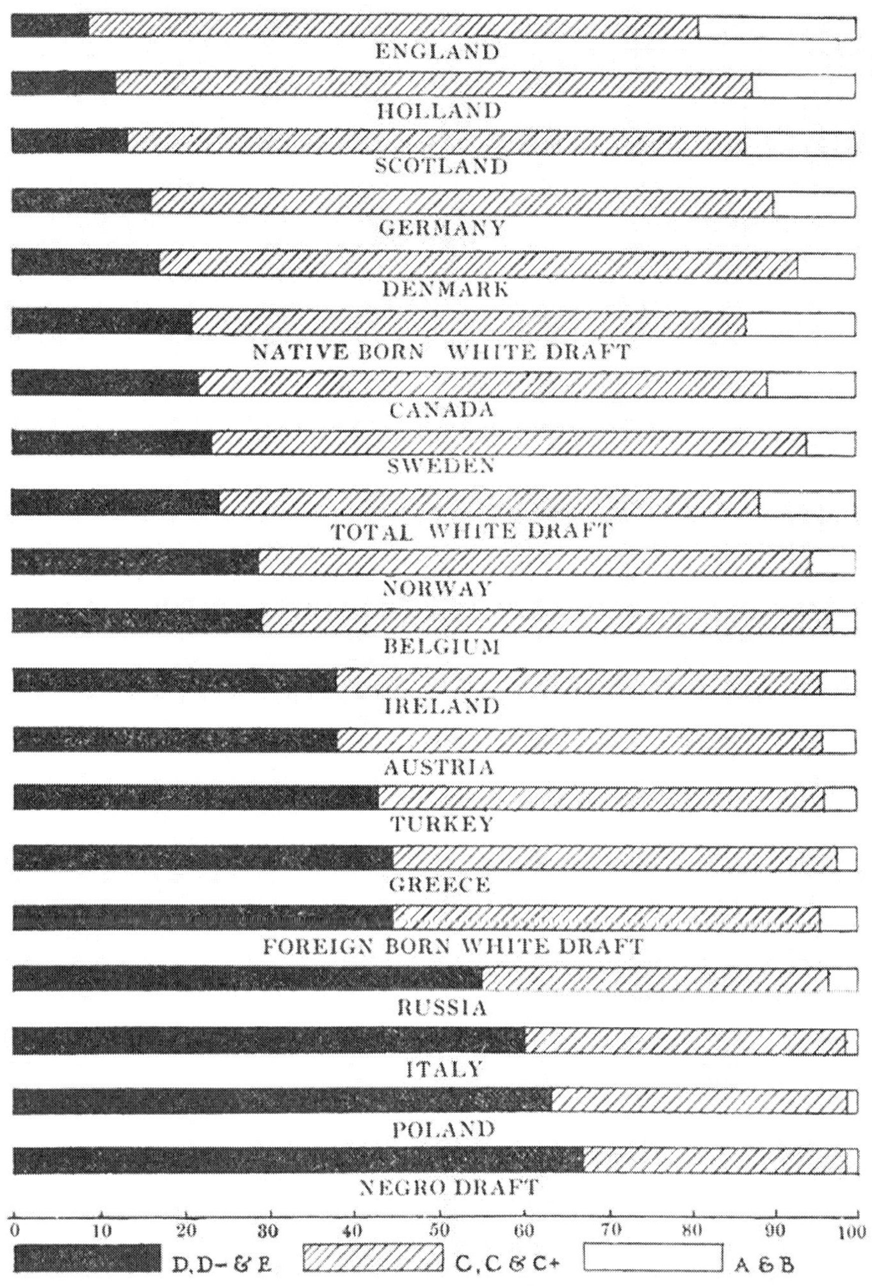

Nota e fonte: Gráfico baseado nos testes de inteligência Alpha e Beta do Exército dos EUA da Primeira Guerra Mundial em que A denota o topo da hierarquia de inteligência e E denota a base. Extraído de Brigham (1923: 146).

Os desenvolvimentos que se seguiram apoiam a afirmação de Cedric Robinson de que o racialismo não era uma ideologia inerte, mas uma "força material" que "permeia as estruturas sociais emergentes do capitalismo." (Robinson, 2000). O racialismo estatístico, que permeia o exército, a escola e a prisão, certamente criou riqueza material. Após seus estudos sobre o exército, Yerkes, Terman e Brigham começaram a desenvolver testes de inteligência comerciais. Brigham continuou a criar o Scholastic Aptitude Test (SAT), que foi feito por 2,2 milhões de estudantes em 2020. Testes de inteligência também foram adotados por empregadores (Haney, 1982: 1-86). O setor de testes tornou-se um grande negócio: as vendas de testes aumentaram de menos de US$ 7 milhões em 1955 para mais de US$ 296 milhões em 1997 (em dólares de 1998) (Clarke et al., 2001). Uma indústria de preparação para testes floresceu, liderada por empresas como Kaplan, Inc. e The Princeton Review. Esse regime de testes padronizados serve essencialmente às mesmas funções dos regimes anteriores de inteligência racial --atribuindo valores diferentes à vida humana e canalizando pessoas para empregos por meio de uma lógica racista-- mas sua retórica e suas ferramentas mudaram.

Após o regime nazista alemão adotar a eugenia dos EUA e seus programas de assassinato ou esterilização dos "débeis mentais," as noções mais cruas de inteligência racial tornaram-se menos politicamente viáveis (Roberts, 2011:43). As apelações à pureza racial foram substituídas por discursos sobre eficiência, e os testes foram novamente apresentados como uma ferramenta para designar empregos aos trabalhadores. Durante a Guerra Fria, o aparato de testes foi vendido como um meio de cultivar o intelecto necessário para manter a hegemonia dos EUA contra os soviéticos[10].

Uma nova retórica também foi necessária para lidar com o movimento dos direitos civis. Trabalhadores negros de diversos setores entenderam que os empregadores estavam usando testes de inteligência para mantê-los em posições mais exploradas em comparação com os trabalhadores brancos, e alguns entraram com ações judiciais por discriminação. No entanto, a Lei dos Direitos Civis de 1964 protegeu especificamente o direito dos empregadores de tomar decisões com base na "capacidade desenvolvida" dos trabalhadores para realizar um trabalho, fornecendo aos em-

10 Para uma discussão sobre essas mudanças, ver Shepherd (2017). Ver também Au, (2016: 39-62).

pregadores uma justificativa para usar testes para manter locais de trabalho segregados e lucrar com a diferença racial (Haney, 1982). Os testes também foram apresentados como uma maneira de alocar recursos --por meio de bolsas de estudo financiadas por corporações, fundações privadas e agências como a National Science Foundation-- com base no chamado mérito, que geralmente recompensa os privilegiados. Nos tribunais, o argumento do mérito foi usado para sufocar até as formas mais brandas de justiça reparatória, como a ação afirmativa nas admissões universitárias, protegendo assim os direitos dos brancos de dominar as instituições (Harris, 1993: 1707-91).

4. A REFORMULAÇÃO DA EUGENIA

A eugenia, no entanto, está longe de ter desaparecido. Continua sendo uma descrição precisa para as instituições modernas de Estado, educação e saúde, que decidem quem irá lucrar e de quem o lucro será extraído; quem irá viver e quem irá morrer[11].

A ideia de que os testes de QI foram completamente desacreditados na comunidade científica --uma ideia presente em muitos comentários sobre *The Bell Curve* (1994), de Richard Herrnstein e Charles Murray-- também está incorreta. Em 2014, Stephen Hsu, professor de física da Universidade Estadual de Michigan, argumentou na revista científica mainstream *Nautilus* que o fator *g* de Spearman pode ser quantificado com testes padronizados e tem uma base genética. Hsu apelou à edição de genomas de embriões humanos para produzir "super-humanos inteligentes" com "mais de 1.000 pontos de QI"; a incapacidade de o fazer produziria, aparentemente "uma desigualdade nunca antes experimentada na história humana." (Hsu, 2014). Em 2021, George Church, um influente professor da Harvard Medical School conhecido por trabalhar com sequenciamento e edição de genomas, declarou ao *Wall Street Journal*: "Eu não compreendo por que eliminar uma deficiência, dar olhos azuis a uma criança ou aumentar 15 pontos no QI seria uma ameaça à saúde pública ou à moralidade." (Isaacson, 2021).

À medida que a aceitação aberta da eugenia tornou-se menos viável fora da profissão científica, o regime da inteligência

11 O eugenista Karl Pearson não estava errado quando observou que "todo médico do asilo e do hospital está à frente de um grande Laboratório de Eugenia, se ao menos ele se desse conta disso".

racial precisou se adaptar, e as instituições passaram a utilizar uma linguagem menos abertamente racista. Programas como *No Child Left Behind* de George W. Bush e o apropriado *Race to the Top* de Barack Obama evitaram o termo "inteligência". O *Race to the Top*, por exemplo, foi introduzido como uma tentativa de promover a "preparação para a faculdade e para a carreira" e criar "melhores sistemas de dados" para professores e pais. No entanto, essas políticas exemplificam como a diferença racial continua sendo criada e explorada no capitalismo.

Essas políticas garantem um mercado para a indústria ao vincular o financiamento escolar ao desempenho em testes e forçar as escolas a realizá-los. Os testes, então, são usados para identificar comunidades predominantemente da classe trabalhadora e não-brancas, que já sofrem com o abandono organizado, a criminalização e a violência estatal. As escolas dessas comunidades são fechadas por terem "falhado" nos testes. Por exemplo, entre 2001 e 2012, mais de 85% dos estudantes afetados pelo fechamento de escolas e intervenções relacionadas em Chicago eram negros, embora apenas cerca de 40% dos estudantes das escolas públicas da cidade fossem negros. Comunidades inteiras são desestruturadas quando professores e funcionários perdem seus empregos e as comunidades ficam sem escolas (Dixon, 2013; Lipman et al., 2014).

As escolas fechadas são por vezes substituídas por novas escolas de matrícula seletiva, destinadas a atrair famílias brancas e afluentes em áreas em processo de gentrificação (Lipman, 2004, 2011). O fechamento de escolas também abre espaço para a abertura de escolas *charter*[12] que geram riqueza privada, em parte, contratando serviços de corporações com fins lucrativos. Essas *charters* podem então usar testes para reduzir custos operacionais ao selecionar estudantes não que precisam de almoços gratuitos ou acomodações para pessoas com deficiência. Além disso, em cidades como Nova Orleans, escolas públicas em

12 N. T.: Expressão sem equivalente em português. Uma escola *charter* (ou *"charter school"*) é um tipo de escola pública que opera de forma independente, com maior autonomia em relação às regras e regulamentos que normalmente regem as escolas públicas tradicionais. Elas são comuns em países como os Estados Unidos e funcionam com base em um contrato ou "carta" (daí o nome "charter") entre a escola e uma entidade autorizadora, como o governo, uma universidade ou uma organização sem fins lucrativos. No Brasil, não há escolas *charter* como nos Estados Unidos, mas há debates sobre sistemas similares, como parcerias público-privadas na educação.

comunidades racializadas[13] foram substituídas por *charters*, compostas por professores menos experientes, mais brancos e não sindicalizados. Essa agenda é impulsionada pelo Estado, que segue os conselhos de auto-interesse de corporações e fundações de bilionários como Bill Gates, Eli Broad e a família Walton (donos do Walmart) (Network for Public Educaion, 2021; Ryan2017: 31-42; Kimmett, 2015; Giroux, 2015).

Devido aos efeitos desastrosos dessas políticas, os regimes de inteligência racial precisam ser constantemente "repaginados". Atualmente, somos informados de que os testes de inteligência, cuidadosamente revisados por cientistas sociais progressistas, são verdadeiramente ferramentas "imparciais" que poderiam aumentar a diversidade nas instituições.

No entanto, os testes permanecem como um proxy para riqueza, obediência e aculturação à sociedade branca, capacitista e burguesa. Pais, professores e alunos reconheceram essa verdade. Eles vivenciaram como os testes são usados para exercer controle sobre as escolas e extrair riqueza das comunidades --e eles resistiram.

Em 2014, grupos de direitos civis processaram o Departamento de Educação dos EUA com a alegação de que os fechamentos de escolas em Newark, Chicago e Nova Orleans --justificados com base nas notas dos testes-- eram racistas, seguindo processos semelhantes movidos contra o Conselho de Educação de Chicago em 2009 (Hing, 2014). Em 2015, doze pais entraram em uma greve de fome de trinta e quatro dias, conseguindo impedir o fechamento da Dyett High School, em Chicago, que as autoridades haviam considerado falida. [Dyett está localizada no bairro predominantemente negro de Bronzeville e ocupa um terreno cobiçado por incorporadoras imobiliárias (The Real News Network, 2015)]. Os pais em greve não exigiram testes menos tendenciosos para avaliar as escolas. Em vez disso, a comunidade pediu a transformação da Dyett em uma escola voltada para tecnologia verde --um pedido que foi, em última análise, negado. Mas o objetivo imediato era, como disse a organizadora e grevista de fome Jeanette

13 N. T.: No original, *"communities of color"*, termo bastante abrangente que nos EUA é utilizado para se referir às pessoas não brancas, incluindo comunidades negras, latinas, asiáticas, indígenas, do Oriente Médio, ilhas do Pacífico, entre outras. O termo começou a ser utilizado pelos movimentos de direitos civis e justiça social, principalmente a partir dos anos 1970 e 1980, como uma forma de criar solidariedade entre diferentes grupos marginalizados que enfrentam racismo sistêmico, substituindo expressões pejorativas ou divisivas utilizadas anteriormente.

Taylor-Ramann, salvar a escola, já que ela é uma "fundação da comunidade"; a "greve de fome enviou a mensagem de que há pessoas dispostas a morrer para que os jovens recebam educação." (Herris & Belsha, 2016).

As empresas também enfrentaram críticas das comunidades. Em 2012, estudantes, pais e professores protestaram em frente à sede da Pearson, em Nova York --uma empresa que administra e faz lobby por testes padronizados-- cantando: "Um, dois, três, quatro, crianças não são uma nota de teste."[14] (Simon, 2012; Simon & Kelleher, 2012). Crianças seguravam cartazes com as mensagens "Eu não sou mão de obra gratuita" e "Onde está meu pagamento?", referindo-se à prática da corporação de testar as perguntas que vão para os exames lucrativos. Essa indignação tem sido um péssimo sinal para a indústria de testes. Faculdades têm abandonado a exigência do SAT para admissão nas últimas décadas, e em 2019, o número de faculdades sem requisito de teste padronizado atingiu um recorde histórico (Murdoch, 2019).

Com o principal aparato de testes de inteligência sob ataque, um regime reconfigurado de inteligência racial surgiu sob a bandeira dos cursos online, aproveitando a pandemia para ganhar força.

5. A EUGENIA NA INTELIGÊNCIA ARTIFICIAL E NOS CURSOS ONLINE

Como os arquitetos dos testes de inteligência, os profissionais da área de IA muitas vezes tomaram a resolução de problemas abstratos ou tarefas que são lucrativas para as corporações como indicadores de inteligência. No entanto, sua noção de inteligência muitas vezes permanece implícita. Como argumentei em outro lugar, o conceito de IA é nebuloso e maleável ao poder; qualquer projeto que envolva um computador pode ser considerado IA se puder ser demonstrado que serve ao império e ao capital. Essa flexibilidade tornou a IA um veículo útil para a opressão (Katz, 2020).

Quando os profissionais de IA tornam explícita sua noção de inteligência, os pressupostos eugênicos de outrora emergem. Essa noção eugênica de inteligência é colocada em prática por

14 N. T.: Tradução livre para "One, two, three, four, kids are not a test score.".

meio de ferramentas estatísticas e plataformas computacionais que atendem prontamente aos interesses capitalistas e imperiais, como na crescente indústria de cursos online.

O ator dominante nesse setor é a Coursera, uma empresa com fins lucrativos fundada em 2012 pelas desenvolvedoras de IA Daphne Koller e Andrew Ng, ambas professoras de ciência da computação na Universidade de Stanford -- a velha casa de Terman[15]. Seu projeto possui uma abordagem colonial e missionária: essas professoras superinteligentes de Stanford estão dispostas a compartilhar seu conhecimento desejável com o mundo "gratuitamente" (na realidade, por uma taxa) para "democratizar a educação"[16]. A plataforma hospeda cursos desenvolvidos por universidades, bem como por corporações como Google e Amazon, que treinam indivíduos para usar os produtos dessas empresas. Os cursos mais valorizados são de universidades de elite dos EUA, como a Universidade de Stanford e a Universidade Johns Hopkins, e tendem a abordar o tipo de pensamento estatístico no qual plataformas como a Coursera são construídas.

Para ver como as suposições do regime anterior se manifestam nesse pensamento estatístico, considere um livro didático de 2009 amplamente utilizado, coautorado pela cofundadora da Coursera, Daphne Koller, intitulado *Probabilistic Graphical Models*. O exemplo recorrente do livro é de um professor que busca inferir a inteligência de um estudante a partir de dados como pontuação do SAT, notas e cartas de recomendação. O cenário é modelado usando uma *rede bayesiana*, um modelo que resume as relações estatísticas entre múltiplas variáveis. Uma *rede bayesiana* pode ser visualizada como um gráfico em que, segundo o livro, "as arestas codificam nossa intuição sobre como o mundo funciona" (Koller & Friedman, 2009). Quando se trata de inteligência, é assim que o mundo funciona: "A pontuação do SAT do estudante depende apenas de sua inteligência"; a inteligência é "baixa" ou "alta", e a nota depende tanto dessa suposta inteligência quanto da aparente dificuldade do curso, que é designada como "fácil" ou "difícil" (Figura 3) (Koller & Friedman, 2009: 53).

15 A Coursera seguiu os passos da Udacity, outra plataforma de aprendizado online fundada pelo professor de ciência da computação da Universidade de Stanford, Sebastian Thrun.

16 Sobre o caráter colonial da Coursera e de outros chamados "MOOCs" (sigla em inglês para "Cursos Online Abertos e Massivos" - "Massive Open Online Courses") de universidades ocidentais de elite, ver Altbach (2014: 5-7); Adam (2019: 365-80).

Figura 3. Fluxograma de "inteligência".

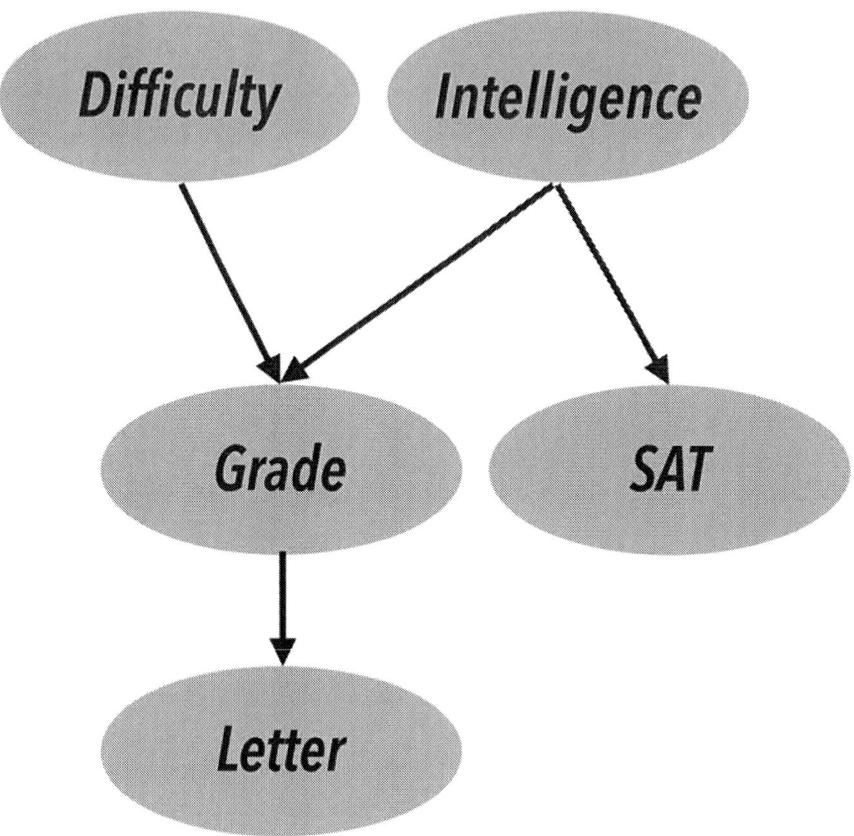

Nota e fonte: Exemplo prático adaptado de um livro didático de 2009 sobre raciocínio probabilístico, coautorado pela cofundadora da Coursera, Daphne Koller. Extraído de Koller e Friedman (2009).

Para fazer inferências usando esse modelo, as autoras precisaram atribuir probabilidades a essas suposições. Esses números tornam a ideologia ainda mais clara. Em seu modelo, 70% das pessoas são consideradas *a priori* de baixa inteligência, 60% dos cursos são considerados "fáceis", e os resultados do SAT indicam de forma confiável o nível de inteligência: há 80% de chance de que uma pessoa com "alta" inteligência obtenha uma pontuação alta no SAT, mas apenas 5% de chance se a pessoa tiver "baixa" inteligência. As notas também são vistas como indicadores confiáveis da inteligência de um aluno e da dificuldade do curso: assume-se que é altamente improvável que alunos com "baixa" inteligência obtenham uma nota alta em um curso "difícil". Por exemplo, se muitos alunos com altas pontuações no SAT (os supostamente inteligentes) recebem notas médias ou baixas em um curso específico, o modelo atribuirá maior probabilidade de esse curso ser difícil. Essa lógica é repetida em outros livros de IA, que apresentam modelos nos quais as notas dependem do "QI do aluno e da dificuldade do curso" (Getoor & Tascar, 2007: 209).

As suposições eugênicas anteriores são familiares: que a população é, em geral, estúpida e indigna; que há uma minoria digna definida contra essa maioria estúpida; que os métodos para discriminar os dignos dos indignos são objetivos e quantitativos, apesar da natureza racista e capacitista dos testes e do sistema de notas; e que não há necessidade de considerar a opressão sistemática, seja ela atual ou histórica. Como essas suposições são apresentadas em termos estatísticos abstratos, raça, classe e outras categorias contestadas não precisam ser invocadas explicitamente. Em vez disso, pode-se contar com a inferência estatística para classificar indivíduos de maneiras que refletem as hierarquias raciais existentes. E esse modelo simples ilustra apenas uma lógica que pode ser ampliada para incorporar muito mais dados do que pontuações do SAT ou notas --dados que podem ser coletados em plataformas de cursos online.

6. LUCRANDO COM A DIFERENÇA: CURSOS ONLINE COMO TESTE MASSIVO DE INTELIGÊNCIA

A plataforma de aprendizado online Coursera amplia esse modelo abstrato de QI para classificar pessoas por sua suposta inteligência e locais pela concentração de pessoas "inteligentes" -- e para gerar lucros a partir dessas classificações.

A Coursera faz isso espionando suas mais de 58 milhões de contas, em mais um exemplo do imperativo de vigilância do capitalismo (Ballamy, 2014: 1-33). A plataforma coleta as respostas a testes (chamados de *avaliações*) apresentados durante os cursos, além de outros dados, incluindo nacionalidade, gênero e tempo gasto em cada página. A Coursera analisa esses dados para "estimar quão proficiente um aprendiz é em uma habilidade e quão desafiadora é uma avaliação." (Coursera, 2021). Isso ecoa o exemplo do livro didático: para saber se um indivíduo é inteligente ou não, deve-se considerar a dificuldade do curso além da pontuação do teste. Os antigos termos da eugenia foram atualizados: "inteligência" foi substituída por ter "habilidades de longa duração" que impulsionam o PIB, "teste de inteligência" tornou-se "avaliação de habilidades," e a pessoa usada para expandir os dados da empresa foi recontextualizada como "aprendiz."

As classificações de indivíduos e suas habilidades são então agregadas para produzir uma extensa hierarquia de inteligência, apresentada no seu Relatório Global de Competências (*Global Skills Report*). O relatório é estruturado a partir da perspectiva do império dos EUA, vasculhando o globo em busca de trabalhadores (ou "aprendizes") com as habilidades necessárias para servir às corporações americanas, ao mesmo tempo em que tenta garantir que nenhum outro estado ameace sua hegemonia. O relatório classifica mais de cem países com base em seu desempenho nas áreas valorizadas de ciência de dados e negócios. Essas classificações são justificadas por uma lógica circular familiar nos testes de inteligência. Assim como Terman justificou os escores de QI afirmando que eles se correlacionam positivamente com a renda, a Coursera justifica suas classificações sugerindo que elas se correlacionam positivamente com indicadores como o "Índice de Capital Humano" do Banco Mundial (este último sendo mais uma métrica bruta que incorpora PIB, testes padronizados internacionais e outros indicadores para classificar o valor dos países) (Coursera, 2021). A Coursera, então, utiliza as classificações para categorizar países e regiões (Figura 4) como "na vanguarda," "competitivos," "emergentes" ou "atrasados." (Coursera, 2021).

Figura 4. As nações da Coursera.

Business | **Data Science** | Technology

CUTTING EDGE	COMPETITIVE	EMERGING	LAGGING
1 Finland	1 Spain	1 Canada	1 Argentina
2 Denmark	2 Ukraine	2 Venezuela	2 Colombia
3 Belgium	3 China	3 Armenia	3 Ecuador
4 Russia	4 Israel	4 Republic of Korea	4 Chile
5 Switzerland	5 France	5 Uruguay	5 Puerto Rico
6 Sweden	6 New Zealand	6 Costa Rica	6 El Salvador
7 Austria	7 Poland	7 Nepal	7 Mexico
8 Germany	8 Australia	8 Peru	8 Bolivia
9 Netherlands	9 United States	9 Thailand	9 Brazil
10 Hong Kong	10 United Kingdom	10 Philippines	10 Algeria

Fonte: Coursera (2021).

Os resultados se assemelham às hierarquias racialistas que foram elaboradas utilizando os testes de inteligência do exército dos EUA durante a Primeira Guerra Mundial. Países europeus ricos, como Alemanha, Suécia e Áustria, são classificados como "na vanguarda," enquanto aqueles que ainda sofrem o peso do colonialismo, como Argélia, Brasil e Porto Rico, são classificados como "atrasados." Os países "na vanguarda" se destacam nas áreas valorizadas pelas elites tecnocráticas dos EUA, como estatísticas Bayesianas, e possuem "indústrias de destaque" como tecnologia da informação e artes. Em contraste, as nações "atrasadas" são reportadas como se destacando em chamadas habilidades interpessoais, como "adaptabilidade" e "vendas"; suas indústrias notáveis são atividades domésticas, mineração, hospitalidade e alimentação. Assim como a hierarquia de Brigham, as classificações da Coursera reafirmam a supremacia branca e atitudes imperialistas. Mas, enquanto Brigham e seus colegas determinaram que os países menos brancos são menos inteligentes, a Coursera determina que os países majoritariamente não brancos carecem das habilidades mais desejáveis.

A Coursera visa lucrar com as diferenças que produz de duas maneiras principais: primeiro, ao afirmar que a plataforma pode requalificar trabalhadores atrasados nas habilidades necessárias (que é o motivo pelo qual governos e empresas deveriam fazer parceria com a Coursera); e segundo, ao usar seus dados para orientar a busca por mão de obra barata. Assim, a Coursera estima coisas como os ganhos potenciais de trabalhadores com certas habilidades e o número de horas que levaria para requalificar indivíduos na plataforma para adquirir essas habilidades (Coursera, 2021). Essas estimativas em nível individual são então compiladas para fazer um retrato das "habilidades em alta" de uma região e das indústrias exploráveis.

Em sua análise sobre a América Latina e o Caribe, por exemplo, a Coursera afirma que a região, de forma geral, carece das habilidades desejáveis, mas relata o benefício da "terceirização próxima"[17], que "permitiu que empresas baseadas nos EUA terceirizassem a programação analítica para a América Latina" em um fuso horário conveniente. A Coursera observa também os "pontos de talento em dados" na Venezuela, Uruguai, Argentina e Costa Rica, onde se pode encontrar mão de obra barata para o setor de computação. Mas algumas regiões parecem ser excessivamente atrasadas para atender às necessidades digitais do capital: "A África", afirma a Coursera, deve se concentrar em "capturar parte dos 100 milhões de empregos de manufatura intensiva em mão de obra" que a China supostamente perderá até 2030. As conclusões que a Coursera tira de seu imenso teste de inteligência são, portanto, racistas e imperialistas, mesmo que "raça" não seja explicitamente mencionada.

7. A PANDEMIA COMO UMA OPORTUNIDADE

A Coursera utilizou a pandemia para expandir seu alcance. Por meio de parcerias com governos formadas como parte da Iniciativa de Recuperação da Força de Trabalho da Coursera em 2020 (*Coursera's 2020 Workforce Recovery Initiative*), a empresa passou a exercer um controle maior sobre a força de trabalho. Enquanto isso, os governos utilizam a Coursera como um pretexto para cortar programas de assistência social. Por exemplo, aque-

17 N. T.: No original "nearshore outsourcing", termo que se refere à prática de contratar serviços de empresas localizadas em países próximos, geralmente com fuso horário semelhante, para realizar determinadas funções ou tarefas.

les que se registraram como desempregados no governo da Costa Rica --em vez de receber apoio financeiro-- foram direcionados para a Coursera (Zúñiga, 2020). A Coursera também se associou aos governos estaduais e locais de Nova York, Carolina do Sul e Minnesota para enviar automaticamente trabalhadores desempregados para a plataforma. A premissa é que os indivíduos podem se salvar simplesmente adquirindo habilidades relevantes online. A Coursera orienta esses indivíduos para "caminhos de aprendizado revisados por empregadores", como Google e Amazon, que aparentemente "garantem um treinamento alinhado com habilidades digitais, estratégicas e técnicas de alta demanda". A mídia corporativa regurgita essa narrativa de ascensão individual, elogiando a Coursera por oferecer cursos "projetados para o mercado de trabalho", como o curso de Suporte em Tecnologia da Informação do Google. Segundo o *Business Insider*, esse curso é benéfico não apenas por ensinar "habilidades técnicas" e "habilidades interpessoais, como atendimento ao cliente", mas também por inculcar "traços difíceis, mas essenciais, como determinação e resiliência" (Leighton, 2020). É assim que a Coursera e o Estado colaboram para direcionar pessoas em situações vulneráveis para realizar o trabalho precário de que o capital precisa.

Assim como em períodos anteriores, esse regime de inteligência racial oferece uma trilha separada para os privilegiados no que diz respeito à atribuição de empregos. Está bem documentado que estudantes mais pobres de comunidades racializadas são submetidos ao regime de testes mais severo na esperança de incutir obediência e aceitação de empregos de baixa remuneração, enquanto os privilegiados têm acesso a escolas Montessori e escolas especializadas[18] (Lipman, 2004). Da mesma forma, embora a Coursera exiba a marca de universidades de elite, a empresa ainda direciona os desempregados a aprender como realizar o atendimento ao cliente do Google, enquanto os privilegiados frequentam instituições como a Universidade de Stanford presencialmente para obter as credenciais que são realmente valorizadas pela sociedade capitalista.

18 N. T.: No original *"magnet schools"* refere-se a um tipo de escola pública especializada nos EUA, que oferece currículos focados em áreas específicas, como ciências, artes ou tecnologia, com o objetivo de atrair alunos de diversas regiões ou distritos. As *magnet schools* geralmente oferecem programas acadêmicos mais avançados ou especializados em comparação com as escolas de bairro. Essas escolas são projetadas para oferecer oportunidades educacionais distintas e de alta qualidade.

8. IMPERIALISMO EMPREENDEDOR E AS RESTRIÇÕES IDEOLÓGICAS DOS CURSOS ONLINE

Ao contrário dos regimes anteriores, as plataformas de cursos online não apelam para noções hereditárias de inteligência. A abordagem da Coursera é o imperialismo empreendedor: indivíduos e países devem constantemente requalificar-se para atender às necessidades do capital, conforme ditado pelas elites tecnocráticas dos EUA. Não é necessário determinismo biológico; pelo contrário, a propaganda da Coursera gira em torno do aumento da "diversidade" da força de trabalho e da ajuda na redução da desigualdade salarial entre gêneros.

Os arquitetos dessas plataformas também têm, sem dúvida, ambições maiores do que os testadores de inteligência anteriores. A Coursera não apenas classifica o valor de indivíduos e países, mas também busca classificar o valor do conhecimento em geral, uma tarefa para a qual o meio computacional se presta. A Coursera taxonomiza o conhecimento com o que chama de gráfico de habilidades, que descreve as sub-habilidades necessárias para um aprendiz realizar uma tarefa considerada valiosa (Figura 5). A Coursera tenta, então, decompor os campos valorizados, como ciência de dados, nas tarefas e habilidades que eles requerem. Nesse estágio, o meio computacional desempenha uma função ideológica importante ao restringir o tipo de conhecimento que pode aparecer na plataforma. A Coursera exige que os materiais sejam reduzidos a fragmentos curtos e apresentados de maneira que o progresso de um indivíduo possa ser medido de forma rápida e quantitativa (como se esperaria de um teste de inteligência em larga escala). É evidente que as habilidades que os fundadores da Coursera tinham em mente se encaixam melhor nesse meio, razão pela qual muitos tópicos, ou mesmo cursos desenvolvidos fora de instituições euro-americanas de elite, estão amplamente ausentes da plataforma (Adam, 2019).

Figura 5. As competências da Coursera.

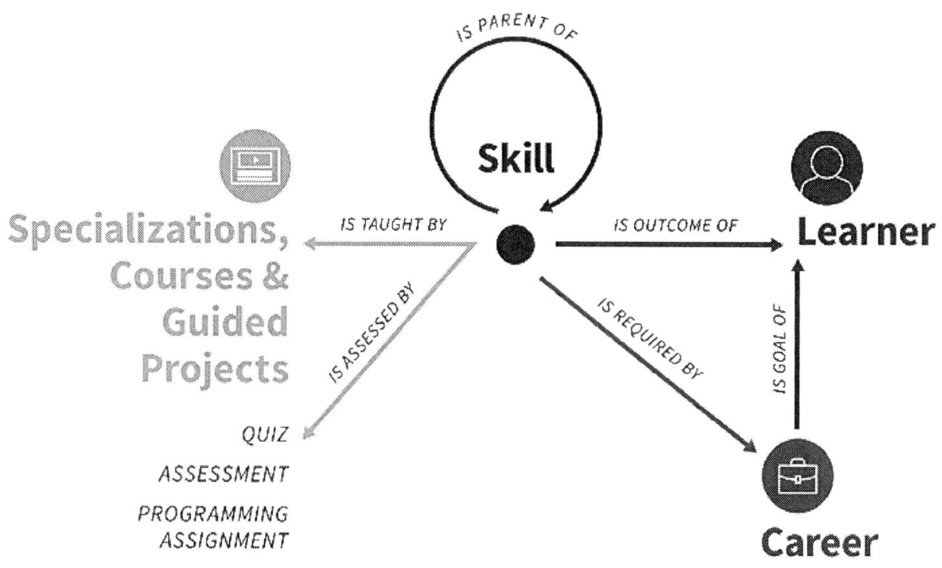

Fonte: Coursera (2021).

Essas restrições ideológicas se tornam evidentes quando procuramos por tópicos que estão fora do âmbito das elites tecnocráticas da Universidade de Stanford. Em maio de 2021, quando o estado israelense travou mais uma guerra brutal contra Gaza e outras partes da Palestina, uma busca por "Palestina" no site da Coursera resultou em apenas dois cursos relevantes: "A História de Israel Moderno - Parte II: Desafios de Israel como Estado Soberano" da Universidade de Tel Aviv e "O Mundo Árabe Medieval Cosmopolita" da Universidade de Leiden. A Palestina e suas lutas por libertação são apagadas; a plataforma é destinada apenas a materiais que são aprovados pelo império dos EUA.

O currículo de ciências sociais da Coursera também reproduz a abordagem racista do conhecimento da academia elitista. Por exemplo, a Coursera ofereceu um curso da Universidade de Princeton intitulado "Os Ossos Reais: Aventuras em Antropologia Forense", que usou os ossos de uma adolescente negra morta pela polícia na Filadélfia em 1985 (Knapp, 2021). A garota foi uma das onze pessoas mortas quando a polícia bombardeou a casa do

MOVE, um grupo de libertação negra. A milhares de "aprendizes" da Coursera foi mostrado um vídeo de um antropólogo da Ivy League manuseando um dos ossos, descrevendo-o como "suculento" e observando seu aroma. Em resposta a essa notícia, Michael Africa Jr., membro do MOVE, comentou: "Ninguém disse que você pode fazer isso, segurando seus ossos para a câmera. Essa não é a forma como processamos nossos mortos. O professor de antropologia está segurando os ossos de uma garota de quatorze anos cuja mãe ainda está viva e de luto." A Coursera contribui para essa norma acadêmica que transforma a violência do capitalismo racial em especialização acadêmica[19].

Outras plataformas estão competindo para oferecer serviços semelhantes. Após o bem-sucedido IPO da Coursera, Harvard e o Instituto de Tecnologia de Massachusetts (MIT) venderam sua plataforma, edX, por 800 milhões de dólares para a 2U, Inc., uma empresa criada pelo cofundador do gigante de preparação para testes *The Princeton Review*. Ao explicar a venda, o presidente do MIT, Rafael Reif, afirmou que a pandemia de COVID levou a uma "corrida armamentista" entre plataformas de cursos online, na qual a edX sem fins lucrativos não conseguiu mais competir, o que era lamentável, já que "o aprendizado remoto se tornou a via dominante para oferecer educação em todo lugar." Vender a edX foi a solução. A venda permitirá que a 2U capitalize os dados acumulados pela edX, enquanto o MIT continuará a desenvolver ferramentas para o regime de inteligência racial --ou, nas palavras de Reif, "investir no potencial da IA e outras ferramentas para tornar o aprendizado online mais responsivo e personalizado para o aprendiz individual." (Reif, 2021). Notavelmente, em 2018, o MIT optou por nomear sua principal iniciativa em IA de "busca pela inteligência" (*"Intelligence Quest"* ou, sinteticamente, IQ) [20] [21].

19 O mesmo antropólogo também foi responsável pela coleção craniana de Samuel George Morton na Universidade da Pensilvânia, que inclui crânios de africanos escravizados e povos indígenas obtidos por meio de conquistas e saques. Morton usou esses crânios para argumentar que a "raça caucasiana" possui maiores "dotes intelectuais."

20 Após protestos moderados, o MIT reverteu o acrônimo e chamou a iniciativa de "Quest for Intelligence (QI)" ("Busca pela Inteligência"). Ver Manning (2018).

21 N. T.: As expressões *"Intelligence Quest"* e *"Quest for Intelligence"* têm significado semelhante que denota "busca pela inteligência". A diferença sutil na língua inglesa está na ênfase de cada uma das expressões. No caso da expressão *"Intelligence Quest"*, a ênfase está centrada na inteligência em si, enquanto objetivo da busca. Já em *"Quest for Intelligence"*, o foco está na jornada de busca pela inteligência, mais que na inteligência em si.

9. REFORMISMO CIENTÍFICO VERSUS ROMPIMENTO COM O RACIALISMO

Onde podemos encontrar a ruptura com a inteligência racial e o aparato estatístico que a sustenta? Podemos olhar para vozes dissidentes na esfera científica --mas, em vez de uma ruptura, muitas vezes encontramos um reformismo científico que tenta salvar o aparato estatístico que surgiu da eugenia e até mesmo reabilitar os testadores de inteligência.

O psicólogo Leon Kamin, amplamente citado como um crítico científico do regime de QI, afirma, no entanto, que existe uma "possibilidade teórica de que os teóricos genéticos estejam corretos"; que "talvez o QI seja altamente herdável"; e que "as diferenças entre raças, assim como entre indivíduos, são em grande medida devido à hereditariedade." Para Kamin, há "estudiosos sérios" defendendo tais afirmações e envolver-se com elas é uma "necessidade científica." (Kamin, 1974: 30).

O biólogo Stephen Jay Gould ofereceu um ataque mais inspirador e focado na ciência contra a inteligência racial em *The Mismeasure of Man*. Gould criticou os pressupostos dos testes de inteligência e refutou o argumento de que a inteligência, seja lá o que for, é hereditária. Ele também desconstruiu a equivocada abordagem "natureza versus criação" na qual tais discussões frequentemente ficam presas. Gould assumiu a posição, ainda rara entre os cientistas, de que "todo o empreendimento de atribuir um valor biológico a grupos" é "irrelevante, intelectualmente insensato e altamente nocivo." (Gould, 1996: 139).

Mas essas críticas focadas na ciência ainda não conseguem negar o racialismo e seu aparato estatístico. Em vez disso, essas críticas confrontam a ciência racial em seus próprios termos. Gould, por exemplo, concentrou-se em como os testadores de inteligência frequentemente "camuflavam" e "manipulavam" seus dados, ou aplicavam os testes de forma desigual. Ele tentou mostrar que, com uma análise estatística mais cuidadosa, as conclusões desses cientistas desmoronam.[22] No entanto, o conceito de

22 Como Britt Rusert argumentou, no entanto, Gould e outros críticos da ciência racial não ofereceram uma "análise sistemática do papel das mulheres e da diferença sexual [no] histórico da ciência racial." Gould frequentemente se atém às dicotomias entre brancos e não-brancos, homens e mulheres --dicotomias utilizadas pelos cientistas racistas que Gould havia criticado-- o que oculta o fato de que a raça é construída por meio do controle do trabalho reprodutivo das mulheres. Isso torna o status e as experiências

"raça" --e, por extensão, o racialismo -- persiste, como argumenta Dorothy Roberts, não "porque é cientificamente válido, nem porque sua invalidez ainda precisa ser provada", mas sim porque é "*politicamente útil*" (Roberts, 2011: 79, ênfase no original). Atacar a ciência racial com "métodos científicos mais precisos e menos preconceituosos" é inútil, especialmente quando esses métodos foram projetados, como no caso da estatística, para produzir diferenças raciais.

Esse ponto é perdido para os críticos focados na ciência, para os quais os testes são simplesmente uma ferramenta que pode ter aplicações boas ou ruins, e acreditam que os métodos estatísticos desenvolvidos para servir ao eugenismo são, no entanto, sólidos e devem ser avaliados pelo seu uso (Kevles, 1986: 40). Ouvimos com frequência que o trabalho de Binet, que foi fundamental para o regime de testes de inteligência, foi cooptado e mal utilizado; ou que ele tinha intenções benevolentes e carecia da visão nefastas de figuras como Terman ou Goddard, apesar do fato de que Binet e seus colegas enfatizavam que sua ciência tinha "importância prática... para o professor, o médico, o antropólogo e até mesmo o juiz" e se pronunciavam sobre a inteligência de diferentes "tipos", como "criminosos" (Serge, 2014: 5-60). Críticos focados na ciência, incluindo Gould, também destacam os pedidos de desculpas dos testadores de inteligência, como Brigham e Goddard, que aparentemente se retrataram de algumas de suas conclusões racialistas mais extremas, dadas melhores análises de dados. No entanto, a busca pela inteligência obteve sua força e significado de instituições imperiais e capitalistas, independentemente das crenças individuais dos testadores (Zipory, 2014).

Uma rejeição do racialismo ameaçaria o apelo da empreitada científica a instituições imperialistas e capitalistas. Afinal, por que insistir no rótulo de ciência se não for para reivindicar o status epistêmico privilegiado e as ferramentas das quais essas instituições dependem? Em vez de romper com o racialismo, portanto, o reformismo científico simplesmente assume que as ferramentas e estruturas científicas são valiosas e busca aplicá-las de maneira diferente. Esse mesmo reformismo científico está sendo embalado sob rótulos da moda, desde "ciência para a libertação" até "IA decolonial". Esses rótulos evitam as árduas

das mulheres, especialmente das mulheres racializadas como não-brancas, centrais para a compreensão das hierarquias raciais. Rusert (2017: 182-183).

tarefas coletivas de filtrar práticas e estruturas científicas, confrontando seus registros de devastação e questionando o que --se é que algo-- pode ser salvaguardado ou reaproveitado, e sob quais condições, considerando um compromisso de romper com o racialismo.

10. ROMPENDO COM O RACIALISMO

Então, onde está a ruptura com o racialismo? Robinson a encontrou na tradição radical negra, nos haitianos escravizados ou nos "negros dissidentes americanos" que mostraram uma "denúncia persistente do racialismo como base da conduta civilizada" e para os quais "o distanciamento era a moeda ideológica" (Robinson, 200: 311).

Seguindo uma linha semelhante, devemos olhar para aqueles que sentiram o peso da inteligência no capitalismo racial e interromperam o seu funcionamento. Essas figuras às vezes aparecem nos arquivos dos testadores de inteligência.

Um testador que aplicou os testes de Binet em um hospital psiquiátrico reclamou de um menino que estava "um pouco à frente de sua idade mental", mas que era "ingovernável, mal-humorado e profano" (Yerkes et al., 1915: 114). Ao administrar a aplicação de testes de QI na Prisão Estadual de San Quentin, Terman se queixou de um homem negro encarcerado que "roubou bens de seu empregador" e que "tem uma maneira astuta de evitar uma resposta direta a uma pergunta" (California State Board of Charities and Corrections, 1918: 15). Outro testador, que trabalhava em um orfanato, ficou irritado com um menino de "descendência mexicano-indígena" que "fala inglês fluentemente", mas que disse ao testador que "justiça" significa "na medida de suas ações" (California State Board of Charities and Corrections, 1918: 58). O mesmo testador fez várias menções a garotas e mulheres não identificadas, rotuladas de *histéricas* e *imorais*, que não cooperaram. Também temos aqueles que aterrorizaram organizações como a Immigration Restriction League. Em 1921, a Liga alertou o Congresso dos EUA sobre estrangeiros que trabalhavam na indústria de vestuário de Nova York, em sua maioria "elementos hebreus", que eram "em grande parte de um grau de inteligência muito baixo" e cujos "sindicatos de trabalhadores estão entre os mais radicais de todo o país" (Kamin, 1974: 23). E, por fim, estão os pais, professores e alunos que identificaram os testes como uma ferramenta de opressão racista e se organizaram para bloquear alguns de seus efeitos desastrosos.

Essas pessoas indomáveis, escrutinadas pelo microscópio estatístico da inteligência no capitalismo racial, apontam o caminho para a ruptura. Elas oferecem a possibilidade de interromper as práticas racialistas de classificação, ordenação e correlação --libertando-nos desses modos de pensamento estatísticos que foram projetados para servir à eugenia.

REFERÊNCIAS BIBLIOGRÁFICAS

Adam, T. (2019). Digital neocolonialism and massive open online courses (MOOCs): Colonial pasts and neoliberal futures. *Learning, Media and Technology, 44*(3), 365-380.

Altbach, P. G. (2014). MOOCs as neocolonialism: Who controls knowledge? *International Higher Education*, (75), 5-7.

Au, W. (2016). Meritocracy 2.0: High-stakes, standardized testing as a racial project of neoliberal multiculturalism. *Educational Policy, 30*(1), 39-62.

Brigham, C. C. (1923). *A study of American intelligence*. Princeton University Press.

Burden-Stelly, C. (2020). Modern U.S. racial capitalism: Some theoretical insights. *Monthly Review*, 72(3), 8-20.

California State Board of Charities and Corrections. (1918). *Surveys in mental deviation in prisons, public schools, and orphanages in California*. Sacramento: California State Printing Office.

Clarke, M., Madaus, G., Horn, C., & Ramos, M. (2001). The marketplace for educational testing. *The National Board on Educational Testing and Public Policy*.

Coursera. (2021). Global skills report 2021. *Mountain View*, CA: Coursera.

Dixon, B. A. (2013, January 10). Obama's Race to the Top drives nationwide wave of school closings, teacher firings. *Black Agenda Report*.

Fisher, R. A. (1924). The elimination of mental defect. *The Eugenics Review*, 16(2), 114-116.

Foster, J. B., & McChesney, R. W. (2014). Surveillance capitalism: Monopoly-finance capital, the military-industrial complex, and the digital age. *Monthly Review*, 66(3), 1-33.

Galton, F. (1886). Hereditary stature. *Nature*, 33(317), 295-298.

Galton, F. (1891). *Hereditary genius: An inquiry into its laws and consequences*. New York: D. Appleton and Company.

Getoor, L., & Taskar, B. (2007). *Introduction to statistical relational learning*. Cambridge, MA: MIT Press.

Giroux, H. (2015, September 8). *Dark waters: Hurricane Katrina, the politics of disposability and the racism of Malcolm Gladwell*. CounterPunch.

Gould, S. J. (1996). *The mismeasure of man*. New York: W. W. Norton.

Haney, C. (1982). Employment tests and employment discrimination: A dissenting psychological opinion. *Industrial Relations Law Journal*, *5*(1), 1-86.

Harris, C. I. (1993). Whiteness as property. *Harvard Law Review*, 106(8), 1707-1791.

Harris, L., & Belsha, K. (2016, September 1). One year after hunger strike, Dyett High School opens. *Chicago Reporter*.

Hing, J. (2014, May 27). New civil rights suit calls school closures discriminatory. *Colorlines*.

Hsu, S. J. (2014, October 2). Super-intelligent humans are coming. *Nautilus*.

Isaacson, W. (2021, February 19). What gene editing can do for humankind. *Wall Street Journal*.

Kamin, L. J. (1974). *The science and politics of I.Q.* New York: John Wiley & Sons.

Katz, Y. (2020). *Artificial whiteness: Politics and ideology in artificial intelligence*. New York: Columbia University Press.

Kevles, D. J. (1986). *In the name of eugenics: Genetics and the uses of human heredity*. Berkeley: University of California Press.

Kimmett, C. (2015, August 28). 10 years after Katrina, New Orleans' all-charter school system has proven a failure. *In These Times*.

Knapp, K. (2021, April 26). Princeton University takes down online course after anthropologists' handling of MOVE bombing victim remains stirs controversy. *Planet Princeton*.

Knox, H. A. (1914a). A scale, based on the work at Ellis Island, for estimating mental defect. *Journal of the American Medical Association*.

Knox, H. A. (1914b). Tests for mental defects. *Journal of Heredity*, *5*(3), 122-130.

Koller, D., & Friedman, N. (2009). *Probabilistic graphical models: Principles and techniques*. Cambridge, MA: MIT Press.

Leighton, M. (2020, September 1). Coursera's workforce recovery initiative gives unemployed workers free access to 90% of its online course catalog -- Here's how it works. *Business Insider*.

León, R. (2021, March 31). Coursera closes up 36%, topping $5.9 billion market cap in Wall Street debut. *CNBC*.

Lipman, P. (2004). *High stakes education: Inequality, globalization, and urban school reform*. New York: Routledge.

Lipman, P. (2011). *The new political economy of urban education: Neoliberalism, race, and the right to the city*. New York: Routledge.

Lipman, P., Vaughan, K., & Gutierrez, R. R. (2014). *Root shock: Parents' perspectives on school closings in Chicago*. Chicago: University of Illinois College of Education.

Lombardo, P. A. (2016). Anthropometry, race, and eugenic research: 'Measurements of growing Negro children' at the Tuskegee Institute, 1932-1944. In E. Dyck & L. Stewart (Eds.), *The uses of humans in experiment: Perspectives from the 17th to 20th century* (pp. 1-20). Brill.

Manning, K. R. (2018). Naming the MIT intelligence quest. *MIT Faculty Newsletter*, 4.

Murdoch, S. (2007). *IQ: A smart history of a failed idea.* Hoboken: J. Wiley and Sons.

Network for Public Education. (2021). Chartered for profit: The hidden world of charter schools operated for financial gain.

Pearson, K. (1911). *The scope and importance to the state of the science of national eugenics.* London: Dulau and Co., Ltd.

Pearson, K. (1924). *The life, letters and labours of Francis Galton.* Cambridge: Cambridge University Press.

The Real News Network. (2015, August 26). FightForDyett - What real organizing looks like: South Side Chicago parents stage hunger strike at Dyett High School. *The Real News Network.*

Reif, L. R. (2021, June 29). Letter from President Reif: A new future for edX. *MIT News.*

Richardson, J. T. E. (2011). *Howard Andrew Knox: Pioneer of intelligence testing at Ellis Island.* New York: Columbia University Press.

Roberts, D. (2011). *Fatal invention: How science, politics, and big business re-create race in the twenty-first century.* New York: New Press.

Robinson, C. J. (2000). *Black Marxism: The making of the Black radical tradition.* Chapel Hill: University of North Carolina Press.

Rusert, B. (2017). *Fugitive science: Empiricism and freedom in early African American culture.* New York: New York University Press.

Ryan, H. (2017). Who is behind the assault on public schools? *Monthly Review,* 68(11), 31-42.

Serge, N., Coubart, A., & Lubart, T. (2014). The program of individual psychology (1895-1896) by Alfred Binet and Victor Henri. *L'Année Psychologique,* 114, 5-60.

Shepherd, K. J. (2017). Measuring up: Standardized testing and the making of postwar American identities, 1940-2001 (Doctoral dissertation, University of South Florida).

Simon, S. (2012, June 12). *Parents protest surge in standardized testing.* Reuters.

Simon, S., & Kelleher, J. B. (2012, September 10). *Analysis: Striking Chicago teachers take on national education reform.* Reuters.

Spearman, C. (1904). The proof and measurement of association between two things. *The American Journal of Psychology,* 15(1), 72-101.

Stern, A. M. (2016). *Eugenic nation: Faults and frontiers of better breeding in modern America.* Berkeley: University of California Press.

Terman, L. M. (1916). *The measurement of intelligence: An explanation of and a complete guide for the use of the Stanford revision and extension of the*

Binet-Simon intelligence scale. Boston: Houghton Mifflin.

Tugend, A. (2019, October 9). Record number of colleges stop requiring the SAT and ACT amid questions of fairness. PBS.

Washington, H. A. (2008). *Medical apartheid: The dark history of medical experimentation on Black Americans from colonial times to the present*. New York: Knopf Doubleday Publishing Group.

Yerkes, R. M., & Yoakum, C. S. (1920). "Figure 25. Relation of Occupation to Intelligence in the Army," *Army mental tests*. New York: Henry Holt and Company.

Yerkes, R. M., Bridges, J. W., & Hardwick, R. S. (1915). *A point scale for measuring mental ability*. Baltimore: Warwick & York, Inc.

Zipory, C. (2014). *Intelligence. Political Concepts*, 3.

Zúñiga, A. (2020, June 15). News briefs: Reopening plans on-track, hydroxychloroquine use to continue, partnership with Coursera. *The Tico Times*.

OS AUTORES

AKNATON TOCZEK SOUZA

Professor permanente do Programa de Pós-Graduação em Política Social e Direitos Humanos da Universidade Católica de Pelotas (UCPEL/Brasil). Doutor em Direito pela Universidade Federal Paraná (UFPR/Brasil), com estágio de pós-doutorado em Sociologia Política pela Universidade Vila Velha (UVV/Brasil). Doutor e Mestre em Sociologia pela UFPR com bolsa Capes. Graduado em Direito pelo Centro Universitário Santa Amélia (UNISECAL/Brasil). Licenciado em Sociologia pela Universidade Paulista (UNIP/Brasil). É pesquisador vinculado ao Núcleo de Pesquisa em Ativismos, Resistências e Conflitos (NUPARC/UVV/Brasil), ao Grupo de Estudos em Segurança Pública e Direitos Humanos (GESPDH/UFPR/Brasil), ao Grupo Interdisciplinar de Trabalho e ao Grupo de Estudo Criminais-Penitenciários (GITEP/UCPEL/Brasil).

ALANA MORAES DE SOUZA

Professora e pesquisadora do Centro de Arqueologia e Antropologia Forense (CAAF/Unifesp/Brasil). Doutora em Antropologia Social pelo Museu Nacional da Universidade Federal do Rio de Janeiro (UFRJ/Brasil). Realizou estudos de pós-doutorado pelo Instituto Brasileiro de Informação, Ciência e Tecnologia (IBICT-UFRJ/Brasil) sobre práticas de conhecimento e conflitos cosmopolíticos/socioterritoriais. Integra como docente o curso de pós-graduação de Estudos Decoloniais e Ciências Humanas da Pontifícia Universidade Católica de São Paulo (PUC/SP/Brasil) e o curso de especialização Direitos Humanos e Lutas sociais do CAAF/Unifesp. Pesquisadora da Rede Latino-Americana de Estudos sobre Vigilância, Tecnologia e Sociedade (LAVITS) e do Laboratório de Tecnologia, Política e Conhecimento da Unifesp, onde desenvolve ações de pesquisa e de extensão sobre tecnologias e colonialismo. Integra o grupo de pesquisa Guerra de Mundos, Cosmopolítica e Conflitos Extrativistas (Unifesp), o Cindalab (IBICT-UFRJ/Brasil) e o grupo Transatlântica: rede de estudos da descolonização (PUC/SP/Brasil). Experiência na área de Antropologia, com ênfase em Antropologia Política, Estudos de gênero e decoloniais; Lutas Sociais; Antropologia da Ciência e Práticas de Conhecimento e Tecnologias. Foi bolsista Île-de-France em Política Contemporânea da América Latina pelo Institut des Hautes Etudes de l'Amerique Latine (IHEAL), Nouvelle Sorbonne Paris III (França). E, além de tudo: mãe.

ANA GABRIELA FERREIRA

Advogada Criminalista. Professora de Direito Penal na Universidade Estadual de Feira de Santana (UEFS/Brasil). Doutoranda em Filosofia pela Pontifícia Universidade Católica do Rio Grande do Sul (PUC/RS/Brasil). Mestra em Direito Penal pela Universidade Federal da Bahia (UFBA/Brasil). Pesquisa Necropolítica, Tecnologia e Segurança Pública.

ANDRÉ OLIVIER

Professor da Escola de Direito da Universidade do Vale do Rio dos Sinos (Unisinos/Brasil). Professor Pesquisador do Programa de Pós-Graduação em Direito da Unisinos. Professor dos Cursos de Graduação em Direito e Relações Internacionais da Unisinos. Foi Coordenador do Curso de Graduação em Direito da Unisinos. Integra o Núcleo Docente Estruturante (NDE) do Curso de Direito da Unisinos. Doutor em Filosofia; Mestre em Filosofia; Licenciado e Bacharel em Filosofia; Bacharel em Direito pela Unisinos. Tem experiência nas áreas de Filosofia e Direito, centrando-se na relação entre Moral, Política e Direito. Pesquisa, principalmente, os seguintes temas: Hume, Empirismo; Kant; Hobbes, Contratualismo; Kelsen, Positivismo Jurídico; Direitos Humanos, Direitos Naturais, Direitos Morais, Fundamentação.

ANNA CAROLINA FRANCO BENTES

Professora Adjunta e Pesquisadora na Escola de Comunicação, Mídia e Informação da Fundação Getúlio Vargas (FGV ECMI/Brasil). Coordenadora Adjunta da Graduação em Comunicação Digital da FGV ECMI. Professora do Mestrado Profissional em Comunicação Digital e Cultura de Dados. Pesquisadora na linha Inteligência de Dados e Sociedade. Doutora e mestre em Comunicação e Cultura pelo Programa de Pós-Graduação em Comunicação da Universidade Federal do Rio de Janeiro (UFRJ/Brasil). Possui graduação em Psicologia pela UFRJ e formação complementar em Artes pela EAV-Parque Lage. É Membro do Conselho Diretivo da Rede Latino Americana de Estudos de Vigilância, Tecnologia e Sociedade (LAVITS) e pesquisadora associada do Medialab.UFRJ. É autora do livro "Quase um tique: economia da atenção, vigilância e espetáculo em uma rede social" (Editora UFRJ, 2021). Foi Fellow da Derechos Digitales, onde liderou uma pesquisa sobre desinformação e eleições. Foi Colunista no Terra Byte, onde abordava temas sobre tecnologia e comportamento. Seu trabalho de ensino e pesquisa atua na interseção entre Comunicação, Psicologia e Tecnologia, investigando os impactos das tecnologias e redes digitais em nossas sociedades e subjetividades, com ênfase em aspectos psicológicos, tecnopolíticos e culturais.

ANNA LONGO

Doutora em Filosofia Estética pela Université Paris 1 Panthéon-Sorbonne (França). Membro do Collège International de Philosophie (França) e instrutora no New Centre for Research & Practice. Sua pesquisa abrange campos como metafísica, epistemologia e estética. Foi autora e editora de livros como Le paradoxe de la finitude, La genèse du transcendentantal, Breaking the Spell: Speculative Realism under Discussion, Time without Becoming e Divenire della conoscenza: estetica e contingenza del reale.

ANTONIO TUCCI

Professor titular no Departamento de Ciências Jurídicas da Università degli Studi di Salerno (Itália), onde leciona Filosofia do Direito e Filosofia Política. Suas áreas de pesquisa incluem as transformações do direito na sociedade global, os espaços políticos, os processos de subjetivação e as dinâmicas de inclusão e exclusão, bem como os dispositivos de poder a partir da perspectiva do paradigma governamental biopolítico. Entre suas publicações mais recentes estão "Immagini del diritto. Tra fattualità istituzionalistica e agency" (Giappichelli, 2012) e "Dispositivi della normatività" (Giappichelli, 2018), traduzido para o português como "Dispositivos da normatividade" (Tirant lo Blanch, 2023).

AUGUSTO JOBIM DO AMARAL

Doutor em Altos Estudos Contemporâneos (Ciência Política, História das Ideias e Estudos Internacionais Comparativos) pela Universidade de Coimbra (Portugal). Doutor, Mestre e Especialista em Ciências Criminais pela Pontifícia Universidade Católica do Rio Grande do Sul (PUC/RS/Brasil). Visiting Research Fellow (2018) na Universidad de Málaga/ESP. Visiting Research Fellow (2018-2019) na Università Degli Studi di Padova (Itália), financiado pelo Coimbra Group Scholarship Programme for Young Professors and Researchers from Latin American Universities. Visiting Scholar (2022) na Universidad de Sevilla/ESP, financiado pelo Programa CAPES/PrInt da PUCRS. Visiting Professor (2024) na Università di Salerno/ITA financiado pelo Erasmus+. Professor do Programa de Pós-Graduação em Ciências Criminais (linha de Criminologia, Crime e Segurança Pública) e do Programa de Pós--Graduação em Filosofia (linha de Ética e Filosofia Política), ambos da Pontifícia Universidade Católica do Rio Grande do Sul (PUC/RS/Brasil). Lidera o Grupo de Pesquisa cadastrado no CNPq "Politicrim". Publicou pela Tirant lo Blanch: "Tecnopolítica Criminal" (coautor, 2024); "Política de la Criminología: una introducción (2022); "A Cidade como Máquina Biopolítica" (ed., 2021); "Criminologia e(m) Crítica" (coautor, 2021); "Política da Criminologia" (2020); "Algoritarismos" (ed., 2020); "Criminologia, Cultura Punitiva e Crítica Filosófica" (2019).

BRIAN MASSUMI

Filósofo e teórico social. Professor aposentado do Departamento de Comunicações da Université de Montréal (Canadá). Sua pesquisa abrange os campos da arte, da arquitetura, dos estudos culturais, da teoria política e da filosofia. Seu trabalho explora a intersecção entre poder, percepção e criatividade para desenvolver uma abordagem ao pensamento e à ação social que faça a ponte entre os domínios estético e político.

BTIHAJ AJANA

Doutora em Sociologia pela London School of Economics and Political Science (LSE/Inglaterra). Mestre com distinção em Mídia Digital pelo Goldsmiths College University of London (Inglaterra). Professora de Ética e Cultura Digital na Kings College London. Bacharela com distinção em Estudos de Mídia e Ciência da Computação pela London South Bank University (Inglaterra). Antes de ingressar no King's College London, lecionou sociologia na LSE e trabalhou com organizações de mídia especializadas em programação factual sobre o Oriente Médio. Seus trabalhos recentes incluem um projeto sobre o *Quantified Self* e o monitoramento de saúde, realizado por meio de uma Bolsa Marie Curie no Aarhus Institute of Advanced Studies, e um projeto sobre as políticas de imunidade e Covid-19, apoiado pelo Fundo de Pesquisa da Faculdade de Artes e Humanidades. Atual bolsista do Digital Future Institute, desenvolvendo um novo projeto sobre IA biométrica e sua aplicação em esferas governamentais e de consumo.

CARLA PANICO

Doutoranda em Pós-colonialismo e Cidadania Global na Universidade de Coimbra (CES/FEUC/Portugal). Seu projeto de pesquisa, que aborda a emigração italiana contemporânea sob a perspectiva da teoria crítica da raça, foi financiado por uma bolsa da Fundação para a Ciência e a Tecnologia. Foi pesquisadora na Università di Pisa (Itália) e pesquisadora visitante na Università degli Studi di Salerno (Itália), e na Universidad de Sevilla (Espanha), onde colaborou com o Grupo de Pesquisa Interdisciplinar em Comunicação, Política e Mudanças Sociais (Compoliticas).

CRISTINA ALONSO

Doutora em Direito com menção europeia (Prêmio Extraordinário de Doutorado) pela Universidad de Santiago de Compostela (Espanha). Graduada em Direito e em Ciências Políticas e da Administração pela Universidad de Compostela (Espanha). É pesquisadora na Área de Direito Processual também na Universidade de Santiago de Compostela. Autora de mais de sessenta artigos e capítulos de livros; realizou mais de cem conferências, palestras e comunicações em países como México, Portugal, Espanha, entre outros. Participou na organização de mais de trinta atividades de Investigação, Desenvolvimento e Inovação e realizou estágios de pesquisa em instituições como o Institute of Advanced Legal Studies (Inglaterra); o Institut de Recherche Juridique da Sorbonne (França); a Faculdade de Direito do Porto (Portugal); e o Dipartimento di Scienze Giuridiche A. Cicu da Universidade de Bolonha (Espanha). Coordenou, também, diversas obras coletivas, como Comentários à Lei 5/2012, de mediação em assuntos civis e comerciais; Violência de gênero e Justiça (Prêmio Nacional de melhor monografia nas áreas de Ciências Jurídicas e Econômicas em 2014); A mediação em exame: experiências inovadoras e pluralidade de enfoques, entre outras.

DAVID LYON

Professor emérito dos Departamentos de Sociologia e Direito da Queen's University (Canadá). Foi diretor do Surveillance Studies Centre. Formado pela University of Bradford (Reino Unido). Reconhecido como um dos fundadores do campo dos Surveillance Studies (Estudos de Vigilância), publicou uma série contínua de livros e artigos na área. Organizou, em coautoria, diversos livros, principalmente oriundos de projetos coletivos sobre vigilância, com financiamento total superior a 8 milhões de dólares. Integra os conselhos editoriais de diversos periódicos acadêmicos, como Surveillance & Society e The Information Society. Recebeu inúmeros prêmios por sua contribuição acadêmica, incluindo o Outstanding Contribution Award da Surveillance Studies Network (2018) e o SSHRC Impact: Insight Award (2015), além de outras distinções no Canadá, Suíça, Estados Unidos e Reino Unido. Como pesquisador principal do projeto Big Data Surveillance, financiado pelo Conselho de Pesquisa em Ciências Sociais e Humanas do Canadá (Social Sciences and Humanities Research Council), lidera, juntamente com Stéphane Leman-Langlois e David Murakami Wood, o Eixo 1 da pesquisa: Segurança, que analisa o alcance e os impactos da vigilância em nome da "segurança nacional", baseada em grandes volumes de dados, após as revelações de Edward Snowden.

DAVID MONTERO

Professor no Departamento de Jornalismo I da Universidad de Sevilla (Espanha). Interessado nos campos da cultura visual, cinema documental e participação cidadã. Sua pesquisa atual foca no uso de vídeo participativo em ambientes online como uma forma de promover engajamento político e desenvolver habilidades socioculturais em diferentes contextos. É autor do livro "Thinking Images. The Essay Film as a Dialogic Form in European Cinema" (Peter Lang, 2012) e publicou diversos artigos sobre cinema documental e empoderamento cidadão. Também é coautor, junto com D. José Manuel Moreno, do livro "El cambio social a través de las imágenes. Guía para entender y utilizar el vídeo participativo" (Los Libros de la Catarata, 2014) e "Videoactivismo y movimientos sociales" (GEDISA, 2015), coeditado com o Dr. Francisco Sierra Caballero. Anteriormente, lecionou na University of Bath (Reino Unido).

DAVID NEMER

Doutor em Computação, Cultura e Sociedade pela Indiana University Bloomington (Estados Unidos). Mestre em Antropologia pela Universidade da Virgínia, e em Ciência da Computação pela Universität des Saarlandes (Alemanha). Professor Associado no Departamento de Estudos de Mídia e Professor Afiliado no Departamento de Antropologia e no programa de Estudos Latino-Americanos da The University of Virginia (Estados Unidos). Pesquisador Associado no Berkman Klein Center for Internet and Society (BKC) da University of Harvard (Estados Unidos). Seus interesses de pesquisa e ensino abrangem a interseção entre Estudos de Ciência e Tecnologia (STS), Antropologia da Tecnologia, TIC para o Desenvolvimento (ICT4D) e Estudos de Desinformação. Etnógrafo cujos trabalhos de campo incluem as favelas de Vitória, Brasil; Havana, Cuba; Guadalajara, México; e Eastern Kentucky, Appalachia. Autor de "Technology of the Oppressed" (MIT Press, 2022), vencedor do Prêmio Sally Hacker de 2024 e do Prêmio Marcel Roche de 2022, e "Favela Digital: O outro lado da tecnologia" (Editora GSA, 2013).

DEIVISON FAUSTINO

Doutor em Sociologia e Professor do Programa de Pós-Graduação em Serviço Social e Políticas Sociais da Universidade Federal de São Paulo (USP/Brsil). É integrante do Instituto Amma Psique e Negritude e pesquisador do Núcleo Reflexos de Palmares onde pesquisa, entre outros temas voltados à relação entre capitalismo e racismo, o colonialismo digital. Autor de diversos livros e artigos sobre Frantz Fanon, capitalismo e racismo, e pensamento antirracista onde se destaca "Frantz Fanon: um revolucionário, particularmente negro" (2018) e "A disputa em torno de Frantz Fanon: a teoria e a política dos Fanonismos contemporâneos" (2020), "Frantz Fanon e as encruzilhadas: teoria, política e subjetividade" (2022). Escreveu com Walter Lippold a obra "Colonialismo Digital: por uma crítica hacker-fanoniana, lançada pela Boitempo" (2023).

EDUARDO BALDISSERA CARVALHO SALLES

Doutor em Ciências Criminais pela Escola de Direito da Pontifícia Universidade Católica do Rio Grande do Sul (PUC/RS/Brasil), em cotutela/dupla titulação e período sanduíche (CAPES-PrInt) com a Universidad de Sevilla (Espanha). Faz estágio de Pós-Doutorado na PUC/RS/Brasil. Mestre e Bacharel em Direito. Especialista em Direitos Humanos. Graduando em Ciências Sociais na Universidade Federal da Fronteira Sul (UFFS/Brasil). Vice-líder do Grupo de Pesquisa Relações Internacionais, Direito e Poder, da Unochapecó/Brasil. Pesquisador do Grupo de Pesquisa Criminologia, Cultura Punitiva e Crítica Filosófica, da PUC/RS/Brasil. Tem interesse nas áreas de Direito Público, Ciência Política e Filosofia Política, com ênfase em poder político e direitos humanos. Atua profissionalmente como Advogado na área de Direito Público. É membro de Comissões no Conselho Federal da OAB e na OAB/SC.

EMRE SÜNTER

Doutor em Estudos da Comunicação pela University of Montreal (Canadá). Mestre em Filosofia pela Université Paris Nanterre (França), tendo recebido a prestigiosa bolsa de excelência do governo francês. Graduado em Filosofia da Galatasaray Üniversitesi (Turquia). Traduziu a obra seminal de Deleuze e Guattari, "Mil Platôs" (editora Norgunk). Por meio de suas investigações multifacetadas, busca aproximar diferentes disciplinas e aprofundar a compreensão das complexas relações entre tecnologia, cultura e meio ambiente.

ERIK BORDELEAU

Doutor em Literatura Comparada pela Université de Montréal (Canadá) com tese sobre cinema contemporâneo chinês, globalização e políticas do anonimato, seguido por pesquisas de pós-doutorado sobre cosmopolítica e o modo de existência de fantasmas, deuses e espíritos no cinema taiwanês e do leste asiático. Pesquisador em Cinema e Filosofia na Université de Montréal (Canadá). Publicou diversos livros e artigos em diferentes idiomas na intersecção entre filosofia política, arte contemporânea, cinema mundial, culturas de blockchain, finanças e teoria da mídia, entre os quais: "Foucault anonymat" (Le Quartanier, 2012, prêmio Spirale Eva-Legrand 2013); "Comment sauver le commun du communisme?" (Le Quartanier, 2014), ambos traduzidos para o espanhol e este último também recentemente para o alemão; "Cinema Taiwanês (Des)encantado, Crença Shizoanalítica e a Atualidade do Animismo" (2017); "Prova de Retirada: Finanças no Submundo" (2020); "Depois da Economia da Atenção: Notas para uma Nova Serenidade Cosmofinanceira" (2021); "Financiando os Muitos Mundos: Pedagogias da (Iliquidez)" (2022). Ele também coeditou um livro coletivo sobre o cineasta tailandês "Apichatpong Weerasethakul" (Fabulações Noturnas, Ecologia, Vitalidade e Opacidade no Cinema de Apichatpong Weerasethakul, CHP Press, 2017) e outro sobre a obra de Peter Sloterdijk "Aux limites de l'empire: Mesures de Sloterdijk" (Éditions Dehors, a ser lançado). Em um tom mais artístico, ele foi recentemente cocurador de uma exposição intitulada "Désoeuvrer la valeur/Reclaiming Value" (Vox Gallery, Montreal) e editou uma edição especial da revista Spirale n.º 281, intimamente relacionada à exposição, "Rethinking Value at the End of the Economy". Ele também contribuiu como designer especulativo e Web 3.0 para o projeto Beeholders/BeeDAO, liderado pela ZK/U (Berlim), e apresentado na DOCUMENTA 15. Em colaboração com Saloranta & De Vylder, ele está desenvolvendo The Sphere, um projeto de pesquisa e criação que experimenta a tecnologia Web 3.0 para explorar novas ecologias de financiamento para as artes cênicas.

ESTHER PANIAGUA

Jornalista sênior independente e autora especializada em ciência, tecnologia e cibersegurança, com ênfase na análise crítica dos impactos sociais e ambientais das tecnologias digitais. Seu trabalho combina investigação jornalística com uma abordagem ética e reflexiva sobre os processos tecnológicos contemporâneos. Atua como colaboradora em jornais generalistas e especializados, bem como em revistas de divulgação científica e tecnológica. Paralelamente à prática jornalística, exerce atividades como docente e é palestrante frequente em eventos nacionais e internacionais. É professora da disciplina Inteligência Artificial e Jornalismo no Mestrado em Investigação Jornalística, Novas Narrativas, Dados, Fact-checking e Transparência da Universidad Rey Juan Carlos (URJC/Espanha) e do jornal *El Confidencial*. Também leciona regularmente em programas de pós-graduação voltados a temas como ética digital, governança tecnológica, impacto social da tecnologia, inteligência artificial, cibersegurança e jornalismo digital. Já atuou como coordenadora de disciplina na EAE Business School e ministrou ***masterclasses*** em instituições como IE Business School (Espanha), Instituto de Inteligencia Artificial (Espanha) e Euncet Business School (Espanha). Conselheira e consultora de diversos ***think tanks*** e instituições públicas nas áreas de tecnologia, direitos digitais, governança e cibersegurança. Autora do livro *Error 404* (Debate, 2021).

FABIO CAPRIO LEITE DE CASTRO

Professor Permanente do Programa de Pós-Graduação em Filosofia da Pontifícia Universidade Católica do Rio Grande do Sul (PUC/RS/Brasil), no qual desenvolve a linha de pesquisa Fenomenologia e Hermenêutica (área de concentração Metafísica e Epistemologia). Doutor em Filosofia com bolsa Capes pela Université de Liège (Bélgica). Mestre em Filosofia com bolsa Capes pela PUC/RS/Brasil. Graduado em Ciências Jurídicas e Sociais, Graduação em Filosofia e Graduação em Psicologia (PUC/RS/Brasil).

Professor visitante do programa de Pós-graduação em Filosofia da Universidad Pontificia Bolivariana (Colômbia). Realizou Missão de Trabalho com bolsa CAPES/PrInt/PUC/RS no Husserl Archives Leuven, na Katholieke Universiteit Leuven (Bélgica). Membro da Société Belge de Philosophie, da Unité de Recherches Phénoménologies e do Groupe dÉtudes Sartriennes (GES/França). Foi membro do Comitê de Ética em Pesquisa - CEP-PUC/RS. Foi Editor da Revista Intuitio. Autor dos livros "A ética de Sartre" (São Paulo, Loyola, 2016) e Fenomenologia da Depressão - Aspectos constitutivos da vivência depressiva (Rio de Janeiro/Lisboa, Ed. PUC--Rio/Nau/Documenta, 2021). Autor de diversos capítulos de livro e artigos publicados em periódicos, relacionados à fenomenologia e hermenêutica, ontologia, ética, psicanálise, literatura, filosofia do direito e sociologia do direito.

FABIO MALDONADO

Internacionalista, professor e pesquisador. Mestre pelo Programa de Integração Latino-Americana na Universidade de São Paulo (PROLAM/USP/Brasil). Estuda sociologia do desenvolvimento e economia política internacional, com ênfase na Teoria Marxista da Dependência, na Teoria do Imperialismo e na América Latina.

FÁTIMA SOLERA NAVARRO

Doutora em Comunicação pela Universidade de Málaga, com a tese: "Privacidad, Res/xistencia y Procomún frente al Extractivismo de datos personales: o como hacer democracia a través de tácticas de litigación colectiva y ofuscación expresiva

FELIPE DA VEIGA DIAS

Professor do Programa de Pós-Graduação em Direito (Mestrado) da Atitus Educação (Brasil), tendo como área de concentração Direito, Democracia e Tecnologia. Professor do curso de Direito da Atitus Educação (Brasil.) Doutor em Direito pela Universidade de Santa Cruz do Sul (UNISC/Brasil), com período sanduíche na Universidade de Sevilla. Mestre em Direito pela UNISC (Brasil). Pós-graduado em Direitos Fundamentais e Constitucionalização do

Direito pela Pontifícia Universidade Católica do Rio Grande do Sul (PUC/RS/Brasil). Graduado em Direito pela Universidade Luterana do Brasil (ULBRA/SM/Brasil). Realizou estudos de Pós-Doutorado em Ciências Criminais pela Pontifícia Universidade Católica do Rio Grande do Sul (PUC/RS/Brasil). Tem experiência na área de Direito, com ênfase em Criminologia, Direito e Processo Penal, Direitos Humanos e Direito da Criança e Adolescente, atuando principalmente nos seguintes temas: criminologia crítica, violência, mídia, dano social, relações de poder, tecnopolítica, crise do sistema penal, poder punitivo do Estado, direitos humanos e minorias sociais.

FERNANDA GLÓRIA BRUNO

Professora do Programa de Pós-Graduação em Comunicação e Cultura e do Instituto de Psicologia da Universidade Federal do Rio de Janeiro (UFRJ/Brasil). Coordenadora do MediaLab.UFRJ. Pesquisadora do CNPq e membro-fundadora da Rede Latino-Americana de Estudos em Vigilância, Tecnologia e Sociedade (LAVITS). Foi pesquisadora visitante na Sciences Po, (França) e no Departamento de Humanidades Digitais do King's College (Inglaterra). Atualmente, é pesquisadora colaboradora do Surveillance Studies Centre da Queens University (Canadá). Entre os seus livros recentes, estão: "Máquinas de ver, modos de ser: vigilância, tecnologia e subjetividade" (Sulina, 2013) e "Tecnopolíticas da Vigilância: perspectivas da margem" (2018, Boitempo).

FERNANDA MARTINS

Professora Adjunta na Faculdade de Direito da Universidade Federal do Rio Grande do Sul (UFRGS/Brasil). Professora permanente do Programa do Pós-Graduação em Direito na Universidade Federal de Santa Maria (UFSM/Brasil). Doutora em Ciências Criminais pelo Programa de Pós-Graduação em Ciências Criminais da Pontifícia Universidade Católica do Rio Grande do Sul (PUC/RS/Brasil). Mestre em Direito pela Universidade Federal de Santa Catarina (UFSC/Brasil), na área de Teoria, Filosofia e História do Direito. Bacharela e Licenciada em História pela Universidade Federal de Santa Catarina (UFSC/Brasil). Bacharela em Direito pela Universidade do Vale do Itajaí (UNIVALI/Brasil).

Coordenadora do Projeto de Pesquisa e Extensão Corpos, Política e Autonomia (encorpA) e pesquisadora na Laboratória: espacio transnacional de investigación feminista. Pesquisadora em gênero e teorias feministas.

FERNANDA RODRIGUES

Coordenadora de Pesquisa e Pesquisadora no Instituto de Referência em Internet e Sociedade (IRIS). Doutoranda em Direito, Tecnociências e Interdisciplinaridade, pela Universidade Federal de Minas Gerais (UFMG/Brasil). Mestre em Direito pelo do Programa de Pós-Graduação em Direito da Universidade Federal de Santa Maria (UFSM/Brasil), na linha de pesquisa Direitos na Sociedade em Rede. É membro do Coletivo Aqualtune Lab e participa do grupo de estudos Humano-Algoritmo, da Cátedra Oscar Sala, no Instituto de Estudos Avançados da Universidade de São Paulo (USP/Brasil). Desenvolve pesquisas na área de direito e novas tecnologias, com foco para regulação de inteligência artificial, racismo algorítmico e moderação de conteúdo.

FERNANDO CONTRERAS

Professor de Cibercultura no curso de graduação em Jornalismo da Universidad de Sevilla (Espanha). Ministra disciplinas de pós-graduação nas áreas de Arte, Tecnologia, Comunicação e Design Editorial. Doutor em Filosofia e em Ciências da Informação, e licenciado em Belas Artes (com especialização em Design e Gravura). Possui ainda formação em design industrial e design audiovisual. Sua pesquisa concentra-se nos Estudos Visuais, Arte, Cibercultura e Filosofia da Comunicação. Foi professor visitante na Universidade de São Paulo (USP/Brasil), na Universidad Católica de Chile (Chile), na Universidad Region Montana (México), na Freie Universität Berlin (Alemanha), na Fachhochschule Braunschweig-Wolfenbüttel (Alemanha), na Ostfalia Salzgitter (Alemanha), na Université Sorbonne (Paris), na Université Lumière Lyon 2 (Lyon, França), na Universidade do Algarve (Faro), na Universidade Lusófona (Lisboa), na Universidade Nova de Lisboa e na Universidade de Lisboa. Além disso, foi bolsista na Casa de las Américas (Cuba), na Università degli Studi di Macerata (Itália) e, há dez anos, é professor na LLSH (Faculty of Humanities and Social Sciences), atuando no *Master Création Numérique*, tanto na sede de Annecy quanto na de Chambéry (França). Durante quatro anos, colaborou também com o programa de doutorado da ComUE - Communauté Université Grenoble Alpes. É diretor do Grupo de Pesquisa em Tecnologia, Arte, Documentação e Comunicação.

GABRIELLE BEZERRA SALES SARLET

Advogada. Professora do Programa de Pós Graduação em Direito (Mestrado e Doutorado) da Pontifícia Universidade Católica do Rio Grande do Sul (PUC/RS/Brasil). Professora Adjunta da Escola de Direito da PUCRS. Doutora em Direito pela Universidade de Augsburg (Alemanha), com tese validada pelo Programa de Pós-Graduação em Direito da Universidade Católica do Rio Grande do Sul (PPGD-UFGRS/Brasil). Mestre e Bacharela em Direito pela Universidade Federal do Ceará (UFC/Brasil). Especialista em Neurociências e ciências do comportamento pela PUCRS. Realizou estudos de Pós-Doutorado em Direito pela Universidade de Hamburgo (Alemanha) e igualmente pela PUC/RS. Pesquisadora produtividade CNPQ-PQ-2, desenvolvendo o projeto sobre IA e saúde digital. Atua como membro titular na vaga de representante de instituições científicas tecnológicas e de inovação junto ao Conselho Nacional de Proteção de Dados Pessoais e da Privacidade (CNPD).

GIANVITO BRINDISI

Professor associado de Filosofia do Direito no Dipartimento di Giurisprudenza da Università della Campania "Luigi Vanvitelli" (Itália). Sua pesquisa aborda diversos temas, com ênfase na relação entre direito, poder e ciências humanas, especialmente em suas consequências judiciais. Entre suas obras, destacam-se: "Potere e giudizio. Giurisdizione e veridizione nella genealogia di Michel Foucault" (Editoriale Scientifica, 2010); "Il potere come problema. Un percorso teorico" (La scuola di Pitagora, 2012); e "Su diritto e sragione. Follia e ozio a partire da Cesare Beccaria" (Editoriale Scientifica, 2023).

GIOVANE MATHEUS CAMARGO

Doutor e mestre em Sociologia pela Universidade Federal do Paraná (UFPR/Brasil), com estágio de pós-doutorado em sociologia política pela UVV, além de ser bacharel em Direito pelo Instituto Superior do Litoral do Paraná (ISULPAR/Brasil). Atualmente é professor e coordenador do curso de direito do ISULPAR (Brasil), atuando no curso de defensores populares do Instituto Federal do Paraná (IFPR/Brasil) - campus Paranaguá. É vice coordenador do GESPDH (UFPR/Brasil) e pesquisador do NUPARC (UVV/Brasil).

GONZALO ANA DOBRATNICH

Pesquisador do Consejo Nacional de Investigaciones Científicas y Técnicas (CONICET/Argentina). Professor na Universidade de Buenos Aires (UBA/Argentina). Pós-doutor em Direito pela UBA (Argentina). Doutor em Direito pela UBA (Argentina) e pela Universidad de Málaga (Espanha). Mestre em Filosofía do Direito, também pela UBA (Argentina).

HELENA STRECKER GOMES CARVALHO

Mestranda em Comunicação e Cultura pela Universidade Federal do Rio de Janeiro (PPGCOM-UFRJ/Brasil) com bolsa FAPERJ. Graduada em Psicologia, magna cum laude, pela mesma instituição. Pesquisadora do laboratório MediaLab.UFRJ, investigando os efeitos da mediação algorítmica sobre a racionalidade, subjetividade e conduta. Foi extensionista do projeto "Saúde e Trabalho em Tempos de Plataformas Digitais", que se debruça sobre o fenômeno de plataformização do trabalho e atua com motoristas e entregadores por aplicativo no Rio de Janeiro. Atualmente pesquisa no mestrado a relação entre o processo de personalização algorítmica e as transformações na subjetividade contemporânea a partir dos aplicativos Instagram e TikTok.

ISADORA ZORZI

Mestranda em Ciências Criminais pela Pontifícia Universidade Católica do Rio Grande do Sul (PUC/RS/Brasil) com bolsa Capes. Especialista em Direito Penal e Política Criminal pela Universidade Federal do Rio Grande do Sul (UFRGS/Brasil). Bacharela em Direito pela UFRGS. Durante a graduação, foi integrante do Observatório de Pesquisa em Violência em Juventude e do Grupo de Pesquisa Constitucionalismo na América Latina, do qual foi bolsista BIC UFRGS e PIBIC CNPq-UFRGS. Participou do laboratório do Instituto Brasileiro de Ciências Criminais de 2020. Foi bolsista de extensão do Programa Interdepartamental de Práticas com Adolescentes em Conflito com a Lei (PIPA) da UFRGS (Brasil), durante 2017. Integrou como assistente jurídica do Serviço de Assessoria Jurídica Universitária - SAJU/UFRGS, fazendo parte do grupo de Assessoria à juventude criminalizada - G10.

JOSE LUIS BOLZAN DE MORAIS

Professor do Programa de Pós-Graduação em Direito da Faculdade de Direito de Vitória (FDV/Brasil). Professor da Atitus Educação. Doutor em Direito pela Universidade Federal de Santa Catarina (UFSC/Brasil), com período "sanduíche" na Universidade de Montpellier I (França). Mestre em Ciências Jurídicas pela Pontifícia Universidade Católica do Rio de Janeiro (PUC/RJ/Brasil). Bacharel em Direito pela Universidade Federal de Santa Maria (UFSM/Brasil). Realizou estudos de Pós-doutorado na Faculdade de Direito da Universidade de Coimbra (Portugal). Foi professor da pós-graduação da Universidade do Vale do Rio dos Sinos (Unisinos/Brasil). Procurador do Estado do Estado do Rio Grande do Sul aposentado. Advogado - Bolzan e Bussinguer Advocacia. Membro do conselho consultivo do Instituto de Hermenêutica Jurídica, Consultor ad hoc da CAPES, CNPq, FAPERGS, FAPESC, FAPEMIG e Università degli studi di Roma Ter (Itália). Professor convidado da pós-graduação - Università de Firenze (Itália), Università Roma I (Itália), Universidad de Sevilla (Espanha) e Universidade de Coimbra (Portugal). Coordenador do Grupo de Pesquisa Estado Constituição (CNPq) (GEPEC) e da Rede de Pesquisa Estado Constituição (REPEC). Criador e coordenador do Cyber Leviathan - Observatório do Mundo em Rede. Coordenador da REDITECH - Rede de Grupos de Pesquisa em Direito e Tecnologia.

Coordenador do Observatório da Democracia Digital-FDV. Pesquisador PQ/CNPq, nível I-D, com foco em Direito e Tecnologia. Foi membro do Grupo de Especialistas para a Reforma da legislação de migrações do MJ/SNJ. Foi membro da CNEJ/CFOAB e Vice-Presidente Acadêmico da Comissão de Mediação e Práticas Restaurativas da OAB/RS. Coordenou Missão de Observação Eleitoral junto ao Tribunal Superior Eleitoral, para as eleições presidenciais de 2022. Tem experiência na área de Direito, com ênfase em Teoria do Estado e Direito Constitucional, atuando principalmente nos seguintes temas: constituição, estado, direito, jurisdição, direitos humanos e impactos da revolução tecnológica nas instituições jurídico-políticas. É experiência administrativa acadêmica como diretor de curso de graduação e de pós-graduação (mestrado e doutorado), bem como de gestão universitária.

JOSÉ LUÍS SCHIFINO FERRARO

Professor dos Programas de Pós-Graduação em Educação e em Educação em Ciências e Matemática da PUC/RS/Brasil. Doutor em Educação e Doutorando em Ciências Criminais pela Pontifícia Universidade Católica do Rio Grande do Sul (PUC/RS/Brasil). Bacharel em Direito e Licenciado em Ciências Biológicas. Mestre em Biologia Celular e Molecular pela PUC/RS (Brasil). Bolsista Produtividade Nível 2 do Conselho Nacional de Desenvolvimento Científico e Tecnológico (CNPq). Foi Professor Visitante da University of Oxford - Museum of Natural History (Inglaterra) e da Universidade de Coimbra - Faculdade de Psicologia e Ciências da Educação (Portugal), com Bolsa de Professor Visitante Júnior do Programa CAPES/PrInt; da University of Edinburgh - School of Social and Political Sciences (Escócia); da Universidad de Sevilla - Departamento de Metafísica y Corrientes Actuales de la Filosofía, Ética y Filosofía Política (Espanhol); e da Università Degli Studi di Salerno - Dipartimento di Science Giuridiche, Scuola di Giurisprudenza (Itália) com Missão de Trabalho financiada pelo Programa CAPES/PrInt. Ganhador do Edital Institutional Skills Grantee 2016, promovido pelo British Council do Brasil e financiado pelo Newton Fund, coordenou projetos de popularização da ciência e divulgação científica junto à Newcastle University - Great North Museum: Hancock (Inglaterra). Foi Coordenador Educacional do Museu de Ciências e Tecnologia da PUC/RS (MCT-PUC/RS) e Diretor de Assuntos Comunitários da Pró-Reitoria de Extensão e Assuntos Comunitários da PUC/RS (PROEX/PUCRS). Membro da Red Iberoamericana Michel Foucault, da Red Iberoamericana de Filosofía Política (RIFP) e da Associação Nacional de Pós-Graduação e Pesquisa em Educação (ANPED). Pesquisador-líder do Grupo de Pesquisa Currículo, Cultura e Contemporaneidade (GPECCC PUC/RS/CNPq) e conduz investigações no campo dos estudos Foucaultianos e Deleuzianos na interface entre educação, direito, filosofia e epistemologia da Biologia.

JOSÉ SÁNCHEZ-LAULHÉ

Professor e pesquisador na Universidad Rey Juan Carlos (Espanha).

JOXEAN FERNANDEZ

Diretor da Ekin Consulting. Atuou como Avaliador Internacional para a Comissão Europeia e para o CONACYT (México). Foi Consultor Externo da ACCIÓ e Moderador e Relator (Rapporteur) em evento promovido pela EUROCHAMBRES no mesmo período. Exerceu o cargo de Coordenador Acadêmico no Curso de Serviços Especializados de Apoio à Inovação promovido pelo AL INVEST IV, além de ter sido Coordenador e Docente no Tecnológico de Monterrey, Campus Cidade do México. Foi Professor no Col·legi de Politòlegs i Sociòlegs de Catalunya (COLPIS), em parceria com o Servei d'Ocupació de Catalunya (SOC) e a Universidade Autônoma de Barcelona (UAB).

JOYCE SOUZA

Jornalista. Cientista Social. Doutoranda em Ciências Humanas e Sociais na Universidade Federal do ABC. Pesquisadora do Laboratório de Tecnologias Livres (LabLivre/UFABC). Dedica-se a pesquisas sobre o impacto social das tecnologias digitais na saúde pública e privada brasileira. Coorganizadora dos livros: "Colonialismo de dados: como opera a trincheira algorítmica na guerra neoliberal" (2021) e "A sociedade de controle: Manipulação e modulação nas redes digitais" (2019). Criadora e editora do Podcast Tecnopolítica, projeto apoiado pela Fundação Heinrich Böll.

JUAN MARTÍN PRADA

Professor titular e diretor do grupo de pesquisa Teorias Estéticas Contemporâneas da Universidad de Cádiz (Espanha).

JULIANNA PAZ JAPIASSU MOTTER

Doutoranda em Comunicação e Cultura Contemporâneas (POS-COM) na Universidade Federal da Bahia (UFBA), integrante do Grupo de Pesquisa em Gênero, Tecnologias Digitais e Cultura (Gig@). Mestre em Direitos Humanos e Cidadania pelo Programa de Pós-Graduação em Direitos Humanos e Cidadania (PPGDH) da Universidade de Brasília (UnB). Possui graduação em Comunicação Social - Jornalismo pelo Centro Universitário de Brasília (2015). Graduada em Filosofia pela Universidade de Brasília (UnB). Pesquisadora e professora voluntária do Núcleo de Estudos em Diversidade Sexual e de Gênero (Nedig) da Universidade de Brasília. Integrante do Grupo de Trabalho em Apropiación de tecnologías digitales e interseccionalidades da CLACSC. Pesquisa lesbofobias algorítmicas, gêneros, sexualidades, lesbianidades, plataformização, redes sociais e ética relacional.

LABORATÓRIO DE ANÁLISE EM SEGURANÇA INTERNACIONAL E TECNOLOGIAS DE MONITORAMENTO (LASINTEC)

Grupo de pesquisa e extensão do Departamento de Relações Internacionais da EPPEN-UNIFESP Osasco (Brasil). Interfere, a partir da universidade pública, nas conversações e debates sobre segurança pública e internacional, autoritarismos e governo das condutas. Apartado da neutralidade, produz conhecimento sobre o dispositivo monitoramento, análises sobre as tecnologias de governo e críticas às políticas de segurança. Suas produções afirmam a liberdade de pessoas e coletividades.

LUIS ALAIN NOVAL

Professor Ajudante Doutor no Departamento de Ciências da Comunicação e Sociologia da Universidade Rey Juan Carlos (Espanha). Doutor Interuniversitário em Comunicação pela Universidad de Sevilla, pela Universidad de Málaga, pela Universidad de Huelva e pela Universidad de Cádiz (Espanha). Foi pesquisador no Departamento de Jornalismo I da Universidad de Sevilla, em contrato financiado pelo Ministério das Universidades da Espanha e pela União Europeia, por meio de chamada competitiva da Bolsa Margarita Salas. Foi professor universitário nos cursos de Graduação, Mestrado e Doutorado no Departamento de Comunicação Social da Universidad de la Habana (Cuba). Presidiu a Cátedra de Pesquisa e Extensão Universitária "Comunicação e Informação para o Desenvolvimento", centro membro do Conselho Latino-Americano de Ciências Sociais (CLACSO). Foi membro do Conselho Científico da Universidad de la Habana (Cuba). Ocupou o cargo de Vice-Decano de Trabalho Educativo e Extensão Universitária na Faculdade de Comunicação da Universidad de la Habana (Cuba). Foi bolsista da Fundação Carolina no Programa de Doutorado. Publicou diversos artigos em revistas científicas de alto impacto e reconhecido prestígio internacional, muitos deles em colaboração com pesquisadores das Universidades de Sevilla, Málaga, Carlos III de Madrid (Espanha) e de Havana (Cuba). Também apresentou várias contribuições científicas como palestrante em congressos internacionais realizados em países como México, Espanha, Equador e Cuba. É membro do Projeto I+D+i "SOScom. Sustentabilidade do Terceiro Setor da Comunicação", financiado pelo Ministério da Ciência e Inovação da Espanha (Referência: PID2020-113011RB-I00). Também participou como pesquisador em seis projetos financiados por organismos e agências de cooperação internacionais como a UNESCO, Ajuda Popular Norueguesa, União Europeia e a Embaixada Britânica em Havana, vinculados à Faculdade de Comunicação da Universidad de la Habana. Suas linhas de pesquisa científica se concentram em: Comunicação participativa nos meios; Comunicação para o desenvolvimento e a mudança social; Educomunicação e Alfabetização Digital, Midiática e Informacional. É membro da Rede de Pesquisa em Comunicação Comunitária, Popular e Participativa (RICCAP). Realizou estadia de pesquisa pós-doutoral na Faculdade de Ciências da Informação da Universidad Complutense de Madrid (Espanha).

MARCELO BORDIN

Doutor em Sociologia e mestre em Geografia pela Universidade Federal do Paraná (UFPR/Brasil), Bacharel em Ciência Política pela Faculdade Internacional de Curitiba (UNINTER/Brasil) e licenciado em Geografia pela UFPR (Brasil). Atualmente é Professor Visitante no Centro Di Ricerca EuroAmericano Sulle Politiche Costituzionali (CEDEAUM) da Università del Salento (Itália). Atua também como pesquisador do GESPDH/UFPR (Brasil), NUPARC/UVV/Brasil e Rede Nacional de Pesquisa em Militarização da Educação (RePME).

MARIANA GOULART

Doutoranda no Programa de Pós-Graduação em Ciências Criminais pela Pontifícia Universidade Católica do Rio Grande do Sul (PPGCCRIM/PUC/RS/Brasil) bolsista Capes com realização de Curso de Capacitação na Universidade de Sevilla por meio do Programa Capes PrInt. Mestra em Direito pelo Programa de Pós-graduação em Direito da Universidade Federal de Santa Catarina (PPGD/UFSC/Brasil). Bacharela em Direito pela Universidade do Vale do Itajaí (UNIVALI/Brasil). Bacharela e Licenciada em História pela Universidade Federal de Santa Catarina (UFSC/Brasil). Integrante do Grupo de Pesquisa Criminologia, Cultura Punitiva e Crítica Filosófica PUC/RS (Brasil). Integrante do Grupo de Pesquisa Criminologia, Cultura Punitiva e Crítica Filosófica (PO-LITICRIM/PUC/RS/CNPq/Brasil). Integrante do Grupo de Pesquisa Corpos, Política e Autonomia (encorpA/UFSM/Brasil). Participa do coletivo de traduções abolicionistas Trama Coletiva. Advogada Criminalista.

MARINA GÓMEZ ALCALDE

Espanha.

MATTEO PASQUINELLI

Professor associado de Filosofia da Ciência no Departamento de Filosofia e Patrimônio Cultural da Università Ca' Foscari (Itália), onde coordena o projeto AIMODELS, financiado pelo Conselho Europeu de Pesquisa (ERC), com duração de cinco anos. Sua pesquisa se concentra na interseção entre filosofia da mente e da linguagem, economia política e nas técnicas de automação, como a inteligência artificial. É autor do livro "The Eye of the Master: A Social History of Artificial Intelligence" (Verso, 2023), vencedor do Deutscher Prize 2024. Organizou a coletânea "Alleys of Your Mind: Augmented Intelligence and Its Traumas" (Meson Press, 2015) e é coautor, com Vladan Joler, do ensaio visual "The Nooscope Manifested: AI as Instrument of Knowledge Extractivism" (AI & Society, 2022). Seus textos já foram publicados em revistas como Electra, e-flux, Journal of Interdisciplinary History of Ideas, Les Mondes du Travail, Multitudes, Parrhesia, Qui Parle, Radical Philosophy, Sociologia del lavoro, South Atlantic Quarterly, Tecnoscienza e Theory, Culture & Society. Entrevistas e resenhas suas também apareceram em veículos como Micromega, Monthly Review, 032c e The New York Review of Books. Anteriormente, lecionou no Pratt Institute (Estados Unidos), e na Staatliche Hochschule für Gestaltung Karlsruhe (Alemanha), onde fundou o grupo de pesquisa em Inteligência Artificial e Filosofia da Mídia KIM. Atualmente lidera o projeto AI Forensics, financiado pela Volkswagen Stiftung.

MAURÍCIO DAL CASTEL

Doutorando em Direito pela Universidade Federal do Rio Grande do Sul (UFRGS/Brasil), como bolsista do Programa de Excelência Acadêmica da Coordenação de Aperfeiçoamento de Pessoal de Nível Superior (PROEX/CAPES). Mestre em Filosofia pela Pontifícia Universidade Católica do Rio Grande do Sul (PUC/RS/Brasil), como bolsista do Programa Institucional para Incentivo à Pós-Graduação Stricto Sensu da Pontifícia Universidade Católica do Rio Grande do Sul (PRO-Stricto/PUC/RS/Brasil). Especialista em Ciências Penais pela Pontifícia Universidade Católica do Rio Grande do Sul (UFRGS/Brasil). Bacharel em Direito pela Universidade Feevale (Brasil). Advogado.

MIREN GUTIÉRREZ

Doutora em Comunicação. Pesquisadora na Universidad de Deusto (Espanha) e do programa de pesquisa ARES (Análise das Resistências Antifeministas), financiado pela Agência Estatal de Pesquisa da Espanha (AEI). Pesquisadora associada no CDI, em Londres (Reino Unido), elaborando relatórios científicos baseados em *big data*. O eixo central de sua pesquisa é o uso de dados e algoritmos como ferramentas de ativismo de dados e como espaços de debate político e social. Autora do livro "Data Activism and Social Change", publicado pela Palgrave-Macmillan (Londres). Possui um sexênio de pesquisa certificado pela CNEAI, além de credenciamento como professora titular pela ANECA e pela Ikerbasque. Integra o conselho editorial da revista Frontiers in Communication (ESCI) e atua como avaliadora da AEI. Professora nos cursos de graduação em Comunicação, Relações Internacionais e Direito, e em programas de pós-graduação como o mestrado Erasmus Mundus em Ação Humanitária Internacional e o doutorado em Comunicação para o Desenvolvimento Humano na Universidad de Deusto (Espanha). Professora visitante na Universidad de Navarra (Espanha) e Tartu Ülikool (Estônia).

OZGUN TOPAK

Professor associado no Departamento de Ciências Sociais da York University, (Canadá). Pesquisador residente no Centre for Refugee Studies da York University, (Canadá). Editor associado da revista Surveillance & Society. Doutor pela Queen's University (Canadá). Mestre pela Middle East Technical University (Turquia). Bacharel pela İstanbul Üniversitesi (Turquia). Cientista social interdisciplinar, tem interesse nas áreas de vigilância, autoritarismo, migração, direitos humanos e teoria social. Sua pesquisa atual concentra-se em dois eixos principais: migração forçada, fronteiras, violência e vigilância e vigilância autoritária. Dedica-se especialmente ao estudo de contextos do Sul/Oriente Global (como a região MENA) e das zonas de fronteira entre o Sul/Oriente e o Norte/Ocidente Global (como a região do Mediterrâneo). Seus trabalhos mais recentes sobre autoritarismo e vigilância foram publicados em periódicos como Security Dialogue e Surveillance & Society. Recebeu o Early Career Researcher Prize da Surveillance Studies Network.

PABLO DE MOURA NUNES DE OLIVEIRA

Doutor em Ciência Política pelo Instituto de Estudos Sociais e Políticos (IESP/UERJ/Brasil), apresentando a tese "Fala morador! A periferia na esfera pública e a violência urbana nas páginas hiperlocais". Mestre e bacharel em Ciências Sociais pela Universidade Estadual do Rio de Janeiro (UERJ/Brasil), com investigações voltadas para segurança pública e representações midiáticas no contexto do Rio de Janeiro. Coordena o Centro de Estudos de Segurança e Cidadania (CESeC), desenvolvendo pesquisas em política pública de segurança, cidadania, sociabilidade e violência em favelas cariocas, além de avaliação de projetos sociais e consultorias. Participa de projetos, como "O Panóptico" e "Rede de Observatórios da Segurança", e colaborou com instituições, incluindo o World Bank Group e o Conselho Nacional de Justiça. Sua trajetória concentra-se nos temas de segurança pública, novas tecnologias e dinâmicas sociais em periferias urbanas.

PABLO ORNELAS ROSA

Doutor em Ciências Sociais pela Pontifícia Universidade Católica de São Paulo (PUC/SP/Brasil), mestre em Sociologia Política e bacharel em Ciências Sociais pela Universidade Federal de Santa Catarina (UFSC/Brasil). Realizou estágio de pós-doutorado em Psicologia e em Saúde Coletiva na Universidade Federal do Espírito Santo (UFES/Brasil) e em Sociologia na Universidade Federal do Paraná (UFPR/Brasil). Atua como professor permanente nos Programas de Pós-Graduação em Sociologia Política e em Segurança Pública da Universidade Vila Velha (UVV/Brasil), assim como no Programa de Pós-Graduação em Ciência, Tecnologia e Educação do Centro Universitário Vale do Cricaré (UNIVC/Brasil). Coordena o Núcleo de Ativismos, Resistências e Conflitos (NUPARC/UVV/Brasil), sendo bolsista capixaba de produtividade da Fundação de Amparo à Pesquisa do Espírito Santo (FAPES/Brasil).

PABLO MANOLO RODRÍGUEZ

Licenciado em Ciências da Comunicação, Doutor em Ciências Sociais e professor na Faculdade de Ciências Sociais da Universidade de Buenos Aires (UBA/Argentina). Pesquisador Adjunto do

Conicet (Argentina) e Mestre em Comunicação, Tecnologias e Poder pela Université de Paris I (Panthéon-Sorbonne/França). Autor dos livros "Historia de la información" (Capital Intelectual, 2012) e "Las palabras en las cosas. Saber, poder y subjetivación entre algoritmos y biomoléculas" (Cactus, 2019). Coeditou as obras "Amar a las máquinas. Cultura y técnica en Gilbert Simondon" (Prometeo, 2015) e "La salud inalcanzable. Biopolítica molecular y medicalización de la vida cotidiana" (Eudeba, 2017). Publicou artigos em livros e revistas na Argentina, Brasil, Chile, Colômbia, México, Espanha, França, Inglaterra e Itália. Também traduziu obras de Lucien Sfez, Maurizio Lazzarato, Michel Foucault e Gilbert Simondon.

PAOLO VIGNOLA

Professor de Estética, Literatura Medieval e Literatura e novas tecnologias na Universidad de las Artes de Guayaquil (UArtes). *Adjunct lecturer* na Technological University Dublin (Irlanda). Professor de filosofia contemporânea no programa de mestrado da Universidad del Azuay. Doutor em Filosofia pela Università di Genova (Itália). Especialista em filosofia francesa contemporânea, filosofia da tecnologia, estética e ecologia política, é autor de cinco livros e de mais de cem ensaios publicados em italiano, francês, espanhol e inglês, com destaque para seus estudos sobre Deleuze & Guattari e Bernard Stiegler. Traduziu para o italiano e editou diversas obras desses autores, entre elas "Mil Mesetas e A sociedade automática". É fundador da revista internacional La Deleuziana, membro da Red de Estudios Latinoamericanos sobre Deleuze y Guattari e co-coordenador, pela UArtes, dos projetos internacionais Real Smart Cities (Horizon 2020, Marie Curie).

PAULA ANTUNES

Mestranda e Graduanda em Direto pela Pontifícia Universidade Católica do Rio Grande do Sul (PUC/RS/Brasil). Integrante do Grupo de Pesquisa Criminologia, Cultura Punitiva e Crítica Filosófica (PUC/RS/CNPq/Brasil). Entre 2021 e 2022 foi bolsista de iniciação científica, publicando o artigo O Capitalismo de Plataforma a partir da obra de Shoshana Zuboff, com a coautoria do referido professor, no livro Retos del horizonte jurídico Iberoamericano (vol. III) pela Universidade de Salamanca (Espanha).

PAULO FALTAY

Doutor em Comunicação e Cultura pela Escola de Comunicação da Universidade Federal do Rio de Janeiro (ECO/UFRJ/Brasil). Mestre em Comunicação e Semiótica pela Pontifícia Universidade Católica de São Paulo (PUC/SP/Brasil). Possui graduação em Comunicação Social - Jornalismo pela Universidade Federal de Pernambuco (UFPE/Brasil). Atualmente realiza estágio pós-doutoral no Programa de Pós-Graduação em Comunicação da Universidade Federal de Pernambuco (UFPE/Brasil) com bolsa do Programa de Desenvolvimento Científico e Tecnológico Regional (PDCTR/CNPq/FACEPE). Foi Professor Substituto da Universidade Federal do Rio de Janeiro (UFRJ/Brasil). Pesquisador do MediaLab.UFRJ e da Rede Latino-americana de estudos em vigilância, tecnologia e sociedade (LAVITS).

ROBERTA MEDINA

Bolsista Vanier CGS. Doutoranda em Estudos Sócio-jurídicos na York University (Canadá). Mestre em Ciências Criminais pela Pontifícia Universidade Católica do Rio Grande do Sul, com bolsa de estudos integral da Coordenação de Aperfeiçoamento de Pessoal de Nível Superior (CAPES). Integrante do Grupo de Pesquisa Criminologia, Cultura Punitiva e Crítica Filosófica (POLITICRIM/PUC/RS/CNPq/Brasil). Bacharela em Ciências Jurídicas e Sociais pela PUC/RS (Brasil). Foi bolsista de iniciação científica. Atua nas áreas de Criminologia, Direito Penal e Filosofia Política. Atualmente pesquisando sociedade do controle, *surveillance*, novas tecnologias de controle algorítmicas, criação de armas autônomas e dronificação do policiamento ostensivo.

SAMUEL MEDEIROS ANDREATTA

Doutorando e Mestre em Ciências Criminais pela Pontifícia Universidade Católica do Rio Grande do Sul (PUC/RS/Brasil). Bacharel em Direito pela Universidade Federal do Rio de Janeiro (FND/Brasil). Realizou período de doutorado "sanduíche" no departamento de Direito da Queen Mary University of London (Inglaterra). Membro do Grupo de Pesquisa em Criminologia, Cultura Punitiva e Crítica Filosófica (POLITICRIM/PUC/RS/CNPq/Brasil) e membro do Laboratório de Análise em Segurança internacional e tecnologia de monitoramento (UNIFESP/Brasil). Foi aluno bolsista CNPq de extensão da Universidade Federal do Rio de Janeiro do Grupo de Pesquisa de Política de Drogas e Direitos Humanos da (FND/UFRJ/Brasil).

SANDRO CHIGNOLA

Professor de Filosofia Política no Departamento de Filosofia, Sociologia, Pedagogia e Psicologia Aplicada da Università di Padova (FISPPA/Itália). Doutor em História do Pensamento Político pela Università di Torino (Itália). Diretor da Università di Padova (Itália) no Centro de pesquisa interuniversitária sobre o léxico político e jurídico europeu (CIRLPGE), que se insere no Centro de Excelência (CRIE) do Centro de Pesquisa em Instituições Europeias (Itália). Recebeu bolsas de pesquisa no Instituto Banfi e no Goethe Institut (Alemanha). Realizou estudos de Pós-doutorado no Departamento de Estudos Políticos da Università di Torino (Itália), na École Normale Supérieure em Fontenay-St. Cloud (França); no Departamento de Filosofia da Università di Padova (Itália). E como professor visitante, na EHESS (Paris); na Universidad Nacional de San Martín (UNSAM/ Buenos Aires) e na Universidade de Córdoba (Espanha). É membro da Direção do Programa de Doutorado em Filosofia da Università di Padova (Itália) e no programa de Doutorado EuroPhilosophie. Publicou, em italiano, francês, inglês, alemão, espanhol, polonês e português, mais de 100 artigos, capítulos e dissertações em revistas científicas e livros de dissertações. Realizou conferências em Universidades Europeias e Americanas e nos Estudos Avançados em Humanidades e Ciências Sociais em Beijing, na China.

TARCÍZIO SILVA

Doutorando em Ciências Humanas e Sociais no PCHS da Universidade Federal do (PCHS/UFABC/Brasil). Mestre em Comunicação e Cultura Contemporâneas pelo PPGCCC da Universidade Federal da Bahia (UFBa/Brasil). Tech Policy Senior Fellow na Fundação Mozilla. Autor de "Racismo Algorítmico: inteligência artificial e discriminação nas redes digitais" (Edições Sesc, 2022) e co-organizador de livros como "Monitoramento e Pesquisa em Mídias Sociais: metodologias, aplicações e inovações" (Uva Limão, 2016), "Estudando Cultura e Comunicação com Mídias Sociais" (Editora IBPAD, 2018) e "Comunidades, Algoritmos e Ativismos Digitais: olhares afrodiaspóricos" (LiteraRUA, 2020) e "Griots e Tecnologias Digitais" (LiteraRUA, 2022).

TIAGO SCHERVENKI

Mestrando em Filosofia pela Pontifícia Universidade Católica do Rio Grande do Sul (PUC/RS/Brasil). Bacharel em Direito pela PUC/RS (Brasil). Graduando em Filosofia pela Universidade Federal do Rio Grande do Sul (UFRGS/Brasil). Pesquisador vinculado ao grupo de pesquisa Criminologia, Cultura Punitiva e Crítica Filosófica (PPGCCrim/PUC/RS/Brasil). Assistente Jurídico pelo Grupo de Estudos e Intervenção em Matéria Penal (GEIP), vinculado ao Serviço de Assistência Jurídica Universitária da Faculdade de Direito da UFRGS (Brasil).

VALENTINA SIMÕES PIRES CURCIO

Graduanda em Direito na Pontifícia Universidade Católica do Rio Grande do Sul (PUC/RS/Brasil). Foi bolsista de iniciação científica da PUCRS (Brasil) vinculada ao Grupo de Pesquisa Criminologia, Cultura Punitiva e Crítica Filosófica (POLITICRIM/PUC/RS/CNPq/Brasil). Pesquisa tecnopolítica e criminologia.

VANESSA CHIARI GONÇALVES

Professora permanente do Programa de Pós-Graduação em Direito da Universidade Federal do Rio Grande do Sul (UFRGS/Brasil) e professora associada de direito penal e criminologia do Departamento de Ciências Penais da Universidade Federal do Rio Grande do Sul (UFRGS/Brasil). Doutora em Direito pela Universidade Federal do Paraná (UFPR/Brasil), tendo realizado estágio doutoral junto ao Centro de Ciências Jurídicas da Universidade de Bolonha (Espanha) e bolsa da Coordenação de Aperfeiçoamento de Pessoal de Nível Superior (Capes). Mestre em Ciências Criminais pela Pontifícia Universidade Católica do Rio Grande do Sul (PUC/RS/Brasil). Especialista em Política pela Universidade Federal de Pelotas (UFPel). Graduada em Direito pela Universidade Federal do Rio Grande (FURG/Brasil). Realizou pesquisa de Pós-doutorado junto ao Center for the Study of Law and Society (Berkeley Law) da University of California (Estados Unidos), com bolsa do Conselho Nacional de Desenvolvimento Científico e Tecnológico (CNPq). Pesquisadora líder do Núcleo de Pesquisa em Direito Penal e Criminologia (NUPECRIM/UFRGS/CNPq/Brasil). Integra o Laboratório de Pesquisa Empírica em Direito (LaPED/UFRGS/Brasil), o Instituto Nacional de Ciência e Tecnologia Forense (INCT Forense), na condição de líder de laboratório associado, e a rede internacional de pesquisadores The Carceral Studies Working Group (CSWG). Membro da Comissão de Direitos Humanos da Ordem dos Advogados do Brasil, em Porto Alegre e do Comitê Estadual contra a Tortura do Rio Grande do Sul. Bolsista de produtividade em pesquisa do CNPq (2A).

WALTER LIPPOLD

Pesquisador e editor do Projeto História Social das Propriedades e direito de acesso, do Proprietas Instituto Nacional de Ciência e Tecnologia da Universidade Federal Fluminense (UFF/Brasil). Doutor em História pela Universidade Federal do Rio Grande do Sul (UFRGS/Brasil). Mestre em Educação pela UFRGS (Brasil). Possui especialização em História do Mundo Afro-Asiático e Licenciatura Plena em História pela Faculdade Porto-Alegrense. Tem experiência de pesquisa na área de História da Tecnologia, História Intelectual, História do Mundo Afro-Asiático e formação de pesquisadores e professores. Em termos de experiência docente ministrou História Afro-Asiática I e II, História das Religiões e História Medieval na FAPA (Brasil), História Antiga Oriental e Medieval Oriental na UniRitter (Brasil), voltando a FAPA (Brasil), com as disciplinas de História das Religiões, Metodologia de Pesquisa e História Afro-Asiática.

YARDEN KATZ

Professor na University of Michigan (Estados Unidos), no Departamento de Cultura Americana e no Instituto de Estudos Digitais. Doutor em Ciências do Cérebro e Cognitivas pelo Massachusetts Institute of Technology (MIT). Autor de "Artificial Whiteness", livro sobre supremacia branca e inteligência artificial publicado em 2020. Tem interesse amplo na história, política e filosofia das ciências, nos estudos sobre imperialismo, capitalismo racial e supremacia branca e nos movimentos sociais radicais (entre outros temas). Seu trabalho nas ciências explorou a relação entre biologia e cognição, incluindo a ideia de computação biológica.